**이번 시험에 나온 문제가
다음 시험의 적중률을 보장할까요?**

파고다 어학원 토익 전문 연구진 108인은
다음 시험 적중률로 말합니다!

· ·

**이번 시험에 나온 문제를 풀기만 하면,
내 토익 목표 점수를 달성할 수 있을까요?**

파고다 토익 시리즈는
파고다 어학원 1타 강사들과 수십 만 수강생이
함께 만든 토익 목표 점수 달성 전략서입니다!

파고다 어학원 1타 토익 강사들의
토익 목표 점수 달성 전략 완전 정리

토익 개념&실전 종합서
700~800점 목표

**내 위치를
파악했다면
목표를 향해
나아갈 뿐!**

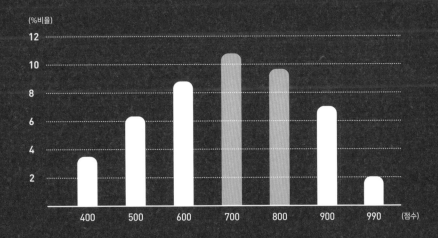

파고다 토익 프로그램

독학자를 위한 다양하고 품부한 학습 자료

세상 간편한 등업 신청으로 각종 학습
자료가 쏟아지는

파고다 토익 공식 온라인 카페
http://cafe.naver.com/pagodatoeicbooks

교재 Q&A
교재 학습 자료
나의 학습 코칭
정기 토익 분석 자료
기출 분석 자료
예상 적중 특강
논란 종결 총평

> 온라인 모의고사 2회분
> 받아쓰기 훈련 자료
> 단어 암기장
> 단어 시험지
> MP3 기본 버전
> MP3 추가 버전(1.2배속 등)
> 추가 연습 문제 등 각종 추가 자료

매회 업데이트! 토익 학습 센터

시험 전 적중 문제, 특강 제공

시험 직후 실시간 정답, 총평 특강, 분석 자료집 제공

토익에 푹! 빠져 풀TV

파고다 대표 강사진과 전문 연구원들의
다양한 무료 강의를 들으실 수 있습니다.

600   700   800

기본 완성 LC
토익 리스닝 기초 입문서
토익 초보 학습자들이 단기간에 쉽게 접근할 수
있도록 토익의 필수 개념을 집약한 입문서

실력 완성 LC
토익 개념&실전 종합서
토익의 기본 개념을 확실히 다질 수 있는
풍부한 문제 유형과 실전형 연습문제를 담은 훈련서

고득점 완성 LC
최상위권 토익 만점 전략서
기본기를 충분히 다진 토익 중고급자들의
고득점 완성을 위해 핵심 스킬만을 뽑아낸
토익 전략서

3rd Edition

토익 개념&실전 종합서

베이직 실력완성 LC

초　　판 1쇄 발행　2016년　4월　29일
개정 2판 1쇄 발행　2016년　12월　26일
개정 3판 1쇄 발행　2019년　1월　5일
개정 3판 10쇄 발행　2024년　10월　21일

지 은 이 | 파고다교육그룹 언어교육연구소, 장진영, 천성배
펴 낸 이 | 박경실
펴 낸 곳 | **PAGODA Books** 파고다북스
출판등록 | 2005년 5월 27일 제 300-2005-90호
주　　소 | 06614 서울특별시 서초구 강남대로 419, 19층(서초동, 파고다타워)
전　　화 | (02) 6940-4070
팩　　스 | (02) 536-0660
홈페이지 | www.pagodabook.com

저작권자 | ⓒ 2019 파고다아카데미, 파고다북스

ISBN 978-89-6281-820-8 (13740)

파고다북스　　www.pagodabook.com
파고다 어학원　www.pagoda21.com
파고다 인강　　www.pagodastar.com
테스트 클리닉　www.testclinic.com

┃ 낙장 및 파본은 구매처에서 교환해 드립니다.

3rd Edition

토익 개념&실전 종합서

실력완성 LC

목차

PART 1

PART 2 FAQ

파고다토익 실력 완성 LC

PART 3

PART 4

이 책의 구성과 특징

>> **PART 1** 사진의 유형을 이해하고 유형별 사진 공략법과 시제와 태 표현을 정확하게 구분한다.

>> **PART 2** 의문사 의문문, 비의문사 의문문에 따른 다양한 응답 표현 및 빈출 오답 유형을 익힌다.

>> **PART 3** 빠르게 전개되는 지문을 정확하게 파악하는 직청·직해 능력과 더불어 문맥 파악 및 논리력 판단을 길러야 한다.

>> **PART 4** 출제되는 지문 유형을 익히고 해당 지문에 자주 나오는 빈출 어휘 및 표현을 학습한다.

OVERVIEW

본격적인 학습의 준비 단계로 각 Part별 출제 경향 및 문제 유형,
신토익 소개 및 그에 따른 접근 전략을 정리하였다.

⚙️ 문제 풀이 전략

각 Part별 문제 풀이에 앞서, 해당 Part의 기본 개념을 예문과 함께 익히고, 정답에 쉽게 접근할 수 있는 풀이 전략을 제시하였다.

📑 핵심 문제 유형

문제 풀이 전략에서 학습한 내용을 바로 적용해 볼 수 있도록 해당 유형의 대표 문제들을 제시하였다.

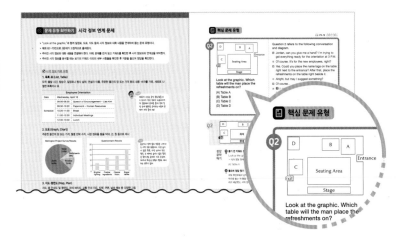

Warm-up

Part 1의 문항 수는 줄어들었지만, 다양한 사진 문제를 접할 수 있도록 구성하였다.

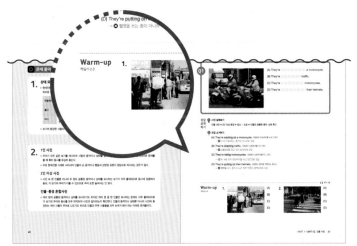

이 책의 구성과 특징

Practice

해당 UNIT에 해당하는 다양한 유형의 실전 문제를 접할 수 있도록 핵심 빈출 유형과 신유형 문제 및 고난도 문제를 각 Part별로 골고루 구성하였다.

PART 1 : 12문항　　**PART 2** : 25문항
PART 3 : 18문항　　**PART 4** : 18문항

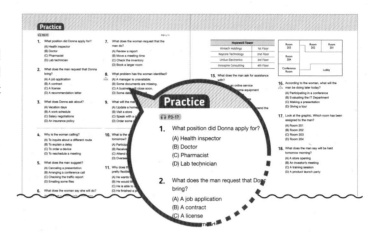

REVIEW TEST

각 Part별 학습한 내용을 마무리할 수 있도록 토익과 동일한 유형과 난이도로 구성하였다.

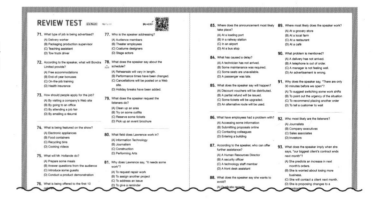

고득점 도약하기

고득점에 도약할 수 있도록 빈출 어휘 및 오답 유형을 담아 추가 학습이 가능하게 하였다.

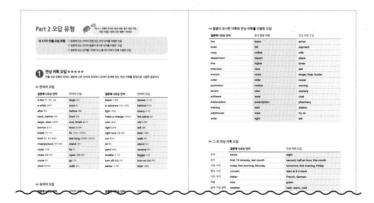

HALF TEST

실제 정기 토익의 절반 분량인 50 문항의 HALF TEST 5회분을 제공하여 전반적인 실력을 파악할 수 있도록 구성하였다.

ACTUAL TEST

토익 시험 전 학습한 내용을 점검할 수 있도록 실제 정기 토익과 가장 유사한 형태의 모의고사 1회분을 제공하였다.

해설서

각 문제의 스크립트와 해석은 물론, 정답이 되는 근거와 오답이 되는 이유, 그리고 문제 풀이에 필요한 어휘를 수록하여 혼자서도 학습이 가능하도록 상세하게 구성하였다.

토익이란?

TOEIC(Test Of English for International Communication) 은 영어가 모국어가 아닌 사람들을 대상으로 일상생활 또는 국제 업무 등에 필요한 실용 영어 능력을 평가하는 시험입니다.

상대방과 '의사 소통할 수 있는 능력(Communication ability)'을 평가하는 데 중점을 두고 있으므로 영어에 대한 '지식'이 아니라 영어의 실용적이고 기능적인 '사용법'을 묻는 문항들이 출제됩니다.

TOEIC은 1979년 미국 ETS(Educational Testing Service)에 의해 개발된 이래 전 세계 150개 국가 14,000여 개의 기관에서 승진 또는 해외 파견 인원 선발 등의 목적으로 널리 활용하고 있으며 우리나라에는 1982년 도입되었습니다. 해마다 전 세계적으로 약 700만 명 이상이 응시하고 있습니다.

>> 토익 시험의 구성

	파트	시험 형태		문항 수	시간	배점
듣기 (LC)	1	사진 문제		6	45분	495점
	2	질의응답		25		
	3	짧은 대화		39		
	4	짧은 담화		30		
읽기 (RC)	5	문장 빈칸 채우기		30	75분	495점
	6	지문 빈칸 채우기		16		
	7	독해	단일 지문	29		
			이중 지문	10		
			삼중 지문	15		
계				200	120분	990점

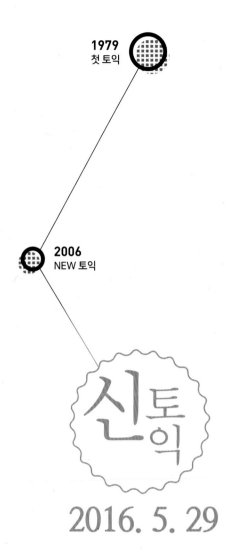

1979
첫 토익

2006
NEW 토익

2016. 5. 29

토익 시험 접수와 성적 확인

토익 시험은 TOEIC 위원회 웹사이트(www.toeic.co.kr)에서 접수할 수 있습니다. 본인이 원하는 날짜와 장소를 지정하고 필수 기재 항목을 기재한 후 본인 사진을 업로드하면 간단하게 끝납니다.

보통은 두 달 후에 있는 시험일까지 접수 가능합니다. 각 시험일의 정기 접수는 시험일로부터 2주 전까지 마감되지만, 시험일의 3일 전까지 추가 접수할 수 있는 특별 접수 기간이 있습니다. 그러나 특별 추가 접수 기간에는 응시료가 4,000원 더 비싸며, 희망하는 시험장을 선택할 수 없는 경우도 발생할 수 있습니다.

성적은 시험일로부터 16~18일 후에 인터넷이나 ARS(060-800-0515)를 통해 확인할 수 있습니다.

성적표는 우편이나 온라인으로 발급 받을 수 있습니다. 우편으로 발급 받을 경우는 성적 발표 후 대략 일주일이 소요되며, 온라인 발급을 선택하면 유효 기간 내에 홈페이지에서 본인이 직접 1회에 한해 무료 출력할 수 있습니다. 토익 성적은 시험일로부터 2년간 유효합니다.

시험 당일 준비물

시험 당일 준비물은 규정 신분증, 연필, 지우개입니다. 허용되는 규정 신분증은 토익 공식 웹사이트에서 확인하기 바랍니다. 필기구는 연필이나 샤프펜만 가능하고 볼펜이나 컴퓨터용 사인펜은 사용할 수 없습니다. 수험표는 출력해 가지 않아도 됩니다.

시험 진행 안내

시험 진행 일정은 시험 당일 고사장 사정에 따라 약간씩 다를 수 있지만 대부분 아래와 같이 진행됩니다.

>> 시험 시간이 오전일 경우

AM 9:30 ~ 9:45	AM 9:45 ~ 9:50	AM 9:50 ~ 10:05	AM 10:05 ~ 10:10	AM 10:10 ~ 10:55	AM 10:55 ~ 12:10
15분	5분	15분	5분	45분	75분
답안지 작성에 관한 Orientation	수험자 휴식 시간	신분증 확인 (감독교사)	문제지 배부, 파본 확인	듣기 평가(LC)	읽기 평가(RC) 2차 신분증 확인

* 주의: 오전 9시 50분 입실통제

>> 시험 시간이 오후일 경우

PM 2:30 ~ 2:45	PM 2:45 ~ 2:50	PM 2:50 ~ 3:05	PM 3:05 ~ 3:10	PM 3:10 ~ 3:55	PM 3:55 ~ 5:10
15분	5분	15분	5분	45분	75분
답안지 작성에 관한 Orientation	수험자 휴식 시간	신분증 확인 (감독교사)	문제지 배부, 파본 확인	듣기 평가(LC)	읽기 평가(RC) 2차 신분증 확인

* 주의: 오후 2시 50분 입실 통제

파트별 토익 소개

PART 1

PHOTOGRAPHS
사진 문제

Part 1은 제시한 사진을 올바르게 묘사한 문장을 찾는 문제로, 방송으로 사진에 대한 4개의 짧은 설명문을 한번 들려준다. 4개의 설명문은 문제지에 인쇄되어 있지 않으며 4개의 설명문을 잘 듣고 그 중에서 사진을 가장 정확하게 묘사하고 있는 문장을 답으로 선택한다.

문항 수	6문항 (1번 ~ 6번)
Direction 소요 시간	약 1분 30초
문제를 들려주는 시간	약 20초
다음 문제까지의 여유 시간	약 5초
문제 유형	1인 사진 2인 이상 사진 사물·풍경 사진

>> 시험지에 인쇄되어 있는 모양

>> 스피커에서 들리는 음성

Number 1. Look at the picture marked number 1 in your test book.

(A) They're writing on a board.
(B) They're taking a file from a shelf.
(C) They're working at a desk.
(D) They're listening to a presentation.

정답 (C)

PART 2

QUESTION-RESPONSE
질의응답

Part 2는 질문에 대한 올바른 답을 찾는 문제로, 방송을 통해 질문과 질문에 대한 3개의 응답문을 각 한 번씩 들려준다. 질문과 응답문은 문제지에 인쇄가 되어 있지 않으며 질문에 대한 가장 어울리는 응답문을 답으로 선택한다.

문항 수	25문항 (7번 ~ 31번)
Direction 소요 시간	약 25초
문제를 들려주는 시간	약 15초
다음 문제까지의 여유 시간	약 5초
문제 유형	의문사 의문문(Who/When/Where/What/Which/How/Why) 부정 의문문 / 부가 의문문 평서문 / 선택 의문문 제안 · 제공 · 요청문 / Be동사 조동사 의문문 / 간접 의문문

>> 시험지에 인쇄되어 있는 모양

Mark your answer on your answer sheet. (A) (B) (C)

>> 스피커에서 들리는 음성

Number 7. How was the English test you took today?
(A) I took the bus home.
(B) I thought it was too difficult.
(C) I have two classes today.

정답 (B)

PART 3 SHORT CONVERSATION
짧은 대화

Part 3은 짧은 대화문을 듣고 이에 대한 문제를 푸는 형식으로, 먼저 방송을 통해 짧은 대화를 들려준 뒤 이에 해당하는 질문을 들려 준다. 문제지에는 질문과 4개의 보기가 인쇄되어 있으며 문제를 들은 뒤 제시된 보기 중 가장 적절한 것을 답으로 선택한다.

문항 수	13개 대화문, 39문항 (32번 ~ 70번)
Direction 소요 시간	약 30초
문제를 들려주는 시간	약 30~40초
다음 문제까지의 여유 시간	약 8초
지문 유형	회사 생활, 일상생활, 공공 장소 및 서비스 기관 → 3인 대화문: 주고받는 대화 수 증가 → 실생활에서 사용하는 회화 표현(구어체)의 증가
질문 유형	- 전체 내용 관련 문제: 주제·목적, 인물, 장소 문제 - 세부사항 문제(문제점, 이유·방법, 핵심어 정보 찾기) - 제안·요청 문제 - 앞으로 할 일 문제 - 맥락상 화자의 의도 파악 문제 - 유추·추론 문제 - 시각 정보 연계 문제

▶▶ 시험지에 인쇄되어 있는 모양

32. What is the conversation mainly about?
    (A) Changes in business policies
    (B) Sales of a company's products
    (C) Expanding into a new market
    (D) Recruiting temporary employees

33. Why does the woman say, "There you go"?
    (A) She is happy to attend a meeting.
    (B) She is frustrated with a coworker.
    (C) She is offering encouragement.
    (D) She is handing over something.

34. What do the men imply about the company?
    (A) It has launched new merchandise.
    (B) It is planning to relocate soon.
    (C) It has clients in several countries.
    (D) It is having financial difficulties.

▶▶ 스피커에서 들리는 음성

Questions 32-34 refer to the following conversation with three speakers.

A: How have you two been doing with your sales lately?

B: Um, not too bad. My clients have been ordering about the same amount of promotional merchandise as before.

C: I haven't been doing so well. But I do have a meeting with a potential new client tomorrow.

B: There you go. I'm sure things will turn around for you.

A: Yeah, I hope it works out.

B: It's probably just temporary due to the recession.

C: Maybe, but I heard that the company may downsize to try to save money.

A: Actually, I heard that, too.

정답 32. (B) 33. (C) 34. (D)

PART 4

SHORT TALK
짧은 담화

Part 4는 짧은 담화를 듣고 이에 대한 문제를 푸는 형식으로, 먼저 방송을 통해 짧은 담화를 들려준 뒤 이에 해당하는 질문을 들려 준다. 문제지에는 질문과 4개의 보기가 인쇄되어 있으며 문제를 들은 뒤 제시된 보기 중 가장 적절한 것을 답으로 선택한다.

문항 수	10개 담화, 30문항 (71번 ~ 100번)
Direction 소요 시간	약 30초
문제를 들려주는 시간	약 30~40초
다음 문제까지의 여유 시간	약 8초
지문 유형	전화·녹음 메시지, 공지·안내, 인물 소개, 광고, 방송·보도 → 발음 생략, 군더더기 표현과 불완전한 문장이 포함된 지문의 실생활 영어(구어체)의 등장
질문 유형	- 전체 내용 관련 문제: 주제·목적, 인물, 장소 문제 - 세부사항 문제(문제점, 이유·방법, 핵심어 정보 찾기) - 제안·요청 문제 - 앞으로 할 일 문제 - 맥락상 화자의 의도 파악 문제 - 시각 정보 연계 문제

▶▶ 시험지에 인쇄되어 있는 모양

71. Where most likely is the speaker?
    (A) At a trade fair
    (B) At a corporate banquet
    (C) At a business seminar
    (D) At an anniversary celebration

72. What are the listeners asked to do?
    (A) Pick up programs for employees
    (B) Arrive early for a presentation
    (C) Turn off their mobile phones
    (D) Carry their personal belongings

73. Why does the schedule have to be changed?
    (A) A speaker has to leave early.
    (B) A piece of equipment is not working.
    (C) Lunch is not ready.
    (D) Some speakers have not yet arrived.

▶▶ 스피커에서 들리는 음성

Questions 71-73 refer to the following talk.

I'd like to welcome all of you to today's employee training and development seminar for business owners. I'll briefly go over a few details before we get started. There will be a 15 minute break for coffee and snacks halfway through the program. This will be a good opportunity for you to mingle. If you need to leave the room during a talk, make sure to keep your wallet, phone, and ...ah... any other valuable personal items with you. Also, please note that there will be a change in the order of the program. Um... Mr. Roland has to leave earlier than originally scheduled, so the last two speakers will be switched.

정답 71. (C) 72. (D) 73. (A)

학습 플랜

4주 플랜

DAY 1	DAY 2	DAY 3	DAY 4	DAY 5
Unit 01. 시제와 태 Unit 02. 인물 사진	Unit 03. 사물·풍경 사진 Part 1 REVIEW TEST	Unit 04. Who·When·Where 의문문	Unit 05. Why·What·Which·How 의문문	Unit 06. 일반·간접 의문문 Unit 07. 부정·부가 의문문

DAY 6	DAY 7	DAY 8	DAY 9	DAY 10
Unit 08. 제안·제공·요청문 Unit 09. 선택 의문문·평서문	Part 2 REVIEW TEST [고득점 도약하기] Part 2 오답 유형	Unit 10. 일반 정보 문제 유형 Unit 11. 세부 정보 문제 유형	Unit 12. 전방위 문제 유형 Unit 13. 대화 유형	Part 3 REVIEW TEST

DAY 11	DAY 12	DAY 13	DAY 14	DAY 15
Unit 14. 일반 정보 문제 유형 Unit 15. 세부 정보 문제 유형	Unit 16. 전방위 문제 유형 Unit 17. 전화·녹음 메시지	Unit 18. 회의·사내 공지 Unit 19. 연설·인물 소개	Unit 20. 안내방송·방송·보도·광고 [고득점 도약하기] Part 3&4 끊어 듣기	Part 4 REVIEW TEST

DAY 16	DAY 17	DAY 18	DAY 19	DAY 20
[고득점 도약하기] Part 3&4 패러프레이징	[고득점 도약하기] Part 3&4 빈출 관용 표현과 필수 암기 숙어 HALF TEST 01	HALF TEST 02 HALF TEST 03	HALF TEST 04 HALF TEST 05	ACTUAL TEST

8주 플랜

리스닝 기초 다지기

🇺🇸 미국식 발음 vs 영국식 발음 🇬🇧

토익 리스닝 시험에서는 미국식 발음뿐만 아니라, 영국, 호주, 뉴질랜드, 캐나다 등 미국 외의 다른 영어권 나라의 발음으로 문제가 출제되기도 한다. 한국의 토익 학습자들에게는 미국식 발음이 익숙하겠지만, 그 외 나라의 발음도 숙지해 두어야 발음 때문에 문제를 풀지 못하는 당황스런 상황을 피할 수 있다.

캐나다 발음은 미국식 발음과, 호주와 뉴질랜드 발음은 영국식 발음과 유사하므로 이 책에서는 크게 미국식 발음과 영국식 발음으로 나누어 학습하도록 한다.

자음의 대표적인 차이

1. /r/ 발음의 차이

🇺🇸 **미국**: 항상 발음하며 부드럽게 굴려 발음한다.
🇬🇧 **영국**: 단어 첫소리에 나오는 경우만 발음하고 끝에 나오거나 다른 자음 앞에 나오면 발음하지 않는다.

≫ 단어 끝에 나오는 /r/

	🇺🇸 미국식 발음	🇬🇧 영국식 발음		🇺🇸 미국식 발음	🇬🇧 영국식 발음
car	[카r]	[카-]	wear	[웨어r]	[웨에-]
her	[허r]	[허-]	where	[웨어r]	[웨에-]
door	[도r]	[도-]	there	[데어r]	[데에-]
pour	[포우어r]	[포우어-]	here	[히어r]	[히어-]
mayor	[메이어r]	[메에-]	year	[이여r]	[이여-]
sure	[슈어r]	[슈어-]	repair	[뤼페어r]	[뤼페에-]
later	[레이러r]	[레이터-]	chair	[췌어r]	[췌에-]
author	[어떠r]	[오떠-]	fair	[f페어r]	[f페에-]
cashier	[캐쉬어r]	[캐쉬어]	hair	[헤어r]	[헤에-]

≫ 자음 앞에 나오는 /r+자음/

	🇺🇸 미국식 발음	🇬🇧 영국식 발음		🇺🇸 미국식 발음	🇬🇧 영국식 발음
airport	[에어r포r트]	[에-포-트]	short	[쇼r트]	[쇼-트]
award	[어워r드]	[어워드]	turn	[터r언]	[터-언]
board	[보r드]	[보-드]	alert	[얼러r트]	[얼러트]
cart	[카r트]	[카-트]	first	[퍼r스트]	[퍼스트]
circle	[써r클]	[써-클]	order	[오r더r]	[오-더]
concert	[컨써r트]	[컨써트]	purse	[퍼r스]	[퍼-스]

2. /t/ 발음의 차이

> 🇺🇸 **미국**: 모음 사이의 /t/를 부드럽게 굴려 [d]와 [r]의 중간으로 발음한다.
> 🇬🇧 **영국**: 모음 사이의 /t/를 철자 그대로 발음한다.

	🇺🇸 미국식 발음	🇬🇧 영국식 발음		🇺🇸 미국식 발음	🇬🇧 영국식 발음
bottom	[바름]	[버틈]	computer	[컴퓨러r]	[컴퓨터]
better	[베러r]	[베터]	item	[아이럼]	[아이틈]
chatting	[최링]	[최팅]	later	[레이러r]	[레이터]
getting	[게링]	[게팅]	meeting	[미링]	[미팅]
letter	[레러r]	[레터]	notice	[노리스]	[노티스]
little	[리를]	[리틀]	patio	[패리오]	[패티오]
matter	[매러r]	[매터]	water	[워러r]	[워타]
potted	[파리드]	[파티드]	waiter	[웨이러r]	[웨이터]
setting	[쎄링]	[쎄팅]	cater	[케이러r]	[케이터]
sitting	[씨링]	[씨팅]	competitor	[컴패리러r]	[컴패티터]
putting	[푸링]	[푸팅]	data	[데이러]	[데이터]

3. 모음 사이의 /nt/ 발음의 차이

> 🇺🇸 **미국**: /t/를 발음하지 않는다.
> 🇬🇧 **영국**: /t/를 철자 그대로 발음한다.

	🇺🇸 미국식 발음	🇬🇧 영국식 발음		🇺🇸 미국식 발음	🇬🇧 영국식 발음
Internet	[이너r넷]	[인터넷]	twenty	[트웨니]	[트웬티]
interview	[이너r뷰]	[인터뷰]	advantage	[어드배니쥐]	[어드반티쥐]
entertainment	[에너r테인먼트]	[엔터테인먼트]	identification	[아이데니피케이션]	[아이덴티피케이션]
international	[이너r내셔널]	[인터내셔널]	representative	[레프레제네리브]	[레프리젠터티브]

4. /tn/ 발음의 차이

🇺🇸 미국: /t/로 발음하지 않고 한번 숨을 참았다가 /n/의 끝소리를 [응] 또는 [은]으로 콧소리를 내며 발음한다.
🇬🇧 영국: /t/를 그대로 살려 강하게 발음한다.

	🇺🇸 미국식 발음	🇬🇧 영국식 발음		🇺🇸 미국식 발음	🇬🇧 영국식 발음
button	[번 · 은]	[버튼]	mountain	[마운 · 은]	[마운튼]
carton	[카r · 은]	[카튼]	written	[륀 · 은]	[뤼튼]
important	[임포r · 은트]	[임포턴트]	certainly	[써r · 은리]	[써튼리]

5. /rt/ 발음의 차이

🇺🇸 미국: /t/ 발음을 생략한다.
🇬🇧 영국: /r/ 발음을 생략하고 /t/ 발음은 그래도 살려서 발음한다.

	🇺🇸 미국식 발음	🇬🇧 영국식 발음		🇺🇸 미국식 발음	🇬🇧 영국식 발음
party	[파리]	[파-티]	reporter	[뤼포러r]	[뤼포-터]
quarter	[쿼러r]	[쿼-터]	property	[프라퍼리]	[프로퍼-티]

모음의 대표적인 차이

1. /a/ 발음의 차이

🇺🇸 미국: [애]로 발음한다.
🇬🇧 영국: [아]로 발음한다.

	🇺🇸 미국식 발음	🇬🇧 영국식 발음		🇺🇸 미국식 발음	🇬🇧 영국식 발음
can't	[캔트]	[칸트]	pass	[패쓰]	[파스]
grant	[그랜트]	[그란트]	path	[패쓰]	[파스]
plant	[플랜트]	[플란트]	vase	[베이스]	[바스]
chance	[챈스]	[찬스]	draft	[드래프트]	[드라프트]
advance	[어드밴쓰]	[어드반쓰]	after	[애프터]	[아프터]
answer	[앤써r]	[안써]	ask	[애스크]	[아스크]
sample	[쌤쁠]	[쌈플]	task	[태스크]	[타스크]
class	[클래스]	[클라스]	behalf	[비해프]	[비하프]
grass	[그래스]	[그라스]	rather	[래더r]	[라더]
glass	[글래스]	[글라스]	man	[맨]	[만]

2. /o/ 발음의 차이

🇺🇸 미국: [아]로 발음한다.
🇬🇧 영국: [오]로 발음한다.

	🇺🇸미국식 발음	🇬🇧영국식 발음		🇺🇸미국식 발음	🇬🇧영국식 발음
stop	[스탑]	[스톱]	bottle	[바를]	[보틀]
stock	[스탁]	[스톡]	model	[마를]	[모들]
shop	[샵]	[숍]	dollar	[달러r]	[돌라]
got	[갇]	[곧]	copy	[카피]	[코피]
hot	[핟]	[혿]	possible	[파써블]	[포쓰블]
not	[낫]	[놑]	shovel	[셔블]	[쇼블]
parking lot	[파킹 랏]	[파킹 롤]	topic	[타픽]	[토픽]
knob	[납]	[놉]	doctor	[닥터]	[독타]
job	[잡]	[좁]	borrow	[바로우]	[보로우]
box	[박스]	[복스]	document	[다큐먼트]	[도큐먼트]

3. /i/ 발음의 차이

/i/가 영국식 발음에서 [아이]로 발음되는 경우가 있다.

	🇺🇸미국식 발음	🇬🇧영국식 발음		🇺🇸미국식 발음	🇬🇧영국식 발음
direct	[디렉트]	[다이렉트]	mobile	[모블]	[모바일]
either	[이더r]	[아이더]	organization	[오r거니제이션]	[오거나이제이션]

4. /ary/, /ory/ 발음의 차이

/ary/, /ory/ 가 영국식 발음에서 /a/, /o/를 빼고 [ry]만 발음되는 경우가 있다.

	🇺🇸미국식 발음	🇬🇧영국식 발음		🇺🇸미국식 발음	🇬🇧영국식 발음
laboratory	[래보러토리]	[러보러트리]	secretary	[쎄크러테뤼]	[쎄크러트리]

기타 발음의 차이

	🇺🇸미국식 발음	🇬🇧영국식 발음		🇺🇸미국식 발음	🇬🇧영국식 발음
advertisement	[애드버r타이즈먼트]	[어드버티스먼트]	garage	[거라쥐]	[개라쥐]
fragile	[프래절]	[프리쟈일]	often	[어픈]	[오프튼]
however	[하우에버r]	[하우에바]	schedule	[스케쥴]	[쉐쥴]

연음의 차이

	🇺🇸미국식 발음	🇬🇧영국식 발음		🇺🇸미국식 발음	🇬🇧영국식 발음
a lot of	[얼라럽]	[얼로톱]	not at all	[나래롤]	[나태톨]
get in	[게린]	[게틴]	out of stock	[아우롭스탁]	[아우톱스톡]
in front of	[인프러넙]	[인프론톱]	pick it up	[피끼럽]	[피키텁]
it is	[이리즈]	[잍티즈]	put on	[푸론]	[푸톤]
look it up	[루끼럽]	[룩키텁]	talk about it	[터꺼바우릿]	[오커바우틷]

1. The _____ will be held next week. 취업 박람회가 다음주에 개최됩니다.

2. She's the _____ a best-selling book. 그녀는 베스트셀러 도서의 작가입니다.

3. The _____. 시장님은 출장 중입니다.

4. _____ network technicians? 네트워크 기술자들을 더 고용하면 안될까요?

5. We need to advertise _____. 스포츠 신발 신제품 라인의 광고를 해야 합니다.

6. She is _____ into glasses. 그녀는 잔에 물을 붓고 있다.

7. You _____ last fall.
   작년 가을에 당신 업체가 우리 회사 야유회에 음식을 공급했습니다.

8. _____ for me. 여섯 시 이후가 저에겐 편합니다.

9. Some _____ have been placed in a waiting area. 대기실에 몇 개의 화분이 놓여 있다.

10. _____ are the same. 많은 물건들이 똑같다.

11. Please sign on the _____. 마지막 페이지 하단에 서명해 주시기 바랍니다.

12. Do you know of a _____ in this area? 이 지역에 좋은 의사를 아시나요?

13. _____. 전혀요.

14. _____ posted on the Web site. 웹사이트에 게시된 구인광고를 봤습니다.

15. Why don't you _____ and speak to him? 의사에게 전화해서 말해 보세요.

16. What's _____ to the bank? 은행까지 가장 빠른 길은 무엇입니까?

17. _____ if she's available. 그녀가 시간이 괜찮은지 물어보겠습니다.

18. I'm so happy to see that _____ are here today.
    모든 무용수 여러분이 오늘 여기에 온 것을 보니 매우 기쁩니다.

19. _____ hold some flowers. 유리로 된 화병에 꽃이 있다.

20. _____ travel in the morning or in the evening? 오전, 오후 중 언제 이동하겠습니까?

21. The shipment is _____. 배송이 지연되고 있습니다.

22. _____ is fine with me. 둘 중 아무거나 상관없습니다.

23. _____. 저도 해본 적이 없습니다.

24. Why wasn't _____ printed in the magazine?
    왜 우리 광고가 잡지에 인쇄되지 않았나요?

25. Can you get me _____? 실험실 가는 길을 좀 알려주세요.

정답

1. job fair 2. author of 3. mayor is out of town 4. Can't we hire more 5. our new line of sports footwear
6. pouring water 7. catered our company outing 8. After six is better 9. potted plant 10. A lot of the items
11. bottom of the last page 12. good doctor 13. Not at all 14. I saw your job ad 15. call your doctor
16. the fastest way 17. I'll ask her 18. all you dancers 19. A glass vase 20. Would you rather
21. behind schedule 22. Either one 23. Neither have I 24. our advertisement 25. directions to the laboratory

RT1

사진 문제

OVERVIEW

주어진 사진을 보고, 들려주는 4개의 보기 중에서 사진 속에 등장하는 인물의 동작이나 상태, 사물의 상태나 위치 등을 가장 정확하게 묘사한 것을 고르는 문제로 총 6문항이 출제된다.

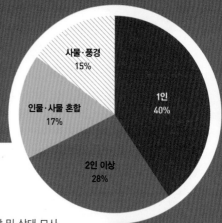

사물·풍경 15%
인물·사물 혼합 17%
1인 40%
2인 이상 28%

문제 유형

1인 사진 | 한 사람이 등장, 인물의 동작과 옷차림 등의 상태 묘사

2인 이상 사진 | 두 사람 이상 등장, 인물의 공통 동작, 상호 동작, 개별 동작 및 상태 묘사

인물·사물 혼합 사진 | 인물과 사물이 함께 등장하여 동시에 혼합적으로 묘사

사물·풍경 사진 | 사람이 등장하지 않고 사물과 풍경 중심, 사물의 위치나 전체적 풍경 묘사

출제 포인트

· 인물 중심 사진에서 인물의 동작이 아니라 상태를 묘사하는 정답이 더 자주 출제되고 있다.

· 인물 중심 사진이더라도 사람 주변의 사물이나 배경을 묘사하는 정답도 출제된다.

· 사물·풍경 사진을 현재형 일반동사로 묘사하는 정답이 출제된다.

PART 1 이렇게 대비하자!

· Part 1에 자주 출제되는 사진의 상황별 빈출 표현들을 정리하여 암기한다.

· Part 1에서는 정답을 찾기보다 오답을 소거해야 한다. 평소 문제 풀이를 하면서 오답 보기들이 왜 정답이 될 수 없는지를 완벽하게 이해한다.

· 문제 풀이에서 틀린 문제들을 중점적으로 반복 청취하면서 문장 단위로 받아쓰기 연습을 하고, 듣고 따라 말하는(shadowing) 청취 훈련이 필요하다.

PART 1 오답 소거법

1. 혼동되는 상태 동사와 동작 동사를 이용한 오답

(A) He is wearing glasses. ◎

남자는 안경을 착용한 상태이다.

(B) He is putting on glasses. ✕

남자는 안경을 착용하고 있는 중이다.

wear와 put on은 한국어로는 둘 다 '입다, 착용하다'로 해석이 되지만 wear는 착용한 상태를 나타내고 put on은 착용하는 동작을 나타내므로 주의해야 한다.

2. 사진에 없는 사람, 사물, 동작을 연상시키는 오답

(A) He is holding a lid of a machine. ◎

남자는 기계의 덮개를 손으로 잡고 있다.

(B) He is putting some papers on a machine. ✕

남자는 기계 위에 서류를 놓고 있다.

복사하기 위해서는 복사기 위에 서류를 놓아야 한다는 것을 연상해 (B)를 답으로 고를 수 있지만, 사진에 papers(서류)가 없기 때문에 답이 될 수 없다.

3. 혼동되는 유사 발음의 단어를 이용한 오답

(A) She is riding bicycles. ◎

여자는 자전거를 타고 있다.

(B) She is writing on a notepad. ✕

여자는 메모장에 무언가를 쓰고 있다.

맞는 표현은 is riding bicycles(자전거를 타고 있다)이지만 riding과 유사한 발음의 writing을 이용하여 is writing on a notepad(메모장에 무언가를 쓰고 있다)라는 전혀 다른 내용의 함정이 나온다.

4. 여러 가지 의미가 있는 다의어를 이용한 오답

(A) The man is pushing a stroller. ◎

남자가 유모차를 밀고 있다.

(B) They are walking toward the car park. ✕

사람들이 주차장 쪽으로 걸어가고 있다.

park라는 단어만 듣고 사진에 나와 있는 공원을 연상해서 (B)를 답으로 고를 수 있는데, park의 다른 의미를 이용한 함정 문제이다. park는 '공원'이라는 뜻도 있지만 주차와 관련된 의미로도 많이 출제되므로 park(v. 주차하다), parking lot / car park(주차장) 등의 주차와 관련된 표현에 주의한다.

PART 1 주의해야 할 유사 발음 어휘

[p] / [f]	copy 복사하다 / coffee 커피	peel 껍질을 벗기다 / feel 느끼다
	pan 냄비 / fan 선풍기, 부채	pull 당기다 / full 가득 찬
	pass 지나가다 / fast 빠른	pile 더미; 쌓다 / file 파일(을 철하다)
[b] / [v]	base (사물의) 맨 아랫부분 / vase 꽃병	cupboard 찬장 / cover 덮개; 덮다
	bend 구부리다 / vend 팔다	curb 도로 경계석 / curve 커브
[s] / [θ]	boss 상사 / both 둘 다	pass 지나가다 / path 길
[s] / [z]	close 가까운 / clothes 옷	race 경주 / raise 들어 올리다
[l] / [r]	close 가까운, 닫다 / cross 건너다	lap 무릎 / lab 실험실 / wrap 싸다
	cloud 구름 / crowd 군중	lead 이끌다 / read 읽다
	glass 잔 / grass 잔디	load 짐을 싣다 / road 도로
	lace 끈 / race 경주	lock 잠그다 / rock 바위
	lamp 등 / ramp 경사로	lid 뚜껑 / rid 없애다
	lane 차선 / rain 비	tile 타일 / tire 타이어
[t] / [d]	letter 편지 / ladder 사다리	writing 쓰기 / riding 타기
기타	address 연설하다 / dress 드레스	hold 들다 / fold 접다
	alone 혼자 / along ~을 따라서 / long 긴	horse 말 / hose 호스
	books 책들 / box 상자	car 차 / cart 카트
	sail 항해하다 / sell 팔다	chair 의자 / share 공유하다
	seat 좌석 / sit 앉다	stack 더미; 쌓다 / stock 채우다
	draw 그리다 / throw 던지다	track (지나간) 자국 / rack 선반
	fish 낚시하다 / finish 끝내다	fountain 분수 / mountain 산

PART 1 주의해야 할 다의어

assemble	① 모이다		plant	① 식물
	② 조립하다			② 공장
board	① 게시판			③ 심다
	② 이사회		point	① 요점
	③ 타다			② 가리키다
book	① 책		present	① 선물
	② 예약하다			② 참석한
carry	① 운반하다			③ 보여주다, 제시하다
	② 취급하다		produce	① 농작물
check	① 수표			② 생산하다
	② 확인하다		sign	① 간판, 표지판
place	① 장소			② 서명하다
	② 놓다		take off	① 이륙하다
water	① 물			② 벗다, 풀다
	② 물을 주다		light	① (전)등
wave	① 파도			② 가벼운
	② 흔들다			③ 불을 붙이다
cover	① 덮다, 씌우다		locate	① 두다
	② 포함하다			② ~의 위치를 찾아내다
park	① 공원		lot	① 부지
	② 주차하다			② 많은

시제와 태

- Part 1의 사진 묘사는 크게 상태 묘사와 동작 묘사로 구분할 수 있다.
- 문장의 동사의 시제와 태에 따라 자주 출제되는 상태·동작 묘사 표현을 학습해야 Part 1에서 고득점을 받을 수 있다.

Tip!
Part 1이 6문제 밖에 나오지 않는다고 만만하게 보면 오산이야! 점점 어려워지는 Part 1에 완벽 대비하려면 동사의 시제와 태를 전략적으로 학습해야 해!

⚙ 문제 풀이 전략

1. 상태를 묘사하는 현재 시제

🎧 P1-01

▶ 현재 시제는 사람·사물 주어의 현재 상태를 나타낼 때 쓰인다.

▶ 동사 뒤 전치사구가 사진의 장소나 위치를 적절히 묘사하고 있는지 반드시 확인한다.

▶ 주어 + is / are + 전치사구

사람 주어

A woman is under the tree.
여자가 나무 아래에 있다.

사물 주어

Shirts are on display outdoors.
야외에 셔츠가 진열되어 있다.

사람 주어

One of the men is inside the vehicle.
남자들 중 한 명이 차량 안에 있다.

사물 주어

Some kitchen utensils are on a counter.
주방용품이 카운터 위에 있다.

▶ 주어 + 일반동사 + 목적어 / 전치사구

사물 주어

Some trees overlook the water.
나무 몇 그루가 물을 내려다보고 있다.

사물 주어

A fence runs along the road.
울타리가 도로를 따라 나 있다.

▶ There is / are + 주어 + 전치사구 / 분사구

사람 주어

There are people crossing the street.
길을 건너는 사람들이 있다.

사물 주어

There are trees along a walkway.
나무들이 보도를 따라 서 있다.

🎧 P1-02

Warm-up
해설서 p.2

1.

(A)
(B)
(C)
(D)

2.

(A)
(B)
(C)
(D)

2. 상태·동작을 묘사하는 현재진행 시제

🎧 P1-03

▸ Part 1 정답의 약 60%는 현재진행 시제를 사용하여 사진을 묘사한다.

▸ 현재진행 시제를 사용한 정답의 대다수는 사람을 주어로 한 동작 묘사이지만, 시선이나 외양 등 사람의 상태를 묘사하는 경우도 많다.

▸ 사물을 주어로 하여 상태를 묘사하는 정답도 자주 출제된다.

▶ 주어 + is / are V-ing + 목적어 / 전치사구

사람 주어(상태)

The man is facing the monitor.

남자가 모니터를 보고 있다.

사람 주어(동작)

The man is mowing the lawn.

남자가 잔디를 깎고 있다.

사물 주어

Some clothing is hanging on a rack.

옷이 걸이에 걸려 있다.

사물 주어

Some boats are floating on the water.

보트 몇 대가 물 위에 떠 있다.

🎧 P1-04

Warm-up
해설서 p.2

3.

(A)
(B)
(C)
(D)

4.

(A)
(B)
(C)
(D)

3. 상태를 묘사하는 현재완료 시제 🎧 P1-05

▶ 현재완료 시제는 과거부터 지금까지 계속되고 있는 상황 및 이미 되어있는 상태 등을 묘사하는 데 쓰인다.

▶ Part 1에서는 현재완료 시제를 사용한 보기가 정답으로 제시되는 경우가 드물지만 현재 수동태와 마찬가지로 주로 사진의 현재 상황을 묘사할 때 쓰인다.

▶ 주어 + have/has + p.p. (+ 전치사구)

사람 주어

Some people have gathered for a meeting.

몇몇 사람들이 회의를 위해 모여 있다.

사물 주어

Leaves have fallen on the ground.

낙엽들이 땅에 떨어져 있다.

사물 주어

The man has set his luggage next to him.

남자가 자신의 짐을 옆에 두고 있다.

사물 주어

Boats have docked at the pier.

보트들이 부두에 정박해 있다.

🎧 P1-06

Warm-up
해설서 p.3

5.

(A)
(B)
(C)
(D)

6.

(A)
(B)
(C)
(D)

4. 상태를 묘사하는 현재 수동태

🎧 P1-07

현재 수동태는 사람과 사물 모두의 현재 상태를 묘사하기에 적절하지만, 사물을 주어로 한 문장이 정답으로 더 많이 출제된다.

▶ 주어 + is / are + p.p. + 전치사구

사람 주어

They **are seated** next to each other.
사람들이 나란히 앉아 있다.

사물 주어

A bridge **is suspended** over the water.
다리가 물 위에 있다.

사람 주어

Colleagues **are engaged** in a discussion.
동료들이 한창 논의 중이다.

사물 주어

Various objects **are spread** on a desk.
여러 물건들이 책상 위에 널려 있다.

🎧 P1-08

Warm-up
해설서 p.3

7.

(A)
(B)
(C)
(D)

8.

(A)
(B)
(C)
(D)

5. 상태를 묘사하는 현재완료 수동태

P1-09

▶ 현재완료 수동태는 Part 1에서 유일하게 사물만을 주어로 취한다.

▶ 현재완료 수동태는 사물의 움직임이 끝난 상태를 묘사하는 데 쓰인다.

▶ 사람이 없는 사물·풍경 사진에서 현재완료 수동태가 정답으로 제시되는 경우가 많다.

▶ 주어 + have / has been + p.p. + 전치사구

사물 주어 (실내)

사물 주어 (야외)

Some light fixtures have been turned on.
조명 몇 개가 켜져 있다.

Some cars have been parked along a street.
차 몇 대가 길을 따라 주차되어 있다.

사물 주어 (실내)

사물 주어 (실내)

Some produce has been sorted into baskets.
농산품이 바구니 별로 분류되어 있다.

Flowers have been arranged in a vase.
꽃들이 병에 꽂혀 있다.

P1-10

Warm-up

해설서 p.4

9.

(A)
(B)
(C)
(D)

10.

(A)
(B)
(C)
(D)

6. 현재진행 수동태

▶ 현재진행 수동태는 주로 사물 주어에 사람이 어떤 동작을 현재 행하고 있는 모습을 묘사하는 데 쓰인다.

▶ 사람이 없는 사물·풍경 사진에서 현재진행 수동태가 오답 보기로 제시되는 경우가 많다.

▶ 주어 + is / are being + p.p. (+ 전치사구) → 동작 묘사

사람 주어

A customer is being helped at a counter.

고객이 (누군가에 의해) 카운터에서 도움을 받고 있다.

사물 주어

Furniture is being moved.

(사람들이) 가구를 옮기고 있다.

> Tip!
> 현재진행 수동태는 사람의 동작을 묘사하는 구문으로 가장 많이 출제되지만, 몇 가지 예외적인 경우에는 사진 속에 사람이 없어도 정답이 될 수 있어!

▶ 주어 + is / are being + p.p. + (전치사구) → 상태 묘사

사진 속에 사람이 없어도 정답이 되는 현재진행 수동태

An assortment of jewelry is being displayed.

여러 보석이 진열되어 있다.

사진 속에 사람이 없어도 정답이 되는 현재진행 수동태

A shadow is being cast on the grass.

그림자가 잔디밭에 드리워져 있다.

Warm-up

해설서 p.4

11.

(A)
(B)
(C)
(D)

12.

(A)
(B)
(C)
(D)

🎧 P1-13

해설서 p.5

1.

(A)
(B)
(C)
(D)

2.

(A)
(B)
(C)
(D)

3.

(A)
(B)
(C)
(D)

4.

(A)
(B)
(C)
(D)

5.

(A)
(B)
(C)
(D)

6.

(A)
(B)
(C)
(D)

7.

(A)
(B)
(C)
(D)

8.

(A)
(B)
(C)
(D)

9.

(A)
(B)
(C)
(D)

10.

(A)
(B)
(C)
(D)

11.

(A)
(B)
(C)
(D)

12. | 고난도

(A)
(B)
(C)
(D)

인물 사진

UNIT 02

- 여러 장소를 배경으로 인물이 등장하는 사진은 매회 평균 4문제가 출제되며, 인물 묘사를 정답으로 하는 문제가 3문제, 사물 묘사를 정답으로 하는 문제가 1문제 출제되고 있다.
- 인물 사진에서는 주로 현재진행 시제를 사용하여 인물의 상태나 동작을 묘사한다.

⚙ 문제 풀이 전략

1. 상태 묘사 vs. 동작 묘사

▶ 현재진행 시제인 「be동사(is / are + V-ing」를 사용해 사람의 상태나 동작을 알맞게 묘사한 문장을 정답으로 출제하므로 현재진행 시제의 동사가 상태를 나타내는지 동작을 나타내는지 구분할 수 있어야 한다.

착용하다	상태 묘사	A man is wearing a watch. 남자가 시계를 착용하고 있다.
	동작 묘사	A man is putting on a jacket. 남자가 재킷을 착용하는 중이다.
들다	상태 묘사	A man is holding a ladder. 남자가 사다리를 들고[잡고] 있다.
	동작 묘사	A man is carrying a tool. 남자가 도구를 들고 가는 중이다.
타다	상태 묘사	A man is riding a bicycle. 남자가 자전거를 타고 있다.
	동작 묘사	A man is boarding a train. 남자가 기차에 탑승하는 중이다.

▶ 보기에 등장한 사람이나 사물이 사진에서 확인이 안 되는 경우 즉시 소거한다.

2. 1인 사진

▶ 주어가 모두 같은 보기를 제시하며 사람의 동작이나 상태를 알맞게 묘사한 동사를 정답으로 출제하므로 문제를 풀 때 특히 동사를 유심히 듣는다.

▶ 주로 현재진행 시제로 나타내며 인물의 손 동작이나 행동과 관련된 표현이 정답으로 제시되는 경우가 많다.

2인 이상 사진

▶ 사진 속 한 인물뿐 아니라 두 명의 공통된 동작이나 상태를 묘사하는 보기가 자주 출제되므로 동사에 집중해서 듣되, 각 보기의 주어가 다를 수 있으므로 주어 또한 놓쳐서는 안 된다.

인물·풍경 혼합사진

▶ 여러 명의 공통된 동작이나 상태를 묘사하기도 하지만 여러 명 중 한 인물만 묘사하는 문제도 자주 출제되므로 각 보기의 주어와 동사를 모두 파악하여 사진과 일치하는지 확인한다. 인물의 동작이나 상태뿐 아니라 사진에 등장하는 여러 사물이 주어로 나오기도 하므로 인물과 주변 사물들을 모두 눈여겨 봐야 하는 어려운 문제들이다.

1. 교통수단·도로가 배경인 사진

+ **교통수단** | 도로 주행, 길을 따라 차들이 주차되어 있는 모습, 신호등 근처에 멈춰 서 있는 차량, 사람들이 차량에 탑승하거나 기다리는 모습

+ **도로** | 횡단보도를 건너는 보행자, 길을 청소하는 모습

🎧 P1-14 미국

Q1

(A) They're ▨▨▨▨▨▨▨▨▨ a motorcycle.

(B) They're ▨▨▨▨▨▨▨▨▨ traffic.

(C) They're ▨▨▨▨▨▨▨▨▨ motorcycles.

(D) They're ▨▨▨▨▨▨▨▨▨ their helmets.

정답 공략 하기

❶ 사진 살펴보기

인물 사진 ➡ 2인 이상 등장 ➡ 장소 – 도로 ➡ 인물의 공통된 동작·상태 확인

❷ 오답 소거하기

(A) They're working on a motorcycle. 사람들이 오토바이를 손보고 있다.
  ⋯ ❌ 수리나 정비하는 동작이 아니므로 오답

(B) They're directing traffic. 사람들이 교통정리를 하고 있다.
  ⋯ ❌ 교통정리를 하고 있지 않으므로 오답

(C) They're riding motorcycles. 사람들이 오토바이를 타고 있다.
  ⋯ ⭕ 두 사람 모두 오토바이를 타고 있으므로 정답

(D) They're putting on their helmets. 사람들이 헬멧을 착용하는 중이다.
  ⋯ ❌ 헬멧을 쓰는 중이 아니라 이미 착용한 상태이므로 오답

🎧 P1-15

Warm-up
해설서 p.8

1.

(A)
(B)
(C)
(D)

2.

(A)
(B)
(C)
(D)

board 탑승하다	be **boarding** an airplane 비행기에 탑승하는 중이다
disembark 내리다	be **disembarking** from an airplane 비행기에서 내리고 있다
enter **get on** **get in[into]** 들어가다, 타다	be **entering** a parking lot 주차장에 들어가고 있다
	be **entering** a garage 차고에 들어가고 있다
	be **entering** a bus 버스에 타고 있다
	be **getting on** a train 기차에 타고 있다
	be **getting in[into]** a car 차에 타고 있다
exit **get off** **get out** 나가다, 내리다	be **exiting** a building 건물에서 나가고 있다
	be **exiting** a train 기차에서 내리고 있다
	be **getting off** a vehicle 차량에서 내리고 있다
	be **getting out of** a car 차에서 내리고 있다
ride 타고 있다(상태)	be **riding** in a car 차에 타고 있다
	주의 ride는 board(진행되고 있는 행동을 묘사하는 단어)와는 달리 차량에 타고 있는 '상태'를 나타내는 동사임을 기억한다.
drive 운전하다	be **driving** a vehicle 차를 운전하고 있다
cross 건너다	be **crossing** a street 길을 건너고 있다
	be **crossing** a bridge 다리를 건너고 있다
park 주차하다	be **parking** a vehicle 차를 주차하고 있다
	be **parked** along a street 길을 따라서 주차되어 있다
dock (배를) 부두에 대다	be **docked** in a harbor 항구에 배가 대어져 있다
travel 이동하다	be **traveling** on a track 트랙에서 이동하고 있다
taxi 이동하다	be **taxiing** down the runway 활주로를 따라 이동하고 있다
approach 다가가다	be **approaching** a plane 비행기에 다가가고 있다
be ~에 있다	be **at** a station 역에 있다
	be **at** an intersection 교차로에 있다
	be **in** a parking area 주차장에 있다
	be **on** the opposite side 반대편에 있다
stroll **walk** 걷다	be **strolling** along a path 길을 따라 걸어가고 있다
	be **walking** down a street 길을 따라 걸어가고 있다
cycle 자전거를 타다	be **cycling** in the city 시내에서 자전거를 타고 있다
step onto 올라타다	be **stepping** onto a bus 버스에 올라타고 있다

2. 사무실·실내 업무가 배경인 사진

+ 사무실 | 여러 명이 서류를 보는 모습, 토론하는 모습, 사무기기를 사용하는 모습, 사무실에서 휴식을 취하는 모습

+ 실내 업무 관련 | 실험실에서 현미경 등을 사용하는 모습, 병원에서 의사가 환자를 진료하는 모습

🎧 P1-16 미국

Q2

(A) They're ▨▨▨▨▨▨▨ on keyboards.

(B) They're ▨▨▨▨▨▨▨ a computer screen.

(C) They're ▨▨▨▨▨▨ around a table.

(D) They're moving ▨▨▨▨▨▨▨▨.

정답 공략 하기

① 사진 살펴보기

인물 사진 ➡ 2인 이상 등장 ➡ 장소 – 사무실 ➡ 인물의 공통된 동작·상태 확인

② 오답 소거하기

(A) They're **typing** on keyboards. 사람들이 자판을 치고 있다.

⋯ ❌ 키보드를 치고 있지 않으므로 오답

(B) They're **facing** a computer screen. 사람들이 컴퓨터 화면을 보고 있다.

⋯ ⭕ 세 사람 모두 컴퓨터 화면을 보고 있으므로 정답

(C) They're **standing** around a table. 사람들이 탁자 주위에 서 있다.

⋯ ❌ 서 있지 않으므로 오답

(D) They're **moving** furniture. 사람들이 가구를 옮기고 있다.

⋯ ❌ 가구가 보이지 않으므로 오답

🎧 P1-17

Warm-up

해설서 p.9

3.

(A)
(B)
(C)
(D)

4.

(A)
(B)
(C)
(D)

gather 모이다	be gathered in a group 한 무리로 모여 있다
have 가지다	be having a meeting[discussion] 회의 중이다
adjust 조절하다, 정돈하다	be adjusting a monitor 모니터를 조정하고 있다
arrange 정리하다, 배열하다	be arranging a desk 책상을 정리하고 있다
carry 나르다, 옮기다, 들고 가다	be carrying some papers 서류를 들고 가고 있다
hold 잡다, 들다, 쥐다	be holding a file 서류를 들고 있다
close (문을) 닫다	be closing a door 문을 닫고 있다
look at **examine** 보다, 검토하다	be looking at a document 서류를 보고 있다 be examining a paper 서류를 검토하고 있다
greet 인사하다	be greeting each other 서로에게 인사하고 있다
shake hands 악수하다	be shaking hands 악수하고 있다
handle 들다, 옮기다	be handling a package 상자를 들고[옮기고] 있다
hand 건네다	be handing her a file 여자에게 파일을 건네고 있다
organize 정리하다	be organizing some files 파일을 정리하고 있다
install 설치하다	be installing some equipment 장비를 설치하고 있다
clean 청소하다	be cleaning a table 탁자를 청소하고 있다
empty 비우다	be emptying a trash can 휴지통을 비우고 있다
write 적다	be writing on a piece of paper 종이에 적고 있다
call 전화하다; 전화(통화)	be making a phone call 전화하다 = be answering a telephone call 전화를 받고 있다 = be holding a phone[receiver] 전화기를 들고 있다 = be holding a phone to his[her] ear 전화기를 귀에 대고 듣고 있다 **주의** be hanging up the phone 전화를 끊다 (전화를 끊는 상황인지는 사진으로 알 수 없으므로 대부분 오답이다.)
look in(to) ~안을 들여다 보다, 조사하다	be looking in(to) a cabinet 서랍장 안을 들여다 보다
read 읽다, 보다	be reading some documents 서류를 보고 있다
type 타이핑하다, 자판을 두드리다	be typing on a keyboard 키보드를 치고 있다
hang up (고리 등에) 걸다	be hanging up a coat 코트를 걸고 있다
point at (손으로) 가리키다	be pointing at a document (손가락으로) 서류를 가리키고 있다
post 게시하다	be posting a notice on a board 게시판에 공고문을 게시하고 있다

3. 공사장이 배경인 사진

+ 페인트를 칠하는 모습, 건설 자재를 나르는 모습 등

사진에서는 인물의 동작이나 착용 중인 작업복, 또는 사용하고 있는 기계와 관련된 표현이 자주 출제돼!

🎧 P1-18 호주

Q3

(A) The man is operating ░░░░░░░░░░░░.

(B) The man is working at
░░░░░░░░░░░░░░░░░░░░.

(C) The man is ░░░░░░░░░░ safety gear.

(D) The man is loading ░░░░░░░░ into
░░░░░░░░░.

정답 공략 하기

① 사진 살펴보기

인물 사진 ➡ 1인 등장 ➡ 장소 – 공사장 ➡ 인물의 동작·상태 확인

② 오답 소거하기

(A) The man is operating equipment. 남자는 장비를 작동하고 있다.

⋯ ❌ 남자가 사용 중인 장비가 보이지 않으므로 오답

(B) **The man is working at a construction site.** 남자는 공사 현장에서 일하고 있다.

⋯ ⭕ 공사장에서 일하는 모습이므로 정답

(C) The man is taking off safety gear. 남자는 안전 장비를 벗고 있다.

⋯ ❌ 안전모를 벗는 중이 아니라 착용한 상태이므로 오답

(D) The man is loading bricks into a cart. 남자는 카트에 벽돌을 싣고 있다.

⋯ ❌ 카트에 벽돌을 싣고 있는 모습이 아니므로 오답

🎧 P1-19

Warm-up

해설서 p.9

5.

(A)
(B)
(C)
(D)

6.

(A)
(B)
(C)
(D)

assemble 조립하다	be assembling a shelf 선반을 조립하고 있다
carry 나르다, 옮기다, 들고 가다	be carrying equipment 장비를 옮기고 있다
hold 들다	be holding a tool 도구를 들고 있다
lift **pick up** 들어 올리다	be lifting some wood off the ground 땅에서 목재를 들어 올리고 있다 be picking up a chair 의자를 들어 올리고 있다
fix 수리하다	be fixing a machine 기계를 수리하고 있다
climb 올라가다	be climbing onto a roof 지붕에 올라가고 있다
construct 건설하다, 짓다	be constructing a bridge 다리를 건설하고 있다 be constructed on the hill 언덕에 지어지다
install 설치하다, 조립하다	be installing a railing 난간을 설치하고 있다
paint 페인트를 칠하다	be painting a wall 벽에 페인트를 칠하고 있다
remove 제거하다, (옷 등을) 벗다	be removing a hard hat 안전 모자를 벗고 있다
stand 서다	be standing on a ladder 사다리에 서 있다
work 일하다, 작업하다	be working outdoors 야외에서 작업하고 있다
lay 두다, 놓다	be laying bricks into a pile 벽돌을 한 더미로 놓고 있다
work on 작업하다	be working on a car 차를 손보고 있다
(re)pave 도로를 (재)포장하다	be repaving a road 도로를 재포장하고 있다
resurface 표면을 다시 처리하다	be resurfacing a road 도로를 재포장하고 있다
secure (단단히) 고정시키다	be securing a box with tape 상자를 테이프로 단단히 고정시키고 있다
use 사용하다	be using a ladder 사다리를 사용하고 있다
lean against ~에 기대다	be leaning against a lamppost 가로등 기둥에 기대어 있다

4. 집이 배경인 사진

+ **부엌 |** 싱크대를 사용하는 모습, 음식을 하거나 먹는 모습

+ **정원·마당 |** 식물을 손질하는 모습, 잔디를 깎는 모습, 야외 조경을 관리하는 모습

+ **거실·방 |** 청소하는 모습, 독서를 하거나 컴퓨터를 사용하는 모습

🎧 P1-20 영국

Q4

(A) She is watering ▨▨▨▨▨▨▨.

(B) She is ▨▨▨▨▨▨▨ some vegetables.

(C) She is cleaning ▨▨▨▨▨▨▨.

(D) She is ▨▨▨▨▨▨▨ the sink.

**정답
공략
하기**

① 사진 살펴보기

인물 사진 ➡ 1인 ➡ 장소 – 부엌 ➡ 인물의 동작·상태 확인

② 오답 소거하기

(A) She is watering **the lawn.** 여자가 잔디에 물을 주고 있다.

⋯ ❌ 잔디가 보이지 않으므로 오답

(B) She is **chopping some vegetables.** 여자가 채소를 썰고 있다.

⋯ ❌ 자르고 있는 동작이 아니므로 오답

(C) She is cleaning **the kitchen counter.** 여자가 부엌 조리대를 청소하고 있다.

⋯ ❌ 부엌 조리대를 청소하는 모습이 아니므로 오답

(D) She is **using the sink.** 여자가 싱크대를 사용하고 있다.

⋯ ⭕ 싱크대에서 채소를 씻고 있으므로 정답

🎧 P1-21

Warm-up

해설서 p.10

7.

(A)
(B)
(C)
(D)

8.

(A)
(B)
(C)
(D)

cook 요리하다	be cooking some food 음식을 요리하고 있다
prepare 준비하다	be preparing food 음식을 준비하고 있다
chop 썰다	be chopping vegetables 채소를 썰고 있다
grill 굽다	be grilling some food 음식을 그릴에 굽고 있다
pour 붓다, 따르다	be pouring some water 물을 따르고 있다
use 사용하다	be using cooking utensils 조리 기구를 사용하고 있다
cut 자르다	be cutting the grass 잔디를 깎고 있다
mow (잔디를) 깎다	be mowing the lawn 잔디를 깎고 있다
dig 구덩이를 파다	be digging a hole 구덩이를 파고 있다
pick 따다	be picking tomatoes in a garden 정원에서 토마토를 따고 있다
water 물을 주다	be watering flowers in the garden 정원에서 꽃에 물을 주고 있다
rake 갈퀴질을 하다	be raking leaves into a pile 잎들을 갈퀴질하여 한 더미로 모으고 있다
trim 다듬다, 손질하다	be trimming the bushes 관목을 다듬고 있다
vacuum 진공청소기로 청소하다	be vacuuming the floor 바닥을 진공청소기로 청소하다
clean 청소하다	be cleaning the stove 가스레인지를 청소하고 있다
clear 치우다	be clearing the table 테이블을 치우고 있다
wipe 문질러 닦다	be wiping the window 창문을 닦고 있다
sweep 쓸다	be sweeping the floor 바닥을 쓸고 있다
mop 대걸레로 닦다	be mopping the floor 바닥을 닦고 있다
polish 광을 내다	be polishing a statue 조각상을 닦고 있다
dry 말리다	be drying utensils with a cloth 천으로 주방 도구의 물기를 닦고 있다
stir 젓다	be stirring a pot 냄비를 젓고 있다
drink 마시다	be drinking a beverage 음료를 마시고 있다 be drinking from a cup 컵으로 마시고 있다

5. 야외·여가 활동이 배경인 사진

+ **공원 l** 산책하는 모습, 자전거를 타는 모습, 그늘에서 독서하는 모습
+ **그 외 장소 l** 산이나 바위를 오르며 하이킹하는 모습, 야외에서 악기 연주하는 모습, 해변에서 시간을 보내는 모습

🎧 P1-22 [미국]

Q5

(A) Some people are performing on a ▨▨▨▨▨▨▨▨.

(B) Some people are ▨▨▨▨▨▨▨▨▨▨▨.

(C) Some people are resting on a ▨▨▨▨▨▨▨.

(D) Some people are ▨▨▨▨▨▨▨ in a park.

정답 공략 하기

❶ 사진 살펴보기

인물 사진 ➡ 2인 등장 ➡ 장소 – 야외 ➡ 인물의 공통된 동작·상태 확인

❷ 오답 소거하기

(A) Some people are performing on a stage. 몇몇 사람들이 무대 위에서 공연하고 있다.
⋯ ❌ 무대는 보이지 않으므로 오답

(B) Some people are playing instruments. 몇몇 사람들이 악기를 연주하고 있다.
⋯ ⭕ 두 사람 모두 기타를 연주하고 있으므로 정답

(C) Some people are resting on a bench. 몇몇 사람들이 벤치에서 쉬고 있다.
⋯ ❌ 벤치는 보이지 않으므로 오답

(D) Some people are walking in a park. 몇몇 사람들이 공원에서 걷고 있다.
⋯ ❌ 걷고 있지 않으므로 오답

🎧 P1-23

Warm-up
해설서 p.10

9.

(A)
(B)
(C)
(D)

10.

(A)
(B)
(C)
(D)

applaud	be applauding a performer 공연자에게 박수 갈채를 보내고 있다
clap 박수를 치다	be clapping hands 박수를 치고 있다
attend 참석하다, 참관하다	be attending a concert 공연을 관람[감상]하고 있다
hike 하이킹을 하다	be hiking near some trees 나무 몇 그루 근처에서 하이킹하고 있다
ride 타다	be riding a bike 자전거를 타고 있다
cycle 자전거를 타다	be cycling through a park 공원에서 자전거를 타고 있다
stroll 거닐다	be strolling through a park 공원에서 거닐고 있다
leave 떠나다	be leaving a stage 무대에서 나가고 있다
perform 공연하다	be performing on stage 무대에서 공연하고 있다
play (악기를) 연주하다	be playing instruments 악기를 연주하고 있다
give 주다, (공연 등을) 하다	be giving a performance 공연을 하고 있다
lie 눕다	be lying on the beach 해변에 누워 있다
read 읽다	be reading in a park 공원에서 책을 읽고 있다
wear 입다(상태), (가방을) 메다	be wearing a backpack 배낭을 메고 있다
shovel 삽질하다	be shoveling snow off the street 길에서 삽으로 눈을 치우고 있다
arrange 정돈하다	be arranging some flowers 꽃꽂이를 하고 있다
rake 갈퀴질을 하다	be raking leaves 낙엽들을 갈퀴로 긁어 모으고 있다
row **paddle** 노를 젓다	be rowing a boat 배의 노를 젓고 있다
photograph 사진을 찍다	be photographing some buildings 건물들의 사진을 찍고 있다
rest 쉬다	be resting on a bench 벤치에서 쉬고 있다
sit 앉다	be sitting on the bench 벤치에 앉아 있다
seat 앉히다	be seated on the grass 잔디밭에 앉아 있다
skate 스케이트를 타다	be skating in a park 공원에서 스케이트를 타고 있다
climb 오르다	be climbing up a hill 언덕을 오르는 중이다
wave 손을 흔들다	be waving from a bus 버스에서 손을 흔들다

6. 그 외 공공 장소가 배경인 사진

+ **상점** | 물건을 고르는 모습, 카트에 물건을 싣는 모습
+ **식당** | 종업원이 음식을 제공하는 모습, 손님의 빈 잔에 물을 따라주는 모습
+ **호텔** | 로비의 직원과 고객의 모습
+ **도서관** | 책장에서 책을 꺼내려고 손을 뻗는 모습
+ **미용실** | 가운을 두르고 있는 손님의 모습

🎧 P1-24 미국

Q6

(A) Light fixtures ▓▓▓▓▓▓▓ above the people.

(B) A group of people is ▓▓▓▓▓▓▓ some ▓▓▓▓▓▓▓.

(C) Some tables ▓▓▓▓▓▓▓.

(D) Some customers ▓▓▓▓▓▓▓ for their groceries.

정답 공략 하기

① 사진 살펴보기

인물 사진 ➡ 3인 이상 등장 ➡ 장소 – 식당 ➡ 인물들의 공통된 동작·상태 확인

② 오답 소거하기

(A) Light fixtures **are being hung** above the people. 사람들 위에 조명이 매달려지고 있다.
  ⋯ ❌ 조명을 달고 있는 사람이 없으므로 오답

(B) A group of people is **approaching some steps**. 한 무리의 사람들이 계단으로 다가가고 있다.
  ⋯ ❌ 계단으로 향하는 사람들을 확인할 수 없으므로 오답

(C) Some tables **are occupied**. 몇몇 탁자가 사용되고 있다.
  ⋯ ◎ 사진에 탁자를 사용하고 있는 사람이 보이므로 정답

(D) Some customers **are paying** for their groceries. 몇몇 고객들이 식료품 비용을 지불하고 있다.
  ⋯ ❌ 사진에 식료품을 들고 계산하는 사람들이 보이지 않으므로 오답

🎧 P1-25

Warm-up
해설서 p.11

11.

(A)
(B)
(C)
(D)

12.

(A)
(B)
(C)
(D)

display 전시하다	be displayed in a shop 상점에 진열되어 있다
lay 두다, 놓다	be laid on the floor 바닥에 놓여 있다
line up 줄을 서다	be lined up in a display case 진열장에 줄지어져 있다
load (짐을) 싣다	be loaded into crates 상자에 담겨 있다
place 놓다, 두다	be placed on a counter 카운터에 놓여 있다 be placing a menu on a table 탁자에 메뉴를 놓고 있다
stock 채우다	be stocked with products 제품으로 채워지다
bring 가져가다	be brought to a table 테이블에 가져오다
fill 채우다	be filling shelves with books 책으로 선반을 채우고 있다
hand out 나눠주다, 배부하다	be handing out some papers 서류를 배부하고 있다
leave 남기다, 떠나다	be left on a chair 의자에 남아 있다
occupy 사용하다, 자리를 차지하다	be occupied 사용되고 있다
set 준비하다	be set for a meal 식사가 준비되다
seat 앉(히)다	be seated at a table 테이블에 앉아 있다
have ~하게 하다, (식사를) 하다, 가지다	be having his[her] hair cut 그[그녀]의 머리를 자르고 있다 be having[eating] a meal 식사를 하고 있다
light 불을 붙이다	be lighting a candle 양초에 불을 붙이고 있다
rearrange 재배치하다	be rearranging a display 진열품을 재배치하고 있다
shop 쇼핑을 하다	be shopping for groceries 식료품을 사고 있다
buy **purchase** 구매하다	be buying groceries 식료품을 구매하고 있다 be purchasing an article of clothing 의류 한 점을 구매하고 있다
study, examine, read (유심히) 보다	be studying a menu 메뉴를 보고 있다 be examining a document 서류를 보고 있다
walk 걷다	be walking into a café 카페로 걸어 들어가고 있다
be full of ~로 가득하다	be full of shoppers 손님으로 가득하다 = be crowded with shoppers
hang 걸다	be hung from a ceiling 천장에 매달려 있다
help **assist** 도와주다	be helping customers 손님들을 도와주고 있다
remove 치우다	be removed from a table 테이블에서 치워지다
set up 설치하다	be set up in the lobby 로비에 설치되다

🎧 P1-26

1.

(A)
(B)
(C)
(D)

2. ┃고난도

(A)
(B)
(C)
(D)

3.

(A)
(B)
(C)
(D)

4.

(A)
(B)
(C)
(D)

5. 고난도

(A)
(B)
(C)
(D)

6.

(A)
(B)
(C)
(D)

7.

(A)
(B)
(C)
(D)

8.

(A)
(B)
(C)
(D)

9.

(A)
(B)
(C)
(D)

10.

(A)
(B)
(C)
(D)

11.

(A)
(B)
(C)
(D)

12.

(A)
(B)
(C)
(D)

UNIT 03 사물·풍경 사진

- 인물이 등장하지 않고 실내외를 배경으로 하는 사진은 매회 평균 2문제가 출제되며, 대부분 사물의 위치나 상태를 묘사한다.
- 사물·풍경 사진을 장소별로 구분하여 살펴보고 장소별 필수 어휘를 숙지해야 한다.

⚙ 문제 풀이 전략

1. 사진에 등장하지 않는 사람이나 사물을 언급한 오답은 즉시 소거한다.

▶ 사물·풍경 사진에서 사람을 주어로 한 보기는 듣자마자 바로 소거한다.

▶ 사진에서 볼 수 없는 사물이 들리면 바로 소거한다.

2. 빈출 정답 시제는 수동태(be + p.p.)이다.

▶ 사물의 위치나 상태는 주로 수동태로 표현되기 때문에 알맞은 수동태를 사용한 문장이 정답으로 출제된다.

현재 수동태 [be + p.p.]	The shelves are stocked with some products. 몇몇 제품으로 선반이 채워져 있다.
현재완료 수동태 [have been + p.p.]	Some books have been placed on a table. 탁자에 책 몇 권이 놓여 있다.

3. 현재진행과 현재 시제도 사물 묘사 문제의 정답으로 출제된다.

▶ 현재진행형이나 현재 시제를 사용한 정답도 종종 등장한다.

현재 진행 [be + V-ing]	Several boats are floating on the water. 선박 몇 척이 물 위에 떠 있다.
현재 시제	A path leads to the entrance. 길이 입구로 이어져 있다.

4. 현재진행 수동태(be being + p.p.)는 대부분 오답이다.

▶ 현재진행 수동태는 진행 중인 인물의 동작을 수동형으로 나타낸 것이므로 사람이 없는 사물·풍경 사진에서 현재진행 수동태를 사용한 보기는 95% 이상 오답으로 소거한다.

EX **The floor is being swept.** 바닥이 쓸려지고 있다. (= 누군가 바닥을 쓸고 있다.)
⋯▸ 바닥을 쓸고 있는 사람이 있어야 정답

1. 교통 수단·도로가 배경인 사진

+ 비행기, 배, 기차, 차, 버스, 자전거가 주차 또는 정박해 있는 모습

🎧 P1-27 미국

Q1

(A) ▨▨▨▨▨▨▨▨▨▨▨▨▨ is boarding a boat.

(B) ▨▨▨▨▨▨▨▨▨ are fishing on a shore.

(C) Boats ▨▨▨▨▨▨ in a harbor.

(D) A bridge ▨▨▨▨▨▨▨▨▨ .

정답
공략
하기

1 사진 살펴보기

사물·풍경 사진 ➡ 장소 – 항구 ➡ 배의 위치·상태 및 주변 사물 확인

2 오답 소거하기

(A) **A line of passengers** is boarding a boat. 한 줄로 선 승객들이 보트를 타고 있다.
   ⋯ ❌ 탑승하는 승객들이 보이지 않으므로 오답

(B) **Some people** are fishing on a shore. 몇몇 사람들이 해안에서 낚시를 하고 있다.
   ⋯ ❌ 낚시하는 사람들이 보이지 않으므로 오답

(C) Boats **are docked** in a harbor. 배들이 항구에 정박해 있다.
   ⋯ ⭕ 두 척의 배가 항구에 정박해 있으므로 정답

(D) A bridge **is being constructed**. 다리가 건설되고 있다.
   ⋯ ❌ 다리가 건설 중인 모습이 아니므로 오답

🎧 P1-28

Warm-up
해설서 p.15

1.
   (A)
   (B)
   (C)
   (D)

2.
   (A)
   (B)
   (C)
   (D)

take off 이륙하다	be taking off from a runway 활주로에서 이륙 중이다
land 착륙하다	be landing 착륙 중이다
park 주차시키다, 세우다	be parked 주차되어 있다, 세워져 있다
load 짐을 싣다	be loaded onto a truck 트럭에 (짐이) 실려 있다
float 떠 있다	be floating on the water 물 위에 떠 있다
dock 정박하다	be docked in a harbor 항구에 정박되어 있다
sail 항해하다	be sailing across the lake 호수에서 항해 중이다
pass 지나다	be passing under the bridge 다리 밑을 지나가고 있다
drive (차들이) 다니다	be driving down a road (차들이) 도로를 따라 다니고 있다
congested 혼잡한	be congested with traffic 교통이 혼잡하다
deserted 사람이 없는	be deserted 사람이 없다
span 가로지르다	span a waterway 수로 위를 가로지르다
run 이어지다, (길이) 나 있다	run alongside a building (도로 등이) 건물 옆으로 나 있다
extend 이어지다, 뻗어 있다	extends across the river (다리 등이) 강 위로 뻗어 있다
curve 휘어지다	curved around the bay (도로가) 만을 따라 휘어 있다
surround 둘러싸다	be surrounded by trees 나무로 둘러싸여 있다
divide 나누다	be divided by a handrail (계단 등이) 난간으로 나뉘어 있다
suspend 매달리다	be suspended above a table (전등 등이) 테이블 위에 매달려 있다
secure 고정시키다, 잡아매다	be secured to the metal post 쇠 기둥에 묶여 있다
shade 그늘지게 하다	be shaded by some trees 몇몇 나무들로 그늘이 져 있다
lead to 이어지다	A walkway leads to the building. 도보가 건물로 이어져 있다.
erect 세우다	be erected outside the building 건물 바깥쪽에 세워져 있다
dig (땅을) 파다	be digging a trench 도랑을 파고 있다
board 탑승하다	be boarding a bus 버스에 탑승하고 있다
inspect 점검하다	be inspecting the car 자동차를 살펴보고 있다

2. 실내가 배경인 사진

+ 집안의 방이나 상점, 식당 등을 배경으로 한 장면

Q2

(A) Light fixtures ▓▓▓▓▓▓▓ from the ceiling.

(B) A table ▓▓▓▓▓▓ in front of a sofa.

(C) The windows have been left ▓▓▓▓▓.

(D) Paint ▓▓▓▓▓▓ to a wall.

정답 공략 하기

❶ 사진 살펴보기

사물·풍경 사진 ➡ 장소 − 실내 ➡ 사물들의 위치·상태 확인

❷ 오답 소거하기

(A) Light fixtures **are being hung** from the ceiling. 조명들이 천장에 매달려지고 있다.

⋯➡ ❌ 조명을 매달고 있는 사람이 보이지 않으므로 오답

(B) A table **is placed** in front of a sofa. 탁자가 소파 앞에 놓여 있다.

⋯➡ ⭕ 테이블이 소파 앞에 있으므로 정답

(C) The windows have been left **open.** 창문이 열려 있다.

⋯➡ ❌ 창문들이 열려 있지 않으므로 오답

(D) Paint **is being applied** to a wall. 벽에 페인트가 칠해지고 있다.

⋯➡ ❌ 벽에 페인트를 칠하는 사람이 보이지 않으므로 오답

Warm-up

해설서 p.15

3.

(A)
(B)
(C)
(D)

4.

(A)
(B)
(C)
(D)

arrange 정리하다	be arranged in front of a sofa 소파 앞에 정리되어 있다
attach 붙이다	be attached to the wall 벽에 붙어 있다
decorate 장식하다	be decorated with flowers 꽃으로 장식되어 있다
dismantle 분해하다	be dismantled 분해되다
drop 떨어뜨리다	be dropped on the floor 바닥에 떨어져 있다
be filled with ~로 가득 차다	be filled with reading materials 읽을거리로 가득 차 있다
hang 걸다	be hung on a wall 벽에 걸려 있다
leave ~한 상태로 두다[남기다]	be left open 열려 있다
organize 정리하다	be organized on a table 테이블 위에 정리되어 있다
post 붙이다	be posted on a board 게시판에 붙어 있다
line up 줄을 서다	be lined up under the windows 창문 밑에 줄지어 있다
place **locate** **situate** **position** 두다, 놓다, 위치시키다	be placed in the corner 코너에 놓여 있다 be located on a shelf 선반에 놓여 있다 be situated in the corner 모퉁이[구석]에 위치해 있다 be positioned on a sofa 소파 위에 자리하고 있다
sit [사물 주어] **lie** **rest** (~에) 있다[위치하다]	be sitting on a table 탁자에 놓여 있다 be lying on the floor 바닥에 놓여 있다 be resting on the floor 바닥에 놓여 있다
set 두다, 놓다	be set on the ground 땅에 놓여 있다
stack 쌓다	be stacked on top of each other 차곡차곡 쌓여 있다
pile 쌓다	be piled on a counter 카운터 위에 쌓여 있다
mount 고정시키다	be mounted on a wall 벽에 고정되어 있다
pin (핀으로) 고정시키다	be pinned on the bulletin board 게시판에 고정되고 있다
tack (압정으로) 꽂다	be tacked on the board 판에 (압정으로) 고정되어 있다
arrange 정렬하다, 정리하다	be arranged in a row 일렬로 정렬되어 있다

3. 실외가 배경인 사진

+ 공원, 시골, 해변, 도시 풍경, 공사장 등을 배경으로 한 장면

🎧 P1-31 미국

Q3

(A) Some trees ▨▨▨▨▨▨▨▨▨▨▨▨▨▨▨▨ .

(B) Leaves have been gathered
▨▨▨▨▨▨▨▨▨▨▨▨▨ .

(C) ▨▨▨▨▨▨▨▨▨▨ is spraying water on plants.

(D) A bench ▨▨▨▨▨▨▨▨▨▨▨▨▨▨ .

정답 공략 하기

❶ 사진 살펴보기

사물·풍경 사진 ➡ 장소 – 공원 ➡ 주변 풍경과 사물의 위치·상태 확인

❷ 오답 소거하기

(A) Some trees **are being trimmed.** 나무 몇 그루들이 손질되고 있다.

⋯▶ ❌ 나무를 손질하고 있는 사람이 보이지 않으므로 오답

(B) Leaves have been gathered **in a pile.** 낙엽들이 한 더미로 모아져 있다.

⋯▶ ❌ 한 더미로 쌓아올린 낙엽이 보이지 않으므로 오답

(C) **A gardener** is spraying water on plants. 정원사가 식물에 물을 뿌리고 있다.

⋯▶ ❌ 정원사가 보이지 않으므로 오답

(D) A bench **is unoccupied.** 벤치가 비어 있다.

⋯▶ ⊙ 벤치에 앉아 있는 사람이 없으므로 정답

🎧 P1-32

Warm-up
해설서 p.16

5.

(A)
(B)
(C)
(D)

6.

(A)
(B)
(C)
(D)

illuminate 비추다, 밝히다	**be illuminated by lights** 조명으로 비춰지다
install 설치하다	**be installed** 설치되다
lead to ~로 이어지다[인도하다]	**lead to a building** 건물로 이어져 있다
prop 받쳐 세워 놓다	**be propped against the house** 집에 기대어 있다
reflect 비추다, 반사하다	**be reflected on the surface of the water** 수면에 반사되고 있다
run 이어지다, 연결하다	**run along the edge of the road** 도로의 가장자리를 따라서 이어지다
stretch 늘어지다, (어떤 지역에 걸쳐) 펼쳐지다, 뻗어 있다	**stretch along the road** 길을 따라서 늘어져 있다
surround **encircle** 둘러싸다	A building is **surrounded** by trees. 건물이 나무로 둘러싸여 있다. = Trees **surround** a building. = Trees **encircle** a building.
scatter 흩어지게 만들다	**be scattered on the street** 길 위에 흩어져 있다
fall 떨어지다	**be falling onto the ground** 땅에 떨어지고 있다
deserted 사람이 없는	The intersection is **deserted**. 교차로에 인적이 없다.
cast a shadow 그림자를 드리우다	The ladder is **casting a shadow**. 사다리의 그림자가 드리워져 있다.
line up 줄을 서다	**be lined up along the edge of a canal** 운하의 가장자리를 따라 줄지어 있다
overlook 내려다보다	Houses **overlook** the lake. 집들이 호수를 내려다본다.
grow (식물 등이) 자라다	**be growing near the water** (식물들이) 물가에서 자라고 있다
stand 서 있다	**stands near a lake** (건물 등이) 호수 옆에 서 있다
line ~을 따라 줄 세우다	**line both sides of the street** 길 양쪽에 줄 세워져 있다
build 짓다	**have been built along the water** 물가를 따라 지어져 있다
face ~을 향하다	**be facing a store** 가게를 향해 있다
leave open 열어 두다	**have been left open** 열려 있다
border 경계를 이루다	**be bordered by a fence** (길 등이) 울타리로 경계를 이루고 있다

🎧 P1-33

해설서 p.17

1.

(A)
(B)
(C)
(D)

2.

(A)
(B)
(C)
(D)

3. | 고난도

(A)
(B)
(C)
(D)

4.

(A)
(B)
(C)
(D)

5. 고난도

(A)
(B)
(C)
(D)

6.

(A)
(B)
(C)
(D)

7.

(A)
(B)
(C)
(D)

8.

(A)
(B)
(C)
(D)

9.

(A)
(B)
(C)
(D)

10.

(A)
(B)
(C)
(D)

11. | 고난도

(A)
(B)
(C)
(D)

12.

(A)
(B)
(C)
(D)

REVIEW TEST

 P1-34   해설서 p.20

1.
고난도

(A)

(B)

(C)

(D)

2.

(A)

(B)

(C)

(D)

3.
고난도

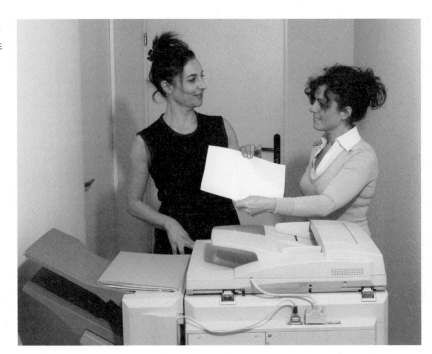

(A)

(B)

(C)

(D)

4.

(A)

(B)

(C)

(D)

5.

(A)

(B)

(C)

(D)

6.

(A)

(B)

(C)

(D)

NO TEST MATERIAL ON THIS PAGE

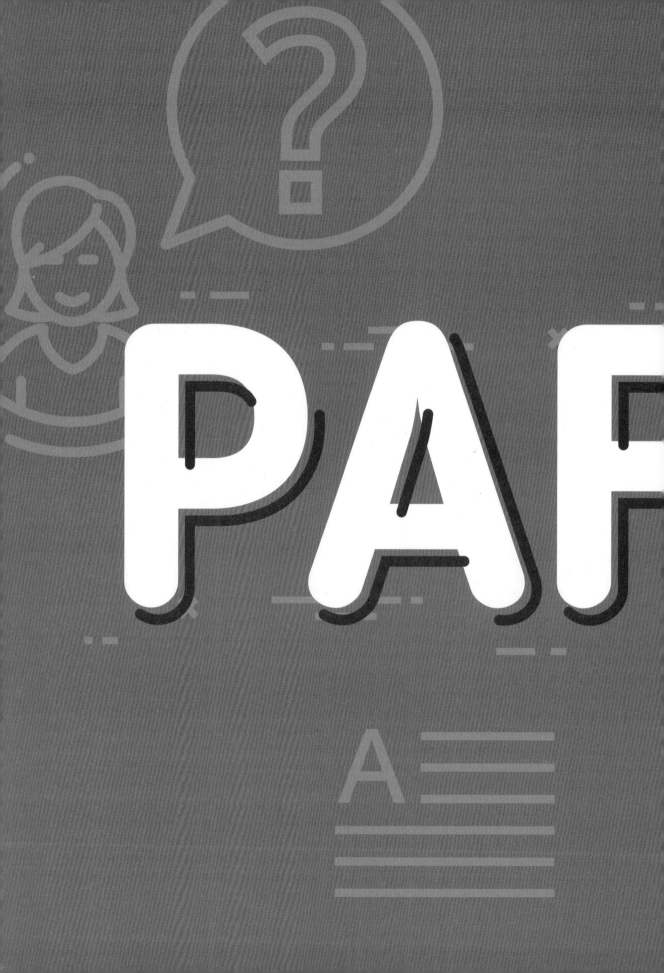

RT 2

질의응답

FAQ

OVERVIEW

질문을 듣고, 이어서 들려주는 3개의 보기 중에서 질문에 가장 적절한 응답을 선택하는 문제이다.

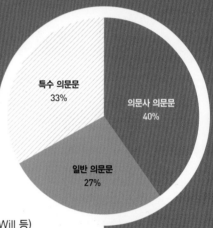

특수 의문문
33%

의문사 의문문
40%

일반 의문문
27%

문제 유형

의문사 의문문 | Who, When, Where, What, Which, How, Why

일반(Yes/No) 의문문 | Be동사 의문문, 조동사 의문문(Have, Do, Can, Will 등)

특수 의문문 | 부정 의문문, 부가 의문문, 선택 의문문, 요청문(제안·제공·요청),
간접 의문문, 평서문

출제 포인트

• 단답형으로 응답하는 의문문의 비중은 줄고, 다양한 응답이 가능한 평서문과 부가 의문문의 비중이 커지고 있다.

• '모르겠다,' '아직 정해지지 않았다' 등의 우회적인 응답이나 되묻는 응답의 비중 역시 직접 응답의 비중과 비슷한 수준으로 출제된다.

PART 2 이렇게 대비하자!

• Part 2에 자주 출제되는 질문·응답 유형 및 필수 표현을 정리한다.

• 질문은 알아듣기 쉽지만, 응답은 알아듣기 어려운 토익 Part 2는 질문의 핵심 키워드에 어울리지 않는 오답을 소거해 나가는 연습이 필요하다.

PART 2 오답 소거법

1. 의문사 의문문에 Yes/No 등으로 답하는 오답

> **Q. When** will Mr. Kim return from the conference? Mr. Kim은 언제 콘퍼런스에서 돌아오나요?
>
> (A) He was in the meeting this morning. ◎ 아침에 회의에 있었는데요.
>
> (B) **Yes**, he will participate in the conference. ✕ 네, 그는 콘퍼런스에 참가할 거예요.
>
> conference라는 같은 단어가 반복되어 (B)가 정답처럼 들리지만, 의문사로 시작하는 의문문에는 Yes나 No로 답할 수 없다. Yes와 같은 유사한 의미인 Sure나 Of course로도 답할 수 없다.

2. 똑같은 발음 또는 유사한 발음을 이용한 오답

> **Q.** Have you **reviewed** the report? 보고서를 다 검토했나요?
>
> (A) I just got back from my vacation. ◎ 휴가에서 막 돌아왔어요. (그래서 아직 검토하지 못했다)
>
> (B) It has a nice **view**. ✕ 전망이 참 좋네요.
>
> (B)는 내용상 전혀 상관없는 오답이지만 질문의 review와 발음이 비슷한 view를 이용한 함정이다. 똑같은 발음 또는 유사한 발음이 들리면 왠지 정답처럼 들리지만, 오답 함정인 경우가 대부분이므로 주의해야 한다.

3. 연상되는 어휘를 이용한 오답

> **Q.** Where is the **museum**? 박물관은 어디에 있나요?
>
> (A) It is on 5th Avenue. ◎ 5번가에 있어요.
>
> (B) It was a great **exhibit**. ✕ 아주 멋진 전시회였어요.
>
> (B)는 질문과는 상관없는 오답이지만 질문의 museum(박물관)을 듣고 연상되는 exhibit(전시회)를 이용한 함정이다. 의미상 관련이 있는 어휘가 보기에서 들리면 왠지 정답처럼 들리지만, 오답 함정인 경우가 많으므로 주의해야 한다.

4. 질문과 응답의 주어 불일치 오답

> **Q.** How did **you** enjoy your stay at our hotel? 저희 호텔에서의 숙박은 어떠셨나요?
>
> (A) It was great. ◎ 아주 좋았어요.
>
> (B) **He** stayed late. ✕ 그는 늦게까지 있었어요.
>
> stay라는 같은 단어가 반복되어 (B)가 정답처럼 들리지만, 질문에서의 주어가 you였기 때문에 답은 I로 나와야 한다. (B)는 주어가 he라서 답이 될 수 없다. 질문은 you(2인칭)에 대해 묻고 있지만, he(3인칭)로 대답한 오답이다.

5. 질문과 응답의 시제 불일치 오답

> **Q. Did** Ms. Chambers explain the benefits? Ms. Chambers가 혜택들을 설명해 주었나요?
>
> (A) I will meet her tomorrow. ◎ 내일 그녀를 만날 거예요.
>
> (B) Yes, she **does**. ✕ 네, 그녀가 합니다.
>
> 일반 의문문에 Yes나 No로 답하는 것이 가장 기본적이지만 (B)는 시제가 맞지 않아서 답이 될 수 없다. 질문은 과거의 일(did)을 묻고 있지만, 현재시제(does)로 대답한 오답이다.

PART 2 주의해야 할 유사 발음 어휘

질문에서 들렸던 단어와 똑같은 발음 또는 유사한 발음의 단어가 오답 함정으로 나오는 문제가 출제 비중이 아주 높다. 앞 문제에 신경 쓰거나 하느라고 질문을 못 들었을 때, 들렸던 똑같은 또는 유사한 발음의 단어가 들리면 그 대답이 왠지 정답처럼 느껴지지만 그런 것들은 대부분 오답 함정임을 반드시 알아 두어야 한다. 아래에 유사 발음 함정 문제로 자주 출제되는 단어의 짝을 숙지해 둔다.

account 계좌 / count 세다	drive 운전하다 / arrive 도착하다
allowed 허가받은 / loud 시끄러운	assign 할당하다 / sign 간판; 서명하다
invoice 청구서 / voice 목소리	introduce 소개하다 / reduce 줄이다
move 이사하다, 옮기다 / remove 치우다	light 가벼운 / right 오른쪽의
repair 고치다 / prepare 준비하다	review 검토 / view 전망
rain 비(가 오다) / train 기차; 교육하다	collect 모으다 / correct 정확한
apartment 아파트 / department 부서	revenue 수익 / renew 갱신하다
late 늦은 / rate 요금	lend 빌려주다 / rent 임대하다
firm 회사 / confirm 확인해주다	jacket 재킷 / packet 통

listen 듣다 / recent 최근의	called 전화를 걸었다 / cold 추운
computer 컴퓨터 / commuter 통근자	copy 복사하다 / coffee 커피
mind 상관하다 / mine 나의 것	lunch 점심 / launch 출시하다
refund 환불 / fun 재미있는	retire 은퇴하다 / tired 피곤한
supplies 물품 / surprise 놀라움; 놀라다	contract 계약서 / contact 연락하다
open 열다 / often 종종	boss 상사 / both 둘 다
fine 좋은 / find 찾다	fix 고치다 / fax 팩스(를 보내다)

applicant 지원자 / application 지원	appoint 임명하다 / appointment 약속
expense 비용 / expensive 비싼	assistant 조수 / assistance 도움
register 등록하다 / registration 등록	copy 복사하다 / copier 복사기

cancel 취소하다 / can't sell 팔 수 없다	maintenance 유지 / main entrance 정문
delivery 배달 / deliver it 그것을 배달하다	duty 의무 / due to ~ 때문에

『모르겠습니다』류의 우회적인 응답 유형

거의 모든 유형의 질문에 가능한 답변으로 매회 적어도 3문제 이상 정답으로 출제되므로 반드시 익혀 두어야 한다.

1. 모르겠습니다

I don't know. 잘 모르겠습니다.	I have no idea. 잘 모르겠습니다.
I'm not sure. 확실하지 않습니다.	No one is sure yet. 아무도 확실하지 않습니다.
Nobody told me. 아무도 나에게 말해 주지 않았어요.	I haven't been notified yet. 아직 못 들었어요.
I haven't been told yet. 아직 못 들었습니다.	I'm still waiting to hear. 아직 소식을 기다리고 있어요.
I haven't heard anything yet. 아직 아무것도 듣지 못했습니다.	He didn't give a reason. 이유를 말해 주지 않았어요.

2. 아직 결정되지 않았어요

It hasn't been decided. 아직 결정되지 않았어요.	We haven't decided yet. 아직 결정하지 않았어요.
I'm still deciding. 아직도 정하고 있어요.	I haven't made a decision. 아직 결정하지 못했어요.
I've not made up my mind. 아직 마음을 정하지 못했어요.	It hasn't been discussed yet. 아직 논의되지 않았어요.
It hasn't been confirmed. 아직 공식화되지 않았어요.	He'll let me know this afternoon. 오후에 알려줄 겁니다.
We'll find out in today's meeting. 오늘 회의 때 알게 될 거예요.	It's too soon to tell. 아직 말하긴 일러요.

3. 확인해 보겠습니다

Let me check. 확인해 보겠습니다.	I'll find out. 알아보겠습니다.
I'll go see. 가서 알아보겠습니다.	I'll look it up. (자료 등을) 찾아보겠습니다.
I'll let you know. 알려드리겠습니다.	I'll have to ask James. James에게 물어봐야 해요.

4. 다른 사람에게 물어보세요

Why don't you ask James? James에게 물어보지 그래요?	Ask James. James에게 물어보세요.
James might know. James가 알 거예요.	Talk to James. James에게 말하세요.

5. 다른 곳을 확인해 보세요

Check the bulletin board. 게시판을 확인해 보세요.	It's listed in the itinerary. 일정표에 나와 있습니다.
We emailed it to everyone. 모든 사람에게 이메일을 보냈어요.	You can find it on our Web site. 웹사이트에 있어요.

6. 상황에 따라 달라요

It depends. 상황에 따라 달라요.	It depends on the salary. 급여에 따라 다릅니다.

Who·When·Where 의문문

 음원 바로 듣기

문제 풀이 전략 Who 의문문

1. 사람 이름, 직업, 직책, 부서, 회사명이 정답이다.

> **Tip!** 최근 Part 2 난이도가 높아진 만큼 비교적 쉬운 Who – [사람 이름] 정답이 자주 출제되지 않아. 오히려 사람 이름이 오답함정으로 나올 수도 있으니 주의해!

Q. Who's preparing next year's budget proposal? 내년도 예산안을 누가 준비하고 있나요?
A. I think **Tommy** is. Tommy일 거예요. [사람 이름]

Q. Who do I contact about accessing my email account?
제 이메일 계정에 접속하려면 누구에게 연락하면 되나요?
A. Try the **Technology Department**. 기술지원부에 연락해 보세요. [직책, 부서]

2. I, No one, Nobody, Someone, Everyone 등 부정대명사가 정답이다.

> **Tip!** 의문사 의문문에 Yes/No로 답할 수 없다는 건 잘 알고 있지? 그렇다고 No one/Nobody 같은 보기도 오답으로 생각하면 안 돼! No one/Nobody는 해석하면 '아무도 ~않다' 라는 뜻이지 'No'가 아니니 혼동하지 말자!

Q. Who's going to restock the shelves? 선반을 누가 다시 채울 건가요?
A. **I**'m assigning that task to you. 저는 그 업무를 당신에게 배정하려고 해요.

Q. Who's been promoted to vice president? 누가 부사장으로 승진했나요?
A. **Someone** from the Marketing team. 마케팅 부서의 누군가요.

3. 우회적인 응답에 주의한다.

Q. Who's picking up clients at the train station this afternoon?
오늘 오후에 고객들을 데리러 누가 기차역으로 가나요?
A. They're arriving **tomorrow**. 그분들은 내일 도착하십니다.
⋯→ 내일 도착하므로 오늘은 가지 않아도 된다.

> **Tip!** Part 2 만점을 위해서 우리에게 중요한 건 정답 찾기가 아닌 오답 버리기야! 특히 우회적 응답은 스크립트를 확인하고도 '이게 왜 정답이지?' 싶은 경우들이 많아. 질문의 핵심 키워드를 빠르게 잡고 키워드에 어울리지 않는 보기들을 하나씩 버려가며 정답을 남기는 게 포인트! Part 2의 대표적인 오답 유형을 252 페이지에서 꼭 확인해!

Q1 사람 이름으로 응답

Who was the last person to use the fax machine?

(A) You can email me instead.
(B) I think it was Ichiro.
(C) That's the last time I saw him.

P2-01 미국 → 호주

정답 (B)

해석 팩스기를 마지막으로 사용한 사람이 누구였죠?
(A) 대신에 저한테 이메일 보내셔도 돼요.
(B) Ichiro였던 거 같아요.
(C) 그를 마지막으로 본 게 그때였습니다.

어휘 last 마지막의 | instead 그 대신

정답 공략 하기

1 키워드 잡기

의문사 who ➡ use ➡ fax machine

Tip! Who 의문문에 사람 이름이 나오더라도 난생 처음 들어보는 이름이 나올 수 있으니, 오답 버리기로 정답만 남기는 게 가장 정확해!

2 오답 소거하기

(A) ✘ 연상 어휘 오답(fax – email)
(B) ◉ 사람 이름(Ichiro) 정답
(C) ✘ 동어 반복 오답(last)

3 가능한 정답

I was out of the office all day. 저는 종일 사무실 밖에 있었어요.

Q2 직책, 부서, 회사명으로 응답

Who's giving the presentation?

(A) The Personnel Department.
(B) Yes, it was an excellent presentation.
(C) Sarah gave him a present.

P2-02 영국 → 미국

정답 (A)

해석 발표를 누가 하나요?
(A) 인사부요.
(B) 네, 훌륭한 발표였어요.
(C) Sarah가 그에게 선물을 주었어요.

어휘 give a presentation 발표하다 |
Personnel Department 인사부

정답 공략 하기

1 키워드 잡기

의문사 who ➡ giving ➡ presentation

2 오답 소거하기

(A) ◉ 부서명 정답
(B) ✘ 의문사 의문문에 Yes/No 응답 불가!
(C) ✘ 유사 발음 오답(presentation – present)

3 가능한 정답

Didn't you get the email? 이메일 받지 않으셨어요?

Q3 부정대명사로 응답

Who should I forward the email to?

(A) Everyone in our team.
(B) Ms. Kumar has the key.
(C) Yes, he was awarded last year.

P2-03 미국 → 미국

정답 (A)

해석 이메일을 누구에게 전달하는 게 좋을까요?
(A) 우리 팀 전부요.
(B) Ms. Kumar가 열쇠를 가지고 있어요.
(C) 네. 그분이 작년에 상을 탔어요.

어휘 **forward** 전달하다, 보내다, 앞으로

정답 공략하기

① 키워드 잡기

의문사 who ➡ forward ➡ email

② 오답 소거하기

(A) ◎ 부정대명사(Everyone) 정답
(B) ✖ 질문과 무관한 동문서답형 오답
(C) ✖ 유사 발음 오답(forward – award)

③ 가능한 정답

Didn't Anita already tell you? Anita가 이미 말해주지 않았나요?

> Tip! Who 의문문에 사람 이름이 오답 함정으로 등장할 수도 있다는 걸 기억해!

Q4 우회적인 응답

Who do I need to see about transferring to another branch?

(A) It's being transported to the headquarters.
(B) The request form is right here.
(C) No, I don't need to see him.

P2-04 호주 → 미국

정답 (B)

해석 다른 지사로 전근 가려면 누구를 만나야 하나요?
(A) 그건 본사로 수송 중이에요.
(B) 요청서가 바로 여기 있어요.
(C) 아뇨, 전 그를 만날 필요가 없어요.

어휘 **transfer** 이동하다, 전근 가다 | **transport** 수송하다 | **headquarters** 본사 | **request form** 요청서

정답 공략하기

① 키워드 잡기

의문사 who ➡ see ➡ about transferring

② 오답 소거하기

(A) ✖ 유사 발음 오답(transferring – transported)
(B) ◎ 우회적 정답 ⋯ 따로 담당자를 만날 필요 없이 요청서만 작성하면 된다.
(C) ✖ 의문사 의문문에 Yes/No 응답 불가

③ 가능한 정답

Tom in Human Resources. 인사부의 Tom이요.

Who 의문문 필수 표현 *EXPRESSION*

1. Who 의문문과 응답

Q. Who's responsible for filing the company's taxes? 누가 회사의 세금 신고 작업을 담당하고 있나요?

A. The head of accounting usually handles that. 회계팀장이 주로 처리해요.

Q. Excuse me, who can help me with this broken printer?
실례합니다. 이 고장 난 프린터를 수리해 주실 수 있는 분이 누구신가요?

A. Go to the repair desk. 수리 데스크로 가시면 돼요.

Q. Who's moving into the basement space? 지하 공간으로 누가 이사 오나요?

A. An advertising company signed the lease. 한 광고 회사가 임대 계약을 했어요.

Q. Who's using my laptop? 누가 제 노트북을 쓰고 있나요?

A. It's right on the desk. 바로 책상 위에 있네요. (아무도 쓰고 있지 않아요.)

Q. Whose turn is it to buy lunch? 누가 점심 살 차례인가요?

A. I already bought it. 저는 이미 샀어요. (저는 아니에요.)

Q. Whose office is this? 여기는 누구 사무실인가요?

A. Nobody is using it yet. 아직 아무도 사용하고 있지 않아요.

2. Who 의문문 응답 빈출 어휘

부서명	Accounting Department 회계부 Human Resources Department, Personnel 인사부 Maintenance Department 관리부 Sales Department 영업부	 Public Relations Department 홍보부 Technical Support Team 기술지원팀
직위·직책·직업	accountant 회계사. 회계 담당자 board of directors 이사회 building superintendent 건물 관리인 representative, agent, staff 직원 secretary 비서 sales representative 영업 직원 janitor 건물 관리인, 수위 editor 편집자 customer service representative 고객서비스 담당자	assistant 보조 사원 bookkeeper 회계 장부 담당자 head, supervisor, manager 관리자, 매니저 receptionist 안내원 management 경영진 chief executive officer (CEO) 최고 경영자 technician 기술자, 기사 mechanic 정비공
기타	colleague, coworker, associate 동료 outside consultant 외부 컨설턴트 supplier 공급[납품]업체 client, customer, account 고객	guest speaker 초청 연사 contractor 계약자, 하청[도급]업자 the public 대중 relative 친척

When 의문문

1. 시점과 어울리지 않는 보기를 소거한다.

▸ 첫 단어인 의문사 When을 키워드로 잡고, 시점에 어울리지 않는 보기들을 하나씩 소거한다.

Q. **When**'s the design workshop? 디자인 워크숍이 언제인가요?
A. Actually, it will start **in half an hour**. 실은, 30분 내로 시작할 거예요.
✖ Several years of work experience. 수년간의 경력이요.
  ⤷ 기간을 나타내는 several years는 시점 답변으로 어울리지 않는다.
✖ Yes, about this month's sales figures. 네, 이번 달 판매 수치에 관해서요.
  ⤷ 의문사 의문문에 Yes/No 응답 불가

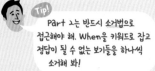

Tip! Part 2는 반드시 소거법으로 접근해야 해. When을 키워드로 잡고 정답이 될 수 없는 보기들을 하나씩 소거해 봐!

2. 시제 일치를 확인한다.

▸ 질문과 응답의 시제가 일치하는지 확인한다.

Q. **When** will that hotel on Darby Street be remodeled? Darby 가에 있는 그 호텔이 언제 리모델링 되나요?
A. Work begins **next month**. 공사는 다음 달에 시작됩니다.
✖ I really enjoyed my stay in Prague. 프라하에 있었던 것이 정말 즐거웠습니다.
  ⤷ 시제 불일치 오답 (will – enjoyed)

3. No later than, Not until, As soon as, Once, After 등의 시간 표현들이 정답으로 자주 출제된다.

▸ **No later than** 늦어도 ~까지 | **Not until** ~가 되어서야 | **As soon as** ~하자 마자 | **Once** 일단 ~하고 나면, ~하자마자 | **After** ~한 후에

Q. **When** will the building renovation project be completed? 건물 수리 공사가 언제 완료될까요?
A. **Not until** next year. 내년이나 돼야 해요.

Tip! When 의문문의 정답으로 자주 출제되는 표현들을 83 페이지에서 확인하고 꼭 암기하자!

4. 장소로 답하거나 잘 모르겠다는 우회적인 응답에 주의한다.

▸ 시점을 묻는 When 의문문이지만 시점을 확인할 수 있는 사람이나 장소를 알려주는 등 모르겠다는 의미로 우회적인 대답을 할 수도 있다.

Q. **When** are we going to move to the new building? 우리는 언제 새로운 건물로 이사 가나요?
A. It's been posted **on the Web site**. 웹 사이트에 공지되어 있어요.
A. We'll find out **in the meeting**. 회의 때 알게 될 거예요.
A. We should ask **our manager**. 매니저에게 물어봅시다.

핵심 문제 유형

Q5 시간 표현으로 응답

When will the bookshelves be installed?

(A) Yes, I did it.
(B) On the top shelf.
(C) Not until next week.

P2-05 미국 → 호주

정답　(C)

해석　책장이 언제 설치될까요?
(A) 네, 제가 했어요.
(B) 맨 위칸에요.
(C) 다음 주나 돼야 해요.

어휘　**bookshelf** 책장 | **install** 설치하다 | **shelf** 선반

정답 공략 하기

❶ 키워드 잡기

의문사 when ➡ bookshelves ➡ installed

❷ 오답 소거하기

(A) ❌ 의문사 의문문에 Yes/No 불가
(B) ❌ When이 아닌 Where 의문문에 어울리는 응답
(C) ◎ 시간 표현(Not until)을 사용한 정답

❸ 가능한 정답

I think Glen will know. Glen이 알 것 같아요.

Q6 우회적인 응답

When will the guest list be ready?

(A) A guest lecturer.
(B) I just have to add a few more people.
(C) In the banquet hall.

P2-06 영국 → 미국

정답　(B)

해석　손님 명단이 언제 준비될까요?
(A) 초청 강사요.
(B) 몇 사람만 더 추가하면 돼요.
(C) 연회장 안에서요.

어휘　**guest lecturer** 초청 강사 | **banquet** 연회

정답 공략 하기

❶ 키워드 잡기

의문사 when ➡ guest list ➡ ready

❷ 오답 소거하기

(A) ❌ Who 의문문에 어울리는 응답
(B) ◎ 우회적 정답 ⋯ 몇 사람만 더 추가하면 되니 금방 준비될 것이다.
(C) ❌ Where 의문문에 어울리는 응답

❸ 가능한 정답

Before the end of the day. 오늘 퇴근 전에는요.

PART 2 ▪ UNIT 04. Who·When·Where 의문문　**81**

Q7 되묻기형 응답

When will I be reimbursed for my travel expenses?

(A) Have they been approved?
(B) I like traveling abroad.
(C) Not that expensive.

정답   (A)

해석   저의 출장 비용을 언제 상환받을 수 있을까요?
(A) 그것들이 승인이 났나요?
(B) 저는 해외여행을 좋아해요.
(C) 그렇게 비싸지 않아요.

어휘   travel 여행하다, 출장가다 | reimburse 상환하다 |
expense 비용 | approve 승인하다 | abroad 해외로

정답 공략하기

1 키워드 잡기

의문사 when ➡ reimbursed

2 오답 소거하기

(A) ◎ 우회적 정답 ⋯ 승인이 되고 나서야 상환받을 수 있다
(B) ✕ 유사 발음 오답(travel – traveling)
(C) ✕ 유사 발음 오답(expenses – expensive)

3 가능한 정답

It will be included in your next month's paycheck. 다음 달 월급에 포함될 거예요.

Q8 When 의문문에 장소나 제3의 인물 제시로 응답

When will the new design be presented?

(A) It's on the calendar.
(B) Last week.
(C) Signs are posted on the wall.

정답   (A)

해석   새 디자인이 언제 발표될까요?
(A) 일정표에 있어요.
(B) 지난주에요.
(C) 표지판이 벽에 게시되어 있어요.

어휘   present 발표하다 | post 게시하다

정답 공략하기

1 키워드 잡기

의문사 when ➡ new design ➡ presented

2 오답 소거하기

(A) ◎ 장소로 답했지만 해석상 가장 어울리는 우회적 정답
(B) ✕ 미래 시제로 질문했는데 과거로 대답했으므로 시제 불일치 오답
(C) ✕ 유사 발음 오답(design – signs), Where 의문문에 어울리는 응답

3 가능한 정답

Next Monday afternoon. 다음 주 월요일 오후요.

1. When 의문문과 응답

Q. When is **the deadline?** 마감일이 언제인가요?
A. **The day after tomorrow.** 내일 모레요.

Q. When did you **see him?** 그를 언제 봤나요?
A. **A week ago.** 일주일 전에요.

Q. When will you **finish the report?** 보고서를 언제 끝낼 건가요?
A. **Not until next week.** 다음 주나 되어서요.

Q. When did the CEO **make the decision?** 최고경영자께서 언제 그 결정을 하셨나요?
A. **While he was working in his office this morning.** 오늘 아침에 사무실에서 집무를 보시는 동안에요.

Q. When is your company **planning on moving into a larger building?**
당신의 회사는 언제 더 큰 건물로 이전할 계획인가요?
A. **Whenever they find the right place.** 적당한 장소를 찾기만 하면 언제라도요.

2. When 의문문 응답 빈출 부사구

과거	yesterday 어제		a week ago 일주일 전에
	last week 지난주에		last month 지난달에
	last year 작년에		since ~이후로
현재	right now, right away 지금 바로		usually 대개
	often 자주		regularly 규칙적으로
	at 3 o'clock 3시에		
미래	in about an hour 한 시간쯤 후에		soon, any minute 곧
	at the next meeting 다음 회의에		the day after tomorrow 내일 모레
	by the end of the day 오늘까지		after lunch 점심 후에
	sometime next week 다음 주쯤		not for another hour 한 시간 후에
	not until next Monday 다음 주 월요일이나 되어서야		later this month 이달 말에
	within the next few days 며칠 내에		
기타	We'd better wait until ~때까지 기다려 봅시다		as soon as she arrives 그녀가 도착하자마자
	as soon as possible 가능한 한 빨리		when he approves it 그가 승인하면
	during ~하는 동안		no later than 늦어도 ~까지는
	before noon 정오 전에		on May 3rd 5월 3일에
	once the blueprints are finalized 일단 설계도가 완성되면		

1. 장소에 어울리지 않는 보기는 소거한다.

▶ Where를 핵심 키워드로 잡고 Where에 어울리지 않는 보기를 하나씩 소거하며 문제를 푼다.

Q. **Where** do I turn in my application? 지원서를 어디에 제출하나요?
A. That's indicated **on the second page.** 그것은 두 번째 페이지에 표시되어 있어요.
❌ A potential candidate. 잠재 후보입니다. ··→ 연상 어휘 오답(application – candidate)

2. 사람이나 Web site, online, Internet이 정답으로 자주 출제된다.

▶ 장소나 위치를 묘사하는 문장이 Where 의문문의 대표적인 응답이지만 최근에는 사람이나 Web site, online, Internet 등이 정답으로 나오기도 한다.

Q. **Where** can I purchase parts for my printer? 제 프린터의 부품을 어디에서 살 수 있나요?
A. **Sheryl** would know. Sheryl이 알 거예요. [사람]

Q. **Where** should I go to get the loan application form? 대출 신청서를 어디에서 받을 수 있나요?
A. You can download one **online.** 온라인으로 다운로드 가능해요. [Web site, online, Internet]

Tip! Where 의문문이라고 물리적 장소만 정답으로 나올 수 있다는 고정관념을 버려야 해. Where 의문문에 사람이나 Web site, online, Internet 응답을 연결해서 생각하기 힘들다면 나머지 오답들을 소거해봐! 남은 보기가 정답이야.

3. 우회적인 응답에 주의한다.

▶ Try(~해 보세요)로 답하거나, 잘 모르겠다는 우회적 응답이 자주 출제된다

Q. **Where** can I rent commercial properties downtown? 시내의 상업용 부동산을 어디에서 임대할 수 있을까요?
A. **Try** the Dowson Building. Dowson Building으로 가 보세요. [Try로 응답]

Q. **Where** can I try these pants on? 이 바지를 어디에서 입어볼 수 있나요?
A. Sorry, I don't work here. 미안하지만, 저는 여기서 일하지 않아요. [우회적인 응답]

4. 의문사 Where과 When을 혼동하면 안 된다.

Q. **Where** is the job fair taking place? 취업 박람회가 어디에서 열리나요?
A. **At the convention center.** 컨벤션 센터에서요.
❌ On the 10th. 10일에요. ··→ When 의문문에 어울리는 응답

Tip! Where를 When으로 잘못 듣는 경우의 대부분은 영국/호주 발음으로 나올 때야! Where가 영국식으로 발음될 때는 어떻게 들리는지 유의하고 꾸준한 쉐도잉 훈련으로 두 발음을 구분해야 해!

📋 핵심 문제 유형

🎧 P2-09 　호주 → 미국

Q9 장소로 응답

Where do you want me to put the package?

(A) On the table, please.
(B) No, you can send it directly to my home address.
(C) I packed mine.

정답 (A)

해석 소포를 어디에 둘까요?
(A) 탁자 위에 놔 주세요.
(B) 아니요, 우리 집 주소로 바로 보내주세요.
(C) 제 건 쌌습니다.

어휘 package 소포 | directly 바로, 곧장 | pack (짐을) 싸다

정답 공략 하기

① **키워드 잡기**

의문사 where ➡ put ➡ package

② **오답 소거하기**

(A) ◎ 장소를 언급한 정답
(B) ✕ 의문사 의문문에 Yes/No 불가
(C) ✕ 유사 발음 오답(package – packed)

③ **가능한 정답**

The delivery is for Ted, isn't it? Ted에게 온 택배죠, 그렇죠?

🎧 P2-10 　영국 → 미국

Q10 우회적인 응답

Where should I set up this new printer?

(A) We need to make room for it.
(B) I like how the office is set up.
(C) Later this afternoon.

정답 (A)

해석 새 프린터를 어디에 설치할까요?
(A) 그걸 놓을 공간을 확보해야 해요.
(B) 사무실 배치가 마음에 드네요.
(C) 오늘 늦은 오후에요.

어휘 set up 설치하다 | room 공간

정답 공략 하기

① **키워드 잡기**

의문사 where ➡ set up ➡ printer

② **오답 소거하기**

(A) ◎ 우회적 정답 ···➔ 설치할 곳이 없으니 공간을 확보해야 한다
(B) ✕ 동어 반복 오답(set up)
(C) ✕ When 의문문에 어울리는 오답

③ **가능한 정답**

Next to the bookshelves over there. 저쪽에 있는 책장들 옆에요.

Q11 'Try(~해 보세요)'로 응답

P2-11 호주 → 미국

Where can I find Lee's email address?

(A) This afternoon, at 5.
(B) Try the company directory.
(C) I'll pick up the mail.

정답 (B)

해석 Lee의 이메일 주소를 어디에서 찾을 수 있나요?
(A) 오늘 오후 다섯 시예요.
(B) 회사 전화번호부를 한번 보세요.
(C) 제가 우편물을 가지고 올게요.

어휘 **directory** 전화번호부, 인명부 | **pick up** 가지고 오다, 데리러 가다

정답 공략하기

❶ 키워드 잡기

의문사 where ➡ email address

❷ 오답 소거하기

(A) ❌ When 의문문에 어울리는 오답
(B) ⭕ Try로 답하는 우회적 정답
(C) ❌ 유사 발음 오답(email – mail)

❸ 가능한 정답

Let me write it down for you. 제가 적어드릴게요.

Q12 '모른다'형 응답

P2-12 미국 → 영국

Where can I find the new laptop computers?

(A) I'm not an employee here.
(B) It's a new computer monitor.
(C) They cost 800 dollars.

정답 (A)

해석 새 노트북 컴퓨터는 어디에 있나요?
(A) 저는 이곳 직원이 아닌데요.
(B) 새 컴퓨터 모니터예요.
(C) 800달러입니다.

어휘 **cost** ~의 비용이 들다

정답 공략하기

❶ 키워드 잡기

의문사 where ➡ find ➡ computers

❷ 오답 소거하기

(A) ⭕ 우회적 정답 ⋯ 여기 직원이 아니라서 모른다
(B) ❌ 동어 반복 오답(computer)
(C) ❌ How much 의문문에 어울리는 오답

❸ 가능한 정답

In the storage room across the hall. 복도 건너편에 있는 창고예요.

1. Where 의문문과 응답

Q. Where did you buy the bag? 그 가방을 어디에서 샀나요?
A. Downtown. 시내에서요.

Q. Where is my laptop? 제 노트북이 어디 있나요?
A. Sarah has it. Sarah가 가지고 있어요.

Q. Excuse me. Where can I find the smoking area? 실례합니다. 흡연 구역이 어디 있나요?
A. There's one beside the restroom. 화장실 옆에 한 군데 있습니다.

Q. Where is the nearest convenience store? 가장 가까운 편의점이 어디 있나요?
A. Try the Burnside Building. Burnside Building으로 가 보세요.

Q. Where are the instructions for this new software? 새 소프트웨어 설명서는 어디 있나요?
A. They haven't been found yet. 아직 못 찾았어요.

2. Where 의문문 응답에 쓰이는 장소 표현

장소 표현 부사구	in the break room 휴게실에	over there 저쪽에
	in a meeting 회의에서	on the table 테이블 위에
	in the top drawer 맨 위 서랍에	to the storeroom 창고로
	at the ticket booth 매표소에서	just around the corner 모퉁이를 돌면 바로
	directly to the hotel 호텔로 바로	above the desk 책상 위에
	at the café across the street 길 건너 카페에서	next to the mall 상점 옆에
	in the folder on top of the desk 책상 위 폴더에	down the hall 복도 끝에
	in New York 뉴욕에	toward the front 앞쪽으로
기타	Please follow me. 저를 따라오세요.	
	Have you tried the market on Spring Street? Spring 가에 있는 시장에 가 보셨나요?	
	It's on our internal Web site. 사내 웹 사이트에 나와 있어요.	
	Try the company directory. 회사 전화번호부를 확인해 보세요.	
	A lot of people like + 장소. 많은 사람들이 ~를 좋아해요.	

Practice

해설서 p.21

1. Mark your answer on your answer sheet. (A) (B) (C)

2. Mark your answer on your answer sheet. (A) (B) (C)

3. Mark your answer on your answer sheet. (A) (B) (C)

4. Mark your answer on your answer sheet. (A) (B) (C)

5. Mark your answer on your answer sheet. (A) (B) (C)

6. Mark your answer on your answer sheet. (A) (B) (C)

7. Mark your answer on your answer sheet. (A) (B) (C)

8. Mark your answer on your answer sheet. (A) (B) (C)

9. Mark your answer on your answer sheet. (A) (B) (C)

10. Mark your answer on your answer sheet. (A) (B) (C)

11. Mark your answer on your answer sheet. (A) (B) (C)

12. Mark your answer on your answer sheet. (A) (B) (C)

13. Mark your answer on your answer sheet. (A) (B) (C)

14. Mark your answer on your answer sheet.   (A)   (B)   (C)

15. Mark your answer on your answer sheet.   (A)   (B)   (C)
고난도

16. Mark your answer on your answer sheet.   (A)   (B)   (C)

17. Mark your answer on your answer sheet.   (A)   (B)   (C)

18. Mark your answer on your answer sheet.   (A)   (B)   (C)

19. Mark your answer on your answer sheet.   (A)   (B)   (C)

20. Mark your answer on your answer sheet.   (A)   (B)   (C)

21. Mark your answer on your answer sheet.   (A)   (B)   (C)

22. Mark your answer on your answer sheet.   (A)   (B)   (C)

23. Mark your answer on your answer sheet.   (A)   (B)   (C)

24. Mark your answer on your answer sheet.   (A)   (B)   (C)

25. Mark your answer on your answer sheet.   (A)   (B)   (C)

Why·What·Which· How 의문문

🎧 음원 바로 듣기

- Why 의문문에서 이유를 묻는 질문과 제안을 나타내는 Why don't you[we] ~?를 구분해야 한다.
- What 의문문과 How 의문문은 의문문의 형태와 뒤에 오는 단어가 정답의 단서다.

⚙ 문제 풀이 전략 Why 의문문

1. Because, To 부정사, So that 등으로 이유를 설명한다.

▶ 이유, 원인, 목적을 묻는 질문이므로 이유를 나타내는 Because(~이기 때문에), To 부정사(~하기 위해서), So that(~하기 위해서), For(~을 위해서) 등을 이용해 답하거나 이러한 표현을 생략하는 정답도 많이 나온다.

Q. Why has the meeting been rescheduled? 회의 일정이 왜 다시 잡힌 거죠?
A. So that everyone can attend. 모두가 참석할 수 있도록 하기 위해서요.

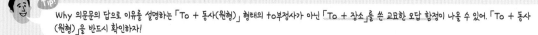

> **Tip!**
> Why 의문문의 답으로 이유를 설명하는 「To + 동사(원형)」 형태의 to부정사가 아닌 「To + 장소」를 쓴 교묘한 오답 함정이 나올 수 있어. 「To + 동사(원형)」을 반드시 확인하자!

2. Yes/No로 응답할 수 없다.

▶ Why 의문문을 포함한 모든 의문사 의문문에 Yes/No 응답이 나오면 바로 오답 처리한다.

Q. Why did Ms. Demicoli return these contracts to me? Ms. Demicoli가 왜 저에게 이 계약서를 돌려보냈나요?
A. She wants you to double-check them before she signs.
그녀가 서명하기 전에 당신이 이것을 한 번 더 확인해 주길 원하세요.
✖ Yes, please photocopy them. 네, 복사해 주세요.
···› 의문사 의문문에 Yes/No 응답 불가

3. 제안의 Why don't you[we] ~? 의문문은 Yes/No로 응답할 수 있다.

▶ 제안할 때 쓰이는 Why don't you[we] ~? (~하는 게 어때요?) 의문문의 응답으로는 Yes/Sure과 같은 수락 표현이 정답으로 등장할 수 있다는 것을 기억하자.

Q. Why don't we share a ride to the seminar? 세미나까지 차를 같이 타고 가는 게 어때요?
A. Sure, I'll see who's driving. 물론이죠, 누가 운전하는지 알아볼게요.

> **Tip!**
> 제안의 Why don't you ~? 질문에서 Why만 듣고 이유로 답해야 한다고 착각하면 Because로 시작하는 오답 함정에 빠질 수 있어. Why don't you ~? 질문에 Because 응답은 무조건 오답이야!

Q1 이유·원인·목적으로 응답

Why was the budget proposal rejected?

(A) Because it was missing some details.
(B) A monthly department budget.
(C) He was reelected.

🎧 P2-14 [영국 → 미국]

정답　(A)

해석　왜 예산안이 부결됐나요?
　　　(A) 몇 가지 세부 정보가 누락돼서요.
　　　(B) 월간 부서 예산이요.
　　　(C) 그는 재선출됐어요.

어휘　budget proposal 예산안 | reject 거절하다 | detail 세부사항 | reelect 재선하다

정답 공략하기

1 키워드 잡기

의문사 why ➡ proposal ➡ rejected

2 오답 소거하기

(A) ◎ Because를 써서 이유를 설명한 정답
(B) ✖ 동어 반복 오답(budget)
(C) ✖ 유사 발음 오답(rejected – reelected)

3 가능한 정답

I wasn't in charge of it. 제가 담당하지 않았어요.

Q2 Because가 생략된 응답

Why is Wendy leaving the office now?

(A) She's picking up some clients.
(B) Around 5 o'clock.
(C) I'll leave it on your desk.

🎧 P2-15 [호주 → 미국]

정답　(A)

해석　Wendy가 왜 지금 퇴근하는 거죠?
　　　(A) 고객을 마중 나가야 해서요.
　　　(B) 5시쯤이요.
　　　(C) 그걸 당신 책상에 둘게요.

어휘　pick up ~을 데리러 가다 | client 고객

정답 공략하기

1 키워드 잡기

의문사 why ➡ leaving ➡ office

2 오답 소거하기

(A) ◎ Because를 생략하고 이유를 설명한 정답
(B) ✖ When 의문문에 어울리는 응답
(C) ✖ 유사 발음 오답(leaving 떠나다 – leave 남겨 두다)

3 가능한 정답

Why don't you ask her manager? 그녀의 매니저에게 물어보는 건 어때요?

Q3 우회적인 응답

P2-16 영국 → 호주

Why is the monthly report so short?

(A) This is only the first page.
(B) By Tuesday, at the earliest.
(C) In alphabetical order.

정답   (A)

해석   월간 보고서가 왜 이렇게 짧은가요?
        (A) 이것은 첫 페이지일 뿐이에요.
        (B) 빠르면 화요일쯤이요.
        (C) 알파벳 순서로요.

어휘   **monthly** 월간의, 매월의 | **alphabetical** 알파벳의 |
        order 순서

정답 공략하기

① 키워드 잡기

의문사 why ➡ report ➡ short

Tip!
정답을 바로 고르기 힘든 이런 문제들은 소거법으로
접근하면 정답률이 올라갈거야!

② 오답 소거하기

(A) ◎ '이것은 첫 페이지일 뿐'이라며 뒤에 내용이 더 있음을 전달한 우회적 정답
(B) ✖ When 의문문에 어울리는 응답
(C) ✖ How 의문문(방법)에 어울리는 응답

③ 가능한 정답

The other pages must be missing. 다른 페이지들이 누락되었나 봐요.

Q4 '모른다'형 응답

P2-17 미국 → 미국

Why was Alex late for work today?

(A) Yes, he's working today.
(B) We still have some time.
(C) He didn't say.

정답   (C)

해석   Alex가 왜 오늘 회사에 지각했나요?
        (A) 네, 그는 오늘 일해요.
        (B) 아직 시간이 좀 있어요.
        (C) 말 안 하던데요.

어휘   **late** 늦은, 지각한 | **still** 아직도

정답 공략하기

① 키워드 잡기

의문사 why ➡ Alex ➡ late for work

② 오답 소거하기

(A) ✖ 의문사 의문문에 Yes / No 응답 불가
(B) ✖ 연상 어휘 오답(late – have some time)
(C) ◎ '모른다' 정답 ┄➝ 그가 말해주지 않아서 모른다

③ 가능한 정답

I heard his car broke down. 차가 고장 났다고 들었어요.

Why 의문문 필수 표현 `EXPRESSION`

이유·원인·목적의 Why	**Q.** Why did you discontinue this item? 이 품목의 생산을 왜 중단했나요?
	A. Because[Since] the price has gone way up. 가격이 많이 상승했기 때문입니다.
	Q. Why are you going to Busan next week? 다음 주에 왜 부산에 가시나요?
	A. To attend my friend's wedding. 제 친구 결혼식에 참석하기 위해서요.
	A. Due to my friend's wedding. 제 친구의 결혼식 때문에요.
부정의 Why 의문문	**Q.** Why didn't you submit your expense report yesterday? 어제 왜 지출 보고서를 제출하지 않았습니까?
	A. It completely slipped my mind. 완전히 잊고 있었어요.

> Tip! Why don't you ~? (~하는 게 어때요?)와 혼동하지 않도록 주의해!

제안의 Why don't you ~?	**Q.** Why don't you come over for dinner on Saturday? 토요일에 저녁 먹으러 오는 게 어때요?
	A. That's a good idea. 좋은 생각이네요.
	A. That sounds good. 좋아요.
	A. I'll do that. 그럴게요.

> Tip! 상대방이 제안을 할 때는 제안을 긍정적으로 수락하는 표현이 정답으로 자주 나오니 꼭 외워둬!

1. 의문사 What · Which 뒤에 나오는 명사를 파악한다.

▶ What · Which 의문문은 뒤에 오는 명사에 따라 다양하게 해석되므로 반드시 뒤에 오는 명사까지 키워드로 잡아야 한다.

Q. What's the name of the new Italian restaurant? 새로 생긴 이탈리안 식당 이름이 뭐예요?
A. I need to look it up. 알아봐야 돼요. → 잘 모르겠다고 답하는 우회적인 정답 유형

2. What 의문문의 빈출 표현을 익혀둔다.

▶ What ~ like ~? (의견: ~는 어떤가요?)/What's the best way ~? (방법: ~하는 가장 좋은 방법은 무엇인가요?)/What's the fare[fee] ~? (요금[비용]: ~의 요금은 얼마인가요?) 등과 같은 빈출 표현들을 익혀둔다.

Q. What's the subscription fee for *Finance Today* magazine? 〈Finance Today〉 잡지의 구독료가 어떻게 되나요?
A. Thirty dollars a year. 일년에 30달러요.

Q. What's the best way to get to city hall from here? 여기에서 시청까지 가는 가장 좋은 방법이 뭔가요?
A. I'd take the subway. 저라면 지하철을 타겠어요.

> **Tip!** Part 2에서 고득점을 받으려면 직청·직해가 가능해야 해. 위와 같은 빈출 표현은 빨리 해석하는 데 도움이 될 거야. 해석이 빨리 돼야 질문에 이어서 쏟아져 나오는 보기들을 들을 마음의 여유가 생기겠지?

3. Yes/No 응답은 즉시 소거한다.

▶ 의문사 의문문에 Yes, No, Sure, Of course 보기는 바로 소거한다.

Q. What's the return policy for products purchased online?
온라인으로 구입한 상품에 대한 반품 규정이 어떻게 되나요?
A. We offer a full refund. 전액 환불해 드려요.
✗ **Yes**, it's in the stockroom. 네, 창고에 있어요. → 의문사 의문문에 Yes/No 응답 불가

4. Which 의문문의 정답으로는 The one 이 자주 출제된다.

▶ Which 의문문은 주로 「Which + 명사 ~?」 형태로 출제되며 2~3개의 정해진 대상 중 하나의 선택을 물어본다는 점에서 불특정 다수의 What 의문문과 차이가 있다.
▶ 정답으로 '~것'을 의미하는 The one이 자주 출제된다.

Q. Which train are you taking? 어느 기차 타실 거예요? [Which + 사물]
A. The one leaving at two. 두 시에 출발하는 거요.

Q. Which of the **assistants** is working tomorrow? 보조들 중 누가 내일 일하죠? [Which + 사람 명사 = Who]
A. Ryan will be here in the morning. Ryan이 아침에 올 거예요.

> **Tip!** 「Which + 사람 명사」는 Who와 의미가 같아! 사람이 언급된 보기를 고르거나 사람이 아닌 보기들을 하나씩 소거하는 연습을 하자!

🎧 P2-18 영국 → 미국

Q5 명사가 키워드인 질문

What location was selected for the photographs?

(A) Hamilton Park.
(B) By the photographer.
(C) I'm leaving, too.

정답	(A)
해석	사진 촬영지로 어디가 선정되었나요?
	(A) Hamilton 공원이요.
	(B) 사진작가요.
	(C) 저도 출발할 거예요.
어휘	**location** 위치 ┃ **photographer** 사진작가, 사진사

정답 공략 하기

❶ 키워드 잡기

의문사 what + location ➡ selected

❷ 오답 소거하기

(A) ◎ What location은 장소를 묻는 질문이므로 정답
(B) ✖ 유사 발음 오답(photographs – photographer), Who 의문문에 어울리는 응답
(C) ✖ 질문과 무관한 동문서답형 오답

❸ 가능한 정답

I wasn't in charge of that. 제가 담당하지 않았어요.

🎧 P2-19 미국 → 영국

Q6 관용 표현이 키워드인 질문

What's wrong with the color printer?

(A) Yes, they repair computers.
(B) 150 dollars.
(C) It's out of ink.

정답	(C)
해석	이 컬러 프린터는 뭐가 문제인 거죠?
	(A) 네, 그들이 컴퓨터를 고쳐요.
	(B) 150달러요.
	(C) 잉크가 떨어졌어요.
어휘	**repair** 수리하다 ┃ **out of** ~가 다 떨어진

정답 공략 하기

❶ 키워드 잡기

의문사 what ➡ wrong ➡ printer ➡ what's wrong with를 하나의 단어로 이해해야 한다.

❷ 오답 소거하기

(A) ✖ 의문사 의문문에 Yes/No 불가
(B) ✖ 가격을 묻지 않았으므로 오답
(C) ◎ 프린터의 문제점으로 가장 어울리므로 정답

❸ 가능한 정답

Didn't we just buy a new one? 새 제품을 구매한 지 얼마 안 되지 않았나요?

Q7 우회적인 응답

P2-20 미국 → 호주

What's the result of the overseas contract?

(A) That's a good plan.
(B) I contacted the Sales Department.
(C) I'm still waiting to hear.

정답 (C)

해석 해외 계약의 결과가 어떤가요?
(A) 좋은 계획이네요.
(B) 제가 영업부에 연락했어요.
(C) 아직 소식을 기다리고 있어요.

어휘 **result** 결과 | **overseas** 해외의 | **contact** 연락하다 | **Sales Department** 영업부

정답
공략
하기

❶ 키워드 잡기

의문사 what ➡ the result ➡ contract

❷ 오답 소거하기

(A) ❌ 질문과 무관한 동문서답형 오답
(B) ❌ 유사 발음 오답(contract – contacted)
(C) ⭕ '소식을 기다리고 있다'며 아직 모르고 있음을 우회적으로 답하고 있으므로 정답

❸ 가능한 정답

Our presentation was very successful. 저희 발표는 굉장히 성공적이었어요.

Q8 The one으로 응답

P2-21 미국 → 영국

Which meeting room can we use?

(A) I will do it.
(B) It has been useful.
(C) The one on the 15th floor.

정답 (C)

해석 우리가 어느 회의실을 사용할 수 있죠?
(A) 제가 할게요.
(B) 그건 유용했어요.
(C) 15층에 있는 거요.

어휘 **useful** 유용한

정답
공략
하기

❶ 키워드 잡기

의문사 which ➡ meeting room ➡ use

❷ 오답 소거하기

(A) ❌ 질문과 무관한 동문서답형 오답
(B) ❌ 유사 발음 오답(use – useful)
(C) ⭕ 질문의 meeting room을 가리키는 The one을 사용한 정답

❸ 가능한 정답

I'm not sure. Let's ask Derek. 저도 잘 모르겠어요. Derek에게 물어보죠.

What · Which 의문문 필수 표현 · *EXPRESSION*

1. What 의문문과 응답

| 시점 | **Q.** What time is it in New York? 뉴욕은 몇 시인가요? |
| | **A.** They are 14 hours behind us. 우리보다 14시간 느립니다. |

| 종류 | **Q.** What kind of facilities does the gym have? 이 체육관에는 어떤 시설들이 있나요? |
| | **A.** They're listed right here in the pamphlet. 이 책자 바로 여기에 나와 있습니다. |

| 요금·비용 | **Q.** What is the cost of shipping? 배송료는 얼마인가요? |
| | **A.** It depends on the weight. 무게에 따라 다릅니다. |

| 문제점 | **Q.** What's wrong with this fax machine? 이 팩스기에 무슨 문제가 있나요? |
| | **A.** It's not plugged in. 플러그가 빠져 있네요. |

방법	**Q.** What is the best way to get to the hotel from the airport?
	공항에서 호텔로 가는 가장 좋은 방법이 무엇인가요?
	A. By taxi. 택시로요.

| 직업 | **Q.** What do you do? 무슨 일 하세요? |
| | **A.** I'm a teacher. 교사예요. |

| 이유 | **Q.** What is the reason for her absence? 그녀가 결석한 이유가 뭔가요? |
| | **A.** I heard she doesn't feel good. 몸이 안 좋다고 하네요. |

| 의견 | **Q.** What is your new computer like? 새 컴퓨터는 어때요? |
| | **A.** It's much nicer than the old one. 예전 것보다 훨씬 나아요. |

제안	**Q.** What if we took these bookshelves out of the office?
	이 책장들을 사무실 밖으로 꺼내면 어떨까요?
	A. That would make more space. 그럼 공간이 더 생길 거예요.

2. Which 의문문에 The one 정답

Q. Which pen is yours? 어느 펜이 당신 것인가요?
A. The red one. 빨간 거요.

3. Which 의문문에 사람 정답

Q. Which of you read this novel? 여러분 중 누가 이 소설을 읽었나요?
A. Sophie and I did. Sophie와 저요.

⚙ 문제 풀이 전략 How 의문문

1. 「How + 형용사/부사 ~?」의 형용사/부사를 파악한다.

▶ How 의문문은 뒤에 오는 형용사나 부사에 따라 다양하게 해석되므로 반드시 형용사나 부사를 놓치지 말고 들어야 한다.

Q. How often do you hold staff management training? 직원 관리 교육을 얼마나 자주 하시나요?
A. About once a year. 약 일년에 한 번씩이요.

Q. How long has the manufacturing plant been operating? 제조 공장이 운영된 지가 얼마나 됐나요?
A. It opened this time last year. 작년 이맘때쯤 열었어요.

2. How 의문문 빈출 질문 1: 방법·기간·수량·빈도·시점·거리 등을 묻는다.

Q. How will you **inform** the successful candidates?
합격자들에게 어떻게 알릴 건가요? [방법 ⋯ 「How + 동사」를 키워드로 잡기]
A. I'll email them. 그들에게 이메일을 보낼 거예요.

Q. How soon can you ship my order? 제 주문 상품을 언제까지 보내주실 수 있나요? [시점]
A. By the end of the day. 오늘까지요.

> Tip!
> How 의문문은 Who, When, Where 의문문처럼 첫 의문사만 들어서는 안 되고, 반드시 How 뒤에 따라 나오는 단어를 키워드로 잡고 질문의 의미를 정확하게 파악해야 해!

3. How 의문문 빈출 질문 2: 의견을 묻는다.

▶ How do you like ~?, How did ~ go?와 같은 의견을 묻는 빈출 관용 표현들을 익혀 둬야 빨리 해석할 수 있다.

Q. How did you like the play? 연극 어땠어요?
A. It was too long. 너무 길었어요.

Q. How did the product demonstration **go** yesterday? 어제 상품 시연 어땠어요?
A. Much better than I thought. 제가 생각했던 것보다 훨씬 잘 진행되었어요.

4. 제안의 How about ~? 의문문은 Yes/No로 응답할 수 있다.

▶ 의문사 의문문에 Yes/No가 나오면 오답이지만, 제안의 표현인 How about ~?(~하는 게 어때요?)은 Yes/Sure과 같은 수락의 응답이 가능하다.

Q. How about we drop by the furniture store? 그 가구점을 들러 보는 게 어때요?
A. Sure, I need to buy a chair. 좋아요, 의자를 하나 사야 하거든요.

📑 핵심 문제 유형

Q9 방법·수단으로 응답

How do I cancel the online purchase?

(A) By clicking this button.
(B) The cancelation rate is low.
(C) You can buy up to 300 dollars' worth.

정답 (A)

해석 온라인 구매를 어떻게 취소할 수 있나요?
(A) 이 버튼을 눌러서요.
(B) 취소율이 낮아요.
(C) 300달러 어치까지 구매하실 수 있어요.

어휘 up to + 숫자 ~까지 ┃ worth ~의 가치가 있는, ~어치

정답 공략 하기

① 키워드 잡기

의문사 how ➡ cancel

② 오답 소거하기

(A) ◎ '이 버튼을 눌러서'라며 취소 방법을 직접 알려주고 있으므로 정답
(B) ✖ 유사 발음 오답(cancel – cancellation)
(C) ✖ 연상 어휘 오답(purchase – buy), 수량을 나타내는 How 의문문에 어울리는 답이므로 소거

③ 가능한 정답

I'm not familiar with that Web site. 그 웹사이트에 대해 잘 몰라요.

Q10 'How + 형용사/부사'에 대한 응답

How soon can you begin making copies of the handout?

(A) At the newspaper stand.
(B) I can start now.
(C) Five copies.

정답 (B)

해석 그 유인물은 언제쯤 복사해 주실 수 있죠?
(A) 신문 가판대에서요.
(B) 지금부터 할 수 있어요.
(C) 다섯 부요.

어휘 handout 유인물 ┃ newspaper stand 신문 가판대

정답 공략 하기

① 키워드 잡기

의문사 How + soon ➡ you ➡ making copies

② 오답 소거하기

(A) ✖ 연상 어휘 오답(copies – newspaper)
(B) ◎ 복사를 할 수 있는 시점을 묻는 질문(How soon)에 시점으로 답하고 있으므로 정답
(C) ✖ 동어 반복 오답(copies 복사; 부)

③ 가능한 정답

I thought you were going to take care of it. 당신이 처리하는 것으로 알고 있었어요.

Q11 의견·상태로 응답

P2-24 미국 → 영국

How did the conference call with the designers go?

(A) Jessica said it went smoothly.
(B) Across the hall.
(C) It won't take long.

정답 (A)

해석 디자이너들과의 전화 회의는 어떻게 됐나요?
(A) Jessica가 순조롭게 진행됐다고 했어요.
(B) 복도를 가로질러서요.
(C) 오래 걸리지 않을 거예요.

어휘 conference call 전화 회의 | smoothly 순조롭게

정답 공략 하기

1 키워드 잡기

의문사 How ➡ conference call ➡ go

2 오답 소거하기

(A) ◉ 전화 회의의 결과를 묻는 질문(How ~ go)에 잘 진행되었다는 결과로 응답하고 있으므로 정답
(B) ✖ 유사 발음 오답(call – hall)
(C) ✖ 시제 불일치 오답(did – won't)

3 가능한 정답

It was postponed to next Wednesday.
다음 주 수요일로 연기되었어요.

Q12 우회적인 응답

P2-25 영국 → 호주

How much time do we have to complete the proposal?

(A) Sure, I'll do it.
(B) 200 dollars.
(C) I'll check with my boss.

정답 (C)

해석 제안서를 마무리하기까지 시간이 얼마나 있나요?
(A) 물론이죠, 제가 할게요.
(B) 200달러요.
(C) 상사에게 확인해 볼게요.

어휘 complete 작성하다 | check 확인하다

정답 공략 하기

1 키워드 잡기

의문사 how + much time

Tip!
여기서 키워드를 단순히 how much 까지만 잡으면 (B) 200 dollars 같은 오답 함정에 빠질 수 있어! 그러니까 질문을 제대로 파악하는 것이 중요해!

2 오답 소거하기

(A) ✖ 의문사 의문문에 Sure 불가
(B) ✖ How much (money) 의문문에 어울리는 응답
(C) ◉ '상사에게 확인해 보겠다'는 '난 몰라'형 정답

3 가능한 정답

We'll find out in today's meeting. 오늘 회의 때 알게 될 거예요.

방법 (How + 일반동사)	**Q.** How do I get to city hall? 시청에 어떻게 가나요? **A.** By subway. 지하철로요.
의견 (How + be동사 ~?/ How do you like ~?)	**Q.** How was your trip to Brazil? 브라질 여행은 어땠어요? **A.** It was fantastic. 끝내줬어요. **Q.** How do you like the new apartment? 새 아파트는 어때요? **A.** It's much more spacious. 훨씬 더 넓어요.
결과(어땠나요?)	**Q.** How did the seminar go? 세미나는 어땠어요? **A.** It went well. 잘 진행되었어요.
진행 상황 (How + be동사 ~ coming along?)	**Q.** How are the plans coming along for your trip? 여행 준비 계획들은 어떻게 되어가고 있어요? **A.** I'm just about ready to go. 막 준비가 다 끝났어요.
기간	**Q.** How long will it take to create the report? 보고서를 작성하는 데 얼마나 걸릴까요? **A.** Approximately four days. 약 4일 정도 걸립니다.
빈도	**Q.** How often do you and David have a meeting? 당신과 David는 얼마나 자주 회의를 하나요? **A.** As often as possible. 가급적 자주요.
때·시간	**Q.** How soon can you finish the revision of the contract? 계약서 수정을 얼마나 빨리 끝낼 수 있나요? **A.** It shouldn't take me too much longer. 그리 오래 걸리지 않을 겁니다.
수량	**Q.** How many employees do you have at your company? 당신 회사의 직원이 몇 명 정도 되나요? **A.** I don't know exactly. 저도 정확히는 모르겠어요.
거리	**Q.** How far is it to the bus stop from here? 여기서 버스 정류소까지는 얼마나 먼가요? **A.** It takes 10 minutes on foot. 걸어서 10분 정도 걸립니다.

Practice

해설서 p.26

1. Mark your answer on your answer sheet.   (A)   (B)   (C)

2. Mark your answer on your answer sheet.   (A)   (B)   (C)

3. Mark your answer on your answer sheet.   (A)   (B)   (C)

4. Mark your answer on your answer sheet.   (A)   (B)   (C)

5. Mark your answer on your answer sheet.   (A)   (B)   (C)

6. Mark your answer on your answer sheet.   (A)   (B)   (C)

7. Mark your answer on your answer sheet.   (A)   (B)   (C)

8. Mark your answer on your answer sheet.   (A)   (B)   (C)

9. Mark your answer on your answer sheet.   (A)   (B)   (C)

10. Mark your answer on your answer sheet.   (A)   (B)   (C)

11. Mark your answer on your answer sheet.   (A)   (B)   (C)

12. Mark your answer on your answer sheet.   (A)   (B)   (C)

13. Mark your answer on your answer sheet.   (A)   (B)   (C)

14. Mark your answer on your answer sheet.   (A)   (B)   (C)
고난도

15. Mark your answer on your answer sheet.   (A)   (B)   (C)

16. Mark your answer on your answer sheet.   (A)   (B)   (C)

17. Mark your answer on your answer sheet.   (A)   (B)   (C)

18. Mark your answer on your answer sheet.   (A)   (B)   (C)

19. Mark your answer on your answer sheet.   (A)   (B)   (C)

20. Mark your answer on your answer sheet.   (A)   (B)   (C)

21. Mark your answer on your answer sheet.   (A)   (B)   (C)

22. Mark your answer on your answer sheet.   (A)   (B)   (C)

23. Mark your answer on your answer sheet.   (A)   (B)   (C)

24. Mark your answer on your answer sheet.   (A)   (B)   (C)

25. Mark your answer on your answer sheet.   (A)   (B)   (C)

일반·간접 의문문

- 일반 의문문은 사실 여부를 확인하는 질문으로, 의문사 의문문과 달리 Yes/No 응답이 가능하다. 최근에는 Yes/No가 생략된 정답이 자주 등장하는 추세다.
- 간접 의문문은 최근 문장의 길이가 길어지는 경향이 두드러진다. 문장이 아무리 길더라도 질문 속의 의문사를 빠르게 키워드로 잡으면 쉽게 문제를 풀 수 있다.

🔧 문제 풀이 전략 일반 의문문

 Tip!
일반 의문문은 주어 뒤의 본동사를 빠르게 이해하고 해석하는 것이 포인트야!

1. Do동사 의문문

▶ 특정 사실을 확인하는 의문문으로 「Do + 주어 + 동사 ~?」 형태로 출제된다.

▶ Do동사의 시제와 주어의 인칭, 동사와 목적어를 확실히 들어야 한다.

Q. **Do you** find the room a little hot? 방이 좀 덥지 않아요?
A. **I'll** turn on the air conditioning. 제가 에어컨을 켤게요.

2. Have동사 의문문

▶ 경험이나 완료 여부를 묻는 질문으로 「Have + 주어 + 동사 ~?」의 형태로 출제된다.

▶ Not yet(아뇨, 아직이요)이 정답으로 자주 나온다.

3. Be동사 의문문

▶ 현재나 과거의 사실, 미래 계획 등을 확인하는 질문이다.

▶ Yes/No로 응답한 후, 부연 설명을 덧붙인 형태가 정답으로 나온다.

▶ Be동사와 주어를 정답의 단서로 시제와 인칭을 파악하고 뒤에 오는 동사나 형용사를 반드시 들어야 한다.

cf 현재 진행형(is[are] V-ing)은 가까운 미래의 일정을 나타내는 표현으로 쓰인다.

Q. **Is** the CEO planning to get lunch catered for the workshop ?
CEO가 워크숍 점심으로 출장 뷔페를 부를 계획인가요?
A. **No**, we are going out to eat. 아뇨, 밖에 나가서 먹을 거예요.

4. Should 의문문

▶ 제안을 하거나 반드시 해야 하는 의무 사항을 확인하는 질문이다.

▶ 제안을 의미하는 질문에는 '수락'을 나타내는 응답을 정답으로 하는 문제가 자주 출제된다.

▶ '모르겠다' 또는 '생각해 보겠다' 등 우회적인 응답도 자주 등장한다.

Q. **Should** I get started on the new construction project ? 새 공사 프로젝트를 시작할까요?
A. We need Mr. Zimmerman's approval, remember? Mr. Zimmerman의 승인이 필요해요, 기억하시죠?

────────────────────── 🎧 P2-27 미국 → 영국

Q1 Yes/No로 응답

Are you in charge of the Manning account?

(A) Some time after 5 P.M.
(B) Yes, Clive and I are.
(C) The phone needs to be charged.

정답	(B)
해석	Manning 고객 건 담당하시나요?
	(A) 다섯 시 조금 지나서요.
	(B) 네, Clive와 제가 담당입니다.
	(C) 전화기를 충전해야 해요.
어휘	**account** 고객, 계좌, 계정 ǀ **charge** 충전하다

정답 공략 하기

❶ 키워드 잡기

Are you ➜ in charge of ➜ Manning account

❷ 오답 소거하기

(A) ❌ When 의문문에 어울리는 응답
(B) ⭕ Manning 고객 건을 담당하냐는 질문에 Yes로 응답한 후, Clive와 내가 한다고 부연 설명하므로 정답
(C) ❌ 유사 발음 오답(charge – charged)

❸ 가능한 정답

No, but you can ask Mike.
아니요, 그렇지만 Mike에게 물어보면 될 거예요.

────────────────────── 🎧 P2-28 미국 → 호주

Q2 Yes/No를 생략한 응답

Do you think you'll submit an application for the job in San Francisco?

(A) Take a direct flight.
(B) I like living here.
(C) In the recommendation letter.

정답	(B)
해석	샌프란시스코에 있는 그 자리에 지원서를 제출할 생각이세요?
	(A) 직항 비행기를 타세요.
	(B) 저는 여기에서 사는 게 좋아요.
	(C) 추천서에요.
어휘	**submit** 제출하다 ǀ **application** 지원서 ǀ **direct flight** 직항 항공편 ǀ **recommendation letter** 추천서

정답 공략 하기

❶ 키워드 잡기

Do you think ➜ submit an application ➜ San Francisco

❷ 오답 소거하기

(A) ❌ 질문과 무관한 동문서답형 오답
(B) ⭕ 다른 도시로 옮기고 싶지 않아 지원하지 않겠다고 우회적으로 응답하고 있으므로 정답
(C) ❌ 연상 어휘 오답(application, job – recommendation letter)

❸ 가능한 정답

I already emailed them last week.
이미 지난 주에 이메일을 보냈어요.

Q3 우회적인 응답

Has my itinerary been printed out?

(A) Weekday flights are a little cheaper.
(B) John will attend a conference in Tokyo.
(C) I thought you wanted it sent to your email.

정답 　(C)

해석 　제 여행 일정표가 출력됐나요?
　　　(A) 평일 항공편이 좀 더 싸요.
　　　(B) John이 도쿄 회의에 참석할 거예요.
　　　(C) 이메일로 보내 달라는 줄 알았어요.

어휘 　**itinerary** 여행 일정표 | **weekday** 평일 | **flight** 항공편 | **attend** 참석하다

정답
공략
하기

① 키워드 잡기

itinerary ➡ printed out

② 오답 소거하기

(A) ✗ 연상 어휘 오답(itinerary – flights)
(B) ✗ 연상 어휘 오답(itinerary – conference)
(C) ◎ 우회적인 정답 ⋯⋯ 이메일로 받고 싶어 하는 줄 알고 출력하지 않았다

③ 가능한 정답

Yes, I placed it on your desk. 네, 책상 위에 올려두었어요.

Q4 되묻기형 응답

Do you want me to put the leftover pizza in the refrigerator?

(A) No thanks, I'm full.
(B) Is there enough room?
(C) It's from a new restaurant.

정답 　(B)

해석 　남은 피자는 냉장고에 넣어 둘까요?
　　　(A) 괜찮아요, 배불러요.
　　　(B) 둘 자리가 있나요?
　　　(C) 새로 생긴 식당 거예요.

어휘 　**leftover** 먹고 남은 음식 | **refrigerator** 냉장고

정답
공략
하기

① 키워드 잡기

want me to ➡ put ➡ pizza ➡ refrigerator

② 오답 소거하기

(A) ✗ 연상 어휘 오답(pizza – full)
(B) ◎ 음식을 보관할 자리가 충분한지 되묻고 있으므로 정답
(C) ✗ 연상 어휘 오답(pizza – restaurant)

③ 가능한 정답

Yes, I'd appreciate that. 네, 그렇게 해주시면 감사하죠.

1. Do동사 의문문

현재 사실· 의견 확인	**Q.** Does your store carry **mineral water?** 생수를 취급하시나요? **A.** It's in aisle 5. 5번 통로에 있습니다.
과거 사실· 경험 확인	**Q.** Did you attend **the marketing workshop yesterday?** 어제 마케팅 워크숍에 참석하셨나요? **A.** Yes, I learned a lot. 네, 많이 배웠어요.

2. Have동사 의문문

경험 확인	**Q.** Have you been to **the new museum yet?** 새로 생긴 박물관에 가 보셨나요? **A.** No, I haven't yet. 아니요, 아직 안 가 봤어요.
완료 여부 확인	**Q.** Have you put **the discounted items on display yet?** 할인 품목들을 진열했나요? **A.** Yes, I've just finished. 네, 막 끝냈어요.

3. Be동사 의문문

현재 사실 확인	**Q.** Is there **an electronics store in this part of the town?** 이 지역에 전자제품 매장이 있나요? **A.** It's just around the corner. 모퉁이에 있습니다.
과거 사실 확인	**Q.** Were you able to **get in touch with all of the job candidates?** 입사 지원자들 모두와 연락이 됐나요? **A.** I contacted half of them. 그들 중 절반과 연락됐어요.
미래 계획	**Q.** Are you going to **the company dinner tonight?** 오늘 저녁 회식에 갈 건가요? **A.** No, I have to finalize the sales report. 아니요, 매출 보고서를 마무리해야 해요.

4. Should 의문문

의무	**Q.** Should we pay **before we get the delivery?** 배송 전에 비용을 지불해야 하나요? **A.** No, unless you prefer it that way. 아니요, 그 방식을 선호하시는 게 아니라면요.

1. 문장 중간의 의문사가 핵심 키워드다.

▶ 의문사가 포함되어 있는 간접 의문문은 매회 한 문제씩 출제되는 유형으로, Do동사, Have동사, Be동사, 조동사 등으로 시작하며 의문사가 포함된 질문이다.

▶ 간접 의문문 중간에 나오는 의문사를 반드시 키워드로 잡고 핵심 의문사에 가장 알맞은 응답을 정답으로 선택한다.

Q. Do you know **who** will be conducting the safety inspection today?
오늘 누가 안전 검사를 실시하는지 아시나요?

A. **Someone** from headquarters.
본사에서 온 직원이요. [Who 의문문 – Someone 빈출 정답 패턴]

❌ In John's team. John의 팀에서요.
⋯▶ 장소로 답했으므로 Where 의문문에 적합한 응답

Tip! 간접 의문문은 의문사를 파악하는 게 핵심이야. 위 보기에 사람 이름인 John이 나와서 헷갈릴 수 있지만 In ~ team은 위치 등의 장소를 의미하는 응답이니 Who 의문문에 어울리지 않아. 이런 교묘한 오답 함정에 빠지지 않도록 주의해!

2. Yes/No 응답이 가능하다.

▶ 의문사를 포함하고 있지만, Yes/No로 응답이 가능하며, Yes/No가 생략되기도 한다.

Q. Do you remember **which intern** prepared the presentation notes?
어느 인턴이 이 발표 노트를 준비했는지 아세요?

A. **Yes,** it's Katherine from the sales team. 네, 영업부서의 Katherine입니다.

A. Sook-hee might know. (아니요.) 숙희가 알 거예요. (No 생략)

3. 우회적인 응답에 주의한다.

▶ 간접 의문문도 다른 의문사 의문문과 마찬가지로 딱 맞아 떨어지는 응답보다 돌려서 말하는 우회적인 답변을 정답 으로 하는 문제가 자주 출제되는 추세다.

Q. Can you tell me **why** the contract hasn't been signed yet?
계약서에 왜 아직 서명이 되지 않았는지 말씀해 주시겠어요?

A. It's under review. 검토 중이에요.

P2-31 영국 → 미국

Q5 의문사에 대응하는 응답

Does it matter which color pen I use to sign the agreement?

(A) Yes, it's a new design.
(B) I totally agree.
(C) Please use black.

정답	(C)
해석	계약서에 서명하는 데 어떤 색의 펜을 사용하는지가 중요한 가요?
	(A) 네, 이것은 새로운 디자인이에요.
	(B) 전적으로 동의해요.
	(C) 검은색을 사용해 주세요.
어휘	**matter** 문제가 되다, 중요하다 ㅣ **agreement** 계약(서) ㅣ **totally** 완전히, 전적으로

정답 공략 하기

① 키워드 잡기

Does it ➡ matter ➡ which color

② 오답 소거하기

(A) ✗ 유사 발음 오답(sign – design)
(B) ✗ 유사 발음 오답(agreement – agree)
(C) ◎ 어떤 색의 펜을 사용하는 게 중요하냐고 묻는 질문에 색깔로 적절히 답하고 있으므로 정답

③ 가능한 정답

You should probably ask someone else.
다른 사람에게 물어보셔야 할 거예요.

> Tip!
> 아무리 긴 문장이 나와도 당황하지 말자구! 간접의문문은 6하원칙 의문사을 키워드로 잡아주면 게임 끝!

P2-32 미국 → 호주

Q6 우회적인 응답

Do you know who the Accounting hired as a replacement?

(A) It's a higher amount.
(B) The building manager can fix that.
(C) I heard they didn't need to.

정답	(C)
해석	회계부가 후임자로 누구를 고용했는지 아세요?
	(A) 액수가 더 많아요.
	(B) 건물 매니저가 그것을 고칠 수 있어요.
	(C) 그럴 필요가 없었다고 들었어요.
어휘	**Accounting** 회계부 ㅣ **replacement** 후임자 ㅣ **amount** 총액, 총계 ㅣ **fix** 고치다

정답 공략 하기

① 키워드 잡기

Do you ➡ know ➡ replacement

② 오답 소거하기

(A) ✗ 유사 발음 오답(hired – higher)
(B) ✗ 연상 어휘 오답(replacement – fix)
(C) ◎ '그럴 필요가 없대요'라고 답하는 우회적 정답

③ 가능한 정답

I didn't know they were. 그들이 그러는 줄 몰랐어요.

> Tip!
> 간접 의문문은 문장 중간에 의문사가 들어가는 패턴뿐 아니라 if, whether, that 등의 접속사를 써서 묻기도 한다는 것을 알아둬!

Practice

🎧 P2-33

해설서 p.31

1. Mark your answer on your answer sheet.　　(A)　(B)　(C)

2. Mark your answer on your answer sheet.　　(A)　(B)　(C)
고난도

3. Mark your answer on your answer sheet.　　(A)　(B)　(C)

4. Mark your answer on your answer sheet.　　(A)　(B)　(C)

5. Mark your answer on your answer sheet.　　(A)　(B)　(C)

6. Mark your answer on your answer sheet.　　(A)　(B)　(C)

7. Mark your answer on your answer sheet.　　(A)　(B)　(C)

8. Mark your answer on your answer sheet.　　(A)　(B)　(C)

9. Mark your answer on your answer sheet.　　(A)　(B)　(C)

10. Mark your answer on your answer sheet.　　(A)　(B)　(C)

11. Mark your answer on your answer sheet.　　(A)　(B)　(C)

12. Mark your answer on your answer sheet.　　(A)　(B)　(C)

13. Mark your answer on your answer sheet.　　(A)　(B)　(C)
고난도

14. Mark your answer on your answer sheet. (A) (B) (C)

15. Mark your answer on your answer sheet. (A) (B) (C)

16. Mark your answer on your answer sheet. (A) (B) (C)

17. Mark your answer on your answer sheet. (A) (B) (C)

18. Mark your answer on your answer sheet. (A) (B) (C)

19. Mark your answer on your answer sheet. (A) (B) (C)

20. Mark your answer on your answer sheet. (A) (B) (C)

21. Mark your answer on your answer sheet. (A) (B) (C)

22. Mark your answer on your answer sheet. (A) (B) (C)

23. Mark your answer on your answer sheet. (A) (B) (C)

24. Mark your answer on your answer sheet. (A) (B) (C)

25. Mark your answer on your answer sheet. (A) (B) (C)

♪음원 바로 듣기

부정·부가 의문문

- 부정 의문문은 Don't you ~?/Aren't you ~?와 같이 부정으로 시작하는 의문문으로, 일반 의문문을 강조한 표현이다.
- 부가 의문문은 평서문 뒤에 ~did[didn't] you?/~is[isn't] she?/~have[haven't] you? 등의 꼬리 질문이 붙는 형태로, 사실을 확인하거나 상대방의 동의를 구하는 질문이다.

⚙ 문제 풀이 전략 부정 의문문

1. 긍정이면 Yes, 부정이면 No로 응답한다.

▸ not은 무시하고 긍정 의문문과 마찬가지로 긍정이면 Yes, 부정이면 No로 응답한다.

▸ Yes/No는 생략 가능하다.

Q. Aren't you taking our clients to dinner tonight? 오늘밤 고객들께 저녁 식사를 대접하는 거 아닌가요?

A. **(No,)** they're leaving at noon. (아니요,) 고객들이 정오에 떠나거든요.

2. 주어, 동사, 목적어를 놓치면 안 된다.

▸ 질문 내용에 긍정하거나 부정하는 응답이 정답이므로 질문의 핵심어인 주어, 동사, 목적어를 듣고 질문의 전체 내용을 파악해야 한다.

Q. Hasn't the fax machine been repaired? 팩스기가 수리되지 않았나요?
　⤷ 키워드를 fax machine/repaired로 잡고 수리됐으면 Yes, 그렇지 않으면 No로 대답!

A. We're still waiting for a part. (아니요.) 우리는 아직도 부품을 기다리는 중이에요. (No 생략)

Q. Shouldn't we move the desk closer to the door? 책상을 문 가까이로 옮겨야 하지 않을까요?
　⤷ 키워드를 move/desk로 잡아두고 책상을 옮겨야 하면 Yes, 그렇지 않으면 No로 대답!

A. Yes, that'd be better. 네, 그렇게 하는 게 더 낫겠네요.

3. 시제와 인칭을 파악한다.

▸ 질문과 답변의 시제와 인칭이 일치하는지 확인하고 정답을 선택한다.

Q. Didn't Ms. Wang already sign the rental agreement? Ms. Wang이 이미 임대 계약서에 서명하지 않았나요?

A. No, it wasn't ready yet. 아니요, 계약서가 아직 준비되어 있지 않았어요.
　⤷ 계약서가 아직 준비되지 않아서 서명을 하지 못했어요.

❌ Yes, I agree. 네, 동의해요.
　⤷ 주어 불일치 오답(Ms. Wang – I)

❌ Yes, she's going to design the new logo. 네, 그녀가 새로운 로고를 디자인할 거예요.
　⤷ 시제 불일치 오답(Didn't – is going to)

Q1 Yes/No로 응답

P2-34 미국 → 영국

Don't you have to fill in everything on the application form?

(A) No, only the top part.
(B) Where are they from?
(C) They're on my chair.

정답 (A)

해석 이 지원서에 모든 부분을 기입해야 하지 않나요?
(A) 아니요, 윗부분만요.
(B) 그들은 어디에서 왔나요?
(C) 제 의자 위에 있어요.

어휘 fill in 기입하다 | application form 신청서

정답 공략 하기

❶ 키워드 잡기

부정 의문문 ➡ fill in ➡ everything

❷ 오답 소거하기

(A) ◎ 모든 부분을 작성해야 하는지 묻는 질문에 '아니다'라고 적절히 말하고 있으므로 정답
(B) ✘ 유사 발음 오답(form – from)
(C) ✘ 어디에 있는지 장소를 묻지 않았으므로 동문서답형 오답

❸ 가능한 정답

Didn't I already do that? 제가 이미 그렇게 하지 않았나요?

Q2 Yes/No 생략한 응답

P2-35 미국 → 미국

Didn't you send an invitation to Mr. James?

(A) About twenty people.
(B) The opening ceremony.
(C) I sent it yesterday.

정답 (C)

해석 Mr. James에게 초대장을 보내지 않았나요?
(A) 대략 20명이요.
(B) 개회식이요.
(C) 어제 보냈어요.

어휘 invitation 초대, 초대장 | opening ceremony 개회식, 개업식

정답 공략 하기

❶ 키워드 잡기

부정 의문문 ➡ send ➡ invitation

❷ 오답 소거하기

(A) ✘ 사람 수를 묻지 않았으므로 동문서답형 오답
(B) ✘ 연상 어휘 오답(invitation – opening ceremony)
(C) ◎ 초대장을 보냈냐는 질문에 yes를 생략하여 어제 보냈다고 말하는 형태이므로 정답

❸ 가능한 정답

I thought you were going to do that. 당신이 할 줄 알았어요.

Q3 우회적인 응답

Aren't you going to give the new manager a good evaluation?

(A) Some supervisors will attend the seminar.
(B) My manager evaluated me.
(C) I'll wait until this project is completed.

P2-36 미국 → 호주

정답 (C)

해석 새로 온 관리자에 대해 좋은 평가를 하실 거 아닌가요?
(A) 일부 관리자들이 세미나에 참석할 거예요.
(B) 제 관리자가 저를 평가했어요.
(C) 이 프로젝트가 끝날 때까지 기다려 보려고요.

어휘 evaluation 평가 | supervisor 관리자, 상사 | attend 참석하다 | complete 끝내다, 완성하다

정답 공략하기

❶ 키워드 잡기

부정 의문문 ➡ give ➡ manager ➡ good evaluation

❷ 오답 소거하기

(A) ❌ 연상 어휘 오답(manager – supervisors)
(B) ❌ 동어 반복 오답(manager), 유사 발음 오답(evaluation – evaluated)
(C) ⭕ 우회적인 정답 ⋯➡ 프로젝트가 끝날 때까지 지켜보고 결정하겠다

❸ 가능한 정답

Yes, she has been working very hard. 네, 그녀는 그 동안 열심히 일했죠.

Q4 '모른다'형 응답

Didn't Tanner start his new job already?

(A) I haven't heard anything from him.
(B) I work as an accountant.
(C) An impressive résumé.

P2-37 영국 → 호주

정답 (A)

해석 Tanner가 벌써 새 직장에 출근하지 않았나요?
(A) 그에게서 아무 소식도 못 들었어요.
(B) 저는 회계사로 일해요.
(C) 인상 깊은 이력서네요.

어휘 accountant 회계사 | impressive 인상적인 | résumé 이력서

정답 공략하기

❶ 키워드 잡기

부정 의문문 ➡ Tanner ➡ start ➡ new job

❷ 오답 소거하기

(A) ⭕ '모른다'형 정답 ⋯➡ 그에게 들은 게 없어서 모른다
(B) ❌ 주어 불일치 오답(Tanner – I)
(C) ❌ 연상 어휘 오답(job – résumé)

❸ 가능한 정답

His first day is next Monday. 그의 첫 출근일은 다음 주 월요일이에요.

사실 확인

Q. Aren't you working next week? 다음 주에 일하지 않나요?
A. Yes, I am. 네, 일해요.

Q. Isn't there an apartment available on a higher floor? 고층 아파트는 없나요?
A. Not at the moment. 지금은 없습니다.

Q. Isn't Kelly going on vacation soon? Kelly는 곧 휴가를 가지 않나요?
A. On Monday, I think. 제 생각엔 월요일이에요.

Q. Don't you offer free shipping for online purchases?
온라인 구매에는 무료 배송을 제공하지 않나요?
A. Yes, but only on orders over 30 dollars. 네, 하지만 30달러 이상의 주문에만요.

Q. Didn't Lee already buy the movie tickets? Lee가 이미 영화표를 사지 않았나요?
A. He's doing it now. 그는 지금 사고 있어요.

동의

Q. Don't you think it's too late to place the order? 지금 주문하기에 너무 늦은 것 같지 않아요?
A. Yes, I think so. 네, 그렇게 생각해요.

Q. Isn't it cold in the office? 사무실이 춥지 않나요?
A. Yes, someone turned off the heat. 네, 누가 난방기를 껐어요.

제안

Q. Shouldn't we put safety goggles on now? 지금 보안경을 써야 하지 않을까요?
A. That's a good idea. 좋은 생각이에요.

Q. Shouldn't we purchase new computers this month? 이번 달에 새 컴퓨터를 사야 하지 않을까요?
A. The old ones are fine. 예전 것들도 괜찮아요.

1. 긍정이면 Yes, 부정이면 No로 응답한다.

▶ not은 무시하고 부연 설명이 긍정이면 Yes, 부정이면 No로 응답한다.

▶ 최근에는 Yes/No가 생략된 정답이 많이 나온다.

Q. You'll be at the workshop tomorrow, **won't you**? 내일 워크숍에 오실거죠, 그렇지 않나요?

A. **Yes**, I'll meet you there. 네, 거기서 봬요.

Q. The Internet is really slow this morning, **isn't it**? 오늘 아침 인터넷이 정말 느리네요, 그렇지 않나요?

A. I haven't noticed. (아니요,) 알아차리지 못했어요. (NO 생략)

Q. The product launch is supposed to be on October 17th, **isn't it**?
상품 출시일이 10월 17일로 되어 있죠, 그렇죠?

A. I thought it's in November. (아니요,) 11월인줄 알았는데요. (NO 생략)

2. 부가 의문문의 Yes/No 오답 함정에 유의한다.

▶ Yes/No로 응답 후, 이어지는 부연 설명이 질문의 내용과 일치하지 않는 오답 함정에 유의한다.

Q. That first speech was impressive, **wasn't it**? 그 첫 번째 연설이 아주 인상적이었어요, 그렇죠?

A. I just got here. 저는 방금 왔어요.
⋯▶ 방금 도착해서 보지 못했다는 의미의 우회적 정답

✖ **Yes**, it's at 8 o'clock. 네, 그것은 8시에 있어요.
⋯▶ Yes로 응답하지만 어울리지 않는 부연 설명

⌒ P2-38 영국 → 미국

Q5 Yes/No로 응답

You work in this building, don't you?

(A) Yes, I'm in Advertising.
(B) That work needs to be done soon.
(C) It's on the second floor.

정답 (A)

해석 이 건물에서 일하시죠, 그렇지 않나요?
(A) 네, 광고부에 있습니다.
(B) 그 일은 곧 완료되어야 합니다.
(C) 그것은 2층에 있습니다.

어휘 Advertising 광고부

정답 공략 하기

① 키워드 잡기

부가 의문문 ➡ work ➡ building

② 오답 소거하기

(A) ◎ 이 건물에서 일하냐는 질문에 '그렇다'고 말한 후 적절하게 부연 설명을 하고 있으므로 정답
(B) ✕ 동어 반복 오답(work 일하다; 작업, 일)
(C) ✕ 주어 불일치 오답
    (cf I'm on the second floor. 저는 2층에서 근무해요.)

③ 가능한 정답

I'm actually here to drop off a package. 실은 택배 배달하기 위해 여기에 왔어요.

⌒ P2-39 미국 → 호주

Q6 Yes/No 생략한 응답

You heard about Amy's promotion to supervisor, didn't you?

(A) The corporate headquarters.
(B) She really deserves it.
(C) I've heard that song before.

정답 (B)

해석 Amy가 매니저로 승진한 소식 들으셨죠, 그렇지 않나요?
(A) 회사 본사요.
(B) 그녀는 정말로 그럴 만한 자격이 돼요.
(C) 저는 전에 그 노래를 들어 보았어요.

어휘 promotion 승진 | supervisor 관리자, 감독관 | headquarters 본사, 본부

정답 공략 하기

① 키워드 잡기

부가 의문문 ➡ heard ➡ Amy's promotion

② 오답 소거하기

(A) ✕ 연상 어휘 오답(promotion – headquarters)
(B) ◎ Amy의 승진 소식을 들었냐는 질문에 Yes가 생략되고 '그녀는 승진을 할 만한 자격이 된다'고 적절한 부연설명으로 대답하고 있으므로 정답
(C) ✕ 승진 소식을 들었냐는 질문에 '그 노래를 들었다'는 대답은 동문서답형 오답, 동어 반복 오답(heard)

③ 가능한 정답

I thought she was new to the company. 입사한지 얼마 안 된 줄 알았는데요.

Q7 Yes/No가 함정인 오답

You completed the building plan, didn't you?

(A) Yes, he put up the sign.
(B) Isn't it due tomorrow?
(C) I have plans tonight.

P2-40 미국 → 영국

정답   (B)

해석   건물 설계도는 마무리하셨죠, 그렇죠?
      (A) 네, 그가 안내판을 붙였어요.
      (B) 내일이 마감일 아닌가요?
      (C) 오늘 저녁에는 계획이 있어요.

어휘   complete 끝내다, 완성하다 | put up 내붙이다, 게시하다 | due ~하기로 되어 있는

정답 공략하기

❶ 키워드 잡기

부가 의문문 ➡ You ➡ completed ➡ design plan

❷ 오답 소거하기

(A) ❌ Yes(건물 설계도를 마무리했다)와 부연 설명이 불일치하므로 오답
(B) ⊙ 우회적인 정답 ⋯ 내일이 마감일인 줄 알고 아직 끝내지 못했다
(C) ❌ 동어 반복 함정(plan)

❸ 가능한 정답

I'll need at least two more days to work on it. 최소 이틀은 더 작업해야 해요.

Q8 우회적인 응답

Tyler knows how to get to the warehouse, doesn't he?

(A) He goes there regularly.
(B) Yes, it's open from 9 to 6.
(C) Items will be shipped from there.

P2-41 영국 → 호주

정답   (A)

해석   Tyler가 창고에 어떻게 가는지 알죠, 그렇지 않나요?
      (A) 그는 정기적으로 그곳에 가요.
      (B) 네, 9시부터 6시까지 열어요.
      (C) 상품들이 그곳에서 배송될 거예요.

어휘   get to ~에 도착하다 | regularly 정기적으로 | ship 배송하다

정답 공략하기

❶ 키워드 잡기

부가 의문문 how to ➡ get to ➡ warehouse

❷ 오답 소거하기

(A) ⊙ 우회적인 정답 ⋯ 그가 그곳에 자주 가기 때문에 가는 방법을 알 것이다
(B) ❌ 시간을 물어본 것이 아니므로 오답
(C) ❌ 연상 어휘 오답(warehouse – items, shipped)

❸ 가능한 정답

No, but I'm going to take him there. 아니요, 하지만 제가 그곳으로 데려가려고요.

Do동사 부가 의문문	**Q.** You eat a lot of sweets, don't you? 단것 많이 드시죠. 그렇지 않나요? **A.** I sure do. 그렇고 말고요. **Q.** The meeting went well, didn't it? 회의가 잘 진행됐어요. 그렇지 않았나요? **A.** It sure did. 그렇고 말고요.
Be동사 부가 의문문	**Q.** It's supposed to be windy this weekend, isn't it? 이번 주말에 바람이 많이 불거라던데요. 그렇지 않나요? **A.** That's what I heard. 저도 그렇게 들었어요.
조동사 부가 의문문	**Q.** The new line of formal wear has been selling well, hasn't it? 새 정장 제품이 잘 팔리고 있어요. 그렇지 않나요? **A.** Yes, sales figures are through the roof. 네. 매출 수치가 치솟고 있어요. **Q.** Our hotel expenses will be covered by the airline company, won't they? 항공사가 우리의 호텔 경비를 대줄 거예요. 그렇지 않나요? **A.** Yes, they will. 예. 그럴 겁니다.

Practice

1. Mark your answer on your answer sheet.　　(A)　(B)　(C)

2. Mark your answer on your answer sheet.　　(A)　(B)　(C)

3. Mark your answer on your answer sheet.　　(A)　(B)　(C)

4. Mark your answer on your answer sheet.　　(A)　(B)　(C)

5. Mark your answer on your answer sheet.　　(A)　(B)　(C)

6. Mark your answer on your answer sheet.　　(A)　(B)　(C)

7. Mark your answer on your answer sheet.　　(A)　(B)　(C)

8. Mark your answer on your answer sheet.　　(A)　(B)　(C)

9. Mark your answer on your answer sheet.　　(A)　(B)　(C)

10. Mark your answer on your answer sheet.　　(A)　(B)　(C)

11. Mark your answer on your answer sheet.　　(A)　(B)　(C)
고난도

12. Mark your answer on your answer sheet.　　(A)　(B)　(C)

13. Mark your answer on your answer sheet.　　(A)　(B)　(C)

14. Mark your answer on your answer sheet.   (A)   (B)   (C)

15. Mark your answer on your answer sheet.   (A)   (B)   (C)

16. Mark your answer on your answer sheet.   (A)   (B)   (C)

17. Mark your answer on your answer sheet.   (A)   (B)   (C)

18. Mark your answer on your answer sheet.   (A)   (B)   (C)
고난도

19. Mark your answer on your answer sheet.   (A)   (B)   (C)

20. Mark your answer on your answer sheet.   (A)   (B)   (C)

21. Mark your answer on your answer sheet.   (A)   (B)   (C)

22. Mark your answer on your answer sheet.   (A)   (B)   (C)

23. Mark your answer on your answer sheet.   (A)   (B)   (C)

24. Mark your answer on your answer sheet.   (A)   (B)   (C)

25. Mark your answer on your answer sheet.   (A)   (B)   (C)

제안·제공·요청문

상대방에게 무엇을 제안, 제공, 요청하는 의문문은 매회 2문제 정도 출제된다.

음원 바로 듣기

⚙ 문제 풀이 전략

1. 제안·제공·요청의 관용 표현을 익혀둔다.

▶ 상대방에게 제안·제공·요청할 때 사용하는 표현들이 정해져 있으므로 문장 패턴을 덩어리째 암기해 둔다.

▶ 제안문은 상대방에게 '~을 하는 게 어때?'라고 말하거나 '같이 ~하자!'라고 제안할 때 쓴다.

> **EX** **Why don't you ~?** = **How about ~?** ~하는 게 어때요? | **Why don't we ~?** 우리 ~하는 게 어때요? |
> **Let's ~.** ~합시다 | **Would you like ~?** ~하시겠어요? | **Should we ~?** ~해야 할까요? |
> **Shouldn't we ~?** ~해야 하지 않을까요? | **What if ~?** ~하면 어떨까요?

▶ 제공문은 I 나 me를 사용해 '제가 ~ 해 드릴까요?'라는 의미로 상대방에게 호의를 베풀 때 쓰는 문장 유형이다.

> **EX** **Why don't I ~?** 제가 ~할까요? |
> **Would you like me to ~?** = **Do you want me to ~?** 제가 ~해 드릴까요?

▶ 요청문은 상대방에게 '~을 해 주시겠어요?'라고 부탁할 때 쓰는 문장 유형이다.

> **EX** **Can you ~?** = **Could you ~?** = **Will you ~?** = **Would you ~?** ~해 주시겠어요? |
> **We'd like you to~.** ~해 주세요.

2. 제안·제공·요청에 대한 수락/거절 응답을 익혀둔다.

▶ 제안·제공·요청문의 빈출 수락/거절 응답을 미리 암기해 두면 정답을 빠르게 찾을 수 있다.

Q. Could you help me distribute the handouts at the meeting?
회의 때 유인물 나눠주는 것 좀 도와주시겠어요?

A. Sure, I'll meet you there soon. 물론이죠, 곧 거기에서 만나요. [수락]

A. I'm afraid I won't be able to make it. 저는 못 갈 것 같아요. [거절]

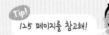
Tip! 125 페이지를 참고해!

3. 반드시 구별해야 할 제안·제공·요청 표현을 익혀둔다.

▶ 생김새가 비슷해 헷갈리는 문장들이 있다. 문장이 들리는 순간 지체 없이 해석될 수 있도록 정확하게 구별해서 익혀두자.

요청·제안	Would you like to ~? ~해주시겠어요? / ~하시겠어요?		제안	Why don't you ~? ~하는 게 어때요?
제공	Would you like me to ~? 제가 ~해드릴까요?		이유	Why didn't you ~? 왜 ~하지 않았어요?

핵심 문제 유형

🎧 P2-43 영국 → 미국

Q1 제안문에 어울리는 응답

Why don't we hold our annual sales conference next month?

(A) That's a great idea.
(B) Yes, the shirt is for sale.
(C) The proposal is very confusing.

정답	(A)
해석	우리 연례 영업 회의를 다음 달에 여는 게 어때요?
	(A) 그거 아주 좋은 생각이네요.
	(B) 네, 그 셔츠는 판매용이에요.
	(C) 그 제안은 정말 혼란스러워요.
어휘	**hold** 열다, 개최하다 | **proposal** 제안서 | **confusing** 혼란스러운

정답 공략 하기

① 키워드 잡기

제안문 Why don't we ➡ hold ➡ conference ➡ next month

② 오답 소거하기

(A) ◎ 'Why don't we ~?' 제안 표현을 이용해 회의를 다음 달에 여는 게 어떨지 묻자 좋은 생각이라며 흔쾌히 동의하고 있으므로 정답

(B) ✖ 유사 발음 오답(sales 영업, 판매 – for sale 판매용의)

(C) ✖ 연상 어휘 오답(sales conference – proposal)

③ 가능한 정답

Don't we need Ms. Delacroix's approval first? 우선 Ms. Delacroix의 승인을 받아야 하지 않나요?

🎧 P2-44 호주 → 미국

Q2 제공문에 어울리는 응답

Would you like me to carry those books?

(A) I prefer science fiction.
(B) You should build your career.
(C) Oh, if you wouldn't mind.

정답	(C)
해석	제가 저 책들을 옮겨 드릴까요?
	(A) 저는 공상과학 소설을 선호합니다.
	(B) 당신은 경력을 쌓아야 해요.
	(C) 오, 괜찮으시다면요.
어휘	**carry** 옮기다, 나르다 | **prefer** 선호하다 | **career** 경력, 직장생활

정답 공략 하기

① 키워드 잡기

제공문 Would you like me to ➡ carry ➡ books

② 오답 소거하기

(A) ✖ 연상 어휘 오답(books – science fiction)

(B) ✖ 유사 발음 오답(carry – career)

(C) ◎ 괜찮으시다면 부탁한다고 수락하고 있으므로 정답

③ 가능한 정답

Are you going to the meeting room, too? 당신도 회의실에 가세요?

Q3 요청문에 어울리는 응답

Could you complete the accounting figures this week?

(A) Yes, luckily I've got some time.
(B) I took it into account.
(C) That's what I figured.

정답 (A)

해석 이번 주에 회계 수치를 작성해 주시겠어요?
(A) 네, 다행히도 시간이 좀 있어요.
(B) 그것을 고려했어요.
(C) 그것이 제가 생각한 바예요.

어휘 complete 작성하다 | accounting 회계 | figure 수치 | take ~ into account ~을 고려하다 | figure 생각하다, 판단하다

정답 공략 하기

❶ 키워드 잡기

요청문 Could you ➡ complete ➡ figures ➡ this week

❷ 오답 소거하기

(A) ◎ 회계 수치를 작성해 달라는 요청에 Yes로 답한 후 그것을 처리할 시간이 좀 있다고 부연 설명하므로 정답
(B) ✖ 유사 발음 오답(accounting – account)
(C) ✖ 동어 반복 오답(figure 숫자, 수치; 생각하다, 판단하다)

❸ 가능한 정답

I thought they were due next Friday. 다음 주 금요일까지인 줄 알았어요.

Q4 우회적인 응답

Can you show me your staff ID badge?

(A) The show starts at 8.
(B) Sure, I can suggest some ideas.
(C) I'm just visiting.

정답 (C)

해석 사원증을 보여주시겠습니까?
(A) 공연은 8시에 시작해요.
(B) 물론이죠, 제가 아이디어를 제안해 드릴 수 있어요.
(C) 저는 그냥 방문객이에요.

어휘 ID badge 신분증, 사원증

정답 공략 하기

❶ 키워드 잡기

요청문 Can you ➡ show ➡ ID badge

❷ 오답 소거하기

(A) ✖ 동어 반복 오답(show 보여주다; 쇼)
(B) ✖ Can you ~? – Sure 패턴의 함정, 동문서답형 부가 설명
(C) ◎ 우회적인 정답 ⋯➤ 나는 그냥 방문객이라 직원 카드가 없다

❸ 가능한 정답

Of course. Here you go. 당연하죠, 여기 있어요.

1. 제안문과 응답

질문 형태	Would you like some assistance filling out the forms? 서식 작성하는 일을 도와드릴까요? How about having a coffee break? 커피를 마시며 쉬는 게 어때요? Why don't you use an identification system to increase security? 보안을 강화하기 위해 신원 확인 시스템을 이용하는 게 어때요? Let's quit for the day. 오늘은 이만 끝내죠.	
수락	That's a good idea! 좋은 생각이에요! I really should. 그렇게 해야겠어요. Sure. 물론이죠.	Sounds good to me! 전 좋아요! You're right! 맞아요.
거절	Actually, ~. 사실은, ~예요.	But, ~. 하지만 ~예요.

2. 제공문과 응답

질문 형태	Would you like me to put some ice cream on your pie? 파이 위에 아이스크림을 얹어 드릴까요? Do you want me to order dinner? 저녁 식사를 주문해 드릴까요?	
수락	That would be great! 좋네요. I really appreciate it. 정말 감사드립니다.	Thanks. 고마워요.
거절	Thanks, but ~. 고맙지만, ~예요. I can take care of if. 제가 처리할 수 있어요.	I can handle it. 제가 할게요.

3. 요청문과 응답

질문 형태	Can you tell the difference between the two prototypes? 두 시제품의 차이점을 알려주실 수 있나요? Will you help me move these files? 이 파일들을 옮기는 것을 도와주시겠어요? Would you be able to finish this work by 5? 이 일을 다섯 시까지 끝마칠 수 있나요?	
수락	Sure. 물론이요. No problem. 문제 없어요. Absolutely. 그럼, 물론이죠. I'd be happy to ~. 기꺼이 ~해 드릴게요.	Of course. 당연하죠. Certainly. 물론이지요, 그럼요. I'd be glad to ~. 기꺼이 ~해 드릴게요. Okay. 알겠습니다.
거절	I'm afraid ~. 유감이지만 ~입니다.	I'm sorry (but) ~. 죄송합니다만 ~입니다.

Practice

해설서 p.41

1. Mark your answer on your answer sheet.　　(A)　(B)　(C)
고난도

2. Mark your answer on your answer sheet.　　(A)　(B)　(C)

3. Mark your answer on your answer sheet.　　(A)　(B)　(C)

4. Mark your answer on your answer sheet.　　(A)　(B)　(C)

5. Mark your answer on your answer sheet.　　(A)　(B)　(C)

6. Mark your answer on your answer sheet.　　(A)　(B)　(C)

7. Mark your answer on your answer sheet.　　(A)　(B)　(C)

8. Mark your answer on your answer sheet.　　(A)　(B)　(C)

9. Mark your answer on your answer sheet.　　(A)　(B)　(C)
고난도

10. Mark your answer on your answer sheet.　　(A)　(B)　(C)

11. Mark your answer on your answer sheet.　　(A)　(B)　(C)
고난도

12. Mark your answer on your answer sheet.　　(A)　(B)　(C)

13. Mark your answer on your answer sheet.　　(A)　(B)　(C)

14. Mark your answer on your answer sheet.   (A)   (B)   (C)

15. Mark your answer on your answer sheet.   (A)   (B)   (C)

16. Mark your answer on your answer sheet.   (A)   (B)   (C)

17. Mark your answer on your answer sheet.   (A)   (B)   (C)

18. Mark your answer on your answer sheet.   (A)   (B)   (C)

19. Mark your answer on your answer sheet.   (A)   (B)   (C)

20. Mark your answer on your answer sheet.   (A)   (B)   (C)

21. Mark your answer on your answer sheet.   (A)   (B)   (C)

22. Mark your answer on your answer sheet.   (A)   (B)   (C)

23. Mark your answer on your answer sheet.   (A)   (B)   (C)

24. Mark your answer on your answer sheet.   (A)   (B)   (C)

25. Mark your answer on your answer sheet.   (A)   (B)   (C)

선택 의문문·평서문

- 선택 의문문은 두 개의 선택 사항을 or로 연결해서 묻는 의문문이며 매회 2문제 정도 출제된다.
- 평서문은 다양한 상황을 서술하는 문장으로 Part 2 중 가장 어려운 문제 유형이다.

⚙ 문제 풀이 전략   선택 의문문

1. 선택 의문문의 빈출 답변을 익혀둔다.

▶ 자주 출제되는 정답 유형은 둘 중에 하나를 선택하거나, 둘 다 선택하거나 둘 다 선택하지 않는 응답, 그리고 우회적 응답이 있다.

> 둘 중 하나 선택/둘 다 수락/둘 다 거절 유형 모두 정답으로 자주 나오는 표현이 어느 정도 정해져 있어.
> 빈출 정답 표현들을 암기해 두면 문제 풀이가 한결 수월해지니, 131 페이지를 참고해서 꼭 암기해!

▶ 최근에는 돌려 말하거나 되묻는 우회적 응답이 많이 출제된다.

Q. Are you going to visit **several cities or only Seoul** on your trip to Korea next month?
다음 달 서울 여행할 때 여러 도시를 방문할 거예요, 아니면 서울만 갈 거예요?

A. The itinerary hasn't been finalized yet. 아직 여행 일정표가 확정되지 않았어요.

Q. Would it be cheaper to use **a mobile phone or a land line**?
핸드폰을 이용하는 게 저렴할까요, 아니면 유선 전화가 저렴할까요?

A. Where will you be calling? 어디에 전화하실 건데요?

2. or 앞뒤의 핵심 키워드를 잡는다.

▶ 선택 의문문은 문장이 길어지는 경향이 있다. 당황하지 말고 or 앞뒤의 핵심 키워드를 빠르게 잡는 연습을 해야 한다.

Q. Did you open your account through the **Web site or** here at the **bank**?
계좌를 웹사이트를 통해서 개설했어요, 아니면 이곳 은행에서 하셨어요?
⋯▸ [핵심 키워드] Web site/bank (웹사이트냐 은행이냐)

A. I did it online. 온라인으로 했어요.

Q. Can we discuss the overtime pay **now, or** should we meet **after lunch**?
초과근무수당에 관해서 지금 이야기할 수 있나요, 아니면 점심 먹고 만날까요?
⋯▸ [핵심 키워드] now/after lunch (지금이냐 나중이냐)

A. Now is fine with me. 지금이 좋아요.

Q1 둘 중 하나를 선택하는 응답

Should we arrange a lunch or a dinner for the recruits?

(A) Lunch would be better.
(B) A table for four, please.
(C) Yes, the food was delicious.

P2-48 │ 미국 → 미국 │

정답 (A)

해석 신입사원을 위해 점심을 준비할까요, 아니면 저녁으로 할까요?
(A) 점심이 낫겠어요.
(B) 4인석으로 부탁해요.
(C) 네, 음식이 맛있었어요.

어휘 arrange 준비하다, 마련하다 | recruit 신입사원

정답 공략 하기

❶ 키워드 잡기

선택 의문문 ➡ a lunch or a dinner

❷ 오답 소거하기

(A) ◉ 두 가지 선택사항 중 하나를 택하는 전형적인 '택1' 형 정답
(B) ✘ 연상 어휘 오답(lunch, dinner – table)
(C) ✘ 연상 어휘 오답(lunch, dinner – food, delicious)

❸ 가능한 정답

You should talk to Lindsay in HR.
인사부에 Lindsay와 이야기해보세요.

Q2 둘 다 상관없다는 응답

Would you prefer a window or an aisle seat?

(A) Either is fine with me.
(B) Sorry, but this seat is taken.
(C) I travel frequently.

P2-49 │ 미국 → 영국 │

정답 (A)

해석 창가 좌석이 좋으세요, 아니면 통로 좌석이 좋으세요?
(A) 어느 쪽이든 전 괜찮아요.
(B) 죄송하지만, 이 자리는 주인이 있어요.
(C) 저는 자주 여행해요.

어휘 window seat 창가 자리 | aisle seat 통로측 자리

정답 공략 하기

❶ 키워드 잡기

선택 의문문 ➡ a window or an aisle seat

❷ 오답 소거하기

(A) ◉ 둘 다 괜찮다고 말한 둘 다 상관없다는 정답
(B) ✘ 동어 반복 오답(seat)
(C) ✘ 연상 어휘 오답(a window or an aisle seat – travel)

❸ 가능한 정답

Didn't I already reserve one online?
제가 이미 온라인으로 예약하지 않았나요?

Q3 둘 다 선택하지 않는 응답

🎧 P2-50 호주 → 미국

Would you rather see a movie or go to a concert tonight?

(A) Thanks. I had a great time.
(B) It was much more crowded than usual.
(C) Actually, I want to go bowling.

정답	(C)
해석	오늘밤에 영화를 볼까요, 아니면 공연을 보러 갈까요?

(A) 고마워요. 즐거웠습니다.
(B) 평소보다 훨씬 붐볐어요.
(C) 사실, 저는 볼링 치러 가고 싶어요.

어휘 **rather** 오히려, 차라리 | **crowded** 붐비는 | **than usual** 평소보다

정답 공략하기

1 키워드 잡기

선택 의문문 ➡ a movie or a concert

2 오답 소거하기

(A) ❌ 시제 불일치 오답
(B) ❌ 시제 불일치 오답
(C) ◎ 두 가지 선택 사항 이외의 일을 제시한 정답

3 가능한 정답

I think Ron should make the decision.
Ron이 결정을 내려야 한다고 생각해요.

Q4 우회적인 응답

🎧 P2-51 미국 → 미국

Is Jason going to give a speech, or did he decide against it?

(A) He hasn't told me.
(B) Put it against the wall.
(C) It was impressive.

정답	(A)
해석	Jason이 연설을 할 건가요, 아니면 하지 않기로 결정했나요?

(A) 저에게 말해주지 않았어요.
(B) 이것을 벽에 붙이세요.
(C) 그건 인상적이었어요.

어휘 **give a speech** 연설하다 | **impressive** 인상적인

정답 공략하기

1 키워드 잡기

선택의문문 ➡ give a speech or decide against

2 오답 소거하기

(A) ◎ 우회적인 정답 ┄ 그가 말해주지 않아서 모르겠다
(B) ❌ 동어 반복 오답(against ~에 반대하여; ~에 붙여)
(C) ❌ 시제 불일치 오답(연설을 아직 하지 않았는데 '인상적이었다'라고 과거로 말할 수 없음)

3 가능한 정답

He chose to do it another time. 다음 번에 하기로 했어요.

1. 선택 의문문과 응답

둘 중 하나 선택	**Q.** Will Mr. Stanley prefer to meet us in his office **or** yours? Mr. Stanley는 우리를 그의 사무실에서 만나는 걸 선호할까요, 당신의 사무실에서 만나는 걸 선호할까요? **A.** His office. It's bigger. 그의 사무실에서요. 그곳이 더 크거든요. **Q.** Can you stop by tonight at seven, **or** is that too early? 일곱시쯤 잠깐 들러 주실 수 있나요, 아니면 너무 이른가요? **A.** No, I can make it then. 아뇨, 그때 갈 수 있어요.
둘 다 수락하는 응답	**Q.** Do you like the curtains **or** the blinds? 커튼이 좋아요, 블라인드가 좋아요? **A.** They both look good. 둘 다 좋아 보이네요. **Q.** Should we have Chinese food **or** pizza? 중국 음식을 먹을까요, 피자를 먹을까요? **A.** Either would be fine. 아무거나 좋아요. **Q.** Would it be better to meet tomorrow **or** on Monday? 내일 만나는 게 나을까요, 월요일에 만나는 게 나을까요? **A.** It doesn't matter. 상관없습니다.
둘 다 선택하지 않는 응답	**Q.** Do you walk home from work **or** take the train? 회사에서 집까지 걸어 다니세요, 아니면 기차를 타세요? **A.** Neither. I usually take a taxi. 둘 다 아닙니다. 보통 택시를 탑니다.
우회적 응답	**Q.** Will Diane take the job at the new company **or** stay here? Diane이 새 회사에서 일을 할까요, 아니면 여기에 남을까요? **A.** She hasn't decided yet. 아직 결정하지 않았대요. **Q.** Shall we eat here, **or** down the road a bit? 여기서 먹을까요, 아니면 조금 더 내려갈까요? **A.** Let's try the new restaurant down the street. 길 아래편에 새로 생긴 레스토랑에 한번 가 봐요

2. ⭐중요 선택 의문문 빈출 정답 표현들

> Tip!
> 최근에는 이러한 선택 의문문의 빈출 정답 표현이 종종 오답으로 등장하기도 해! 역시 Part 2는 오답 버리기가 중요하다는 걸 다시 한 번 기억하자!

둘 중 하나 선택	better 더 좋은 best 가장 좋은	prefer 선호하다
둘 다 좋다	both 둘 다 I don't care. 상관하지 않습니다. Whatever 무엇이든지 Whenever 어디든지	either 둘 중 하나, 어느 것이든 It doesn't matter. 상관없습니다. Whichever 어느 것이든지 I don't have a preference. 특별히 선호하는 것은 없습니다.
둘 다 아니다	neither 둘 다 ~않다 Actually, 실은.	I don't like either one. 둘 다 싫습니다

3. 선택 의문문에서 Yes/No 답변 가능 여부

> Tip!
> 선택 의문문에 Yes/No로 답변 가능한 경우가 있지만, Yes/No가 정답이 되는 경우는 드물어!

가능	**Q.** 문장 or 문장? **A.** Yes/No 응답 가능
불가능	**Q.** 단어 or 단어? **A.** Yes/No 응답 불가능

문제 풀이 전략 평서문

1. 평서문의 빈출 주제를 익혀둔다.

▶ 평서문은 주로 사실·정보 전달, 감정 표현이나 의견 제시, 충고·권유, 문제점 제시 등 일상생활에서 흔히 일어날 수 있는 다양한 상황의 서술형 문장이 제시되므로 각 상황에 알맞은 답변을 골라야 한다.

Q. We are offering a special discount on this item.
저희가 이 물건에 대해서 특별 할인을 제공하고 있어요. [사실·정보 전달]

A. When does the offer expire? 행사가 언제 끝나나요?

Q. I think we should have the windows in the reception area cleaned.
응접실에 있는 창문들을 닦아야 할 것 같아요. [의견 제시]

A. Yes, and the ones on the second floor, too. 네, 그리고 2층에 있는 것들도요.

Q. You should try out the new menu items at the restaurant.
레스토랑의 새로운 메뉴들을 드셔보세요. [충고·권유]

A. I have, and they're great. 먹어봤죠. 맛있더라고요.

Q. The parking lot seems to be closed. 주차장이 문을 닫은 것 같아요. [문제점]

A. OK, let's try the one opposite the bank. 알겠어요, 은행 건너편에 있는 곳으로 가봐요.

2. 맞장구를 치거나 되묻기형 응답이 정답으로 자주 출제된다.

Q. I just read an article about the president in the newspaper.
조금 전에 신문에서 대통령과 관련된 기사를 읽었어요.

A. Oh, what did it say? 오, 무슨 내용이었어요? [되묻기형 응답]

Q. We received a lot of applications for the new manager's position.
새로운 매니저 자리를 위한 지원서가 아주 많이 들어왔어요.

A. I know, it will be difficult to make a decision. 알아요, 결정하기가 어렵겠어요. [맞장구형 응답]

📑 핵심 문제 유형

Q5 사실·정보 전달에 대한 응답

The museum on Westin Drive has been remodeled.

(A) I know. I'm planning to go there next week.
(B) I haven't decided on a design yet.
(C) Turn right on Woods Street.

정답   (A)

해석   Westin 가에 있는 박물관이 리모델링 됐어요.
         (A) 알아요. 다음 주에 가보려고요.
         (B) 아직 디자인을 결정하지 않았어요.
         (C) Woods 가에서 우회전하세요.

어휘   **remodel** 리모델링하다 | **decide on** ~에 대해 결정하다 | **turn right** 우회전하다

정답 공략 하기

1 키워드 잡기

평서문 ➡ the museum ➡ remodeled

2 오답 소거하기

(A) ◎ 박물관이 개조되었다는 정보에 대해 적절히 응답하고 있으므로 정답
(B) ✖ 연상 어휘 오답(remodeled – design)
(C) ✖ 길을 묻지 않았으므로 동문서답형 오답

3 가능한 정답

Weren't they supposed to finish in December? 12월에 끝내기로 되어있지 않았나요?

Q6 감정 표현·의견 제시에 대한 응답

There aren't any sale signs on the store display window.

(A) We can clean it for you.
(B) That's an excellent deal.
(C) I was just about to put them up.

정답   (C)

해석   매장 진열장에 아무 할인 안내판도 안 붙어 있네요.
         (A) 저희가 치워드릴 수 있어요.
         (B) 정말 탁월한 거래네요.
         (C) 지금 막 붙이려던 참이었어요.

어휘   **sign** 안내판 | **deal** 거래 | **put up** ~을 붙이다

정답 공략 하기

1 키워드 잡기

평서문 ➡ There aren't ➡ sales signs ➡ display window

2 오답 소거하기

(A) ✖ 연상 어휘 오답(window – clean)
(B) ✖ 연상 어휘 오답(sale – deal)
(C) ◎ 안내판이 안 붙어 있다고 지적하자 막 붙이려던 참이었다고 응답하고 있으므로 정답

3 가능한 정답

The printing shop said they will be available next week. 인쇄소가 다음 주면 준비될 거라고 했어요.

Q7 맞장구형 응답

I met a lot of people at the PBT
Networking Conference this week.

(A) Yes, the hotel is nearby.
(B) It's great you made some contacts.
(C) I'm afraid registration has ended.

정답 (B)

해석 이번 주 PBT 네트워킹 회의에서 사람들을 많이 만났어요.
(A) 네, 그 호텔은 근처에 있어요.
(B) 인맥을 좀 쌓았다니 잘됐네요.
(C) 안타깝지만 등록은 끝났어요.

어휘 nearby 인근의, 가까운 곳의 | contact 인맥, 연락 |
registration 등록

정답 공략 하기

1 키워드 잡기

평서문 ➜ I met ➜ a lot of people ➜ Conference

2 오답 소거하기

(A) ❌ 질문과 무관한 동문서답형 오답
(B) ◎ 사람들을 많이 만나 인맥을 쌓게 돼 잘됐다고 맞장구를 치고 있으므로 정답
(C) ❌ 연상 어휘 오답(Conference – registration)

3 가능한 정답

I'll be sure to attend next year. 저도 내년에 꼭 참석해야겠어요.

Q8 되묻기형 응답

This restaurant has the best view in town.

(A) They hired some new servers.
(B) A table for three.
(C) You haven't been to Max's Bistro, have
you?

정답 (C)

해석 여기 식당 경치가 이 도시에서 최고예요.
(A) 서빙하는 사람들을 새로 고용했어요.
(B) 3인용 탁자요.
(C) Max's Bistro에 안 가봤군요, 그렇죠?

어휘 view 전망 | hire 고용하다 | server (식당의) 종업원

정답 공략 하기

1 키워드 잡기

평서문 ➜ restaurant ➜ best view

2 오답 소거하기

(A) ❌ 연상 어휘 오답(restaurant – servers)
(B) ❌ 연상 어휘 오답(restaurant – table)
(C) ◎ 'Max's Bistro를 안 가보셨군요'라고 되물으며 거기가 더 좋다는 의미의 우회적 정답

3 가능한 정답

They also have great service. 서비스도 뛰어나요.

되묻기

Q. It seems like the café forgot to deliver my sandwich.
카페에서 제 샌드위치 배달하는 걸 잊은 것 같아요.

A. Why don't you call the manager?
매니저에게 전화해보는 게 어때요?

Q. I have just been reading the quarterly sales report.
분기별 판매 보고서를 막 읽고 있던 참이었어요.

A. How do the figures look?
수치가 어때 보여요?

Q. I'd like to file a complaint about my purchase.
제가 구매한 물건에 대해 항의할 게 있어서요.

A. What was the problem?
문제가 뭐였나요?

맞장구

Q. The security system needs to be repaired.
보안시스템은 보수해야 해요.

A. Yes, it's urgent.
맞아요, 그건 시급해요.

Q. The contractors that renovated the building did an outstanding job.
건물을 개조한 하청업자들이 일을 잘했네요.

A. They did, didn't they?
잘했어요, 그렇지 않나요?

동의

Q. I can't figure out this new email software.
이 새로운 이메일 소프트웨어를 이해할 수가 없어요.

A. Me, neither.
저도 그래요.

Practice

해설서 p.46

1. Mark your answer on your answer sheet.   (A)   (B)   (C)

2. Mark your answer on your answer sheet.   (A)   (B)   (C)

3. Mark your answer on your answer sheet.   (A)   (B)   (C)

4. Mark your answer on your answer sheet.   (A)   (B)   (C)

5. Mark your answer on your answer sheet.   (A)   (B)   (C)

6. Mark your answer on your answer sheet.   (A)   (B)   (C)

7. Mark your answer on your answer sheet.   (A)   (B)   (C)

8. Mark your answer on your answer sheet.   (A)   (B)   (C)

9. Mark your answer on your answer sheet.   (A)   (B)   (C)

10. Mark your answer on your answer sheet.   (A)   (B)   (C)
고난도

11. Mark your answer on your answer sheet.   (A)   (B)   (C)

12. Mark your answer on your answer sheet.   (A)   (B)   (C)

13. Mark your answer on your answer sheet.   (A)   (B)   (C)

14. Mark your answer on your answer sheet.   (A)   (B)   (C)

15. Mark your answer on your answer sheet.   (A)   (B)   (C)

16. Mark your answer on your answer sheet.   (A)   (B)   (C)

17. Mark your answer on your answer sheet.   (A)   (B)   (C)

18. Mark your answer on your answer sheet.   (A)   (B)   (C)

19. Mark your answer on your answer sheet.   (A)   (B)   (C)

20. Mark your answer on your answer sheet.   (A)   (B)   (C)

21. Mark your answer on your answer sheet.   (A)   (B)   (C)

22. Mark your answer on your answer sheet.   (A)   (B)   (C)

23. Mark your answer on your answer sheet.   (A)   (B)   (C)
고난도

24. Mark your answer on your answer sheet.   (A)   (B)   (C)

25. Mark your answer on your answer sheet.   (A)   (B)   (C)

REVIEW TEST

7. Mark your answer on your answer sheet.　　　(A)　(B)　(C)

8. Mark your answer on your answer sheet.　　　(A)　(B)　(C)

9. Mark your answer on your answer sheet.　　　(A)　(B)　(C)

10. Mark your answer on your answer sheet.　　　(A)　(B)　(C)

11. Mark your answer on your answer sheet.　　　(A)　(B)　(C)

12. Mark your answer on your answer sheet.　　　(A)　(B)　(C)

13. Mark your answer on your answer sheet.　　　(A)　(B)　(C)

14. Mark your answer on your answer sheet.　　　(A)　(B)　(C)

15. Mark your answer on your answer sheet.　　　(A)　(B)　(C)

16. Mark your answer on your answer sheet.　　　(A)　(B)　(C)

17. Mark your answer on your answer sheet.　　　(A)　(B)　(C)

18. Mark your answer on your answer sheet.　　　(A)　(B)　(C)

19. Mark your answer on your answer sheet.　　　(A)　(B)　(C)

20. Mark your answer on your answer sheet.　　(A)　(B)　(C)

21. Mark your answer on your answer sheet.　　(A)　(B)　(C)
고난도

22. Mark your answer on your answer sheet.　　(A)　(B)　(C)

23. Mark your answer on your answer sheet.　　(A)　(B)　(C)

24. Mark your answer on your answer sheet.　　(A)　(B)　(C)

25. Mark your answer on your answer sheet.　　(A)　(B)　(C)

26. Mark your answer on your answer sheet.　　(A)　(B)　(C)

27. Mark your answer on your answer sheet.　　(A)　(B)　(C)

28. Mark your answer on your answer sheet.　　(A)　(B)　(C)

29. Mark your answer on your answer sheet.　　(A)　(B)　(C)

30. Mark your answer on your answer sheet.　　(A)　(B)　(C)

31. Mark your answer on your answer sheet.　　(A)　(B)　(C)

RT 3

짧은 대화

OVERVIEW

대화를 듣고, 문제지에 주어진 사지선다형 문항 3개에 답하는 문제이다. 시험지에서 문제와 보기를 볼 수 있으므로 듣기 전에 미리 대화의 전반적인 흐름을 추측할 수 있다. 총 13개 지문과 39문항이 출제된다.

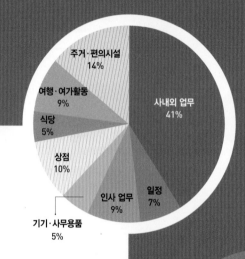

주거·편의시설 14%
여행·여가활동 9%
식당 5%
상점 10%
기기·사무용품 5%
인사 업무 9%
일정 7%
사내외 업무 41%

대화 주제

회사 생활 ㅣ 사내외 업무, 일정, 인사 업무, 기기·사무용품
일상생활 ㅣ 상점, 식당, 여행·여가활동, 주거·편의시설

출제 포인트

- 대화의 주제·목적을 묻는 문제보다 세부 사항을 묻는 문제의 비중이 높다.
- 짧은 대화가 빠른 속도로 진행되는 3인 이상의 대화와 주고받는 대화 수가 5턴 이상으로 늘어난 대화가 출제된다.

PART 3 이렇게 대비하자!

- 3인 이상의 화자가 등장하는 대화는 전반적인 내용은 이해하기 쉬우나 대화 중간에 말의 속도가 매우 빠른 부분들이 섞여 나오기 때문에 체감 대화 속도가 매우 빠르다. 평소 빠르게 듣는 훈련이 필요하다.
- 화자 의도 파악 문제는 화자가 말한 문장의 문자적인 해석이 아니라 대화의 전반적인 흐름 이해가 필요하다. 평소 단순 듣기에서 벗어나 대화의 전반적 흐름을 이해하는 훈련이 필요하다.
- 시각 정보 연계 문제는 지문을 듣기 전에 주어진 시각 자료를 최대한 활용해서 지문의 주제를 예측하며 들을 수 있어야 한다. 듣고, 분석하고, 문제를 푸는 멀티태스킹 훈련이 필요하다.

PART 3 공략법

1. 대화를 듣기 전에 문제를 먼저 읽는다.

문제를 미리 읽으면서 키워드에 표시해둔다.

> What are the speakers **mainly discussing**?
> 화자들은 주로 무엇을 논의하고 있는가? → 주제를 찾는 문제임을 미리 파악한다.
>
> What is **special** about the **product**?
> 그 제품에 대해 특별한 점은 무엇인가? → 어떤 제품에 대해 특별한 점을 들을 준비를 한다.
>
> What will the **woman do next**?
> 여자는 다음에 무엇을 할 것인가? → 대화가 끝난 후 여자가 어떤 행동을 할지 들을 준비를 한다.

2. 대화를 듣기 전에 핵심내용을 추측한다.

문제와 짧은 보기를 미리 읽음으로써 어떤 내용이 나올지 추측할 수 있다.

> What do the men **imply about the company**?
> 남자는 그 회사에 관하여 무엇을 암시하고 있는가?
>
> (A) It has launched **new merchandise**. 신제품을 출시했다.
> (B) It is planning to **relocate** soon. 곧 이전할 계획이다.
> (C) It has clients in **several countries**. 다른 나라에 고객이 있다.
> (D) It is having **financial** difficulties. 재정적 어려움을 겪고 있다.
>
> → 문제와 보기를 미리 읽고 어떤 회사가 현재 어떤 상태인지에 관한 대화라는 걸 추측할 수 있다.

3. 문제의 순서와 문제에 대한 힌트가 나오는 순서는 대개 일치한다.

대화 전반부	→	첫 번째 문제 힌트
↓		(보기를 보고 있다가 힌트가 들리면 바로 정답 체크!)
		↓
대화 중반부	→	두 번째 문제 힌트
↓		(보기를 보고 있다가 힌트가 들리면 바로 정답 체크!)
		↓
대화 후반부	→	마지막 문제 힌트
		(보기를 보고 있다가 힌트가 들리면 바로 정답 체크!)
세 문제를 읽어주고 정답 고를 시간을 준다. (각 문제 간격 8초)		★ 대화가 끝남과 동시에 정답 체크를 끝내고, 남는 약 24초 동안 다음 문제를 미리 읽기 시작한다.

4. 질문에 언급된 남자 또는 여자의 말에 정답이 나올 확률이 높다.

질문의 동사가 수동태일 때는 질문에 제시된 화자가 아닌 그 상대방의 말에서 정답의 단서를 찾아야 한다.

> What does **the man ask** the woman to do?
> 남자가 요청하는 것은? → 남자의 말 속에 정답이 있다.
>
> What **is the man asked** to do?
> 남자가 요청받은 것은? → 남자의 상대방인 여자의 말 속에 정답이 나온다.

5. 질문의 순서는 바로 대화 내용 순서와 같다.

첫 번째 문제	주제·목적, 장소·인물(직업·신분), 문제점을 묻는 문제 등 대화의 전체 내용과 관련된 문제는 대개 첫 번째 문제로 출제되며 대화의 도입부에서 정답의 단서가 언급된다.
두 번째 문제	원인, 수단, 수량, 일정, 시간 등을 묻는 문제들이 두 번째 문제로 출제되며 대화의 중반부에 정답의 단서가 언급된다.
세 번째 문제	앞으로의 계획이나 할 일을 묻는 문제, 제안·요청 사항 등을 묻는 문제가 세 번째로 출제되며 대화의 마지막 부분에서 정답의 단서를 찾아야 한다.

6. 패러프레이징이 된 정답에 익숙해진다.

대화 내용에서 들렸던 표현이 보기에 그대로 정답이 되는 난이도가 낮은 문제도 많이 출제되지만, 대화 속 표현이나 어구를 그대로 사용하지 않고 결국 같은 의미이지만 다른 표현으로 바꿔서 답이 나오는 경우가 대부분이다. 이렇게 바꿔 말하는 것을 패러프레이징 (paraphrasing)이라고 한다.

(1) 정답이 그대로 나오는 경우

> W: How are we doing with **the expansion of our store's produce section**?
> 우리 매장의 농산물 구역 확장은 어떻게 되고 있나요?
>
> Q: What is the conversation mainly about? 대화는 주로 무엇에 대한 것인가?
>
> A: Expanding a section of a store 매장의 한 구역 확장
>
> ★ 정답 표현
>
> the **expansion** of our **store's produce section** 매장의 농산물 구역 확장
> → **Expanding** a **section** of a **store** 매장의 한 구역 확장

(2) 정답이 패러프레이징되어 나오는 경우

M: We're **holding a celebration banquet** for our Sales Department during the first week of February.
저희는 2월 첫째 주에 영업팀을 위한 축하연회를 열 예정이에요.

Q. What will happen during the first week of February?
2월 첫째 주에 어떤 일이 있을 것인가?

A: A **company gathering** will **take place**. 회사 모임이 개최될 것이다.

★ 패러프레이징된 표현

hold 개최하다 → take place 개최되다
a celebration banquet 축하연회 → company gathering 회사 모임

(3) 패러프레이징 표현 연습

- This is our company cafeteria, which needs to **be** completely **remodeled**.
이곳이 우리 회사 구내식당인데요. 완전히 개보수해야 해요.
→ **Renovating** a cafeteria 구내식당 개조 보수

- Can you **get in touch** with our food supplier?
식품 공급업체에 연락 좀 해주시겠어요?
→ **Contact** a supplier 공급업체에 연락하다

- I should prepare some materials for my **presentation**.
발표를 위해서 자료를 좀 준비해야 해요.
→ **Prepare** for a **talk** 발표를 준비하다

- Could you **fill out** this form? We keep a record of all our visitors.
이 양식을 좀 작성해 주시겠어요? 우리는 모든 방문객의 기록을 보관해요.
→ **Complete** a visitor form 양식을 작성하다

- We should probably **take the subway**.
아마 지하철을 타야 할 거예요.
→ **Using a public transit service** 대중교통을 이용하다

- It will accurately **measure** the pressure levels of your tanks.
탱크들의 압력 레벨을 정확히 측정할 거예요.
→ It **monitors** pressure levels. 압력 레벨을 관찰한다.

- Water from the ceiling has been dripping onto my desk.
천장에서 물이 제 책상 위로 떨어지고 있어요.
→ To report a leak 누수를 보고하기 위해

일반 정보 문제 유형

- Part 3의 대화는 대개 일정한 구조로 전개되기 때문에 대화의 초반·중반·후반부에서 언급될 내용과 관련 문제 유형을 예상할 수 있다.
- 대화의 전체 내용과 관련된 일반 정보 문제 유형은 대화의 주제나 목적, 화자의 정체, 대화가 이루어지는 장소를 묻는 문제 유형이 출제된다.
- 일반 정보 문제 유형은 세 문제 중 첫 번째나 두 번째 문제로 출제되며, 주로 대화의 초반부에서 정답의 단서가 언급된다.

🔍 문제 유형 확인하기   주제·목적

▶ 대화의 주제·목적 문제는 매회 3문제 이상 출제된다.

▶ 대부분 첫 화자의 말에서 정답의 단서가 등장하지만, 3인 대화에서는 주고 받는 대화수가 늘어나면서 한 화자가 말하는 문장이 짧아져 두 번째 화자의 말에서도 정답의 단서가 언급되기도 한다.

▶ 듣기 전 보기에서 주제·목적에 관한 키워드를 파악하고, 지문에서 첫 화자가 키워드와 관련된 정답의 단서를 언급하면 빠르게 답을 고른다.

> **Tip!**
> 패러프레이징이 될 가능성이 낮은 명사 위주로 키워드를 잡는 게 유리해! 단, 보기에 an order, a delivery, equipment, facility 같은 명사가 등장하면 지문에서 더 구체적인 단어들로 언급될 거야. 이때는 동사를 키워드로 잡자!

What are the speakers **mainly discussing**? 화자들은 무엇에 대해 이야기하는가?

What is the **topic** of the conversation? 대화의 주제는 무엇인가?

What is the conversation **mainly about**? 대화는 주로 무엇에 관한 것인가?

What product are the speakers **discussing**? 어떤 제품에 대해 화자들은 이야기를 나누는가?

What event are the speakers **discussing**? 어떤 행사에 대해 화자들은 이야기를 나누는가?

시그널로 정답 찾기

> Part 3&4에서는 문제 유형에 따라 지문에서 정답의 단서를 알려주는 빈출 시그널 표현들이 나와. 이 표현들을 익히고 정답을 찾는 연습을 하면 점수도 쑥쑥 올라가겠지?

문제 키워드 잡기 ⇒	시그널 표현 ⇒	지문 듣기 ⇒	정답 찾기
What is the conversation mainly about? ✓ 무엇에 관한 대화?	· I'd like to · I want to · I hope to · I'm planning to · I'm going to · I'm here to · I came to	M **I came to** invite all of our distributors to the grand opening of our recently upgraded factory on July 7. 공장 개장식에 초대합니다.	A factory opening 공장 개장

 P3-01 호주 ↔ 미국

Q1 What is the conversation mainly about?

(A) Product brochures
(B) An event calendar
(C) Shipping fees
(D) A business opening

Question 1 refers to the following conversation.

Ⓜ ❶ Karen, do you know how the pamphlets for our new line of shoes are coming along?

Ⓦ Yes, actually, the vendor stopped by today with a sample. It's a good thing, too, because they left out details about store locations. He was very relieved that he checked before completing the order. He said the revised pamphlets will be here by next Monday afternoon.

Ⓜ That's going to be a problem. Some clients are coming in that afternoon, and I'd like to show them our pamphlets. Would you mind contacting the print center and requesting that they arrive no later than Monday morning?

Q1 이 대화의 주제는 무엇인가?

(A) 제품 안내 책자　　　　(B) 행사 일정표　　　　(C) 배송비　　　　(D) 회사 개업

정답 공략 하기

❶ 듣기 전 키워드 잡기

What is the conversation ⌐mainly about⌐?

┄→ 대화의 주제를 묻는 문제: 첫 화자의 말에서 정답 단서가 나올 것을 예상

(A) Product ⌐brochures⌐　　(B) An event ⌐calendar⌐

(C) ⌐Shipping fees⌐　　(D) A business ⌐opening⌐

> **Tip!** 듣기 전에 먼저 문제와 보기의 키워드를 잡고, 대화의 핵심에 먼저 내용이나 흐름을 추측해야 해. 그러면 정답에 해당하는 키워드가 지문에서 그대로 나오는 경우가 많으니까 정답률도 올라갈거야!

❷ 들으며 정답 찾기

첫 화자인 남자의 첫 대사 'Karen, do you know how the pamphlets for our new line of shoes are coming along? (Karen, 우리 신상품 신발 라인에 대한 팜플렛이 어떻게 진행되고 있는지 아세요?)'에서 the pamphlets가 보기 (A) Product ⌐brochures⌐의 키워드로 패러프레이징되었으므로 (A)가 정답이다.

패러프레이징 지문 pamphlets → 보기 brochures

1번은 다음 대화에 관한 문제입니다.

🔊 ❶ Karen, 우리 신상품 신발 라인에 대한 팜플렛이 어떻게 진행되고 있는지 아세요?

🔊 네, 사실, 오늘 판매업체에서 샘플을 가지고 왔었어요. 덕분에 그쪽에서 점포들 위치에 대한 세부 사항을 빠뜨렸다는 걸 알게 돼서 정말 다행이었어요. 주문을 완료하기 전에 확인하게 돼서 아주 안도했거든요. 수정된 팜플렛은 다음 주 월요일 오후까지 받을 수 있을 거라고 했어요.

🔊 그럼 문제가 되겠는데요. 일부 고객들이 그날 오후에 올 건데, 그때 저희 팜플렛을 보여주고 싶거든요. 인쇄소에 연락해서 늦어도 월요일 아침까지 받아볼 수 있도록 요청해 주실 수 있나요?

VOCA ⋯⋯

come along (원하는 대로) 되어 가다 ǀ **vendor** (특정한 제품) 판매 회사 ǀ **leave out** ~을 빼다[배제시키다] ǀ **relieve** 안도하게 하다 ǀ
no later than 늦어도 ~까지는

▶ 화자 신원 문제는 매회 4문제 이상 출제된다.

▶ 성별과 상관 없이 첫 화자의 말에서 정답의 단서가 등장한다. 문제가 남자의 직업을 물을 경우, 남자의 말에서 정답이 나올 것이라 생각할 수 있지만 첫 화자가 여자라면 여자의 말에서 정답의 단서가 나올 것임을 기억하자.

▶ 3인 대화 지문에서는 두 번째 화자에서 정답이 확인되기도 한다.

▶ 화자 정체에 대한 패러프레이징 표현을 익힌다. 문제의 보기에서는 화자의 직업이나 일하는 장소가 명사 형태로 나오고 지문에서는 이 명사를 풀어서 설명한다. 이를 위해 정답 보기들이 지문에서 어떻게 패러프레이징되는지 확인하고 정리해두면 좋다.

Tip!
Part 3의 빈출 패러프레이징 표현은 267 페이지를 참고해!

Where do the speakers most likely **work**? 화자들은 어디에서 일하겠는가?

What type of business do the speakers **work at**? 어떤 종류의 업체에서 화자들은 일하는가?

Who (most likely) is the man[woman]? 남자[여자]는 누구인가?

What is the man's[woman's] **job**? 남자의[여자의] 직업은 무엇인가?

Where most likely does the man[woman] **work**? 어디에서 남자[여자]는 일하겠는가?

What kind[type] of business does the man[woman] (most likely) **work for**?

어떤 종류의 업체에서 남자[여자]는 일하는가?

시그널로 정답 찾기

문제 키워드 잡기 ⇒	시그널 표현 ⇒	지문 듣기 ⇒	정답 찾기
Who most likely is the man? 남자는 누구?	· **This is** + 이름 + **from**	M Hi, **this is** Mike **from** Hanlon Auto Repair. 자동차 수리점입니다.	A car mechanic 자동차 정비사
What most likely is the woman's job? 여자의 직업은?	· **I'm** + 정체 · 회사 이름 언급	W Hello, **I'm** an employee at Lee & Jones Accounting Firm. 회계법인 직원입니다.	An accountant 회계사
Where does the man probably work? 남자가 일하는 곳?	· **My name is** + 부연 설명	W Hi, **My name is** Lisa Doan. I ordered a dozen roses from your online store yesterday. 온라인으로 장미를 주문했어요.	At a flower shop 꽃집

🎧 P3-02 [미국 ↔ 영국]

Q2 Where does the woman most likely work?

(A) At a concert hall
(B) At a radio station
(C) At a construction company
(D) At an electronics store

Question 2 refers to the following conversation.

Ⓜ **2** Hi, I've come in today because of these speakers that I purchased here a couple days ago. The sound on the left side is louder than the right side every time I play music.

Ⓦ Have you tried checking the audio settings on the device? You might need to adjust the left side to match the right.

Ⓜ I already tried that. Both sides are at equal levels, but one side is still quieter. I think it would be best if I just got my money back.

Q2 여자는 어디에서 일하겠는가?

(A) 공연장에서　　　(B) 라디오 방송국에서　　　(C) 건설 회사에서　　　(D) 전자제품 매장에서

정답 공략 하기

❶ 듣기 전 키워드 잡기

Where✓ does the woman most likely work✓?

⋯▶ 화자가 일하는 장소를 묻는 문제: 첫 화자의 말에서 정답 단서가 나올 것을 예상

(A) At a concert hall✓ (B) At a radio station✓

(C) At a construction company✓ (D) At an electronics store✓

❷ 들으며 정답 찾기

여자가 일하는 장소를 묻는 문제이지만 성별에 관계 없이 첫 화자의 말에서 정답의 단서가 나온다는 데 유의한다. 첫 화자인 남자의 첫 대사 'Hi, I've come in today because of these speakers that I purchased here a couple days ago. (안녕하세요. 며칠 전에 여기에서 구입한 이 스피커들 때문에 왔어요.)'에서 남자가 스피커를 구입했다고 언급하므로 여자는 스피커를 판매하는 곳에서 일한다는 것을 알 수 있다. 그러므로 (D) At an electronics store가 정답이다.

2번은 다음 대화에 관한 문제입니다.

남 **2** 안녕하세요. 며칠 전에 여기에서 구입한 이 스피커들 때문에 왔어요. 제가 음악을 재생할 때마다 오른쪽보다 왼쪽에서 나오는 소리가 더 크네요.

여 장치의 오디오 설정을 확인해 보셨나요? 왼쪽 스피커를 오른쪽에 맞춰서 조정하실 필요가 있을 것 같은데요.

남 이미 해봤습니다. 양쪽이 같은 레벨인데, 한쪽이 여전히 훨씬 더 소리가 작아요. 그냥 제 돈을 돌려 받는 게 최선일 것 같네요.

VOCA ···

setting 설정 | **device** 장치 | **adjust** 조정하다. 조절하다 | **equal** 동일한

▶ 대화 장소 문제는 매회 3문제 이상 출제된다.

▶ 첫 화자의 말에서 정답의 단서가 등장하지만, 3인 대화에서는 주고 받는 대화 수가 늘어나 각 화자가 말하는 문장이 짧아지면서 두 번째 화자의 말에서도 정답의 단서가 제시되기도 한다.

▶ 보기가 명사 형태로 등장하고 지문에서는 이 명사를 풀어서 설명하므로 보기 정답들이 지문에서 어떻게 패러프레이징되는지 확인하고 대화 장소 관련 패러프레이징 표현을 익혀두어야 한다.

Where most likely **are the speakers**? 화자들은 어디에 있는가?
Where most likely does the conversation **take place**? 대화가 이루어지는 곳은 어디겠는가?
Where is the conversation **taking place**? 대화는 어디에서 이루어지고 있는가?

시그널로 정답 찾기

문제 키워드 잡기 ⇒	시그널 표현 ⇒	지문 듣기 ⇒	정답 찾기
Where is the conversation taking place? 대화 장소는?	특정 대화 장소와 관련된 단어·표현을 통해 유추	Ⓜ Hi, I'm looking for a place to live near City Hall. I just saw some ads posted on the window outside your agency, and it seems like there are some apartments available in that area. 살 집을 찾고 있어요. 밖에 광고를 봤는데 아파트 있을까요?	At a real estate agency 부동산 중개업체
Where most likely does the conversation take place? 대화 장소는?		Ⓜ Excuse me. I printed out this coupon from an email I received a while ago. It says that two people can dine for the price of one. 두 명이 한 사람 가격으로 식사할 수 있어요.	In a restaurant 식당
Where mostly likely are the speakers? 화자는 어디에?		Ⓦ Hi, I want to send this box of clothes to Bumar City. Can you tell me how long it will take and how much it will cost? 이 박스를 보내고 싶은데 얼마나 걸리고 얼마인가요?	At a post office 우체국

Q3 **Where most likely does the conversation take place?**

(A) In a movie theater
(B) In a staff cafeteria
(C) At a cooking demonstration
(D) At a marketing conference

Question 3 refers to the following conversation with three speakers.

M **3** Kate, do you mind if I join you?

W1 **3** Of course not. Have a seat! What are you having for lunch today?

M I'm trying the pasta. I love the new menu!

W1 I agree. Everything has gotten better around here since the company started making more money.

M That's true. Hey, here comes Tina. She just finished putting together the annual workshop yesterday.

W2 Yes, and I am exhausted!

W1 You must be. Any changes from last year?

W2 Well, the budget is bigger, so the venue is nicer.

M Oh, wonderful! I can't wait to hear more.

Q3 대화가 이루어지는 곳은 어디겠는가?

(A) 영화관에서 (B) 직원 식당에서 (C) 요리 시연회에서 (D) 마케팅 컨퍼런스에서

정답 공략 하기

① 듣기 전 키워드 잡기

Where most likely does the conversation take place?

⋯ 대화 장소를 묻는 문제: 첫 화자의 말에서 정답 단서가 나올 것을 예상

(A) In a movie theater ✓ (B) **In a staff cafeteria** ✓
(C) At a cooking demonstration ✓ (D) At a marketing conference ✓

Tip! 대화 장소를 묻는 문제는 주로 첫 번째 화자의 말에서 정답이 출제되지만, 3인 대화에서는 화자들이 말하는 문장이 짧아져 두 번째 화자 대사에서도 정답이 나오기도 한다는 점 기억해!

② 들으며 정답 찾기

두 번째 화자인 여자의 말 'Have a seat! What are you having for lunch today? (앉으세요! 오늘 점심은 무엇을 드실 건가요?)'를 통해 점심 식사를 할 수 있는 장소인 (B) In a staff cafeteria가 정답임을 알 수 있다.

3번은 다음 3인 대화에 관한 문제입니다.

남 **3** Kate, 같이 앉아도 될까요?

여1 **3** 물론이죠. 앉으세요! 오늘 점심은 무엇을 드실 건가요?

남 파스타를 먹어보려고요. 새로운 메뉴가 너무 마음에 드네요!

여1 맞아요. 회사가 돈을 더 벌고부터 여기 모든 것들이 좋아지기 시작했어요.

남 맞는 것 같아요. 어, 저기 Tina가 오네요. 어제 막 연례 워크샵 준비를 끝냈다고 하더라고요.

여2 네, 그래서 너무 피곤하네요!

여1 그러시겠어요. 작년과 변화는 좀 있나요?

여2 음, 예산이 더 많아져서요, 장소가 훨씬 더 좋아졌어요.

남 오, 좋네요! 이야기를 더 듣고 싶어요.

VOCA

put together (이것저것을 모아) 만들다 Ⅰ **annual** 연례의 Ⅰ **exhausted** 지친, 피곤한 Ⅰ **budget** 예산, 비용 Ⅰ **venue** 장소

Practice

해설서 p.57

1. Why is the man calling?

(A) To book a flight
(B) To inquire about business hours
(C) To confirm an order
(D) To reschedule an appointment

2. Who most likely is the woman?

고난도
(A) A receptionist
(B) A travel agent
(C) A salesperson
(D) A pharmacist

3. What does the woman offer to do for the man?

(A) Send him a document
(B) Put him on a waiting list
(C) Check a price for him
(D) Contact another location for him

4. What kind of business do the speakers probably work at?

(A) A manufacturing company
(B) A retail store
(C) A hiring agency
(D) A construction contractor

5. Why is the man concerned?

(A) A budget cut may affect business.
(B) An important date might be missed.
(C) Some equipment cannot be repaired.
(D) Customer complaints have risen.

6. What does the woman say they can do?

고난도
(A) Purchase new machines
(B) Reduce certain expenses
(C) Delay launching a product
(D) Assign more employees to a job

7. Where does the conversation most likely take place?

(A) At a conference center
(B) At a factory
(C) At an electronics store
(D) At a library

8. Why does the woman have to present an ID?

(A) To reserve an item
(B) To confirm an address
(C) To check an order
(D) To get a discount

9. What will the woman probably do next?

(A) Submit a fee
(B) Fill out some documents
(C) Visit a different facility
(D) Contact a supervisor

10. Where does the conversation most likely take place?

(A) At a post office
(B) At a clothing retailer
(C) At a stationery store
(D) At a computer repair shop

11. What does the man imply when he says, "I'm about to head over to the checkout counter now"?

(A) He is not interested in having a discussion.
(B) He is going to submit an application form.
(C) He is planning to exchange an item.
(D) He is not sure how to pay for some merchandise.

12. What does the man say about some merchandise?

(A) They are not very popular.
(B) They are not affordable.
(C) He has not used them before.
(D) He is unable to locate them.

Fingerprint Reader Error Code Chart

Code	Description
11	Fingerprint not recognized
12	Fingerprint sensor not working
13	Device update required
14	Device low on power

13. Where does the man most likely work?

(A) In the maintenance team
(B) In the Human Resources Department
(C) In the parking garage
(D) In the dining room

14. Look at the graphic. What problem is the woman experiencing?

(A) Fingerprint not recognized
(B) Fingerprint sensor not working
(C) Device update required
(D) Device low on power

15. Why is the woman in a rush?

(A) She is waiting for a delivery.
(B) She must catch a flight soon.
(C) She has to submit a report.
(D) She is scheduled to meet a client.

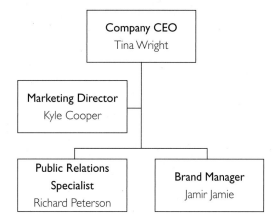

16. Who most likely are the speakers?

(A) Hotel workers
(B) Restaurant servers
(C) Travel agents
(D) Medical professionals

17. Look at the graphic. Which position is being discussed?

(A) Company CEO
(B) Marketing Director
(C) Public Relations Specialist
(D) Brand Manager

18. What does the woman say she will do?

(A) Conduct some interviews
(B) Meet with the executive board
(C) Prepare a job description
(D) Schedule an orientation session

UNIT 11

세부 정보 문제 유형

음원 바로 듣기

- 세부 정보 문제 유형은 대화의 세부적인 내용 즉, 대화 속 한 문장만 잘 들어도 정답을 파악할 수 있는 문제로 출제된다.
- 화자가 말한 문제점을 묻는 문제, 제안·요청 사항을 묻는 문제, 전화를 건 이유를 묻는 문제, 대화 다음에 일어날 일에 대해 묻는 문제, 이유·방법·시점·장소 등 그 밖의 세부 사항을 묻는 문제들이 출제된다.
- 세부 정보 문제 유형은 세 문제 어디에도 나올 수 있지만 주로 두 번째나 세 번째로 출제되며, 대화의 중·후반부에서 정답의 단서가 언급된다.

🔍 문제 유형 확인하기 제안·제공·요청

▶ 대화에서 화자의 제안·요청·권고·문의 사항을 묻는 문제 유형으로, 매회 3문제 이상 출제된다.

▶ 문제에 언급된 남자나 여자 중 누구의 말에서 정답이 나올지 반드시 예상해야 한다.

> **EX** What does the woman✓ ask the man to do? ⋯ 여자가 남자에게 요청한 것: 여자의 말에서 정답을 확인한다.
> What does the man✓ suggest the woman do? ⋯ 남자가 여자에게 제안하는 것: 남자의 말에서 정답을 확인한다.
> **주의** What is the woman✓ asked to do? ⋯ 여자가 요청받은 것: 여자가 요청받은 것을 묻고 있으므로 남자의 말에서 정답을 확인해야 한다.

▶ 제안·제공·요청할 때 쓰이는 표현이 답을 알려주는 단서가 된다.

제안	Why don't you[we] ~? ~하는 게 어때요? ǀ You should ~. ~해야 해요. ǀ We can[could] ~. 우리는 ~할 수 있어요.
	You might want to ~. ~하고 싶어할 거예요. ǀ It would be better ~. ~하는 게 더 좋겠어요.
제공	Why don't I ~? 제가 ~할게요. ǀ Let me ~. 제가 ~할게요. ǀ I'll ~. ~하겠습니다. ǀ I can ~. 제가 ~해줄 수 있어요.
	I'd like to ~. ~하고 싶어요. ǀ I'd be glad[happy] to ~. 기꺼이 ~해드릴게요.
요청	Can[Could] you ~? ~해 주시겠어요? ǀ Would you mind ~? ~해도 괜찮을까요?
	I'd like you to ~. 당신이 ~주시면 좋겠어요. ǀ I'd really appreciate it if you ~. ~해 주시면 정말 감사하겠어요.
	I was wondering if you ~. ~해 주실 수 있는지 궁금하네요. ǀ Would it be possible ~? ~해 주시는 게 가능할까요?

What does the woman **offer to do**? 여자는 무엇을 해주겠다고 제안하는가?

What does the man **recommend**? 남자가 추천하는 것은 무엇인가?

What does the man **suggest** the woman do? 남자가 여자에게 제안하는 것은 무엇인가?

What does the woman **suggest**? 여자가 제안하는 것은 무엇인가?

What does the man **ask** about? 남자는 무엇에 대해 묻는가?

What does the woman **ask** the man **to do**? 여자가 남자에게 요청하는 것은 무엇인가?

What is the woman **asked to do**? 여자는 무엇을 요청받는가?

What does the woman **inquire** about? 여자는 무엇에 대해 문의하는가?

What information does the man **request**? 남자는 어떤 정보에 대해 요청하는가?

시그널로 정답 찾기

문제 키워드 잡기	⇒	시그널 표현	⇒	지문 듣기	⇒	정답 찾기
What does the man ask the woman✓ to do? 남자가 여자에게 요청한 것?		• **Can[Could] you** • **Would you mind** • **I'd like you to**		M **Could you** send me a list of the employees who need to get recertified? Then we can organize a session for them. 직원 리스트 좀 보내줄래요?		Provide names of employees 직원들 이름을 제공한다

Q1 What does the woman ask the man about?

(A) A purchase date
(B) The name of a brand
(C) A delivery policy
(D) The status of an order

Question 1 refers to the following conversation.

Ⓜ Good morning. I'm calling regarding a camera I bought at your store. It hasn't been that long since I got it, and it's already malfunctioning. I thought it would last a lot longer.

Ⓦ I'm really sorry about that. Our products are covered under warranty for one year. ❶ Could you tell me when you purchased it?

Ⓜ A little more than a year ago. I guess that means the warranty has already expired.

Ⓦ Hmm… Well, here's what I can do for you. Unfortunately, we can't exchange the product, but as you have been a loyal customer, we can provide you with a voucher for 30 percent off any item in our store.

Q1 여자는 남자에게 무엇에 대해 질문하는가?

(A) 구입 날짜   (B) 브랜드 이름   (C) 배송 정책   (D) 주문 처리 상태

정답 공략 하기

❶ **듣기 전 키워드 잡기**

What does the woman ask✓ the man about?

⋯▶ 여자가 요청한 것을 묻는 문제: 여자의 말에서 요청할 때 쓰이는 표현과 함께 정답의 단서가 나올 것을 예상

(A) A purchase date✓   (B) The name of a brand✓

(C) A delivery policy✓   (D) The status of an order✓

❷ **들으며 정답 찾기**

요청할 때 쓰이는 표현인 'Could you ~?' 의문문을 사용하여 대화 중반부에서 여자가 'Could you tell me when you purchased it? (언제 제품을 구입하셨는지 알려주시겠어요?)'이라고 묻고 있으므로 (A) A purchase date가 정답이다.

패러프레이징 지문 **when you purchased it** → 보기 **A purchase date**

1번은 다음 대화에 관한 문제입니다.

🔈 안녕하세요. 거기서 구매한 카메라 때문에 전화드리는데요. 산 지 얼마 되지도 않았는데 벌써 고장이 났어요. 저는 훨씬 더 오래갈 줄 알았는데요.

🔈 정말 죄송합니다. 저희 제품은 1년간 무상 보증이 됩니다. ❶ **언제 제품을 구입하셨는지 알려주시겠어요?**

🔈 일년 좀 전에요. 그럼 보증기간은 벌써 끝이 난 거겠군요.

🔈 흠… 글쎄요, 제가 해 드릴 수 있는 건 이렇습니다. 유감스럽게도 상품을 교환해 드릴 수는 없지만, 단골이시니까 저희 매장 제품을 구매할 때 30퍼센트를 할인받을 수 있는 쿠폰을 제공해 드리겠습니다.

VOCA ···

malfunction 고장, 오작동, 고장 나다 Ⅰ **under warranty** 보증기간 중인 Ⅰ **expire** 만료되다 Ⅰ **exchange** 교환하다 Ⅰ **loyal customer** 단골 고객
Ⅰ **voucher** 할인권

▶ 대화에서 제시된 문제점이나 화자가 걱정하고 있는 것을 묻는 문제 유형이다.

▶ 문제점·걱정거리 문제는 매회 2문제 이상 출제되므로 세 문제 중 어디에도 나올 수 있지만, 주로 첫 번째나 두 번째 문제로 출제된다.

▶ 문제가 발생하거나 걱정할 때 쓰이는 표현이 답을 알려주는 결정적 단서가 된다.

> **EX** but 그러나 I however 그러나 I unfortunately 유감스럽게도 I I'm afraid = It's a shame = It's regret 유감이지만 ~이다 I I'm sorry ~하게 되어 유감입니다 I I worried = I concerned ~일까 봐 걱정입니다 I Oh, no! I Hmm I problem = trouble 문제점 I damage 손상, 파손 I broken 손상된 I missing 빠진, 누락된 I bad 안 좋은 I difficulty 어려움 I never 한 번도[절대로] ~아니다

▶ 듣기 전 보기에서 키워드를 잡고, 어떤 문제점들이 언급될 것인지 빠르게 예상해본다.

What is the **problem**? 무엇이 문제인가?
What is the man's[woman's] **problem**? 남자[여자]의 문제는 무엇인가?
Why are the speakers **concerned**? 화자들은 왜 걱정하고 있는가?
What is the man[woman] **concerned** about? 남자[여자]는 무엇에 대해 걱정하고 있는가?
What problem does the man[woman] mention? 남자[여자]는 어떤 문제에 대해 언급하는가?

시그널로 정답 찾기

문제 키워드 잡기 ⇒	시그널 표현 ⇒	지문 듣기 ⇒	정답 찾기
According to the woman, what is the problem? 문제는 무엇?	• **But**	W That'd be a good idea, **but** it would cost too much, and we couldn't afford it. 그러나 비용이 너무 많이 들어!	A construction cost 건설 비용
What concern does the man mention? 무슨 걱정?	• **However**	M We are going to be seeing the final candidates for the new positions next week. **However**, I don't have anyone to help me conduct the interviews. 그러나 도와줄 사람이 없어~	Being short on staff 인력 부족
What is the woman concerned about? 무슨 걱정?	• **Unfortunately**	W **Unfortunately**, I'm not sure if I can put in that many hours because I manage a store. 유감스럽게도 그렇게 많은 시간을 들일 수 있을지!	The number of hours 시간

P3-06 미국 ↔ 미국

Q2 What problem does the woman mention?

(A) An office is closing soon.
(B) An employee is unavailable.
(C) A time slot is too short.
(D) A presentation has errors.

Question 2 refers to the following conversation.

M Hi, Nicole. I'm looking over the agenda for next Monday's meeting with the city council. ❷ And it looks like we're set to present from 3:30 to 4:00 P.M.

W ❷ Only 30 minutes? But that's not enough time to go over everything in our presentation. We should let them know.

M Alright, I'll get in touch with one of the council members today.

Q2 여자가 말하는 문제는 무엇인가?

(A) 사무실이 곧 문을 닫는다.
(C) 시간대가 너무 짧다.
(B) 어떤 직원이 시간이 안 된다.
(D) 프레젠테이션에 오류가 있다.

정답 공략 하기

❶ 듣기 전 키워드 잡기

What problem does the woman mention?

⋯→ **문제점을 묻는 문제:** 문제가 발생하거나 걱정할 때 쓰이는 표현과 함께 정답 단서가 나올 것을 예상

(A) An office is closing soon.
(B) An employee is unavailable.
(C) A time slot is too short.
(D) A presentation has errors.

❷ 들으며 정답 찾기

대화의 중반부에 나온 여자의 말에서 문제점을 제시할 때 쓰이는 시그널 표현인 'But'이 단서로 등장한다. 'Only 30 minutes? But that's not enough time to go over everything in our presentation. (30분밖에 안 돼요? 하지만 그럼 우리 프레젠테이션을 모두 살펴보기에는 시간이 충분치 않은데요.)'라고 말했으므로 여자는 발표할 시간이 더 필요하다는 뜻을 전달하고 있다. 따라서 정답은 (C)이다.

패러프레이징 지문 not enough time → 보기 A time slot ~ too short

2번은 다음 대화에 관한 문제입니다.

남 Nicole, 안녕하세요. 제가 다음주 월요일에 시의회와의 회의를 위해 안건을 검토하고 있어요. ❷ 그리고 우리는 3시 반에서 4시까지 발표할 예정인 것 같네요.

여 ❷ 30분밖에 안 돼요? 하지만 그럼 우리 프레젠테이션을 모두 살펴보기에는 시간이 충분치 않은데요. 그들에게 알려줘야겠어요.

남 알겠어요, 제가 오늘 시의회 의원 중 한 분과 연락해볼게요.

VOCA ⋯⋯⋯⋯⋯⋯⋯⋯⋯⋯⋯⋯⋯⋯⋯⋯⋯⋯⋯⋯⋯⋯⋯⋯⋯⋯⋯⋯⋯

look over 살펴보다 | **agenda** 안건 | **city council** 시의회 | **set to** 시작하다, 착수하다 | **get in touch** 연락을 취하다

▶ 전화를 한 이유·목적 문제는 매회 1~2문제가 출제된다.

▶ 화자가 전화를 한 이유·목적을 묻는 문제는 주로 대화 초반부에 정답의 단서가 나온다.

▶ 문제에서 남자나 여자 중 누구의 말에서 답이 나올지 반드시 예상해야 한다. 정확히 어느 화자가 전화를 했는지 확인하지 않고 들으면 함정에 빠질 수 있으니 유의해야 한다.

    EX Why is the |man| calling? ⋯ 남자는 왜 전화를 걸었는가: 남자의 말에서 정답을 확인한다.

    What is the purpose of the |woman's| call? ⋯ 여자 전화 통화의 목적: 여자의 말에서 정답을 확인한다.

▶ 대화에서 전화를 건 이유나 목적을 말할 때 쓰이는 표현이 지문에서 답을 알려주는 단서가 된다.

    EX **I'm calling ~.** ~하려고 전화했습니다. | **I was wondering if ~.** ~인지 궁금했어요. | **Please ~.** ~해 주세요. | **I'd like to ~.** ~하고 싶습니다. | **I'd like you to ~.** 당신이 ~해 주셨으면 좋겠습니다.

▶ 주로 어떤 문제가 발생하여 해결책이나 대안을 요청하기 위해 전화를 거는 내용이 출제된다.

Why is the man[woman] **calling**? 남자[여자]가 전화를 건 이유는?

What is the man[woman] **calling about**? 남자[여자]는 무엇에 대해 전화를 걸었는가?

What is the **purpose** of the man's[woman's] **call**? 남자[여자]가 전화를 한 목적은 무엇인가?

Why is the man[woman] **contacting** the woman[man]? 남자[여자]가 여자[남자]에게 연락을 한 이유는 무엇인가?

시그널로 정답 찾기

문제 키워드 잡기 ➡	시그널 표현 ➡	지문 듣기 ➡	정답 찾기
What is the purpose of the woman's call? 전화를 건 목적?	· **I'm calling to** · **I'm calling about[in regard to]** · **I was wondering if** · **Please** · **I'd like (you) to**	W This is April Norton. I have an appointment for an X-ray this Friday at noon, but I need to reschedule. 예약을 했는데 변경해야 돼요.	To rearrange an appointment 일정을 변경하기 위해
Why is the man calling? 남자는 왜 전화했어?		M **I'm calling in regard to** your company's job advertisement in the local newspaper. Is the customer service position still open? 구인광고를 봤는데요, 그 자리가 아직도 있나요?	To apply for a job 일자리에 지원하기 위해

Q3 Why is the woman contacting the man?

(A) To book some flights
(B) To submit a job application
(C) To upgrade some hotel rooms
(D) To sign up for a convention

Question 3 refers to the following conversation.

W Hello, **3** I'd like to arrange flights for our staff to attend an event at the 76 Hotel in Los Angeles. We are flying in over 50 employees from all around the country.

M OK, we specialize in getting the most affordable prices for tickets from multiple locations. When will they need to arrive?

W The party is on June 24. Do you offer some kind of package deal for large groups?

M We do, but I would need to know exactly how many staff members are flying in. Could you please email the details to me at timg@mactravel.com?

Q3 여자는 왜 남자에게 연락을 하고 있는가?

(A) 비행기 예약을 하기 위해
(B) 입사 지원서를 제출하기 위해
(C) 호텔 방을 업그레이드하기 위해
(D) 컨벤션 신청을 하기 위해

정답 공략 하기

1 듣기 전 키워드 잡기

Why is the woman contacting the man?

⋯→ **전화 건 목적을 묻는 문제:** 대화 초반부 여자의 말에서 전화 건 목적을 말할 때 쓰이는 표현과 함께 정답 단서가 나올 것을 예상

(A) To book some flights
(B) To submit a job application
(C) To upgrade some hotel rooms
(D) To sign up for a convention

2 들으며 정답 찾기

여자의 첫 번째 대사에서 전화 건 이유·목적을 말할 때 쓰이는 표현인 'I'd like to ~.'가 답을 알려주는 시그널로 등장한다. 여자가 'I'd like to arrange flights (비행편을 준비하려고요)'라고 말하므로 flights가 보기 그대로 나온 (A) To book some flights가 정답이다.

패러프레이징 지문 **arrange flights** → 보기 **book ~ flights**

3번은 다음 대화에 관한 문제입니다.

여 안녕하세요, 저희 직원이 로스앤젤레스의 76 호텔에서 열리는 행사에 참석해야 해서 **3** 비행편을 준비하려고요. 전국 각지에서 50명이 넘는 직원들이 비행기를 탈 거예요.

남 알겠습니다. 저희는 여러 지역에서 오는 티켓을 가장 알맞은 가격으로 구해드리는 일을 전문으로 하고 있습니다. 직원분들께서 언제 도착하셔야 하나요?

여 파티가 6월 24일에 있어요. 단체로 예약할 때 패키지 상품 같은 것도 제공하시나요?

남 있습니다만, 정확히 몇 명의 직원분들이 탑승하실지 알아야 합니다. 제 이메일 주소인 timg@mactravel.com으로 세부 사항을 보내주시겠어요?

VOCA ⋯⋯

arrange 준비하다, 마련하다 | **attend** 참석하다 | **specialize in** ~을 전문으로 하다 | **affordable** (가격이) 알맞은

▶ 화자가 대화가 끝나고 다음에 할 일 또는 대화 다음에 일어날 일을 묻는 문제는 매회 1문제 이상이 출제된다

▶ 다음에 할 일, 다음에 일어날 일을 묻는 문제는 세 문제 중 세 번째 문제로 출제된다.

▶ 대화 전체 내용을 이해하고 다음에 일어날 일을 예상해야 하는 문제 유형이지만, 성별과 상관 없이 마지막 화자의 말에서 정답이 출제된다.

▶ 3인 대화에서는 주고 받는 대화 수가 늘어나 한 화자가 말하는 문장이 짧아지면서 마지막 화자 바로 전 화자의 대사에서 정답이 제시되기도 한다.

What will the speakers **probably[most likely] do next**? 화자들은 다음에 무엇을 하겠는가?

What will the man[woman] **probably[most likely] do next**? 남자[여자]는 다음에 무엇을 하겠는가?

What is the man **going[planning] to do**? 남자가 계획하고 있는 일은 무엇인가?

What will **happen next**? 다음에 어떤 일이 일어나겠는가?

시그널로 정답 찾기

문제 키워드 잡기 ⇒	시그널 표현 ⇒	지문 듣기	⇒ 정답 찾기
What does the man say he is going to do next? 다음에 무엇을 할지?	대화 마지막 부분의 '미래 시제' 표현 • I'll • I'm going to • I have to	M I'll contact a few contractors right away and get some estimates. 연락해서 견적서를 받겠어!	Obtain some estimates 견적서를 받는다
What is the woman planning to do next? 다음에 할 일?		W You'll have to give me a few minutes. **I have to** run downstairs and hand in a file to the Accounting Department. 아래층에 가서 회계팀에 파일을 제출해야지!	Visit a department 부서를 방문한다

Q4 What will the man do next?

(A) Fill out an application
(B) Submit a report
(C) Talk to a coworker
(D) Interview a candidate

Question 4 refers to the following conversation.

🇼 Hello, this is Kathy Gordon. I'm calling to verify that you received my résumé for the job that you posted online two weeks ago.

🇲 Were you applying for the reporter or the lighting engineer position? We currently have several openings for the television station.

🇼 The reporter position. I have worked in television in the past, and I'd love to join your station.

🇲 OK, I'll look for it now, Ms. Gordon… Hmm, I can't seem to find your résumé in our system. If you don't mind holding, ❹ I'll speak with the Personnel Director right now.

Q4 남자는 다음에 무엇을 할 것인가?

(A) 지원서를 작성한다   (B) 보고서를 제출한다   (C) 동료에게 이야기한다   (D) 후보자를 인터뷰한다

정답
공략
하기

❶ 듣기 전 키워드 잡기

What will the man do next?

⋯→ 남자가 다음으로 할 일을 묻는 문제: 대화 마지막 화자의 말에서 정답의 단서가 나올 것을 예상

(A) Fill out an application✔   (B) Submit a report✔

(C) Talk to a coworker   (D) Interview a candidate✔

❷ 들으며 정답 찾기

마지막 화자인 남자의 대사 'I'll speak with the Personnel Director right now. (제가 지금 바로 인사부장님과 얘기해 보겠습니다)'에서 speak가 보기 (C) Talk to a coworker 키워드로 패러프레이징되었으므로 (C)가 정답이다.

패러프레이징 지문 speak with the Personnel Director → 보기 Talk to a coworker

---

4번은 다음 대화에 관한 문제입니다.

🇼 안녕하세요, 저는 Kathy Gordon입니다. 2주 전에 게시된 온라인 채용 공고에 대한 제 이력서를 받으셨는지 확인하기 위해 전화 드립니다.

🇲 기자직에 지원하셨나요, 아니면 조명기사직에 지원하셨나요? 저희가 지금 TV 방송국에 몇 개의 공석이 있어서요.

🇼 기자직이요. 저는 과거에 TV쪽에서 일을 했었고, 귀사와 꼭 함께하고 싶습니다.

🇲 좋아요, 제가 지금 찾아볼게요, Ms. Gordon…. 음, 저희 시스템에서 당신 이력서를 못 찾겠네요. 기다릴 수 있으시면, ❹ 제가 지금 바로 인사부장님과 얘기해 보겠습니다.

VOCA ·····

verify 확인하다 I **lighting engineer** 조명기사 I **opening** 공석 I **personnel** 인사부

▶ 이유·방법·시점·장소 등을 묻는 키워드 문제는 매회 10문제 이상 출제된다.

▶ 화자의 제안·요청 사항, 문제점, 전화를 건 이유·목적, 다음에 일어날 일을 묻는 문제 유형 이외의 모든 문제들로, 구체적인 이유·방법·시점·장소 등을 묻는 문제가 대부분을 차지한다.

▶ 문제에서 남자 또는 여자 중 어느 화자의 말에서 답이 나올지 반드시 예상해야 한다. 다양한 주제로 대화가 이루어지므로 문제에서 정확히 어느 화자가 정답의 단서를 말할지 미리 예상한다면 문제를 풀 때 도움이 된다.

> **EX** What will the |woman| include in her email? ···▶ 여자가 이메일에 포함할 것: 여자의 말에서 정답을 확인한다.
>
> What does the |man| say about the other hotel guests? ···▶ 남자가 다른 투숙객에 관해 이야기하는 것: 남자의 말에서 정답을 확인한다.

▶ 문제와 보기에서 키워드를 잡고, 보기의 키워드 중 하나가 문제의 키워드와 함께 들리는 것을 정답으로 선택한다.

> **Tip!** 지문에서 패러프레이징이 될 가능성이 낮은 단어들을 문제와 보기의 키워드로 잡는 것이 핵심이야. 주로 명사가 동사보다 패러프레이징될 가능성이 낮으니 키워드를 명사 위주로 잡고, 그 명사가 지문에 그대로 나온다면 정답으로 고르도록 해!

Where will the man most likely **go next month**? 남자는 다음 달에 어디에 가겠는가?

Why does the woman need to **go to Austin**? 여자는 왜 오스틴에 가야 하는가?

According to the man, **why** are so many people **travelling today**?
남자에 의하면, 왜 이렇게 많은 사람들이 오늘 이동하는가?

Why should the man **visit a Web site**? 남자는 왜 웹사이트를 방문해야만 하는가?

What does the man **remind** the woman about? 남자는 여자에게 무엇을 상기시키는가?

What can visitors **do at the laboratory**? 방문객들은 실험실에서 무엇을 할 수 있는가?

According to the woman, **what** can the man **pick up at the front desk**?
여자에 의하면, 남자는 안내 데스크에서 무엇을 가져갈 수 있는가?

시그널로 정답 찾기

문제 키워드 잡기 ➡	시그널 표현 ➡	지문 듣기	➡ 정답 찾기
이유 What caused a delay? 지연의 원인?	· because · due to · to 부정사 · for	Ⓜ The project was delayed **due to** heavy rains in summer. 심한 비 때문에	Bad weather 악천후
방법 How will the man offer compensation? 어떻게 보상해 줄지?	문제의 키워드와 함께 등장하는 표현	Ⓜ To **compensate** you for any inconvenience, we will remove the shipping fee from the bill. 보상해 드리기 위해 배송비를 빼드릴게요!	By canceling a fee 수수료를 빼줌으로써
시점 What is the company planning to do by the end of the year? 연말까지 회사가 계획하는 것?	문제에 언급된 시점 키워드와 함께 등장하는 표현	Ⓦ We're planning to allow employees to work from their homes **by the end of this year**. 직원들이 집에서 일하도록 허용할 계획!	Allow employees to work from home 직원들이 집에서 일하도록 허용한다

P3-09 | 미국 ↔ 영국

Q5 According to the woman, what happened at noon?

(A) Some devices were replaced.
(B) A contract was signed.
(C) Some packages were delivered.
(D) A computer system was reset.

Question 5 refers to the following conversation.

Ⓜ Jackie, do you mind if I use your security card to unlock the door? For some reason, mine stopped working after lunch.

Ⓦ Of course. ❺ The Maintenance Department installed new card readers at 12 o'clock, so, maybe that's the reason.

Ⓜ Perhaps. I'll call Maintenance. Who is assigned to our building from that team?

Ⓦ I'm not sure. You should check our Web site. There should be a list of names there.

Q5 여자에 따르면, 정오에 무슨 일이 있었는가?

(A) 장비가 교체되었다.　　　　　　　(B) 계약이 체결되었다.
(C) 소포가 배달되었다.　　　　　　　(D) 컴퓨터 시스템이 개편되었다.

정답 공략 하기

❶ 듣기 전 키워드 잡기 According to the woman, what happened at noon?

┈▸ **키워드 – 시점을 묻는 문제:** 여자의 말에서 문제에 언급된 키워드와 함께 정답의 단서가 나올 것을 예상

(A) Some devices were replaced.　　　　(B) A contract was signed.

(C) Some packages were delivered.　　　(D) A computer system was reset.

❷ 들으며 정답 찾기

문제의 at noon을 키워드로 잡아 대화 중반부의 여자의 대사 'The maintenance department installed new card readers at 12 o'clock. (관리부에서 12시에 새로운 카드 리더기를 설치했어요.)'를 확인한다. 새로운 카드 리더기를 설치했다는 말은 기존의 카드 리더기가 교체되었다는 말로 패러프레이징 가능하므로 정답은 (A) Some devices were replaced.이다.

패러프레이징 　문제 at noon → 지문 at 12 o'clock

　　　　　　　　　지문 Maintenance installed new card readers → 보기 devices were replaced

5번은 다음 대화에 관한 문제입니다.

ㄴ Jackie, 제가 문을 열기 위해 당신의 보안카드를 사용해도 될까요? 무슨 이유에서인지, 제 보안카드가 점심 시간 지나서 작동을 멈췄어요.

ㅁ 물론이죠. ❺ 관리부에서 12시에 새로운 카드 리더기를 설치했어요. 그래서, 아마 그것 때문일 수도 있겠네요.

ㄴ 아마도요. 관리부에 전화해볼게요. 그 팀에서 우리 빌딩 담당이 누구죠?

ㅁ 글쎄요. 저희 웹 사이트를 확인해 보세요. 거기에 명단이 있을 거예요.

VOCA ···

unlock 열다 | **Maintenance Department** 관리부 | **install** 설치하다 | **assign** (임무·일 등을) 맡기다

Practice

1. What is the man invited to do?

(A) Invest in a company
(B) Get coffee with coworkers
(C) Attend a banquet
(D) Participate in a workshop

2. What does the man say he is concerned about?

(A) Taking on a new task
(B) Losing money
(C) Being late for a meeting
(D) Finding a building

3. What will the man probably do next?

(A) Revise a presentation
(B) Call a store
(C) Make a reservation
(D) Talk to a supervisor

4. Why is the man calling?

고난도

(A) To get directions to a store
(B) To ask about new business hours
(C) To request a change in his work schedule
(D) To reserve some items

5. What does the woman say about her store?

(A) It is moving to a new location.
(B) It is about to close.
(C) It is out of a product.
(D) It is short on staff.

6. What does the woman suggest that the man do?

(A) Refer to a map
(B) Send one of his employees
(C) Switch shifts
(D) Visit a business tomorrow

7. What is the main topic of the conversation?

(A) Creating some new content
(B) Organizing a company event
(C) Meeting with some clients
(D) Teaching a class

8. What does Kenneth want to change?

(A) A price
(B) A deadline
(C) A script
(D) A venue

9. What does the woman say she will do?

(A) Submit a report
(B) Attend a training
(C) Contact an executive
(D) Check a schedule

10. What has the woman just finished doing?

(A) Editing an article
(B) Producing a commercial
(C) Reviewing a proposal
(D) Giving a presentation

11. What does the man imply when he says, "Gina has extensive experience in television"?

(A) Gina will be the man's supervisor.
(B) Gina can help with a task.
(C) Gina is working on her résumé.
(D) Gina used to be a news reporter.

12. What does the woman say she is concerned about?

(A) Locating a missing document
(B) Reducing an annual budget
(C) Impressing a client
(D) Negotiating a contract

SPONSOR LEVELS	
(GREEN)	€500
(BLUE)	€1,000
(WHITE)	€2,500
(PURPLE)	€5,000

Room Capacity	Price Per Person
50 people	$38
75 people	$40
80 people	$45
95 people	$53

13. Why is the woman waiting to finish an event brochure?

(A) A manager must approve a design.
(B) She is creating a new front cover.
(C) She needs more information.
(D) A printer is not working.

14. Look at the graphic. How much will the Willow Designs contribute?

(A) €500
(B) €1,000
(C) €2,500
(D) €5,000

15. Why is the man going to the convention center?

(A) To prepare a presentation
(B) To check on some items
(C) To meet with event staff
(D) To set up a booth

16. What is the woman asked to do?

고난도 (A) Meet with a supplier
(B) Plan an event
(C) Submit a report
(D) Make a reservation

17. What problem does the woman mention?

(A) An employee is unavailable.
(B) A venue is under construction.
(C) A service costs too much.
(D) A meeting has been canceled.

18. Look at the graphic. What capacity room will the woman choose?

(A) 50 people
(B) 75 people
(C) 80 people
(D) 95 people

 전방위 문제 유형

• 전방위 문제 유형은 대화의 전반적인 맥락을 이해해야 하는 화자 의도 파악 문제와 일정표, 차트, 주문서, 지도 등의 시각 정보를 이해하고 풀어야 하는 문제로, 세 문제 중 어디에도 출제될 수 있다.

🔍 문제 유형 확인하기 · 화자 의도 파악 문제

▶ 대화 지문 속에서 화자가 특정 문장을 말한 의도를 묻는 문제 유형으로, 매회 2문제가 고정적으로 출제된다.

▶ 사전적인 의미가 아닌, 대화 내에서의 뉘앙스를 인지하고 화자 의도를 파악해야 한다.

▶ 문제의 "⬛⬛⬛⬛⬛⬛⬛⬛⬛⬛⬛⬛⬛⬛⬛"는 지문에서 그대로 들려주기 때문에 굳이 해석을 할 필요가 없다.

▶ 화자의 의도를 확인할 때는 대화의 "⬛⬛⬛⬛⬛⬛⬛⬛⬛⬛⬛⬛⬛⬛" 앞뒤에서 정답의 단서를 찾아야 한다. 주로 인용문의 바로 전 문장에서 정답의 단서가 언급될 것을 예상하고 전체 흐름을 놓치지 않도록 주의한다.

▶ 보기의 키워드가 지문에서 패러프레이징되어 언급되는 경우가 많다.

▶ 화자의 강세와 어조 등이 답을 찾는 데 단서가 된다.

Why does the man say, "I'll probably have to work late tonight"?
남자는 왜 "오늘 밤 야근을 해야 할 거예요"라고 말하는가?

Why does the woman say, "We have a bigger budget this year"?
여자는 왜 "우리는 올해 더 많은 예산을 확보했어요"라고 말하는가?

What does the woman mean when she says, "It's just one small bag"?
여자는 "작은 가방 하나뿐이에요"라고 말할 때 무엇을 의도하는가?

What does the man mean when he says, "the request came directly from the client"?
남자는 "요청이 고객에게서 직접 들어왔어요"라고 말할 때 무엇을 의도하는가?

What does the woman imply when she says, "I have a client meeting at 2 o' clock"?
여자는 "제가 2시에 고객과 회의가 있어요"라고 말할 때 무엇을 의도하는가?

What does David imply when he says, "I have a conference call with them in 30 minutes"?
David는 "제가 30분 후에 그들과 전화 회의가 있어서요"라고 말할 때 무엇을 의도하는가?

P3-11 호주 ↔ 영국

Q1

What does the woman mean when she says, "we'll probably get short-handed in the stockroom"?

(A) There are not enough tourists in her area.

(B) Several employees are quitting their jobs.

(C) She might have a job for the man.

(D) The store needs to attract more customers.

Question 1 refers to the following conversation.

Ⓜ Hi—my name is Carl Shepherd. I'm in New York for the summer to see my parents, and I'd like to make some money while I'm back home. ❶ Does your store need any seasonal workers right now?

Ⓦ Come to think of it, we'll probably get short-handed in the stockroom, as we get more merchandise during the summer. ❶ Do you have any experience taking inventory?

Ⓜ I've actually worked for three years in the backroom of a clothing store in Los Angeles.

Ⓦ Great. Give me just a minute. I'll go to the back and have the stockroom manager come out to talk about this in more detail with you.

Q1

여자가 "창고 쪽에 일손이 부족할 거예요"라고 말했을 때 의미한 바는 무엇인가?

(A) 그녀의 지역에 관광객이 많지 않다.

(B) 몇몇 직원들이 일을 그만둘 것이다.

(C) 남자를 위해 일을 줄 수 있다.

(D) 점포에 더 많은 고객을 끌어들일 필요가 있다.

정답 공략 하기

❶ 듣기 전 키워드 잡기

What does the woman mean when she says, "we'll probably get short-handed in the stockroom"?

··· ▶ **화자 의도 파악 문제:** 인용문 주변에서 정답의 단서가 나올 것을 예상

(A) There are not enough tourists in her area.

(B) Several employees are quitting their jobs.

(C) She might have a job for the man.

(D) The store needs to attract more customers.

❷ 들으며 정답 찾기

Seasonal workers가 보기 (C)의 키워드인 might have a job과 연관이 있음을 파악하고 대화를 끝까지 듣는다. 임시 직원이 필요하지 않느냐는 남자의 질문에 여자가 'we are short-handed in the stockroom (창고 쪽에 일손이 부족할 거예요)'라고 우회적으로 말하고 'Do you have any experience taking inventory? (재고 관리를 해본 경험이 있으신가요?)'라고 말하며 남자에게 일을 줄 수 있음을 암시하므로 (C)가 정답이다.

1번은 다음 대화에 관한 문제입니다.

ᴺ 안녕하세요, 제 이름은 Carl Shepherd인데요. 부모님을 뵈려고 여름에 뉴욕에 와 있는데, 집에 있는 동안 용돈을 좀 벌고 싶어서요. ❶ 매장에 지금 임시로 일할 직원이 필요하지 않으신가요?

ᴹ 생각해 보니 여름에 상품이 더 입고되면 **창고 쪽에 일손이 부족할 거예요.** ❶ 재고 관리를 해본 경험이 있으신가요?

ᴺ 로스앤젤레스에서 옷 가게 재고 관리 직원으로 3년간 일한 적이 있어요.

ᴹ 좋아요. 잠시만요. 뒤에 가서 재고 관리 매니저를 부를 테니 이에 대해 좀 더 자세히 이야기하도록 하죠.

VOCA

seasonal 특정 기간의 | **short-handed** 일손이 부족한 | **merchandise** 상품 | **take inventory** 재고 관리를 하다

▶ "Look at the graphic."과 함께 일정표, 도표, 지도 등의 시각 정보와 대화 내용을 연계하여 묻는 문제 유형이다.

▶ 매회 62~70번으로 3문제가 고정적으로 출제된다.

▶ 주어진 시각 정보와 대화 내용을 연결해야 한다. 이때, 문제를 먼저 읽고 키워드를 확인한 후 시각 정보와의 연계성을 파악한다.

▶ 주어진 시각 정보를 분석할 때는 보기의 키워드 이외의 세부 사항들을 확인한 후 지문을 들으며 정답을 확인한다.

✅ 시각 정보 자료 유형

1. 목록·표 (List, Table)

도착·출발 시간, 탑승구, 일정표나 행사 날짜, 연설자 이름, 주문한 물건의 양 또는 가격 등의 내용·숫자를 가로, 세로로 나열한 목록이나 표

Employee Orientation		
Date	Wednesday, April 16	
Schedule	09:00-09:30	Speech of Encouragement – Lisa Kim
	09:30-10:20	Paperwork – Human Resources
	10:20-11:00	Break
	11:00-12:30	Individual Meetings
	12:30-13:30	Lunch

Tip! 대화가 나오는 동안 목록/표를 보고 있다가 특정 정보가 언급되자마자 집중해서 문제를 풀어! 특히 일정 순서 변화를 공지하는 내용의 문제가 자주 출제 돼!

2. 도표 (Graph, Chart)

주문한 물건의 양 또는 가격, 월별 판매 수치, 시장 점유율 등을 막대, 선, 원 등으로 제시

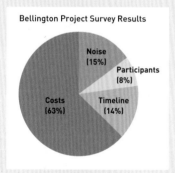

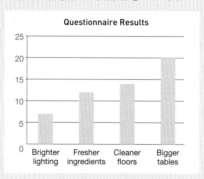

Tip! 높낮이나 양의 많고 적음을 나타내는 시각 정보 유형이야. 가장 높거나 많은 항목, 가장 낮거나 적은 항목, 두 번째로 높거나 많은 항목을 찾아내는 문제가 자주 등장해. 따라서 최상급 표현이 힌트로 제시되는 경우가 많아.

3. 지도·평면도 (Map, Plan)

지도, 층 안내도 및 평면도, 좌석 배치도, 교통 안내 지도, 티켓, 쿠폰, 날씨 예보 등 다양한 그림

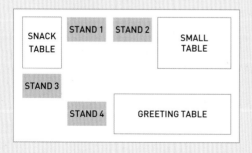

Tip! 위치를 나타내는 시각 정보이기 때문에 지문에서 방향을 나타내는 단어를 집중해서 들어야 해!

P3-12 │ 미국 ↔ 미국 │

Q2

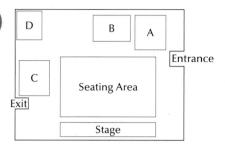

Look at the graphic. Which table will the man place the refreshments on?

(A) Table A
(B) Table B
(C) Table C
(D) Table D

Question 2 refers to the following conversation and diagram.

W Jordan, can you give me a hand? I'm trying to get everything ready for the orientation at 3 P.M.

M Of course. It's for the new employees, right?

W Yes. Could you place the name tags on the table right next to the entrance? After that, place the refreshments on the table right beside it.

M Alright, but may I suggest something?

W Of course.

M ❷ It might be better to place the refreshments on the table right near the exit. We don't want it to be crowded when the employees are picking up their tags.

W ❷ Good point. Let's do that then. I have to drop by the office for a moment to get my laptop.

Q2

시각 자료를 보시오. 남자는 간식을 어느 탁자에 놓겠는가?

(A) A 탁자
(B) B 탁자
(C) C 탁자
(D) D 탁자

정답
공략
하기

❶ 듣기 전 키워드 잡기

Look at the graphic. Which table ✓ will the man place the refreshments on ✓?

⋯→ 시각 정보 연계 문제: table과 refreshments가 언급되는 대사에서 정답의 단서가 나올 것을 예상

(A) Table A　　　(B) Table B　　　**(C) Table C**　　　(D) Table D

❷ 들으며 정답 찾기

대화 후반부에서 남자가 'It might be better to place the refreshments on the table right near the exit. (간식을 출구 옆 탁자에 놓는 게 좋을 것 같아요.)'라고 하자, 여자가 'Good point. Let's do that then. (좋은 지적이에요. 그럼 그렇게 하죠.)' 라고 대답했고, 시각 정보에서 출구 바로 옆에 있는 탁자는 C이므로 (C)가 정답이다.

2번은 다음 대화와 도표에 관한 문제입니다.

여 Jordan, 저를 도와주실 수 있나요? 3시에 있는 오리엔테이션을 위해 모든 것을 준비해 놓으려고 해요.

남 물론이죠. 신입 직원을 위한 거죠, 그렇죠?

여 맞아요. 입구 바로 옆에 있는 탁자에 명찰들을 놔주시겠어요? 그 다음에는 간식을 그 옆에 있는 탁자에 놔주세요.

남 알겠어요, 하지만 제가 하나 제안해도 될까요?

여 물론이죠.

남 ❷ 간식을 출구 옆 탁자에 놓는 게 좋을 것 같아요. 직원들이 명찰을 가져가는데 주변이 붐벼서는 안 되니까요.

여 ❷ 좋은 지적이에요. 그럼 그렇게 하죠. 저는 노트북을 가지러 잠깐 사무실에 다녀와야 해요.

VOCA

give one a hand 누군가를 돕다 | **name tag** 명찰 | **entrance** 입구 | **refreshment** 간식 | **crowded** 사람이 많은, 붐비는

Practice

해설서 p.68

1. What field does Dr. Vivian Cadet work in?

(A) Physics
(B) Chemistry
(C) Biology
(D) Geology

2. What does the woman mean when she says, "I'll be in Bristol on Saturday"?

(A) She needs to make travel arrangements.
(B) She will not be able to go to an event.
(C) She will cancel her current plans.
(D) She is excited about going on a trip.

3. What does the man say he will do at 1:00?

(A) Send an email
(B) Grab some lunch
(C) Attend a talk
(D) Visit the woman's office

4. What most likely is the woman's profession?

(A) Fitness trainer
(B) Sales associate
(C) Computer repairperson
(D) Eye doctor

5. Why does the man say, "I use the computer a lot at work"?

(A) To provide the reason for a problem
(B) To request better equipment
(C) To express dissatisfaction with a program
(D) To explain his specialty

6. What does the woman suggest the man do?

(A) Submit a work order form
(B) Take frequent breaks
(C) Review a user guide
(D) Organize his desk area

7. What does the woman want to do?

(A) Submit a request for a transfer
(B) Participate in a workshop
(C) Check her recent pay stub
(D) Recommend a colleague for a position

8. Why does the man say, "Ciara's been working here for a while"?

(A) To see if Ciara can address an inquiry
(B) To organize a retirement party for Ciara
(C) To congratulate Ciara for getting promoted
(D) To show frustration over Ciara's mistake

9. What does Ciara suggest doing?

(A) Reading a company manual
(B) Filling out some paperwork
(C) Contacting a department manager
(D) Downloading some software

10. What did the woman forget to do?

(A) Install an update
(B) Pick up an item
(C) Turn in a report
(D) Contact a manager

11. What does the man mean when he says, "Oh, that's it"?

(A) He is not worried about an issue.
(B) He thought a project would take longer.
(C) He is not satisfied with some work.
(D) He thought a cost would be higher.

12. Why should the woman access a program?

(A) To place an order
(B) To record work hours
(C) To scan receipts
(D) To track a package

Bruxton Café
Dessert Menu

1. Strawberry Banana Cake	2. Peach Cherry Cobbler
3. Peach Banana Smoothie	4. Blueberry Peach pie

Salens Community Center
Special Auction
Location: Banquet Room

(Normal Center Hours: 10:00 A.M. to 7:00 P.M.)

Banquet Room Opens: 2:00 P.M.
Auction: 3:00 P.M.
Reception: 5:00 P.M.

13. Why is the man surprised?

(A) The woman does not like a new dessert item.
(B) Some customers have complained.
(C) The woman came to work on a weekend.
(D) Some menu suggestions were not accepted.

14. Look at the graphic. Which item number will likely be taken off today's menu?

(A) 1
(B) 2
(C) 3
(D) 4

15. What will the woman most likely do next?

(A) Unload some packages
(B) Contact a business
(C) Print some receipts
(D) Talk to a chef

16. Look at the graphic. When do the speakers plan to arrive?

(A) At 10:00 A.M.
(B) At 2:00 P.M.
(C) At 3:00 P.M.
(D) At 5:00 P.M.

17. According to the woman, why are many people interested in the auction?

(A) It will feature historical items.
(B) It is hosted by a local celebrity.
(C) It will offer complimentary gifts.
(D) It is free to attend.

18. What does the woman recommend they do before the auction?

(A) Print a map
(B) Review some guidelines
(C) Book a room
(D) Purchase some beverages

 대화 유형

Part 3는 회사 생활, 공공장소·서비스 기관, 일상생활을 주제로 한 대화 유형이 주로 출제된다. 대화 유형 별로 자주 등장하는 어휘와 표현들을 잘 익혀 두어야 정답을 말해주는 핵심어를 포착할 수 있으므로 중요 한 어휘는 반드시 외워 둔다.

🔍 대화 유형 확인하기 회사 생활

• 회사 생활을 주제로 한 대화 지문은 매회 8~10문제가 출제된다. 회사 생활과 관련된 내용은 생소하고 어려운 내용들이 많으므로 문제를 풀 때, 각 문제의 대화 내용과 생소한 어휘들을 반드시 숙지해 두어야 한다.

1. 사내 업무

고객 접대·데이터 분석	문서 작성·발송	비용 절감
사업 확장	상품 마케팅	생산 증진
업무 기한	업무 절차	인수 합병
출퇴근 시간	발표·행사 준비	

2. 사외 업무

출장·생산 시설 방문	학회·세미나·강연 참석	외부업체 방문

3. 일정

비행기 일정	인터뷰 일정	회의 일정
주문 배달 일정	제품 출시 일정	도서관 책 반납 기한
병원 예약	보고서·기타 회사 관련 서류 기한	

4. 인사

직원 고용 계획	공석에 대한 정보	면접
교육·연수	승진·포상	전근
퇴직	휴가	급여

5. 기기·사무용품

고장·수리	사무기기 구매	설치
사무용품 구매·주문·계획		

6. 회사 생활과 관련된 빈출 어휘

사내외 업무

assignment 업무, 과제	I have an assignment for you. 당신에게 줄 업무가 있어요.
branch 지사	Who will be visiting the branch in Melbourne? 멜버른 지사에 누가 방문할 거예요?
delay 지연시키다	The release of the newer version of our software will be delayed until next year. 자사 소프트웨어의 최신 버전 출시는 내년까지 지연될 거예요.
demonstration 시연, 설명	I went to the demonstration. 시연회에 갔었어요.
endorsement (상품에 대한) 보증, 홍보	Celebrity endorsements have helped boost the sales in Asia. 연예인 홍보가 아시아에서 매출을 올리는 데 도움이 됐어요.
feature 특별히 포함하다, ~에 관련된 기사를 (잡지에) 싣다	We're going to feature a series of young artists this year. 올해는 젊은 예술인들에 대한 기사들을 잡지에 실을 거예요.
fill in 채우다	Surveyors need only to fill in the blank boxes on the first page. 설문 참가자들은 첫 페이지의 빈 박스만 채우면 돼요.
in time 제때에, 늦지 않고	The shampoo will be available in stores just in time for the summer sale. 샴푸는 여름 할인 행사에 맞춰 매장에 입고될 거예요.
line 라인, (상품의) 종류	Our new line of energy drinks will be released in June. 우리 회사의 신제품 에너지 음료가 6월에 출시될 거예요.
nomination 후보, 추천	I'm in charge of collecting nominations for the awards. 제가 수상 후보 추천을 받는 업무를 담당해요.
preliminary 예비의, 서두의	I think we are going to have a preliminary meeting today. 오늘 사전 회의를 할 것 같아요.
release 출시	We just need to make sure we won't miss the release date. 출시일을 놓치는 일이 없도록 확실히 해야 해요.
run 진행하다	Have you ever run a session before? 전에 모임을 진행해 본 적 있어요?

인사 업무

employee benefits 직원 복리후생	I have a few questions to ask about my employee benefits. 제 직원 복리후생에 대해 몇 가지 질문이 있어요.
job fair 공개 채용 박람회	Will you be going to the job fair at the convention center this weekend? 이번 주말에 컨벤션 센터에서 있을 공개 채용 박람회에 갈 거예요?
job posting 채용 공고	Have you checked the Web site for any job postings? 웹 사이트에서 구인 공고를 확인해 봤어요?
job vacancy **open position** **opening** 공석, 구인 자리[공고]	Our job vacancies are updated daily. 우리 회사 구인 공고는 매일 업데이트돼요. I'd like to discuss the open position in the Web Design Department with you. 웹 디자인 부서의 공석에 대해 당신과 얘기 나누고 싶어요. We do not have any openings at the moment. 현재 모집하고 있는 자리가 없어요.
promote 승진시키다	Elinor Olsen will be promoted to senior editor. Elinor Olsen은 선임 편집장으로 승진할 거예요.
qualify 자격을 주다, 적합하게 하다	The board thinks Brad Cooper is qualified for the position. 이사회는 Brad Cooper가 그 자리를 맡을 자격이 있다고 생각해요.
résumé 이력서	Did you take a look at her résumé? 그녀의 이력서를 봤어요?
vacation time 휴가 (기간), 연차	He asked me about using his vacation time. 그가 휴가 사용에 대해 물어봤어요.

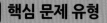

Q1 What does the woman request that the man do?

(A) Arrange a shuttle service
(B) Take over a shift
(C) Review a guest survey
(D) Reserve a meeting room

Q2 Why is the man unavailable?

(A) He is in the hospital.
(B) He is at another branch.
(C) He is meeting with clients.
(D) He is managing an event.

Q3 What does the man recommend?

(A) Moving an appointment time
(B) Changing a seminar topic
(C) Speaking to an employee
(D) Looking for a larger venue

Questions 1-3 refer to the following conversation.

🅦 Hi, Thomas. It's me, Delia from the hotel. I'm sorry for calling on your day off, but Joanne is sick. ❶ Would you be able to fill in for her at the front desk today?

🅜 ❷ I'm sorry, but I'm overseeing the hospitality industry seminar. I'll be here all day.

🅦 That's right, I forgot you were going to that. OK, have a great time there.

🅜 ❸ How about asking Tim? He mentioned that he wanted to take on different roles, so he might be interested.

1-3번은 다음 대화에 관한 문제입니다.

🅦 안녕하세요, Thomas. 호텔에서 근무하는 Delia예요. 휴가인데 전화 드려서 죄송해요. 하지만 Joanne이 몸이 좋지 않아서요. ❶ 오늘 안내 데스크에서 그녀 대신 근무해주실 수 있나요?

🅜 ❷ 죄송해요, 하지만 제가 서비스업 세미나를 감독하고 있어서요. 오늘 하루 종일 여기에 있을 거예요.

🅦 그러네요. 거기에 갔다는 것을 잊고 있었어요. 그럼, 그곳에서 좋은 시간 보내세요.

🅜 ❸ Tim에게 물어보는 것은 어떠세요? 그가 다른 역할도 해보고 싶다고 말한 적이 있어서 아마 관심이 있을 거예요.

VOCA

day off (근무·일을) 쉬는 날 | **fill in** 대신 일을 봐주다 | **oversee** 감독하다 | **hospitality industry** (호텔·식당업 등) 접객업

Q1 여자가 남자에게 요청한 것은 무엇인가?

(A) 셔틀 서비스를 예약한다   (B) 대체 근무를 한다   (C) 고객 설문조사를 검토한다   (D) 회의실을 예약한다

정답
공략
하기

1 듣기 전 키워드 잡기

What does the woman request✓ that the man do?

⋯ 여자가 요청한 것을 묻는 문제: 여자의 말에서 요청할 때 쓰이는 표현과 함께 정답 단서가 나올 것을 예상

(A) Arrange a shuttle service.✓   (B) **Take over a shift✓**

(C) Review a guest survey.✓   (D) Reserve a meeting room✓

2 들으며 정답 찾기

여자의 첫 번째 대사에서, 요청할 때 쓰이는 표현인 'Would you 의문문'이 정답 단서로 등장한다. 그리고 이어서 'fill in for her at the front desk? (안내 데스크에서 그녀 대신 근무해주실 수 있나요)?'라고 언급하므로 (B) Take over a shift가 정답이다.

패러프레이징   지문 fill in for her at the front desk → 보기 Take over a shift

---

Q2 남자가 시간이 안 되는 이유는 무엇인가?

(A) 병원에 있다.   (B) 다른 지점에 있다.   (C) 고객들을 만나고 있다.   (D) 행사를 관리하고 있다.

정답
공략
하기

1 듣기 전 키워드 잡기

Why is the man unavailable✓?

⋯ 키워드 – 이유를 묻는 문제: 남자의 말에서 문제의 키워드와 함께 정답 단서가 나올 것을 예상

(A) He is in the hospital.✓   (B) He is at another branch.✓

(C) He is meeting✓ with clients.   (D) **He is managing✓ an event.**

2 들으며 정답 찾기

문제의 키워드 unavailable를 단서로 정답을 찾는다. 남자가 거절 표현인 'I'm sorry'를 사용하여 'I'm overseeing the hospitality industry seminar. (제가 서비스업 세미나를 감독하고 있어요.)'라고 말한다. 세미나를 감독하고 있다는 것은 행사를 관리하고 있다는 말로 패러프레이징 가능하므로 정답은 (D)이다.

패러프레이징   지문 overseeing the ~ seminar → 보기 managing an event

Q3 남자가 제안하는 것은 무엇인가?

(A) 약속 시간을 옮기는 것   (B) 세미나 주제를 바꾸는 것

(C) 직원에게 말하는 것   (D) 더 넓은 장소를 찾아보는 것

정답
공략
하기

1 듣기 전 키워드 잡기

What does the man recommend✓?

⋯ 남자가 권한 것을 묻는 문제: 남자의 말에서 권할 때 쓰이는 표현과 함께 정답 단서가 나올 것을 예상

(A) Moving an appointment time✓   (B) Changing a seminar topic✓

(C) **Speaking✓ to an employee**   (D) Looking for a larger venue

2 들으며 정답 찾기

남자의 마지막 대사에서 요청할 때 쓰이는 표현인 'How about 의문문'이 정답 단서 표현으로 등장한다. 남자가 'How about asking Tim? (Tim에게 물어보는 것은 어떠세요?)'이라고 말하므로 asking이 보기 (C) Speaking✓ to an employee의 키워드로 패러프레이징되었으므로 (C)가 정답이다.

• 공공 장소와 서비스 기관 관련 대화 지문은 매회 1~2개가 출제된다.

1. 상점

제품 비교	제품 상세 설명	제품 구매
할인가 제공	회원 가입	무료 배송
회원 혜택	할인 행사	배송 지연
상품 결함	주문품 손상·환불	교환·수리
주문 오류	상점 위치 문의	상품 품절

Tip! 출제 경향을 보면 상점 대화에서 다소 생소한 제품이 언급되는 경우가 있어. 하지만 특정 제품을 몰라도 지문의 전반적인 내용을 이해하면 문제를 푸는 데 큰 어려움은 없으니 걱정 마!

2. 식당

테이블 예약	회사 행사 장소 섭외	고객 접대
음식 주문	식당 운영 시간	

Tip! 식당 대화에서는 단순 예약 관련 대화가 아니라 회사 업무와 관련된 내용이 출제돼!

3. 편의 시설

부동산 임대·매매	이사	전기
은행	약국	병원
도서관	미용실	주차장
세탁소	주유소	우체국
버스	기차	수리점

Tip! 편의 시설 관련 대화에서 다루는 배경과 장소는 다양해. 장소별 출제 빈도는 높지 않지만 관련 대화는 매회 출제된다는 걸 기억해!

4. 공공 장소·서비스 기관 필수 어휘

additional fee 추가 비용	There will be an additional fee for the service. 서비스에 대한 추가 비용이 있을 거예요.
affordable 가격이 알맞은	Do you have anything more affordable? 좀 더 저렴한 거 있어요?
carry 판매하다, 취급하다	We carry a wide variety of shoes. 다양한 신발을 판매해요.
deal 합의, 거래	That sounds like a good deal. 좋은 거래인 것 같아요.
exchange 교환하다	Would you like to exchange the shirt for a new one? 그 셔츠를 새 것으로 교환하시겠어요?
future purchase 추후 구매	If you become a member today, you will get five percent off all your future purchases. 오늘 회원이 되시면 이후의 모든 구매에 대해 5퍼센트 할인을 받으실 거예요.
special discount 특별 할인	We will offer you a special discount. 특별 할인을 해 드릴게요.
stock 재고품, 물량	I can check the stock at your local store if you'd like. 원하신다면 현지 상점에 있는 물량을 확인해 드릴게요.
store credit 가게의 상품 교환 포인트 혹은 교환권	You can receive store credit. 저희 가게 포인트로 받으실 수 있어요.
warranty 품질보증서	It will be covered by your warranty. 품질보증서로 보장될 거예요.
refund 환불	I'd rather get a refund. 환불을 받고 싶어요.
replacement 대체품	We need to buy a replacement. 대체품을 사야 해요.
accommodate 수용하다	How many people can the room accommodate? 그 방에 몇 명이 들어갈 수 있어요?
come along 함께 가다[오다]	Would you like to come along to the restaurant? 식당에 함께 가시겠어요?
complimentary dessert 무료 디저트	Please accept a complimentary dessert. 무료 디저트를 받아주시기 바랍니다.
specialize in ~을 전문으로 하다	The chef specializes in southern foods. 그 요리사는 남부 음식을 전문으로 해요.
waiting list 대기자 명단	Your name is on the waiting list. 당신 이름은 대기자 명단에 있어요.
seat 앉히다	Would you like to be seated now or wait for the rest of your party to arrive? 지금 자리로 안내해 드릴까요, 아니면 일행이 도착할 때까지 기다리시겠어요?
pharmacy 약국	The pharmacy is closed on weekends. 약국은 주말에 영업을 하지 않아요.
dry cleaner's 세탁소	Is there a dry cleaner's nearby? 근처에 세탁소가 있어요?

Q4 How did the man learn about the woman's company?

(A) From a family member
(B) From a colleague
(C) From a newspaper
(D) From a Web site

Q5 What does the man say he wants to do before selling his apartment?

(A) Make several improvements
(B) Compare other properties
(C) Post an advertisement
(D) Take a real estate course

Q6 What will the woman do when she meets the man?

(A) Provide some references
(B) Fill out an agreement
(C) Make a deposit
(D) Recommend some changes

Questions 4-6 refer to the following conversation.

Ⓜ Hi, this is Jonathan Berg. I'm interested in selling my apartment. ❹ A colleague of mine referred me to you because you helped him sell his place a few months ago, and he was quite happy with your agency.

Ⓦ I can definitely help with that, Mr. Berg. How soon would you like to make the apartment available for sale?

Ⓜ ❺ I think before I put it on the market, I'd like to do some renovations to help increase the value. Would you be able to give me some advice on what improvements I should make?

Ⓦ Of course. ❻ How about we arrange a time for me to visit your place? While you show me around the apartment, I'll make a couple of suggestions.

4-6번은 다음 대화에 관한 문제입니다.

🔊 안녕하세요. Jonathan Berg입니다. 제가 아파트를 팔고 싶은데요. ❹ 제 동료 한 명이 몇 달 전 자기 집을 팔 때 당신이 도움을 줬는데, 그쪽 중개업소에 꽤 만족해서 ❹ 당신을 저에게 추천해 주었어요.

🔊 Mr. Berg, 제가 확실히 도와드릴 수 있습니다. 매매를 위해 언제쯤 아파트를 내놓고 싶으세요?

🔊 ❺ 제 생각엔 아파트를 내놓기 전에, 가치를 높이는 데 도움이 되도록 수리를 좀 하고 싶어요. 제가 어떤 곳을 수리해야 할지 조언을 좀 해주실 수 있으세요?

🔊 물론이죠. ❻ 제가 댁에 방문할 시간을 정하는 것이 어떨까요? 아파트를 보여주실 때, 제가 몇 가지 제안해 드릴게요.

VOCA
refer A to B (도움·조언·결정을 받을 수 있도록) A를 B에게 보내다 ㅣ **renovation** 수리, 개조 ㅣ **arrange a time** 시간을 정하다 ㅣ **property** 부동산, 건물

Q4 남자는 여자의 회사에 대해 어떻게 알게 되었는가?

(A) 가족으로부터   (B) 동료로부터   (C) 신문에서   (D) 웹 사이트에서

정답 공략 하기

❶ 듣기 전 키워드 잡기

How did the man learn about the woman's company?

⋯→ 키워드 – 방법을 묻는 문제: 문제의 키워드와 함께 정답 단서가 나올 것을 예상

(A) From a family member   **(B) From a colleague**

(C) From a newspaper   (D) From a Web site

❷ 들으며 정답 찾기

문제의 키워드 learn을 단서로 지문 내용을 확인한다. 남자의 첫 대사 'A colleague of mine referred me to you ∼. (제 동료 한 명이 당신을 추천해 주었어요.)'에 나온 키워드가 보기 (B) From a colleague에 그대로 제시되었으므로 (B)가 정답이다.

Q5 남자는 자신의 아파트를 팔기 전에 무엇을 하고 싶다고 말하는가?

(A) 몇 가지 집수리를 한다   (B) 다른 건물과 비교해 본다   (C) 광고를 게재한다   (D) 부동산 강좌를 수강한다

정답 공략 하기

❶ 듣기 전 키워드 잡기

What does the man say he wants to do before selling his apartment?

⋯→ 키워드 – 화자가 말한 것을 묻는 문제: 문제의 키워드와 함께 정답 단서가 나올 것을 예상

(A) Make several improvements   (B) Compare other properties

(C) Post an advertisement   (D) Take a real estate course

❷ 들으며 정답 찾기

문제의 키워드가 언급되는 부분을 확인한다. 대화 중반부에서 남자가 'I think before I put it on the market, I'd like to do some renovations to help increase the value. (제 생각엔 아파트를 내놓기 전에, 가치를 높이는 데 도움이 되도록 수리를 좀 하고 싶어요.)'라고 말하는 부분에서 do some renovations가 보기 (A) Make several improvements로 패러프레이징 가능하므로 (A)가 정답이다.

패러프레이징 문제 before selling his apartment → 지문 before I put it on the market

지문 do some renovations → 보기 Make several improvements

Q6 여자는 남자를 만나면 무엇을 할 것인가?

(A) 참고 자료를 제공한다   (B) 계약서를 작성한다   (C) 계약금을 지불한다   (D) 몇 가지 수리를 제안한다

정답 공략 하기

❶ 듣기 전 키워드 잡기

What will the woman do when she meets the man?

⋯→ 키워드 – 화자가 만나서 할 일을 묻는 문제 문제의 키워드와 함께 정답 단서가 나올 것을 예상

(A) Provide some references   (B) Fill out an meets the man

(C) Make a deposit   **(D) Recommend some changes**

❷ 들으며 정답 찾기

문제의 키워드를 단서로 지문 내용을 확인한다. 대화 후반부에서 여자가 'How about we arrange a time for me to visit your place? (제가 댁에 방문할 시간을 정하는 것이 어떨까요?)'라며 만남을 요청한 후, 'While you show me around the apartment, I'll make a couple of suggestions. (아파트를 보여주실 때, 제가 몇 가지 제안 드릴게요.)'라고 말하는 부분에서 make a couple of suggestions가 보기 (D) Recommend some changes로 패러프레이징되었으므로 (D)가 정답이다.

패러프레이징 지문 make ∼ suggestions → 보기 Recommend ∼ changes

• 일상생활을 주제로 한 대화 지문은 매회 2~3개가 출제된다.

1. 여가

콘서트·연극·영화 관람	박물관·전시회 관람	공연·영화 감상평
표 예매 및 문의	도시 관광	축제
외식	식당 예약	파티 등 행사

2. 여행·숙박

여행사 문의	비행기 예약 및 지연	탑승구 위치 문의
탑승 수속	여행지	예약 변경 및 취소
호텔 예약	호텔 불편 사항	숙박 예정
여행 일정	자동차 렌트	

3. 근황

안부	주말 계획	퇴근 후 계획
약속	일정 계획	이사 계획·상황

4. 고장·수리

컴퓨터, 복사기 등 고장	기기 수리 조언

 Tip! 일상생활 대화 유형은 단순 여가나 여행·숙박에 관한 내용보다는 회사 업무와 관련된 내용이 출제돼!

5. 일상생활 관련 필수 어휘

boarding call 탑승 안내 방송	Wait in the lobby until you hear the boarding call. 탑승 안내 방송이 들릴 때까지 로비에서 기다리세요.
departure 출발	Where can I find my departure gate? 탑승구가 어디에 있나요?
connection (교통) 연결편	Please come up to the counter if you have a connection in Madrid. 마드리드에서 연결편을 타시는 분은 카운터로 와 주세요.
waiting area 대합실	There is a waiting area downstairs for passengers. 아래층에 승객들을 위한 대합실이 있어요.
exhibit 전시	How long does the exhibit last? 전시는 얼마 동안 하나요?
explore 답사하다	You should explore the city this weekend. 이번 주말에 도시를 둘러보세요.
admission 입장; 입장료	Admission is free on every second Sunday of the month. 매월 두 번째 일요일은 입장료가 무료예요.
list 명단[목록]을 작성하다, 열거하다	The pamphlet lists the schedule of events. 팸플릿에 행사 일정 리스트가 있어요.
playhouse 극장	I went to a playhouse to see a stage performance. 무대 공연을 보려고 극장에 갔어요.
plot 줄거리	The plot was very interesting. 줄거리가 아주 흥미로웠어요.
newly released book 새로 나온 책, 신간 (도서)	Where is the section for the newly released books? 신간 코너는 어디에요?
suspenseful 짜릿한, 긴장감 넘치는	The book was just as suspenseful as the review said it was. 논평에서 말했던 것처럼 그 책은 아주 긴장감이 넘쳤어.
aim 목표하다, 겨냥하다	If you're aiming for the 6 o'clock bus, I can take you to the station. 6시 버스를 탈 거라면 제가 역에 데려다 줄 수 있어요.
carpool 카풀하다, 승용차를 함께 타다	Please put your name on the sheet if you wish to carpool. 카풀을 하고 싶으면 종이에 이름을 적어 주세요..
commute 통근하다	How long does it take to commute? 통근하는 데 얼마나 걸려요?
parking garage 주차장	Is there a parking garage in this apartment building? 이 아파트 건물에 주차장이 있어요?

Q7 According to the woman, what did she do on her vacation?

(A) She went for a swim.
(B) She went on a tour.
(C) She went shopping.
(D) She went biking.

Q8 What is mentioned about the place the woman visited?

(A) The weather was very hot.
(B) It has many historic sites.
(C) There was a lot of traffic.
(D) It has great food.

Q9 What did the company recently do?

(A) They held a corporate banquet.
(B) They acquired a new contract.
(C) They released a new product.
(D) They hired a consulting firm.

Questions 7-9 refer to the following conversation.

M Hi, Janet. ❼ Did you have a good time on your trip?

W Yes! ❼ I spent a lot of time cycling around scenic parts of the city.

M It wasn't too hot?

W No, the weather was perfect. But… ❽ It was a little hard getting around because the streets were packed with cars all day.

M Well, as long as you enjoyed yourself…

W I did. Anyway, what did I miss while I was away?

M Quite a bit. ❾ We finally secured a contract with Bersen, so we're spending a lot of time working with their management team. In fact, we're having a dinner meeting with them this evening.

7-9번은 다음 대화에 관한 문제입니다.

남 안녕, Janet. ❼ 여행 가서 좋은 시간 보냈어요?

여 네! ❼ 자전거를 타고 도시의 경치 좋은 곳을 돌아다니면서 많은 시간을 보냈어요.

남 너무 덥지 않았어요?

여 아니요, 날씨는 완벽했어요. 하지만 ❽ 도로가 하루 종일 차로 꽉 차 있어서 돌아다니기가 좀 힘들었죠.

남 뭐 재미있기만 했다면야….

여 맞아요. 어쨌든 제가 없는 동안 놓친 부분이 뭔가요?

남 꽤 있어요. ❾ 우리가 마침내 Bersen 사와의 계약을 따내서 그쪽 경영진과 협의하는 데 많은 시간을 들이고 있어요. 사실 오늘 저녁에도 그들과 저녁 식사 모임을 하기로 했어요.

VOCA
scenic 경치가 좋은 I get around 돌아다니다 I packed with ~로 가득 찬 I secure a contract 계약을 따내다

182

Q7 여자의 말에 따르면 그녀는 휴가 때 무엇을 했는가?

(A) 수영을 했다.   (B) 관광을 했다.   (C) 쇼핑을 했다.   (D) 자전거를 탔다.

정답 공략 하기

❶ 듣기 전 키워드 잡기

According to the woman, what did she do on her vacation?

┈▶ **키워드 – 화자가 한 일을 묻는 문제:** 여자의 말에서 문제의 키워드와 함께 정답 단서가 나올 것을 예상

(A) She went for a swim.   (B) She went on a tour.

(C) She went shopping.   **(D) She went biking.**

❷ 들으며 정답 찾기

문제의 키워드를 단서로 지문 내용을 확인한다. 남자의 첫 대사 'Did you have a good time on your trip? (여행 가서 좋은 시간 보냈어요?)'에서 trip이 vacation으로 표현된 것을 파악한다. 뒤이은 여자의 대사 'I spent a lot of time cycling around ~ (자전거를 타고 돌아다니면서 많은 시간을 보냈어요.)'에서 cycling이 보기 (D) She went biking.의 키워드로 패러프레이징되었으므로 (D)가 정답이다.

패러프레이징   문제 vacation → 지문 trip

                  지문 cycling → 보기 biking

Q8 여자가 방문한 장소에 관하여 언급된 것은 무엇인가?

(A) 날씨가 매우 더웠다.   (B) 유적지가 많다.   (C) 교통량이 많았다.   (D) 훌륭한 음식이 있다.

정답 공략 하기

❶ 듣기 전 키워드 잡기

What is mentioned about the place the woman visited?

┈▶ **키워드 – 장소 관련 정보를 묻는 문제:** 여자의 말에서 문제의 키워드와 함께 정답 단서가 나올 것을 예상

(A) The weather was very hot.   (B) It has many historic sites.

(C) There was a lot of traffic.   (D) It has great food.

❷ 들으며 정답 찾기

대화 중반의 여자의 대사 'It was a little hard getting around because the streets were packed with cars all day.'(도로가 하루 종일 차들로 꽉 차 있어서 돌아다니기가 좀 힘들었죠.)'에서 the streets were packed with cars가 보기 (C) There was a lot of traffic.으로 패러프레이징되었으므로 (C)가 정답이다.

패러프레이징   지문 streets were packed with cars all day → 보기 There was a lot of traffic.

Q9 회사는 최근에 무엇을 했는가?

(A) 기업 공식 연회를 주최했다.   (B) 새 계약을 수주했다.   (C) 신제품을 출시했다.   (D) 컨설팅 회사를 고용했다.

정답 공략 하기

❶ 듣기 전 키워드 잡기

What did the company recently do?

┈▶ **키워드 – 시점 관련 정보를 묻는 문제:** 문제의 키워드와 함께 정답 단서가 나올 것을 예상

(A) They held a corporate banquet.   **(B) They acquired a new contract.**

(C) They released a new product.   (D) They hired a consulting firm.

❷ 들으며 정답 찾기

문제의 키워드 recently를 단서로 회사가 최근에 한 일을 지문 내용에서 확인한다. 마지막 남자의 말인 'We finally secured a contract with Bersen ~. (우리가 마침내 Bersen 사와의 계약을 따냈어요.)'에서 secured a contract가 보기 (B) They acquired a new contract.로 패러프레이징되었으므로 (B)가 정답이다.

패러프레이징   지문 secured a contract → 보기 acquired a ~ contract

Practice

해설서 p.74

1. What position did Donna apply for?

(A) Health inspector
(B) Doctor
(C) Pharmacist
(D) Lab technician

2. What does the man request that Donna bring?

(A) A job application
(B) A contract
(C) A license
(D) A recommendation letter

3. What does Donna ask about?

(A) Vacation days
(B) A work schedule
(C) Salary negotiations
(D) An insurance policy

4. Why is the woman calling?

(A) To inquire about a different route
(B) To explain a delay
(C) To order a device
(D) To reschedule a meeting

5. What does the man suggest?

(A) Canceling a presentation
(B) Arranging a conference call
(C) Checking the traffic report
(D) Emailing some files

6. What does the woman say she will do?

(A) Request a colleague's assistance
(B) Contact a manufacturer
(C) Photocopy some documents
(D) Install some equipment

7. What does the woman request that the man do?

(A) Review a report
(B) Move a meeting time
(C) Check the inventory
(D) Book a larger room

8. What problem has the woman identified?

고난도

(A) A manager is unavailable.
(B) Some documents are missing.
(C) A business will close soon.
(D) Some data is incorrect.

9. What will the man most likely do next?

(A) Update a homepage
(B) Visit a store
(C) Speak with a coworker
(D) Order some supplies

10. What is the woman planning to do tomorrow?

(A) Participate in a product demonstration
(B) Receive a medical checkup
(C) Attend an investors' meeting
(D) Oversee the renovation of a warehouse

11. Why does the man say, "my schedule is pretty flexible this afternoon"?

(A) He wants to use a vacation day.
(B) He would like to change his work shift.
(C) He is able to assist the woman.
(D) He finished a project early.

12. What does the man ask the woman to do?

(A) Post a job advertisement
(B) Approve a purchase
(C) Give Yeon-hee a call
(D) Provide some details

Hopewell Tower	
Kintech Holdings	1st Floor
Keycore Technology	2nd Floor
Unilux Electronics	3rd Floor
Innospire Consulting	4th Floor

Room 203	Room 202	Room 201
Room 204		
Conference Room	Lobby	

13. What does the man ask for assistance with?

(A) Using an online service
(B) Unloading some equipment
(C) Finding an office
(D) Cleaning some rooms

14. Why does the woman recommend the man visit an office?

(A) To receive an ID badge
(B) To apply for a job
(C) To make a security deposit
(D) To fill out some paperwork

15. Look at the graphic. Which floor is the man's company located on?

(A) The 1st Floor
(B) The 2nd Floor
(C) The 3rd Floor
(D) The 4th Floor

16. According to the woman, what will the
고난도 man be doing later today?

(A) Participating in a conference
(B) Evaluating the IT Department
(C) Making a presentation
(D) Giving a tour

17. Look at the graphic. Which room has been assigned to the man?

(A) Room 201
(B) Room 202
(C) Room 203
(D) Room 204

18. What does the man say will be held tomorrow morning?

(A) A store opening
(B) An investor's meeting
(C) A training session
(D) A product launch party

32. Where most likely is the conversation taking place?

(A) At a bakery
(B) At a tourist center
(C) At a fruit market
(D) At a restaurant

33. According to the woman, what is special about the product?

(A) It is locally grown.
(B) It is new this year.
(C) It is on sale now.
(D) It is only available this week.

34. What does the woman offer the man?

(A) A gift box
(B) A free recipe
(C) A city map
(D) A membership card

35. What is the main topic of the conversation?

(A) A painting service
(B) A room reservation
(C) A book cover
(D) A furniture purchase

36. What business policy is mentioned?

(A) Original receipts must be provided.
(B) Orders will arrive within three business days.
(C) Clients can only select certain products.
(D) Customers must pay a deposit first.

37. What does Mr. Wong explain to the customer?

(A) An additional fee will be included.
(B) A contract cannot be revised.
(C) A specific service is not available.
(D) A package will not be delivered on time.

38. Where is the conversation taking place?

(A) At a car dealership
(B) At a real estate agency
(C) At an electronics store
(D) At a tourist information center

39. What is the man concerned about?

(A) His lease has expired.
(B) He is unable to find a document.
(C) He is spending too much on fuel.
(D) His luggage has been misplaced.

40. What will the woman probably do next?

고난도

(A) Provide an address
(B) Review a contract
(C) Call a taxi
(D) Contact another location

41. Where do the speakers most likely work?

(A) At an automobile repair shop
(B) At a printing company
(C) At an office supplies store
(D) At a clothing factory

42. What is the man concerned about?

고난도

(A) Meeting an order deadline
(B) Implementing a safety policy
(C) Purchasing some equipment
(D) Hiring additional workers

43. What does the man suggest doing?

(A) Making an appointment
(B) Restarting a machine
(C) Changing a work schedule
(D) Ordering a new part

44. What event is being discussed?

(A) A retirement party
(B) An anniversary celebration
(C) A store opening
(D) A product demonstration

45. What does the woman imply when she says, "It's just that the weather today is really great"?

(A) She hopes to use a vacation day.
(B) She is disappointed in a decision.
(C) She thinks that the weather will change.
(D) She is reluctant to plan an event outside.

46. What does the man recommend?

(A) Providing refreshments in another area
(B) Ordering additional furniture
(C) Rearranging a schedule
(D) Showing a video presentation

47. Who most likely is the man?

(A) A rental agent
(B) A bank manager
(C) A factory employee
(D) An interior decorator

48. According to the man, what happened last year?

(A) A new product was launched.
(B) A manufacturing plant opened.
(C) A business relocated.
(D) A building was renovated.

49. What does the woman offer to do?

고난도 (A) Send a document by email
(B) Contact the previous owner
(C) Order some supplies
(D) Make a payment immediately

50. What has the man recently done?

(A) Repaired some heaters
(B) Purchased new business cards
(C) Transferred to a new office
(D) Participated in a convention

51. What does the woman suggest the man do?

(A) Take photography lessons
(B) Download a mobile app
(C) Contact a vendor
(D) Read some testimonials

52. What does the woman like about the platinum version of a product?

(A) It is covered by an extended warranty.
(B) It is more affordable than competing brands.
(C) It has simple features.
(D) It has a larger file capacity.

53. What kind of event are the speakers discussing?

(A) A dance performance
(B) A movie premiere
(C) A music festival
(D) A book signing

54. What does Jeremy offer to do?

(A) Reserve some tickets
(B) Share a car
(C) Rent a vehicle
(D) Get some coffee

55. What will the woman most likely do next?

(A) Review an invoice
(B) Print a map
(C) Update a schedule
(D) Go to her desk

56. Why will Marianne be late for the meeting?

    (A) She was given wrong directions.
    (B) An appointment took longer than expected.
    (C) Her train has been delayed.
    (D) She has to finish an important project.

57. What did Marianne ask the man to do?

    (A) Find a file from her cabinet
    (B) Make copies of a document
    (C) Prepare a presentation
    (D) Take notes during a meeting

58. What does the man say he will do next?

    (A) Book a room
    (B) Contact some clients
    (C) Hand out a report
    (D) Pick up a computer

59. Who most likely is the man?

    (A) A hotel receptionist
    (B) A restaurant server
    (C) A store cashier
    (D) A bank employee

60. What does the man inquire about?

    (A) A training workshop
    (B) A job opening
    (C) A work schedule
    (D) A room reservation

61. What does the woman mean when she says, "I don't know"?

    (A) She is unable to fulfill the man's request.
    (B) She thinks more workers are not needed.
    (C) She has to speak with a manager first.
    (D) She is unsure about the time of an event.

Number of Liters per Week	Price per Liter
2 liters	$3.25
3 liters	$3.00
4 liters	$2.75
5 liters	$2.50

62. When is an additional fee charged?

    (A) When an order quantity is changed
    (B) When larger trucks are needed
    (C) When a delivery location is far away
    (D) When a contract is terminated early

63. What does the woman say about her husband?

    (A) He works overtime a lot.
    (B) He runs his own store.
    (C) He is not satisfied with a supplier.
    (D) He frequently goes out of town.

64. Look at the graphic. How much will the woman most likely pay per liter?

    (A) $3.25
    (B) $3.00
    (C) $2.75
    (D) $2.50

	Tue	Wed	Thu	Fri
Lunch				
1-2 P.M.		Casual Employee Gathering		
2-3 P.M.	New Staff Orientation			
3-4 P.M.				
4-5 P.M.			Product Demonstration	
5-6 P.M.				Board Meeting
*Monday is a holiday.				

65. Look at the graphic. When will managers meet with staff members?

(A) On Tuesday
(B) On Wednesday
(C) On Thursday
(D) On Friday

66. What does the woman say she wants to find out about?

(A) A new product
(B) A project deadline
(C) Wearing casual clothing
(D) Training new employees

67. What does the man say he will do?

(A) Suggest discussion topics
(B) Take meeting notes
(C) Book a table
(D) Recommend a venue location

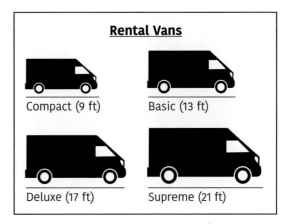

Rental Vans

Compact (9 ft)   Basic (13 ft)

Deluxe (17 ft)   Supreme (21 ft)

68. Why does the man need to rent a vehicle?

(A) He needs to pick up some clients.
(B) He wants to move some furniture.
(C) He is going on vacation soon.
(D) He has to drop off his truck for repairs.

69. Look at the graphic. What type of vehicle will the man most likely select?

(A) Compact
(B) Basic
(C) Deluxe
(D) Supreme

70. What does the woman request from the man?

(A) A rental date
(B) A photo ID
(C) A credit card number
(D) An application form

PAP

RT4

짧은 담화

OVERVIEW

담화를 듣고, 문제지에 주어진 4지선다형 문항 3개에 답하는 문제이다. 지문의 길이는 Part 3과 거의 비슷하지만 절, 구, 접속사를 더 많이 사용하고 구조가 복잡해 이해하기 다소 어려운 장문도 등장하며 관용 표현을 사용한 문장도 많다. 담화 지문과 문항 수는 각각 10개 지문, 30 문항이 출제된다.

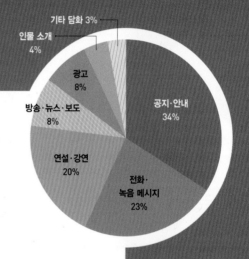

기타 담화 3%
인물 소개 4%
광고 8%
방송·뉴스·보도 8%
공지·안내 34%
연설·강연 20%
전화·녹음 메시지 23%

담화 유형

공지·안내방송(Announcement)

전화·녹음 메시지(Telephone·Recorded message)

연설·강연(Speech·Lecture)

방송·뉴스·보도(Broadcast·News report)

광고(Advertisement)

인물 소개(Introduction)

기타 담화(Talk)

출제 포인트

• 담화의 주제·목적을 묻는 문제보다 세부 사항을 묻는 문제의 비중이 높다.

• 직접적인 질문보다는 정답을 유추해야 하는 문제가 증가하고 있다.

• 지문에 등장하는 정답의 단서가 질문이나 정답에는 다른 표현으로 제시되는 Paraphrasing의 빈도와 수준이 높아지고 있다.

PART 4 이렇게 대비하자!

• Part 4 화자 의도 파악 문제는 담화문의 주요 흐름을 파악하면서 화자가 한 말의 앞뒤 문장을 집중해서 듣고, 문맥상 그 말의 실제 의미 또는 의도를 찾아야 한다. 평소 단순 듣기에서 벗어나 담화의 전반적인 흐름을 이해하는 훈련이 필요하다.

• 시각 정보 연계 문제는 지문을 듣기 전에 주어진 시각 자료를 최대한 활용해서 지문의 주제를 예측하며 들을 수 있어야 한다. 듣고, 분석하고, 문제를 푸는 멀티태스킹 훈련이 필요하다.

PART 4 공략법

1. 담화를 듣기 전에 문제를 먼저 읽는다.

문제를 미리 읽으면서 키워드에 표시를 해둔다.

> Why is the speaker **contacting** the listener?
> 화자는 청자에게 왜 연락하고 있는가? → 연락하는 목적을 고르는 문제임을 미리 파악한다.
>
> What is the speaker doing **tomorrow afternoon**?
> 화자는 내일 오후에 무엇을 할 것인가? → 내일 오후에 무엇을 할 것인지 들을 준비를 한다.
>
> What does the speaker **recommend** that the listener do?
> 화자는 청자에게 무엇을 하도록 추천하고 있는가? → 화자가 청자에게 추천하는 사항을 들을 준비를 한다.

2. 담화를 듣기 전에 핵심 내용을 추측한다.

문제와 짧은 보기를 미리 읽음으로써 어떤 내용이 나올지 추측할 수 있다.

> According to the speaker, what is an **advantage** of a location?
> 화자에 따르면, 그 위치의 이점은 무엇인가?
>
> (A) The area is **quiet**. 주변이 조용하다.
> (B) A **fitness facility** is nearby. 운동시설이 인근에 있다.
> (C) There are many **parking spaces**. 주차 공간이 많다.
> (D) The scenery is **beautiful**. 풍경이 아름답다.
>
> → 문제와 보기를 미리 읽고 어떤 장소의 입지조건에 관한 내용이 나올 거라는 것을 미리 예측할 수 있다.

3. 문제의 순서와 문제에 대한 힌트가 나오는 순서는 대개 일치한다.

담화 전반부	→	**첫 번째 문제 힌트** (보기를 보고 있다가 힌트가 들리면 바로 정답 체크!)
↓		↓
담화 중반부	→	**두 번째 문제 힌트** (보기를 보고 있다가 힌트가 들리면 바로 정답 체크!)
↓		↓
담화 후반부	→	**마지막 문제 힌트** (보기를 보고 있다가 힌트가 들리면 바로 정답 체크!)
세 문제를 읽어주고 정답 고를 시간을 준다. (각 문제 간격 8초)		★ 담화가 끝남과 동시에 정답체크는 끝나고, 남는 약 24초 동안 다음 문제를 미리 읽기 시작한다.

4. 문제에서 speaker인지 listener인지를 반드시 구분해야 한다.

Part 4는 Part 3와 다르게 한 명이 말하는 담화이므로 그 문제가 speaker(화자)와 관련된 문제인지, listener(청자)와 관련된 문제인지 명확히 구분해야 한다.

Who most likely is the **speaker**?
화자는 누구이겠는가? → 화자의 신분을 묻고 있다.

Who most likely is the **listener**?
청자는 누구이겠는가? → 청자의 신분을 묻고 있다.

Why should the **listeners** visit a Web site?
청자들은 왜 웹사이트를 방문해야 하는가? → 청자가 웹사이트를 방문하는 것임을 명심하고 듣는다.

5. 질문의 순서는 바로 대화 내용 순서와 같다.

첫 번째 문제	주제·목적, 장소·인물(직업, 신분), 문제점을 묻는 문제 등 담화의 전체 내용과 관련된 문제는 대개 첫 번째 문제로 출제되며 담화의 도입부에서 정답의 단서가 언급된다.
두 번째 문제	원인, 수단, 수량, 일정, 시간 등의 세부 사항을 묻는 문제들은 두 번째 문제로 출제되며 정답의 단서는 담화의 중반부에 언급된다. Part 3보다 세부 사항을 묻는 문제가 더 많이 출제된다.
세 번째 문제	앞으로의 계획이나 할 일, 제안·요청 사항 등을 묻는 문제가 세 번째로 출제된다. 정답의 단서는 담화의 후반부(마지막 문장)에 언급된다.

6. 패러프레이징이 된 정답에 익숙해진다.

담화 내용에서 들렸던 표현이 보기에 그대로 정답이 되는 난이도가 낮은 문제도 많이 출제되지만, 담화 속 표현이나 어구를 그대로 사용하지 않고 결국 같은 의미이지만 다른 표현으로 바꿔서 답이 나오는 경우가 대부분이다. 이렇게 바꿔 말하는 것을 패러프레이징(paraphrasing)이라고 한다.

(1) 정답이 그대로 나오는 경우

M: I'm sure you all agree that **careful planning** is crucial to maintaining financial stability. To learn more, let's welcome Mr. Griffin.
세심한 계획이 재정 안정을 유지하는 데 결정적이라는 데에 동의하실 거라고 믿습니다. Mr. Griffin을 모셔서 더 알아봅시다.

Q: What will Mr. Griffin discuss? Mr. Griffin는 무엇을 논의할 것인가?

A: Careful planning 세심한 계획

★ 정답 표현
careful planning is crucial 세심한 계획이 중요합니다
→ Careful planning 세심한 계획

(2) 정답이 패러프레이징되어 나오는 경우

M: I'm sorry that we weren't able to begin on time. I **missed my train and had to wait for the next one**.
제시간에 시작 못해서 미안합니다. 기차를 놓쳐서 다음 걸 기다려야만 했어요.

Q. Why was the event delayed? 행사가 왜 지연되었는가?

A: The speaker **arrived late**. 화자가 늦게 도착했다.

★ 패러프레이징된 표현

missed my train and had to wait for the next one 기차를 놓쳐서 기다려야만 했다
→ arrived late 늦게 도착했다

(3) 패러프레이징 표현 연습

- Thanks again for letting me visit your construction **company**.
  당신 **건축회사**를 방문하게 해 주셔서 다시 한번 감사 드립니다.
  → At a construction **firm** **건축회사에서**

- We're going to be providing complimentary **exercise classes**.
  우리는 무료 **운동 수업**을 제공할 예정입니다.
  → A **fitness program** **운동 프로그램**

- Participating employees will get **complimentary healthy snacks and drinks**.
  참가하는 직원들은 **무료로 건강에 좋은 간식과 음료**를 받게 됩니다.
  → **Free refreshments 무료 다과**

- Hello, it's Nicolas Damira calling from Oakwood Avenue **Realtors**.
  안녕하세요. Oakwood Avenue **부동산**에서 전화 드리는 Nicolas Damira입니다.
  → **A real estate agent 부동산 중개업체**

- I'll pass out **scanners** to everyone so that you can try **scanning some packages** yourself.
  직접 소포들을 스캔해 볼 수 있도록 모든 분들께 스캐너를 나눠드리겠습니다.
  Use some devices **장비를 사용한다**

- Here's a brochure that provides **some information** about each of the **cars**. 각 **자동차**들에 관한 **정보**가 있는 책자가 여기 있습니다.
  → Provide **details** about some **vehicle 차량**에 관한 **자세한 사항**을 제공한다

일반 정보 문제 유형

- Part 4 담화는 대개 일정한 흐름으로 전개되기 때문에 담화의 초반부, 중반부, 후반부에 언급되는 내용이나 관련 문제 유형이 어느 정도 정해져 있다.
- 문제 유형에 따라 정답 단서가 지문의 어디쯤 언급될지 미리 예측하면서 듣는 연습을 하면 문제 풀이가 훨씬 쉬워진다.
- 주제·목적·화자/청자의 신원·담화 장소 등 지문의 전체 내용과 관련된 일반 정보 문제 유형은 주로 담화 전반부에서 정답의 단서가 제시된다.

🔍 문제 유형 확인하기 주제·목적

▶ 주제·목적 문제는 매회 3문제 이상 출제된다.

▶ 주제·목적의 정답 단서는 담화 전반부에 등장한다. 따라서 화자의 첫 1~2 문장을 절대로 놓쳐선 안 된다.

▶ 담화 전반부에서 주제·목적에 관한 정답의 단서를 놓쳤다면 망설이지 말고 다음 문제를 먼저 풀도록 한다. 다른 문제들을 먼저 풀고 나서 다시 주제·목적 문제로 돌아와 담화의 전체 맥락을 토대로 정답을 찾을 수 있다.

주제

What is **mainly being discussed**? 주로 무엇이 논의되고 있는가?

What is the news report **mainly about**? 뉴스 보도는 주로 무엇에 관한 것인가?

What is **being announced**? 무엇이 발표되고 있는가?

What event is **taking place**? 어떤 행사가 개최되고 있는가?

목적

What is the **purpose** of the message? 메시지의 목적은 무엇인가?

What is the **main purpose** of the speech? 연설의 주 목적은 무엇인가?

What is the **purpose** of the talk? 담화의 목적은 무엇인가?

Why is this **announcement being made**? 공지는 왜 발표되고 있는가?

시그널로 정답 찾기

문제 키워드 잡기 ⇒	시그널 표현 ⇒	지문 듣기	⇒ 정답 찾기
What is mainly being discussed? ✓ 논의되고 있는 것?	• I'd like to • I'd like to announce • I'm calling to [about] • I was wondering if	M **We'd like to** offer you a special discount on new arrivals to our store. 할인을 제공하겠다.	A discount 할인
What is the purpose ✓ of the message? 메시지의 목적?		W **I'm calling to** follow up on some information we mailed you about a special promotion for next month. 다음 달에 있을 특별 홍보행사에 대한 정보를 추가로 전달하기 위해	To confirm a promotion schedule 홍보행사 일정 확인

핵심 문제 유형

Q1 What is the purpose of the message?

(A) To postpone a lunch
(B) To compliment a coworker
(C) To recommend a business
(D) To plan a party

Question 1 refers to the following telephone message.

W Hi Yolanda, it's Allison. **1** I have to put off our lunch meeting until next week. I completely forgot that I had a dentist appointment this Thursday, so I can't meet with you on that day like we had planned. Thursday is the only day my dentist is available this week. Why don't we meet next Wednesday? I'll treat you to Jack's Bistro. You'll love it there. They have the best lunch specials in town. Call me back and let me know what you think.

Q1 메시지의 목적은 무엇인가?

(A) 점심 식사를 연기하기 위해
(B) 동료를 칭찬하기 위해
(C) 업체를 추천하기 위해
(D) 파티를 계획하기 위해

정답 공략 하기

1 듣기 전 키워드 잡기

What is the purpose✓ of the message?
⋯▸ 담화의 목적을 묻는 문제: 정답 단서가 초반에 나올 것을 예상

(A) To postpone✓ a lunch   (B) To compliment✓ a coworker
(C) To recommend✓ a business   (D) To plan✓ a party ⋯▸ 핵심 동사 위주로 빠르게 키워드를 훑고 지나간다.

2 들으며 정답 찾기

담화 도입부의 'I have to put off our lunch meeting until next week. (저희 점심 약속을 다음 주로 미뤄야 될 것 같아요.)'에서 put off가 보기 (A) To postpone✓ a lunch의 키워드로 패러프레이징되었으므로 (A)가 정답이다.

패러프레이징 지문 put off → 보기 postpone

1번은 다음 전화 메시지에 관한 문제입니다.

해 안녕하세요 Yolanda, 저 Allison이에요. **1 저희 점심 약속을 다음 주로 미뤄야 될 것 같아요.** 제가 이번 주 목요일에 치과 예약이 있다는 걸 깜박해서, 저희가 계획했던 그날 만날 수가 없어요. 목요일이 이번 주에 제 치과 의사가 시간이 되는 유일한 날이에요. 다음 주 수요일에 만나는 게 어때요? 제가 Jack's 식당에서 한턱 낼게요. 거길 정말 좋아하실 거예요. 시내 최고의 점심 특선이 있거든요. 다시 전화 주셔서 어떻게 생각하시는지 알려 주세요.

VOCA ∙∙∙

put off 미루다, 연기하다 I **completely** 완전히 I **available** 시간이 있는 I **treat** 한턱 내다, 대접하다 I **bistro** 작은 식당 I **special** 특별 상품

▶ 화자/청자의 정체, 담화 장소를 묻는 문제는 매회 3~4문제가 출제된다.

▶ 정체 및 장소 문제의 정답 단서는 담화의 초반부에 등장하므로 초반부에 집중한다.

▶ 정체의 정답 단서로는 담화의 초반에 언급되는 직업이나 직책 등을 나타내는 단어를 주의 깊게 들어준다.

▶ 장소의 정답 단서로는 here, welcome to + 장소, Attention ~, Thank you for coming to ~ 등이 있다.

화자의 신원

Who most likely is **the speaker**? 화자는 누구이겠는가?

What industry does the speaker **work in**? 화자는 어느 분야에서 일하는가?

Where does the **speaker work**? 화자가 일하는 곳은 어디인가?

청자의 신원

Who most likely are **the listeners**? 청자들은 누구이겠는가?

Who is the message **intended for**? 메시지는 누구를 위해 의도되었는가?

Who is the **speaker calling**? 화자가 전화하고 있는 사람은 누구인가?

Who most likely is the **speaker addressing**? 화자는 누구에게 말하고 있는가?

> **Tip!**
> 이 질문을 Who, speaker만 보고 말하는 사람의 정체를 묻는다고 착각하는 경우가 많아! Who, speaker, addressing이 나오면 누구에게 말하는지, 듣는 사람(청자)의 정체를 묻는 질문이라는 걸 꼭 기억해!

담화 장소

Where is the **announcement being made**? 안내방송이 이루어지고 있는 장소는 어디인가?

Where are the **listeners**? 청자들은 어디에 있는가?

Where most likely is the **talk taking place**? 담화는 어디에서 진행되고 있겠는가?

시그널로 정답 찾기

문제 키워드 잡기 ⇒	시그널 표현 ⇒	지문 듣기 ⇒	정답 찾기
Who most likely is the speaker? 화자는 누구?	신원을 암시하는 어휘 언급	Ⓜ **I'm calling** about the event that we are organizing. 우리가 준비하고 있는 행사에 관해 전화 드려요!	An event planner 행사 기획자
Where does the speaker work? 어디에서 근무?	• 회사 이름 • This is 이름 from	Ⓜ **This is** Kevin **from** Star Carpet. Star Carpet에서 전화 드려요!	A carpet manufacturer 카펫 제조사
Where is the announcement being made? 공지가 되는 장소?	here + 장소	Ⓦ I hope your time **here** as interns at our art gallery has been a good experience for you so far. 여기, 우리 미술관 인턴으로써!	At an art gallery 미술관
	Attention + 장소[사람]	Ⓦ **Attention** SuperValue Grocery shoppers. SuperValue 식료품 고객님들 주목해 주세요!	At grocery store 식료품점
		Ⓜ **Attention** travelers. The 3 P.M. Korea Airlines flight to Madrid has been canceled. Korea 항공 승객 여러분들 주목해 주세요!	At an airport 공항
Where most likely is the talk taking place? 담화 장소?	• Thank you for coming to + 장소 • 회사 이름 언급	Ⓦ **Thanks for coming to** CareerXchange Staffing Agency today. CareerXchange 채용 대행사에 오신 걸 환영!	At an employment agency 채용 대행사

🎧 P4-02 호주

Q2 **Where most likely does the introduction take place?**

(A) In a restaurant
(B) In an art gallery
(C) In a bookstore
(D) In a classroom

Question 2 refers to the following introduction.

Ⓜ ② I'd like to welcome everyone to the Stanhope Art Gallery for the opening of a very special exhibit. This evening, you'll see the complete collection of Jonathan Middleton's oil paintings, and you will also get to hear him speak. In a moment, he will talk briefly about how he became an artist. After that, the rest of the evening will be yours to mingle, enjoy refreshments, and view Jonathan's beautiful works of art.

Q2 소개는 어디에서 이루어지겠는가?

(A) 레스토랑에서   (B) 미술관에서   (C) 서점에서   (D) 교실에서

정답
공략
하기

① **듣기 전 키워드 잡기**

Where ✓ most likely does the introduction ✓ take place ✓ ?

···▶ 담화 장소를 묻는 문제: 정답 단서가 초반에 나올 것을 예상

(A) In a restaurant ✓   (B) In an art gallery ✓

(C) In a bookstore ✓   (D) In a classroom ✓

Tip! Part 3&4의 꽤 많은 문제들이 단순히 들리는 단어가 정답으로 나오는 경우가 많아! 일단 귀를 믿고 들리는 키워드를 빠르게 캐치할 수 있는 순발력과 자신감을 가져!

② **들으며 정답 찾기**

담화 초반부에 특정 장소와 관련된 단어나 표현을 빠르게 포착한다. 화자의 첫 번째 말 'I'd like to welcome everyone to the Stanhope Art Gallery for the opening of a very special exhibit. (Stanhope 미술관의 매우 특별한 전시회 개막식에 와 주신 모든 분들을 환영합니다.)'에서 보기 (B) In an art gallery 의 키워드가 그대로 언급되었다. 따라서 (B)가 정답이다.

2번은 다음 소개에 관한 문제입니다.

Ⓝ ② **Stanhope 미술관의 매우 특별한 전시회 개막식에 와 주신 모든 분들을 환영합니다.** 오늘 저녁, 여러분은 Jonathan Middleton의 유화 전 소장품을 보실 것이며, 그의 연설 또한 듣게 되실 겁니다. 곧 그는 그가 어떻게 예술가가 되었는지에 대해 간략히 말씀드릴 겁니다. 그 후, 나머지 저녁 시간은 여러분들이 함께 어울리고, 다과를 즐기며, Jonathan의 아름다운 예술 작품을 보시는 시간이 될 것입니다.

VOCA ···

exhibit 전시(회) I **collection** 소장품, 수집품 I **oil painting** 유화 I **in a moment** 곧, 바로 I **briefly** 간략히 I **rest** (~의) 나머지 I **mingle** (특히 사교 행사에서 사람들과) 어울리다 I **refreshments** 다과

Practice

해설서 p.91

1. Where does the speaker probably work?

(A) At a local college
(B) At a newspaper office
(C) At a book publisher
(D) At an advertisement firm

2. What does the speaker suggest the listener do?

(A) Renew his subscription
(B) Complete a form online
(C) Call another company
(D) Apply for a different job

3. What does the speaker say is required?

(A) Writing samples
(B) An article suggestion
(C) An updated résumé
(D) Job references

4. According to the speaker, what has the company changed?

(A) A product design
(B) An annual budget
(C) A shipping service
(D) A refund policy

5. What information is the speaker presenting?

(A) Some problems with a delivery
(B) Feedback from sample groups
(C) Changes to a schedule
(D) The cost of a project

6. What will the listeners most likely do next?

(A) Prepare a presentation
(B) Contact some customers
(C) Submit an application
(D) Suggest some ideas

7. What project is the speaker discussing?

(A) Repairing a heating system
(B) Installing a garage door
(C) Building a fence
(D) Remodeling a room

8. What problem does the speaker mention?

(A) The weather will be inclement.
(B) Some materials are not available.
(C) A deadline cannot be met.
(D) A permit has not been issued.

9. What does the speaker offer to do?

(A) Begin a part of a project
(B) Hire more workers
(C) Refer another company
(D) Give a price reduction

10. What kind of business is being discussed?

(A) A museum
(B) A hotel chain
(C) A restaurant
(D) A department store

11. What will customers be given this evening?

(A) Tickets for a concert
(B) Free drinks
(C) A computer game
(D) A cookbook

12. Why does the speaker say, "the event has already been going on for two hours"?

(A) To clarify the hours of operation
(B) To describe the rules of a contest
(C) To suggest coming on another day
(D) To point out that there is limited time

13. Where is the talk being held?

(A) At a mobile phone manufacturer
(B) At a home appliance store
(C) At a vehicle rental agency
(D) At an auto repair shop

14. What will the listeners do this morning?

(A) Meet a technician
(B) Read a manual
(C) Sign a contract
(D) Visit a warehouse

15. Why does the speaker say, "all of the workers here were once trainees, too"?

(A) To provide some reassurance
(B) To describe a process
(C) To welcome some visitors
(D) To clarify a misunderstanding

Sales by Season

16. Where most likely is the talk taking place?

(A) At a travel agency
(B) At a sporting goods store
(C) At an accounting firm
(D) At a fitness center

17. Look at the graphic. When was the promotional offer held?

(A) In spring
(B) In summer
(C) In fall
(D) In winter

18. According to the speaker, what does the business plan to do next year?

(A) Upgrade a Web site
(B) Hire fewer employees
(C) Remodel a facility
(D) Move to a new location

세부 정보 문제 유형

음원 바로 듣기

- 담화의 세부 내용과 관련된 문제는 담화의 중반부와 후반부에서 정답 단서가 등장한다.
- 담화 중반부에서는 주로 원인, 수단, 수량, 일정, 시간과 관련된 문제가 출제되며, 담화 후반부에서는 다음 할 일이나 제안, 제공, 요청 등을 묻는 문제가 출제된다.

🔍 문제 유형 확인하기   문제점·걱정거리

▶ 문제점·걱정거리를 묻는 문제는 매회 1~2문제가 출제된다.

▶ 문제점이나 걱정거리를 묻는 문제의 정답 단서는 대개 담화의 초·중반에 나온다.

▶ 지문에서 자주 나오는 빈출 문제 상황이 정해져 있으므로 알아두는 것이 좋다.

> **EX** 빈출 문제점: 예산 부족, 기계 고장, 직원 부족, 배송 관련 문제점(배송 지연, 상품 파손 등), 보고서에 빠진 정보나 오류, 궂은 날씨 혹은 기계적 결함으로 인한 기차/비행기 연착·취소, 주문 관련 문제점 (재고 부족, 과다 청구 등)

▶ 문제점이나 걱정거리를 언급할 때는 but, however, unfortunately, I'm sorry, I'm afraid, problem, concerned, worried와 같은 시그널 표현이 나온 후에 정답의 단서가 등장할 확률이 높다.

What is the speaker's **problem**? 화자의 문제점은 무엇인가?
What problem does the speaker mention? 화자는 어떤 문제점을 언급하는가?
What problem does the caller mention? 전화를 건 사람은 어떤 문제점을 언급하는가?
What concern does the speaker mention? 화자는 어떤 걱정거리를 언급하는가?
What is the speaker **worried about**? 화자가 걱정하고 있는 것은 무엇인가?

시그널로 정답 찾기

문제 키워드 잡기 ⇒	시그널 표현 ⇒	지문 듣기 ⇒	정답 찾기
문제점 What is the speaker's <u>problem</u>? 화자의 문제점?	• but	M **But** I think there's an accounting error. 그러나 회계상의 오류가 있는 것 같다!	The report has incorrect data. 보고서의 데이터가 잘못됐다
	• however	W **However**, the main conveyor belt is out of order. 그러나 컨베이어벨트가 고장 났다!	Some equipment is not working. 장비가 작동하지 않는다
	• unfortunately	M We are renovating our office, and **unfortunately**, it's taking longer than expected. 안타깝지만 보수작업이 예상보다 더 걸리고 있다!	A renovation is not finished yet. 보수작업이 아직 안 끝났다
	• I'm sorry	W **I'm** very **sorry** that we delivered material that was torn. 배달된 재료가 찢어졌다!	Some material is damaged. 재료가 손상되었다
걱정거리 What is the speaker <u>worried about</u>? 화자의 걱정은?	• I'm worried [concerned]	M **I'm concerned** about the recent decline in sales of some of our best-selling products. 매출 감소가 걱정이다!	Decrease in sales 매출 감소

핵심 문제 유형

🎧 P4-04 미국

Q1 What problem does the speaker mention?

(A) A building is being repaired.
(B) A trip has been postponed.
(C) A meeting room is not available.
(D) An incorrect amount has been charged.

Question 1 refers to the following telephone message.

Ⓜ Hello, it's Ahmed Patel calling from Oakland Hotel. I understand that you called this morning to reserve our conference room for your meeting on Thursday, May 24. ❶ I'm sorry to inform you that the employee who took your call wasn't aware that another company had already booked it for that day. However, it is available for use the following day. Would it be okay if you held your event on that day instead? Please give me a call back to let me know.

Q1 화자는 어떤 문제점을 언급하는가?

(A) 건물이 수리되고 있다.　　(B) 여행이 연기되었다.　　(C) 회의실을 이용할 수 없다.　　(D) 잘못된 액수가 청구되었다.

정답 공략 하기

❶ 듣기 전 키워드 잡기

What problem does the speaker mention?

⋯→ 문제점을 묻는 문제: 부정적인 표현이 언급될 때 정답 단서가 나올 것을 예상

(A) A building is being repaired.　　(B) A trip has been postponed.
(C) A meeting room is not available.　　(D) An incorrect amount has been charged.

❷ 들으며 정답 찾기

부정적인 시그널 표현과 함께 문제점을 언급하는 부분에 집중한다. 'I'm sorry to inform you that ~ (~를 알려드리게 되어 유감입니다.)'이 단서 표현으로 등장하여 'another company had already booked it for that day. (다른 회사가 이미 그날 그 회의실 예약을 했어요.)'라고 말하는 부분에서 회의실 이용이 불가능하다는 보기를 빠르게 연결한다. 따라서 (C) A meeting room is not available.이 정답이다.

패러프레이징　지문 another company had already booked it → 보기 not available

---

1번은 다음 전화 메시지에 관한 문제입니다.

🔊 안녕하세요, Oakland 호텔에서 전화 드리는 Ahmed Patel입니다. 고객님께서 5월 24일 목요일에 있을 회의를 위해 저희 회의실을 예약하려고 오늘 아침 전화하셨다고 알고 있습니다. ❶ 고객님 전화를 받은 직원이 다른 회사가 이미 그날 그 회의실 예약을 한 걸 몰랐다는 것을 알려드리게 되어 유감입니다. 하지만, 그 다음 날에는 사용이 가능합니다. 대신 그날 행사를 하셔도 괜찮겠습니까? 제게 다시 전화 주셔서 알려 주십시오.

VOCA ·········

reserve 예약하다 | **inform** 알리다 | **aware** ~을 알고 있는 | **available** 이용 가능한 | **following** (시간상으로) 그 다음의 | **instead** 대신에 | **postpone** 연기하다 | **incorrect** 부정확한

▶ 이유·방법·시점·정도 등의 세부 정보를 묻는 문제는 매회 8문제 이상 출제된다.

▶ 세부 정보를 묻는 문제에서는 문제와 보기에서 키워드를 잡는 것이 가장 중요하다.

▶ 지문에서 문제와 보기의 키워드 중 하나가 언급되며 정답 단서가 나오는 경우가 많다.

▶ 정답 단서를 통해 정답을 고를 수 있으려면 패러프레이징에 익숙해져야 한다. 지문에 나온 단어나 문구가 그대로 보기에 나오는 경우도 있지만 같은 의미를 다른 단어로 바꾸어서 표현한 패러프레이징에 익숙해져야 고득점이 가능하다.

> Tip!
> 빈출 패러프레이징 표현을 짝으로 묶어서 암기하자. 248 페이지를 참고해!

이유

According to the speaker, why should the listeners visit a Web site?
화자에 의하면, 청자들은 웹 사이트를 왜 방문해야 하는가?

Why does the speaker postpone a deadline? 화자는 마감일을 왜 연기했는가?

Why are the customers being asked to fill in a form? 고객들은 왜 서식을 작성하도록 요청받았는가?

What caused a delay in repairs? 수리가 지연된 원인은 무엇인가?

방법

How can listeners get the product for free? 청자들은 어떻게 무료로 상품을 받을 수 있는가?

How can listeners receive a discount? 청자들은 어떻게 할인을 받을 수 있는가?

How should the listeners sign up? 청자들은 어떻게 신청해야 하는가?

How can listeners get more information? 청자들은 어떻게 정보를 더 얻을 수 있는가?

시점

What is expected to happen by the evening? 저녁에 무엇이 일어날 것으로 예상되는가?

What will happen after the morning session? 오전 세션 다음에 무슨 일이 일어날 것인가?

What will happen on Wednesday? 수요일에 무슨 일이 일어날 것인가?

What will some customers receive this morning? 오전에 몇몇 고객들이 무엇을 받을 것인가?

시그널로 정답 찾기

문제 키워드 잡기 ➡	시그널 표현 ➡	지문 듣기 ➡	정답 찾기
이유 Why should listeners go to the Web site? 웹사이트에 가는 이유?	• because • due to • to 부정사 • for	Ⓜ For a list of the bands on the schedule, visit the Web site at ~. 밴드 스케줄 리스트를 위해!	To see a list of performers 공연자 리스트를 보기 위해
방법 How can listeners get more information? 정보를 얻는 방법?	문제 키워드와 함께 등장하는 표현	Ⓦ For more details, please visit our Web site at www.pagoda21.com. 세부사항은 웹사이트에!	By visiting a Web site 웹사이트를 방문함으로써
시점 What will happen on Saturday? 토요일에 있을 일?	문제에 언급된 특정 시점 키워드와 함께 등장하는 표현	Ⓜ And this Saturday only, we'll stay open late for your shopping convenience. 토요일에만 늦게까지 문을 엽니다!	Shopping hours will be extended. 쇼핑 시간이 연장된다

🎧 P4-05 [영국]

Q2 Why should the listeners email Sandra Pearson?

(A) To take part in a program
(B) To submit a proposal
(C) To arrange an interview
(D) To pay parking fees

Question 2 refers to the following excerpt from a meeting.

W Before we conclude today's meeting, there is one last matter I would like to discuss. Starting next Monday, all parking spaces in the front row of the main parking area will be reserved for employees that carpool. By riding with colleagues, you will not only help to reduce pollution, but also to support the company's environmental protection efforts. **2** If you would like to participate in this initiative, send an email to our transportation planner, Sandra Pearson, at spearson@tcorp.ca.

Q2 청자들은 왜 Sandra Pearson에게 이메일을 보내야 하는가?

(A) 프로그램에 참여하기 위해
(B) 제안서를 제출하기 위해
(C) 면접일정을 잡기 위해
(D) 주차 요금을 내기 위해

정답
공략
하기

1 듣기 전 키워드 잡기

Why should the listeners email Sandra Pearson?

⋯➤ 키워드 – 이유를 묻는 문제: 문제의 키워드와 함께 언급되는 보기 키워드가 정답이 될 것을 예상

(A) To take part in a program
(B) To submit a proposal
(C) To arrange an interview
(D) To pay parking fees

2 들으며 정답 찾기

email, Sandra Pearson을 키워드로 삼아 해당 내용을 포착한다. 후반부의 'If you would like to participate in this initiative, send an email to ~ Sandra Pearson. (이 계획에 동참하고 싶으시다면, Sandra Pearson에게 이메일을 보내 주세요.)' 에서 participate가 보기 (A) To take part in a program의 키워드로 패러프레이징되었으므로 (A)가 정답이다.

패러프레이징 지문 participate in this initiative → 보기 take part in a program

2번은 다음 회의 발췌록에 관한 문제입니다.

여 오늘 회의를 끝내기 전에, 논의하고 싶은 마지막 사안이 있습니다. 다음 주 월요일부터, 중앙 주차 구역 앞줄에 있는 모든 주차 공간은 카풀을 하는 직원들을 위해 남겨둘 것입니다. 동료들과 자동차를 함께 탐으로써, 여러분은 공해를 줄이는 데 도움을 줄 뿐만 아니라 회사의 환경 보호 노력을 지원하게 될 것입니다. **2** 이 계획에 동참하고 싶으시다면, 저희 교통 기획자인 Sandra Pearson에게 spearson@tcorp.ca로 이메일을 보내 주세요.

VOCA

conclude 끝내다 I row 줄, 열 I reserve (자리 등을) 따로 잡아 두다 I carpool (승용차 함께 타기를) 하다 I pollution 오염, 공해 I protection 보호 I participate in ~에 참여하다 I initiative (문제 해결·목적 달성을 위한 새로운) 계획

▶ 제안·제공·요청 관련 문제는 매회 3~4문제가 출제되며 주로 두 번째나 세 번째 문제로 출제된다.

▶ 정답 단서는 주로 담화의 중·후반부에 나온다.

▶ 정답 단서가 나오기 직전 언급되는 제안·제공·요청 표현을 놓치지 말자.

▶ 지문 흐름상 문제점에 대한 대안책을 제안·제공·요청하는 경우가 많다.

What is[are] the listener[listeners] **asked to do**? 청자는[청자들은] 무엇을 요청받는가?

What does the speaker **ask** the listener[listeners] **to do**? 화자는 청자[청자들]에게 무엇을 요청하는가?

What does the speaker **request**? 화자는 무엇을 요청하는가?

What are the listeners **told to do**? 청자들은 무엇을 하라는 말을 들었는가?

What does the speaker **suggest[recommend]**? 화자는 무엇을 제안[권장]하는가?

What does the speaker **offer the listeners**? 화자는 청자들에게 무엇을 제공하는가?

시그널로 정답 찾기

문제 키워드 잡기 ⇒	시그널 표현 ⇒	지문 듣기 ⇒	정답 찾기
제안 What does the speaker <u>suggest</u> the listener <u>do</u>? 화자가 제안하는 것?	• **Why don't you [we]** • **You should** • **It might be a good idea**	Ⓜ **Why don't you** ask Adam to help you out? Adam한테 도와달라고 하는 게 어때!	Consult with a coworker 동료와 상의한다
제공 What does the speaker <u>offer</u>? 화자가 제안하는 것?	• **Why don't I** • **Do you want me to** • **Would you like me to** • **I'll** • **I can**	Ⓦ **Why don't I** lend you a car to use until your car is fixed? 차를 빌려줄게요!	Use of a vehicle 차량의 사용
요청 What are the listeners <u>encouraged to do</u>? 화자가 권장하는 것?	• **Please** • **Can you** • **Could you** • **Would[Do] you mind**	Ⓜ **Would you mind** going on our Web site to fill out a short volunteer application form? 웹 사이트에 가서 신청서 좀 작성해 주세요!	Complete an online form 온라인 양식을 작성

핵심 문제 유형

Q3 **What are the visitors asked to do?**

(A) Stay in their seats
(B) Turn off their phones
(C) Remain with the group
(D) Fill out a questionnaire

Question 3 refers to the following talk.

Ⓜ Welcome to the Jolly Sweets factory. Jolly is known for starting the first candy manufacturing operations in Orlinda County, and production still continues in the same plant which was built 40 years ago. As it is very loud inside, an audio recording will be used to provide information during the tour. Also, ❸ you are asked to stay with the group throughout the whole tour and refrain from wandering off. Okay, does anyone have any questions before we begin?

Q3 방문객들은 무엇을 해 달라고 요청받는가?

(A) 자리에 있는다   (B) 전화기를 끈다   (C) 그룹과 함께 있는다   (D) 질문지를 작성한다

정답
공략
하기

1 듣기 전 키워드 잡기

What are the visitors ⌈asked to do⌉?

⋯▶ 화자가 요청한 것을 묻는 문제: 화자의 말에서 요청할 때 쓰이는 표현과 함께 정답 단서가 나올 것을 예상

(A) ⌈Stay⌉ in their ⌈seats⌉   (B) ⌈Turn off⌉ their ⌈phones⌉
(C) ⌈Remain⌉ with the ⌈group⌉   (D) ⌈Fill out⌉ a ⌈questionnaire⌉

2 들으며 정답 찾기

담화 후반부에서 요청할 때 쓰는 표현인 'you are asked to ~'를 확인한다. 'you are asked to stay with the group ~ and refrain from wandering off. (그룹과 함께 계시고 이탈하는 일은 삼가주시길 당부 드립니다.)'에서 stay와 보기 (C) ⌈Remain⌉ with the ⌈group⌉의 키워드를 연결한다. 따라서 정답은 (C)이다.

패러프레이징 지문 stay with the group → 보기 Remain with the group

 Tip!

반쪽짜리 오답 함정에 빠지지 않기!
stay만 듣고 (A)같은 오답 함정에 빠지지 마!
앞, 뒤가 다 나오는 완벽한 보기로 가자!

3번은 다음 담화에 관한 문제입니다.

🔊 Jolly 사탕 공장에 오신 것을 환영합니다. Jolly는 Orlinda 카운티에서 처음으로 사탕 제조 회사를 시작한 걸로 알려져 있고, 생산은 40년 전 지어진 같은 공장에서 여전히 계속되고 있습니다. 내부가 매우 시끄러우니, 견학 중에 정보를 제공하기 위한 음성 녹음물이 사용될 것입니다. 또한, ❸ **견학 내내 그룹과 함께 계시고 이탈하는 일은 삼가주시길 당부 드립니다.** 자, 시작하기 전에 질문 있으신 분 계십니까?

VOCA ⋯⋯⋯⋯⋯⋯⋯⋯⋯⋯⋯⋯⋯⋯⋯⋯⋯⋯⋯⋯⋯⋯⋯⋯⋯⋯⋯⋯⋯⋯⋯⋯⋯

sweet 사탕류, 단 것 ǀ **manufacturing** 제조업 ǀ **operation** 기업, 사업체 ǀ **production** 생산 ǀ **throughout** ~동안 내내 ǀ **refrain** 삼가다 ǀ **wander off** (길·장소·친구들 등을) 벗어나다 ǀ **remain** (떠나지 않고) 남다 ǀ **questionnaire** 설문지

▶ 다음으로 할 일이나 담화 후에 일어날 일을 묻는 문제는 매회 2~3문제가 출제된다.

▶ 주로 담화의 후반부에서 정답의 단서가 등장한다.

▶ 질문 형태는 ~do next?/~will do?/~hear next? 등으로 끝나며, 주로 세 문제 중 마지막 문제로 출제된다.

▶ I'll/We'll/be going to 등과 같은 미래를 나타내는 표현들이 답을 알려주는 단서이므로 이러한 시그널 표현이 나오는 문장을 주의 깊게 듣는다.

What does the speaker say he **will do**? 화자는 무엇을 할 것이라고 말하는가?

What does the speaker say she **will be doing this afternoon**? 화자는 오늘 오후에 무엇을 할 것이라고 말하는가?

What are the listeners invited to **do after the presentation**? 청자들은 프레젠테이션이 끝난 후에 무엇을 하도록 요청받았는가?

What is scheduled **at the end of the talk**? 담화 마지막에 무엇이 예정되어 있는가?

What will the speaker **most likely do next**? 화자는 다음으로 무엇을 하겠는가?

What will the listeners **most likely hear next**? 청자들은 무엇을 다음에 들을 것인가?

What are the listeners **going to do next**? 청자들은 무엇을 다음에 할 것인가?

시그널로 정답 찾기

문제 키워드 잡기 ⇒	시그널 표현 ⇒	지문 듣기 ⇒	정답 찾기
What does the speaker say that she will do next? 화자가 다음에 할 일?	담화 후반의 미래 시제 표현 • I'll • I'm going to • We'll	W **I'm going to** give you your tickets now. 티켓을 드릴게요!	Hand out some tickets 티켓을 나눠준다
What does the speaker say he is doing next month? 화자가 다음 달에 할 일?		M **I'll** be leaving on a business trip next month. 다음 달에 출장 갈 예정!	Leaving on a trip 출장 간다
What does the speaker say she will do later? 추후에 할 일?		W **We'll** give you an opportunity to win two free concert tickets. 무료 티켓을 받을 수 있는 기회를 주겠다!	Give away tickets 티켓을 준다
What will listeners do next? 청자들이 다음에 할 일?		M **I'm going to** demonstrate some simple exercises you can do at your desk. 간단한 운동을 보여줄게요!	Watch a demonstration 시연을 본다

🎧 P4-07 미국

Q4 What will the speaker most likely do next?

(A) Give a demonstration
(B) Hand out some fruit
(C) Collect some money
(D) Explain a report

Question 4 refers to the following introduction.

W I'd like to explain how we do things here at the Smallwood Organic Farm. The strawberries are in season at the moment, and are available for picking. If you require any help while harvesting, just ask one of the farm workers in the field. You can easily identify them by their bright green shirts. Picking strawberries is slightly different from other fruits as they grow on the ground. ❹ Now, I'm going to show you the correct way to harvest the strawberries.

Q4 화자는 다음으로 무엇을 하겠는가?

(A) 시연을 한다   (B) 과일을 나누어 준다   (C) 돈을 걷는다   (D) 보고서를 설명한다

정답 공략 하기

❶ 듣기 전 키워드 잡기

What will the speaker most likely do next?
···▶ 화자가 다음에 할 일을 묻는 문제: 마지막 화자가 말한 미래 표현에서 정답 단서가 나올 것을 예상

(A) Give a demonstration   (B) Hand out some fruit
(C) Collect some money   (D) Explain a report

❷ 들으며 정답 찾기

화자가 미래 표현 'be going to'를 사용한 마지막 문장에서 'Now, I'm going to show you the correct way to harvest the strawberries. (이제, 딸기를 수확하는 올바른 방법을 보여 드리겠습니다.)'에서 show가 보기 (A) Give a demonstration으로 패러프레이징되었으므로 (A)가 정답이다.

패러프레이징 지문 show you the correct way → 보기 Give a demonstration

4번은 다음 소개에 관한 문제입니다.

W 이곳 Smallwood 유기농 농장에서 저희가 어떻게 일을 하는지를 설명해 드리겠습니다. 딸기가 지금 제철이어서 수확이 가능합니다. 수확하는 도중 도움이 필요하시면, 밭에 있는 저희 농장 일꾼들 중 한 명에게 요청하십시오. 밝은 녹색 셔츠로 그들을 쉽게 알아볼 수 있습니다. 딸기는 땅 위에서 자라기 때문에 딸기를 따는 것은 다른 과일을 따는 것과 약간 다릅니다. ❹ 이제, 딸기를 수확하는 올바른 방법을 보여 드리겠습니다.

VOCA

organic 유기농의 | in season 제철인 | at the moment 지금 | harvest 수확하다 | identify (신원 등을) 확인하다 | slightly 약간 | demonstration 시연

 P4-08

해설서 p.97

1. What are the listeners being asked to decide?

(A) What kind of equipment to purchase
(B) How to change a process
(C) Where to obtain some equipment
(D) When to hold an event

2. What does the speaker say about the budget?

(A) It has yet to be finalized.
(B) There is money remaining in it.
(C) There will be a new policy.
(D) It will be reduced next quarter.

3. What are the listeners requested to do after the meeting?

(A) Prepare for a presentation
(B) Meet with a department manager
(C) Register for a session
(D) Indicate a preferred product

4. Why have residents complained recently?

(A) The schools are inconveniently located.
(B) The streets are not well-maintained.
(C) The public transportation system is confusing.
(D) The air quality is poor.

5. What does the speaker say has changed about a meeting?

(A) The attendees
(B) The venue
(C) The content
(D) The time

6. Why are the listeners asked to call?

(A) To order a ticket
(B) To enter a contest
(C) To express an opinion
(D) To make a donation

7. Why did Mr. Abrams meet with the speaker?

(A) To finalize a schedule
(B) To negotiate a price
(C) To give an update
(D) To apply for a job

8. What does the speaker offer Mr. Abrams?

(A) A full-time position
(B) Express delivery
(C) A discounted service
(D) Free product samples

9. According to the speaker, what must Mr. Abrams do before next Monday?

(A) Upload a file
(B) Reach a decision
(C) Create an account
(D) Fill out a survey

10. What problem is mentioned?

(A) Sales targets will not be met.
(B) Parking will not be available.
(C) Some machinery requires repairs.
(D) A team has too many projects.

11. What does the speaker mean when he says, "you'd better try to find a different way to get here"?

(A) A different route will be available to commuters.
(B) The entrance to an office will be temporarily closed.
(C) Employees should consider other transportation options.
(D) Staff members are expected to come in on the weekend.

12. What does the speaker say he will do?

(A) Email some information
(B) Work on the weekend
(C) Visit a construction site
(D) Speak to a supervisor

13. What does the speaker mean when she says, "I majored in business in university"?

(A) She thinks people should earn a business degree.
(B) She plans to apply for a management position.
(C) She will be teaching some classes.
(D) She was confident about a choice.

14. What type of business does the speaker most likely own?

(A) A restaurant
(B) A kitchen appliance store
(C) A farm
(D) A supermarket chain

15. What does the speaker say will happen later this month?

(A) A new employee will be trained.
(B) An advertisement campaign will begin.
(C) A customer survey will be distributed.
(D) A product will go on sale.

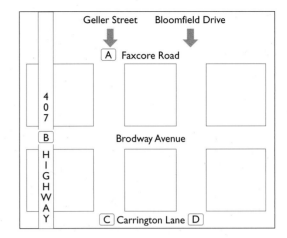

16. What is the cause of a problem?

(A) A staff shortage
(B) Inclement weather
(C) A system error
(D) Building construction

17. Look at the graphic. Which area is the speaker describing?

(A) Area A
(B) Area B
(C) Area C
(D) Area D

18. According to the speaker, what will be held tomorrow?

(A) A city parade
(B) A business conference
(C) A sales event
(D) An athletic competition

전방위 문제 유형

- Part 4의 화자 의도 파악 문제와 시각 정보 연계 문제는 매회 총 5문제가 나온다.
- 시각 정보 문제는 질문과 함께 시각 정보에 시선을 고정하고 풀어야 하며, 화자 의도 파악 문제는 전체적인 지문의 흐름을 파악하는 것이 핵심이다.

🔍 문제 유형 확인하기 ｜ 화자 의도 파악

▶ 담화 중 화자가 특정 문장을 말한 의도를 묻는 화자 의도 파악 문제는 매회 3문제가 고정적으로 출제된다.

▶ 문제에 제시된 "⬛⬛⬛⬛⬛⬛⬛⬛⬛⬛"의 사전적 의미가 아닌 문맥상의 뉘앙스를 파악하여 화자의 숨은 의도를 파악해야 한다.

▶ 인용 구문 "⬛⬛⬛⬛⬛⬛⬛⬛⬛⬛" 자체의 의미를 해석하지 못해도 크게 상관은 없다. "⬛⬛⬛⬛⬛⬛⬛⬛⬛⬛"의 바로 앞뒤에 정답의 단서가 등장하므로 문맥의 흐름을 놓치지 않는 것이 중요하다.

Why does the speaker say, "Christine has worked here for over 10 years"?
화자는 왜 "Christine이 여기서 10년 이상 일해왔어요"라고 말하는가?

What does the speaker mean when he says, "Mr. Simpson will assign us a dedicated manager"?
화자는 "Mr. Simpson이 우리에게 헌신적인 매니저를 배정해 줄 거예요"라고 말할 때 무엇을 의미하는가?

What does the speaker mean when she says, "Maya's phone number is 555-0391, right"?
화자는 "Maya의 전화번호가 555-0391 맞죠?"라고 말할 때 무엇을 의미하는가?

What does the speaker imply when he says, "I don't want to call a different supplier"?
화자는 "저는 다른 공급업체에 연락하고 싶지 않아요"라고 말할 때 무엇을 의미하는가?

What does the speaker imply when she says, "The store's opening in a few minutes"?
화자는 "상점이 몇 분 후에 열어요"라고 말할 때 무엇을 의미하는가?

 Tip!
인용 구문의 사전적인 의미 그대로를 나타내는 보기는 오답인 경우가 많아!

🎧 P4-09 [호주]

Q1

Why does the speaker say, "the party is just a few weeks from now"?

(A) A decision needs to be made soon.

(B) A budget proposal must be approved quickly.

(C) He is going to prepare a guest list.

(D) He would like the listener to find another venue.

Question 1 refers to the following telephone message.

Ⓜ Hey, Carlos, this is Dave. Could you meet with me around 9 A.M. tomorrow? ❶ We need to discuss selecting a theme for our annual company celebration. I mean, the party is just a few weeks from now. I've got quite a few ideas, so I'll go ahead and email you my top suggestions right away. When we talk tomorrow, feel free to add your own suggestions as well. Looking forward to hearing from you.

Q1

화자는 왜 "파티가 이제 몇 주밖에 남지 않았어요"라고 말하는가?

(A) 결정이 곧 나야 한다.

(B) 예산안이 빨리 승인되어야 한다.

(C) 남자는 초대 손님 명단을 준비할 것이다.

(D) 남자는 청자가 다른 장소를 찾기를 원한다.

정답 공략 하기

❶ 듣기 전 키워드 잡기

Why does the speaker say, "the party is just a few weeks from now"?

···→ 화자 의도 파악 문제: 인용구 주변에서 정답 단서가 나올 것 예상

(A) A decision✓ needs to be made✓ soon✓. (B) A budget proposal✓ must be approved quickly✓.

(C) He is going to prepare✓ a guest list✓. (D) He would like the listener to find✓ another venue✓.

❷ 들으며 정답 찾기

인용구 앞뒤의 내용을 반드시 이해해야 한다. 인용 문장을 언급하기 전에 'We need to discuss selecting a theme for our annual company celebration. (우리 회사의 연례 행사를 위한 주제를 정해야 하거든요.)'이라고 말하며 'the party is just a few weeks from now. (파티가 이제 몇 주밖에 남지 않았어요.)'라고 했으므로 파티의 주제에 대한 결정이 빨리 이루어져야 한다는 것을 알 수 있다. 따라서 (A) A decision✓ needs to be made soon✓.이 정답이다.

패러프레이징 지문 we need to discuss selecting a theme → 보기 A decision needs to be made

1번은 다음 전화 메시지에 관한 문제입니다.

🔊 Carlos, 저예요 Dave. 내일 아침 9시쯤 만날 수 있어요? ❶ **우리 회사의 연례 행사를 위한 주제를 정해야 하거든요.** 그게, **파티가 이제 몇 주밖에 남지 않았어요.** 제게 아이디어가 몇 가지 있는데, 그중 우선적 제안 사항들을 당신께 지금 바로 이메일로 보내드릴게요. 내일 이야기할 때, 당신의 제안 사항도 자유롭게 추가해 주세요. 그럼 답변 기다리겠습니다.

VOCA ··

select 선택하다 | **theme** 주제, 테마 | **annual** 매년의, 연례의 | **celebration** 기념 (축하) 행사 | **look forward to** ~을 고대하다 | **budget proposal** 예산안 | **venue** 장소

▶ 매회 95~100번으로 2문제가 고정적으로 출제된다.

▶ "Look at the graphic."과 함께 일정표, 도표, 지도 등의 시각 정보와 담화 내용을 연계하여 묻는 문제 유형이다.

▶ 주어진 시각 정보와 담화 내용을 연결지어야 한다. 이때, 문제를 먼저 읽고 키워드를 확인한 후 시각 정보와의 연계성을 파악한다.

▶ 시각 정보 연계 문제는 보기보다 어렵지 않다. 따라서 지문을 듣는 동시에 시각 정보를 보면서 문제를 푸는 훈련을 반복하면 생각보다 쉽게 풀 수 있다.

✔ 시각 정보 자료 유형

1. 목록·표 (List, Table)

경비 보고서(날짜·비용·비고), 일정표, 두 회사의 특징을 비교하는 표, 설문조사 결과, 주문서 등의 내용·숫자 등을 가로·세로로 순서대로 나열한 목록·표

Expense Report		
DATE	AMOUNT	DETAILS
May 2	$300	Accommodation
May 5	$200	Transportation
May 9	$150	Food
May 10	$100	Entertainment

2. 도표 (Graph, Chart)

분기별 판매량, 설문조사 결과 등의 선 그래프, 막대 그래프, 파이 차트, 순서 등

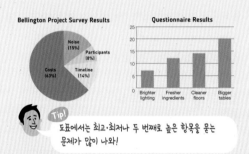

Tip! 도표에서는 최고·최저나 두 번째로 높은 항목을 묻는 문제가 많이 나와!

3. 지도, 도면, 평면도 (Map)

약도, 도면, 지도, 비행기 혹은 공연장의 좌석 배치도

Tip! 지도 유형의 시각 정보는 위치를 묘사하는 표현(앞, 뒤, 옆, 건너편 등)을 집중해서 들으면 돼! 그리고 주로 보기에 주어진 4개 장소를 제외한 나머지 장소에서 단서가 제시될 거야.

4. 쿠폰 (Coupon)

Dinner Delights

10% off (Groups of 15+)
Book Rooms for 3 hours!

Expires: Offer good at
August 1   all locations

Tip! 쿠폰이 제시될 때는 쿠폰을 이용할 수 없는 이유가 문제로 자주 출제돼. 지문이 나오기 전에 쿠폰이 만료되는 날짜, 사용 조건 등 세부 사항을 빠르게 확인해 두면 쉽게 문제를 풀 수 있어!

5. 영수증 (Receipt)

Order Form	
Item	Quantity
T-shirts	100
Postcards	150
Coffee cups	500
Candy bars	700

Tip! 영수증은 요금이 과다 청구되거나 주문한 물건을 다 받지 못했다는 등 문제점 관련 문제에서 자주 출제돼!

6. 일기예보 (Weather forecast)

| Monday | Tuesday | Wednesday | Thursday |

Tip! 일기 예보는 행사 취소·연기 등의 지문에 등장하는 경우가 많아. 날씨와 관련된 기본적인 표현들을 알아두자!

P4-10 미국

Q2

Reseda Appliances Promotion	
Item	**Discount**
Washing machines	20%
Air conditioners	15%
Microwaves	30%
Vacuum cleaners	25%

Look at the graphic. What is the discount on the featured item?

(A) 20 percent

(B) 15 percent

(C) 30 percent

(D) 25 percent

Question 2 refers to the following announcement and flyer.

W Attention Reseda Appliances shoppers! Sunday is our 10th anniversary. To celebrate, we're holding a massive, week-long sale! Prices on everything from vacuum cleaners to washing machines will be reduced. ❷ Be sure to head over to our kitchen appliance section to check out our featured product of the week: Zertz's energy-saving microwave ovens. Supplies are limited, so don't delay! For more detailed information on our discounts, ask one of our workers for a flyer. Happy shopping!

Q2

Reseda 가전제품 프로모션	
품목	**할인**
세탁기	20%
에어컨	15%
전자레인지	→ 30% ✓
진공청소기	25%

시각 정보를 보시오. 특별 품목의 할인액은 얼마인가?

(A) 20퍼센트

(B) 15퍼센트

(C) 30퍼센트

(D) 25퍼센트

정답 공략 하기

❶ 듣기 전 키워드 잡기

Look at the graphic. What is the discount✓ on the featured item✓?

⋯ 시각 정보 연계 문제: 빠르게 질문의 키워드를 잡고 시각 정보로 시선을 옮긴다.

(A) 20 percent   (B) 15 percent   **(C) 30 percent**   (D) 25 percent

Tip! 시각 정보 연계 문제는 (A), (B), (C), (D) 보기와 반대되는 내용에 시선을 고정하고 문제를 풀어줘야 해!

❷ 들으며 정답 찾기

문제의 키워드인 discount와 featured item에서 특별 품목의 할인액이 얼마나 되는지 확인해야 한다. 지문 중반부의 화자가 'Be sure to head over to our kitchen appliance section to check out our featured product of the week: Zertz's energy-saving microwave ovens. (주방 용품 코너로 가서서 금주의 특별 품목인 Zertz 사의 에너지 절약형 전자레인지를 확인하세요.)'에서 특별 품목으로 지정된 제품이 전자레인지라는 단서를 포착한다. 시각 정보에서 전자레인지의 할인액은 30% 이므로 (C)가 정답이다.

2번은 다음 안내방송과 전단에 관한 문제입니다.

안 Reseda 가전제품 손님 여러분 주목해 주세요! 일요일은 저희 매장의 10주년 기념일입니다. 이를 기념하고자, 저희는 일주일 동안 엄청난 세일을 진행할 것입니다 진공청소기에서 세탁기에 이르는 모든 품목의 가격이 할인될 것입니다. ❷ 주방 용품 코너로 가서서 금주의 특별 품목인 Zertz 사의 에너지 절약형 전자레인지를 확인하세요. 수량이 한정되어 있으니 늦지 마세요! 할인에 대한 더 자세한 정보를 원하시면, 저희 직원들에게 전단을 요청하세요. 행복한 쇼핑하세요!

VOCA ⋯⋯⋯⋯⋯⋯⋯⋯⋯⋯⋯⋯⋯⋯⋯⋯⋯⋯⋯⋯⋯⋯⋯⋯⋯⋯⋯⋯⋯⋯⋯⋯⋯⋯⋯⋯⋯⋯⋯

anniversary 기념일 l **celebrate** 기념하다, 축하하다 l **massive** 거대한, 엄청난 l **vacuum cleaner** 진공 청소기 l **washing machine** 세탁기 l **head over** ~로 향하다 l **kitchen appliance** 주방 용품 l **featured** 특색을 이룬; 특별히 포함된 l **microwave oven** 전자레인지 l **flyer** 전단지

1. What event is being discussed?

(A) A hotel opening
(B) A company workshop
(C) An anniversary celebration
(D) A retirement party

2. What does the speaker request?

(A) A menu
(B) Some furniture
(C) A laptop
(D) Some microphones

3. Why does the speaker say, "we'll just use a rental vehicle"?

(A) To turn down an offer
(B) To ask for a refund
(C) To request a discount
(D) To make a reservation

4. What event is being discussed?

(A) A product launch celebration
(B) A fundraising party
(C) A business opening
(D) An employee welcome dinner

5. What does the speaker instruct the listeners to do?

(A) Get in touch with possible sponsors
(B) Distribute some brochures
(C) Arrange transportation for guests
(D) Look over some menu items

6. What does the speaker imply when he says, "I'm still in the process of learning"?

(A) He is unable to answer some questions.
(B) He will attend a training session.
(C) He does not understand some instructions.
(D) He is not happy with his assignment.

7. In what industry does the speaker most likely work?

(A) Finance
(B) Food
(C) Construction
(D) Technology

8. According to the speaker, what can the smart tablets be used for?

(A) Tracking packages
(B) Planning a route
(C) Listening to music
(D) Designing presentations

9. Why does the speaker say, "I think the brochures are in your bag"?

(A) To postpone a meeting
(B) To point out an error
(C) To request some help
(D) To express frustration

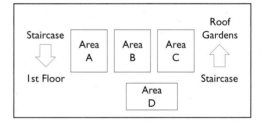

10. What did listeners just see on the tour?

(A) Flowers
(B) Trees
(C) Ponds
(D) Fountains

11. What does the speaker suggest listeners do to find out more about the exhibition?

(A) Pick up a free book
(B) Watch a video
(C) Read an online article
(D) Speak to a guide

12. Look at the graphic. In which area can listeners view tropical trees?

(A) Area A
(B) Area B
(C) Area C
(D) Area D

**Hydro-Five Water Heater
Installation Instruction Guide**

Table of Contents

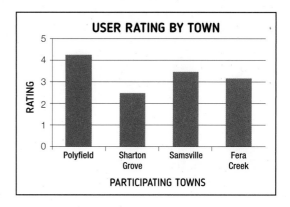

13. What does the speaker thank the listeners for?

(A) Selling many products
(B) Providing some feedback
(C) Purchasing some guides
(D) Wearing safety gear

14. Look at the graphic. Which section will the speaker discuss today?

(A) Overview
(B) Steps
(C) Support
(D) Contact

15. What does the speaker mention about the afternoon session?

(A) It will feature a famous speaker.
(B) It will include snacks and beverages.
(C) It will be moved to a different date.
(D) It will be held in another location.

16. What does the speaker say he is surprised about?

(A) The change in a project deadline
(B) The sudden decrease in sales
(C) The price of a new item
(D) The easy use of a program

17. What feature of the application does the speaker say is popular?

(A) Its payment platform
(B) Its high-quality music
(C) Its search engine
(D) Its user reviews

18. Look at the graphic. What town does the speaker ask Jenna to investigate?

(A) Polyfield
(B) Sharton Grove
(C) Samsville
(D) Fera Creek

UNIT 17

전화·녹음 메시지

- 전화·녹음 메시지는 Part 4에서 가장 많이 등장하는 담화 유형으로 매회 2~3개가 출제된다.
- 전화·녹음 메시지의 첫 번째 문제는 대개 전화 목적을 묻는 문제가 출제되며, 마지막 문제로는 다음에 할 일이나 요청 사항을 묻는 문제가 자주 나온다.

🔍 담화 유형 확인하기

1. 전화 메시지 화자가 청자의 자동 응답기에 남기는 메시지

구매 제품 배송 문의	구매 제품 관련 항의	제품 관련 사과 전화
병원 및 기타 일정 확인	행사 일정 변경 안내	면접 일정 문의
업무 처리 관련 문의		

Tip! 전화 메시지는 주로 문제점, 애로 사항으로 인한 해결책이나 대안을 요청·제안하는 흐름으로 내용이 전개된다는 것을 기억하면 문맥을 파악하기가 더 쉬울 거야.

전화 메시지 도입부 빈출 표현

Hello, this is + 메시지 남기는 사람. 안녕하세요, ~입니다.

Hi, this is + 메시지 남기는 사람 + calling from + 회사 (단체). 안녕하세요, ~에서 전화드리는 …입니다.

I'm calling to + 메시지의 목적. ~하기 위해 전화드립니다.

I'm calling to let you know that + 메시지의 목적. ~를 알려 드리기 위해 전화드립니다.

I wanted to let you know that + 메시지의 목적. ~를 알려 드리고자 합니다.

I'm calling to see if + 메시지의 목적. ~를 확인하기 위해 전화드립니다.

I'm calling because + 메시지의 목적. ~때문에 전화드립니다.

I'd like you to know that + 메시지의 목적. ~를 알아 주셨으면 합니다.

2. 녹음 메시지 개인이나 회사의 자동 응답기에 녹음된 메시지

영업시간 안내	영업시간 후 자동 응답 서비스	기관·회사 홍보
서비스 이용 안내	내선 번호 안내	업체 이전·폐점 안내

녹음 메시지 도입부 빈출 표현

Hello, you've reached + 회사 (단체). 안녕하세요, ~입니다.

Thank you for calling + 회사 (단체). ~에 전화 주셔서 감사합니다.

This is an automated message from + 회사 (단체) voicemail. ~ 음성 메일에서 보내 드리는 자동 메시지입니다.

Welcome to + 회사 (단체) automated telephone reservation system. ~ 자동 전화 예약 시스템 이용을 환영합니다.

3. 전화·녹음 메시지 필수 어휘

cancel an appointment 예약[약속]을 취소하다	I'm sorry but I'll have to cancel our appointment to look over the new employee contracts. 죄송하지만 새로운 직원 계약서를 검토하기로 한 약속을 취소해야겠어요.
confirm an appointment 예약을 확인하다	I'm calling to confirm my appointment with Dr. Lim. Lim 박사님과의 진료 예약을 확인하려고 전화했습니다.
place an order 주문을 하다	I sent a fax on Monday to place an order for five hundred business cards. 제가 월요일에 팩스를 보내서 명함 500장을 주문했어요.
call A back, return a call (A에게) 다시 전화를 하다	Would you please call me back as soon as you get this message? 이 메시지를 받으시는 대로 다시 전화해 주시겠습니까?
remodel, renovate, improve 개조하다	I came out last week to give you an estimate for remodeling your kitchen. 주방 개조 견적을 드리려고 지난주에 갔었죠.
stop by, come by, drop by, visit 들르다, 방문하다	We were wondering if we could stop by your office tomorrow. 내일 당신 사무실에 들러도 되는지 궁금합니다.
reschedule 일정을 변경하다	I'm calling to reschedule my physical exam on Monday at 10 A.M. 월요일 오전 10시에 잡혀 있는 제 신체검사 일정을 변경하려고 전화했습니다.
newspaper, daily, gazette 신문	This is Troy Hadley from *Newcastle Daily*. 〈Newcastle 일간지〉의 Troy Hadley입니다.
human resources, HR, personnel 인사과	I'm the HR manager at Star Incorporated. 저는 Star 주식회사의 인사과장입니다.
expedited shipping, express delivery, overnight shipping 빠른 배송	To compensate you for the mistake, we'd like to offer you free overnight shipping. 과실로 인한 보상을 해 드리고자, 무료 익일배송으로 보내드리겠습니다.
sold out, out of stock, unavailable 품절된	I am so sorry to tell you that tickets for tonight's performance are sold out. 오늘밤 공연 티켓이 모두 매진되었음을 알려드리게 되어 매우 죄송합니다.
call in sick, not feeling well, sick 병가를 내다	An employee called in sick. 직원이 병가를 냈습니다.
relocate, move 이전하다	We've recently relocated to 122 Oak Street, across from the town community center. 마을 주민회관 건너편 Oak가 122번지로 최근에 이전하였습니다.
press 누르다	If you'd like to listen to this message again, please press 2. 메시지를 다시 듣고 싶으시면 2번을 누르세요.
representative, associate, agent 직원	Press 1 on your telephone keypad to speak to one of our representatives. 저희 직원과 통화하시려면 전화기 키패드의 1번을 누르세요.
observe a holiday 공휴일을 지키다 **cf** in observance of ~을 기념하여	The office is currently closed in observance of the national holiday. 국경일을 기념하여 우리 사무실은 현재 영업을 하지 않습니다.

P4-12 영국

Q1 Why is the speaker calling?

(A) To confirm a mailing address

(B) To request a payment

(C) To apologize for an error

(D) To check on a delivery

Q2 What problem is mentioned?

(A) Some equipment is not working.

(B) A color is incorrect.

(C) A package has not arrived.

(D) Some supplies are out of stock.

Q3 What does the speaker intend to do?

(A) Refund some money

(B) Replace some items

(C) Speed up a production process

(D) Fix a machine

Questions 1-3 refer to the following telephone message.

W Hi, Ms. Dalton. I just heard about the issue with the decorations that we delivered to your office this morning, and ❶ I'm truly sorry. ❶ ❷ I'm not sure why we got the color wrong, but naturally, we will correct this immediately. ❸ In fact, our Production Department has already finished making a replacement set for you, and we will ship it to you first thing tomorrow morning. We appreciate your understanding and assure you that this will not occur again.

1-3번은 다음 전화 메시지에 관한 문제입니다.

여 안녕하세요, Ms. Dalton. 오늘 아침 사무실로 배달해 드린 장식물의 문제점에 관하여 방금 전해 들었으며 ❶ 진심으로 사과드립니다. ❶ ❷ 왜 다른 색깔을 사용했는지 확실하진 않습니다만 당연히 즉시 바로잡아 드리겠습니다. ❸ 실은 저희 생산부서가 교체 물품의 제작을 이미 끝냈으며 내일 아침 일찍 배송해 드리도록 하겠습니다. 양해에 감사드리며 이러한 일이 다시는 일어나지 않을 것을 약속드립니다.

VOCA

decoration 장식품 I naturally 당연히 I correct 고치다, 정정하다 I ship 배송하다 I assure 확언하다, 장담하다 I package 소포 I speed up 속도를 높이다

Q1 화자는 왜 전화하는가?

(A) 우편 주소를 확인하기 위해
(B) 대금 지불을 요청하기 위해
(C) 실수에 대해 사과하기 위해
(D) 배달에 관해 확인하기 위해

정답 공략 하기

❶ 듣기 전 키워드 잡기

Why is the speaker calling?

⋯ **전화의 목적을 묻는 문제:** 초반부에 정답 단서가 나올 것을 예상

(A) To confirm a mailing address
(B) To request a payment
(C) To apologize for an error
(D) To check on a delivery

❷ 들으며 정답 찾기

첫 문장에서 화자가 'I'm truly sorry. I'm not sure why we got the color wrong (진심으로 사과드립니다. 왜 다른 색깔을 사용했는지 확실하진 않습니다만)'이라고 말하며 실수에 대해 사과하고 있으므로 정답은 (C) To apologize for an error 이다.

패러프레이징 지문 sorry → 보기 apologize

Q2 어떤 문제점을 언급하는가?

(A) 장비가 작동하지 않는다.
(B) 색상이 다르다.
(C) 소포가 도착하지 않았다.
(D) 비품 재고가 떨어졌다.

정답 공략 하기

❶ 듣기 전 키워드 잡기

What problem is mentioned?

⋯ **문제점을 묻는 문제:** 문제가 발생할 때 쓰이는 표현과 함께 정답 단서가 나올 것을 예상

(A) Some equipment is not working.
(B) A color is incorrect.
(C) A package has not arrived.
(D) Some supplies are out of stock.

❷ 들으며 정답 찾기

문제가 발생했을 때 쓰이는 표현인 'I'm truly sorry.'가 답을 알려주는 단서다. 'I'm not sure why we got the color wrong (왜 다른 색깔을 사용했는지 확실하진 않습니다만)'에서 color wrong이라는 키워드가 들리는 순간 (B) A color is incorrect 가 정답이라는 것을 알 수 있다.

패러프레이징 지문 we got the color wrong → 보기 a color is incorrect

> **Tip!** 1번과 2번 문제를 동시에 풀어야 하는 유형이야! 이 유형은 Part 3&4에서 매회 한 세트씩 출제될 수 있어. 지문을 듣기 전 문제와 보기의 키워드를 확인하고 기억하고 있다가 관련 내용이 들리는 순간 연달아 답을 체크할 수 있는 속도감을 키워야 해!

Q3 화자는 무엇을 할 생각인가?

(A) 돈을 환불해준다
(B) 상품을 교체해준다
(C) 생산 과정의 속도를 높인다
(D) 기계를 고친다

정답 공략 하기

❶ 듣기 전 키워드 잡기

What does the speaker intend to do?

⋯ **다음으로 할 일을 묻는 문제:** 마지막 화자가 말한 미래 표현에서 단서가 나올 것을 예상

(A) Refund some money
(B) Replace some items
(C) Speed up a production process
(D) Fix a machine

❷ 들으며 정답 찾기

but, no, actually, so로 시작하는 문장에는 대부분 정답의 키워드가 들어있다는 점을 기억하자! 여기서는 actually의 동의어인 in fact가 단서로 등장했다. 'In fact, our Production Department has already finished making a replacement set for you, and we will ship it to you first thing tomorrow morning. (실은 저희 생산부서가 교체 물품의 제작을 이미 끝냈으며 내일 아침 일찍 배송해 드리도록 하겠습니다.)'에서 교체 물품이 이미 제작되어 있으며 내일 아침에 배달해주겠다고 했으므로 (B)가 정답이다.

패러프레이징 지문 finished making replacement set for you and we will ship it to you → 보기 Replace some items

해설서 p.108

1. Who is Brandie Wickers?

(A) A reporter
(B) A bookstore manager
(C) A party planner
(D) An author

2. Why does the speaker mention his friend?

(A) She would like to go to an event.
(B) She recently submitted a job application.
(C) She just moved to a new city.
(D) She was selected as a guest speaker.

3. What does the speaker ask the listener to do?

(A) Update a list
(B) Reserve an item
(C) Refer a business
(D) Check a schedule

4. Why does the speaker apologize?

(A) A venue has been changed.
(B) A performance has been canceled.
(C) Some tickets are unavailable.
(D) Some singers have been replaced.

5. What will take place on Friday night?

(A) An outdoor play
(B) A facility tour
(C) A dance contest
(D) A gallery opening

6. How does the speaker say people can save money?

(A) By getting a membership
(B) By attending during the day
(C) By registering as a group
(D) By purchasing tickets in advance

7. Who most likely is the listener?

(A) A factory worker
(B) A construction supervisor
(C) A restaurant employee
(D) A hotel manager

8. What does the speaker say will be held on Thursday?

(A) An awards ceremony
(B) A retirement party
(C) A management workshop
(D) A graduation celebration

9. What does the speaker ask about?

고난도

(A) Revising an invoice
(B) Hiring more workers
(C) Setting up some equipment
(D) Booking a bigger space

10. What is the speaker calling about?

(A) Posters
(B) Business cards
(C) Stickers
(D) Packaging boxes

11. What is offered to the listener?

(A) Complimentary shipping
(B) On-site installation
(C) A gift certificate
(D) A product sample

12. What does the speaker imply when she says, "Creating a design takes more time than you think"?

(A) Returns are not allowed.
(B) A design cannot be revised.
(C) A decision must be made soon.
(D) More workers might be required.

13. Where does Ms. Stevens work?

(A) At a publishing company
(B) At a library
(C) At a restaurant
(D) At a community center

14. Why does Ms. Stevens say, "We actually have plenty of help for the event"?

(A) To invite Robert to an event
(B) To make changes to a schedule
(C) To turn down an offer
(D) To check an employee's availability

15. What is the listener advised to do?

(A) Fill out a form
(B) Change a date
(C) Participate in a workshop
(D) Send an email

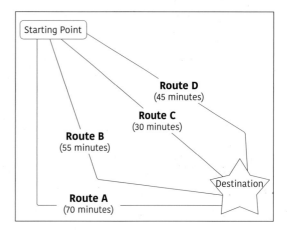

16. What event is the speaker planning to attend?

(A) A museum opening
(B) An industry trade show
(C) A corporate anniversary party
(D) A factory tour

17. Look at the graphic. Which route does the speaker suggest using?

(A) Route A
(B) Route B
(C) Route C
(D) Route D

18. What does the speaker remind the listener to do?

(A) Make a hotel reservation
(B) Buy a parking permit
(C) Bring an ID badge
(D) Download a mobile application

회의·사내 공지

음원 바로 듣기

- 회의 및 사내 공지는 전화 메시지만큼이나 출제 빈도가 높은 유형으로, 매회 2~3개가 출제된다.
- 빈출 지문은 사내 정책 및 시스템 도입·변경 내용, 회의 일부를 발췌한 내용(영업 보고서 등), 공사·수리 일정에 대한 내용 등 크게 3가지로 나눌 수 있다. 자주 출제되는 상황과 어휘들이 정해져 있으므로 미리 암기해 두어야 한다.

🔍 담화 유형 확인하기

1. 회의·사내 공지

수리 및 공사 일정 안내	신규 정책 안내	사내 행사 안내
사내 방침 변경	신규 시스템 도입	회사 소식
사내 매출 분석	방침 변경	설문조사 결과
경쟁사 비교	오리엔테이션 일정	기계 수리 및 점검 일정
공장 안내		

회의·사내 공지 도입부에 사용되는 빈출 표현

I have an announcement to make before we start today's meeting.
오늘 회의를 시작하기 전에 공지할 사항이 있습니다.

I've called this meeting to announce ~. ~를 알려 드리기 위해 회의를 소집했습니다.

I have some news regarding the upcoming ~. 다가올 ~와 관련하여 말씀드릴 것이 있습니다.

This is to remind you all about ~. ~에 대해 상기시켜 드립니다.

I wanted to give all of you an update about ~. 모두에게 ~의 진행 상황을 알려드리고자 합니다.

I have one last point on today's meeting agenda. 오늘 회의 안건에 대해 마지막으로 하나 더 말씀드릴 것이 있습니다.

2. 회의·사내 공지 필수 어휘

회의

go over, go through, review 검토하다	We'll be going over some of the customer survey results for our new product. 저희는 신제품에 대한 일부 고객 설문 결과를 검토할 것입니다.
distribute, hand out, pass around, pass out 나누어 주다	Let me pass around today's meeting agenda. 오늘 회의 안건을 나누어 드리겠습니다.
sales report 매출[영업] 보고서	There are some accounting errors in the sales report. 매출 보고서에 몇몇 회계 오류가 있습니다.
sales figures, numbers, numerical data 매출 수치, 매출액	I just saw this month's sales figures. The numbers don't add up correctly. 제가 방금 이번 달 매출 수치를 보았는데요, 숫자가 정확하게 합산되지 않았습니다.
cut costs, reduce expenses 비용을 줄이다	I want all of you to come up with ideas to cut costs. 여러분들 모두가 비용을 줄일 아이디어들을 찾아내기를 바랍니다.
expand, enlarge, double the size 확장하다	I plan to double our market size in a year's time. 일년 안에 저희의 시장 규모를 두 배로 확장할 계획입니다.
release, launch, introduce 출시하다	As you know, we had planned to release the new line of running shoes next month. 아시다시피, 다음 달에 신제품 운동화를 출시할 계획이었습니다.
push back, put off 미루다	The release date has been pushed back. 출시 날짜가 미뤄졌습니다.

사내 공지

install, set up 설치하다	The new software will be installed on your computers later today. 오늘 조금 뒤에 신규 소프트웨어가 여러분들의 컴퓨터에 설치될 것입니다.
repair 수리하다	The maintenance crew will be here to repair the leaky ceiling. 유지보수팀 직원이 천장 누수를 수리하기 위해 여기에 올 것입니다.
understaffed, shorthanded 인원이 부족한	Some of our sales staff are going away on holiday. So we are going to be understaffed. 몇몇 영업 담당자들이 휴가를 갑니다. 그래서 인원이 부족할 것입니다.
hire, recruit, employ 고용하다	As you know, we've hired 10 new staff members in the last six months. 아시다시피, 우리는 지난 6개월 동안 10명의 신입 직원을 고용하였습니다.
take off 쉬다	All employees will now have three extra days to take off each year. 앞으로 매년 모든 직원들이 3일의 추가 휴가를 갖게 될 것입니다.
merge, consolidate 합병하다	Beginning in the next fiscal year, we will be merging with Star Beverages. 다음 회계연도부터 Star Beverages 사와 합병하게 될 것입니다.
acquire, take over 인수하다	Our revenue has been steadily increasing since we acquired a small energy drink provider last year. 작년에 소규모 에너지 음료 제공업체를 인수한 이후로 저희 수익이 꾸준히 증가했습니다.
reimburse 상환하다	We'll reimburse you for your plane ticket and hotel stay. 비행기표와 호텔 숙박비를 상환해드릴 것입니다.
inspection 점검	A safety inspection is taking place next Wednesday. 안전 점검이 다음 주 수요일에 있을 것입니다.

P4-14 미국

Q1 What is the subject of the announcement?

(A) Reducing utility costs
(B) Hiring more interns
(C) Providing more training sessions
(D) Covering educational fees

Q2 According to the speaker, why has a change been made?

(A) To manage time more efficiently
(B) To increase the company's revenue
(C) To prevent the loss of staff members
(D) To comply with local laws

Q3 What are the listeners asked to do?

(A) Explain a company policy
(B) Register for a workshop
(C) Provide some suggestions
(D) Review some expenses

Questions 1-3 refer to the following announcement.

M ❶ The last item on today's agenda relates to the company's continuing education reimbursement policy. Currently, staff are eligible for this benefit after one year of employment here. ❷ However, a number of highly qualified new employees have recently left because a competitor of ours offered to cover their tuition right from the start. This means that we are losing our most promising new people, and also wasting resources on training. ❷ To stop this, we too will be supporting education costs for our employees from the start of their work contract. However, ❸ please make sure that you hold a meeting with your team members and go over the new policy in greater detail.

1-3번은 다음 발표에 관한 문제입니다.

❶ 오늘 회의의 마지막 안건은 회사의 평생교육비 환급 제도에 관한 것입니다. 현재 우리 회사 직원들은 고용 1년 후부터 이 혜택을 받을 자격이 생깁니다. 그러나 최근 경쟁업체 중 한 곳에서 입사 직후부터 수업료를 대주겠다는 제안을 하자 ❷ 매우 유능한 신입 직원 상당수가 퇴사했습니다. 이것은 우리가 가장 유망한 신입 직원들을 잃고 있으며 또한 교육 자원을 낭비하고 있다는 것을 의미합니다. ❷ 이러한 일을 멈추기 위해 우리도 업무 계약이 시작되는 시점부터 직원들의 교육비를 지원할 것입니다. 그러나 ❸ 반드시 팀원들과 회의를 해서 새 정책을 더 자세히 살펴보시기 바랍니다.

VOCA

agenda 의제[안건] | **relate to** ~와 관련되다 | **continuing education** 평생교육 | **reimbursement** 상환, 배상 | **cover** 돈을 대다 | **tuition** 수업료 | **promising** 유망한, 촉망되는 | **utility costs** 공과금 | **comply with** ~을 지키다[준수하다]

공지의 주제는 무엇인가?

(A) 공과금을 절감하는 것   (B) 더 많은 인턴들을 고용하는 것

(C) 더 많은 교육을 제공하는 것   (D) 교육비를 지원하는 것

정답 공략 하기

① 듣기 전 키워드 잡기

What is the subject of the announcement?

⋯➔ **주제를 묻는 문제:** 담화 초반에서 정답 단서가 나올 것을 예상

(A) Reducing utility costs   (B) Hiring more interns

(C) Providing more training sessions   **(D) Covering educational fees**

② 들으며 정답 찾기

첫 문장 'The last item on today's agenda relates to the company's continuing education reimbursement policy. (오늘 회의의 마지막 안건은 회사의 평생교육비 환급 제도에 관한 것입니다.)'에서 'continuing education reimbursement policy'가 안건 주제라고 했으므로 이를 패러프레이징한 보기 (D) Covering educational fees가 정답이다.

Q2 화자의 말에 따르면 왜 변경이 되었는가?

(A) 시간을 더 효율적으로 관리하기 위해   (B) 회사의 수입을 증대시키기 위해

(C) 직원들의 이탈을 방지하기 위해   (D) 지역 법을 준수하기 위해

정답 공략 하기

① 듣기 전 키워드 잡기

According to the speaker, why has a change been made?

⋯➔ **키워드 – 이유를 묻는 문제:** 문제의 키워드와 함께 정답이 나올 것을 예상

(A) To manage time more efficiently   (B) To increase the company's revenue

(C) To prevent the loss of staff members   (D) To comply with local laws

② 들으며 정답 찾기

However로 시작하는 문장에는 항상 정답의 키워드가 들어 있다. 'However, a number of highly qualified new employees have recently left (그러나 최근 매우 유능한 신입 직원 상당수가 퇴사했습니다)'에서 최근 직원 손실 문제가 있다는 것을 확인한 뒤, 문제의 키워드인 Why 의문은 이유를 나타내는 because, due to, to 부정사 표현이 정답의 단서가 된다는 것을 기억한다. to 부정사가 사용된 담화 후반 'To stop this ~. (이러한 일을 멈추기 위해)'가 보기 (C)의 키워드인 prevent로 패러프레이징되었으므로 (C)가 정답이다.

패러프레이징   지문 new employees have recently left → 보기 the loss of staff members

                 지문 to stop → 보기 to prevent

Q3 청자들에게 무엇을 하라고 요청하는가?

(A) 회사 정책을 설명한다   (B) 워크숍에 등록한다   (C) 제안을 한다   (D) 지출을 검토한다

정답 공략 하기

① 듣기 전 키워드 잡기

What are the listeners asked to do?

⋯➔ **청자가 요청받은 것을 묻는 문제:** 화자의 말에서 요청 관련 표현과 함께 정답 단서가 나올 것을 예상

(A) Explain a company policy   (B) Register for a workshop

(C) Provide some suggestions   (D) Review some expenses

② 들으며 정답 찾기

대화 후반부에서 요청할 때 쓰는 표현인 'Please'를 사용하여 'please make sure that you hold a meeting with your team members and go over the new policy in greater detail. (반드시 팀원들과 회의를 해서 새 정책을 더 자세히 살펴보시기 바랍니다.)'에서 go over the new policy가 (A) Explain a company policy로 패러프레이징되었으므로 (A)가 정답이다.

패러프레이징   지문 go over ~ in detail → 보기 Explain

Practice

해설서 p.114

1. What is the purpose of the talk?

(A) To celebrate an anniversary
(B) To present an investment opportunity
(C) To promote a community center
(D) To offer management courses

2. What does the speaker say he wants to do?

(A) Expand a business
(B) Develop alternative energy
(C) Offer a scholarship
(D) Attract more tourists

3. What will the speaker distribute?

고난도 (A) Instruction manuals
(B) Application forms
(C) Product samples
(D) Financial reports

4. Where does the speaker most likely work?

(A) At a laundromat
(B) At a doctor's office
(C) At a library
(D) At a clothing store

5. Why does the speaker assign additional work to the listeners?

(A) An employee is sick.
(B) Business hours have been extended.
(C) Some furniture needs to be moved.
(D) More customers are expected.

6. What should the listeners inform customers about?

(A) New merchandise
(B) A seasonal sale
(C) A new branch opening
(D) Gift cards

7. What is mentioned about the company?

(A) It is opening a new location.
(B) Its sales figures have gone up.
(C) It wants to change service providers.
(D) Its management will be reorganized.

8. According to the speaker, what decision did the company recently make?

(A) Reorganizing a department
(B) Promoting some employees
(C) Holding an awards ceremony
(D) Reducing some expenses

9. What are the listeners asked to do?

(A) Provide some names
(B) Complete a survey
(C) Book some rooms
(D) Contact a venue

10. Who is the speaker most likely talking to?

(A) Professional trainers
(B) Department managers
(C) Potential customers
(D) New workers

11. What does the speaker mean when she says, "Ms. Fung will go over the software at 1 P.M."?

(A) A software program will be installed.
(B) Some concerns will be addressed.
(C) Some events have been postponed.
(D) A speaker will arrive late.

12. What will the listeners most likely do next?

(A) Review some products
(B) Eat a meal
(C) Listen to a presentation
(D) Offer some feedback

13. Where do the listeners most likely work?

(A) At a manufacturing plant
(B) At a financial institution
(C) At a research facility
(D) At a health clinic

14. What does the speaker imply when she says, "Are you aware that only eight institutes applied for our grant program last year"?

(A) She believes a program is not well-known.
(B) She thinks a program is too complicated.
(C) She needs more workers to run a program.
(D) She wants to increase a program's budget.

15. What will the speaker do next?

(A) Show a film
(B) Explain a process
(C) Conduct a survey
(D) Introduce a presenter

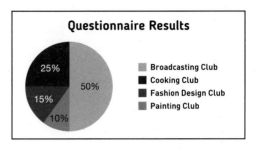

Questionnaire Results

- Broadcasting Club
- Cooking Club
- Fashion Design Club
- Painting Club

16. According to the speaker, what is a priority of the school?

(A) Raising exam scores
(B) Increasing enrollment figures
(C) Keeping faculty members healthy
(D) Motivating students

17. Look at the graphic. Which club will the speaker most likely discuss further?

(A) The Broadcasting Club
(B) The Cooking Club
(C) The Fashion Design Club
(D) The Painting Club

18. What does the speaker request listeners to do?

(A) Donate some supplies
(B) Purchase some items
(C) Research a topic
(D) Go over a budget

 UNIT 19

연설·인물 소개

- 연설은 워크숍이나 직원 교육 등 행사에서 특정 주제에 대해 이야기하는 내용이 나오며, 인물 소개는 주로 인물의 직업이나 신분, 최근 업적, 오늘 발표할 내용, 수상 주제 등이 자주 등장한다.
- 연설 및 인물 소개는 매회 1문제 이하가 출제된다.

🔍 담화 유형 확인하기

1. 연설

회의 발췌	세미나	전문 분야의 컨벤션 또는 컨퍼런스
연수	강연	

연설 빈출 표현

Welcome everyone to ~ workshop. ~ 워크숍에 오신 여러분 환영합니다.

Thank you for attending our ~ convention. ~컨벤션에 와주셔서 감사합니다.

I'd like to express my gratitude to ~ for allowing us to host the event.
이번 행사를 주최할 수 있도록 해주신 ~에게 감사의 뜻을 전하고 싶습니다.

2. 인물 소개

시상식	수상자	우수 사원
입사자	퇴임식	전근 가는 직원
유명 작가	전문가	영화 감독
라디오 게스트	교수	

인물 소개 빈출 표현

사람 이름, 직함, will join us today. ~(소속)의 …가 오늘 저희와 함께할 겁니다.

사람 will speak about ~ and answer questions you may have.
~가 …에 대해 말하고 여러분이 궁금해 하는 질문에 답할 것입니다.

I'm honored to present 사람. ~를 소개하게 되어 영광입니다.

Now, I'd like to invite 사람 to the stage. 이제, ~를 무대로 초대하겠습니다.

Now, let's give a big welcome to 사람. 이제, ~를 반갑게 맞이합시다.

3. 연설·인물 소개 필수 어휘

인물

guest speaker 초청 연사
keynote speaker 기조 연설자
economist 경제학자
expert 전문가

financial advisor 재무 담당자, 재정 고문, 투자 자문
writer, author 작가
intern 인턴 사원
new employee 신입 사원

인물 묘사

well-known, famous, renowned 유명한
recently won an award 최근에 상을 탔다
publish a book 책을 출간하다

retire 은퇴하다
promote 승진하다
join a company 회사에 입사하다

담화(워크샵, 교육, 발표, 연설 등)

training 교육
orientation, introduction course
오리엔테이션, 예비 교육
tour 견학
workshop 워크숍
training seminar 교육 세미나
prototype 시제품

demonstration 시연
give tips 조언을 하다
give a presentation, make a presentation,
deliver a presentation 발표하다
work in pairs 둘씩 짝을 지어 일하다
watch a video 비디오를 보다

그 밖의 행사 관련

fundraising 모금
charity event 자선 행사
donate, contribute 기부하다

proceeds 수익금
press conference 기자회견

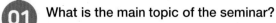

P4-16 호주

Q1 What is the main topic of the seminar?

(A) Project funding
(B) Business trends
(C) Social networking
(D) Cultural awareness

Q2 According to the speaker, what is new about the seminar this year?

(A) It is a one-day event.
(B) It is open to the public.
(C) It is being broadcast on the Internet.
(D) It is hosted at an art gallery.

Q3 According to the speaker, how can listeners get more information about the seminar?

(A) By participating in an orientation
(B) By reading a brochure
(C) By visiting a Web site
(D) By speaking with a presenter

Questions 1-3 refer to the following talk.

Ⓜ Welcome to Innovative Beginning's annual seminar. ❶ Today, experienced professionals will give lectures on how to receive funding for launching businesses and profitable projects. The presentations are categorized into three areas: business start-ups, local sponsorships, and cultural arts. This will enable you to attend the presentation that best matches your business goals. In addition, ❷ I'm happy to announce that this year will be the first time that a live stream video of the seminar will be shown on our Web site. ❸ Details regarding the Web cast are in the brochures we just handed out, which also mention some important features of each of the presentations. Those of you who don't have a brochure can pick one up at the front desk of the lobby.

1-3번은 다음 담화에 관한 문제입니다.

남 Innovative Beginning의 연례 세미나에 오신 것을 환영합니다. ❶ 오늘, 경험이 풍부한 전문가들이 사업과 수익성 있는 프로젝트를 시작할 때 어떻게 재정 지원을 받을 수 있는지에 대해 강연을 할 것입니다. 강연은 세 분야, 즉 창업, 지역 후원, 그리고 문화 예술로 분류되어 있습니다. 이는 여러분이 사업 목표에 가장 잘 맞는 강연에 참석하실 수 있게 해 줄 것입니다. 더불어, ❷ 올해는 저희 웹 사이트에서 처음으로 세미나가 생중계될 예정임을 알려드리게 되어 기쁩니다. ❸ 인터넷 방송에 대한 세부 사항은 방금 나눠드린 안내 책자에 있으며, 각 강연의 주요 특징도 같이 언급되어 있습니다. 안내 책자가 없으신 분들은 로비에 있는 안내 데스크에서 하나 가져오시면 됩니다.

VOCA

launch 시작하다 | **profitable** 수익성이 있는 | **categorize** 분류하다 | **business start-up** 창업 | **sponsorship** 후원 | **enable** ~을 할 수 있게 하다 | **live stream** 생방송 | **Web cast** 인터넷 생방송 | **awareness** 의식, 인식 | **presenter** 진행자, 발표자

Q1 세미나의 주요 주제는 무엇인가?

(A) 프로젝트 재정 지원　　　(B) 사업 동향　　　(C) 소셜 네트워킹　　　(D) 문화적 인식

정답 공략 하기

❶ 듣기 전 키워드 잡기

What is the main ⌐topic⌐ of the ⌐seminar⌐?

⤷ **주제를 묻는 문제:** 초반부에서 정답 단서가 나올 것을 예상

(A) ⌐Project funding⌐　　　　　　　(B) ⌐Business trends⌐

(C) ⌐Social networking⌐　　　　　　(D) ⌐Cultural awareness⌐

❷ 들으며 정답 찾기

초반부에 'professionals will give a lecture on how to receive funding for launching ~ projects. (전문가들이 프로젝트를 시작할 때 어떻게 재정 지원을 받을 수 있는지에 대해 강연을 할 것입니다.)'라고 말했으므로 보기 (A) Project funding으로 빠르게 연결한다.

패러프레이징 지문 how to recieve funding → 보기 Project funding

Q2 화자에 따르면, 올해 세미나의 새로운 점은 무엇인가?

(A) 하루 동안 진행되는 행사이다.　　　　(B) 일반 대중들에게 개방된다.
(C) 인터넷으로 방송된다.　　　　　　　　(D) 미술관에서 주최된다.

정답 공략 하기

❶ 듣기 전 키워드 잡기

According to the speaker, what is ⌐new⌐ about the seminar ⌐this year⌐?

⤷ **키워드 – 특징을 묻는 문제:** 문제의 키워드와 함께 정답 단서가 나올 것을 예상

(A) It is a ⌐one-day event⌐.　　　　　　　(B) It is ⌐open⌐ to the ⌐public⌐.

(C) It is being ⌐broadcast⌐ on the ⌐Internet⌐.　　(D) It is ⌐hosted⌐ at an ⌐art gallery⌐.

❷ 들으며 정답 찾기

지문 중반부의 'this year will be the first time that a live stream video of the seminar will be shown on our Web site. (올해는 우리 웹 사이트에서 처음으로 세미나가 생중계될 예정입니다.)'에서 문제의 키워드 new, this year이 언급되고 있으므로 정답은 (C)이다.

패러프레이징 지문 shown on our Web site → 보기 broadcast on the Internet

---

Q3 화자에 따르면, 청자들은 어떻게 세미나에 관하여 더 많은 정보를 얻을 수 있는가?

(A) 예비 교육에 참가함으로써　　　　　(B) 안내 책자를 읽음으로써
(C) 웹 사이트를 방문함으로써　　　　　(D) 강연자와 이야기함으로써

정답 공략 하기

❶ 듣기 전 키워드 잡기

According to the speaker, ⌐how⌐ can listeners ⌐get more information⌐ about the seminar?

⤷ **키워드 – 방법을 묻는 문제:** 문제의 키워드와 함께 정답 단서가 나올 것을 예상

(A) By ⌐participating⌐ in an ⌐orientation⌐　　　**(B) By ⌐reading⌐ a ⌐brochure⌐**

(C) By ⌐visiting⌐ a ⌐Web site⌐　　　　　　　　　(D) By ⌐speaking⌐ with a ⌐presenter⌐

❷ 들으며 정답 찾기

문제의 get more information을 키워드로 잡아 해당 내용을 포착한다. 후반부의 'Details regarding the Web cast are in the brochures ~. (인터넷 방송에 대한 세부 사항은 안내 책자에 있으며, ~.)'에서 세부 정보가 안내 책자에 있다고 했으므로 (B)가 정답임을 알 수 있다.

패러프레이징 문제 more information → 지문 details

Practice

해설서 p.120

1. Where is the announcement being made?

(A) At a fair
(B) At a fitness center
(C) At a bookstore
(D) At a factory

2. What does the speaker invite the listeners to do?

(A) Provide suggestions
(B) Register for a class
(C) Attend a product demonstration
(D) Take photographs

3. According to the speaker, what will be awarded to the winner?

(A) A gift certificate to a restaurant
(B) A one-year subscription to a magazine
(C) An exclusive tour of a facility
(D) A complimentary trip to a convention

4. Who most likely is the speaker?

(A) A company president
(B) A sales representative
(C) A professional chef
(D) A supermarket owner

5. What goal does the speaker mention?

(A) Partnering with a local hospital
(B) Creating a new company logo
(C) Developing high-tech products
(D) Expanding market share

6. According to the speaker, how will the goal be reached?

(A) By acquiring a restaurant chain
(B) By hiring additional employees
(C) By making a TV commercial
(D) By conducting a survey

7. What event is taking place?

(A) A theater rehearsal
(B) A play opening
(C) A school reunion
(D) A graduation party

8. According to the speaker, what makes the event special?

(A) It is in honor of the city.
(B) It is free for Davenport residents.
(C) It features a local actor.
(D) It is the 20th anniversary celebration.

9. What are the listeners asked to do?

(A) Purchase a book
(B) Attend an autograph signing
(C) Make a donation
(D) Turn off mobile devices

10. Who is the speaker addressing?

(A) Recent graduates
(B) Long-time instructors
(C) Cafeteria workers
(D) New students

11. According to the speaker, what has recently changed?

(A) A campus policy
(B) An enrollment process
(C) Some menu items
(D) Some course subjects

12. What does the speaker imply when he says, "Grassy areas and other walkways are only for pedestrians"?

(A) Bicycle parking is limited.
(B) Visitors are encouraged to walk.
(C) Some walkways will be added.
(D) Cyclists must be cautious.

13. What is the speech mainly about?

(A) Robot technology
(B) Computer repair
(C) Corporate finance
(D) Safety regulations

14. Why does the speaker say, "these devices can be made in minutes"?

(A) To confirm that an order will be fulfilled
(B) To raise concerns about a product's quality
(C) To praise listeners for completing a project on time
(D) To point out the speed of a process

15. What are the listeners invited to do?

(A) Take a tour
(B) Try out a laptop
(C) Complete some paperwork
(D) View a demonstration

Subscription Level	Content	Price Per Month
Blue	Music	10.99
Green	Music + Local News	12.99
Red	Music + Local News + Talk Shows	15.99
Gold	Music + Local News + Talk Shows + Global Entertainment	19.99

16. Where do the listeners most likely work?

(A) At a music store
(B) At a call center
(C) At a newspaper firm
(D) At a travel agency

17. Look at the graphic. Which subscription level does the speaker say is the best choice?

(A) Blue
(B) Green
(C) Red
(D) Gold

18. What is offered as an incentive to the listeners?

(A) A free subscription
(B) A cash bonus
(C) An extra vacation day
(D) A flight ticket

안내방송·방송·보도·광고

음원 바로 듣기

🔍 담화 유형 확인하기 안내방송

- ▶ 안내방송은 매회 1~2개가 출제된다.
- ▶ 공항, 기차역에서는 출발·도착 시간이나 연착 등과 관련된 내용이 자주 나온다.
- ▶ 상점, 도서관, 박물관 등에서 일정이나 시설 이용 안내 등과 관련해 일상 생활에서 흔히 접할 수 있는 내용이 출제된다.

1. 공항·기차역

출발·도착 시간 안내	교통 수단 연착 안내	승객 분실물 관련 공지

2. 도서관·박물관·공연장

폐관 시간 공지	공연 전 준수 사항	시설 이용 안내
관광 일정	관람 시 주의 사항	점검 일정

3. 상점

영업시간 안내	할인 안내	홍보 안내

4. 안내방송 관련 필수 어휘

공항·역

>> **출발·도착 시간 연기**

overbook (비행기 좌석) 한도 이상으로 예약을 받다

inclement weather 궂은 날씨

mechanical problem 기계적 결함

delay, postpone 지연되다

leave, depart 출발하다

inconvenience 불편

apologize 사과하다

transfer 갈아타다, 환승하다

coupon, voucher 쿠폰

>> **(기차역 등) 분실품**

passenger 승객

missing item, lost item 분실품

retrieve, reclaim (분실한 물건 등을) 되찾다

lost and found 분실물 취급소

>> **기타**

captain 기장, 선장

boarding pass 탑승권

check in 탑승 수속

check in bags 짐을 부치다

baggage claim area 수하물 찾는 곳

overhead compartment 머리 위 짐칸

도서관·박물관·공연장

>> **도서관**

check out a book 책을 대출하다[빌리다]

reference material 참고 자료

late fee 연체료

return (책을 도서관에) 반납하다

circulation desk 대출 데스크

>> **박물관·공연장**

tour 견학

play 연극

sculpture 조각

orchestra 오케스트라

exhibition 전시회

pottery 도자기

painting 그림

flash photography 플래쉬 사진 촬영

not allowed, prohibited 허용되지 않는, 금지된

상점

hours of operation, business hours 영업시간

discount, special deal, special offer, price reduction 할인

receipt, proof of purchase, payment record 영수증

stay open late, extend hours of operation 영업시간을 연장하다

sold out, out of stock, unavailable 재고가 없는

put aside, set aside, keep (물건을 팔지 않고) 따로 챙겨 두다

express delivery, rush delivery, expedited shipping, fast delivery 빠른 배송

P4-18 영국

Q1 Where is the announcement being made?

(A) At a museum
(B) At a bus terminal
(C) At a library
(D) At a movie theater

Q2 Why does the speaker say, "It's a very simple process"?

(A) To urge listeners to join a program
(B) To guide listeners to a destination
(C) To explain a new policy
(D) To go over a payment plan

Q3 What can listeners receive today?

(A) A gift certificate
(B) A ticket to a show
(C) An item of clothing
(D) A complimentary drink

Questions 1-3 refer to the following announcement.

W ❶ Attention Alamo Museum guests. We hope you are having a pleasant visit today. ❷ We'd like to ask you to take a moment while you are here to sign up for an Alamo Friends membership. You can do so in the shop or at the terminal by the main exit. It's a very simple process, and you'll be entitled to many benefits such as our popular monthly newsletter. ❸ Those who register today will also receive their choice of an attractive jacket or T-shirt featuring our new colors and logo. Thank you and enjoy your visit!

1-3번은 다음 안내방송에 관한 문제입니다.

여 ❶ Alamo 박물관 관람객 여러분, 주목해 주십시오. 오늘 방문이 즐거우시기를 바랍니다. ❷ 그리고 방문 중 잠시 시간을 내셔서 Alamo Friends 회원으로 가입해 주시기 바랍니다. 매장이나 정문 옆 단말기에서 가입하실 수 있습니다. 절차는 매우 간단하며 인기 월간 회보를 비롯한 다양한 혜택을 받으실 수 있는 자격을 드립니다. ❸ 또한 오늘 등록하시면 저희의 새로운 색상과 로고가 새겨진 멋진 재킷이나 티셔츠를 선택하셔서 받으시게 됩니다. 감사합니다. 즐거운 방문 되시기 바랍니다.

VOCA

pleasant 즐거운 I **sign up for** ~에 신청[가입]하다 I **terminal** (컴퓨터) 단말기 I **be entitled to** ~할 권리가 있다 I **feature** 특징으로 삼다 I **urge** 설득하려 하다 I **destination** 목적지 I **payment plan** 결제 방식

238

Q1

안내방송은 어디에서 나오고 있는가?

(A) 박물관에서   (B) 버스 터미널에서   (C) 도서관에서   (D) 영화관에서

정답 공략 하기

❶ 듣기 전 키워드 잡기

Where is the announcement being made?

⋯▸ **안내방송 장소를 묻는 문제:** 초반부에 정답 단서가 나올 것을 예상

(A) At a museum   (B) At a bus terminal

(C) At a library   (D) At a movie theater

❷ 들으며 정답 찾기

첫 문장 'Attention Alamo Museum guests. (Alamo 박물관 관람객 여러분, 주목해 주십시오.)'에서 박물관의 안내방송이라는 것을 쉽게 짐작할 수 있으므로 정답은 (A)이다.

Q2

화자는 왜 "절차는 매우 간단합니다"라고 말하는가?

(A) 청자들이 어떤 프로그램에 가입하도록 설득하기 위해   (B) 청자들을 목적지로 안내하기 위해

(C) 새 정책을 설명하기 위해   (D) 결제 방식을 검토하기 위해

정답 공략 하기

❶ 듣기 전 키워드 잡기

Why does the speaker say, "It's a very simple process"?

⋯▸ **화자 의도 파악 문제:** 인용구문 앞뒤 내용에서 정답 단서가 나올 것을 예상

(A) To urge listeners to join a program   (B) To guide listeners to a destination

(C) To explain a new policy   (D) To go over a payment plan

❷ 들으며 정답 찾기

인용문 앞에서 'We'd like to ask you to ~ sign up for an Alamo Friends membership. (Alamo Friends 회원으로 가입해 주시기 바랍니다.)'이라는 말로 회원 가입을 권하고 있으므로 이후에 "절차는 매우 간단합니다"라고 말하는 것은 청자들을 회원으로 가입하도록 유도하기 위한 것이라고 보는 게 적절하다. 따라서 정답은 (A)이다.

패러프레이징   지문 to sign up for ~ membership → 보기 to join a program

Q3

청자들은 오늘 무엇을 받을 수 있는가?

(A) 상품권   (B) 공연 입장권   (C) 의류   (D) 무료 음료수

정답 공략 하기

❶ 듣기 전 키워드 잡기

What can listeners receive today?

⋯▸ **키워드 – 대상을 묻는 문제:** 문제의 키워드와 함께 정답 단서가 나올 것을 예상

(A) A gift certificate   (B) A ticket to a show

(C) An item of clothing   (D) A complimentary drink

❷ 들으며 정답 찾기

문제의 키워드인 receive today가 언급되는 후반부 문장 'Those who register today will also receive their choice of an attractive jacket or T-shirt ~. (또한 오늘 등록하시면 ~ 멋진 재킷이나 티셔츠를 선택하셔서 받으시게 됩니다.)'에서 jacket or T-shirt가 (C) An item of clothing으로 패러프레이징되었으므로 (C)가 정답이다.

패러프레이징   지문 jacket or T-shirt → 보기 An item of clothing

▶ 방송·보도·광고 유형은 매회 1~2개의 담화문이 출제된다.

▶ 방송은 비즈니스 관련 뉴스, 교통 방송, 일기 예보 등이 주를 이룬다.

▶ 광고는 제품, 서비스, 업체 광고 뿐 아니라 구인 광고도 등장한다.

1. 뉴스 보도

비즈니스 관련 소식	회사 건물 이전	신제품 출시일
제품 회수	인수 합병 소식	매출 증감과 그 원인 및 대책
최고 경영진 인사이동	지역 소식	인터뷰 프로그램 소식
신간 관련 소식	시장 기자회견 내용	

2. 교통 방송

날씨로 인한 교통 정체 상황	진입 통제될 구간 및 도로 안내	버스 및 대중교통 일시 변경 사항
교통 정체의 대안책 제시	사용해야 할 도로 안내 등	도로 공사
사고 소식		

3. 일기 예보

과거, 현재, 미래의 기상 상태 및 기상 상태가 끼친 영향

4. 광고

업체 및 할인 광고	상품 광고	구인 광고

5. 방송·보도·광고 관련 필수 어휘

비즈니스·지역 소식

acquisition 인수
hire, recruit, employ 고용하다
city council 시의회
merge, two companies join together, consolidate 합병하다
release, launch, introduce, put on the market 출시하다
renovation, remodeling, improvement project 수리, 개조

market share 시장 점유율
mayor, city official 시장

교통 방송

commuter 통근자
delay 지연, 지체
construction 공사
alternate route 다른 길, 대체 도로
highway, expressway 고속도로

motorist, driver 운전자
road work, road repair 도로 공사
detour 우회로
public transportation 대중교통
traffic jam, traffic congestion, heavy traffic 교통 체증

일기 예보

bad weather, inclement weather 악천후
snowstorm, blizzard 눈보라
heavy rain 호우

temperature 온도
shower 소나기
postpone, delay, put off, push back 미루다, 연기하다

방송 용어

traffic report 교통 방송
local news 지역 소식
broadcaster 방송인, 진행자
host 사회자, 진행자
message from our sponsors, word from our sponsors 광고

weather update 최신 날씨 정보
tune into ~로 채널을 맞추다
commercial break 광고 시간

P4-19 미국

Q4 What is being advertised?

(A) A holiday celebration
(B) A school charity auction
(C) A sporting event
(D) A new fitness center

Q5 Who is Sandra Levy?

(A) A local politician
(B) A movie actor
(C) A news reporter
(D) A professional athlete

Q6 Why are participants encouraged to visit a Web site?

(A) To select a gift
(B) To get more information
(C) To make a donation
(D) To register early

Questions 4-6 refer to the following radio advertisement.

M ❹ Seabrooke Gym and HBCW Radio Station are proud to announce that the 4th annual Caledonia Health and Fitness Race will take place on February 26 starting at 10 A.M. at Baymore College. The race is family-friendly and open to all Caledonia residents. There is an entry fee of nine dollars which will go towards a charity. ❺ Our own mayor, Sandra Levy, will be on hand at this year's event to start the race and award medals to the winners. ❻ Participants who sign up early at www.healthfitnessrace.org will get a free bottle of the new Vigor vitamin drink on the day of the race, so visit the Web site now!

4-6번은 다음 라디오 광고에 관한 문제입니다.

남 ❹ Seabrooke 헬스클럽과 HBCW 라디오 방송국은 2월 26일 오전 10시부터 Baymore 대학에서 제4회 연례 Caledonia Health and Fitness 경주가 열린다는 것을 알리게 되어 자랑스럽습니다. 이 경주는 가족 단위로 참가하실 수 있으며 Caledonia의 모든 주민들을 대상으로 합니다. 여기에는 자선 단체에 돌아가는 9달러의 참가비가 있습니다. 올해 행사에는 ❺ 우리 Sandra Levy 시장님께서 참가하셔서 경주의 막을 올리고 우승자들에게 메달을 수여하실 것입니다. ❻ www.healthfitnessrace.org에서 조기에 등록하시는 참가자분들은 경주 당일에 새로 나온 Vigor 비타민 워터 한 병을 무료로 받으시게 되니, 지금 웹 사이트를 방문해 주세요!

VOCA ....

take place 열리다, 개최되다 I resident 주민 I entry fee 참가비 I charity 자선 단체 I mayor 시장 I be on hand 참가하다 I award 수여하다 I auction 경매 I politician 정치인 I make a donation 기부하다

Q4 무엇이 광고되고 있는가?

(A) 휴일 기념 행사   (B) 학교 자선 경매   (C) 스포츠 행사   (D) 새로 생긴 헬스클럽

정답 공략 하기

① 듣기 전 키워드 잡기

What is being advertised?

⋯→ **주제를 묻는 문제:** 초반부에 정답 단서가 나올 것을 예상

(A) A holiday celebration   (B) A school charity auction

(C) A sporting event   (D) A new fitness center

② 들으며 정답 찾기

첫 문장 'Seabrooke Gym and HBCW Radio Station are proud to announce that the ~ Caledonia Health and Fitness Race will take place ~. (Seabrooke 헬스클럽과 HBCW 라디오 방송국은 Caledonia Health and Fitness 경주가 열린다는 것을 알리게 되어 자랑스럽습니다.)'의 Caledonia Health and Fitness Race가 (C) A sporting event로 패러프레이징되었으므로 (C)가 정답이다.

패러프레이징   지문 Health and Fitness Race → 보기 A sporting event

Q5 Sandra Levy는 누구인가?

(A) 지역 정치인   (B) 영화배우   (C) 뉴스 기자   (D) 전문 운동선수

정답 공략 하기

① 듣기 전 키워드 잡기

> **Tip!** 토익에 등장하는 정치인은 대부분 시장이라는 것을 기억해두자!

Who is Sandra Levy?

⋯→ **키워드 – 신원을 묻는 문제:** 문제의 키워드와 함께 정답 단서가 언급될 것을 예상

(A) A local politician   (B) A movie actor

(C) A news reporter   (D) A professional athlete

② 들으며 정답 찾기

문제 키워드인 Sandra Levy 이름이 언급되는 문장 'Our ~ mayor, Sandra Levy ~.(우리 Sandra Levy 시장님께서 ~.)'에서 mayor가 보기 (A) A local politician으로 패러프레이징되었다. 따라서 정답은 (A)이다.

패러프레이징   지문 mayor → 보기 A local politician

Q6 참가자들은 왜 웹 사이트를 방문하라고 권고받는가?

(A) 선물을 고르기 위해   (B) 더 많은 정보를 얻기 위해   (C) 기부를 하기 위해   (D) 일찍 등록하기 위해

정답 공략 하기

① 듣기 전 키워드 잡기

Why are participants encouraged to visit a Web site?

⋯→ **키워드 – 이유를 묻는 문제:** 문제의 키워드와 함께 정답 단서가 언급될 것을 예상

(A) To select a gift   (B) To get more information

(C) To make a donation   (D) To register early

② 들으며 정답 찾기

문제 키워드인 participants, visit a Web site가 언급되는 마지막 문장 'Participants who sign up early at www.healthfitnessrace.org will get a free bottle of the new Vigor vitamin water on the day of the race, so visit the Web site now! (www.healthfitnessrace.org에서 조기에 등록하시는 참가자분들은 경주 당일에 새로 나온 Vigor 비타민 워터 한 병을 무료로 받으시게 되니, 지금 웹 사이트를 방문해 주세요!)'의 sign up early가 보기 (D) To register early로 패러프레이징되었으므로 (D)가 정답이다.

패러프레이징   지문 sign up → 보기 register

Practice

해설서 p.125

1. What product is being advertised?

(A) A fitness watch
(B) A mobile phone
(C) A Web camera
(D) An electronic reader

2. What does the speaker say is special about the product?

(A) It can be used in low-light environments.
(B) It has been promoted by several celebrities.
(C) It is more compact than rival brands.
(D) It is the most affordable model available.

3. What does the speaker encourage interested listeners to do?

(A) Watch a video demonstration
(B) Test some merchandise
(C) Attend a convention
(D) Submit a deposit

4. Who most likely is Shelly Martin?

(A) A professional athlete
(B) A radio host
(C) A news journalist
(D) A health expert

5. What project is Shelly Martin currently involved in?

(A) Acting in a movie
(B) Starting a new business
(C) Meeting with multiple clubs
(D) Publishing a book

6. According to the speaker, what does Shelly Martin plan to do?

(A) Organize a competition
(B) Donate some money
(C) Provide tickets to an event
(D) Move to another country

7. What is the main reason for the announcement?

(A) To request volunteers for a project
(B) To outline an event schedule
(C) To announce a revised customer policy
(D) To introduce a new team member

8. Where do the listeners most likely work?

(A) At an electronics store
(B) At an advertising firm
(C) At a construction company
(D) At a catering business

9. According to the speaker, what will happen after lunch?

(A) A building tour will be given.
(B) A product demonstration will be held.
(C) Teams will switch locations.
(D) Participants will answer some questions.

10. What does the speaker say will happen today?

(A) A seasonal sale will be held.
(B) An advertisement will be shown.
(C) A new product will be offered.
(D) A store will extend its operating hours.

11. What does the speaker mean when she says, "If you didn't know any better, you'd think that these tablets were free"?

(A) Many customers are waiting in line.
(B) A lot of free samples are being handed out.
(C) Some merchandise has been sold out.
(D) Wesley's is offering good deals on their products.

12. What feature of the Delle X4 does the speaker emphasize?

(A) Its battery life
(B) Its durable case
(C) Its flexible display
(D) Its lightweight

13. Where does the speaker most likely work?

(A) At a culinary institute
(B) At a food magazine
(C) At a farm
(D) At a restaurant

14. Why does the speaker say, "They received positive reviews in the *Mestoville Tribune*"?

(A) To recommend purchasing a subscription
(B) To suggest a certain dish
(C) To ask for article ideas
(D) To request award nominations

15. What does the speaker say is happening during this month?

(A) A special deal is being offered.
(B) A celebrity chef is teaching cooking courses.
(C) Some money is being donated to local schools.
(D) Some kitchen equipment is being replaced.

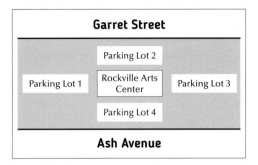

16. Why was the performance rescheduled?

(A) Some musicians were sick.
(B) There was inclement weather.
(C) The arts center was under construction.
(D) A connecting flight arrived late.

17. According to the speaker, why would listeners watch the performance online?

(A) If heavy rains are expected
(B) If all parking lots are full
(C) If the event is moved to another venue
(D) If there are no tickets available

18. Look at the graphic. Which parking lot will be closed?

(A) Parking Lot 1
(B) Parking Lot 2
(C) Parking Lot 3
(D) Parking Lot 4

REVIEW TEST P4-21   해설서 p.131    음원 바로 듣기

71. What type of job is being advertised?

(A) Delivery worker
(B) Packaging production supervisor
(C) Teaching assistant
(D) Tow truck driver

72. According to the speaker, what will Bondra Limited provide?

(A) Free accommodations
(B) End-of-year bonuses
(C) On-the-job training
(D) Health insurance

73. How should people apply for the job?

(A) By visiting a company's Web site
(B) By going to an office
(C) By attending a job fair
(D) By emailing a résumé

74. What is being featured on the show?

(A) Electronic appliances
(B) Food containers
(C) Recycling bins
(D) Cooking videos

75. What will Mr. Hollande do?

(A) Prepare some meals
(B) Answer questions from the audience
(C) Introduce some guests
(D) Conduct a product demonstration

76. What is being offered to the first 10 callers?

(A) A restaurant coupon
(B) A concert ticket
(C) A free subscription to a magazine
(D) An opportunity to be on a show

77. Who is the speaker addressing?

(A) Audience members
(B) Theater employees
(C) Costume designers
(D) Stage actors

78. What does the speaker say about the schedule?

 고난도

(A) Rehearsals will vary in length.
(B) Performance times have been changed.
(C) Cancellations will be posted on a Web site.
(D) Holiday breaks have been added.

79. What does the speaker request the listeners do?

(A) Clean up an area
(B) Try on some outfits
(C) Reserve some tickets
(D) Pick up an event brochure

80. What field does Lawrence work in?

(A) Information Technology
(B) Journalism
(C) Construction
(D) Performing Arts

81. Why does Lawrence say, "It needs some work"?

(A) To request repair work
(B) To assign another project
(C) To address an issue
(D) To give a reminder

82. What does Lawrence recommend Sonya do?

(A) Review some instructions
(B) Ask for assistance
(C) Download a file
(D) Participate in a meeting

83. Where does the announcement most likely take place?

(A) At a loading port
(B) In a railway station
(C) In an airport
(D) At a bus stop

84. What has caused a delay?

(A) A technician has not arrived.
(B) Some maintenance was required.
(C) Some seats are unavailable.
(D) A passenger was late.

85. What does the speaker say will happen?

(A) Discount vouchers will be distributed.
(B) A partial refund will be issued.
(C) Some tickets will be upgraded.
(D) An alternative route will be used.

86. What have employees had a problem with?

(A) Accessing some information
(B) Submitting proposals online
(C) Contacting colleagues
(D) Entering a building

87. According to the speaker, who can offer further assistance?

(A) A Human Resources Director
(B) A security officer
(C) A technology staff member
(D) A front desk assistant

88. What does the speaker say she wants to avoid?

(A) Duplicate records
(B) Faulty items
(C) Customer complaints
(D) Schedule conflicts

89. Where most likely does the speaker work?

(A) At a grocery store
(B) At a local farm
(C) At a restaurant
(D) At a café

90. What problem is mentioned?

(A) A delivery has not arrived.
(B) A telephone is out of order.
(C) A manager is not feeling well.
(D) An advertisement is wrong.

91. Why does the speaker say, "There are only 30 minutes before we open"?

(A) To suggest switching some work shifts
(B) To point out the urgency of the situation
(C) To recommend placing another order
(D) To tell a customer to wait

92. Who most likely are the listeners?

(A) Journalists
(B) Company executives
(C) Sales associates
(D) Investors

93. What does the speaker imply when she says, "our biggest client's contract ends next month"?

(A) She predicts an increase in next month's orders.
(B) She is worried about losing more business.
(C) She will contact a client next month.
(D) She is proposing changes to a contract.

94. What does the speaker suggest listeners do?

(A) Research a new supplier
(B) Promote a business online
(C) Request additional funds
(D) Hold more meetings

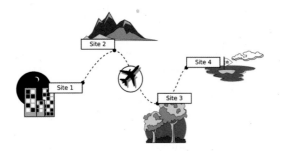

DCT Publishing's Monthly Seminar Series	
Date	**Seminar**
May 2	Cooperating with Authors
May 9	Genre Trends
May 16	Power of E-books
May 23	Marketing Print Materials

95. What does the speaker say that passengers are now allowed to do?

(A) Turn on their phones
(B) Leave their seats
(C) Order refreshments
(D) Access the overhead compartments

96. Look at the graphic. Where most likely is the plane now?

(A) Site 1
(B) Site 2
(C) Site 3
(D) Site 4

97. According to the speaker, how can the listeners receive more information?

(A) By looking at a booklet
(B) By using the airline's application
(C) By speaking with a crew member
(D) By watching a film

98. What is the speaker surprised about?

(A) The cost of an event
(B) The number of attendees
(C) The selection of speakers
(D) The size of a venue

99. Look at the graphic. Which seminar has been postponed?

(A) Cooperating with Authors
(B) Genre Trends
(C) Power of E-books
(D) Marketing Print Materials

100. What will happen during the break?

(A) Prizes will be given.
(B) Access cards will be handed out.
(C) Survey forms will be distributed.
(D) Snacks will be provided.

NO TEST MATERIAL ON THIS PAGE

고득점
도약하기

-

Part 2 오답 유형

Part 3&4 패러프레이징

Part 3&4 끊어 듣기

Part 3&4 빈출 관용 표현과 필수 암기 숙어

Part 2 오답 유형

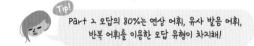

Tip! Part 2 오답의 80%는 연상 어휘, 유사 발음 어휘, 반복 어휘를 이용한 오답 유형이 차지해!

❌ 3가지 빈출 오답 유형
① 질문에 있는 단어와 관련 있는 연상 단어를 이용한 오답
② 질문에 있는 단어와 발음이 유사한 단어를 이용한 오답
③ 질문에 있는 단어를 그대로 또는 품사만 바꿔서 반복 사용한 오답

---

① 연상 어휘 오답 ★★★★★

빈출 오답 유형의 50%는 질문에 나온 단어의 반의어나 유의어 관계에 있는 연상 어휘를 함정으로 사용한 응답이다.

≫ 반의어 오답

질문에 나오는 단어	반의어 오답	질문에 나오는 단어	반의어 오답
a few 어느 정도, 조금	**large** 많은	**faster** 더 빠른	**slower** 더 느린
a while 얼마간	**soon** 곧	**in advance** 미리, 사전에	**behind** 뒤처진
after 후에	**before** 전에	**light** 가벼운	**heavy** 무거운
back, behind 뒤에	**front** 앞에	**make a change** 수정하다	**the same** 같은
begin, start 시작하다	**end, finish** 끝나다	**new** 새로운	**old** 오래된
borrow 빌리다	**lend** 빌려주다	**right** 오른쪽	**left** 왼쪽
break 고장 나다	**fix** 고치다, 수리하다	**right now** 지금 당장	**later** 나중에
brief 짧은, 잠시 동안의	**last long** 오랫동안 지속되다	**run** 달리다	**walk** 걷다
chair(person) 의자 (의장)	**stand** 서다	**sit** 앉다	**stand** 서다
close 가까운	**far** 먼	**send** 보내다	**receive** 받다
close (문을) 닫다	**open** (문을) 열다	**smaller** 더 작은	**bigger** 더 큰
come 오다	**go** 가다	**turn off** (불을) 끄다	**turn on** (불을) 켜다
drive 운전하다	**walk** 걷다	**earlier** 더 이른	**later** 나중에

≫ 유의어 오답

질문에 나오는 단어	유의어 오답	질문에 나오는 단어	유의어 오답
advise 조언하다	**guide** 안내하다	**find (out)** 찾아내다	**learn** 알(아내)다
area 지역, 구역	**space** 공간	**learn** 배우다	**study** 공부하다
arrive 도착하다	**get** 도착하다	**procedure** 절차	**process** 과정
book 예약하다	**reserve** 예약하다	**rather** 오히려, 차라리	**actually** 사실
show 보여주다	**see** 보다	**confirm** 확인하다	**check** 확인하다
construction 공사	**build** 짓다	**wear** 입다	**dress** 입다

▶▶ 발음이 유사한 어휘와 연상 어휘를 이용한 오답

질문에 나오는 단어	유사 발음 어휘	연상 어휘 오답
live	leave	arrive
build	bill	payment
copy	coffee	milk
department	depart	plane
hire	higher	lower
interview	view	see
invoice	voice	singer, hear, louder
order	older	newer
promotion	motion	moving
review	view	scenery
software	wear	coat
subscription	prescription	pharmacy
training	train	station
warehouse	wear	try on
write	right	left

▶▶ 그 외 연상 어휘 오답

	질문에 나오는 단어	연상 어휘 오답
숫자	seven	eight
순서	first, 15 minutes, last month	second, half an hour, this month
시점·시간	today, this morning, Monday	tomorrow, this evening, Friday
행사·시간	concert	start at 8 o'clock
나라·국가	Italian	French, German
색깔	blue	green
날씨·기상 상태	weather	heat, warm, cold

질문에 나오는 단어	연상 어휘 오답
accountant 회계사	number 숫자 accounting 회계 budget 예산(안)
agenda 안건	meeting 회의
airport 공항	ticket 표 airline 항공사 flight 비행편 gate 탑승구 vacation 휴가
arrive 도착하다	train 기차 by plane 비행기로 drive 운전하다 bus 버스
article 기사	magazine 잡지 publish 출간하다 copy 부, 사본
bank 은행	withdraw (계좌에서 돈을) 인출하다 deposit 예금하다
before 전에, 앞에	early 이른 previous 이전에
Beijing 북경	vacation 휴가
best 최고의	better 더 좋은
biology 생물(학)	microscope 현미경
book 책	library 도서관 publish 출판하다 check out 책을 대여하다 read 읽다
buy 사다	receipt 영수증
calendar 달력	month 월 schedule 스케줄
ceremony (의)식	award 상
closet 벽장	coat 코트 sweater 스웨터
computer 컴퓨터	engineer 엔지니어 software 소프트웨어
concert 콘서트	performing arts 공연 예술
conference 학회	hall 강당 hold 개최하다
cookware 요리 기구	kitchen 주방
currency 통화, 화폐	price 가격
Customer Service Department 고객 서비스 부서	return policy 환불 정책
deadline 마감(일)	near 가까이
dish 접시	cabinet 수납장, 장식장 cupboard 찬장 wash the dishes 설거지하다
due 마감 예정인	turn in 제출하다
early 이른, 빠른	as soon as possible 가능한 한 빨리 in advance 미리
electronics 전자 기기	manual 지침서, 안내서
fee 요금, 비용	cash 현금 credit card 신용카드
financial 재무의	dollar 달러 budget 예산(안)
form 양식	fill out 기입하다, 작성하다
headphone 헤드폰	listen 듣다
higher 더 높은	tall 키가 큰, 높은
how long 얼마나 긴, 얼마나 오래	kilometer 킬로미터 month 월
how many 얼마큼, 얼마나 많이	8 weeks 8주 2 P.M. 오후 2시
improve 개선하다	change 바꾸다, 변화하다
increase 증가하다	longer 더 긴

질문에 나오는 단어	연상 어휘 오답
introduce 소개하다	**new** 새로운
invitation 초대(장)	**retirement party** 퇴직 기념 파티 **opening ceremony** 개회식
jacket 재킷, 상의	**wool** 양모
job 직업	**application** 지원서 **applicant** 지원자 **résumé** 이력서 **hire** 고용하다 **employee** 직원 **position** (일)자리, 직위
luggage 수하물	**pack** (짐을) 싸다, 꾸리다
mail 우편(물)	**stamp** 우표 **letter** 편지 **post office** 우체국 **address** 주소 **send** 보내다 **arrive** 도착하다
product line 제품군	**manufacturing division** 제조부
market 시장	**shop** 쇼핑하다 **marketing** 마케팅
medical clinic 병원	**much better** (몸이·기분이) 훨씬 좋은 **receptionist** 접수원 **doctor** 의사 **checkup** 신체 검사
monitor 모니터	**turn on** (전원을) 켜다
museum 박물관	**admission** 입장 **exhibit** 전시(회)
new 새로운	**just opened** 막 개업한
newest 최신의	**largest** 가장 큰
newspaper 신문	**read** 읽다 **article** 기사
now 지금	**on time** 정각에
order 주문(하다)	**lunch** 점심 **fill out a form** 양식을 기입하다
park 주차하다; 공원	**drive** 운전하다 **fresh air** 산뜻한 공기
payment 납입금, 지급	**price** 가격 **cash** 현금 **paid in full** 총액을 지급했다
payroll 급여 대상자 명단	**every other week** 격주로
performance review 업무수행 평가, 인사고과	**employee** 직원
pharmacy 약국	**medication** 약 **doctor** 의사
phone number 전화번호	**connect** 연결하다
place 집, 장소	**apartment** 아파트
plan 계획(하다)	**blueprint** 청사진, 계획
plastic 플라스틱	**paper** 종이
prefer 선호하다	**rather** 차라리 **better** 더 좋은
professor 교수	**Introduction to Statistics** 통계학 입문
projector 프로젝터, 영사기	**show** 보여주다 **present** 발표하다
proposal 제안(서)	**best offer** 최상의 제안
publish 발행하다	**renew the subscription** 구독을 갱신하다
registration 등록	**sign up** 등록하다
return 반품	**receipt** 영수증 **from the date of purchase** 구매일로부터
sales 매출	**store** 가게 **price** 가격 **sell** 팔다 **discount** 할인 **in stock** 재고가 있는 **shop** 가게; 쇼핑하다

질문에 나오는 단어	연상 어휘 오답
schedule an appointment 예약을 하다, 일정을 잡다	**yesterday** 어제
service station 휴게소, 주유소	**fuel** 연료(를 공급하다)
shipment 배송품	**catalog** 카탈로그 **warehouse** 창고 **order** 주문(하다)
spreadsheet 스프레드시트	**finance** 금융
stay 머물다	**two nights** 이틀 밤
table (식당의) 식탁	**waiter** 웨이터 **server** 서버, 종업원
talk 말하다; 담화	**lecture** 강의 **telephone** 전화 **conversation** 대화 **speech** 연설
theater 극장, 공연장	**performing arts** 공연 예술 **ticket** 표 **seat** 좌석, 자리
this month's magazine 이달의 잡지	**issue** (정기간행물) 호
time sheet 근무 시간 기록표	**40 hours a week** 주 40시간
total 총액	**300 euros** 300유로
traffic 교통	**intersection** 교차로
travel 여행(하다)	**window or aisle seat** 창가 또는 복도 쪽 자리

 ## 유사 발음 오답 ★★★★

질문에 나오는 단어	유사 발음 오답	질문에 나오는 단어	유사 발음 오답
accept	except, expect, receipt	call	color
acceptable	receptionist	clock	stock
afraid	repaired	cold	old, called
agenda	engine	committee	meet
alike	a lot	competitor	compartment
annual	manual	computer	commuter
apartment	department	contact	contract
apply	reply, supply	copy	coffee, coughing
appointment	apartment, disappointed	corporation	cooperation
ate	eight	customer	custom
attach	detach	dental	rental
bank	banquet	deposit	positive
base	phase	description	prescription
billing	building	desk	disc
bottle	bottom	down	town
cafeteria	criteria	eject	reject
		employer	lawyer

질문에 나오는 단어	유사 발음 오답
entire	tired
erase	raise
errand	error
exhibit	exit
expect	inspect
expire	pile
fare	fair
fasten	faster
find	fine
fix	fax, finish, fit
flying	trying
for	four
form	former, formal, from
guess	guest
handle	hand in
happy	half
hear	here
higher	hire
introduce	reduced
label	table
last	less
latest	letters
launch	lunch
learn	run
leave	live, sleeve, lease
lend	rent
letter	late, leader
market	marked
mine	mind, nine
movie	moving
much	bench
need	neat
new	news, knew
night	right
order	older
pants	pens

질문에 나오는 단어	유사 발음 오답
pass	past
patio	radio
pavement	payment
peace	piece
peach	speech
permission	submission
plan	plane, plant
pour	port
prescription	subscription
price	prize
product	project
rain	train
read [reed, red]	lead, live, red
ready	steady
repair	report
replied	supplies
report	sports, resort, repeated, remark
salad	sealed
scene	seen
shipment	shift
soap	soup
stay	stop
supplies	surprise
take	taxi, talk
team	theme
tight	type
tire	tired
wait	weigh, wet
walk	work
wall	well
water	weather, warmer
weather	whether
write	right, ride

>> **단어의 일부를 반복한 어휘** 해당 어휘의 일부만 반복해 오답에 쓴 경우

질문에 나오는 단어	반복 어휘 오답	질문에 나오는 단어	반복 어휘 오답
account	accounting	print	blueprint
book	bookshop	room	boardroom
case	briefcase	series	a series of events
chair	chairperson	shop	workshop
cream	ice cream	sign	design
due	overdue	store	storeroom
hard	hardware	take	take off
main	maintenance	tired	retirement
manager	management	top	stop
news	newsletter	town	downtown
open	opening speech	turn off	turn in
paper	newspaper	view	interview
pay	payroll	view	review
phone	microphone	weather	weather report

>> **단어 전체가 그대로 반복되는 어휘들**

a few	call	edit	home
additional	card	eight	keep
apply	carry	else	kind
appoint	change	expense	know
arrive	city	expire	last
assistance	client	fax	late
athletic	close	find	leave
away	cold	fly	lecture
back	come from	glass	like
be supposed to	company	go	local
break	complete	handle	lock
bring	conference	happy	long
budget	construction	hear	look
business	copy	help	lunch
busy	department	here	machine
cafeteria	drawer	hold	mail

meeting	paper	report	supervisor
minute	park	reserve	supplier
miss	part	return	take
monitor	pass	road	there
morning	performance	room	time
move	phone	run	today
museum	plan	sales	town
name	plant	see	train
need	play	seem	travel
new	please	send	trip
news	prefer	set	upstairs
number	present	show	used
off	printer	sign	video
office	program	sign up	visit
open	project	speak	waiting
order	promote	staff	wood
organize	publish	start	work
over	quarter	step	year
owner	record	store	
package	repair	summer	

Part 3&4 패러프레이징

Part 3과 Part 4의 정답은 대화나 담화에 나오는 표현이 그대로 쓰이지 않고 다른 말로 바꾼 표현(패러프레이징)이 나오는 경우가 많아!

 시험에 늘 나오는 패러프레이징 어휘

방문하다	읽다, 보다	연락하다
visit	read	call
go in person	see	contact
drop by	review	email
stop by	check	fax
come by	go over	phone
call on	look at	check with + 사람
deliver	look through	

할인하다	가격이 싼	품질이 좋은
on sale	cheap	durable
discount	inexpensive	top quality
~% off	reasonable	long-lasting
reduced price	affordable	reliable
special offer	best price	strong
great deal	competitive price	tough
mark down		
save money		

일정이 겹침	사무실에 없음	고장, 문제 발생
have another appointment	be out of town	can't get it to work
can't cancel an appointment	attend a conference[workshop]	is broken
scheduling conflict	visit another branch	is wrong
	be on a business trip	is missing
	step out	is incomplete
		is not working
		is malfunctioning
		is out of service

일정, 서류, 종이, 자료	광고	파티, 환영회
schedule	advertisement	reception
itinerary	commercial break	welcome party
plan	promotional messages	social event
agenda	messages from our sponsors	company function
program		
brochure		
catalogue		
document		
handout		

상사	경영자	직원, 동료
manager	CEO	staff
boss	executive	representative
supervisor	board member	employee
department head	president	coworker
section chief	leader	colleague
	owner	associate
		agent

찾는 중	위치, 장소	특정, 지정
can't find	location	specific
where is ~?	place	designated
have you seen ~?	venue	only the + 명사
locate	where + 주어 + 동사	

신문	쿠폰, 상품권	확인하다
in the newspaper	voucher	check
in the paper	coupon	confirm
	discount booklet	call to make sure
		see if ~

태워주다	퇴근	광고, 홍보, 판촉하다
give a lift	leave the office	advertise
give a ride	leave for the day	publicize
pick someone up	get off	promote

품절	출시하다	계약
sold out	launch	contract
out of stock	release	business agreement
not available	unveil	business deal
run out of	be available	
	be on the market	
	will be introduced	
	show a new product	

전화 연결 / 전근	해결책을 논의하다	수리, 개조/개선하다
transfer	bring up an idea	remodel
connect	come up with an idea	reconstruct
put you through to someone	brainstorm	renovate
	discuss	redo
transfer	suggest	refurbish
relocate		modernize
move to another city[branch]		
		improve
		make a progress

연수, 교육, 행사	바쁨	온라인으로
event	be busy	online
function	schedule is full	Web site
workshop	have a project to finish	www.~.
training	understaffed	through the internet
session	short-handed	electronically
seminar	be tied to	using the computer
conference		
company function		
performance		
concert		
banquet		

물건, 상품	설명, 시연, 발표	금지
item	demonstrate	be prohibited
goods	address	refrain from V-ing
merchandise	show	be not allowed
stuff	tell	do not
상품명(고유명사)	introduce	be restricted
	explain	
	present	
	discuss	
	give a talk	
	give a presentation	

(물건 등을) 따로 보관하다	장점, 특징, 뛰어남	홍보물 / 전단지
keep	special	brochures and posters
put something on hold	unusual	promotional materials
put aside	unique	
set aside	distinguished	catalog
hold	different	pamphlet
reserve	outstanding	flyer
	be famous for	leaflet
	be renowned for	
	be well-known for	
	imaginative	
	creative	
	unprecedented	

구매	공무원	다과, 음식
buy	deputy mayor	refreshments
get	local official	food
pick something up	politician	snacks and beverages
purchase		soda and cookies

등록하다	효율, 속도	자동차
sign up for	speed up	automobile
enroll	do efficiently	car
register	do it faster	vehicle
	do quickly	

추가 비용 / 공짜	시간	기부하다 / 기부금 / 수익
additional fee	**한 달**	donate
extra charge	monthly	raise money
pay more fare	every month	give money
cost more	in 30 days / in 4 weeks	financially contribute
free	**매일**	donation
for free	every day	contribution
at no cost	daily	
at no charge		income
complimentary	**매주**	revenue
	every week	earnings
	weekly	proceeds
	once a week	
	매분기	
	every quarter	
	quarterly	
	every 3 months	

자본, 재정, 예산 / 요금	미루다, 지연되다	책임지다, 담당하다
money	delay	be in charge of
fund	put off	be responsible for
capital	postpone	handle
financing	push back	manage
budget	procrastinate	take care of
fee		
charge		
fare		

배치, 설계	확인하다	기술자
layout	confirm	mechanic
design	verify	technician
floor plan	double check	repairperson
blueprint		expert
building plan		

끝내다, 작성하다	바꾸다, 수정하다	제품 불량, 파손
complete	revise	damaged
fill out	change	defective
finish	update	broken
be done	edit	cracked
be over	modify	scratched
be through	alter	chipped
	amend	missing (a part)
		torn
		fall apart

고객	제출하다	제한
customer	hand in	limited
client	give	restricted
buyer	submit	restrained
patron	turn in	
	send	

추천서	거절하다	공장
reference letter	reject	plant
recommendation	refuse	factory
	turn down	manufacturing facility
		production facility

부족	초과	복지 혜택 / 혜택 안내 서류
deficit	excess	benefits package
shortage	surplus	employment benefits
lack of	too much[many]	
run out of		information packet

출장 뷔페, 음식 제공업체	고객 맞춤	예전의, 과거의
caterer	custom-made	former
food supplier	tailored	past
food provider	customized	old
	individualized	

폐업하다, 중단하다	문제점	이유
go out of business	problem	because (of)
shut down	difficulty	due to
close down	But ~	as
become insolvent	I can't get N p.p.	since
go bankrupt	something came up	on account of
discontinue		
stop		
halt its operation		

계획하다	정책, 규율	업무, 일
arrange	policy	assignment
schedule	regulation	task
plan	rule	project
	standard	
	guideline	

예상하다	설문, 조사	의견
anticipate	survey	opinion
expect	research	feedback
project	study	advice
	questionnaire	comment

증가하다	최첨단, 최신식	자격이 있는, 적격의
increase	state-of-the-art	deserve
boost	modern	be eligible for
attract	contemporary	be suitable for
raise	latest	
	recent	
	high-tech	
	up-to-date	
	updated	

알리다, 말하다	확장하다	복도
notify	expand	aisle
inform	enlarge	corridor
announce	extend	hallway
tell	add	
let you know		

다른 길 / 교통정체	가까운	본사 / 지사, 지점
different road	adjacent	headquarters
alternate route	near	main office
alternative	next to	head office
instead of + 길 이름	close to	
detour	in the vicinity of	branche
	within walking distance	regional office
traffic jam		local branch
congestion		
bumper to bumper		
be stuck		
be backed up		
be held up		

~ 다음에, ~후에	이전에, 사전에	취소하다
after	before	cancel
next	prior to	call off
following	previous	annul
	ahead of	
	in advance	

환급하다, 돈을 돌려주다	사임하다, 그만두다	처리하다, 다루다
reimburse	step down	address
compensate	quit	deal with
pay back	resign	take care of
repay	leave	handle
		work out

가격표, 견적	설치하다, 세우다	근무하다
price estimate	install	work
price list	establish	serve as
cost list	put up	be on duty
quote	set up	
how much is + 상품명?		

상하기 쉬운 제품	화물, 선적, 재고, 물품		송장, 영수증, 계산서
perishables	cargo	item	invoice
milk and eggs	freight	goods	receipt
dairy product	shipment	stock	bill
	inventory	merchandise	

이전하다, 옮기다	더러운	시상식
move to	dirty	awards ceremony
transfer	unsanitary	
relocate	unclean	**연말 시상식 만찬회** annual awards banquet
		올해의 직원상 employee-of-the-year award
		장기근속상 extended service award
		우수직원상 best employee award
		공로상 achievement award

선호하는	실행 가능한, 실용적인	추가의
favorite	viable	additional
prefer / preference	feasible	extra
like the most	practicable	more

시험에 잘 나오는 패러프레이징 표현

지문에 나오는 표현		문제나 보기에 나오는 표현
what else is on their menu 그 밖에 메뉴에 무엇이 있는지	→	its menu option 메뉴 옵션
Web site 웹 사이트에서	→	online 온라인으로
relocate 이전하다	→	move to a different area 다른 지역으로 옮기다
send a package 소포를 보내다	→	mail a package 소포를 우편으로 보내다
give you directions 길 안내를 해 주다	→	provide directions 길 안내를 해주다
luggage, baggage 짐	→	suitcase 여행 가방
your phone number and where you are staying 당신의 전화번호와 머무는 곳이 어디인지	→	contact information 연락 정보
My company is transferring. 회사가 이전할 예정이에요.	→	moving offices 사무실을 이전하다
send someone 사람을 보내다	→	send a representative 직원을 보내다
offer a position 직책을 제공하다	→	offer a job 일자리를 제공하다
fill out some forms 양식을 작성하다	→	complete some paperwork 서류 작업을 완료하다
Costs are quite a bit higher than usual. 비용이 평소보다 다소 높아요.	→	a price increase 가격 인상
Mail them all back to the manufacturer. 제조사에 전부 돌려보내세요.	→	return some merchandise 상품을 반송하다
Look at our selection. 우리의 제품군을 보세요.	→	look at other merchandise 다른 상품을 보다
I'll book a car for you, too. 차량도 예약해 드릴게요.	→	make an additional reservation 추가 예약을 하다
discounted price[low prices] 낮은 가격	→	price reductions 가격 할인
Drivers are cautioned to use extra care. 운전자들은 각별히 조심하도록 주의가 요구됩니다.	→	drive carefully 조심해서 운전하다
roads slippery, wet condition 길이 미끄러운, 젖은 상태	→	rain 비
hiring manager 채용 담당자	→	working in the Personnel 인사과에서 일하는
verify his dates of employment 그의 고용일을 확인하다	→	verify an employee record 직원 기록을 확인하다
call me back 다시 전화해 주세요	→	return a call 회신 전화를 하다
staff will be trained 직원들은 교육을 받을 것이다	→	staff will learn 직원들은 배우게 될 것이다
a rare live concert 보기 드문 라이브 콘서트	→	some music 음악
Our kitchen is off-limits due to pipe bursting. 주방은 배관 파열로 인해 출입이 제한됩니다.	→	An area has been damaged. 어떤 구역이 피해를 입었다.
engineer's conference 기술자 컨퍼런스	→	professional conference 전문가 컨퍼런스
time to ask questions 질문하는 시간	→	question and answer session 질의응답 시간

지문에 나오는 표현		문제나 보기에 나오는 표현
Gym locations share the membership database. 체육관들은 회원 정보를 공유합니다.	→	Membership is accepted at any of the location. 회원 자격은 어느 지점에서든 인정된다.
get back to our seat 좌석으로 돌아가다	→	return to their seat 좌석으로 돌아가다
should take a taxi instead 대신 택시를 타야 한다	→	use another mode of transportation 다른 교통수단을 이용하다
I'll call. 전화할게요.	→	make a phone call 전화하다
You've given me the wrong meal. 엉뚱한 음식을 주셨어요.	→	has been served the wrong food 엉뚱한 음식이 제공되었다
bought my ticket 표를 샀다	→	purchased a ticket 표를 구매했다
I'll recheck my list. 목록을 다시 확인할게요.	→	consult a list 목록을 참조하다
They are our biggest client. 그들은 우리의 최대 고객입니다.	→	They are an important client. 그들은 중요 고객이다.
make sure that the audiovisual equipment works properly 시청각기기가 제대로 작동하는지 확인하다	→	check some special equipment 일부 특수 장치를 확인하다
hand in their request ahead of time 미리 요청 사항을 제출하다	→	submit a request in advance 사전에 요청 사항을 제출하다
need manager's permission 관리자의 승인이 필요하다	→	obtain manager's approval 관리자의 승인을 얻다
drink plenty of liquid 수분을 충분히 섭취하다	→	drink a lot of water 물을 많이 마시다
information on how to be safe in this heat 이 더위에 안전하게 지내는 방법에 대한 정보	→	health information 건강 정보
donate 10 percent of all sales to Enviro 전체 매출의 10퍼센트를 Enviro에 기부하다	→	giving money to a charity 자선단체에 기부하기
exotic flowers 이국적인 꽃들	→	unusual plants 평범하지 않은 식물들
learn about our free guided tours 무료 안내 견학에 대해 알아보다	→	get tour information 견학 정보를 얻다
call us if you need to make other arrangements 다른 준비가 필요하면 전화해 주세요	→	call if she needs to reschedule 일정 변경이 필요하면 전화하다
ideas for attracting more visitors 방문객을 더 끌기 위한 아이디어들	→	ways to increase the number of visitors 방문객 수를 늘리기 위한 방법
form groups 그룹을 형성하다	→	divide into groups 그룹으로 나누다
Thank you for your hard work. 노고에 감사드립니다.	→	recognize employees 직원들의 공로를 인정하다
plans to open a second agency in Boston 보스턴에서 두 번째 대행사를 설립할 계획을 하다	→	plans to expand a business 사업을 확장하려고 계획하다
upcoming changes in the organization of the agency 그 기관의 조직에서 앞으로 일어날 변화	→	the reorganization of the firm 회사의 조직 개편

지문에 나오는 표현		문제나 보기에 나오는 표현
My shop is very close to the theater. 가게는 극장과 가깝습니다.	→	It is near the theater. 극장 근처에 있다.
Matt Welsh from the Technology Department 기술 부서의 Matt Welsh	→	a computer technician 컴퓨터 기술자
Let me check with him now. 그에게 확인해 볼게요.	→	talk to a coworker 동료에게 말한다
exactly, when 정확히, 언제	→	specific dates 구체적인 날짜
We're short on staff. 직원이 부족합니다.	→	does not have enough staff 직원이 충분치 않다
show him around 그에게 구경시켜 주다	→	provide a tour 견학을 제공하다
The renovation took so long. 보수 공사가 너무 오래 걸렸어요.	→	a delay in a renovation 보수 공사의 지연
weekend lectures 주말 강의들	→	lecture series 강연회
adjust the chair 의자를 조정하다	→	adjust a piece of furniture 가구를 조정하다
whether the patio could accommodate a group of 75 people 테라스에 75명의 단체를 수용할 수 있는지	→	the size of a space 공간의 크기
a fiction writer 소설가	→	an author 작가
Today only, we'll give you a free paint brush on every gallon you buy. 오늘 단 하루, 페인트 구매 시 갤런당 페인트 붓을 무료로 드립니다.	→	a gift with a paint purchase 페인트 구매 시 선물 제공
city council proposal 시 의회의 제안	→	a project 프로젝트
Please hold your questions and comments. 질문과 의견을 잠시 보류해 주세요.	→	to wait to make comments 의견을 말하기 위해 기다리다
provide you with the custom quote for installing 설치에 대해 맞춤 견적을 제공하다	→	to provide a cost estimate 비용 견적을 제공하다
put advertisements 광고를 내다	→	place some advertisements 광고를 내다
will be required to take a five-minute break 5분간 휴식을 취해야 한다	→	mandatory breaks 의무 휴식
I can email you the rental listing that shows all of the specifics: the size, amenities, things like that. 크기, 편의 시설 등을 포함한 모든 구체적인 사항이 나와 있는 임대 매물 목록을 이메일로 보내 드리겠습니다.	→	send some property details 건물의 세부 정보를 보내다
a significant increase in registrations 상당히 증가한 등록률	→	increased attendance 증가한 참석률
logging into my email account 이메일 계정에 로그인하기	→	accessing an email account 이메일 계정에 접속하기
give it some thought 곰곰이 생각하다	→	consider 고려하다

지문에 나오는 표현		문제나 보기에 나오는 표현
The products are good for the environment. 환경에 좋은 제품들입니다.	→	recyclable food containers 재활용할 수 있는 음식 용기
I have some comments I'd like to share with you. 당신과 나누고 싶은 의견들이 있습니다.	→	to provide feedback 피드백을 제공하려고
offer him her position 그녀의 자리를 그에게 제공하다	→	take over her current job 지금 그녀가 하는 일을 인계받다
high volume of air traffic 많은 항공 교통량	→	heavy airplane traffic 많은 비행기 통행량
It will take a few more days than expected to arrive. 도착하는 데 예상보다 며칠 더 걸릴 거예요.	→	An item will not be available on time. 물건이 제시간에 도착하지 않을 것이다.
high school students 고등학생들	→	youth 젊은이들
local communities 지역사회	→	local neighborhoods 지역 동네
The store will be extra busy. 가게는 엄청 바쁠 거예요.	→	Many customers are expected. 많은 손님이 예상된다.
software 소프트웨어	→	computer program 컴퓨터 프로그램
main conference room 주 회의실	→	company office 회사 사무실
design a brightly colored package 밝은색의 포장재를 디자인하다	→	create colorful packaging 색이 다채로운 포장재를 만들다
water stain on the wall 벽에 있는 물 얼룩	→	some damage from water 물로 인한 피해
size of the windows 창문의 크기	→	some measurements 치수
listening to customer input 고객의 의견을 듣다	→	responding to customer feedback 고객 평가[의견]에 응답하다
fill out and return the form 작성 후 양식을 돌려주다	→	submit a completed form 완성된 양식을 제출하다
where I grew up 내가 자란 곳	→	his hometown 그의 고향
putting off your evening commute 오후 퇴근을 미루는 것	→	delay driving home 집까지 운전해 가는 것을 미루다
radio commercials 라디오 광고	→	advertisement 광고
You're eligible to receive a monthly bus pass. 1개월 버스 이용권을 받을 자격이 됩니다.	→	receiving a transit pass 교통수단 이용권을 받는 것
All employees should refrain from parking. 전 직원은 주차를 삼가야 합니다.	→	Parking space is needed for visitors. 주차 공간은 방문객들을 위한 것이다.
Do you want to have the event here at the office? Or we could perhaps hold it at a restaurant? 행사를 사무실에서 할까요? 아니면 레스토랑에서 할 수도 있을까요?	→	where it will be held 어디에서 열지
updated search function 업데이트된 검색 기능	→	the improved search feature 향상된 검색 기능
We recently bought 30 boxes of chocolates. 최근 초콜릿 30상자를 샀어요.	→	made a large purchase 대량 구매를 했다

지문에 나오는 표현		문제나 보기에 나오는 표현
the range of work you've done 당신이 해온 일의 범위	→	past employment 과거 근무 이력
working evenings and weekends 저녁과 주말에 일하기	→	work extended hours 연장 근무하다
colleagues from our branch in Indonesia 인도네시아 지사에서 온 동료들	→	international colleagues 해외 동료들
develop the largest factory building into 55 affordable condominiums 큰 공장 건물을 가격이 저렴한 55세대의 아파트로 개발하다	→	converting a building 건물을 개조하기
Letters are too light. 활자가 너무 흐릿해요.	→	The print is too light. 인쇄가 너무 옅다.
to make our office more energy efficient 우리 사무실의 에너지 효율성을 더 높이기 위해	→	reducing energy usage 에너지 사용을 줄이는 것
Our office building is more than 50 years old. 우리 사무실 건물은 50년 이상 되었습니다.	→	It has outdated facilities. 오래된 시설이 있다.
missed my connection 연결 비행기편을 놓쳤다	→	missed his flight 비행기를 놓쳤다
work in your yard 뜰에서 일하다	→	planting a garden 정원에 식물을 심기
make sure that ~을 확실히 하다	→	promise 약속하다
household products 가정용품	→	cleaning products 청소 제품
to answer questions 질문에 답하다	→	provide feedback 의견을 제공하다
time that will fit your busy work schedule 당신의 바쁜 업무 일정에 맞는 시간	→	convenient hours 편한 시간
time you can make it 올 수 있는 시간(가능한 시간)	→	her availability 참석 여부
The alarm doesn't work. 알람이 작동하지 않아요.	→	An item is defective. 제품이 불량이다.
some things from my house 집에서 가져온 물건들	→	household items 가정용품들
get the team together so we can start discussing 논의를 시작할 수 있도록 구성원을 모으다	→	consult with team members 구성원들과 논의하다
list of bands 밴드 명단	→	list of performers 공연자 명단
small-business owners 소상인들	→	small-business experts 소상인들
acquiring new customers 새로운 고객 확보	→	attracting new customers 새로운 고객 유치
books 도서	→	reading materials 읽을거리
the honor went to 영예는 ~에게 돌아갔다	→	won a prize 상을 탔다
how your body changes in response to the different durations of exercise 운동의 지속 시간에 따라 여러분의 몸이 어떻게 변하는지	→	effects of exercise 운동의 효과
introduced the new chief executive officer 새 최고경영자를 소개했다	→	a personnel change 인사 변동

지문에 나오는 표현		문제나 보기에 나오는 표현
30 positions available 30개 공석	→	employment opportunities 고용 기회
a price reduction 가격 인하	→	a lower price 인하된 가격
a statement of the income and operating expenses 수입 및 운영비 내역서	→	financial information 재무 정보
Admission is half priced. 입장료가 반값이에요.	→	reduced admission fees 할인된 입장료
Allsure has been in business for over 20 years. Allsure는 20년 이상 사업을 해왔어요.	→	It has been in operation for many years. 수년간 사업을 해왔다.
asking people from across the world about their lives 전 세계의 사람들에게 그들의 삶에 대해 물어봄	→	interviewing people about their lives 사람들의 삶에 대해 인터뷰함
before my trip next week 다음 주 제가 여행가기 전에	→	He will take a trip. 여행을 갈 것이다.
bring their own suggestions 그들 각자의 제안 사항을 가지고 오다	→	bring personal ideas 개인 아이디어를 가지고 오다
Business continues to expand. 사업이 계속해서 확장되고 있어요.	→	The business has grown. 사업이 성장했다.
buy some new magazines 새 잡지 몇 권을 사다	→	get new reading materials 새 읽을거리를 사다
Call us at 555-8520 to schedule a consultation. 상담 예약을 하기 위해 555-8520으로 전화주세요.	→	make an appointment 예약을 하다
come back several times 여러 번 다시 오다	→	return for additional visits 다시 방문하다
come into one of our locations 우리 매장 중 한 곳에 오다	→	visit the store 가게를 방문하다
confirm my room reservation 객실 예약을 확인하다	→	check a reservation 예약을 확인하다
discuss it with my family 가족과 논의하다	→	consult my family 가족과 상의하다
expand the tourism industry 관광업을 확장하다	→	increase tourism 관광업을 증진시키다
Give him a message for me. 메시지를 그에게 전달해 주세요.	→	pass on a message 메시지를 건네주다
go over the cost estimates 견적가를 살펴보다	→	discuss some price 가격을 논의하다
He traveled to Los Angeles to present our proposal. 그는 우리의 제안을 발표하러 LA에 갔어요.	→	He traveled to meet some clients. 그는 고객들을 만나기 위해 출장을 갔다.
He was a coworker at my previous company. 그는 내 예전 직장의 동료였어요.	→	He used to work with her. 그는 그녀와 함께 일했었다.
old refrigerators, washers, dryers, and computers 오래된 냉장고, 세탁기, 건조기, 컴퓨터	→	used equipment 중고 기기
I can get you a schedule of events. 당신에게 행사 일정표를 줄 수 있어요.	→	get some information 정보를 얻다

지문에 나오는 표현		문제나 보기에 나오는 표현
I also ordered a bowl of soup, but it hasn't come yet. 수프도 한 그릇 주문했는데, 아직 나오지 않았어요.	→	She did not receive her entire order. 주문한 모든 것을 받지 못했다.
I just got it from the store. 그 가게에서 샀어요.	→	make a purchase 물건을 사다
I read about it in the daily news. 일간지에서 그것에 대해 읽었어요.	→	read an article 기사를 읽었다
I recommend that you leave more time for discussion. 토론하는 데 더 많은 시간을 할애할 것을 추천해요.	→	to allow additional time for questions 질문을 할 수 있도록 추가 시간을 배정하기 위해
I thought it was next week. 다음 주라고 생각했어요.	→	She thought it was on a different day. 다른 날이라고 생각했다.
I'd appreciate some feedback from you. 의견을 주시면 정말 감사하겠어요.	→	to request some feedback 의견을 요청하기 위해
I'd like the camera repaired. 카메라를 수리하고 싶어요.	→	to get a camera fixed 카메라를 수리하기 위해
I'm calling about a billing problem. 요금 청구서에 대해 문의하려고 전화했습니다.	→	to report a billing error 요금 청구서의 오류를 알리기 위해
I'm having a problem with my mobile phone. 내 휴대전화에 문제가 있어요.	→	She owns some defective merchandise. 불량품을 소유하고 있다.
If you need a ride, call Max Wilson. 타고 갈 차편이 필요하면, Max Wilson에게 전화하세요.	→	to arrange for a ride 타고 갈 차편을 마련하기 위해
If you want the discount, you have to buy the tickets at the box office. 할인을 원하시면 매표소에서 표를 사야 합니다.	→	There is a difference in prices. 가격 차이가 있다.
It will hold its monthly meeting tonight. 오늘 밤에 월례 회의가 있을 거예요.	→	A monthly meeting is scheduled for this evening. 월례 회의는 오늘 저녁으로 잡혀 있다.
let me ask my manager 제가 매니저에게 물어볼게요	→	speak to my manager 매니저와 얘기하다
let me call her 제가 그녀에게 전화할게요	→	contact her 그녀에게 연락하다
needing a ride home from work 퇴근 시 교통편이 필요함	→	transportation from work 퇴근 시 교통수단
new product we will launch in January 1월에 출시할 신제품	→	New products will become available. 신제품이 (구입) 가능해질 것이다.
other salespeople at your store 당신 가게의 다른 판매원들	→	coworkers 직장 동료들
Our online sales here at Radio Whims have grown steadily for a year. 한 해 동안 Radio Whims의 온라인 매출이 꾸준히 증가했습니다.	→	Internet sales have increased. 인터넷 매출이 증가했다.
Passengers can ride free on city buses. 승객들은 시내버스를 무료로 탈 수 있습니다.	→	Service is free of charge. 서비스가 무료다.

지문에 나오는 표현	문제나 보기에 나오는 표현
Please tell us your name, in which department you work, and how long you've been with the company. 이름, 근무 부서, 그리고 회사에 근무한 기간을 말해주세요.	→ introduce themselves 자기소개를 하다
put some extra workers on the production line 추가 직원을 생산 라인에 투입하다	→ assign more employees to a job 업무에 더 많은 직원을 배치하다
put together a list of the best ideas 가장 좋은 아이디어들을 목록으로 만들다	→ prepare a list of suggestions 제안 목록을 준비하다
put your name on the waiting list 대기자 명단에 이름을 올리다	→ add a name to the waiting list 대기자 명단에 이름을 추가하다
recently hired employees 최근에 고용된 직원들	→ new employees 신입 직원들
schedule a one-on-one appointment to discuss your specific needs 당신에게 구체적으로 필요한 것을 논의하기 위해 1대1 예약을 하다	→ get individual advice 개인적인 조언을 얻다
send your résumé 이력서를 보내다	→ submit a document 서류를 제출하다
shipped the wrong product 엉뚱한 제품을 보냈다	→ The wrong item was sent. 엉뚱한 제품을 보냈다.
stay off the road 도로를 피하다	→ avoid the road 도로를 피하다
take a look at the brochure 안내 책자를 살펴보다	→ review some information 정보를 검토하다
take a look at this contract 계약서를 살펴보다	→ review a document 서류를 검토하다
take Route 66 instead 대신 66번 도로를 타다	→ take a different road 다른 도로를 타다
tell customers how long our computers last and how our operating systems require fewer repairs 우리 컴퓨터가 얼마나 오래가고 우리 운영 체제가 얼마나 수리 빈도가 적은지를 고객들에게 말하다	→ promote product quality to customers 제품 질을 고객에게 홍보하다
The awards ceremony will take place on the first day of the conference. 학회 첫날 시상식이 있을 것입니다.	→ Prizes will be awarded. 상들이 수여될 것이다.
The changes made to the system can be found on the Transportation Department Web site. 시스템 변경 사항은 교통부 웹 사이트에서 찾을 수 있습니다.	→ to check some information online 온라인에서 정보를 확인하기 위해
The company helps to pay for college tuition. 회사는 대학교 등록금 납부를 도와줍니다.	→ support for education 교육 지원
The copy machine isn't working properly. 복사기가 제대로 작동하지 않아요.	→ An office machine is not working. 사무기기 하나가 작동하지 않는다.
The deadline for the project I'm working on now is the end of the day. 내가 지금 작업하고 있는 프로젝트의 기한이 오늘 저녁이에요.	→ A project deadline is approaching. 프로젝트 마감일이 다가오고 있다.

274

지문에 나오는 표현		문제나 보기에 나오는 표현
The gallery will be required to make some changes due to budget cuts. 예산 삭감으로 인해 화랑은 일부를 수정해야 할 것이다.	→	A budget has been modified. 예산이 수정됐다.
The model was selling so fast that the manufacturer couldn't keep up with the demand. 그 모델은 판매 속도가 아주 빨라서 제조사가 수요를 따라잡지 못했어요.	→	Sales have been very good. 판매가 아주 잘되고 있다.
The strong sales of the drink are a direct result of the celebrity endorsements. 그 음료의 매출 호조는 유명인 광고의 직접적인 결과예요.	→	Drinks are recommended by celebrities. 유명인들이 음료를 추천한다.
The unusually cold weather this winter has caused a sharp increase in the use of electricity. 올 겨울의 이상 저온은 전기 사용량 급증을 야기했어요.	→	the demand for a service 서비스 수요
The video should be posted on the company Web site. 회사 웹 사이트에 동영상이 올라와 있을 거예요.	→	to watch a video online 온라인에서 동영상을 시청함
There's going to be a fare increase. 요금 인상이 있을 거예요.	→	Ticket prices will rise. 표 가격이 오를 것이다.
They won't charge for shipping. 그들은 배송비를 청구하지 않을 거예요.	→	free shipping 무료 배송
This policy will be in effect until workers finish the project early next year. 이 방침은 근로자들이 내년 초에 프로젝트를 끝낼 때까지 이행될 거예요.	→	A project will be completed next year. 프로젝트는 내년에 완성될 것이다.
to cut expenses 비용을 절감하려고	→	to reduce costs 비용을 줄이려고
to decide the name of the product 상품명을 결정하기 위해	→	to choose a product name 상품명을 선정하기 위해
to get copies of the handout 유인물을 얻으려고	→	to pick up some materials 자료들을 구하려고
know where the package is 소포가 어디 있는지 알다	→	An item can be tracked. 제품을 추적할 수 있다.
to leave for the train station 기차역으로 떠나기 위해	→	to go to a train station 기차역에 가기 위해
to meet growing consumer demand 늘어나고 있는 고객 수요를 충당하기 위해	→	an increase in customer sales 고객 판매 증가
to nominate the new member to the board 이사회 신임 임원을 지명하기 위해	→	to select a new board member 새 이사회 임원을 선출하기 위해
to redesign my store's catalog 제 가게의 카탈로그를 다시 디자인하기 위해	→	to update a catalog 카탈로그를 업데이트하기 위해
to review Ms. Roh's résumé and application Ms. Roh의 이력서와 지원서를 검토하려고	→	to review a candidate's credentials 지원자의 자격을 검토하려고
to see which meeting room is available 어느 회의실이 비어 있는지 알아보려고	→	to find an available room 비어 있는 방을 찾기 위해

지문에 나오는 표현		문제나 보기에 나오는 표현
to send the fabrics back to you this afternoon 오늘 오후에 직물을 당신에게 돌려 보내려고	→	to mail some merchandise today 오늘 물품을 우편으로 보내려고
to upgrade our personal finance software 개인 자산 관리 소프트웨어를 업그레이드하기 위해	→	to improve a product 제품을 향상시키기 위해
Visit our Web site to learn about the special rates we offer. 저희가 제공하는 특별 요금을 알아보려면 저희 웹 사이트를 방문하세요.	→	Rate information is available online. 요금 정보를 온라인에서 볼 수 있다.
We exceeded our production target. 우리의 생산 목표를 초과했어요.	→	Production goals were exceeded. 생산 목표가 초과되었다.
We no longer have the picture frames. 우리는 그 액자를 더 이상 보유하고 있지 않습니다.	→	Some items are not available. 몇몇 제품을 살 수 없다.
We redesigned the campaign. 우리는 캠페인을 재설계했어요.	→	An advertisement was changed. 광고가 수정됐다.
We will show the software package. 소프트웨어 패키지를 보여드릴 것입니다.	→	demonstrate some software 소프트웨어를 시연하다
working successfully with your clients 고객과 성공적으로 일함	→	interacting with clients 고객과의 상호작용

Part 3&4 끊어 듣기

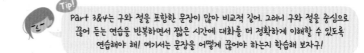

Tip! Part 3&4는 구와 절을 포함한 문장이 많아 비교적 길어. 그러니 구와 절을 중심으로 끊어 듣는 연습을 반복하면서 짧은 시간에 대화를 더 정확하게 이해할 수 있도록 연습해야 해! 여기서는 문장을 어떻게 끊어야 하는지 학습해 보자구!

 Part 3

Part 3에는 절보다 구를 포함한 문장이 더 많이 등장하므로 구에 더 중점을 두어 끊어 듣기를 연습한다.

≫ 구

1 I want to arrive / on time.
도착하고 싶어요 / 제시간에

2 What she ordered / was selling quickly.
그녀가 주문한 것은 / 빨리 팔리고 있었어요

3 You could get here earlier / on Tuesday morning.
더 빨리 오셔도 돼요 / 화요일 아침에

4 When is the next bus / to Pennsylvania / scheduled to depart?
다음 버스가 언제 / 펜실베니아로 / 떠날 예정인가요?

5 It's taking / longer than usual / to refuel the plane.
걸려요 / 보통 때보다 더 오래 / 비행기 연료를 다시 채우는 데

6 I'd like Mr. Kim / to take over the advertising campaign.
Mr. Kim이 해 줬으면 좋겠어요 / 광고 캠페인 담당을

7 The fare will increase by $5 / at the start of the winter tour season this year.
요금이 5달러 인상될 거예요 / 올해 겨울 관광 시즌이 시작될 때

8 Did you decide / what to do / about having your fence repainted?
결정했어요 / 무엇을 할 건지 / 당신의 울타리를 다시 페인트칠하는 것에 대해?

9 I'd like to see / what else is on the menu.
보고 싶어요 / 다른 무엇이 메뉴에 있는지

10 We'll have it delivered / to your home.
우리가 그것을 배달할게요 / 당신의 집에

≫ 절

1 It's too bad / because she's a great manager.
정말 유감이에요 / 그녀는 아주 좋은 매니저이기 때문에

2 I guess / I'll have to finish this report.
제 생각에는 / 이 보고서를 끝내야 할 거예요

3 I just got an email / saying that the printers have been shipped.
이메일을 방금 받았어요 / 프린터가 배송됐다는

4 Can you tell me / why you want to change jobs?
말해 주실 수 있어요 / 왜 이직하고 싶은지?

5 The pamphlets / you designed / looked very good.
안내 책자 / 당신이 디자인한 / 아주 좋아 보였어요

>> 구 + 절

1 I see from your résumé / that you're currently working / in the laboratory / at Ballton.
당신의 이력서를 보니 / 현재 근무하고 계시네요 / 실험실에서 / Ballton에 있는

2 On our Web site, / you can find a list of organizations / that will attend.
우리 웹 사이트에서 / 업체 명단을 찾을 수 있어요 / 참석할

3 Charlie just told me / that the power went out / yesterday evening.
Charlie가 방금 말해 줬어요 / 전기가 나갔다고 / 어제 저녁에

4 If you're interested / in continuing your education, / we subsidize tuition / to help pay for college courses.
관심이 있다면 / 학업을 계속하는 것에, / 우리가 등록금을 지원해 드립니다 / 대학 수업료 납부를 돕기 위해

② Part 4

Part 4에는 한 문장에 여러 개의 구와 절이 사용되는 경우가 많기 때문에 문장을 들을 때는 구와 절을 끊어 듣는 연습에 더욱 중점을 두어야 한다. 아울러, 접속사로 두 문장을 연결하여 들려주는 경우가 많으므로 접속사를 함께 살펴본다.

>> 구

1 I have your hotel / booked / for the conference in Vancouver.
당신의 호텔에 했어요 / 예약을 / 밴쿠버에서 하는 학회 참석을 위해

2 There will be 100 booths / offering information about services.
부스 100개가 있을 것으로 예상돼요 / 서비스에 대한 정보를 제공하는

3 The rain is expected to stop / by Friday night / just in time / for the outdoor festival.
비가 멈출 것으로 예상돼요 / 금요일 저녁에 / 딱 맞춰서 / 야외 축제를 위해

4 Staff will be trained / on how to use the new software / next week.
직원들은 교육을 받을 거예요 / 새 소프트웨어 사용법을 / 다음 주에

5 Due to limited seating / you must come early.
좌석이 한정되어 있기 때문에 / 빨리 오셔야 해요

>> 절 + 접속사

1 I fixed the machine / after you left yesterday.
제가 기계를 수리했어요 / 어제 당신이 퇴근하고 나서

2 Just let me know / and if you're interested, / I'll be happy to reserve one for you.
알려주세요 / 그리고 관심이 있으시면 / 당신을 위해 기꺼이 하나를 예약해 놓을게요

3 Last time / we talked / you said / you probably needed a car / but weren't sure.
지난번 / 우리가 얘기했을 때 / 당신이 말했어요 / 아마 차가 필요할지도 모른다고 / 하지만 확실하지는 않다고

4 Drivers are cautioned to drive safely on the road / as the road is wet.
운전자들은 도로에서 안전 운전을 하셔야 합니다 / 도로가 젖어 있어서

5 This reorganization / which we will finalize by the end of next year / will position Mahalam to continue growing without compromising our product's high quality.
이번 조직 개편은 / 우리가 내년 말에 마무리 지을 예정인 / Mahalam이 제품의 높은 품질을 떨어뜨리지 않고 계속해서 성장하게 해 줄 거예요

6 If this sofa is acceptable to you / as it is, / you could have it at a thirty percent discount.
이 소파가 맘에 드신다면 / 이 상태 그대로 / 30% 할인가에 가져가세요

7 While the pipe is being repaired, / we can't use the kitchen.
파이프가 수리되는 동안은 / 우리는 부엌을 사용할 수 없어요

8 Ms. Tania is one of the company's most influential engineers / who work in commercial building design.
Ms. Tania는 회사에서 가장 영향력 있는 엔지니어 중 한 명이에요 / 상업용 건축 디자인 업계에 종사하는

9 Marketing will be your biggest responsibility / since we're trying to increase profits.
마케팅이 당신의 가장 큰 업무가 될 거예요 / 우리는 이익 증대를 위해 노력하고 있으니까요

10 If you could visit us in early April instead, / we will have a beachfront room available at that time.
대신 4월 초에 방문해 주시면 / 그때는 바닷가 쪽 방을 마련해 둘게요

≫ 구 + 절 + 접속사

1 The event will feature free consulting services, / and at 4 P. M., / the prize of a month's free membership at Fisique will be given.
행사는 무료 상담 서비스를 제공할 거예요 / 그리고 오후 4시에 / Fisique의 한 달 무료 회원권이 상품으로 주어질 거예요

2 Be sure to visit the clearance section, / where you'll find a wide range of items for your house / at largely discounted prices.
파격 세일 코너를 꼭 방문하세요 / 거기에서 당신의 집에 필요한 많은 종류의 제품을 찾을 수 있습니다 / 대폭 할인된 가격에

3 I got your message / about the stamping machine / which you said / wasn't working properly.
당신의 메시지를 받았어요 / 스탬프식 세척기에 관한 / 당신이 말한 / 작동이 되지 않는다고

4 The movie was first released 50 years ago / and has recently reopened / with a new music sound track / by Kissinger.
영화는 50년 전에 처음 나왔어요 / 그리고 최근에 다시 나왔어요 / 새 영화 음악과 함께 / Kissinger가 작업한

Part 3&4 빈출 관용 표현과 필수 암기 숙어

Part 3·4에 자주 등장하는 다양한 관용 표현과 숙어를 살펴보고 암기하자!

1. **a bunch of** 많은[다수의] ~

   There were only a bunch of lines on the screen. 화면에는 선만 가득했어요.

2. **a copy of your sales receipt** 구매 영수증 사본

   Bring a copy of your sales receipt. 구매 영수증 사본을 가져오세요.

3. **a five-minute walk** 걸어서 5분 거리

   The store is only a five-minute walk from here. 그 가게는 여기서 걸어서 불과 5분 거리예요.

4. **a good fit** 딱 맞는 사람[물건]

   I think he is a good fit for this position. 그는 이 자리에 적임자 같아요.

5. **a list of participating businesses** 참가업체 명단

   Go to our Web site to check out a list of participating businesses. 참가업체 명단을 확인하려면 저희 웹 사이트에 가세요.

6. **a number of** 다수의 ~

   I interviewed a number of qualified candidates last week. 지난주에 자격을 갖춘 많은 지원자들을 면접했어요.

7. **a selection of** 다양한, 엄선한, ~모음

   The caterer is offering a selection of baked goods, sandwiches, and salads at discounted prices.
   그 출장요리 업체는 제과제빵 상품, 샌드위치, 그리고 샐러드 등 엄선한 음식을 할인가에 제공하고 있어요.

8. **a variety of** 다양한 ~

   We will be serving a variety of snacks in a minute. 잠시 후 다양한 간식을 제공해 드릴 것입니다.

9. **ahead of time** 미리, 예정보다 빨리

   She told me I might want to get tickets ahead of time. 그녀는 제가 표를 미리 구입하면 좋을 거라고 말하더군요.

10. **apologize for the inconvenience** 불편을 끼쳐 죄송하다

    I apologize for the inconvenience this may have caused. 이로 인해 불편을 끼쳐드렸다면 죄송합니다.

11. **apply for a sales position** 판매직에 지원하다

    I applied for a sales position. 저는 판매직에 지원했어요.

12. **arrange a free consultation** 무료 상담을 마련하다

    I will arrange a free consultation with one of our representatives.
    우리 직원과의 무료 상담을 마련해 드릴게요.

13. **arrive on time** 제시간에 도착하다

    I'd like to arrive on time. 제시간에 도착하고 싶어요.

14. **as scheduled** 예정대로

    The conference will take place as scheduled tomorrow afternoon. 학회는 예정대로 내일 오후에 진행될 거예요.

15. **as soon as possible** 최대한 빨리, 가능한 한 빨리

    I'd like to see it as soon as possible. 가능한 한 빨리 그것을 보고 싶어요.

16. **at the end of the hallway** 복도 끝에

The meeting room is **at the end of the hallway**. 회의실은 복도 끝에 있어요.

17. **at the last minute** 마지막 순간에

He changed it **at the last minute**. 그는 마지막 순간에 바꿨어요.

18. **at the latest** 늦어도

I'll get it to you by this Friday **at the latest**. 늦어도 이번 주 금요일까지는 드릴게요.

19. **attend a conference** 학회에 참석하다

The manager **attended the conference** in London. 매니저는 런던 학회에 참석했어요.

20. **be caught in traffic** 교통 체증에 걸리다

I'm **caught in traffic**. 교통 체증으로 꼼짝 못하고 있어요.

21. **be concerned about** ~을 걱정하다

I'm **concerned about** tomorrow's presentation. 내일 발표가 걱정돼요.

22. **be covered** (비용이) 충당되다

The cost will **be covered** by your warranty. 비용은 품질 보증으로 처리될 거예요.(아직 품질 보증 기간이어서 비용은 무료다.)

23. **be eager to** ~을 하고 싶어하다

I'm **eager to** give a speech. 저는 연설을 하고 싶어요.

24. **be familiar with** ~에 익숙하다, ~을 잘 알다

I'm not **familiar with** this machine. 저는 이 기계에 익숙하지 않아요.

25. **be in charge of** ~을 담당하다, ~의 책임을 맡다

Ms. Han **is in charge of** organizing the banquet. Ms. Han은 연회 준비를 책임지고 있어요.

26. **be in production** 생산되다

Our new production facility will **be in production** next month. 다음 달에 우리 생산 시설이 가동될 거예요.

27. **be promoted to** ~으로 승진하다

Ms. Hall **was promoted to** sales manager. Ms. Hall은 영업부장으로 승진했어요.

28. **be proud of** ~을 자랑스럽게 여기다

I'm **proud of** you. 당신이 자랑스러워요.

29. **be released to the market** 출시되다, 시장에 나오다

The X1 sedan will **be released to the market** this summer. X1 세단은 이번 여름에 출시될 거예요.

30. **be responsible for** ~에 책임이 있다, ~을 담당하다

I'm **responsible for** training courses. 저는 교육 과정을 담당하고 있어요.

31. **be short-staffed** 직원이 부족하다, 일손이 모자라다

We're **short-staffed** tonight. 오늘 밤은 직원이 부족해요.

32. **be similar to** ~와 유사하다

Our competitor's product is similar to our top seller. 우리 경쟁사의 제품은 우리 회사에서 가장 잘 팔리는 제품과 유사해요.

33. **be sold out** 매진되다, 품절되다

Tickets are sold out. 표가 다 팔렸어요.

34. **be stocked with** ~으로 채우다

The shelves are stocked with groceries. 선반은 식료품으로 채워져 있어요.

35. **be supposed to** ~하기로 되어 있다

It's supposed to rain tonight. 오늘 밤에 비가 올 예정이에요.

36. **be taken out for a week** 일주일간 대출되다

Books could only be taken out for a week at a time. 책은 한 번에 일주일씩 대출할 수 있어요.

37. **be transferred to** ~로 전출되다

Mr. Robertson will be transferred to the Seoul office. Mr. Robertson은 서울 사무실로 전근갈 거예요.

38. **be well-qualified for the position** 직위에 필요한 자격을 충분히 갖추다

She's well-qualified for the position. 그녀는 그 자리에 필요한 자격을 충분히 갖추고 있어요.

39. **be willing to** 흔쾌히 ~하다, 기꺼이 ~하다

He might be willing to take over the responsibilities. 그는 그 업무들을 흔쾌히 맡을 수도 있어요.

40. **be worried about** ~에 대해 염려하다

She's worried about meeting the deadline. 그녀는 마감을 지킬 수 있을지 염려하고 있어요.

41. **best of all** 무엇보다도, 특히

Best of all, it would become much more convenient. 무엇보다 그게 훨씬 더 편리할 거예요.

42. **book a room** 방을 예약하다

Will you book a room at the hotel for me? 저를 위해 호텔 객실을 예약해 주시겠어요?

43. **books on the bestseller list** 베스트셀러 목록에 있는 책들

Starting next week, books on the bestseller list will be 10 percent off.
다음 주부터 베스트셀러 목록에 있는 책들은 10퍼센트 할인됩니다.

44. **break open** 뜯어져 열리다

The bottom of a bag broke open. 가방 밑이 뜯겨서 열렸어요.

45. **bring it back** 다시 가지고 오다

Bring it back to one of our service centers. 우리 서비스 센터로 가지고 오세요.

46. **by the end of the month** 이번 달 말까지

The report will be ready by the end of the month. 보고서는 이번 달 말까지 준비될 거예요.

47. **call in sick** 전화로 병가를 내다

She called in sick earlier this morning. 그녀는 오늘 아침 일찍 전화로 병가를 냈어요.

48. **charge A for shipping** A에게 배송비를 청구하다

We won't charge you for shipping. 우리는 당신에게 배송비를 청구하지 않을 거예요.

49. **check in** 탑승[투숙] 수속을 밟다

Are you ready to check in? 체크인하시겠어요?

50. **check out** 계산하다, 확인하다, 보다, 대여하다

Check out our samples. 우리 샘플을 살펴보세요.
I'm about to check out. 막 계산하려는 참이에요.
I'd like to check out these books. 이 책들을 대여하고 싶어요.

51. **come along** 함께 가다

Would you like to come along? 같이 갈래요?

52. **come by** 들르다

Just come by my office sometime this afternoon. 오늘 오후 중에 제 사무실에 들르세요.

53. **come close to** 버금가다

No earlier researches have come close to the findings discovered by Ms. Solis.
예전의 어떤 연구도 Ms. Solis가 발견한 결과에 버금가는 것은 없었어요.

54. **come in** (제품이 어떠한 상태로) 나오다

The shirt comes in three different colors. 셔츠는 3가지 색상이 있어요.

55. **come up with** ~을 제안하다, ~을 생각해내다

He came up with several ways to reduce costs. 그는 여러 가지 비용 절감 방법을 제안했어요.

56. **come with** ~이 딸려오다

It comes with a ten-year warranty. 그건 10년간 품질 보증이 돼요.

57. **currently on the market** 현재 시장에 나와 있는, 판매 중인

The software is currently on the market. 그 소프트웨어는 지금 시중에서 판매 중이에요.

58. **cut a budget** 예산을 삭감하다

The company will cut our travel budget. 회사는 출장 경비를 삭감할 거예요.

59. **dispose of** ~을 없애다

Dr. Williamson will talk about how to dispose of home appliances.
Williamson 박사는 가전제품 폐기 방법에 대해 얘기할 거예요.

60. **do me a favor** 내 부탁을 들어주다, 나에게 호의를 베풀다

Could you do me a favor? 부탁 하나 들어주시겠어요?

61. **Do you mind V-ing?** ~을 해 줄 수 있나요?

Do you mind turning down the volume? 소리 좀 낮춰 주시겠어요?

62. **double-sided copies** 양면 복사

Make 30 double-sided copies. 양면 복사 30장 해 주세요.

63. **drop off** 맡기다, 갖다 주다

I have to **drop off** this document first. 이 서류 먼저 갖다 줘야 해요.

64. **easy to get along with** 사귀기 쉬운, 서글서글한 성격의

He's **easy to get along with**. 그는 어울리기 쉬운 사람이에요.

65. **either A or B** A와 B 중 하나

She will travel **either by bus or by plane**. 그녀는 버스나 비행기를 타고 갈 거예요.

66. **fall into place** (복잡하거나 이해하가 어려운 것이) 딱 맞아떨어지다, 분명히 이해가 되다, (이야기 따위가) 앞뒤가 맞다, 제자리를 찾다

Everything will **fall into place**. 모두 제대로 될 거예요.

67. **fill a prescription** 약을 조제하다

Is this your first time **filling a prescription** at my pharmacy?
제 약국에서 약을 조제하시는 게 이번이 처음이세요?

68. **fill in for** ~을 대신하다

I have to **fill in for Professor Mitsubi tomorrow**. 내일 Mitsubi 교수님 대신 수업에 들어가야 해요.

69. **fill A in** A에게 설명해 주다[알려주다]

Can you **fill me in** on the details? 세부 사항을 말해줄 수 있어요?

70. **fill out** 기입하다, 작성하다

Fill out a form. 양식을 기입하세요.

71. **find out what happened** 무슨 일이 있었는지 알아내다

Let's **find out what happened** at the meeting. 회의에서 무슨 일이 있었는지 알아봅시다.

72. **first week of January** 1월 첫째 주

The sales start from the **first week of January**. 판매는 1월 첫째 주부터 시작합니다.

73. **free of charge** 무료로

You can have two suitcases **free of charge**. 여행용 가방 두 개는 무료예요.

74. **get A to work properly** A가 제대로 작동하게 하다

I wasn't able to **get my computer to work properly**. 제 컴퓨터가 제대로 작동하지 않아요.

75. **get 10 percent off** 10퍼센트 할인받다

This week only, you can **get 10 percent off** of all your purchases. 이번 주에만 모든 구입품을 10퍼센트 할인해 드려요.

76. **get in touch with** ~와 연락을 하다

I'll **get in touch with** him. 그와 연락해 볼게요.

77. **get involved in** ~에 관여하다, 참여하다

That's a good way for everyone to **get involved in** the project.
그것이 모든 사람이 프로젝트에 참여할 수 있는 좋은 방법이에요.

78. get rid of ~을 처리하다[없애다]

Before we move to the new office, let's try to get rid of old and unnecessary documents.
새 사무실로 옮기기 전에 오래되고 불필요한 서류들은 버립시다.

79. give a discount 할인해 주다

I'll give you a discount. 할인해 드릴게요.

80. give a presentation 발표하다

The marketing manager will give a presentation. 마케팅 매니저가 발표할 거예요.

81. give an estimate 견적을 내다

When do you think you will be able to give me an estimate? 언제 견적서를 주실 수 있을까요?

82. give out 나눠주다

Can you help me give out the brochures at the demonstration today?
오늘 시연회에서 안내 책자 배포하는 일을 도와줄 수 있어요?

83. go ahead 앞서 가다; ~을 시작하다

You can go ahead and take it to him. 먼저 가서 그에게 갖다주세요.

84. go over 살펴보다

He went over the report. 그는 보고서를 살펴봤어요.

85. have a problem with ~에 문제가 있다

I'm having a problem with the fax machine. 팩스기에 문제가 있는 것 같아요.

86. have another week to 한 주 더 ~할 시간이 있다

We still have another week to complete the assignment. 아직 한 주 더 과제를 완료할 시간이 남았어요.

87. help out if necessary 필요하다면 돕겠다

She said she would help out if necessary. 필요하다면 그녀가 돕겠다고 했어요.

88. hire additional staff 추가 직원을 고용하다

My department hired additional staff members. 제 부서에서 추가 직원을 고용했어요.

89. in addition to ~뿐만 아니라, ~이외에도, ~에 더하여

In addition to free consultation, a free DVD will be given out. 무료 상담 외에, 무료 DVD가 배포될 거예요.

90. in order 정돈된, 차례로

The shop will be in order by the end of this week. 가게는 이번 주 말까지는 정돈될 거예요.

91. in stores 가게에서

The shampoo will be available in stores. 샴푸는 가게에서 구할 수 있을 거예요.

92. in the meantime 그 동안에

In the meantime, I'd recommend you to visit our Web site. 그 동안에 저희 웹 사이트 방문을 권합니다.

93. in use 사용되고 있는

When machines are not in use, make sure to unplug them. 기계를 쓰지 않을 때는 반드시 플러그를 뽑아주세요.

94. **in writing** 서면으로

All requests shall be made in writing. 모든 요구 사항은 서면으로 하셔야 해요.

95. **keep track of** ~을 파악하다[알다]

The new system should help us better keep track of the inventory in warehouses.
새 시스템은 우리가 창고에 있는 재고를 더 잘 파악하는 데 도움이 될 거예요.

96. **keep up the good work** 계속 수고하다, 지금처럼 계속 잘하다

Please keep up the good work. 계속 수고해 주세요.

97. **keep up with the demand** 수요를 따라잡다

Our production has kept up with the demand. 우리 생산은 수요를 따라잡았어요.

98. **learn about** ~에 대해 알다

To learn more about the program, call 555-0389. 프로그램에 대해 더 알고 싶으시면, 555-0389로 전화주세요.

99. **look for** ~을 찾다

Are you looking for the address book? 주소록을 찾고 있어요?

100. **make A top priority** A를 우선사항으로 하다

Make the project your top priority for the next few months. 앞으로 몇 달 동안은 그 프로젝트를 당신의 우선사항으로 하세요.

101. **make it to** (장소)에 가다

I couldn't make it to the staff meeting today. 저는 오늘 직원 회의에 갈 수 없었어요.

102. **make some changes to** ~을 약간 수정하다[변경하다]

The programmers made some changes to the procedure. 프로그래머들이 몇 가지 절차를 수정했어요.

103. **marked confidential and urgent** 비공개 및 긴급으로 표시된

The email was marked confidential and urgent. 이메일은 비공개 및 긴급으로 표시되어 있었어요.

104. **move a meeting to** 회의를 옮기다

We moved the meeting to Thursday. 회의를 목요일로 옮겼어요.

105. **narrow down** (범위를) 좁히다, 줄이다

I narrowed it down to ten people who will be invited for the interview. 면접에 부를 사람을 10명으로 추려 냈어요.

106. **next to** ~ 옆에

The restaurant is next to the post office. 식당은 우체국 옆에 있어요.

107. **not only ~ but also...** ~뿐만 아니라 …도

We not only had a good time but also closed the deal. 좋은 시간을 보냈을 뿐만 아니라 계약도 성사시켰어요.

108. **offer a job** 일자리를 제공하다

We'd like to offer you a job. 당신에게 일자리를 제공하고 싶어요.

109. **offer express service** 특송 서비스를 제공하다

We do offer express service. 저희는 특송 서비스를 제공합니다.

110. on behalf of ~을 대신하여

I'm sending you this email on behalf of Sein Associates. Sein Associates를 대신하여 당신에게 이메일을 보내는 바입니다.

111. on A's way out A가 나가는 길에

I'll take it to her on my way out. 나가는 길에 그녀에게 갖다줄게요.

112. on sale 할인 중인, 판매되는

All winter clothes will be on sale. 모든 겨울옷이 할인 판매될 거예요.

113. on short notice 급히 알리는, 갑작스럽게

I called this meeting on such short notice to share some important numbers.
중요한 수치를 알려드리기 위해 갑작스럽게 이 회의를 소집했어요.

114. on vacation 휴가 중인

The CEO is on vacation in Hong Kong. 최고경영자는 홍콩에서 휴가 중이에요.

115. on view 전시 중인

The exhibition of European pottery will still be on view next Tuesday.
유럽 도예 전시품들은 다음 주 화요일에도 계속 전시될 거예요.

116. organize a party 파티를 준비하다

Ms. Epson will organize this year's retirement parties. Ms. Epson이 올해 퇴직 파티를 준비할 거예요.

117. out of stock 품절인, 재고가 없는

The shirt is currently out of stock. 그 셔츠는 현재 품절이에요.

118. out of the office 외근 중인

He's out of the office now. 그는 지금 외근 중이에요.

119. out of town 도시를 떠나

I'll be out of town this weekend. 이번 주말에 도시에 없을 거예요.

120. pay in advance 선불로 하다

You paid in advance for the materials. 자재비를 선불로 내셨어요.

121. pay for travel expenses 여행 경비를 지불하다

The company will pay for travel expenses. 회사가 출장 경비를 지불할 거예요.

122. play a role 역할을 하다

David Ebu played a major role in recruitment. David Ebu는 채용에 있어 중요한 역할을 했어요.

123. prior to ~ 전에

Prior to painting the winning piece, Ms. Shin traveled around the world.
수상작을 그리기 전에, Ms. Shin은 전 세계를 여행했어요.

124. put aside ~을 따로 떼어[챙겨] 놓다[두다]

If you want, I'll put aside this pair of shoes for you. 원하시면 이 신발을 따로 보관해 놓을게요.

125. **put in extra hours** 야근을 하다

I put in extra hours into finishing the article. 기사를 끝내려고 야근했어요.

126. **put A on the wall** A를 벽에 붙이다

Why don't you put it on the wall? 그걸 벽에 거는 게 어때요?

127. **put together** 조립하다

We need to put this file cabinet together. 이 서류 보관함을 조립해야 해요.

128. **put A's name down as a reference** A의 이름을 보증인으로 적다

Danielle put your name down as a reference. Danielle이 당신의 이름을 보증인으로 적었어요.

129. **register for** ~에 등록하다

I registered for the workshop. 저는 워크숍에 등록했어요.

130. **rent an office** 사무실을 임대하다

We've been renting this office since 2000. 저희는 2000년부터 이 사무실을 임대해 왔어요.

131. **reschedule A for some other day** A를 다른 날로 일정을 조정하다

We had to reschedule the meeting for another day since the director could not make it today.
이사님이 오늘 오실 수 없어서 회의를 다른 날로 다시 잡아야 했어요.

132. **reserve a table** 자리를 예약하다

I reserved a table for three tonight. 오늘밤 3명 자리를 예약했어요.

133. **run errands** 심부름을 하다

I have to run some errands downtown before lunch. 점심 전에 시내에 심부름을 가야 해요.

134. **schedule an interview** 면접 일정을 잡다

I will schedule an interview with him. 그와 면접 일정을 잡을게요.

135. **scheduling conflict** 일정이 겹침

The time was rescheduled for tomorrow afternoon due to a scheduling conflict.
일정이 겹쳐서 내일 오후로 시간을 다시 잡았어요.

136. **set aside** 한쪽으로 치워 놓다, 챙겨두다

Are you debating on how much to set aside for retirement? 퇴직한 후를 위해 얼마나 저금해야 하는지 고민이세요?

137. **set up a plan** 계획하다

We need to set up a plan. 계획을 세워야 해요.

138. **set up an appointment** 예약을 하다

I will contact them to set up an appointment. 그들에게 연락해서 예약을 해 둘게요.

139. **sign in** 서명하다, 서명하고 들어가다

You need to sign in first in order to enter the building. 건물에 들어가려면 먼저 서명을 해야 해요.

140. **sign up** 등록하다

Sign up to be a member. 회원이 되려면 등록하세요.

141. specialize in ~을 전문으로 하다

Chef Cook specializes in Mongolian dishes. Cook 요리사는 몽골 음식을 전문으로 해요.

142. stop on A's way home 집에 오는 길에 들르다

I stopped at the store on my way home. 집에 오는 길에 그 가게에 들렀어요.

143. take a look at ~을 살펴보다[점검하다]

I'll take a look at the air conditioner. 에어컨을 살펴볼게요.

144. take apart 분해하다

The mechanic said he needs to take apart the desks. 수리공이 책상들을 분해해야 한다고 했어요.

145. take less than ~보다 적게 걸리다

It should take less than seven days. 채 일주일도 안 걸릴 거예요.

146. take over 인수하다

The Griss Company took over the manufacturing division of TA Motors last year.
Griss 사는 작년에 TA 자동차의 제조 부문을 인수했어요.

147. take place 일어나다, 발생하다

The fundraiser will take place this Saturday. 이번 주 토요일에 모금행사가 있을 거예요.

148. touch up 손보다, 고치다

I just need to touch up these pictures. 이 사진들을 손봐야 돼요.

149. transfer to A's voicemail A의 음성 사서함으로 연결하다

Would you like me to transfer you to his voicemail? 그의 음성 사서함으로 연결해 드릴까요?

150. turn out ~인 것으로 판명되다[드러나다]

It turns out that it's too far behind. 이제 보니 그 일이 너무 뒤처져 있군요.

151. undergo a renovation 리모델링을 하다, 보수작업을 하다

The café is currently undergoing some renovations. 카페는 현재 리모델링 중이예요.

152. up and running 작동 중인, 사용되고 있는

The new system will be up and running by the end of this week. 이번 주말에 새 시스템이 작동될 거예요.

153. within our budget 예산 범위 내에서

The project was finished within our budget. 프로젝트는 예산 범위 내에서 마쳤어요.

154. work on (해결·개선하기 위해) ~에 노력을 들이다, 착수하다

I'm working on the article. 기사를 작성하고 있어요.

HALF TEST

HALF TEST 01

PART 1

Directions: For each question in this part, you will hear four statements about a picture in your test book. When you hear the statements, you must select the one statement that best describes what you see in the picture. Then find the number of the question on your answer sheet and mark your answer. The statements will not be printed in your test book and will be spoken only one time.

1.

(A)

(B)

(C)

(D)

2.

(A)

(B)

(C)

(D)

3.

(A)

(B)

(C)

(D)

4.

(A)

(B)

(C)

(D)

GO ON TO THE NEXT PAGE

5.

(A)

(B)

(C)

(D)

6.

(A)

(B)

(C)

(D)

PART 2

Directions: You will hear a question or statement and three responses spoken in English. They will not be printed in your test book and will be spoken only one time. Select the best response to the question or statement and mark the letter (A), (B), or (C) on your answer sheet.

7. Mark your answer on your answer sheet.   (A) (B) (C)

8. Mark your answer on your answer sheet.   (A) (B) (C)

9. Mark your answer on your answer sheet.   (A) (B) (C)

10. Mark your answer on your answer sheet.   (A) (B) (C)

11. Mark your answer on your answer sheet.   (A) (B) (C)

12. Mark your answer on your answer sheet.   (A) (B) (C)

13. Mark your answer on your answer sheet.   (A) (B) (C)

14. Mark your answer on your answer sheet.   (A) (B) (C)

15. Mark your answer on your answer sheet.   (A) (B) (C)

16. Mark your answer on your answer sheet.   (A) (B) (C)

17. Mark your answer on your answer sheet.   (A) (B) (C)

18. Mark your answer on your answer sheet.   (A) (B) (C)

19. Mark your answer on your answer sheet.   (A) (B) (C)

20. Mark your answer on your answer sheet.   (A) (B) (C)

GO ON TO THE NEXT PAGE

PART 3

Directions: You will hear some conversations between two or more people. You will be asked to answer three questions about what the speakers say in each conversation. Select the best response to each question and mark the letter (A), (B), (C), or (D) on your answer sheet. The conversations will not be printed in your test book and will be spoken only one time.

21. Why is the man calling?
(A) To arrange a taxi service
(B) To ask for directions
(C) To confirm an appointment
(D) To reserve a hotel room

22. What does the man ask about?
(A) A payment plan
(B) A special rate
(C) Public transportation
(D) Tourist sites

23. What does the woman say the man will need to show?
(A) A voucher
(B) A credit card
(C) A photo identification
(D) A registration form

24. Why does the man say, "I'm sorry to hear that"?
(A) Some orders were not processed.
(B) A product is expensive.
(C) An item is damaged.
(D) Some merchandise is missing.

25. What will the man email to the woman?
(A) A shipping label
(B) A store's phone number
(C) A discount coupon
(D) A new brochure

26. What does the woman say she would prefer?
(A) To get a replacement of the same item
(B) To order a different pair of boots
(C) To receive a refund
(D) To set up a payment plan

27. What is the main topic of the conversation?
(A) Arranging a client meeting
(B) Changing an account manager
(C) Hiring a new salesperson
(D) Adjusting a department budget

28. What does Elizabeth suggest the man do?
(A) Reduce unnecessary expenses
(B) Visit the headquarters frequently
(C) Make weekly calls
(D) Train other employees

29. What does Elizabeth say she looks forward to?
(A) Working in a new location
(B) Promoting new products
(C) Having more responsibilities
(D) Getting a pay increase

30. What are the speakers planning?
(A) A building project
(B) A job fair
(C) A training seminar
(D) A company lunch

31. What is the woman expecting to receive from Valleyview Enterprise?
(A) A candidate's résumé
(B) A catering menu
(C) A cost estimate
(D) A product description

32. What does the man suggest?
(A) Moving to a new location
(B) Contacting other companies
(C) Delaying an event
(D) Recruiting more staff

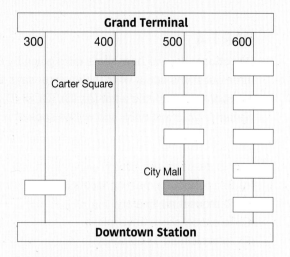

33. Where is the conversation taking place?
(A) In a shopping mall
(B) At a bus stop
(C) At a train station
(D) In a conference room

34. Look at the graphic. Which route will the man take?
(A) Route 300
(B) Route 400
(C) Route 500
(D) Route 600

35. Why is the man going to Rosedale?
(A) To meet the manager
(B) To make a payment
(C) To view some real estate
(D) To attend a conference

GO ON TO THE NEXT PAGE

PART 4

Directions: You will hear some talks given by a single speaker. You will be asked to answer three questions about what the speaker says in each talk. Select the best response to each question and mark the letter (A), (B), (C), or (D) on your answer sheet. The talks will not be printed in your test book and will be spoken only one time.

36. Why is the speaker calling?
(A) To ask about a meeting location
(B) To request an itinerary
(C) To cancel some travel plans
(D) To explain an office policy

37. What does the speaker suggest?
(A) Arriving at an earlier time
(B) Calling a coworker
(C) Renting a vehicle
(D) Checking a manual

38. What does the speaker plan to do tomorrow?
(A) Deliver some brochures
(B) Sign up for a seminar
(C) Take the day off
(D) Attend a video conference

39. Where is the announcement taking place?
(A) At a conference center
(B) At a department store
(C) At a parking lot
(D) At a movie theater

40. What is the problem?
(A) A worker is late.
(B) A card has been lost.
(C) An exit is blocked.
(D) An event has been postponed.

41. What type of assistance does the speaker mention?
(A) Arranging a group tour
(B) Finding alternate parking
(C) Making a payment in advance
(D) Installing phone equipment

42. What will happen next Monday?
(A) A product demonstration will be held.
(B) A contract will be signed.
(C) A city official will tour an office.
(D) A renovation project will begin.

43. What kind of business do the listeners work for?
(A) A school library
(B) A delivery center
(C) A publishing company
(D) A recruiting agency

44. What does the speaker request that the listeners do?
(A) Complete some paperwork
(B) Explain their teams' duties
(C) Look over a schedule
(D) Hold individual meetings

45. Where is the announcement most likely taking place?

(A) At a recycling center

(B) At a clothing retailer

(C) At a shipping company

(D) At an office supply store

46. What does the speaker mean when he says, "we are no exception"?

(A) A workshop is mandatory for all employees.

(B) The store will revise its sales policy.

(C) Training is not required for all workers.

(D) The business will follow a local regulation.

47. According to the speaker, what will happen on Friday?

(A) Some machines will be repaired.

(B) Discarded materials will be collected.

(C) New shipments of merchandise will arrive.

(D) Monthly salaries will be paid.

EXPENSE REPORT		
DATE	AMOUNT	DETAILS
May 2	$300	Accommodation
May 5	$200	Transportation
May 9	$150	Food
May 10	$100	Entertainment

48. Why is the speaker calling?

(A) A booking date is incorrect.

(B) A trip has to be rescheduled.

(C) A document is missing.

(D) A contract needs to be signed.

49. Look at the graphic. Which expense needs to be confirmed?

(A) Accommodation

(B) Transportation

(C) Food

(D) Entertainment

50. What might Joseph need to do?

(A) Complete a form

(B) Review a proposal

(C) Return some money

(D) Cancel a credit card

HALF TEST 02

PART 1

Directions: For each question in this part, you will hear four statements about a picture in your test book. When you hear the statements, you must select the one statement that best describes what you see in the picture. Then find the number of the question on your answer sheet and mark your answer. The statements will not be printed in your test book and will be spoken only one time.

1.

(A)

(B)

(C)

(D)

2.

(A)

(B)

(C)

(D)

3.

(A)

(B)

(C)

(D)

4.

(A)

(B)

(C)

(D)

GO ON TO THE NEXT PAGE ➡

5.

(A)

(B)

(C)

(D)

6.

(A)

(B)

(C)

(D)

PART 2

Directions: You will hear a question or statement and three responses spoken in English. They will not be printed in your test book and will be spoken only one time. Select the best response to the question or statement and mark the letter (A), (B), or (C) on your answer sheet.

7. Mark your answer on your answer sheet.   (A) (B) (C)

8. Mark your answer on your answer sheet.   (A) (B) (C)

9. Mark your answer on your answer sheet.   (A) (B) (C)

10. Mark your answer on your answer sheet.   (A) (B) (C)

11. Mark your answer on your answer sheet.   (A) (B) (C)

12. Mark your answer on your answer sheet.   (A) (B) (C)

13. Mark your answer on your answer sheet.   (A) (B) (C)

14. Mark your answer on your answer sheet.   (A) (B) (C)

15. Mark your answer on your answer sheet.   (A) (B) (C)

16. Mark your answer on your answer sheet.   (A) (B) (C)

17. Mark your answer on your answer sheet.   (A) (B) (C)

18. Mark your answer on your answer sheet.   (A) (B) (C)

19. Mark your answer on your answer sheet.   (A) (B) (C)

20. Mark your answer on your answer sheet.   (A) (B) (C)

GO ON TO THE NEXT PAGE →

PART 3

Directions: You will hear some conversations between two or more people. You will be asked to answer three questions about what the speakers say in each conversation. Select the best response to each question and mark the letter (A), (B), (C), or (D) on your answer sheet. The conversations will not be printed in your test book and will be spoken only one time.

21. What is the man looking for?
(A) Some furniture
(B) Some plants
(C) A garden tool
(D) A cooking appliance

22. According to the woman, what will be happening this week?
(A) A product line will be expanded.
(B) An event will be postponed.
(C) A discount will be available.
(D) An order will be shipped.

23. What does the man decide to do?
(A) Consult with a colleague
(B) Pay with a credit card
(C) Visit a different store
(D) File a complaint

24. Who most likely is the man?
(A) A computer technician
(B) A university professor
(C) A hotel clerk
(D) A library employee

25. What is mentioned about the Berkshire Room?
(A) It must not be used to promote merchandise.
(B) It is the largest room available.
(C) It requires a security deposit.
(D) It cannot be rented on Sundays.

26. According to the man, what should the woman do?
(A) Provide contact information
(B) Pay in advance
(C) Read some guidelines
(D) Sign up online

27. What is the conversation mainly about?
(A) Sales figures
(B) Job candidates
(C) Annual evaluations
(D) Company regulations

28. What does the man mean when he says, "I'm headed to the post office"?
(A) His package is ready to be picked up.
(B) He is asking to delay an appointment.
(C) He does not have much time to talk.
(D) His mail is currently in transit.

29. What does the man ask the woman?
(A) If contracts have been signed
(B) If a manager has approved a request
(C) If the staff have submitted documents
(D) If a deadline has been extended

30. Why is the man selling his car?
    (A) He is moving abroad.
    (B) He needs a larger vehicle.
    (C) He plans on using public transportation.
    (D) He is getting a new car from his company.

31. According to the woman, why will buyers like the car?
    (A) The outside is in good condition.
    (B) It can save money on fuel.
    (C) It is a popular model.
    (D) The engine is brand-new.

32. What will the woman most likely do next?
    (A) Order some fabric
    (B) Talk to her friend
    (C) Find a business card
    (D) Check a price list

Seminar Schedule	
Talk	**Time**
The Perfect Pitch	2:00 P.M. – 2:30 P.M.
Target Markets	2:30 P.M. – 3:00 P.M.
Break Time	3:00 P.M. – 3:30 P.M.
Product Knowledge	3:30 P.M. – 4:00 P.M.
Closing Sales	4:00 P.M. – 4:30 P.M.

33. Where is the conversation most likely taking place?
    (A) At a car dealership
    (B) At a department store
    (C) At a hotel
    (D) At an airport

34. What does the man plan to do?
    (A) Upload content to a Web site
    (B) Give a presentation
    (C) Reserve a larger room
    (D) Look over some sales figures

35. Look at the graphic. According to the speaker, which talk will now be held third?
    (A) The Perfect Pitch
    (B) Target Markets
    (C) Product Knowledge
    (D) Closing Sales

GO ON TO THE NEXT PAGE

PART 4

Directions: You will hear some talks given by a single speaker. You will be asked to answer three questions about what the speaker says in each talk. Select the best response to each question and mark the letter (A), (B), (C), or (D) on your answer sheet. The talks will not be printed in your test book and will be spoken only one time.

36. Where does the speaker most likely work?
- (A) At a supermarket
- (B) At an amusement park
- (C) At a landscaping company
- (D) At a construction company

37. What is the purpose of the message?
- (A) To apologize for billing errors
- (B) To suggest a service
- (C) To confirm a delivery
- (D) To delay some repair work

38. What does the speaker ask Mr. Kwan to do before this weekend?
- (A) Make a down payment
- (B) Complete an application
- (C) Return some tools
- (D) Select a preferred time

39. Why is the third floor of the building closed?
- (A) The lighting is being repaired.
- (B) The floors are being cleaned.
- (C) A new exhibit is being set up.
- (D) A private party is being held.

40. Why are the visitors invited to return tomorrow?
- (A) To participate in a discussion
- (B) To meet a special guest
- (C) To attend a grand opening
- (D) To view other exhibits

41. What does the speaker say he will do at the end of the tour?
- (A) Collect registration forms
- (B) Distribute some free gifts
- (C) Help visitors locate a book
- (D) Take a group picture

42. Where is the introduction taking place?
- (A) At a fundraising event
- (B) At a movie premiere
- (C) At a job fair
- (D) At an awards ceremony

43. Who is Astrid Simmons?
- (A) A gardener
- (B) An environmental biologist
- (C) An actress
- (D) A company director

44. What will Astrid Simmons talk about?
- (A) Pet adoption
- (B) Wildlife conservation
- (C) Health research
- (D) Plant care

45. According to the speaker, what is the company trying to do?

(A) Move into a new market

(B) Protect the environment

(C) Encourage volunteer work

(D) Increase a budget

46. What does the speaker mean when he says, "I can guess what you might be thinking"?

(A) He predicts that there will be many participants.

(B) He understands the staff's concerns.

(C) He is satisfied with a new program.

(D) He wants to emphasize the purpose of a project.

47. What will the listeners receive if the program is successful?

(A) A bonus vacation day

(B) A gift certificate

(C) A magazine subscription

(D) A pay raise

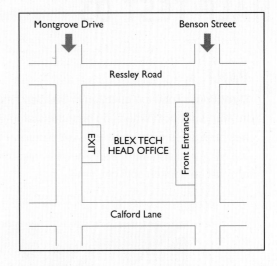

48. According to the speaker, what will be held tomorrow?

(A) A race

(B) An annual sale

(C) A staff workshop

(D) A parade

49. Look at the graphic. Which road will be closed?

(A) Ressley Road

(B) Benson Street

(C) Calford Lane

(D) Montgrove Drive

50. What does the speaker recommend?

(A) Departing from home early

(B) Checking a schedule

(C) Using another office

(D) Attending a company party

PART 1

Directions: For each question in this part, you will hear four statements about a picture in your test book. When you hear the statements, you must select the one statement that best describes what you see in the picture. Then find the number of the question on your answer sheet and mark your answer. The statements will not be printed in your test book and will be spoken only one time.

1.

(A)

(B)

(C)

(D)

2.

(A)

(B)

(C)

(D)

3.

(A)

(B)

(C)

(D)

4.

(A)

(B)

(C)

(D)

GO ON TO THE NEXT PAGE ➡

5.

(A)

(B)

(C)

(D)

6.

(A)

(B)

(C)

(D)

PART 2

Directions: You will hear a question or statement and three responses spoken in English. They will not be printed in your test book and will be spoken only one time. Select the best response to the question or statement and mark the letter (A), (B), or (C) on your answer sheet.

7. Mark your answer on your answer sheet. (A) (B) (C)

8. Mark your answer on your answer sheet. (A) (B) (C)

9. Mark your answer on your answer sheet. (A) (B) (C)

10. Mark your answer on your answer sheet. (A) (B) (C)

11. Mark your answer on your answer sheet. (A) (B) (C)

12. Mark your answer on your answer sheet. (A) (B) (C)

13. Mark your answer on your answer sheet. (A) (B) (C)

14. Mark your answer on your answer sheet. (A) (B) (C)

15. Mark your answer on your answer sheet. (A) (B) (C)

16. Mark your answer on your answer sheet. (A) (B) (C)

17. Mark your answer on your answer sheet. (A) (B) (C)

18. Mark your answer on your answer sheet. (A) (B) (C)

19. Mark your answer on your answer sheet. (A) (B) (C)

20. Mark your answer on your answer sheet. (A) (B) (C)

GO ON TO THE NEXT PAGE

PART 3

Directions: You will hear some conversations between two or more people. You will be asked to answer three questions about what the speakers say in each conversation. Select the best response to each question and mark the letter (A), (B), (C), or (D) on your answer sheet. The conversations will not be printed in your test book and will be spoken only one time.

21. Where does the man work?
    (A) At an airport
    (B) At an electronics store
    (C) At a convention center
    (D) At a library

22. Why is the man contacting the woman?
    (A) An event has been canceled.
    (B) A shipment has arrived.
    (C) A computer was found.
    (D) A door is locked.

23. What does the man say he will do?
    (A) Change a meeting time
    (B) Send an item
    (C) Update an inventory list
    (D) Make an appointment

24. What does the woman say the man is planning to do?
    (A) Go on an overseas trip
    (B) Participate in a conference
    (C) Sign up for a class
    (D) Expand his business

25. How did the man learn about the woman's company?
    (A) From a relative
    (B) From a colleague
    (C) From an ad
    (D) From a newspaper article

26. Who most likely is the woman?
    (A) A tax accountant
    (B) A travel agent
    (C) A commercial realtor
    (D) A cooking instructor

27. What does the man imply when he says, "I usually participate every year"?
    (A) He will not go to a festival.
    (B) He did not deliver a presentation.
    (C) He forgot to participate in a meeting.
    (D) He is happy with his recent project.

28. What is the man concerned about?
    (A) Increasing the prices of some items
    (B) Losing loyal customers
    (C) Sending some documents in time
    (D) The results of a sports competition

29. What does the woman say she will do tomorrow?
    (A) Reduce the man's workload
    (B) Deliver some marketing materials
    (C) Arrange a shipment schedule
    (D) Speak with a coworker

30. What does the woman want to do?
(A) Update an address
(B) Recycle some materials
(C) Purchase some supplies
(D) Mail out a package

31. What does the man recommend?
(A) Using a rear entrance
(B) Making an appointment
(C) Checking a catalog
(D) Contacting a city official

32. What does the man say is available on the Web site?
(A) Application forms
(B) An event schedule
(C) Current regulations
(D) A building's history

Type	Without Logo	With Logo
White	$10 / item	$12 / item
Color	$11 / item	$13 / item

33. Where does the woman probably work?
(A) At a printing shop
(B) At a clothing store
(C) At a graphic design company
(D) At a fitness center

34. What does the man inquire about?
(A) A special service
(B) A group discount
(C) A refund policy
(D) An invoice error

35. Look at the graphic. How much will the man pay per item?
(A) $10
(B) $11
(C) $12
(D) $13

GO ON TO THE NEXT PAGE

PART 4

Directions: You will hear some talks given by a single speaker. You will be asked to answer three questions about what the speaker says in each talk. Select the best response to each question and mark the letter (A), (B), (C), or (D) on your answer sheet. The talks will not be printed in your test book and will be spoken only one time.

36. What is the purpose of the talk?
(A) To discuss some survey results
(B) To invite listeners to a restaurant opening
(C) To train employees on a revised process
(D) To advertise a new product

37. What feature of the menu application does the speaker mention?
(A) Instant price changes
(B) Improved customer feedback
(C) Simple installation
(D) High-quality images

38. What will the speaker most likely do next?
(A) Introduce a guest
(B) Give a tutorial
(C) Distribute some forms
(D) Take some pictures

39. Why is the speaker calling?
(A) To arrange a film shoot
(B) To place an order
(C) To recommend a new worker
(D) To decline an invitation

40. What does the speaker plan to do next Tuesday?
(A) Participate in a conference
(B) Conduct some interviews
(C) Go on vacation
(D) Meet with a client

41. What does the speaker ask the listener to provide?
(A) A guest list
(B) Feedback on some training
(C) Video footage of an event
(D) Itinerary details

42. Who most likely is the speaker?
(A) A tour guide
(B) A weather forecaster
(C) An airline employee
(D) A bus driver

43. What are the listeners instructed to pick up?
(A) Misplaced baggage
(B) Boarding passes
(C) Room keys
(D) Meal vouchers

44. Where will the shuttle bus go?
(A) To an airport
(B) To a restaurant
(C) To a museum
(D) To a hotel

45. What is the woman waiting for?

(A) Her flight to be booked

(B) Her Internet connection to be fixed

(C) A guest speaker to arrive

(D) A weather report to be updated

46. What will take place this afternoon?

(A) A training session

(B) A Web conference

(C) A corporate celebration

(D) A graduation ceremony

47. Why does the woman say, "I know it's very short notice"?

(A) To ask the listener to depart earlier

(B) To take the listener out of a schedule

(C) To emphasize that a speech should be short

(D) To apologize for a sudden request

Location	Floor	Rent per Month
Bernard Road	2	$2,200
Domaine Street	2	$1,900
Jasper Road	3	$2,150
Hamptons Street	4	$1,950

48. What did the speaker do for the listener yesterday?

(A) Searched a Web site

(B) Inspected an apartment building

(C) Revised a rental agreement

(D) Showed a commercial property

49. What unexpected information does the speaker share?

(A) An office needs some repairs.

(B) Some real estate is unavailable.

(C) Construction will begin nearby.

(D) A local law has changed.

50. Look at the graphic. Which location fits the listener's requirements?

(A) Bernard Road

(B) Domaine Street

(C) Jasper Road

(D) Hamptons Street

HALF TEST 04

🎧 HALF TEST 04   해설서 p.178   음원 바로 듣기

PART 1

Directions: For each question in this part, you will hear four statements about a picture in your test book. When you hear the statements, you must select the one statement that best describes what you see in the picture. Then find the number of the question on your answer sheet and mark your answer. The statements will not be printed in your test book and will be spoken only one time.

1.

(A)

(B)

(C)

(D)

2.

(A)

(B)

(C)

(D)

3.

(A)

(B)

(C)

(D)

4.

(A)

(B)

(C)

(D)

GO ON TO THE NEXT PAGE

5.

(A)

(B)

(C)

(D)

6.

(A)

(B)

(C)

(D)

PART 2

Directions: You will hear a question or statement and three responses spoken in English. They will not be printed in your test book and will be spoken only one time. Select the best response to the question or statement and mark the letter (A), (B), or (C) on your answer sheet.

7. Mark your answer on your answer sheet.   (A)   (B)   (C)

8. Mark your answer on your answer sheet.   (A)   (B)   (C)

9. Mark your answer on your answer sheet.   (A)   (B)   (C)

10. Mark your answer on your answer sheet.   (A)   (B)   (C)

11. Mark your answer on your answer sheet.   (A)   (B)   (C)

12. Mark your answer on your answer sheet.   (A)   (B)   (C)

13. Mark your answer on your answer sheet.   (A)   (B)   (C)

14. Mark your answer on your answer sheet.   (A)   (B)   (C)

15. Mark your answer on your answer sheet.   (A)   (B)   (C)

16. Mark your answer on your answer sheet.   (A)   (B)   (C)

17. Mark your answer on your answer sheet.   (A)   (B)   (C)

18. Mark your answer on your answer sheet.   (A)   (B)   (C)

19. Mark your answer on your answer sheet.   (A)   (B)   (C)

20. Mark your answer on your answer sheet.   (A)   (B)   (C)

GO ON TO THE NEXT PAGE

PART 3

Directions: You will hear some conversations between two or more people. You will be asked to answer three questions about what the speakers say in each conversation. Select the best response to each question and mark the letter (A), (B), (C), or (D) on your answer sheet. The conversations will not be printed in your test book and will be spoken only one time.

21. Where most likely do the speakers work?
(A) At a theater
(B) At a music store
(C) At a convention center
(D) At a café

22. What is the conversation mainly about?
(A) Planning for extra customers
(B) Organizing an exhibition
(C) Going on a business trip
(D) Working at another branch

23. What will the man ask Mary to do?
(A) Submit an expense report
(B) Work an extra shift
(C) Pick up some supplies
(D) Hire more employees

24. Why did the man call the meeting?
(A) To complain about a delay
(B) To discuss event plans
(C) To train the women on a new program
(D) To inquire about a payment

25. What problem does Tasha mention?
(A) A delivery cannot arrive on time.
(B) A venue is too small.
(C) A cost is too high.
(D) A supervisor is not available.

26. What does the man ask Tasha to do?
(A) Contact a business
(B) Prepare a presentation
(C) Consult another team
(D) Organize some files

27. What did the man recently do?
(A) He looked at staff responses.
(B) He signed up for a conference.
(C) He mailed some packages.
(D) He analyzed financial documents.

28. Why does the woman say, "The audit has kept me so busy lately"?
(A) To request assistance
(B) To give an excuse
(C) To reserve a meeting room
(D) To make a suggestion

29. What will the man suggest at next week's meeting?
(A) Switching suppliers
(B) Reducing monthly quotas
(C) Updating a store database
(D) Acquiring more funds

30. Where most likely does the conversation take place?
(A) At a dental office
(B) At a gym
(C) At a customer service center
(D) At a hospital

31. What does the woman ask the man about?
(A) A work schedule
(B) A transfer request
(C) A job opening
(D) A building renovation

32. What does the man say the woman should be prepared to do?
(A) Organize training sessions
(B) Create budget proposals
(C) Work morning hours
(D) Meet with clients

BOOTH SET-UP

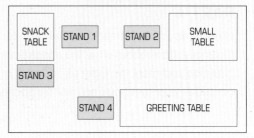

33. What did the woman recently do?
(A) She designed a logo.
(B) She spoke at a seminar.
(C) She attended a convention.
(D) She had lunch with coworkers.

34. What is the woman surprised by?
(A) The price of a service
(B) The length of a presentation
(C) The size of a space
(D) The number of visitors

35. Look at the graphic. Where does the woman suggest putting the brochures?
(A) On Stand 1
(B) On Stand 2
(C) On Stand 3
(D) On Stand 4

GO ON TO THE NEXT PAGE

PART 4

Directions: You will hear some talks given by a single speaker. You will be asked to answer three questions about what the speaker says in each talk. Select the best response to each question and mark the letter (A), (B), (C), or (D) on your answer sheet. The talks will not be printed in your test book and will be spoken only one time.

36. Why is a new program being started?
    (A) To recruit more qualified employees
    (B) To increase interest among residents
    (C) To ask for larger financial contributions
    (D) To improve public transportation

37. What are the listeners encouraged to do?
    (A) Attend a gallery opening
    (B) Sign up for a class
    (C) Choose a favorite painting
    (D) Provide some artwork

38. Who is Mr. Garcia?
    (A) A museum curator
    (B) An activities director
    (C) A newspaper reporter
    (D) An interior designer

39. Who most likely are the listeners?
    (A) Graphic designers
    (B) Software instructors
    (C) Advertising specialists
    (D) Professional photographers

40. What is the purpose of the talk?
    (A) To promote some courses
    (B) To discuss a new project
    (C) To recommend an employee
    (D) To upgrade some equipment

41. What does the speaker say she will do later?
    (A) Show some slides
    (B) Distribute some forms
    (C) Provide some refreshments
    (D) Take some pictures

42. Why is the mayor coming for a visit?
    (A) Visitor attendance has been increasing.
    (B) A library has been opened.
    (C) Some renovation work has been finished.
    (D) A city budget has been approved.

43. Why does the speaker say, "this is not an official occasion"?
    (A) To prevent staff from worrying
    (B) To offer a different opinion
    (C) To introduce a coworker
    (D) To highlight an achievement

44. What event are listeners invited to attend?
    (A) An anniversary celebration
    (B) An exhibition
    (C) A musical performance
    (D) A meal

45. Who most likely is the talk intended for?
(A) Department managers
(B) Security officers
(C) Prospective clients
(D) Sales representatives

46. What is the purpose of the talk?
(A) To announce a project
(B) To honor a staff member
(C) To present a report
(D) To describe a policy

47. According to the speaker, what will Kim do?
(A) Interview job applicants
(B) Record schedule information
(C) Provide samples of a product
(D) Organize a training session

Vehicle Type	Booked by
Compact	Available
Sedan	Alan
Truck	Blake
Van	Carlos

48. What does the man need a vehicle for?
(A) Picking up some clients
(B) Attending a conference
(C) Giving a city tour
(D) Dropping off a coworker

49. Look at the graphic. What type of vehicle does the speaker want to use?
(A) Compact
(B) Sedan
(C) Truck
(D) Van

50. What does the speaker say he needs assistance with?
(A) Carrying large equipment
(B) Repairing a vehicle
(C) Arranging accommodations
(D) Operating a navigation system

HALF TEST 05

🎧 HALF TEST 05   해설서 p.191   음원 바로 듣기

PART 1

Directions: For each question in this part, you will hear four statements about a picture in your test book. When you hear the statements, you must select the one statement that best describes what you see in the picture. Then find the number of the question on your answer sheet and mark your answer. The statements will not be printed in your test book and will be spoken only one time.

1.

(A)

(B)

(C)

(D)

2.

(A)

(B)

(C)

(D)

3.

(A)

(B)

(C)

(D)

4.

(A)

(B)

(C)

(D)

GO ON TO THE NEXT PAGE ➡

5.

(A)

(B)

(C)

(D)

6.

(A)

(B)

(C)

(D)

PART 2

Directions: You will hear a question or statement and three responses spoken in English. They will not be printed in your test book and will be spoken only one time. Select the best response to the question or statement and mark the letter (A), (B), or (C) on your answer sheet.

7. Mark your answer on your answer sheet.   (A) (B) (C)

8. Mark your answer on your answer sheet.   (A) (B) (C)

9. Mark your answer on your answer sheet.   (A) (B) (C)

10. Mark your answer on your answer sheet.   (A) (B) (C)

11. Mark your answer on your answer sheet.   (A) (B) (C)

12. Mark your answer on your answer sheet.   (A) (B) (C)

13. Mark your answer on your answer sheet.   (A) (B) (C)

14. Mark your answer on your answer sheet.   (A) (B) (C)

15. Mark your answer on your answer sheet.   (A) (B) (C)

16. Mark your answer on your answer sheet.   (A) (B) (C)

17. Mark your answer on your answer sheet.   (A) (B) (C)

18. Mark your answer on your answer sheet.   (A) (B) (C)

19. Mark your answer on your answer sheet.   (A) (B) (C)

20. Mark your answer on your answer sheet.   (A) (B) (C)

GO ON TO THE NEXT PAGE

PART 3

Directions: You will hear some conversations between two or more people. You will be asked to answer three questions about what the speakers say in each conversation. Select the best response to each question and mark the letter (A), (B), (C), or (D) on your answer sheet. The conversations will not be printed in your test book and will be spoken only one time.

21. Where most likely are the speakers?
(A) At a fitness center
(B) At a doctor's office
(C) At a pharmacy
(D) At a health seminar

22. What is the woman unsure about?
(A) The need for additional medicine
(B) The name of a trainer
(C) The directions to an office
(D) The amount of a prescription

23. What does the man recommend?
(A) Returning later
(B) Contacting a doctor
(C) Buying different pills
(D) Visiting a Web site

24. Where will the man go this afternoon?
(A) To a bus terminal
(B) To an airport
(C) To an art museum
(D) To a café

25. What is the man surprised about?
(A) A transportation cost
(B) A flight time
(C) A room cancelation
(D) A meal discount

26. What does the woman give the man?
(A) A store voucher
(B) A business card
(C) A local guide
(D) A room key

27. What department does the woman work in?
(A) Information Technology
(B) Personnel
(C) Research
(D) Facilities Management

28. What does the man hand to the woman?
(A) An instruction manual
(B) A workshop schedule
(C) A product questionnaire
(D) A company brochure

29. What does the man suggest the woman do?
(A) Review plans with a coworker
(B) Move a training session
(C) Meet with a job candidate
(D) Test out some equipment

30. Why is the woman delaying the project?
(A) An incorrect address was provided.
(B) A payment was not made.
(C) Some machines are being repaired.
(D) Some workers are unavailable.

31. What does the man say he will do on Wednesday?
(A) View a property
(B) Conduct an interview
(C) Go on a business trip
(D) Get a medical checkup

32. Why does the man say, "If that works for you"?
(A) To request a refund
(B) To agree to a suggestion
(C) To ask about a service
(D) To accept a discount

```
        Snake Burger Shack
             Receipt
  Orange Juice          $3.00
  Large Fries           $3.50
  Mamba Burger          $5.75
  Cobra Burger          $5.25
```

33. Where did the man find out about the promotion?
(A) In a magazine
(B) In an online ad
(C) On the radio
(D) On a poster

34. Look at the graphic. Which price is incorrect?
(A) $3.00
(B) $3.50
(C) $5.75
(D) $5.25

35. What most likely will the woman do next?
(A) Refill a beverage
(B) Provide a coupon
(C) Review a policy
(D) Speak with a manager

GO ON TO THE NEXT PAGE

PART 4

Directions: You will hear some talks given by a single speaker. You will be asked to answer three questions about what the speaker says in each talk. Select the best response to each question and mark the letter (A), (B), (C), or (D) on your answer sheet. The talks will not be printed in your test book and will be spoken only one time.

36. What does the speaker say is being changed?
(A) An event schedule
(B) A meeting location
(C) A hiring process
(D) An approval procedure

37. What will managers have to do?
(A) Confirm a budget
(B) Evaluate their team members
(C) Propose an idea
(D) Attend a workshop

38. What does the speaker say he will do next?
(A) Conduct a survey
(B) Introduce an employee
(C) Demonstrate a product
(D) Discuss a form

39. Why did people gather at Vanowen Park?
(A) To participate in a community workshop
(B) To watch a sports competition
(C) To register for a fitness class
(D) To view a recreational facility

40. What is said about the playground?
(A) It uses safe equipment.
(B) It is located near a health clinic.
(C) It features a bigger slide.
(D) It is made of recycled materials.

41. Why was Abby Hood selected?
(A) She submitted the best design.
(B) She offered a reasonable price.
(C) She is able to start right away.
(D) She is a city official.

42. Where does the speaker work?
(A) At a post office
(B) At an advertising agency
(C) At a landscaping company
(D) At a flower shop

43. What problem does the speaker mention?
(A) A promotional event was postponed.
(B) A shipment contained extra items.
(C) A supplier cannot fulfill a request.
(D) A customer filed a complaint.

44. What does the man mean when he says, "I've got to finish checking the inventory before noon"?
(A) He needs more workers to help him.
(B) He is missing some merchandise.
(C) He has to place a new order soon.
(D) He wants a quick response.

45. What products are reviewed on the Web site?

(A) Business attire

(B) Furniture

(C) Electronics

(D) Office supplies

46. What special feature does the speaker mention about the company?

(A) It provides free consultations.

(B) It hosts conventions every year.

(C) It offers information in various languages.

(D) It conducts its own product testing.

47. What will listeners hear about next?

(A) Latest fashion trends

(B) The work of a renowned engineer

(C) Global marketing opportunities

(D) The beginning of a company

Campus Tour Schedule	
Breakfast	7:30 A.M.
Research Facility Visit	8:40 A.M.
Art Student Exhibit	10:45 A.M.
Meet the Dean	11:50 A.M.

48. What does the speaker say about the University Diner?

(A) It employs a well-known chef.

(B) It is the oldest cafeteria on campus.

(C) It is open only to faculty members.

(D) It uses organic ingredients.

48. Look at the graphic. What time is this talk most likely being given?

(A) At 7:30 A.M.

(B) At 8:40 A.M.

(C) At 10:45 A.M.

(D) At 11:50 A.M.

50. What does the speaker say she will distribute?

(A) Protective shoes

(B) Brochures

(C) Questionnaires

(D) ID badges

ACTUAL TEST

ACTUAL TEST

LISTENING TEST

In the Listening test, you will be asked to demonstrate how well you understand spoken English. The entire Listening test will last approximately 45 minutes. There are four parts, and directions are given for each part. You must mark your answers on the separate answer sheet. Do not write your answers in your test book.

PART 1

Directions: For each question in this part, you will hear four statements about a picture in your test book. When you hear the statements, you must select the one statement that best describes what you see in the picture. Then find the number of the question on your answer sheet and mark your answer. The statements will not be printed in your test book and will be spoken only one time.

Statement (B), "A man is pointing at a document," is the best description of the picture, so you should select answer (B) and mark it on your answer sheet.

1.

2.

GO ON TO THE NEXT PAGE

3.

4.

5.

6.

GO ON TO THE NEXT PAGE

PART 2

Directions: You will hear a question or statement and three responses spoken in English. They will not be printed in your test book and will be spoken only one time. Select the best response to the question or statement and mark the letter (A), (B), or (C) on your answer sheet.

7. Mark your answer on your answer sheet.

8. Mark your answer on your answer sheet.

9. Mark your answer on your answer sheet.

10. Mark your answer on your answer sheet.

11. Mark your answer on your answer sheet.

12. Mark your answer on your answer sheet.

13. Mark your answer on your answer sheet.

14. Mark your answer on your answer sheet.

15. Mark your answer on your answer sheet.

16. Mark your answer on your answer sheet.

17. Mark your answer on your answer sheet.

18. Mark your answer on your answer sheet.

19. Mark your answer on your answer sheet.

20. Mark your answer on your answer sheet.

21. Mark your answer on your answer sheet.

22. Mark your answer on your answer sheet.

23. Mark your answer on your answer sheet.

24. Mark your answer on your answer sheet.

25. Mark your answer on your answer sheet.

26. Mark your answer on your answer sheet.

27. Mark your answer on your answer sheet.

28. Mark your answer on your answer sheet.

29. Mark your answer on your answer sheet.

30. Mark your answer on your answer sheet.

31. Mark your answer on your answer sheet.

PART 3

Directions: You will hear some conversations between two or more people. You will be asked to answer three questions about what the speakers say in each conversation. Select the best response to each question and mark the letter (A), (B), (C), or (D) on your answer sheet. The conversations will not be printed in your test book and will be spoken only one time.

32. Why is the woman calling?
(A) To inquire about a product
(B) To make changes to an order
(C) To apply for a membership
(D) To update some contact information

33. According to the man, what will happen next week?
(A) A Web site will be redesigned.
(B) A model will no longer be available.
(C) A shipment will arrive.
(D) A sale will start.

34. What does the woman ask the man to do?
(A) Find out a price
(B) Set aside an item
(C) Mail a catalog
(D) Provide a refund

35. What is the man unable to do?
(A) Find an access card
(B) Connect to the Internet
(C) Attend a presentation
(D) Get in touch with a colleague

36. What does the woman ask the man for?
(A) An identification number
(B) A room location
(C) A work schedule
(D) An email address

37. What will the man do in the afternoon?
(A) Have a computer repaired
(B) Leave on a business trip
(C) Order an item online
(D) Send a document to a client

38. What are the speakers mainly discussing?
(A) A job opportunity
(B) An advertising campaign
(C) A corporate policy
(D) A company logo

39. What does the man say he is willing to do?
(A) Meet with other managers
(B) Train new employees
(C) Work overtime
(D) Relocate to another city

40. What most likely will happen next?
(A) Brochures will be distributed.
(B) A tour will be given.
(C) A survey will be conducted.
(D) Photos will be taken.

41. What does the man want to do?
(A) Work at a different branch
(B) Adjust his work schedule
(C) Organize a workshop
(D) Carpool to work

42. What does the man say he has to do in the morning?
(A) Take a fitness class
(B) Train new employees
(C) Pick up some supplies
(D) Drive his child to school

43. What does the woman remind the man to do?
(A) Stay at work 30 minutes later
(B) Revise a document
(C) Inform a colleague
(D) Visit another department

GO ON TO THE NEXT PAGE

44. What type of business do the speakers most likely work for?
    (A) An architectural firm
    (B) A fashion magazine
    (C) A modeling agency
    (D) A city museum

45. According to the man, what should the woman do by Wednesday?
    (A) Review some documents
    (B) Set a deadline
    (C) Assemble a team
    (D) Withdraw some funds

46. What does the woman request?
    (A) A project proposal
    (B) Some contact information
    (C) A cost estimate
    (D) Some work schedules

47. Where are the speakers?
    (A) At a storage facility
    (B) At a fitness center
    (C) At an electronics store
    (D) At a health clinic

48. Why is the woman visiting the business?
    (A) To inquire about a lost item
    (B) To go over a bill
    (C) To exchange a defective product
    (D) To sign up for a subscription

49. What does Jeremy ask about?
    (A) A password
    (B) A schedule
    (C) A cost
    (D) A design

50. What does the man emphasize about the necktie?
    (A) It is cheaper than most brands.
    (B) It is featured in a fashion magazine.
    (C) It is made of a unique material.
    (D) It is around for a limited time only.

51. What does the woman mean when she says, "I'm not getting paid until next week"?
    (A) She lacks the funds for a purchase.
    (B) She is paid on a biweekly basis.
    (C) She is not getting a pay raise.
    (D) She needs to make a deposit tomorrow.

52. Why does the man no longer wear the necktie?
    (A) He returned it.
    (B) He lost it.
    (C) He gave it away.
    (D) He wants to sell it.

53. What problem does the man mention?
    (A) An incorrect amount was charged.
    (B) A vehicle is too small.
    (C) A client will arrive late.
    (D) A store is not open.

54. What does the woman suggest doing?
    (A) Making an appointment
    (B) Presenting a receipt
    (C) Waiting for a while
    (D) Talking to a supervisor

55. What does the man say he will do?
    (A) Visit another business
    (B) Call a taxi
    (C) Return another day
    (D) Ask for a refund

56. Where do the speakers most likely work?

(A) At an appliance store

(B) At a print shop

(C) At an advertising agency

(D) At a recruiting company

57. Why does the woman say, "Just to be safe"?

(A) A machine might break down.

(B) A business may close early.

(C) A manager may be away from work.

(D) An order may not arrive on time.

58. What do the men imply about the company?

(A) It holds meetings regularly.

(B) It has offices in more than one location.

(C) It will be launching a new service.

(D) It is being renovated.

59. Where does the conversation most likely take place?

(A) In an electronics shop

(B) In a shipping warehouse

(C) In a clothing store

(D) In an accounting office

60. What does the woman want to do?

(A) Purchase a display item

(B) Apply for a job

(C) Try on a dress

(D) Make a phone call

61. What will the man probably do next?

(A) Organize a rack

(B) Call another location

(C) Check an invoice

(D) Process an order

Package	Monthly Cost
Basic	$35
Plus	$50
Premium	$65
Star	$80

62. Why is the man calling?

(A) To arrange an on-site consultation

(B) To return a faulty item

(C) To learn more about a product

(D) To purchase tickets to a trade show

63. What does the woman ask the man about?

(A) A mailing address

(B) A credit card number

(C) The type of service

(D) The size of a store

64. Look at the graphic. How much will the man most likely pay?

(A) $35

(B) $50

(C) $65

(D) $80

GO ON TO THE NEXT PAGE

**BENNY SUPER
SPECIAL VOUCHER**
(Valid until 4/5)

$2 off all vegetables!
$3 off all fruits!
$4 off all meats!

3934832943234

Bus Route				
Victory Station	Vanowen Street	Hazeltine Road	Madera Street	Alta Avenue
○ →	○ →	○ →	○ →	○

65. What is the man's problem?

(A) His food has gone bad.

(B) His store membership expired.

(C) He cannot find an item.

(D) He forgot his credit card.

66. What has the store recently done?

(A) Hired additional workers

(B) Reorganized some merchandise

(C) Placed a new advertisement

(D) Discontinued a product line

67. Look at the graphic. What discount will the man most likely receive?

(A) $2

(B) $3

(C) $4

(D) $5

68. Where is the woman going?

(A) To a hotel

(B) To a sports stadium

(C) To a university

(D) To a train station

69. Look at the graphic. What stop does the man say the woman should get off at?

(A) Vanowen Street

(B) Hazeltine Road

(C) Madera Street

(D) Alta Avenue

70. What does the man suggest the woman do?

(A) Wear warm clothing

(B) Check a map

(C) Use a shuttle service

(D) Purchase a bus ticket

PART 4

Directions: You will hear some talks given by a single speaker. You will be asked to answer three questions about what the speaker says in each talk. Select the best response to each question and mark the letter (A), (B), (C), or (D) on your answer sheet. The talks will not be printed in your test book and will be spoken only one time.

71. Who most likely is the message from?
    (A) A company CEO
    (B) An environmental scientist
    (C) A television reporter
    (D) A college professor

72. What is Ms. Barrington's area of expertise?
    (A) Wind energy
    (B) Information technology
    (C) Product advertising
    (D) Financial consulting

73. What does the speaker promise Ms. Barrington?
    (A) Funding will be given.
    (B) An interview will be brief.
    (C) A proposal will be considered.
    (D) Transportation will be arranged.

74. What type of publication does the speaker most likely work for?
    (A) A sports newsletter
    (B) A medical journal
    (C) A history magazine
    (D) A travel guide

75. According to the speaker, why has the deadline been changed?
    (A) The issue needs to be distributed earlier.
    (B) Some articles have to be translated.
    (C) Photographs will be included for the first time.
    (D) Some editors will be unavailable.

76. Why will there be a special introduction in the winter issue?
    (A) It will be the last issue of the publication.
    (B) It will be an anniversary of the publication.
    (C) A renowned writer will be employed.
    (D) An online version will be launched.

77. What type of software is being advertised?
    (A) Web design software
    (B) Contract management software
    (C) Accounting software
    (D) Internet security software

78. What does the speaker emphasize about the software?
    (A) It is affordable.
    (B) It operates on mobile devices.
    (C) It is easy to use.
    (D) It is available in several languages.

79. What does the speaker encourage listeners to do?
    (A) Read a magazine article
    (B) Try out a sample version
    (C) Schedule an appointment
    (D) Watch a video demonstration

80. Who most likely are the listeners?
    (A) Corporate accountants
    (B) Sales associates
    (C) Delivery drivers
    (D) Event coordinators

81. What does the speaker mean when he says, "Yes, I understand that it may not be enough"?
    (A) He knows that some supplies are running out.
    (B) He admits that he made an error.
    (C) He acknowledges the employees' concerns.
    (D) He apologizes for an unexpected workload.

82. What task does the speaker assign to the listeners?
    (A) Finding job candidates
    (B) Preparing for a workshop
    (C) Organizing a sale
    (D) Learning a new skill

GO ON TO THE NEXT PAGE

83. What is the new policy about?
   (A) Travel expenses
   (B) Conference rooms
   (C) Mobile phones
   (D) Employee schedules

84. Who does the speaker say the policy applies to?
   (A) Employees who travel abroad
   (B) Workers who have technical expertise
   (C) Managers who were recently promoted
   (D) Staff members who work from home

85. What should listeners do if they have questions?
   (A) Call a telecommunications company
   (B) Email a document to the speaker
   (C) Submit a request to the IT Department
   (D) Talk to a supervisor

86. What is the purpose of the speech?
   (A) To report on sales numbers
   (B) To promote an event
   (C) To accept an award
   (D) To congratulate a director

87. What most likely is the woman's job?
   (A) Professional hiker
   (B) Store owner
   (C) Television actor
   (D) Advertising manager

88. Why does the speaker say, "I wouldn't be up here if not for my crew"?
   (A) She is showing appreciation to her coworkers.
   (B) She would like more crew members.
   (C) She needs assistance with a new project.
   (D) She is not ready to take on more working hours.

89. What does the company make?
   (A) Phones
   (B) Computers
   (C) Televisions
   (D) Cameras

90. What does the woman imply when she says, "2,000 seems a bit much"?
   (A) An error might have occurred.
   (B) An account was charged incorrectly.
   (C) She is worried about meeting sales figures.
   (D) She thinks there are too many project requests.

91. What does the woman remind the listener about the company?
   (A) It has a limited amount of equipment.
   (B) It is upgrading its software.
   (C) It will relocate at the end of the month.
   (D) It will undergo renovations on March 8.

92. What does the speaker say the company has recently purchased?
   (A) Factory equipment
   (B) Office supplies
   (C) Storage facilities
   (D) Computer software

93. According to the speaker, what change will soon be made to the company's service?
   (A) Stores will close later.
   (B) Deliveries will be faster.
   (C) More product lines will be offered.
   (D) International shipping will be available.

94. What will listeners discuss with their managers?
   (A) New locations
   (B) Company procedures
   (C) Marketing strategies
   (D) Advertising materials

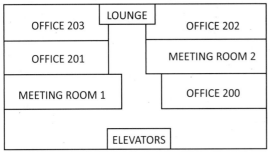

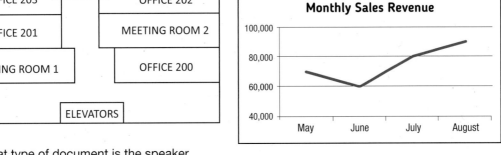

95. What type of document is the speaker requesting?
(A) A budget proposal
(B) A marketing report
(C) A supply order form
(D) An office floor plan

96. Why does the speaker extend a deadline?
(A) She cannot look over a document until later.
(B) She needs more funding for a project.
(C) The listener will be going on vacation soon.
(D) The listener is not familiar with a task.

97. Look at the graphic. Which room is the speaker's office?
(A) Office 200
(B) Office 201
(C) Office 202
(D) Office 203

98. What is the purpose of the talk?
(A) To congratulate an employee
(B) To introduce a new worker
(C) To address a customer complaint
(D) To encourage workshop participation

99. Look at the graphic. When did Sarah begin working at the restaurant?
(A) In May
(B) In June
(C) In July
(D) In August

100. According to the speaker, what did Sarah do at the mall?
(A) She visited some clients.
(B) She conducted a survey.
(C) She gave a product demonstration.
(D) She purchased some supplies.

This is the end of the Listening test.

ANSWER SHEET

파고다 토익 실력 완성 LC – ACTUAL TEST

LISTENING (Part I-IV)

NO.	ANSWER A B C D	NO.	ANSWER A B C D	NO.	ANSWER A B C D	NO.	ANSWER A B C D	NO.	ANSWER A B C D
1	Ⓐ Ⓑ Ⓒ Ⓓ	21	Ⓐ Ⓑ Ⓒ	41	Ⓐ Ⓑ Ⓒ Ⓓ	61	Ⓐ Ⓑ Ⓒ Ⓓ	81	Ⓐ Ⓑ Ⓒ Ⓓ
2	Ⓐ Ⓑ Ⓒ Ⓓ	22	Ⓐ Ⓑ Ⓒ	42	Ⓐ Ⓑ Ⓒ Ⓓ	62	Ⓐ Ⓑ Ⓒ Ⓓ	82	Ⓐ Ⓑ Ⓒ Ⓓ
3	Ⓐ Ⓑ Ⓒ Ⓓ	23	Ⓐ Ⓑ Ⓒ	43	Ⓐ Ⓑ Ⓒ Ⓓ	63	Ⓐ Ⓑ Ⓒ Ⓓ	83	Ⓐ Ⓑ Ⓒ Ⓓ
4	Ⓐ Ⓑ Ⓒ Ⓓ	24	Ⓐ Ⓑ Ⓒ	44	Ⓐ Ⓑ Ⓒ Ⓓ	64	Ⓐ Ⓑ Ⓒ Ⓓ	84	Ⓐ Ⓑ Ⓒ Ⓓ
5	Ⓐ Ⓑ Ⓒ Ⓓ	25	Ⓐ Ⓑ Ⓒ	45	Ⓐ Ⓑ Ⓒ Ⓓ	65	Ⓐ Ⓑ Ⓒ Ⓓ	85	Ⓐ Ⓑ Ⓒ Ⓓ
6	Ⓐ Ⓑ Ⓒ Ⓓ	26	Ⓐ Ⓑ Ⓒ	46	Ⓐ Ⓑ Ⓒ Ⓓ	66	Ⓐ Ⓑ Ⓒ Ⓓ	86	Ⓐ Ⓑ Ⓒ Ⓓ
7	Ⓐ Ⓑ Ⓒ	27	Ⓐ Ⓑ Ⓒ	47	Ⓐ Ⓑ Ⓒ Ⓓ	67	Ⓐ Ⓑ Ⓒ Ⓓ	87	Ⓐ Ⓑ Ⓒ Ⓓ
8	Ⓐ Ⓑ Ⓒ	28	Ⓐ Ⓑ Ⓒ	48	Ⓐ Ⓑ Ⓒ Ⓓ	68	Ⓐ Ⓑ Ⓒ Ⓓ	88	Ⓐ Ⓑ Ⓒ Ⓓ
9	Ⓐ Ⓑ Ⓒ	29	Ⓐ Ⓑ Ⓒ	49	Ⓐ Ⓑ Ⓒ Ⓓ	69	Ⓐ Ⓑ Ⓒ Ⓓ	89	Ⓐ Ⓑ Ⓒ Ⓓ
10	Ⓐ Ⓑ Ⓒ	30	Ⓐ Ⓑ Ⓒ	50	Ⓐ Ⓑ Ⓒ Ⓓ	70	Ⓐ Ⓑ Ⓒ Ⓓ	90	Ⓐ Ⓑ Ⓒ Ⓓ
11	Ⓐ Ⓑ Ⓒ	31	Ⓐ Ⓑ Ⓒ	51	Ⓐ Ⓑ Ⓒ Ⓓ	71	Ⓐ Ⓑ Ⓒ Ⓓ	91	Ⓐ Ⓑ Ⓒ Ⓓ
12	Ⓐ Ⓑ Ⓒ	32	Ⓐ Ⓑ Ⓒ Ⓓ	52	Ⓐ Ⓑ Ⓒ Ⓓ	72	Ⓐ Ⓑ Ⓒ Ⓓ	92	Ⓐ Ⓑ Ⓒ Ⓓ
13	Ⓐ Ⓑ Ⓒ	33	Ⓐ Ⓑ Ⓒ Ⓓ	53	Ⓐ Ⓑ Ⓒ Ⓓ	73	Ⓐ Ⓑ Ⓒ Ⓓ	93	Ⓐ Ⓑ Ⓒ Ⓓ
14	Ⓐ Ⓑ Ⓒ	34	Ⓐ Ⓑ Ⓒ Ⓓ	54	Ⓐ Ⓑ Ⓒ Ⓓ	74	Ⓐ Ⓑ Ⓒ Ⓓ	94	Ⓐ Ⓑ Ⓒ Ⓓ
15	Ⓐ Ⓑ Ⓒ	35	Ⓐ Ⓑ Ⓒ Ⓓ	55	Ⓐ Ⓑ Ⓒ Ⓓ	75	Ⓐ Ⓑ Ⓒ Ⓓ	95	Ⓐ Ⓑ Ⓒ Ⓓ
16	Ⓐ Ⓑ Ⓒ	36	Ⓐ Ⓑ Ⓒ Ⓓ	56	Ⓐ Ⓑ Ⓒ Ⓓ	76	Ⓐ Ⓑ Ⓒ Ⓓ	96	Ⓐ Ⓑ Ⓒ Ⓓ
17	Ⓐ Ⓑ Ⓒ	37	Ⓐ Ⓑ Ⓒ Ⓓ	57	Ⓐ Ⓑ Ⓒ Ⓓ	77	Ⓐ Ⓑ Ⓒ Ⓓ	97	Ⓐ Ⓑ Ⓒ Ⓓ
18	Ⓐ Ⓑ Ⓒ	38	Ⓐ Ⓑ Ⓒ Ⓓ	58	Ⓐ Ⓑ Ⓒ Ⓓ	78	Ⓐ Ⓑ Ⓒ Ⓓ	98	Ⓐ Ⓑ Ⓒ Ⓓ
19	Ⓐ Ⓑ Ⓒ	39	Ⓐ Ⓑ Ⓒ Ⓓ	59	Ⓐ Ⓑ Ⓒ Ⓓ	79	Ⓐ Ⓑ Ⓒ Ⓓ	99	Ⓐ Ⓑ Ⓒ Ⓓ
20	Ⓐ Ⓑ Ⓒ	40	Ⓐ Ⓑ Ⓒ Ⓓ	60	Ⓐ Ⓑ Ⓒ Ⓓ	80	Ⓐ Ⓑ Ⓒ Ⓓ	100	Ⓐ Ⓑ Ⓒ Ⓓ

ANSWER SHEET

3rd Edition

해설서

파고다교육그룹 언어교육연구소, 켈리 정, April 김 l 저

토익 개념&실전 종합서

실력
완성

LC

PAGODA Books

3rd Edition

악슬서

토익 개념&실전 종합서

실력 완성

LC

PART 1

UNIT 01. 시제와 태

본서 p.31

Warm-up

1. (B) 2. (B) 3. (D) 4. (B) 5. (D) 6. (A)
7. (C) 8. (D) 9. (B) 10. (A) 11. (A) 12. (A)

1. 미국

(A) All of the chairs are occupied.
(B) Windows extend from the floor to the ceiling.
(C) Benches line a walkway.
(D) A carpet is being laid on the floor.

(A) 모든 의자들이 채워져 있다.
(B) 창문들이 바닥부터 천장까지 이어져 있다.
(C) 벤치들이 보도에 늘어서 있다.
(D) 카펫이 바닥에 놓여지고 있다.

해설 (A) 모든 의자들이 비어있으므로 오답이다.
(B) 창문들이 바닥부터 천장까지 이어져 있으므로 정답이다.
(C) 벤치나 보도가 없으므로 오답이다.
(D) 카펫이 없으므로 오답이다.

추가 + Chairs are lined up in a row.
가능 의자가 한 줄로 나열되어 있다.
정답 + Light is shining through the windows.
창문들을 통해 빛이 들어오고 있다.

어휘 extend ~까지 이어져 있다, 뻗어있다 | line ~을 따라 늘어서다 |
walkway 보도 | lay 두다, 놓다

2. 호주

(A) A boat race is taking place.
(B) Some buildings are visible in the distance.
(C) Mountains overlook the water.
(D) Some workers are repairing a deck.

(A) 보트 경주가 열리고 있다.
(B) 멀리 몇몇 건물들이 보인다.
(C) 산들이 물을 내려다보고 있다.
(D) 몇몇 인부들이 갑판을 수리하고 있다.

해설 (A) 경주가 열리지 않으므로 오답이다.
(B) 멀리 건물들이 보이므로 정답이다.
(C) 산이 보이지 않으므로 오답이다.
(D) 인부들이 보이지 않으므로 오답이다.

추가 + Some buildings overlook the water.
가능 몇몇 건물들이 물을 내려다보고 있다.
정답 + Some boats are floating by a pier.
몇몇 보트 몇 대가 부두 옆에 떠있다.

어휘 take place 개최되다 | visible 눈에 보이는 | in the distance 먼
곳에 | overlook 내려다보다 | deck 갑판 | pier 부두

3. 미국

(A) Some people are adjusting the monitors.
(B) Some people are picking up their luggage.
(C) Some people are waiting in line.
(D) Some people are standing at the counter.

(A) 몇몇 사람들이 모니터들을 조정하고 있다.
(B) 몇몇 사람들이 짐을 들어 올리고 있다.
(C) 몇몇 사람들이 줄 서서 기다리고 있다.
(D) 몇몇 사람들이 카운터에 서 있다.

해설 (A) 사람들이 모니터들을 조정하고 있지 않으므로 오답이다.
(B) 사람들이 짐을 들어 올리고 있지 않으므로 오답이다.
(C) 사람들이 줄을 선 모습이 아니므로 오답이다.
(D) 사람들이 카운터에 서 있으므로 정답이다.

추가 + Suitcases have been placed next to some people.
가능 여행 가방들이 몇몇 사람들 옆에 놓여져 있다.
정답 + Some people are leaning over a counter.
몇몇 사람들이 카운터에 기대고 있다.

어휘 adjust 조정하다, 조절하다 | pick up ~을 들다 | luggage (여행용)
짐 | lean 기대다

4. 영국

2

(A) Some documents are being stacked on a table.
(B) The woman is reaching for a book.
(C) Some shelves are cleared off.
(D) The woman is holding onto a railing.

(A) 탁자에 문서 몇 개가 쌓여지고 있다.
(B) 여자가 책에 손을 뻗고 있다.
(C) 몇몇 선반들이 치워져 있다.
(D) 여자가 난간을 붙잡고 있다.

해설 (A) 문서나 탁자는 보이지 않으므로 오답이다.
(B) 여자가 책을 꺼내려고 책에 손을 뻗고 있으므로 정답이다.
(C) 치워져 비어 있는 선반은 보이지 않으므로 오답이다.
(D) 난간은 보이지 않으므로 오답이다.

추가 + She is extending her arm.
가능   여자가 팔을 뻗고 있다.
정답
+ Some books are organized in shelves.
  책들이 선반에 정리되어 있다.

어휘 stack 쌓다 ı reach for ~를 향해 손을 뻗다 ı clear off 치우다 ı
extend 뻗다, 내밀다 ı organize 정리하다

---

5. 미국

(A) The man is standing next to the checkout counter.
(B) The man is paying for his items.
(C) The man is putting some vegetables into a cart.
(D) The man has picked up some produce.

(A) 남자가 계산대 옆에 서 있다.
(B) 남자가 물건 값을 지불하고 있다.
(C) 남자가 채소들을 카트에 넣고 있다.
(D) 남자가 농산물을 들고 있다.

해설 (A) 계산대가 없으므로 오답이다.
(B) 계산을 하고 있지 않으므로 오답이다.
(C) 남자가 채소를 카트에 넣고 있지 않으므로 오답이다.
(D) 남자가 어떤 농산물을 손에 들고 있으므로 정답이다.

추가 + The man is holding onto a cart.
가능   남자가 카트를 잡고 있다.
정답
+ The man is looking at some merchandise.
  남자가 어떤 상품을 보고 있다.

어휘 checkout counter 계산대 ı produce 농산물 ı merchandise
상품

---

6. 호주

(A) A vehicle has stopped at a crosswalk.
(B) A bicycle has been locked to a rack.
(C) A walkway is being repaved.
(D) A cyclist is drinking some water.

(A) 차량이 횡단보도에 멈춰 서 있다.
(B) 자전거가 보관대에 잠겨 있다.
(C) 보도가 재포장되고 있다.
(D) 자전거를 탄 사람이 물을 마시고 있다.

해설 (A) 차량 한 대가 횡단보도 앞에 멈춰 서 있으므로 정답이다.
(B) 자전거 보관대가 보이지 않으므로 오답이다.
(C) 보도를 포장하는 사람이 보이지 않으므로 오답이다.
(D) 자전거를 탄 사람이 물을 마시고 있지 않으므로 오답이다.

추가 + A cyclist is wearing a helmet.
가능   자전거를 탄 사람이 헬멧을 쓰고 있다.
정답
+ A pedestrian is walking along a street.
  보행자가 길을 따라 걷고 있다.

어휘 vehicle 차량 ı crosswalk 횡단보도 ı lock (자물쇠로) 잠그다 ı
rack 보관대, 선반 ı walkway 보도 ı repave 다시 포장하다

---

7. 영국

(A) Some people are mounting an air-conditioner on
    the wall.
(B) Some people are watching a business
    presentation.
(C) Some people are seated across from each other.
(D) Some people are arranging office furniture.

(A) 몇몇 사람들이 에어컨을 벽에 고정시키고 있다.
(B) 몇몇 사람들이 사업 발표회를 보고 있다.
(C) 몇몇 사람들이 서로 마주 보고 앉아 있다.
(D) 몇몇 사람들이 사무용 가구를 배치하고 있다.

해설 (A) 에어컨이 보이지 않으므로 오답이다.
(B) 발표를 하는 모습이 아니므로 오답이다.
(C) 사람들이 테이블 양편에 앉아 서로 마주 보고 있으므로 정답이다.
(D) 사람들이 가구를 옮기는 모습이 아니므로 오답이다.

+ Some people are shaking hands.
몇몇 사람들이 악수하고 있다.

+ They are attending a meeting.
사람들이 회의에 참석 중이다.

어휘 mount 고정시키다 | across from each other 서로 마주 보고 | arrange 배열하다, 정렬하다

8.

미국

(A) Some paintings have been hung on the wall.
(B) Light fixtures are being installed on the ceiling.
(C) Chairs have been pushed under the tables.
(D) The tables are covered with cloths.

(A) 그림 몇 개가 벽에 걸려 있다.
(B) 조명이 천장에 설치되고 있다.
(C) 의자들이 식탁 아래로 밀어 넣어져 있다.
(D) 식탁들이 천으로 덮여 있다.

해설 (A) 그림들이 없으므로 오답이다.
(B) 조명을 설치하고 있는 사람이 없으므로 오답이다.
(C) 의자들이 식탁 아래로 넣어져 있지 않으므로 오답이다.
(D) 식탁들이 천으로 덮여 있으므로 정답이다.

추가 가능 정답 + Light fixtures have been mounted on the ceiling.
조명 기구들이 천장에 고정되어 있다.

+ Chairs have been placed around some tables.
의자들이 식탁 주변에 놓여 있다.

어휘 painting 그림 | light fixture 조명 | cloth 천 | mount 놓다, 붙박다

9.

영국

(A) A line is being painted on the platform.
(B) The doors have been opened.
(C) Some people are boarding the train.
(D) Some columns are being erected.

(A) 승강장에 선이 그어지고 있다.
(B) 문들이 열려 있다.
(C) 몇몇 사람들이 기차에 탑승하는 중이다.
(D) 기둥 몇 개가 세워지고 있다.

해설 (A) 선을 승강장에 칠하고 있는 사람이 없으므로 오답이다.
(B) 문들이 열려 있으므로 정답이다.
(C) 기차에 탑승하고 있는 사람들이 없으므로 오답이다.
(D) 기둥들을 세우고 있는 사람들이 없으므로 오답이다.

추가 가능 정답 + Some columns have been put up in a row.
기둥 몇 개가 일렬로 세워져 있다.

+ The floor is covered with tiles.
바닥이 타일로 덮여 있다.

어휘 line 선 | platform 승강장 | board 탑승하다 | column 기둥 | erect 세우다

10.

미국

(A) Some bicycles have been propped against a railing.
(B) Some street lamps are being repaired.
(C) A building is being constructed.
(D) Pedestrians are waiting at a traffic light.

(A) 자전거 몇 대가 난간에 기대어 세워져 있다.
(B) 가로등 몇 개가 수리되고 있다.
(C) 한 건물이 건설되고 있다.
(D) 보행자들이 신호등에서 기다리고 있다.

해설 (A) 자전거들이 난간에 기대어 세워져 있으므로 정답이다.
(B) 가로등을 수리하는 사람이 보이지 않으므로 오답이다.
(C) 건물을 건설하고 있는 인물이 없으므로 오답이다.
(D) 보행자들과 신호등이 보이지 않으므로 오답이다.

추가 가능 정답 + Some buildings are visible in the distance.
몇몇 건물들이 멀리서 보인다.

+ A bicycle is leaning against a lamppost.
자전거 한 대가 가로등에 기대어져 있다.

어휘 prop 기대어 세우다, 받쳐 놓다 | railing 난간 | street lamp 가로등 | pedestrian 보행자 | traffic light 신호등

11.

미국

(A) A car is being worked on.
(B) A vehicle is leaving a garage.
(C) The man is pulling the handle on a door.
(D) The man is taking a tire off a rack.

(A) 차량이 작업되고 있다.

(B) 차량이 차고를 나가고 있다.

(C) 남자가 문 손잡이를 당기고 있다.

(D) 남자가 선반에서 타이어를 꺼내고 있다.

해설 (A) 사람이 차를 수리하고 있으므로 정답이다.

(B) 차량이 차고를 빠져나가고 있지 않으므로 오답이다.

(C) 남자가 문 손잡이에 손을 대고 있지 않으므로 오답이다.

(D) 선반이 등장하지 않으므로 오답이다.

추가
가능
정답

+ A man is wearing a protective mask.

남자가 방호용 마스크를 쓰고 있다.

+ A man is repairing a vehicle with a piece of equipment.

남자가 어떤 장비로 차량을 수리하고 있다.

어휘 garage 차고 | rack 선반 | protective mask 방호용 마스크

---

12.  호주

(A) A floor is being swept with a broom.

(B) A woman is loading a vehicle with a flower pot.

(C) A window on the wall is being cleaned.

(D) A woman is mowing the lawn.

(A) 바닥이 빗자루로 쓸리고 있다.

(B) 여자가 차량에 화분을 싣고 있다.

(C) 벽에 있는 창문이 청소되고 있다.

(D) 여자가 잔디를 깎고 있다.

해설 (A) 여자가 바닥을 빗자루로 쓸고 있는 모습을 현재 진행 수동태로 표현한 정답이다.

(B) 사진에 차량이 안 보이므로 오답이다.

(C) 벽에 있는 창문을 청소하지 않으므로 오답이다.

(D) 여자가 잔디를 깎고 있지 않으므로 오답이다.

추가
가능
정답

+ A potted plant has been placed on the floor.

화분에 심은 식물(화분)이 바닥에 놓여져 있다.

+ The woman is cleaning an outdoor area.

여자가 야외 공간을 청소하고 있다.

어휘 sweep 쓸다 | broom 빗자루 | load 싣다 | flower pot 화분 | mow 잔디를 깎다

Practice

본서 p.37

1. (A) 2. (A) 3. (C) 4. (A) 5. (C) 6. (B)
7. (D) 8. (C) 9. (C) 10. (D) 11. (D) 12. (B)

1.  미국

(A) The man is pushing a wheelbarrow.

(B) The man is sitting on a bench.

(C) The man is watering some plants.

(D) The man is moving some pots.

(A) 남자가 손수레를 밀고 있다.

(B) 남자가 벤치에 앉아 있다.

(C) 남자가 몇몇 식물들에 물을 주고 있다.

(D) 남자가 몇몇 화분들을 옮기고 있다.

해설 (A) 남자가 손수레를 밀고 있으므로 정답이다.

(B) 남자가 벤치에 앉아 있지 않으므로 오답이다.

(C) 남자가 식물들에 물을 주고 있지 않으므로 오답이다.

(D) 남자가 화분들을 옮기고 있지 않으므로 오답이다.

어휘 wheelbarrow (외바퀴) 손수레 | water (화초 등에) 물을 주다 | pot 화분

---

2. 영국

(A) The woman is using a copy machine.

(B) The woman is reading a book.

(C) The woman is opening some windows.

(D) The woman is cleaning some shelves.

(A) 여자가 복사기를 사용하고 있다.

(B) 여자가 책을 읽고 있다.

(C) 여자가 창문 몇 개를 열고 있다.

(D) 여자가 선반들을 청소하고 있다.

해설 (A) 여자가 복사기를 사용하고 있으므로 정답이다.

(B) 여자가 책을 읽고 있지 않으므로 오답이다.

(C) 여자가 창문을 열고 있지 않으므로 오답이다.

(D) 여자가 선반들을 청소하고 있지 않으므로 오답이다.

어휘 copy machine 복사기 | shelf 선반

3. 　미국

(A) A woman is pouring water into a glass.
(B) Some plates are being stacked.
(C) Some flowers are being placed in a vase.
(D) A woman is clearing off a table.

(A) 여자가 유리잔에 물을 붓고 있다.
(B) 접시들이 쌓여지고 있다.
(C) 꽃들이 화병에 놓여지고 있다.
(D) 여자가 식탁을 치우고 있다.

해설 (A) 여자가 잔에 물을 붓고 있지 않으므로 오답이다.
(B) 접시들이 보이지 않으므로 오답이다.
(C) 꽃들이 화병에 놓여지고 있으므로 정답이다.
(D) 여자가 식탁을 치우고 있지 않으므로 오답이다.

어휘 pour 붓다, 따르다 I plate 접시 I stack 쌓다 I place 놓다 I clear off 치우다

4. 　호주

(A) Some artworks have been displayed on a street.
(B) A woman is making a purchase.
(C) People are viewing paintings indoors.
(D) A picture has been drawn on a wall.

(A) 미술품들이 길거리에 전시되어 있다.
(B) 여자가 구매를 하고 있다.
(C) 사람들이 실내에서 그림들을 감상하고 있다.
(D) 그림이 벽에 그려져 있다.

해설 (A) 미술품이 길거리에 전시되어 있으므로 정답이다.
(B) '구매를 하다'가 정답이 되려면 사진에 돈이 보여야 하는데 없으므로 오답이다.
(C) 사람들이 실내가 아닌 야외에서 그림들을 감상하고 있으므로 오답이다.
(D) 벽에 그림이 그려져 있지 않으므로 오답이다.

어휘 artwork 미술품, 예술품 I make a purchase 구매하다 I picture 사진; 그림 I draw 그리다 I wall 벽

5. 　영국

(A) A lawn is being mowed.
(B) A fence is being installed under an archway.
(C) Some chairs have been placed in rows.
(D) Some trees are being trimmed.

(A) 잔디가 깎이고 있다.
(B) 아치 길 아래에 울타리가 설치되고 있다.
(C) 의자 몇 개가 여러 줄로 놓여 있다.
(D) 나무 몇 그루가 다듬어지고 있다.

해설 (A) 잔디를 깎고 있는 사람이 보이지 않으므로 오답이다.
(B) 울타리를 설치하는 사람이 보이지 않으므로 오답이다.
(C) 의자들이 여러 줄로 놓여 있으므로 정답이다.
(D) 나무들을 다듬고 있는 사람이 보이지 않으므로 오답이다.

어휘 lawn 잔디 I mow 잔디를 깎다 I archway 아치 (지붕이 덮인) 길; 아치형 입구 I in rows 여러 줄로 I trim 다듬다, 손질하다

6. 　호주

(A) The woman is polishing the floor tiles.
(B) A machine is being examined.
(C) The man is placing some tools on the counter.
(D) A stove door is being opened.

(A) 여자가 바닥 타일에 광을 내고 있다.
(B) 기계가 검사되고 있다.
(C) 남자가 연장 몇 개를 카운터에 올려놓고 있다.
(D) 가스레인지 문이 열려지고 있다.

해설 (A) 여자가 바닥 타일에 광을 내고 있지 않으므로 오답이다.
(B) 사람들이 기계를 살펴보고 있으므로 정답이다.
(C) 남자가 연장들을 카운터에 올려놓는 동작이 아니므로 오답이다.
(D) 가스레인지 문을 열고 있지 않으므로 오답이다.

어휘 polish 광을 내다 I examine 검사하다 I place 놓다, 두다 I tool 도구, 연장 I stove (가스·전기) 레인지

7.

(A) An employee is cleaning a display shelf.
(B) A worker is greeting customers at the door.
(C) A salesperson is putting an item into a bag.
(D) A customer is shopping for shoes.

(A) 직원이 진열 선반을 청소하고 있다.
(B) 문에서 직원이 고객들을 맞이하고 있다.
(C) 판매원이 물건을 가방에 넣고 있다.
(D) 고객이 신발 쇼핑을 하고 있다.

해설 (A) 직원이 선반을 청소하고 있지 않으므로 오답이다.
(B) 문이 보이지 않으므로 오답이다.
(C) 판매원이 물건을 가방에 넣고 있지 않으므로 오답이다.
(D) 고객이 신발 쇼핑을 하고 있으므로 정답이다.

어휘 display 전시, 진열 I greet 맞이하다, 인사하다 I salesperson 판매원 I customer 고객

8.

(A) The worker is picking up a tool.
(B) A load of bricks is being transported.
(C) The worker is laying some bricks on the ground.
(D) A safety helmet has been placed in the cart.

(A) 인부가 공구를 들어 올리고 있다.
(B) 벽돌 한 짐이 운반되고 있다.
(C) 인부가 땅에 벽돌을 깔고 있다.
(D) 안전모가 카트 안에 놓여 있다.

해설 (A) 인부가 공구를 들어 올리고 있지 않으므로 오답이다.
(B) 벽돌 한 짐이 운반되고 있지 않으므로 오답이다.
(C) 인부가 땅에 벽돌을 깔고 있으므로 정답이다.
(D) 카트가 없으므로 오답이다.

어휘 a load of 한 짐의 ~ I brick 벽돌 I transport 운반하다 I lay 놓다, 깔다 I safety helmet 안전모

9.

(A) A customer is purchasing some flowers.
(B) A server is carrying a chair.
(C) One of the people is sipping on a beverage.
(D) Both of them are using laptops.

(A) 고객이 꽃 몇 송이를 구매하고 있다.
(B) 종업원이 의자를 나르고 있다.
(C) 사람들 중 한 명이 음료를 마시고 있다.
(D) 두 사람 모두 노트북을 사용하고 있다.

해설 (A) 고객이 꽃을 구매하고 있지 않으므로 오답이다.
(B) 종업원이 의자를 나르고 있지 않으므로 오답이다.
(C) 사람들 중 한 명이 음료를 마시고 있으므로 정답이다.
(D) 두 사람 중 한 명만 노트북을 사용하고 있으므로 오답이다.

어휘 purchase 구매하다 I carry 나르다 I sip 홀짝이다, 조금씩 마시다 I beverage 음료 I laptop 노트북 컴퓨터

10.

(A) Some customers are trying on rings.
(B) Necklaces are being polished by a salesperson.
(C) A metal watchband is being replaced.
(D) Various kinds of jewelry are on display.

(A) 몇몇 고객들이 반지를 껴보고 있다.
(B) 목걸이들이 판매원에 의해 닦이고 있다.
(C) 금속 손목시계 줄이 교체되고 있다.
(D) 다양한 종류의 보석들이 진열되어 있다.

해설 (A) 몇몇 고객들이 반지를 껴보고 있지 않으므로 오답이다.
(B) 판매원이 목걸이에 광을 내고 있지 않으므로 오답이다.
(C) 금속 손목시계 줄이 교체되고 있지 않으므로 오답이다.
(D) 다양한 종류의 보석들이 진열되어 있으므로 정답이다.

어휘 try on (옷·장신구 등을) 착용해 보다 I polish 닦다, 윤을 내다 I replace 교체하다 I various 다양한 I jewelry 보석류, 장신구 I on display 진열된, 전시된

11.

호주

(A) Balconies have been attached to all apartments.
(B) People are crossing the street.
(C) A motorcycle has stopped at a traffic light.
(D) Some cars have been parked along the street.

(A) 모든 아파트에 발코니가 붙어 있다.
(B) 사람들이 길을 건너고 있다.
(C) 오토바이가 신호등에 멈춰 있다.
(D) 자동차들이 길을 따라 주차되어 있다.

해설 (A) 모든 아파트에 발코니가 있지는 않으므로 오답이다.
　　 (B) 사람들은 보이지 않으므로 오답이다.
　　 (C) 신호등은 보이지 않으므로 오답이다.
　　 (D) 자동차들이 길을 따라 주차되어 있으므로 정답이다.

어휘 attach 부착하다, 첨부하다 | traffic light 신호등 | park 주차하다 |
　　 along ~를 따라서

12.
고난도

미국

(A) A pair of paddles has been propped against a boat.
(B) The scenery is reflected on the surface of the water.
(C) A bridge leads to a house near the riverbank.
(D) The sailor is securing a boat to a pier.

(A) 노 한 쌍이 배에 기대어 세워져 있다.
(B) 경치가 수면에 비쳐진다.
(C) 다리가 강둑 근처의 집으로 이어져 있다.
(D) 선원이 부두에 배를 고정하고 있다.

해설 (A) 노나 배는 보이지 않으므로 오답이다.
　　 (B) 수면에 경치가 비쳐지므로 정답이다.
　　 (C) 다리가 집으로 이어지고 있지 않으므로 오답이다.
　　 (D) 선원이나 배는 보이지 않으므로 오답이다.

어휘 paddle 노 | prop against ~에 받쳐 놓다 | scenery 경치, 풍경 |
　　 reflect 비추다, 반사하다 | lead to ~로 이어지다 | riverbank 강둑 |
　　 sailor 선원 | secure 고정시키다 | pier 부두

UNIT 02. 인물 사진

Warm-up

| 1. (D) | 2. (D) | 3. (C) | 4. (B) | 5. (C) | 6. (D) |
| 7. (B) | 8. (D) | 9. (B) | 10. (A) | 11. (B) | 12. (B) |

1.

영국

(A) Several passengers are getting out of a vehicle.
(B) Luggage is being loaded onto the roof of a bus.
(C) Some trees are being trimmed.
(D) Some people are at a bus stop.

(A) 승객 여러 명이 차에서 내리고 있다.
(B) 짐이 버스 지붕 위에 실리고 있다.
(C) 나무 몇 그루가 손질되고 있다.
(D) 몇몇 사람들이 버스 정류장에 있다.

해설 (A) 하차하는 승객들이 없으므로 오답이다.
　　 (B) 지붕 위에 실리는 짐들이 없으므로 오답이다.
　　 (C) 나무를 손질하고 있는 사람이 없으므로 오답이다.
　　 (D) 사람들이 버스 정류장에 있으므로 정답이다.

추가
가능 　 + Some passengers are lined up outside.
정답 　　 몇몇 승객들이 밖에서 줄을 서있다.
　　 + Some people are waiting to board a bus.
　　　 몇몇 사람들이 버스를 타기 위해 기다리고 있다.

어휘 passenger 승객 | luggage 짐 | load 싣다, 적재하다 | trim 손질
　　 하다, 깎아 다듬다

2.

미국

(A) Some people are waiting in line outside.
(B) Some people are strolling through a park.
(C) Some people are exiting a building.
(D) Some people are crossing a road.

(A) 몇몇 사람들이 밖에서 줄을 서서 기다리고 있다.
(B) 몇몇 사람들이 공원을 거닐고 있다.
(C) 몇몇 사람들이 건물 밖으로 나가고 있다.
(D) 몇몇 사람들이 도로를 건너고 있다.

해설 (A) 밖에서 기다리는 사람들이 보이지 않으므로 오답이다.

(B) 공원이 아닌 도로 위를 걷고 있으므로 오답이다.

(C) 건물에서 밖으로 나가는 모습이 아니므로 오답이다.

(D) 횡단보도를 건너고 있으므로 정답이다.

추가
가능
정답
+ Some pedestrians are walking on the crosswalk.

몇몇 보행자들이 횡단보도를 건너고 있다.

+ Some cars are heading in opposite directions.

몇몇 차량들이 반대쪽으로 향하고 있다.

어휘 wait in line 줄을 서서 기다리다 I stroll 거닐다, 산책하다 I exit 나가다 I cross 건너다

3.

 호주

(A) The man is making a photocopy.

(B) The woman is filing some folders.

(C) They are looking at a document.

(D) They are putting away some medical equipment.

(A) 남자가 복사를 하고 있다.

(B) 여자가 몇몇 폴더들을 철하고 있다.

(C) 사람들이 서류를 보고 있다.

(D) 사람들이 의료기기를 치우고 있다.

해설 (A) 복사를 하고 있지 않으므로 오답이다.

(B) 폴더를 철하고 있지 않으므로 오답이다.

(C) 사람들이 문서를 보고 있으므로 정답이다.

(D) 의료기기를 치우고 있지 않으므로 오답이다.

추가
가능
정답
+ The man is wearing a lab coat.

남자가 실험실 코트(의사 가운, 실험복)를 입고 있다.

+ The man is holding a document in his hand.

남자가 손에 문서를 들고 있다.

어휘 make a photocopy 복사하다 I file (문서 등을) 철하다 I document 문서 I put away 치우다 I medical equipment 의료기기

4.

 미국

(A) A lamp is being turned on.

(B) A man is pointing at a picture.

(C) People are reading documents on the table.

(D) Some papers are being distributed.

(A) 전등이 켜지고 있다.

(B) 남자가 사진을 가리키고 있다.

(C) 사람들이 책상 위에 있는 서류들을 읽고 있다.

(D) 서류들이 배부되고 있다.

해설 (A) 전등을 켜고 있는 사람이 없으므로 오답이다.

(B) 발표자가 사진을 가리키고 있으므로 정답이다.

(C) 사람들이 책상 위 서류들을 읽고 있지 않으므로 오답이다.

(D) 서류를 나눠주는 사람이 없으므로 오답이다.

추가
가능
정답
+ A man is holding a picture.

남자가 그림을 들고 있다.

+ People have gathered for a meeting.

사람들이 회의를 위해 모여있다.

어휘 turn on 켜다 I point at ~을 가리키다 I distribute 배부[분배]하다

5.

 영국

(A) They're opening a factory gate.

(B) They're loading equipment onto a truck.

(C) They're working on a vehicle.

(D) They're riding in a car.

(A) 사람들이 공장 문을 열고 있다.

(B) 사람들이 트럭에 장비를 싣고 있다.

(C) 사람들이 차량에 작업을 하고 있다.

(D) 사람들이 차에 타고 있다.

해설 (A) 공장 문을 열고 있지 않으므로 오답이다.

(B) 트럭에 장비를 싣고 있지 않으므로 오답이다.

(C) 사람들이 차량에 무언가 작업을 하고 있으므로 정답이다.

(D) 사람들이 차에 타고 있지 않으므로 오답이다.

추가
가능
정답
+ A tool has been set beside a tire.

연장 하나가 타이어 옆에 세워져 있다.

+ A vehicle is being inspected by some workers.

차량이 몇몇 인부들에 의해 검사되고 있다.

어휘 load 싣다 I work on 작업하다 I inspect 조사하다, 검사하다

6.

 미국

(A) Labels are being taped to a container.
(B) A worker is sweeping the floor.
(C) Some machines are lined up in a row.
(D) A container is being moved.

(A) 컨테이너에 라벨이 붙여지고 있다.
(B) 일하는 사람이 바닥을 쓸고 있다.
(C) 몇몇 기계들이 일렬로 세워져 있다.
(D) 컨테이너 한 개가 옮겨지고 있다.

해설 (A) 라벨이 보이지 않으므로 오답이다.
　　(B) 바닥을 쓸고 있는 사람이 없으므로 오답이다.
　　(C) 일렬로 정렬된 기계들이 없으므로 오답이다.
　　(D) 컨테이너가 지게차로 옮겨지고 있으므로 정답이다.

추가 　+ A container is being lifted by a machine.
가능　　　컨테이너가 기계에 의해 들려지고 있다.
정답　+ A worker is operating machinery.
　　　　인부가 기계를 작동하고 있다.

어휘 tape 테이프로 붙이다 | sweep 쓸다 | container 컨테이너, 용기

---

7.  　　　호주

(A) A wooden fence is being painted.
(B) He is spraying the lawn with a hose.
(C) Some bushes are being trimmed.
(D) He is organizing some gardening tools.

(A) 나무로 된 울타리가 페인트칠되고 있다.
(B) 남자가 호스로 잔디에 물을 뿌리고 있다.
(C) 덤불들이 다듬어지고 있다.
(D) 남자가 원예용 도구를 정리하고 있다.

해설 (A) 울타리가 보이지 않으므로 오답이다.
　　(B) 호스를 든 남자가 잔디에 물을 주고 있으므로 정답이다.
　　(C) 덤불을 다듬는 모습이 아니므로 오답이다.
　　(D) 원예용 도구를 정리하는 모습이 아니므로 오답이다.

추가 　+ The lawn is being watered.
가능　　　잔디에 물을 주고 있다.
정답　+ Trees are planted in an outdoor area.
　　　　나무들이 야외에 심겨져 있다.

어휘 wooden 나무로 된 | fence 울타리 | paint 페인트칠하다 | spray 뿌리다, 살포하다 | bush 관목, 덤불 | trim 다듬다 | organize 정리하다 | gardening tool 원예용 도구

---

8.  　　　미국

(A) Some napkins are being folded.
(B) Some people are entering a dining room.
(C) A vase is being placed on the counter.
(D) People are having a meal at the table.

(A) 냅킨 몇 개가 접히고 있다.
(B) 몇몇 사람들이 식당으로 들어가고 있다.
(C) 꽃병이 카운터에 놓이고 있다.
(D) 사람들이 테이블에서 식사를 하고 있다.

해설 (A) 냅킨을 접고 있는 사람이 없으므로 오답이다.
　　(B) 식당으로 들어오고 있는 사람이 없으므로 오답이다.
　　(C) 꽃병이 카운터에 없으므로 오답이다.
　　(D) 사람들이 테이블에서 식사를 하고 있으므로 정답이다.

추가 　+ Some people are facing each other.
가능　　　몇몇 사람들이 마주보고 있다.
정답　+ Plates have been laid out on the table.
　　　　접시들이 식탁에 놓여져 있다.

어휘 fold 접다 | vase 꽃병 | have a meal 식사하다

---

9.  　　　미국

(A) The people are setting up easels.
(B) The people are looking at the artwork.
(C) The woman is framing a painting.
(D) The man is taking a picture.

(A) 사람들이 이젤을 설치하고 있다.
(B) 사람들이 미술품을 보고 있다.
(C) 여자가 그림을 액자에 넣고 있다.
(D) 남자가 사진을 찍고 있다.

해설 (A) 이젤을 설치하는 모습이 아니므로 오답이다.
　　(B) 함께 미술품을 바라보고 있으므로 정답이다.
　　(C) 그림을 액자에 넣는 모습이 아니므로 오답이다.
　　(D) 사진을 찍는 동작이 아니므로 오답이다.

추가 　+ They are enjoying the artwork.
가능　　　사람들이 미술품을 즐기고 있다.
정답　+ Some pictures are on display.
　　　　그림 몇 점이 전시되고 있다.

어휘 set up 설치하다 | easel 이젤(화판을 올려두는 받침대) | artwork 미술품 | frame 틀[액자]에 끼우다 | take a picture 사진을 찍다

10.

영국

(A) A cyclist is resting by a body of water.
(B) A cyclist is placing a helmet on a bench.
(C) Some trees are being planted.
(D) Some men are fishing from a boat.

(A) 자전거 타는 사람이 물가에서 쉬고 있다.
(B) 자전거 타는 사람이 벤치에 헬멧을 놓고 있다.
(C) 나무 몇 그루를 심고 있다.
(D) 몇몇 남자들이 보트에서 낚시하고 있다.

해설 (A) 한 남자가 벤치 옆에 자전거를 세워 두고 앉아 있으므로 정답이다.
(B) 남자가 헬멧을 쓴 상태이므로 오답이다.
(C) 나무를 심는 모습이 보이지 않으므로 오답이다.
(D) 보트나 낚시하는 모습은 보이지 않으므로 오답이다.

추가 가능 정답
+ A bench is occupied.
벤치가 사용 중이다.
+ A man is drinking from a container.
남자가 용기로 물을 마시고 있다.

어휘 rest 쉬다 | body of water 물줄기, 수역 (강, 바다 등) | place 놓다, 두다 | plant (나무 등을) 심다 | fish 낚시하다

11.

미국

(A) She's reaching into her purse.
(B) She's shopping at an outdoor stand.
(C) He's chopping some fruits on a board.
(D) He's handing the woman a paper bag.

(A) 여자가 자신의 지갑 안에 손을 넣고 있다.
(B) 여자가 노점에서 쇼핑하고 있다.
(C) 남자가 도마에 있는 과일들을 썰고 있다.
(D) 남자가 여자에게 종이봉투를 건네주고 있다.

해설 (A) 지갑이 보이지 않으므로 오답이다.
(B) 여자가 노점에서 물건을 건네 받는 모습이므로 정답이다.
(C) 남자가 과일을 써는 모습이 아니므로 오답이다.
(D) 여자가 종이봉투를 들고 있으므로 오답이다.

추가 가능 정답
+ A woman is holding a paper bag.
여자가 종이봉투를 들고 있다.
+ A man is selling some fruits at a stand.
남자가 가판대에서 과일을 팔고 있다.

어휘 reach into ~안에 손을 넣다 | outdoor 야외의 | stand 노점, 가판대, 좌판 | chop (잘게) 썰다 | board ~판[~대] | hand 건네다 | paper bag 종이봉투

12.

호주

(A) Pastry dough is being rolled out on a counter.
(B) Some food is being weighed on a scale.
(C) Items are being placed on a display shelf.
(D) Desserts are being arranged on a tray.

(A) 페이스트리 반죽이 조리대 위에서 펴지고 있다.
(B) 저울로 음식 무게를 재고 있다.
(C) 물건들이 진열 선반에 놓이고 있다.
(D) 디저트가 쟁반에 정렬되고 있다.

해설 (A) 반죽을 펴고 있는 동작이 아니므로 오답이다.
(B) 여자가 음식을 저울 위에 올려놓는 모습이므로 정답이다.
(C) 음식을 진열 선반에 놓고 있는 모습이 아니므로 오답이다.
(D) 디저트를 정렬하는 모습이 아니므로 오답이다.

추가 가능 정답
+ A woman is standing behind a counter.
여자가 조리대 뒤에 서 있다.
+ Some bottles are arranged on a shelf.
병 몇 개가 선반 위에 정렬돼 있다.

어휘 pastry dough 페이스트리 반죽(밀가루에 버터와 물 등을 넣고 반죽한 것) | roll ~ out ~을 (밀어서) 펴다 | weigh ~의 무게를 달다 | scale 저울 | item 물품, 상품 | place 놓다, 두다 | display shelf 진열 선반 | arrange 정리하다, 배열하다 | tray 쟁반

Practice

본서 p.53

| 1. (A) | 2. (A) | 3. (C) | 4. (B) | 5. (B) | 6. (D) |
| 7. (C) | 8. (B) | 9. (B) | 10. (B) | 11. (D) | 12. (A) |

1. 미국

(A) They're working outdoors.
(B) They're hanging their hard hats on a rack.
(C) They're operating a machine.
(D) They're standing on a ladder.

(A) 사람들이 야외에서 작업하고 있다.
(B) 사람들이 걸이에 안전모를 걸고 있다.
(C) 사람들이 기계를 작동시키고 있다.
(D) 사람들이 사다리에 올라가 서 있다.

해설 (A) 야외에서 작업하고 있으므로 정답이다.
(B) 걸이가 보이지 않으므로 오답이다.
(C) 기계가 보이지 않으므로 오답이다.
(D) 사다리가 보이지 않으므로 오답이다.

어휘 hard hat 안전모 | rack 선반, 걸이 | operate 작동시키다 | ladder 사다리

2. 영국
고난도

(A) They're greeting each other.
(B) They're boarding an airplane.
(C) They're walking up the staircase.
(D) They're carrying their briefcases.

(A) 사람들이 인사를 나누고 있다.
(B) 사람들이 비행기에 탑승하고 있다.
(C) 사람들이 계단을 오르고 있다.
(D) 사람들이 서류가방을 들고 가고 있다.

해설 (A) 악수를 하며 인사를 나누고 있으므로 정답이다.
(B) 비행기에 탑승하고 있지 않으므로 오답이다.
(C) 계단을 오르고 있지 않으므로 오답이다.
(D) 서류가방이 보이지 않으므로 오답이다.

어휘 greet 인사하다 | board 탑승하다 | staircase 계단 | briefcase 서류가방

3. 호주

(A) A woman is pouring water into a glass.
(B) Utensils are being washed in a sink.
(C) Some plates have been placed on the table.
(D) They are examining a menu.

(A) 여자가 유리잔에 물을 따르고 있다.
(B) 조리용 기구들이 싱크대에서 닦여지고 있다.
(C) 접시 몇 개가 식탁 위에 놓여 있다.
(D) 사람들이 메뉴판을 보고 있다.

해설 (A) 물을 따르고 있는 여자가 없으므로 오답이다.
(B) 싱크대가 보이지 않으므로 오답이다.
(C) 식탁 위에 접시들이 놓여 있으므로 정답이다.
(D) 메뉴판이 보이지 않으므로 오답이다.

어휘 pour 따르다 | utensil 기구

4. 미국

(A) He's putting a tool in a bag.
(B) He's building a brick wall.
(C) He's leaving a construction site.
(D) He's removing his hat.

(A) 남자가 공구를 가방에 넣고 있다.
(B) 남자가 벽돌담을 쌓고 있다.
(C) 남자가 공사 현장을 떠나고 있다.
(D) 남자가 모자를 벗고 있다.

해설 (A) 가방이 보이지 않으므로 오답이다.
(B) 벽돌로 담을 쌓고 있으므로 정답이다.
(C) 공사 현장을 떠나는 모습이 아니므로 오답이다.
(D) 모자를 벗고 있지 않으므로 오답이다.

어휘 brick wall 벽돌 벽 | lay out ~을 배치하다, 펼치다

5.
고난도

영국

(A) A man is holding onto a railing.

(B) A woman is carrying a bag.

(C) They are waiting at a crosswalk.

(D) They are walking down some steps.

(A) 남자가 난간을 붙잡고 있다.

(B) 여자가 가방을 들고 있다.

(C) 사람들이 횡단보도에서 기다리고 있다.

(D) 사람들이 계단을 내려가고 있다.

해설 (A) 난간이 보이지 않으므로 오답이다.

(B) 여자가 가방을 들고 있으므로 정답이다.

(C) 횡단보도가 보이지 않으므로 오답이다.

(D) 사람들이 계단을 올라가고 있으므로 오답이다.

어휘 hold onto ~을 꼭 잡다 | railing 난간, 철책 | carry 가지고 다니다 | crosswalk 횡단보도 | steps 계단

7.

미국

(A) A customer is studying a menu.

(B) The woman is cooking some food in a kitchen.

(C) The woman is alone in a dining area.

(D) A waiter is taking an order.

(A) 고객이 메뉴를 살펴보고 있다.

(B) 여자가 부엌에서 음식을 만들고 있다.

(C) 여자가 식사 공간에 혼자 있다.

(D) 종업원이 주문을 받고 있다.

해설 (A) 메뉴판이 보이지 않으므로 오답이다.

(B) 여자가 부엌에서 음식을 만들고 있지 않으므로 오답이다.

(C) 여자가 식사 공간에 혼자 있으므로 정답이다.

(D) 주문을 받는 동작이 아니므로 오답이다.

어휘 study 살펴보다 | dining area 식사 공간 | take an order 주문을 받다

6.

호주

(A) Some papers are piled up on the table.

(B) A laptop computer is being turned on.

(C) Some people are seated around a conference table.

(D) Some people are looking at a monitor.

(A) 종이가 탁자 위에 쌓여 있다.

(B) 노트북 컴퓨터가 켜지고 있다.

(C) 몇몇 사람들이 회의용 탁자에 둘러앉아 있다.

(D) 몇몇 사람들이 모니터를 보고 있다.

해설 (A) 종이가 쌓여 있지 않으므로 오답이다.

(B) 컴퓨터를 켜는 사람이 보이지 않으므로 오답이다.

(C) 사람들이 모두 서 있으므로 오답이다.

(D) 사람들이 화면을 보고 있으므로 정답이다.

어휘 type (컴퓨터로) 타자를 치다, 입력하다 | point at ~을 (손으로) 가리키다 | conference table 회의용 탁자

8.

미국

(A) Some passengers are exiting a train.

(B) Some people are waiting on a platform.

(C) Some customers are purchasing tickets.

(D) Some luggage has been placed beside the railing.

(A) 몇몇 승객들이 기차에서 내리고 있다.

(B) 몇몇 사람들이 승강장에서 기다리고 있다.

(C) 몇몇 고객들이 표를 구매하고 있다.

(D) 몇몇 수하물이 난간 옆에 놓여 있다.

해설 (A) 승객들이 기차에서 내리고 있지 않으므로 오답이다.

(B) 사람들이 승강장에서 기다리고 있으므로 정답이다.

(C) 고객들이 표를 구매하고 있지 않으므로 오답이다.

(D) 수하물이 난간 옆에 놓여 있지 않으므로 오답이다.

어휘 exit 나가다 | platform 승강장 | purchase 구매하다 | place 놓다 | beside ~ 옆에 | railing 난간

9.

(A) A woman is framing a painting.
(B) An artist is working on a drawing.
(C) Some artwork is being mounted on the wall.
(D) A canvas has been set on a table.

(A) 여자가 그림을 액자에 넣고 있다.
(B) 화가가 그림 작업을 하고 있다.
(C) 미술품이 벽에 고정되고 있다.
(D) 캔버스가 탁자 위에 놓여 있다.

해설 (A) 여자가 그림을 액자에 넣고 있지 않으므로 오답이다.
(B) 화가가 그림 작업을 하고 있으므로 정답이다.
(C) 미술품을 벽에 고정하는 사람이 없으므로 오답이다.
(D) 탁자가 없으므로 오답이다.

어휘 frame 액자(틀)에 넣다 | work on 작업하다 | artwork 미술품 |
mount 고정시키다

10.

(A) Some crops are being harvested.
(B) Some produce has been sorted into baskets.
(C) A man is putting on an apron.
(D) A man is selling apples at a stand.

(A) 농작물들이 수확되고 있다.
(B) 농산물들이 바구니 안에 분류되어 있다.
(C) 남자가 앞치마를 입고 있다.
(D) 남자가 가판대에서 사과를 팔고 있다.

해설 (A) 농작물들이 수확되는 중이 아니므로 오답이다.
(B) 농산물들이 바구니 안에 분류되어 있으므로 정답이다.
(C) 앞치마를 입는 동작이 아니므로 오답이다.
(D) 남자가 가판대에서 사과를 팔고 있지 않으므로 오답이다.

어휘 crop (농)작물 | harvest 수확하다 | sort 분류하다 | crate (물품
운송용) 대형 나무 상자 | weigh 무게를 달다 | produce 농산물 |
stand 가판대

11.

(A) A man is walking across the courtyard.
(B) A man is balanced on a ladder.
(C) Two men are shoveling snow.
(D) Both of the men are using tools.

(A) 남자가 마당을 가로질러 걷고 있다.
(B) 남자가 사다리에서 균형을 잡고 있다.
(C) 남자 두 명이 삽으로 눈을 치우고 있다.
(D) 남자 둘 다 도구들을 사용하고 있다.

해설 (A) 남자가 마당을 가로질러 걷고 있지 않으므로 오답이다.
(B) 남자가 사다리에 올라가 있지 않으므로 오답이다.
(C) 눈을 치우는 동작이 아니므로 오답이다.
(D) 남자 둘 다 도구를 사용하고 있으므로 정답이다.

어휘 walk across ~을 가로질러 건너다 | courtyard 마당, 뜰 |
balance 균형을 유지하다 | shovel 삽으로 파다

12.

(A) A tool is being used to clean the window.
(B) A worker is sweeping the pavement.
(C) The man is walking through a doorway.
(D) A window pane is being installed.

(A) 창문을 청소하기 위해서 도구가 사용되고 있다.
(B) 작업자가 보도를 쓸고 있다.
(C) 남자가 출입구를 통해서 걷고 있다.
(D) 창유리가 설치되고 있다.

해설 (A) 창문을 청소하기 위해서 도구가 사용되고 있으므로 정답이다.
(B) 인부가 인도를 쓸고 있지 않으므로 오답이다.
(C) 남자가 걷고 있지 않으므로 오답이다.
(D) 창유리가 설치되고 있지 않으므로 오답이다.

어휘 sweep 쓸다 | pavement 인도 | walk through ~을 통해서 걷다
| doorway 출입구 | window pane 창유리 | install 설치하다

UNIT 03. 사물·풍경 사진

Warm-up

본서 p.57

1. (A) 2. (C) 3. (B) 4. (B) 5. (D) 6. (C)

1.

[호주]

(A) Some cars are parked along the street.
(B) The street is being repaved.
(C) Some people are strolling down the street.
(D) Balconies are being attached to the buildings.

(A) 자동차들이 길을 따라 주차되어 있다.
(B) 도로가 재포장되고 있다.
(C) 몇몇 사람들이 길을 거닐고 있다.
(D) 발코니가 건물에 부착되고 있다.

해설 (A) 자동차들이 길을 따라 주차되어 있으므로 정답이다.
(B) 도로를 포장하고 있는 사람이 없으므로 오답이다.
(C) 사람들이 없으므로 오답이다.
(D) 발코니 공사를 하는 사람이 없으므로 오답이다.

추가가능정답
+ Vehicles have been parked in a row.
차량들이 일렬로 주차되어 있다.
+ Cars are parked on one side of the street.
차들이 도로의 한쪽에만 주차되어 있다.

어휘 repave (도로 등을) 재포장하다 | stroll 거닐다, 산책하다 | attach 붙이다

2.

[미국]

(A) A line is being painted on the road.
(B) Some people are boarding the bus.
(C) Bicycles are secured on a rack.
(D) The street is being swept.

(A) 선이 도로에 페인트칠되고 있다.
(B) 몇몇 사람들이 버스에 탑승하고 있다.
(C) 자전거들이 거치대에 고정되어 있다.
(D) 길이 청소되고 있다.

해설 (A) 선을 그리고 있는 사람이 없으므로 오답이다.
(B) 탑승하고 있는 사람들이 없으므로 오답이다.
(C) 자전거들이 거치대에 고정되어 있으므로 정답이다.
(D) 길을 쓸고 있는 사람이 없으므로 오답이다.

추가가능정답
+ A bicycle rack is on a side of the street.
자전거 거치대가 길가에 있다.
+ A bus is driving down a street.
버스가 길을 따라 주행하고 있다.

어휘 board 타다 | secure 고정하다 | rack 거치대, 선반 | sweep 쓸다 [청소하다]

3.

[미국]

(A) Some lights are being turned on.
(B) Merchandise is being displayed.
(C) Some shelves are being stocked.
(D) A glass window is being wiped.

(A) 전등 몇 개가 켜지고 있다.
(B) 제품들이 진열되어 있다.
(C) 몇몇 선반들이 채워지고 있다.
(D) 유리 창문이 닦이고 있다.

해설 (A) 전등을 켜는 사람이 없으므로 오답이다.
(B) [사물 주어 + be being displayed]는 사진 속에 사람이 없어도 정답이 되는 현재 진행 수동태로 '~가 진열된 상태'를 나타낸다. 따라서 제품들이 진열되어 있으므로 정답이다.
(C) 선반을 채우고 있는 사람이 없으므로 오답이다.
(D) 유리 창문을 닦고 있는 사람이 없으므로 오답이다.

추가가능정답
+ Shelves have been stocked with merchandise.
선반이 상품들로 채워져 있다.
+ Some products have been displayed along the wall.
몇몇 상품들이 벽을 따라 진열되어 있다.

어휘 turn on 켜다 | merchandise 상품 | stock 채우다 | wipe 닦다

4.

[영국]

(A) Some papers are being spread out on the desk.
(B) A work area is divided by partitions.
(C) A door is being opened.
(D) Some chairs have been stacked in a corner.

(A) 서류들이 책상에 펼쳐지고 있다.
(B) 업무 공간이 파티션으로 나뉘어져 있다.
(C) 문이 열리고 있다.
(D) 의자들이 구석에 쌓여 있다.

해설 (A) 서류를 펼치고 있는 사람이 없으므로 오답이다.
(B) 업무 공간을 나누고 있는 파티션이 있으므로 정답이다.
(C) 문을 여는 사람이 없으므로 오답이다.
(D) 의자들이 구석에 쌓여 있지 않으므로 오답이다.

추가 + Documents are spread out on a workstation.
가능 서류들이 업무 공간에 펼쳐져 있다.
정답
+ Some shelves have been installed on the wall.
몇몇 선반들이 벽에 설치되어 있다.

어휘 spread out 펼치다 | divide 나누다 | stack 쌓다 | workstation
업무 공간

5.
[호주]

(A) Some boats are being secured at the pier.
(B) A tree is being cut down.
(C) Some cars are driving down the road.
(D) A path runs along the water.

(A) 배들이 부두에 고정되고 있다.
(B) 나무가 잘리고 있다.
(C) 몇 대의 차들이 길을 따라 주행하고 있다.
(D) 물을 따라 길이 나 있다.

해설 (A) 배를 고정시키고 있는 사람이 없으므로 오답이다.
(B) 나무를 다듬는 사람이 없으므로 오답이다.
(C) 차들이 보이지 않으므로 오답이다.
(D) 물을 따라 길이 나 있으므로 정답이다.

추가 + Some boats are docked at a pier.
가능 몇몇 배들이 항구에 정박되어 있다.
정답
+ A row of trees overlook the river.
한 줄로 늘어선 나무들이 강을 내려다보고 있다.

어휘 secure 고정하다 | pier 부두 | cut down 자르다 | path 길 | run
(길이) 나 있다 | along ~를 따라

6.
[미국]

(A) Smoke is rising from a chimney.
(B) A window is being opened.
(C) A building is covered with some plants.
(D) A lawn is being mowed.

(A) 연기가 굴뚝에서 피어 오르고 있다.
(B) 창문이 열리고 있다.
(C) 건물이 식물들로 덮여 있다.
(D) 잔디가 깎이고 있다.

해설 (A) 연기가 보이지 않으므로 오답이다.
(B) 창문을 여는 사람이 없으므로 오답이다.
(C) 식물들이 건물을 덮고 있으므로 정답이다.
(D) 잔디를 깎는 사람이 없으므로 오답이다.

추가 + A pathway runs through a lawn.
가능 잔디를 따라 길이 나 있다.
정답
+ A path leads to the building.
길이 건물로 이어져 있다.

어휘 smoke 연기 | chimney 굴뚝 | be covered with ~로 덮여 있다
| lawn 잔디 | mow (잔디를) 깎다; 베다

Practice

본서 p.63

1. (B)	2. (C)	3. (C)	4. (A)	5. (C)	6. (B)
7. (D)	8. (D)	9. (A)	10. (A)	11. (D)	12. (B)

1. 영국

(A) A rug has been rolled against the wall.
(B) A table has been situated between the sofas.
(C) A cushion has fallen on the floor.
(D) A lamp is being placed on a table.

(A) 양탄자가 벽에 기대어 말려 있다.
(B) 탁자가 소파들 사이에 놓여 있다.
(C) 쿠션이 바닥에 떨어져 있다.
(D) 전등이 식탁 위에 놓이고 있다.

해설 (A) 동그랗게 말려 있는 양탄자가 없으므로 오답이다.
(B) 소파들 사이에 탁자가 놓여 있으므로 정답이다.
(C) 바닥에 쿠션이 없으므로 오답이다.
(D) 전등을 식탁 위에 놓는 사람이 없으므로 오답이다.

어휘 rug 양탄자 | roll (둥글게) 말다 | situate 놓다, 두다

2. 미국

(A) There is a water dispenser in front of a window.
(B) There are potted plants hanging from the ceiling.
(C) Some cups have been stacked next to a machine.
(D) Some drawers have been left open.

(A) 창문 앞에 정수기가 있다.
(B) 천장에 매달려 있는 화분들이 있다.
(C) 컵 몇 개가 기계 옆에 쌓여 있다.
(D) 몇몇 서랍들이 열려 있다.

해설 (A) 창문이 보이지 않으므로 오답이다.
(B) 화분들이 카운터 위에 놓여 있으므로 오답이다.
(C) 정수기 옆에 컵이 포개져 있으므로 정답이다.
(D) 서랍이 모두 닫혀 있으므로 오답이다.

어휘 water dispenser 정수기 | in front of ~앞에 | potted plant 화분 | hang from ~에 매달리다 | ceiling 천장 | stack 쌓다, 포개다 | next to ~옆에 | drawer 서랍 | leave open 열린 채로 두다

3. 고난도 호주

(A) A trail is bordered by a fence.
(B) Umbrellas are being opened.
(C) A building overlooks the water.
(D) Some steps are being cleaned.

(A) 울타리가 길의 경계를 이루고 있다.
(B) 파라솔이 펼쳐지고 있다.
(C) 건물에서 물이 내려다 보인다.
(D) 계단이 청소되고 있다.

해설 (A) 길이 없으므로 오답이다.
(B) 파라솔을 펼치는 사람이 없으므로 오답이다.
(C) 건물에서 물이 내려다 보이므로 정답이다.
(D) 계단을 닦고 있는 사람이 없으므로 오답이다.

어휘 trail 좁은 길 | border 경계를 이루다 | umbrella 우산, 파라솔 | overlook 내려다 보다 | step 계단

4. 미국

(A) Reading materials are placed on top of a table.
(B) Library patrons are heading toward an entrance.
(C) Some bookshelves are being assembled.
(D) Some of the chairs are occupied.

(A) 읽을거리들이 탁자 위에 놓여 있다.
(B) 도서관 이용자들이 입구 쪽으로 향하고 있다.
(C) 몇몇 책장이 조립되고 있다.
(D) 일부 의자가 사용 중이다.

해설 (A) 테이블 위에 책들이 놓여 있으므로 정답이다.
(B) 사람이 보이지 않으므로 오답이다.
(C) 책장을 조립하는 사람이 보이지 않으므로 오답이다.
(D) 의자에 앉은 사람이 보이지 않으므로 오답이다.

어휘 reading material 읽을거리 | place 놓다, 두다 | on top of ~ 위에 | patron 고객 | head toward ~쪽으로 향하다 | entrance 입구 | bookshelf 책장 | assemble 조립하다 | occupied 사용 중인, (자리가) 차 있는

5.
고난도

미국

(A) The building is being repaired.
(B) Some plants are being arranged.
(C) An awning has been attached to the building.
(D) A railing separates the staircase.

(A) 건물이 수리되고 있다.
(B) 식물들이 정리되고 있다.
(C) 차양이 건물에 붙어 있다.
(D) 난간이 계단을 가르고 있다.

해설 (A) 건물을 수리하고 있는 인물이 없으므로 오답이다.
(B) 식물들을 정리하고 있는 인물이 없으므로 오답이다.
(C) 건물에 차양이 있으므로 정답이다.
(D) 계단이 없으므로 오답이다.

어휘 awning (창이나 문 위의) 차양 | railing 난간 | staircase 계단

6.

영국

(A) Fruits are being picked in a garden.
(B) Containers have been filled for a display.
(C) A sign is being hung on the wall.
(D) Shelves are being stocked with products.

(A) 과일들이 정원에서 수확되고 있다.
(B) 상자들이 진열을 위해 가득 차 있다.
(C) 간판이 벽에 걸리고 있다.
(D) 선반들이 상품들로 채워지고 있다.

해설 (A) 정원이 아니므로 오답이다.
(B) 상자들이 채워져 있으므로 정답이다.
(C) 간판을 거는 사람이 없으므로 오답이다.
(D) 선반을 채우는 사람이 없으므로 오답이다.

어휘 pick 따다 | fill 가득 채우다 | sign 간판 | stock (물건을) 채우다

7.

호주

(A) Bricks are being unloaded on the ground.
(B) A car is parked near a column.
(C) A walkway is blocked for maintenance work.
(D) Wheelbarrows have been left by some plants.

(A) 벽돌들이 땅바닥에 내려지고 있다.
(B) 차량이 기둥 근처에 주차되어 있다.
(C) 보도가 보수 작업을 위해 차단되어 있다.
(D) 손수레들이 몇몇 식물들 옆에 놓여 있다.

해설 (A) 벽돌들을 땅바닥에 내려 놓는 사람이 없으므로 오답이다.
(B) 차량이 보이지 않으므로 오답이다.
(C) 보도가 보이지 않으므로 오답이다.
(D) 손수레들이 몇몇 식물들 옆에 놓여 있으므로 정답이다.

어휘 unload (짐을) 내리다 | column 기둥 | walkway 보도 | block 차단하다, 막다 | maintenance 보수, 정비 | wheelbarrow (외바퀴) 손수레

8.

미국

(A) People are walking past outdoor shops.
(B) People are playing sports in a group.
(C) An arena is surrounded by mountains.
(D) Trees are casting some shadows on a path.

(A) 사람들이 야외 상점들을 지나쳐서 걷고 있다.
(B) 사람들이 무리 지어 운동을 하고 있다.
(C) 경기장이 산들로 둘러싸여 있다.
(D) 나무들이 길 위에 그림자를 드리우고 있다.

해설 (A) 야외 상점들이 보이지 않으므로 오답이다.
(B) 운동을 하고 있는 사람이 없으므로 오답이다.
(C) 경기장과 산이 없으므로 오답이다.
(D) 나무들이 길 위에 그림자를 드리우고 있으므로 정답이다.

어휘 past ~을 지나서 | outdoor 야외의 | arena 경기장 | surround 둘러싸다, 에워싸다 | cast a shadow 그림자를 드리우다

9.

英国

(A) Tables have been covered with cloths.
(B) Some chairs have been stacked on top of each other.
(C) All of the seats in the café are occupied.
(D) The corridor has been decorated with some potted plants.

(A) 탁자들이 천으로 덮여 있다.
(B) 의자들이 차곡차곡 쌓여 있다.
(C) 카페의 모든 자리들이 다 차 있다.
(D) 복도가 화분들로 장식되어 있다.

해설 (A) 탁자들이 천으로 덮여 있으므로 정답이다.
(B) 의자들이 차곡차곡 쌓여 있지 않으므로 오답이다.
(C) 의자에 앉아 있는 사람들이 보이지 않으므로 오답이다.
(D) 복도와 화분이 보이지 않으므로 오답이다.

어휘 cloth 천 | stack 쌓다, 포개다 | on top of each other 차곡차곡 | occupied 사용 중인 | corridor 복도 | decorate 장식하다 | potted plant 화분

10.

미국

(A) Mountains can be seen from an outdoor pool.
(B) Some boats are passing under a bridge.
(C) Loungers are being set up near the water.
(D) Some trees line a swimming pool.

(A) 야외 수영장에서 산들이 보인다.
(B) 보트들이 다리 밑을 지나가고 있다.
(C) 일광욕 의자들이 물 가까이에 놓이고 있다.
(D) 나무 몇 그루가 수영장을 따라 늘어서 있다.

해설 (A) 야외 수영장에서 산들이 보이므로 정답이다.
(B) 보트가 보이지 않으므로 오답이다.
(C) 일광욕 의자들을 물 가까이에 놓고 있는 사람이 없으므로 오답이다.
(D) 나무들이 수영장을 따라 줄지어 있지 않으므로 오답이다.

어휘 lounger 일광욕 의자 | line ~을 따라 늘어서다

11.

미국

고난도

(A) A patio is being constructed.
(B) Some sculptures are standing near arched openings.
(C) The entrance to a house has been blocked.
(D) A tree is growing against the building.

(A) 테라스가 지어지고 있다.
(B) 조각상 몇 개가 아치형 입구 근처에 세워져 있다.
(C) 집으로의 출입구가 막혀 있다.
(D) 나무가 건물에 맞닿아서 자라고 있다.

해설 (A) 테라스를 건설하고 있는 인물이 없으므로 오답이다.
(B) 조각상들이 없으므로 오답이다.
(C) 집 출입구가 막혀 있지 않으므로 오답이다.
(D) 나무 한 그루가 건물에 맞닿아서 자라고 있으므로 정답이다.

어휘 patio 테라스 | construct 건설하다, 짓다 | sculpture 조각상 | arched opening 아치형 입구 | entrance (출)입구 | block 막다, 폐쇄하다 | against ~가까이, ~에 붙여

12.

호주

(A) A server is taking orders.
(B) The table has been set for a meal.
(C) Some of the chairs are occupied.
(D) Food is being served to customers.

(A) 종업원이 주문을 받고 있다.
(B) 식탁이 식사를 위해 차려져 있다.
(C) 몇몇 의자들이 사용 중이다.
(D) 손님들에게 음식이 제공되고 있다.

해설 (A) 종업원이 없으므로 오답이다.
(B) 식사를 위해 식탁이 차려져 있으므로 정답이다.
(C) 의자를 사용 중인 사람이 아무도 없으므로 오답이다.
(D) 음식을 제공하는 사람이 없으므로 오답이다.

어휘 take an order 주문하다 | set 놓다, 차리다 | serve (음식 등을) 제공하다

REVIEW TEST

본서 p.66

1. (C)   2. (C)   3. (B)   4. (C)   5. (D)   6. (B)

1.
고난도

영국

(A) A window is being replaced.
(B) A man is opening a can of paint.
(C) A man is applying paint to a building.
(D) A wooden board is being laid on the floor.

(A) 창문이 교체되고 있다.
(B) 남자가 페인트 통을 열고 있다.
(C) 남자가 건물에 페인트를 칠하고 있다.
(D) 바닥에 나무판이 놓이고 있다.

해설 (A) 창문을 갈아 끼우는 동작이 아니므로 오답이다.
(B) 페인트 통을 여는 동작이 아니므로 오답이다.
(C) 남자가 건물에 페인트를 칠하고 있으므로 정답이다.
(D) 바닥에 나무판을 놓고 있는 동작이 아니므로 오답이다.

어휘 replace 교체하다 | apply (페인트, 크림 등을) 바르다, 칠하다 | lay 놓다, 깔다

2.

미국

(A) A customer is putting groceries into a basket.
(B) Some items are being stacked on shelves.
(C) A man is reaching for some crops.
(D) A woman is pushing a shopping cart.

(A) 한 손님이 바구니에 식료품을 담고 있다.
(B) 물건들이 선반에 쌓이고 있다.
(C) 남자가 농작물을 잡으려고 손을 뻗고 있다.
(D) 여자가 쇼핑 카트를 밀고 있다.

해설 (A) 손님이 바구니에 식료품을 담고 있지 않으므로 오답이다.
(B) 선반에 물건들을 채우고 있는 사람이 없으므로 오답이다.
(C) 남자가 농작물에 손을 뻗고 있으므로 정답이다.
(D) 쇼핑 카트가 없으므로 오답이다.

어휘 grocery 식료품 | stack 쌓다; 채우다 | reach for ~을 향해 손을 뻗다 | crop (농)작물 | push 밀다

3.
고난도

호주

(A) One of the women is shutting a door.
(B) One of the women is handing some paper to the other.
(C) The women are plugging in a copy machine.
(D) The women are seated side by side.

(A) 여자들 중 한 명이 문을 닫고 있다.
(B) 여자들 중 한 명이 다른 한 사람에게 종이를 건네주고 있다.
(C) 여자들이 복사기에 플러그를 꽂고 있다.
(D) 여자들이 나란히 앉아 있다.

해설 (A) 문을 닫는 모습이 아니므로 오답이다.
(B) 두 여자가 종이를 주고받고 있으므로 정답이다.
(C) 플러그가 보이지 않으므로 오답이다.
(D) 두 여자 모두 서 있으므로 오답이다.

어휘 shut 닫다 | hand 건네주다 | plug in ~의 플러그를 꽂다[전원을 연결하다] | copy machine 복사기 | side by side 나란히

4.

미국

(A) Some diners are seated at an outdoor restaurant.
(B) A department store is crowded with customers.
(C) Market stalls are covered by a canopy.
(D) Some merchandise is being carried to a truck.

(A) 몇몇 손님들이 야외식당에 앉아 있다.
(B) 백화점이 손님들로 붐비고 있다.
(C) 시장 가판대가 천막으로 덮여 있다.
(D) 상품들이 트럭으로 옮겨지고 있다.

해설 (A) 야외식당에 앉아 식사하는 사람들이 없으므로 오답이다.
(B) 백화점이 아니므로 오답이다.
(C) 시장 가판대가 천막으로 덮여 있으므로 정답이다.
(D) 트럭이 보이지 않으므로 오답이다.

어휘 diner 식사하는 사람 | market stall 시장 가판대 | canopy 덮개, 천막 | carry 옮기다, 나르다

5.

호주

(A) A staircase leads to a lobby.

(B) A woman is leaning against a column.

(C) Some people are walking up the stairs.

(D) A stairway is divided by a handrail.

(A) 계단이 로비로 이어져 있다.

(B) 한 여자가 기둥에 기대어 있다.

(C) 몇몇 사람들이 계단을 오르고 있다.

(D) 계단이 난간으로 나뉘어 있다.

해설 (A) 로비가 보이지 않으므로 오답이다.

(B) 여자가 기둥에 기대어 있지 않으므로 오답이다.

(C) 계단을 내려오고 있으므로 오답이다.

(D) 계단이 난간으로 나뉘어 있으므로 정답이다.

어휘 staircase 계단 | column 기둥 | stairway 계단 | handrail 난간

6.

영국

(A) Passengers are disembarking the boat.

(B) A bridge with arches spans the water.

(C) A boat is docked at a pier.

(D) There is a fence enclosing a lawn.

(A) 승객들이 보트에서 내리고 있다.

(B) 아치형 구조의 다리가 물을 가로질러 있다.

(C) 배가 부두에 정박되어 있다.

(D) 잔디를 둘러싸고 있는 울타리가 있다.

해설 (A) 승객들이 없으므로 오답이다.

(B) 아치형 구조의 다리가 물을 가로질러 놓여 있으므로 정답이다.

(C) 부두가 보이지 않으므로 오답이다.

(D) 울타리는 보이지 않으므로 오답이다.

어휘 disembark 내리다 | arch 아치형 구조물 | span 가로지르다 | dock (배를) 부두에 대다 | pier 부두, 잔교 | fence 울타리 | enclose 둘러싸다

PART 2

UNIT 04. Who·When·Where 의문문

Practice

본서 p.88

1. (C)	**2.** (C)	**3.** (B)	**4.** (B)	**5.** (B)	**6.** (C)
7. (A)	**8.** (A)	**9.** (A)	**10.** (C)	**11.** (C)	**12.** (B)
13. (C)	**14.** (C)	**15.** (B)	**16.** (A)	**17.** (C)	**18.** (A)
19. (A)	**20.** (C)	**21.** (B)	**22.** (B)	**23.** (A)	**24.** (B)
25. (C)					

영국 → 미국

1. Who's going to be speaking at Monday's seminar?

(A) Fifty minutes.

(B) The projector is being repaired.

(C) I'll be out of the office then.

월요일 세미나에서 누가 발표하게 될까요?

(A) 50분이요.

(B) 프로젝터가 수리되고 있어요.

(C) 저는 그때 자리에 없을 거예요.

해설 세미나의 발표자를 묻는 Who 의문문 ⋯→ 의문사 Who를 키워드로 잡고 어울리지 않는 보기들을 소거한다.

(A) How long 의문문에 어울리는 응답이다.

(B) 연상 어휘(seminar – projector) 오답이다.

(C) 발표자가 자신은 아님을 우회적으로 말한 것이므로 정답이다.

어휘 speak 발표하다, 연설하다 | repair 수리하다

미국 → 호주

2. Where can I find the nearest vending machine?

(A) Yes, we have them.

(B) A bottle of juice.

(C) There's one down the hall.

가장 가까운 자판기가 어디에 있을까요?

(A) 네, 저희가 가지고 있어요.

(B) 주스 한 병이요.

(C) 복도로 쭉 가시면 하나 있어요.

해설 가까운 자판기의 위치를 묻는 Where 의문문 ⋯→ 의문사와 주어, 동사 (Where, find, vending machine)에 집중하면 문제를 해결할 수 있다.

(A) 의문사 의문문에 Yes/No로 답할 수 없다.

(B) 연상 어휘(vending machine – juice) 오답이다.

(C) 장소로 대답했으므로 '어디서 찾을 수 있죠?'에 대한 자연스러운 대답이다.

어휘 near (거리상으로) 가까운 | vending machine 자판기

3.

When did the studio shut down?

(A) To another branch.

(B) After the lead designer resigned.

(C) It's across the street from my office.

스튜디오가 언제 문을 닫았나요?

(A) 다른 지점으로요.

(B) 책임 디자이너가 그만둔 후에요.

(C) 제 사무실 길 건너에 있어요.

해설 스튜디오가 닫은 시점을 묻는 When 의문문 ⋯ 'When did ~'로 시작하고 있으므로 When을 키워드로 잡고 보기들의 시제를 고려하여 오답을 소거한다.

(A) Where 의문문에 어울리는 응답이다.

(B) 시간표현으로 답하고 있으므로 정답이다. When 의문문에서는 after(~후에), before(~전에), not until(~가 되어서야), for(~동안) 등으로 시작하는 응답이 자주 등장하므로 이러한 시간 표현으로 시작하는 응답은 바로 정답으로 선택할 수 있도록 하자.

(C) Where 의문문에 어울리는 응답이다.

어휘 shut down 문을 닫다. (기계가) 멈추다 | resign 사직하다

4.

Who will be informing management of the system upgrade?

(A) Quite a lot to upgrade.

(B) The technical support team.

(C) For the management system.

시스템 업그레이드에 관해서 누가 경영진에게 알릴 건가요?

(A) 업그레이드 할 게 꽤 많네요.

(B) 기술지원팀이요.

(C) 관리 시스템을 위해서요.

해설 시스템 업그레이드에 관해 경영진에게 알려줄 사람을 묻는 Who 의문문 ⋯ Who 의문문의 정답으로 사람 이름 이외에 부서, 회사 등이 등장할 수 있으므로 유의하자.

(A) 동어 반복(upgrade) 오답이다.

(B) Who 의문문에 부서(technical support team)를 알려주고 있으므로 정답이다.

(C) 동어 반복(management, system) 오답이다.

어휘 inform 알리다, 통지하다 | management 경영진 | technical 기술적인 | support 지원, 도움

5.

When will the interview time be confirmed?

(A) It's a bit early for me.

(B) Probably sometime next week.

(C) An online job application.

면접시간은 언제 확정될까요?

(A) 그건 저에게는 조금 이르군요.

(B) 아마도 다음 주 중이 될 겁니다.

(C) 온라인 입사지원서요.

해설 면접시간이 확정될 시점을 묻는 When 의문문 ⋯ 'When will ~'을 키워드로 잡고 오답을 소거하자.

(A) 연상 어휘(interview time – a bit early) 오답이다.

(B) 시간으로 적절하게 대답하고 있으므로 정답이다. When 의문문에서는 「in[next] + 시간」, 「some[any] + 시간」과 같은 패턴의 대답이 정답으로 많이 출제된다.

(C) 연상 어휘(interview – job application) 오답이다.

어휘 confirm 확정하다 | a bit early 조금 일찍 | probably 아마 | job application 입사지원서

6.

Where is the bus schedule posted?

(A) I need to stop by the post office.

(B) 8 o'clock this evening.

(C) On the Web site.

버스 운행 시간표가 어디에 게시되어 있나요?

(A) 우체국에 들러야 해요.

(B) 오늘 저녁 8시요.

(C) 웹사이트에요.

해설 버스 운행 시간표가 게시된 특정 장소나 위치를 물어보는 Where 의문문 ⋯ Where를 키워드로 잡고 연관된 위치나 장소와 관련한 답을 듣는 즉시 정답으로 체크한다.

(A) 유사 발음(posted – post office) 오답이다.

(B) When 의문문에 어울리는 응답이며, 연상 어휘(schedule – 8 o'clock this evening) 오답이다.

(C) 일정표가 게시된 위치를 적절히 알려주고 있으므로 정답이다.

어휘 post 게시하다 | stop by ~에 잠시 들르다

7.

When can I pick up the package?

(A) No sooner than Tuesday.

(B) In the baggage area.

(C) Did you pick it?

소포를 언제 가지러 갈 수 있죠?

(A) 화요일 이후에요.

(B) 짐 찾는 곳이에요.

(C) 그걸 고르셨어요?

해설 소포 수령 시점을 묻는 When 의문문 ⋯ 의문사 의문문은 의문사만 알아들어도 문제가 해결되는 경우가 많다.

(A) 시간 표현으로 대답하고 있으므로 정답이다.

(B) Where 의문문에 어울리는 응답이다. 만약 의문사 When을 듣지 못한다면 선택하기 쉬운 오답이므로 절대 의문사를 놓쳐서는 안 된다.

(C) 동어 반복(pick) 오답이다.

어휘 pick up ~을 찾다[찾아오다] | package 소포, 짐 | no sooner than ~이후에 | baggage (claim) area 짐 찾는 곳 | pick 고르다, 선택하다

어휘 launch 출시(회) l informative 유용한

8.

8. Who's on the new compensation committee?
(A) Tim is, for now.
(B) Here's the commission form.
(C) That's great news.

새로운 보상 위원회에는 누가 있어요?
(A) 현재는 Tim이요.
(B) 여기 수수료 양식이 있어요.
(C) 좋은 소식이군요.

해설 새로운 보상 위원회에 속한 특정 인물을 묻는 Who 의문문 ⋯ Who를 키워드로 잡고 사람과 관련된 표현이 들리는 즉시 정답으로 체크하자.
(A) 현재 있는 사람(Tim)을 알려주고 있으므로 정답이다.
(B) 유사 발음(committee – commission) 오답이다.
(C) 유사 발음(new – news) 오답이다.

어휘 compensation committee 보상 위원회 l commission form 수수료 양식

9. Where's the closest subway station?
(A) I'm on my way there now.
(B) They live near each other.
(C) She walks to work.

가장 가까운 지하철역은 어디인가요?
(A) 제가 지금 그리로 가는 길이에요.
(B) 그들은 서로 가까이 살아요.
(C) 그녀는 회사까지 걸어 다녀요.

해설 가장 가까운 지하철역을 묻는 Where 의문문 ⋯ 의문사 Where를 키워드로 잡고 어울리지 않는 보기들을 소거한다.
(A) 자신을 따라오면 된다는 우회적 응답이므로 정답이다.
(B) 연상 어휘(Where – live) 오답이다.
(C) How 의문문에 어울리는 응답이다.

어휘 on one's way ~로 가는 중인

10. When will the product launch be held?
(A) Her talk was informative.
(B) At least three product samples.
(C) It's on the program.

제품 출시 행사가 언제 열리나요?
(A) 그녀의 이야기가 유익했어요.
(B) 적어도 세 개의 제품 샘플이요.
(C) 프로그램에 나와 있어요.

해설 제품 출시 행사가 열릴 시점을 묻는 When 의문문 ⋯ 'When will ~'을 키워드로 삼아 소거법으로 정답을 찾는다.
(A) 주어 불일치(product launch – she) 오답이다.
(B) 동어 반복(product) 오답이다.
(C) 프로그램에 나와 있으니 확인해 보라는 '난 몰라'의 의미를 전달한 우회적 정답이다.

11. Who will be transferred to the Miami office next month?
(A) Last month, with Mr. Spencer.
(B) It's in San Francisco.
(C) No one is certain yet.

누가 다음 달에 마이애미 사무실로 전근을 갈 건가요?
(A) 지난달, Mr. Spencer와 함께요.
(B) 샌프란시스코에 있어요.
(C) 아직 누구도 확실히 몰라요.

해설 다른 사무실로 전근 갈 사람이 누구인지 묻고 있는 Who 의문문 ⋯ 'Who will ~'을 키워드로 잡고 시제와 사람을 나타내는 표현에 유의하며 오답을 소거하자.
(A) 연상 어휘(next month – last month) 오답이다.
(B) Where 의문문에 어울리는 응답이다.
(C) 잘 모르겠다는 우회적인 정답 유형이다. 의문사 의문문에 정답으로 자주 등장하는 No one, Nobody, Nowhere, No later than, No more than을 반드시 기억하자.

어휘 transfer to ~로 전근 가다 l certain 확실한 l yet (부정문에서) 아직

12. Where is the package I received from the McLean Company?
(A) The room was packed.
(B) Anita probably knows.
(C) About 200 employees.

제가 McLean 사에서 받은 소포가 어디 있나요?
(A) 방이 사람들로 가득 차 있었어요.
(B) Anita가 아마 알 거예요.
(C) 약 200명의 직원들이요.

해설 받은 소포가 어디 있는지 묻고 있는 Where 의문문 ⋯ 간혹 위치를 묻는 질문에 우회적인 정답을 말하는 경우가 있으므로 오답을 소거하는 방법으로 정답을 고른다.
(A) 유사 발음(package – packed) 오답이다.
(B) 'Anita가 알 것이다'라고 말한 '난 몰라'라는 뜻의 우회적 정답이다.
(C) 연상 어휘(company – employees) 오답이다.

어휘 package 소포 l pack (사람이나 물건으로) 가득 채우다 l employee 직원

13. When is the painting collection scheduled to open?
(A) Hang it on the wall, please.
(B) They're collected on Saturdays.
(C) Hasn't it been canceled?

그림 모음전이 언제 열릴 예정인가요?
(A) 벽에 걸어주세요.
(B) 그것들은 토요일에 수거돼요.

(C) 취소되지 않았어요?

해설 그림 모음전이 열리는 시점을 묻는 When 의문문 ···➤ When을 키워드로 잡고 오답을 소거한다.
(A) 연상 어휘(painting – Hang it on the wall) 오답이다.
(B) 유사 발음(collection – collected) 오답이다.
(C) '취소되지 않았냐'고 되묻고 있어 모음전이 열리지 않을 것을 암시한 우회적 정답이다. 이렇듯 되묻는 답변이 나올 경우에 대비하여 정답 찾기가 아닌 오답 소거 전략으로 접근하면 정답을 빠르게 찾을 수 있다.

어휘 collection 모음전 | schedule 일정을 잡다 | collect 모으다, 수거하다

영국 → 미국

14. Who should I send these revised slides to?
(A) Only on one side.
(B) I received it just now.
(C) Didn't your manager tell you?

수정된 이 슬라이드를 누구한테 보내야 하나요?
(A) 한쪽 면에만요.
(B) 제가 그것을 방금 받았어요.
(C) 당신 매니저가 말해주지 않았나요?

해설 슬라이드를 누구한테 보내야 하는지 묻고 있는 Who 의문문 ···➤ 'Who should I send ~'를 키워드로 잡고 정답을 고른다.
(A) 유사 발음(slides – side) 오답이다.
(B) 연상 어휘(send – receive) 오답이다.
(C) 누구한테 보내야 하는지 매니저가 말해주지 않았냐고 묻는 우회적 정답이다. 소거법으로 확실한 오답을 제거하여 정답만 남기면 이해하지 못해도 정답에 손이 간다.

어휘 revised 수정된 | slide (발표용) 슬라이드 | receive 받다, 수신하다

호주 → 미국

15. When are the representatives from Nomar
_{고난도} Incorporated scheduled to arrive?
(A) A direct flight from Spain.
(B) Didn't Roger make those arrangements?
(C) At gate 2.

Nomar 주식회사의 직원들이 언제 도착할 예정인가요?
(A) 스페인 직항 편이요.
(B) Roger가 그것을 준비하지 않았나요?
(C) 2번 탑승구에서요.

해설 직원들이 언제 도착하는지 묻는 When 의문문 ···➤ When을 키워드로 잡고 오답을 소거한다.
(A) 연상 어휘(arrive – direct flight) 오답이다.
(B) Roger가 그것을 준비했기 때문에 잘 모르겠다는 우회적인 정답이다.
(C) Where 의문문에 어울리는 응답이다.

어휘 representative 대표, 담당자 | direct flight 직행 항공편 | arrangement 준비

미국 → 호주

16. Who did you see to get the travel expense report form?
(A) Actually, it was on the company Web site.
(B) I heard it's a formal dinner.
(C) It was less expensive than I thought.

여행 경비 보고 서식을 받으러 누구에게 갔나요?
(A) 사실, 그건 회사 웹사이트에 있었어요.
(B) 격식을 차린 저녁 식사 자리라고 들었어요.
(C) 제가 생각했던 것보다 덜 비쌌어요.

해설 여행 경비 보고 서식을 받으러 누구에게 갔는지 묻는 Who 의문문 ···➤ Who 의문문에 위치나 장소를 알리는 답변이 간혹 등장하므로 반드시 소거법으로 문제를 풀도록 한다.
(A) 보고 서식을 받았던 장소로 답했으므로 정답이다. 위치, 장소 표현도 Who 의문문의 답이 될 수 있음을 꼭 알아두자.
(B) 유사 발음(form – formal) 오답이다.
(C) 유사 발음(expense – expensive) 오답이다.

어휘 travel expense report form 여행 경비 보고 서식 | formal 격식을 차린

미국 → 영국

17. Where's a good place to buy a used computer?
(A) Wireless Internet access.
(B) Under 600 dollars.
(C) Ms. Thompson just got one.

중고 컴퓨터를 사기 좋은 곳이 어디인가요?
(A) 무선 인터넷 접속이요.
(B) 600달러 이하요.
(C) Ms. Thompson이 최근 한 대 사셨던데요.

해설 중고 컴퓨터를 구매하기 좋은 장소를 묻는 Where 의문문 ···➤ 'Where ~ place to buy'를 키워드로 잡고 오답을 소거해 가며 정답을 고른다.
(A) 연상 어휘(computer – Internet) 오답이다.
(B) How much에 어울리는 응답이다.
(C) Ms. Thompson이 최근 한 대 샀으니 그녀에게 물어보라는 의미의 우회적인 정답이다.

어휘 used 중고의 | access 접속, 이용

미국 → 영국

18. When should we leave for the airport?
(A) How about in two hours?
(B) In front of gate 3.
(C) We're closed for the holiday.

우리는 언제 공항으로 떠나야 할까요?
(A) 2시간 후는 어때요?
(B) 3번 게이트 앞에서요.
(C) 우리는 휴일에는 문을 닫아요.

해설 공항으로 출발할 시점을 묻는 When 의문문 ···➤ 'When should we leave ~'를 키워드로 잡고 정답을 찾는다.
(A) 공항으로 떠날 시점에 대해 2시간 후가 어떠냐고 되묻는 우회적 정답이다.

(B) Where 의문문에 어울리는 응답이며, 연상 어휘(airport – gate 3) 오답이다.

(C) 연상 어휘(leave, airport – holiday) 오답이다.

어휘 leave for ~로 떠나다 | holiday 휴일, 공휴일

영국 → 호주

19. Who's invited to the speech today?
(A) It's open to the public.
(B) Yes, they have received the invitations.
(C) It was an excellent speech.

오늘 연설에 누가 초대되었나요?
(A) 일반인들에게 개방되어 있어요.
(B) 네, 그들은 초대장을 받았어요.
(C) 훌륭한 연설이었어요.

해설 누가 초대되었는지 묻는 Who 의문문 ⋯ Who를 키워드로 잡고 이후의 동사만 정확히 포착해도 오답 소거가 쉬워진다.
(A) 초대 대상이 특정되지 않고, 일반인들에게 공개되었다고 말한 우회적인 정답이다.
(B) 의문사 의문문에 Yes/No로 답할 수 없다.
(C) 아직 연설이 시작되지 않았는데 '훌륭한 연설이었다'라고 과거 시제로 말할 수 없으므로 시제 불일치 오답이다.

어휘 invite 초대하다 | speech 연설 | the public 일반인, 대중 | invitation 초대장

미국 → 호주

20. Where can I rent an apartment downtown?
(A) The cost is reasonable.
(B) You can borrow it tomorrow.
(C) Why don't you try Star Realty?

시내 어디에서 아파트를 임대할 수 있을까요?
(A) 가격이 적당합니다.
(B) 내일 빌리실 수 있어요.
(C) Star 부동산에 가보는 게 어때요?

해설 아파트를 임대할 수 있는 장소를 묻는 Where 의문문 ⋯ Where를 키워드로 잡고 위치와 관련 없는 오답들을 소거한다.
(A) 연상 어휘(rent – cost, reasonable) 오답이다.
(B) When 의문문에 어울리는 응답이며, 연상 어휘(rent – borrow) 오답이다.
(C) 아파트를 임대하러 부동산에 가 보기를 제안하고 있으므로, 의미상 어울리는 우회적인 정답이다.

어휘 downtown 시내에(로) | reasonable 가격이 적정한 | borrow 빌리다 | realty 부동산

미국 → 영국

21. When will we be replacing the discontinued items?
(A) How about on the top shelf?
(B) Once the new stock comes in.
(C) Because it's going to expire soon.

단종된 그 상품들을 언제 교체할 건가요?
(A) 맨 위 선반은 어때요?
(B) 새 재고가 입고되면요.
(C) 곧 만기될 거예요.

해설 물건의 교체 시점을 묻는 When 의문문 ⋯ 'When will ~'을 키워드로 잡고 오답을 소거해 가며 정답을 고른다.
(A) 연상 어휘(items – top shelf) 오답이다.
(B) 시간 표현(Once: 일단 ~하고 나면, ~하자마자)으로 답하고 있으므로 정답이다.
(C) Why 의문문에 어울리는 응답이다.

어휘 replace 대체하다 | discontinued 단종된

호주 → 미국

22. Who should I talk to about my lost luggage?
(A) I just packed it.
(B) What flight were you on?
(C) In Cecilia's office.

잃어버린 제 짐에 관해서 누구한테 이야기하면 되나요?
(A) 저는 방금 그것을 쌌어요.
(B) 어느 비행기로 오셨죠?
(C) Cecilia의 사무실에서요.

해설 잃어버린 짐에 관해 누구랑 이야기하면 되는지 묻는 Who 의문문 ⋯ 우회적인 답변이 나올 수 있으므로 반드시 소거법으로 접근하자.
(A) 연상 어휘(luggage – packed) 오답이다.
(B) 잃어버린 짐과 관련한 비행편을 물어보고 있으므로 의미상 가장 어울리는 우회적인 정답이다. 우회적인 응답을 오답으로 간주하지 않도록 반드시 소거법을 활용하자.
(C) Where 의문문에 어울리는 응답이다.

어휘 luggage (여행용) 짐, 수하물 | pack (짐을) 싸다, 꾸리다

영국 → 호주

23. Where did you get your suit fitted?
(A) I wouldn't go there if I were you.
(B) That's not a suitable time for me.
(C) Here is your outfit.

정장을 어디서 맞추셨어요?
(A) 제가 당신이라면 그 가게엔 안 가겠어요.
(B) 그건 저에게 적합한 시간이 아니에요.
(C) 여기 당신 옷이요.

해설 정장을 맞춘 장소를 묻는 Where 의문문 ⋯ 'Where ~ get your suit fitted'을 키워드로 잡고 오답을 소거해 가며 정답을 고른다.
(A) 자신이라면 거기에 가지 않겠다고 말하며, 추천할 만한 곳이 아니라는 의미를 나타낸 우회적인 정답이다.
(B) 유사 발음(suit – suitable) 오답이다.
(C) 유사 발음(fitted – outfit) 오답이다.

어휘 suit 정장 | fit (옷을) 맞추다, 가봉하다, 수선하다 | suitable 적합한, 적절한 | outfit 옷, 복장

24. Who wants to lead the new employee orientation this weekend?
(A) They'll be leaving early.
(B) I have a wedding to attend.
(C) Around 30 interns.

이번 주말에 있는 신입 직원 오리엔테이션을 누가 진행하길 원하나요?
(A) 그들은 일찍 떠날 거예요.
(B) 저는 참석할 결혼식이 있어요.
(C) 약 30명의 인턴들이요.

해설 주말에 오리엔테이션을 이끌 사람을 묻는 Who 의문문 ⋯⋯ 의문사 Who를 키워드로 잡고 어울리지 않는 보기들을 소거한다.
(A) 유사 발음(lead – leaving) 오답이다.
(B) 자신은 그날 이끌 수 없다는 우회적 응답이므로 정답이다.
(C) 연상 어휘(orientation – interns) 오답이다.

어휘 lead 진행하다 | wedding 결혼식 | around 약, 대략 | intern 인턴 사원

---

25. When will the IT Department fix the Internet?
(A) No, it broke last night.
(B) Did you meet the new intern?
(C) It's been working for me.

IT 부서가 언제 인터넷을 고칠까요?
(A) 아니요, 그건 어젯밤에 고장 났어요.
(B) 새로 온 인턴을 만났나요?
(C) 제 건 잘 되는데요.

해설 인터넷을 고칠 시점을 묻는 When 의문문 ⋯⋯ 'When will ∼'을 키워드로 삼아 소거법으로 정답을 찾는다.
(A) 의문사 의문문에 Yes/No로 응답할 수 없다.
(B) 유사 발음(Internet – intern) 오답이다.
(C) 내 인터넷은 되니 수리할 필요가 없다는 의미를 전달한 우회적 정답이다.

어휘 fix 고치다, 수리하다 | break 고장 나다

UNIT 05. Why·What·Which·How 의문문

Practice

본서 p.102

1. (C)	**2.** (A)	**3.** (B)	**4.** (A)	**5.** (C)	**6.** (C)
7. (B)	**8.** (A)	**9.** (C)	**10.** (A)	**11.** (C)	**12.** (C)
13. (A)	**14.** (B)	**15.** (A)	**16.** (C)	**17.** (C)	**18.** (C)
19. (B)	**20.** (B)	**21.** (A)	**22.** (B)	**23.** (C)	**24.** (A)
25. (B)					

1. What is the phone number for the bank?
(A) Approximately 20.
(B) A large deposit.
(C) It's in the directory.

그 은행 전화번호가 뭐예요?
(A) 대략 20이요.
(B) 예금이 커요.
(C) 주소록에 있어요.

해설 은행 전화번호를 직접 언급하거나 전화번호를 알 수 있는 방법, 경로 등을 물어보는 What 의문문 ⋯⋯ What, phone number를 키워드로 잡고 소거법을 이용하여 정답을 찾도록 한다.
(A) 연상 어휘(number – 20) 오답이다.
(B) 연상 어휘(bank – deposit) 오답이다.
(C) 은행 전화번호가 있는 위치를 적절히 알려주고 있으므로 정답이다. 우회적인 답변이 자주 등장하므로 소거법을 적극 활용하자.

어휘 approximately 대략, 약 | deposit 예(치)금 | directory 주소록, 인명부

---

2. Which contract are we going to discuss at Monday's board meeting?
(A) The one for Hadeem International.
(B) The notice board in the office.
(C) Just a few days ago.

월요일 이사회 회의에서 우리가 어느 계약에 대해 논의할 건가요?
(A) Hadeem International에 대한 것이요.
(B) 사무실에 있는 게시판이요.
(C) 불과 며칠 전이요.

해설 월요일 이사회에서 논의할 계약이 무엇인지 묻는 Which 의문문 ⋯⋯ Which 의문문에서는 Which 뒤의 키워드를 잡아야 문제가 풀린다.
(A) Which 의문문에 적절한 the one으로 받는 응답이다. The one은 Which 의문문에서 가장 대표적으로 나오는 정답이므로 반드시 기억해두자.
(B) 동어 반복(board) 오답이다.
(C) 유사 발음(Monday's – days) 오답이다.

어휘 board meeting 이사회 (회의) | notice board 게시판

3. How long will the library extension take to complete?
(A) Next to the non-fiction section.
(B) I'm reading the plans now.
(C) They'll take it for you.

도서관 증축 건물이 완성되는 데 얼마나 걸릴까요?
(A) 논픽션 섹션 옆이요.
(B) 제가 지금 설계도를 보고 있어요.
(C) 그들이 당신을 위해 그걸 받아줄 거예요.

해설 건물이 완성되는 데 걸리는 기간을 묻는 How 의문문 ⋯ How 뒤에 오는 형용사/부사를 잘 듣고 그 의미에 어울리는 정답을 선택한다.
(A) 연상 어휘(library – non-fiction section) 오답이다.
(B) 설계도를 보고 얘기해주겠다는 우회적 응답이므로 정답이다.
(C) 동어 반복(take) 오답이다.

어휘 extension 증축 건물 l next to ~옆에 l plan 설계도, 도면

---

4. Why do I have to pay an additional fee for this service?
(A) I'll speak with my supervisor.
(B) The server is down again.
(C) Thanks for the bill.

왜 제가 이 서비스를 위해 추가 요금을 내야 하죠?
(A) 제 상사와 이야기해 보겠습니다.
(B) 서버가 다시 다운됐어요.
(C) 청구서 감사합니다.

해설 추가 요금을 내야 하는 이유를 묻는 Why 의문문 ⋯ 돌려 말하거나 되묻는 식의 우회적인 응답에 주의한다.
(A) 상사와 얘기해 보겠다고 말하며 자기는 잘 모른다는 의미를 나타낸 우회적인 정답이다.
(B) 유사 발음(service – server) 오답이다.
(C) 연상 어휘(fee – bill) 오답이다.

어휘 additional 추가의 l fee 수수료, 요금 l bill 청구서

---

5. Which menu item do you recommend?
(A) Right after lunch.
(B) He likes this restaurant.
(C) I've never been here before.

어떤 메뉴를 추천하세요?
(A) 점심 식사 직후에요.
(B) 그가 이 레스토랑을 좋아해요.
(C) 저는 여기 한 번도 와 본 적 없어요.

해설 어느 메뉴를 추천하는지 묻는 Which 의문문 ⋯ 'Which menu ~?'를 키워드로 잡고 오답을 소거해가며 정답을 고른다.
(A) When 의문문에 어울리는 응답이다.
(B) 연상 어휘(menu – restaurant) 오답이다.

(C) 여기 와 본 적이 없다며 추천할 수 없다는 의미를 전달한 우회적인 정답이다.

어휘 recommend 추천하다 l right after ~한 직후에

---

6. How long have you worked at this organization?
(A) Over 50 miles away.
(B) Yes, they are very organized.
(C) Since it was established.

당신은 얼마나 이 회사에서 일해 왔나요?
(A) 50마일 이상 떨어져 있어요.
(B) 네, 그들은 매우 체계적이에요.
(C) 설립되었을 때부터요.

해설 해당 기업에서 근무한 기간이나 일을 시작한 시점을 묻는 How 의문문 ⋯ How long을 키워드로 잡고 기간과 관련된 표현이 등장하는 즉시 정답으로 연결하자.
(A) 연상 어휘(How long – 50 miles) 오답이다.
(B) 의문사 의문문에 Yes/No로 답할 수 없고 유사발음(organization – organized) 오답이다.
(C) Since (~부터)를 사용하여 시점을 언급하고 있으므로 정답이다.

어휘 organization 조직 l away (어떤 장소에서) 떨어져 l organized 체계적인, 정리된 l since ~부터 l establish 설립하다, 세우다

---

7. What subway will take me to the theater?
(A) About 30 minutes.
(B) Look at the map behind you.
(C) It will be a great performance.

극장에 가려면 어느 지하철을 타야 하죠?
(A) 약 30분이요.
(B) 뒤에 있는 지도를 보세요.
(C) 훌륭한 공연이 될 거예요.

해설 어느 지하철을 타야 하는지 묻는 What 의문문 ⋯ What 의문문은 질문 앞부분 'What subway ~' (어느 지하철?)에 집중하면 정확하게 문제를 해결할 수 있다.
(A) 기간을 표현하는 대답은 'How long ~?' 질문에 대한 정답으로 알맞다.
(B) 어느 지하철을 타야 하는지 바로 말해주지 않고 우회적으로 지도에서 확인하라고 답하고 있으므로 정답이다.
(C) 연상 어휘(theater – performance) 오답이다.

어휘 theater 극장 l performance 공연

---

8. Which copier are you going to get?
(A) We don't want anything expensive.
(B) Since we need more ink.
(C) The printing center on Griffith Street.

어느 복사기를 사실 건가요?

(A) 저희는 비싼 것을 원하지 않아요.

(B) 잉크가 더 필요하기 때문에요.

(C) Griffith 가에 있는 인쇄소요.

해설 어느 복사기를 살지 물어보는 Which 의문문 ⋯ 'Which copier ~?'을 키워드로 잡아야 정답에 손이 간다.

(A) 비싼 건 원하지 않는다고 하여 저렴한 걸 사겠다는 의미의 우회적인 정답이다.

(B) 연상 어휘(copier – ink) 오답이다.

(C) 연상 어휘(copier – printing center) 오답이다.

어휘 copier 복사기 | since ～때문에 | printing center 인쇄소

호주 → 미국

9. Why was the Harrison proposal rejected?

(A) No, it's about a new product.

(B) Not until the next quarter.

(C) Some materials were missing.

Harrison 제안서는 왜 거절됐나요?

(A) 아니요, 신제품에 관한 거예요.

(B) 다음 분기나 되어야 할걸요.

(C) 자료가 일부 빠져 있었어요.

해설 Harrison 제안서가 거절된 이유를 묻는 Why 의문문 ⋯ Why 의문문에서는 Because/To 부정사/Since/So (that)으로 응답할 수 있지만, because가 생략되고 부연 설명만 하는 패턴이 자주 등장하므로 휘둘리지 말자.

(A) 의문사 의문문에 Yes/No 응답은 불가하다.

(B) not until은 when의 빈출 응답이다.

(C) 자료가 일부 빠져 있다는 말은 제안서가 거절된 이유로 적절한 설명이므로 정답이다.

어휘 proposal 제안(서) | reject 거절하다 | not until ～가 되어서야 | material 자료 | missing 없어진, 빠진

미국 → 호주

10. Why didn't we hire any of the applicants?

(A) They weren't experienced enough.

(B) At the employment agency.

(C) Probably next week.

우리는 왜 지원자들을 아무도 채용하지 않았나요?

(A) 그들은 경력이 충분치 않았어요.

(B) 직업 소개소에서요.

(C) 다음주일 거예요.

해설 지원자들을 채용하지 않은 이유를 묻는 Why 의문문 ⋯ 의문사 Why를 키워드로 잡고 어울리지 않는 보기들을 소거한다.

(A) 채용하지 않은 이유를 적절히 알려주고 있으므로 정답이다.

(B) 연상 어휘(hire, applicants – employment agency)

(C) When 의문문에 어울리는 응답이다.

어휘 applicant 지원자 | experienced 경험이 많은, 숙련된 | employment agency 직업 소개소

미국 → 영국

11. Why did our expenses go over the budget this month?

(A) Perhaps a less expensive option.

(B) Maybe the one from January.

(C) We had unexpected operating costs.

이번 달에는 왜 지출이 예산을 초과했나요?

(A) 아마도 덜 비싼 옵션일 거예요.

(B) 아마도 1월 거예요.

(C) 예상치 못한 운영비가 들었어요.

해설 이번 달에 비용이 예산을 초과한 이유에 대해 묻는 Why 의문문 ⋯ Because 등 이유를 설명하는 표현들이 생략되고 부연 설명만 나올 수 있다는 것을 유념하자.

(A) 유사 발음(expenses – expensive) 오답이자, 연상 어휘(budget – expensive) 오답이다.

(B) 연상 어휘(month – January) 오답이다.

(C) 예상하지 못한 운영비로 예산을 초과했다고 적절히 이유를 언급하고 있으므로 정답이다.

어휘 expense 지출, 비용 | go over budget 예산을 초과하다 | unexpected 예상치 못한, 뜻밖의 | operating cost 운영비

미국 → 미국

12. How did the marketing director like the new advertisement campaign?

(A) On social media.

(B) Thanks for the directions.

(C) She spoke to Sheryl about it.

마케팅 이사님이 새 광고 캠페인을 어떻게 생각하셨나요?

(A) 소셜 미디어에서요.

(B) 길 안내 감사합니다.

(C) Sheryl에게 그것에 대해 말씀해 주셨어요.

해설 새 광고에 대해 마케팅 이사가 어떻게 생각하는지 묻는 How 의문문 ⋯ How, marketing director, like, advertisement를 키워드로 잡고 오답을 소거해 가며 정답을 고른다.

(A) 연상 어휘(marketing – social media) 오답이다.

(B) 유사 발음(director – directions) 오답이다.

(C) Sheryl에게 말해줬기 때문에 나는 모른다고 말하는 우회적인 정답이다.

어휘 advertisement campaign 광고 캠페인 | direction 안내, 지휘

영국 → 호주

13. Why don't you ask Chavez about the heating problem?

(A) It's already been taken care of.

(B) I think he's wrong.

(C) Yes, I turned it down.

Chavez에게 난방 문제에 대해 물어보는 게 어때요?

(A) 벌써 처리됐어요.

(B) 저는 그가 틀렸다고 생각해요.

(C) 네, 제가 그걸 낮췄어요.

해설 난방 문제를 물어보라는 'Why don't you ~?'제안문 ┅ 제안하는 질문이므로 제안의 응답과 관련한 표현을 듣는 즉시 정답으로 체크한다.

(A) (난방 문제가) 이미 처리되었다고 응답하고 있으므로 정답이다.

(B) 연상 어휘(problem – wrong) 오답이다.

(C) 연상 어휘(heating – turned it down) 오답이다.

어휘 heating 난방 | take care of ~을 처리하다 | wrong 틀린, 잘못된 | turn down (소리, 온도 등을) 낮추다

미국 → 호주

14. What time does your train leave?

고난도 (A) Move to the left lane.

(B) I'm taking a bus today.

(C) At the downtown station.

당신 기차는 몇 시에 떠나죠?

(A) 왼쪽 차선으로 옮기세요.

(B) 저는 오늘 버스를 탈 거예요.

(C) 시내에 있는 역에서요.

해설 기차가 떠나는 시간을 묻는 What 의문문 ┅ 'What time ~?'을 키워드로 잡고 시점과 관련된 표현에 집중하면서, 오답을 소거하여 정답을 남기자!

(A) 동어 반복(leave v. 떠나다(과거형 left) – left adj. 왼쪽의) 오답이다.

(B) 오늘은 버스를 타기 때문에, 기차가 떠나는 시각을 모른다는 우회적인 응답이므로 정답이다.

(C) 연상 어휘(train – station) 오답이다.

어휘 lane 차선, 길 | downtown 시내

미국 → 영국

15. Why is the museum so crowded this morning?

(A) Have you seen today's list of events?

(B) I can't. Too many people signed up.

(C) She started working for an art gallery.

오늘 오전에 박물관이 왜 그렇게 붐볐나요?

(A) 오늘의 행사 명단을 보셨나요?

(B) 안 돼요. 너무 많은 사람들이 등록했어요.

(C) 그녀는 미술관에서 일하기 시작했어요.

해설 박물관이 붐빈 이유를 묻는 Why 의문문 ┅ 의문사 Why를 키워드로 잡고 어울리지 않는 보기들을 소거한다.

(A) 행사 명단을 보면 알 거라는 의미의 우회적 응답이므로 정답이다.

(B) 연상 어휘(crowded – too many people) 오답이다.

(C) 연상 어휘(museum – art gallery) 오답이다.

어휘 crowded 붐비는 | sign up 등록하다, 신청하다 | art gallery 미술관, 화랑

호주 → 미국

16. What's the best way to contact the accountant?

(A) Yes, I will open my account.

(B) The contract is not finished.

(C) Send her an email.

회계사와 연락하기에 가장 좋은 방법은 뭐죠?

(A) 네, 제 계좌를 개설할 거예요.

(B) 계약이 끝나지 않았어요.

(C) 그녀에게 이메일을 보내세요.

해설 회계사에게 연락할 때 가장 좋은 방법을 묻는 What 의문문 ┅ 'What's the best way ~?'를 키워드로 잡고 문제를 풀면 정답이 보인다.

(A) 의문사 의문문에 Yes/No로 응답할 수 없고 유사발음 (accountant – account) 오답이다..

(B) 유사 발음(contact – contract) 오답이다.

(C) 이메일을 보내라는 연락 방법을 알려주었으므로 정답이다.

어휘 contact 연락하다, 접촉하다 | accountant 회계사 | account 계좌 | contract 계약(서)

영국 → 호주

17. How is Kathy getting to Paris?

(A) She's flying there.

(B) Sure, I'll get it for you.

(C) It was fantastic.

Kathy는 어떻게 파리에 갈 건가요?

(A) 비행기를 타고 거기 갈 거예요.

(B) 물론이죠, 제가 갖다 드릴게요.

(C) 환상적이었어요.

해설 파리까지의 이동 방법을 묻는 How 의문문 ┅ 방법을 묻는 표현이므로 이동과 관련한 표현을 포착하는 즉시 정답으로 체크한다.

(A) '비행기를 타고 거기 갈 거예요'라며 Kathy가 이용할 교통편을 적절히 알려주고 있으므로 정답이다.

(B) 의문사 의문문에 Yes[Sure]/No로 응답할 수 없고, 유사 발음 (getting – get) 오답이다.

(C) 연상 어휘(paris – fantastic) 오답이다.

어휘 get to ~에 도착하다 | fantastic 기막히게 좋은, 환상적인

미국 → 미국

18. How are we promoting our new athletic shoes to younger customers?

(A) Just some pens and folders, please.

(B) Could I try these in a smaller size?

(C) Stacey was assigned to that project.

더 젊은 고객들에게 우리의 새 운동화를 어떻게 홍보할 건가요?

(A) 펜이랑 폴더 몇 개만 주세요.

(B) 더 작은 사이즈로 신어봐도 될까요?

(C) Stacey가 그 프로젝트에 배정되었어요.

해설 새 운동화를 젊은 고객층에 홍보하는 방법을 묻는 How 의문문 ┅ 방법의 How 의문문에 '사람'이 정답으로 등장할 수 있으니 주의하자.

(A) 질문과 무관한 응답이다.

(B) 연상 어휘(shoes – try, in a smaller size) 오답이다.

(C) Stacey에게 물어보면 알 거라는 의미의 우회적 응답이므로 정답이다.

어휘 promote 홍보하다 | athletic shoes 운동화 | try 착용해보다 | assign 배정하다

영국 → 미국

19. What will the new rent be?

(A) A two-bedroom apartment.

(B) Three hundred dollars a month.

(C) You knew about it.

새 임대료는 얼마가 될까요?

(A) 침실이 2개인 아파트요.

(B) 한 달에 300달러요.

(C) 알고 계셨군요.

해설 새 임대료를 물어본 What 의문문 ⋯ 집세(rent)와 관련한 표현을 듣는 순간 정답으로 선택하면 된다.

(A) 연상 어휘(rent – A two-bedroom apartment) 오답이다.

(B) '한 달에 300 달러요'라고 액수를 언급했으므로 정답이다.

(C) 유사 발음(new – knew)오답이다.

어휘 rent 임대료, 집세, 방세

호주 → 미국

20. Which design should we show our clients first?

(A) Not a problem, thanks.

(B) I thought we decided on the Vex model.

(C) At our second meeting.

고객들에게 어느 디자인을 먼저 보여줘야 할까요?

(A) 문제 없어요, 고마워요.

(B) Vex 모델로 결정한 줄 알았는데요.

(C) 두 번째 회의에서요.

해설 어느 디자인을 먼저 보여줘야 하는지 묻는 Which 의문문 ⋯ 'Which design, we, show, clients'를 키워드로 잡고 오답을 소거해 가며 정답을 고른다.

(A) 질문과 무관한 동문서답형 오답이다.

(B) Vex 모델로 이미 정해진 줄 알았다고 대답하고 있으므로 정답이다.

(C) 연상 어휘(show, clients – meeting) 오답이다.

어휘 client 고객 | not a problem 문제없다

영국 → 미국

21. How did you find out about the vacancy at Economy Online?

(A) I saw it in a classified ad.

(B) No, I didn't apply for it.

(C) She didn't tell me.

Economy Online의 공석에 대해서 어떻게 알았어요?

(A) 안내광고에서 봤어요.

(B) 아니요, 지원하지 않았어요.

(C) 그녀는 저에게 말해 주지 않았어요.

해설 결원 소식을 알게 된 방법을 묻는 How 의문문 ⋯ 회사 공석에 관해 알게 된 방법에 대해 가장 어울리는 보기를 고른다.

(A) Economy Online의 공석에 대해 광고를 보고 알았다고 대답했으므로 정답이다.

(B) How 의문문에 Yes/No로 응답할 수 없다.

(C) 주어 불일치 오답으로 질문에 she가 언급되지 않았다.

어휘 vacancy 결원, 공석 | classified ad (항목별로 분류되어 있는) 광고 | apply for ~에 지원하다, ~을 신청하다

호주 → 영국

22. How often should the system be updated?

(A) Please check it.

(B) Whenever necessary.

(C) Friday, September 2.

그 시스템이 얼마나 자주 업데이트되어야 하나요?

(A) 확인해 주세요.

(B) 필요할 때마다요.

(C) 9월 2일 금요일이요.

해설 시스템이 업데이트되어야 하는 빈도를 묻는 How 의문문 ⋯ 빈도를 묻는 How 질문에 대표적으로 등장하는 응답들(once[twice] a year[week], biweekly, whenever)을 알아두고 관련 표현이 등장하면 바로 정답으로 연결시키자.

(A) 연상 어휘(system – check) 오답이다.

(B) '필요할 때마다(업데이트되어야 한다)'라는 의미로 Whenever(언제든지)를 이용하여 빈도를 나타내고 있으므로 정답이다.

(C) 질문과 무관한 응답이므로 오답이다. system be updated만 듣고 시스템이 업데이트 된 시기를 묻는 문제로 잘못 이해할 수 있으므로 How 뒤에 나오는 질문에 집중하자.

어휘 whenever ~할 때마다 | necessary 필요한

미국 → 영국

23. Why is Greg going back to London?

(A) Let's go on Thursday.

(B) It was returned last week.

(C) He has to follow up with a client.

Greg은 왜 런던으로 돌아가는 건가요?

(A) 목요일에 갑시다.

(B) 지난주에 반송되었어요.

(C) 고객에게 후속 조치를 해야 해서요.

해설 Greg가 런던으로 돌아가는 이유를 묻는 Why 의문문 ⋯ 이유를 설명하는 표현 Because/To 부정사/Since/So (that) 등이 나오는 경우보다 부연 설명만 하는 패턴이 자주 등장하므로 소거법을 이용하여 오답을 버리도록 한다.

(A) 유사 발음(going‑go) 오답이며, 질문의 Why를 듣지 못했다면 Greg가 런던으로 돌아가는 시점을 묻는 문제로 잘못 이해할 수 있으므로 의문사에 집중하자.

(B) 연상 어휘 (going back‑returned) 오답이다.

(C) 그가 고객에게 후속 조치를 취하기 위해 돌아간다고 적절한 이유를 언급하고 있으므로 정답이다.

어휘 return 반품하다 | follow up 후속 조치를 취하다

영국 → 미국

24. Why can't I reach your company's technical support hotline?

(A) Sorry, we're getting too many calls today.

(B) A skilled computer technician.

(C) I can't reach the shelf either.

왜 귀사의 기술지원 고객상담센터에 연결이 안 되는 거죠?

(A) 죄송해요. 오늘 전화가 너무 많이 와서요.

(B) 숙련된 컴퓨터 기술자요.

(C) 저도 선반에 손이 닿지 않아요.

해설 고객상담센터에 연결되지 않는 이유를 묻는 Why 의문문 ⋯ 'Why, can't I reach, hotline'을 키워드로 잡고 오답을 소거해 가며 정답을 고른다.

(A) 미안하다며 연결할 수 없는 이유를 설명하고 있으므로 정답이다.

(B) 유사 발음(technical‑technician) 오답이다.

(C) 동어 반복(reach) 오답이다.

어휘 reach (전화로) 연락하다. (손이) 닿다 | technical support 기술 지원 | skilled 숙련된 | technician 기술자

호주 → 미국

25. How much does this backpack cost?

(A) It's also available in red.

(B) Is the price tag missing?

(C) Credit cards are also accepted.

이 배낭은 얼마인가요?

(A) 빨간색으로도 있어요.

(B) 가격표가 없나요?

(C) 신용카드도 받아요.

해설 배낭의 가격을 묻는 How 의문문 ⋯ 가격과 관련한 표현이 들리는 즉시 정답으로 체크한다.

(A) 가격을 묻는 질문에 어울리지 않는 대답이므로 오답이다.

(B) 가격표가 붙어있지 않는지 되묻고 있으므로 질문에 적절한 정답이다.

(C) 연상 어휘(cost‑credit cards) 오답이다.

어휘 backpack 배낭 | available 이용할 수 있는 | tag 정가표, 꼬리표 | accept 받아주다

UNIT 06. 일반·간접 의문문

Practice

본서 p.110

1. (C)	2. (B)	3. (C)	4. (B)	5. (A)	6. (A)
7. (A)	8. (B)	9. (A)	10. (B)	11. (C)	12. (A)
13. (A)	14. (B)	15. (A)	16. (C)	17. (C)	18. (B)
19. (C)	20. (C)	21. (A)	22. (A)	23. (B)	24. (C)
25. (B)					

영국 → 미국

1. Do you have the contract with you today?

(A) No, I didn't have time to contact anyone.

(B) Let's postpone it until tomorrow.

(C) It's right here.

오늘 계약서를 가지고 왔나요?

(A) 아니요, 그 누구에게도 연락할 시간이 없었어요.

(B) 내일까지 미루도록 하죠.

(C) 바로 여기 있어요.

해설 계약서를 지참하였는지 묻는 Do동사 일반 의문문 ⋯ Do/Have/Be동사/조동사로 시작하는 일반 의문문은 Yes/No응답이 가능하지만, 생략될 수도 있음을 기억하자.

(A) 유사 발음(contract‑contact) 오답이다.

(B) 연상 어휘(today‑tomorrow) 오답이다.

(C) 계약서가 바로 여기 있다고 대답하고 있으므로 정답이다.

어휘 contract 계약(서) | contact 연락하다 | postpone 연기하다

호주 → 영국

2. Can you tell me how to participate in the promotional event?

고난도

(A) You can get half price off.

(B) Our Web site has the details.

(C) No, I couldn't attend.

판촉행사에 참여할 수 있는 방법을 말씀해 주시겠어요?

(A) 반값에 살 수 있어요.

(B) 저희 웹사이트에 자세하게 나와 있어요.

(C) 아니요, 저는 참여할 수 없었어요.

해설 판촉행사에 참여할 수 있는 방법을 묻는 간접 의문문 ⋯ 간접 의문문은 When, Who, Where, What, Which, How를 포함한 Do/Have/Be동사/조동사로 시작하는 의문문이며 의문사를 키워드로 잡고 풀어야 정답이 들린다.

(A) 연상 어휘(promotional event‑half price off) 오답이다.

(B) 웹사이트에 자세한 사항이 있다며 참여할 수 있는 방법을 알려주고 있으므로 정답이다. 'how to participate ~?'를 키워드로 잡았다면 쉽게 손이 가는 정답이다.

(C) 연상 어휘(participate‑attend) 오답이다.

어휘 participate 참가하다 | promotional event 판촉행사 | details 세부사항 | attend 참석하다

어휘 lock 잠그다 | supply room 비품실

---

6. Are you going to the company dinner?
(A) I actually have to finish a project.
(B) I boiled it for five minutes.
(C) The chicken dish is $12.

회사 만찬에 가실 건가요?
(A) 사실은 프로젝트를 하나 끝내야 해요.
(B) 5분 동안 끓였어요.
(C) 닭고기 요리는 12달러입니다.

해설 회사 만찬 참석 여부를 묻는 Be동사 일반 의문문 ⋯ 응답으로 Yes/No를 생략한 채 부연 설명만 나오기도 한다는 사실을 염두에 두고 소거법을 이용해 오답을 버리도록 한다.
(A) 프로젝트를 끝내야 해서 못 간다고 우회적으로 답한 정답이다.
(B) 유사 발음(going to – boiled) 오답이다.
(C) 연상 어휘(dinner – chicken dish) 오답이다.

어휘 actually 실제로, 사실은 | boil 끓이다 | dish 요리

---

7. Has the science professor's flight from London been delayed?
(A) I can check the status on my phone.
(B) He'll be able to sign it tomorrow.
(C) It's for a new research project.

런던에서 오는 과학 교수님이 탑승한 비행기가 연착되었나요?
(A) 제가 전화기로 상황을 확인해 볼 수 있어요.
(B) 그가 내일 그것에 서명을 할 수 있을 거예요.
(C) 그것은 새로운 연구를 위한 거예요.

해설 비행기의 연착 여부에 대해 묻는 Have동사 일반 의문문 ⋯ 우회적인 답변('모르겠어요', '알아볼게요') 패턴이 등장할 수 있으므로, 대표적인 우회적인 답변들에 주의하자.
(A) '알아볼게요'라고 대답하는 우회적 답변으로 정답이다. Let me check. / I'll find out. / I'll see. / I'll ask her. 등의 표현들이 우회적 답변으로 자주 등장하므로 꼭 알아두자.
(B) 유사 발음(science – sign) 오답이다.
(C) 연상 어휘(professor – research project) 오답이다.

어휘 delay 지연시키다 | status 상황, 현황 | sign 서명하다 | research 연구, 조사

---

8. Do you have any idea why Ms. Lopez isn't in the office today?
(A) This afternoon at 3.
(B) I think she's on holiday.
(C) The best offer to date.

---

3. Is Ms. Jackson's train scheduled to arrive on time this evening?
(A) I took the express train.
(B) For the press conference.
(C) It was delayed for 30 minutes in Seoul.

Ms. Jackson이 탈 기차가 오늘 저녁에 제시간에 도착할 예정인가요?
(A) 저는 급행을 탔어요.
(B) 기자 회견을 위해서요.
(C) 서울에서 30분 지연됐어요.

해설 기차가 제시간에 오는지 묻는 Be동사 일반 의문문 ⋯ Yes/No 응답이 일반적이지만 생략될 수 있다는 데 유의한다.
(A) 동어 반복(train) 오답이다.
(B) Why 의문문에 어울리는 응답이다.
(C) No(제시간에 도착하지 않는다)가 생략된 대답이므로 정답이다.

어휘 express train 급행 열차 | press conference 기자 회견 | delay 미루다, 연기하다

---

4. Do you mind if I take tomorrow off?
(A) All the lights are on.
(B) Have you finished your proposal?
(C) Actually, I'll take it.

제가 내일 하루 휴가를 내도 괜찮을까요?
(A) 모든 불이 켜져 있어요.
(B) 제안서를 끝내셨어요?
(C) 실은 제가 그걸 받을게요.

해설 내일 휴가를 내도 되는지 묻는 간접 의문문 ⋯ 질문을 이해하기 힘들 때에는 질문의 단어에서 연상되거나 같은 단어를 반복하는 보기를 소거한다.
(A) 연상 어휘(off – on) 오답이다.
(B) 제안서를 끝냈으면 휴가를 내도 좋다는 의미의 우회적 응답이므로 정답이다.
(C) 동어 반복(take) 오답이다.

어휘 take ~ off (휴가를) 내다 | proposal 제안서

---

5. Did they lock the door to the supply room?
(A) I'll get you the key.
(B) There isn't enough time.
(C) I'll order more paper clips.

그 사람들이 비품실 문을 잠갔나요?
(A) 제가 열쇠를 갖다 드릴게요.
(B) 시간이 충분하지 않아요.
(C) 클립을 더 주문할게요.

해설 비품실 문을 잠갔는지 묻는 Do동사 일반 의문문 ⋯ Yes/No로 응답하거나 생략될 수 있으며, 우회적 표현에 주의한다.
(A) 문이 잠겼음을 우회적으로 말했으므로 정답이다.
(B) 질문과 무관한 동문서답형 오답이다.

오늘 Ms. Lopez가 왜 사무실에 없는지 아세요?
(A) 오늘 오후 3시에요.
(B) 휴가인 것 같아요.
(C) 지금까지 최고의 제안이에요.

해설 Ms. Lopez가 사무실에 없는 이유를 묻는 간접 의문문 ⋯ 'Why Ms. Lopez ~'를 키워드로 잡고 이유를 말하는 답변을 듣는 순간 정답으로 연결한다.
(A) 연상 어휘 (today – This afternoon) 오답이다.
(B) 휴가인 것 같다고 사무실에 없는 이유를 적절히 말하고 있으므로 정답이다. 간접 의문문은 반드시 사용된 의문사에 집중해야 정답을 골라낼 수 있다.
(C) 유사 발음 (office today – offer to date) 오답이다.

어휘 on holiday 휴가 중인 | offer 제안 | to date 지금까지

미국 → 호주

9. Did you hear about Kenzie's promotion?
(A) Yes, and he deserves it.
(B) I heard that song, too.
(C) Starting next month.

Kenzie의 승진에 대해 들었나요?
(A) 네, 그는 그럴 만한 자격이 있어요.
(B) 저도 그 노래를 들었어요.
(C) 다음 달부터요.

해설 Kenzie의 승진 소식에 대해 들었는지 묻는 Do동사 일반 의문문 ⋯ 일반 의문문은 Yes/No 응답이 가능하며, 부연 설명에 따라 정답 여부가 결정되므로 끝까지 집중한다.
(A) 승진에 대해 들었다고 Yes라고 대답하며 그는 그럴 자격이 있다고 부연 설명하므로 정답이다.
(B) 유사 발음 (hear – heard) 오답이다.
(C) 질문과 무관한 오답이다. 질문의 promotion만 듣고 새로운 직책을 맡게 되는 시점을 묻는 문제로 잘못 이해했을 경우 선택할 수 있는 오답이므로 주의하자.

어휘 promotion 승진 | deserve ~을 받을 만하다. ~을 누릴 자격이 있다 | starting ~부터

영국 → 미국

10. Will you be attending the workshop on business planning?
(A) Yes, I will put up the tent soon.
(B) She has a restaurant business.
(C) It depends on when it is.

사업기획에 관한 워크숍에 참석할 건가요?
(A) 네, 제가 곧 텐트를 설치할게요.
(B) 그녀는 요식업을 해요.
(C) 언제인지에 따라 달라요.

해설 특정 세미나 참석 여부를 묻는 조동사 Will 의문문 ⋯ 'Will you ~?(~할 건가요?)'라고 물어보고 있으므로 시제에 유의하며 오답을 소거한다.

(A) 유사 발음(attending – tent) 오답이다.
(B) 동어 반복(business) 오답이다.
(C) 워크숍이 언제인지에 따라 달라진다고 설명하고 있으므로 정답이다.

어휘 attend 참석하다 | put up ~을 설치하다. 세우다

미국 → 미국

11. Do you know why Human Resources sent that memo today?
(A) During this morning's meeting.
(B) I'm certain that they did.
(C) There was a memo?

오늘 인사부에서 회람을 보낸 이유를 알고 있나요?
(A) 아침 회의 동안이에요.
(B) 그들이 했다고 확신해요.
(C) 회람이 있었나요?

해설 회람을 보낸 이유를 묻는 간접 의문문 ⋯ 'Why ~'를 키워드로 잡아야 정답을 고를 수 있음을 기억하자.
(A) 아침 회의 동안이라는 시점을 언급하므로 오답이다.
(B) 질문에 어울리지 않는 오답이다.
(C) 회람이 있었는지(회람이 있었는지도 몰랐다) 묻는 우회적인 답변이므로 정답이다.

어휘 memo 회람, 사내 공문 | certain 확실한, 틀림없는

호주 → 영국

12. Is this a good time to talk about the marketing proposal?
(A) I have a meeting soon.
(B) The new ad campaign.
(C) It's in a few minutes.

지금 마케팅 제안에 대해 이야기해도 괜찮을까요?
(A) 저는 곧 회의가 있어요.
(B) 새로운 광고 캠페인이요.
(C) 몇 분 뒤요.

해설 마케팅 제안에 대해 얘기해 좋을지 묻는 Be동사 일반 의문문 ⋯ Yes/No로 응답하거나 생략될 수 있으며, 우회적인 표현에 주의한다.
(A) 지금은 좋은 때가 아님을 우회적으로 말했으므로 정답이다.
(B) 연상 어휘(marketing – ad campaign) 오답이다.
(C) 연상 어휘(time – a few minutes) 오답이다.

어휘 proposal 제안, 제의

미국 → 영국

13. Does this report show recent trends in traveling abroad?
고난도
(A) Yes, over the last five years.
(B) I lost my passport in Paris.
(C) No, I haven't been here recently.

PART 2 UNIT 06

이 보고서가 해외여행에 대한 최근 동향을 보여주나요?

(A) 네, 지난 5년간에 대해서요.

(B) 저는 파리에서 여권을 분실했어요.

(C) 아니요, 저는 최근에 이곳에 온 적이 없어요.

해설 보고서가 해외여행에 대한 최근 동향을 보여주는지 묻는 Do동사 일반 의문문 ⋯ 'show recent trends ∼?'의 '동사 + 목적어'를 키워드로 잡으면 정확하게 정답을 골라낼 수 있다.

(A) '네, 지난 5년간에 대해서요'라고 하여 최근 동향을 보여주고 있음을 적절히 알려주고 있으므로 정답이다.

(B) 연상 어휘(traveling – Paris) 오답이다.

(C) 유사 발음(recent – recently) 오답이다.

어휘 recent 최근의 I trend 동향 I abroad 해외로 I passport 여권 I recently 최근에

영국 → 호주

14. Are you walking to the office today?

(A) Joan's talking with them.

(B) If it's nice outside.

(C) Yes, I am working here.

오늘 사무실에 걸어갈 거예요?

(A) Joan이 그들과 이야기하고 있어요.

(B) 바깥 날씨가 좋으면요.

(C) 네, 전 이곳에서 일하고 있어요.

해설 사무실로 걸어갈 것인지 묻고 있는 Be동사 일반 의문문 ⋯ Yes/No가 생략된 채 부연 설명만 하는 정답이 자주 등장하므로 주의하자.

(A) 유사 발음(walking – talking) 오답이다.

(B) 바깥 날씨가 좋으면 걸어갈 것이라고 질문에 적절하게 응답하고 있으므로 정답이다.

(C) 유사 발음(walking – working) 오답이다.

미국 → 영국

15. Have you ordered more chairs for the meeting room yet?

(A) Jeff is in Purchasing.

(B) Yes, the chairperson.

(C) An invoice for the ballroom.

회의실에 쓸 의자들을 더 주문했나요?

(A) Jeff가 구매부에 있어요.

(B) 네, 의장이요.

(C) 무도회장용 청구서요.

해설 회의실용 의자를 더 주문했는지 묻는 Have동사 일반 의문문 ⋯ Yes/No 응답이 가능하며, 우회적 응답에 주의한다.

(A) 구매부의 Jeff 담당이니 그에게 물어보라는 의미의 우회적 응답이므로 정답이다.

(B) 유사 발음(chairs – chairperson) 오답이다.

(C) 연상 어휘(ordered – invoice) 오답이다.

어휘 order 주문하다 I chairperson 의장, 회장 I invoice 청구서, 송장 I ballroom 무도회장

미국 → 호주

16. Can you tell me who I should talk to about my employment status?

(A) Two temporary positions.

(B) Last year.

(C) Try the Human Resources Department.

저의 고용 상태에 대해서 누구하고 얘기해야 하는지 알려주시겠어요?

(A) 2개의 임시직이요.

(B) 작년에요.

(C) 인사부에 물어보세요.

해설 고용 상태에 대해 얘기 나눌 수 있는 사람을 묻는 간접 의문문 ⋯ 의문사 Who를 키워드로 잡고 들어야 문제가 풀린다.

(A) 연상 어휘(employment status – temporary positions) 오답이다.

(B) 질문과 무관한 응답이므로 소거한다.

(C) 'Try ∼(∼해 보세요)'를 이용하여 고용 상태에 대해 알려 줄 수 있는 부서(Who에 관한 대답)를 적절히 알려주었으므로 정답이다.

어휘 employment status 고용 상태 I temporary position 임시직 I Human Resources Department 인사부

영국 → 호주

17. Do you know the fastest route to the concert hall?

(A) The performance will end at 9 P.M.

(B) A few minutes from my office.

(C) Take Highway 55.

콘서트홀로 가는 가장 빠른 경로를 아세요?

(A) 공연은 오후 9시에 끝날 거예요.

(B) 제 사무실에서 몇 분 거리예요.

(C) 55번 고속도로를 타세요.

해설 콘서트홀로 가는 가장 빠른 경로를 아는지 묻는 Do 동사 일반 의문문 ⋯ Yes/No가 생략된 부연 설명이 정답으로 나올 수 있으므로 유의한다.

(A) 연상 어휘(concert – performance) 오답이다.

(B) 'How long∼?' 질문에 어울리는 응답이다.

(C) 빠른 경로를 적절히 알려주고 있으므로 정답이다.

어휘 route 경로 I performance 공연

호주 → 미국

18. Have you had an appointment with Dr. Brown before?

(A) I haven't been waiting long.

(B) This is my first visit, actually.

(C) Yes, I see your point.

전에 Brown 박사님께 예약하신 적이 있나요?

(A) 저는 오래 기다리지 않았어요.

(B) 사실, 이번이 첫 방문이에요.

(C) 네, 무슨 말씀인지 알겠어요.

해설 예전에 예약한 경험이 있는지 묻는 Have동사 일반 의문문 ⋯ 'had an appointment ∼?'를 키워드로 잡고 소거법을 이용하면 정답에 쉽

게 손이 간다.

(A) 연상 어휘(appointment – waiting) 오답이다.

(B) 첫 방문임을 알리며 전에 예약한 적이 없음을 말하고 있으므로 정답이다.

(C) 유사 발음(appointment – point)오답이다.

어휘 appointment 예약, 약속 | visit 방문 | point 요점, 의미

영국 → 미국

19. Should we postpone our product demonstration until next week?

(A) To a few loyal customers.

(B) My phone isn't working properly.

(C) Good idea. We need more time to prepare.

우리의 제품 시연을 다음 주로 연기해야 할까요?

(A) 단골 고객 몇 명에게요.

(B) 제 전화기가 제대로 작동하지 않아요.

(C) 좋은 생각이에요. 우리는 준비 시간이 더 필요해요.

해설 제품 시연을 다음 주로 연기해야 할지 상대방의 의견을 묻는 조동사 Should 의문문 ⋯ Should / Shouldn't는 제안을 할 때 많이 사용되며, 이에 수락하거나 거절할 수 있지만, 주로 수락하는 표현이 등장함을 기억하자.

(A) 연상 어휘(product demonstration – customers) 오답이다.

(B) 유사 발음(postpone – phone) 오답이다.

(C) 연기하자는 의견에 동의하며, 준비 기간이 필요하다고 적절히 부연 설명하고 있으므로 정답이다.

어휘 postpone 연기하다 | product demonstration 제품 시연 | loyal customer 단골 고객 | properly 제대로, 적절히

미국 → 호주

20. Do you mind printing out the letter again for me?

(A) The post office doesn't open today.

(B) I didn't have time to read it, either.

(C) Not at all. I'll do it in a minute.

저를 위해 그 편지를 다시 출력해 주실 수 있나요?

(A) 우체국은 오늘 문을 열지 않아요.

(B) 저도 이것을 읽을 시간이 없었어요.

(C) 물론이지요. 곧 해드릴게요.

해설 'Do you mind ∼?'를 사용하여 편지를 다시 출력해 달라고 한 요청문 ⋯ 주로 수락의 표현들이 자주 등장한다는 것을 알아두자.

(A) 연상 어휘(letter – post office) 오답이다.

(B) 연상 어휘(letter – read) 오답이다.

(C) 곧 출력해 주겠다고 적절히 알려주고 있으므로 정답이다. Do you mind ∼ing?의 요청을 수락할 때는 부정어를 포함한 No, I don't / Not at all / Of course not 등으로 대답한다.

어휘 Do you mind ∼ing? ∼해주시겠어요? | print out 출력하다 | post office 우체국

미국 → 미국

21. Should we hire more servers for the wedding reception?

(A) I'm afraid we have a tight budget.

(B) They will serve you better next time.

(C) Around 100 invitations.

결혼 피로연을 위해 종업원을 더 고용해야 할까요?

(A) 아쉽게도 우리는 예산이 빠듯해요.

(B) 그들은 다음에 더 나은 서비스를 해줄 거예요.

(C) 초대장 100장 정도요.

해설 결혼 피로연을 위해 사람들을 더 고용해야 할지 상대방의 의견을 묻는 조동사 Should 의문문 ⋯ 수락의 표현이 자주 등장하지만 간혹 거절의 표현도 나오므로 항상 소거법을 이용하여 접근하자.

(A) 'I'm afraid ∼(유감스럽게도)'라고 하며, 추가적인 채용이 어려움을 적절히 알려주고 있으므로 정답이다.

(B) 유사 발음(servers – serve) 오답이다.

(C) 연상 어휘(wedding reception – invitations) 오답이다.

어휘 hire 채용하다 | server (식당의) 종업원 | wedding reception 결혼 피로연 | tight 빠듯한 | budget 예산 | serve (음식이나 서비스를) 제공하다 | invitation 초대장

호주 → 미국

22. Did anyone show you how to use this software?

(A) No, but I can figure it out myself.

(B) I often wear jeans to work.

(C) You need to install it first.

이 소프트웨어의 사용법을 알려준 사람이 있었나요?

(A) 아니요, 하지만 저 혼자서도 알 수 있어요.

(B) 저는 종종 청바지를 입고 출근해요.

(C) 그것을 먼저 설치하셔야 해요.

해설 소프트웨어 사용법(how to use)을 알려준 사람이 있는지를 묻는 Do 의문문 ⋯ Yes/No 응답이 가능하며, 부연 설명에 집중해야 한다는 사실을 기억하자.

(A) No라고 하여 알려준 사람이 없다고 하면서, '혼자서도 알 수 있다'고 했으므로 질문에 알맞은 정답이다.

(B) 유사 발음(software – wear) 오답이다.

(C) 연상 어휘(software – install) 오답이다.

어휘 figure out ∼을 알아내다, 이해하다 | install 설치하다

미국 → 영국

23. Are you going to volunteer for the charity event?

(A) Yes, the event was a big success.

(B) Why don't you ask Sato?

(C) We are expecting about 200 people.

자선 행사에 자원할 건가요?

(A) 네, 그 행사는 대성공이었어요.

(B) Sato에게 물어보는 게 어때요?

(C) 저희는 200명쯤 예상하고 있어요.

PART 2 UNIT 06

해설 상대방이 자선 행사에 자원할 것인지를 묻고 있는 Be동사 일반 의문문 ⋯ Yes/No 응답은 생략될 수 있으며, 뒤에 나오는 부연 설명에 집중하여 정답을 놓치지 않도록 한다. 우회적인 응답에 유의한다.

　(A) 시제 불일치 오답이다. Yes만 듣고 정답이라 단정짓지 않도록 유의한다.

　(B) Sato에게 물어보라며 자신은 자원할 수 없음을 우회적으로 응답한 정답이다.

　(C) 연상 어휘(volunteer, event – 200 people) 오답이다.

어휘 volunteer 자원하다 | charity event 자선 행사

미국 → 미국

24. Were you allowed to register for the training workshop with Mr. Rivers?
　(A) Behind the cash register.
　(B) It is departing from platform one.
　(C) I couldn't find the sign-up sheet.

　Mr. Rivers의 교육 워크숍을 신청할 수 있었나요?
　(A) 계산대 뒤에요.
　(B) 1번 플랫폼에서 출발해요.
　(C) 참가 신청서를 찾을 수가 없었어요.

해설 교육 워크숍을 신청할 수 있었는지 묻는 Be동사 일반 의문문 ⋯ Yes/No로 응답하거나 생략될 수 있으며, 우회적 표현에 주의한다.

　(A) 동어 반복(register) 오답이다.

　(B) 질문과 무관한 동문서답형 오답이다.

　(C) 신청서를 찾을 수 없어서 신청하지 못했음을 우회적으로 말했으므로 정답이다.

어휘 register 등록하다 | cash register 계산대 | sign-up sheet 참가 신청서

호주 → 영국

25. Is there a place in this office where I can get a cup of coffee?
　(A) He will be here soon.
　(B) You can follow me.
　(C) Thanks, I'll get it next time.

　이 사무실에 제가 커피 한 잔 마실 수 있는 곳이 있나요?
　(A) 그가 곧 이리로 올 거예요.
　(B) 저를 따라오시면 돼요.
　(C) 고마워요, 다음엔 제가 살게요.

해설 사무실에 커피가 있는 장소를 묻는 Be동사 일반 의문문 ⋯ 'Is there a place ～'를 핵심 키워드로 잡고 듣는다.

　(A) 연상 어휘(there – here) 오답이다.

　(B) 커피를 마실 수 있는 장소로 안내하겠다는 의미의 우회적 응답이므로 정답이다.

　(C) 동어 반복(get) 오답이다.

어휘 follow 따라오다 | get 사다

UNIT 07. 부정·부가 의문문

Practice

본서 p.120

1. (A)	2. (B)	3. (C)	4. (A)	5. (B)	6. (B)
7. (C)	8. (C)	9. (A)	10. (A)	11. (C)	12. (A)
13. (A)	14. (C)	15. (B)	16. (B)	17. (C)	18. (B)
19. (C)	20. (A)	21. (C)	22. (C)	23. (A)	24. (A)
25. (A)					

미국 → 미국

1. Isn't Ms. Clamore out of the country?
　(A) Actually, her trip has been postponed.
　(B) She's from France.
　(C) No, she still has more.

　Ms. Clamore는 해외에 있지 않나요?
　(A) 사실, 그녀의 여행은 연기되었어요.
　(B) 그녀는 프랑스 출신이에요.
　(C) 아니요, 그녀는 아직 더 가지고 있어요.

해설 Ms. Clamore가 해외에 있는지 물어보는 부정 의문문 ⋯ not을 무시한 채 답변이 긍정이면 Yes, 그렇지 않으면 No로 대답한다는 것을 기억하자.

　(A) 그녀의 여행이 연기되었다고 하며 현재 해외에 있지 않다는 사실을 알려주므로 정답이다.

　(B) 연상 어휘(country – France) 오답이다.

　(C) 유사 발음(Clamore – more) 오답이다.

어휘 out of ～의 밖으로 | postpone 연기하다, 미루다

호주 → 영국

2. Our travel budget was reduced this year, wasn't it?
　(A) It is a financial workshop.
　(B) Yes, by 20 percent.
　(C) Every Tuesday morning.

　우리 여행 예산이 올해에 축소되었죠, 그렇지 않나요?
　(A) 그것은 금융 워크숍이에요.
　(B) 네, 20퍼센트요.
　(C) 매주 화요일 아침이요.

해설 예산의 축소 여부에 대해 묻는 부가 의문문 ⋯ 부가 의문문을 제외한 앞부분의 'budget was reduced ～'를 키워드로 잡으면 정답이 보인다.

　(A) 연상 어휘(budget – financial) 오답이다.

　(B) 축소 여부에 그렇다고 하며 20퍼센트가 감소되었다고 응답하므로 정답이다. 부가의 문에서는 not을 무시한 채, 긍정이면 Yes, 부정이면 No라고 답하므로 유의하자.

　(C) 질문에 어울리지 않는 오답이다.

어휘 budget 예산 | reduce 줄이다, 축소하다 | financial 금융의, 재정의

3. Didn't we spend over a hundred dollars on flyers?

미국 → 호주

(A) Sure. I'll throw in a few more of them.

(B) Well, you'll have to submit the pricing list.

(C) Yes, but it was a necessary expense.

저희는 전단지에 100달러 이상 쓰지 않았나요?

(A) 물론이죠, 제가 몇 개 더 드릴게요.

(B) 음, 가격표를 제출하셔야만 할 거예요.

(C) 네, 하지만 꼭 필요한 비용이었어요.

해설 전단에 100달러 이상 썼는지 물어보는 부정 의문문 ⋯ not을 무시하고 답변이 긍정이면 Yes, 그렇지 않으면 No로 대답해야 함을 기억하자.

(A) 연상 어휘(over a hundred dollars – a few more)오답이다.

(B) 연상 어휘(spend – pricing list) 오답이다.

(C) 100달러 이상 썼다는 데에 긍정의 의미로 Yes를 사용하였고, 꼭 필요한 비용이었다는 부연설명을 하고 있으므로 정답이다.

어휘 spend 쓰다, 소비하다 | flyer (광고용) 전단지 | throw in ~을 덤으로 주다 | submit 제출하다 | pricing list 가격표 | expense 비용, 경비

---

4. You remembered to turn off the lights in the office, right?

미국 → 영국

(A) Yes, and I also locked the door.

(B) Turn on the air conditioner.

(C) It's free for members.

사무실 불 끄는 거 기억하셨죠, 그렇죠?

(A) 네, 그리고 문도 잠갔어요.

(B) 에어컨을 켜세요.

(C) 회원들에게는 무료예요.

해설 사무실 소등을 기억하고 있었는지 확인하는 부가 의문문 ⋯ '동사+목적어'인 'remembered to turn off the lights'를 키워드로 잡고 소거법을 활용한다.

(A) Yes(기억하고 있다)라고 하며, 문도 잠갔다고 부연 설명했으므로 정답이다.

(B) 연상 어휘(turn off – turn on) 오답이다.

(C) 유사 발음(remembered – members) 오답이다.

어휘 turn off (전원을) 끄다 | lock 잠그다 | free 무료인

---

5. Wasn't the new highway supposed to be opened by now?

호주 → 미국

(A) I think he's on vacation.

(B) Construction was delayed due to bad weather.

(C) The key should be in Mr. Sol's office.

새로운 고속도로가 지금쯤 개통되기로 되어 있지 않았나요?

(A) 그는 휴가 중인 것 같아요.

(B) 공사가 악천후 때문에 지연되었어요.

(C) 열쇠는 Mr. Sol의 사무실에 있을 거예요.

해설 새 고속도로가 지금쯤 개통되었어야 하지 않는지 묻는 부정 의문문 ⋯ 부정 의문문에서도 일반 의문문과 마찬가지로 Yes/No를 생략한 응답이 정답으로 나올 수 있기 때문에 부연 설명에 집중해야 한다.

(A) 질문과 무관한 오답이다.

(B) 공사가 악천후로 지연되었다고 적절하게 설명하고 있으므로 정답이다.

(C) 연상 어휘(opened – key) 오답이다.

어휘 be supposed to ~하기로 되어 있다 | by now 지금쯤은, 이미 | on vacation 휴가 중인 | delay 지연시키다; 연기하다

---

6. Didn't you have a job interview yesterday?

미국 → 미국

(A) That's a nice view.

(B) I had to move it to tomorrow.

(C) It's on Rodeo Street.

당신은 어제 입사 면접이 있지 않았나요?

(A) 전망이 멋지네요.

(B) 내일로 옮겨야 했어요.

(C) Rodeo 가에 있어요.

해설 어제 입사 면접 응시 여부를 물어보는 부정 의문문 ⋯ 'Didn't you ~?'로 물어보았으므로 시제 일치 여부도 함께 확인해야 한다.

(A) 유사 발음(interview – view) 오답이다.

(B) No가 생략되었으며, 내일로 옮겨야 했다고 부연 설명한 정답이다.

(C) 장소를 묻지 않았으므로 오답이다.

어휘 view 전망 | move 옮기다

---

7. Aren't you going to the farewell dinner party for Mike tonight?

영국 → 호주

(A) For the company's 30th anniversary.

(B) Just some salad, please.

(C) I thought it was next Friday.

오늘 저녁에 Mike를 위한 송별 파티 안 가세요?

(A) 회사의 30주년을 위해서요.

(B) 샐러드로 주세요.

(C) 다음 주 금요일인 줄 알았어요.

해설 송별 파티에 참석할 것인지를 묻는 부정 의문문 ⋯ not을 무시하고 답변이 긍정이면 Yes, 그렇지 않으면 No로 대답한다는 것을 기억하고, 우회적인 응답에 주의한다.

(A) 연상 어휘(party – anniversary) 오답이다.

(B) 연상 어휘(dinner – salad) 오답이다.

(C) 다음 주 금요일인 줄 알았다며 참석하지 못할 것임을 우회적으로 말했으므로 정답이다.

어휘 farewell 작별 | anniversary 기념일

8. The performance begins at three, doesn't it?

(A) It took much longer than I'd expected, too.

(B) They weren't able to attend this time.

(C) Yes, but we should arrive half an hour earlier.

공연은 3시에 시작하죠, 그렇죠?

(A) 그것 역시 제가 기대했던 것보다 훨씬 오래 걸렸어요.

(B) 그들은 이번에는 참가하지 못했어요.

(C) 네, 하지만 우리는 30분 일찍 도착해야 해요.

해설 공연이 3시에 시작하는지 묻는 부가 의문문 ···▶ 부가 의문문도 긍정 의문문(Does the performance begin at three?)과 마찬가지이므로 답변이 긍정이면 Yes, 부정이면 No라는 점을 반드시 기억하자.

(A) 시제 불일치 오답이다. 공연이 아직 시작하지도 않았는데 '오래 걸렸다'라고 과거로 답변하므로 어색하다.

(B) 연상 어휘(performance – attend) 오답이다.

(C) Yes와 부연 설명으로 3시에 시작하지만, 30분 일찍 도착해야 한다고 말해주고 있으므로 정답이다.

어휘 performance 공연 | expect 예상하다, 기대하다 | half an hour 30분

9. You've filled out the reimbursement form, haven't you?

(A) I already handed it in.

(B) All the glasses on the table.

(C) Transportation expenses.

환급 청구 서식을 작성했죠, 그렇죠?

(A) 이미 그걸 제출했어요.

(B) 테이블 위에 있는 모든 잔들이요.

(C) 운송 비용이요.

해설 환급 청구 서식을 작성했는지 확인하는 부가 의문문 ···▶ 긍정/부정 이외의 우회적 응답에 주의한다.

(A) (작성해서) 이미 제출했다는 의미로 적절히 대답했으므로 정답이다.

(B) 연상 어휘(filled – glasses) 오답이다.

(C) 연상 어휘(reimbursement form – transportation expenses) 오답이다.

어휘 fill out 작성하다 | reimbursement form 환급 청구 서식 | hand ~ in ~을 제출하다 | transportation 운송, 교통

10. You returned the faulty item to the store, didn't you?

(A) No, it was closed.

(B) I turned it on yesterday.

(C) They were having a sale.

그 불량품을 가게에 반품했죠, 그렇죠?

(A) 아니요, 거기가 문을 닫았어요.

(B) 저는 어제 그걸 켰어요.

(C) 그들은 세일을 하고 있었어요.

해설 결함이 있는 물건을 반품했는지 물어보는 부가 의문문 ···▶ 진술문의 'returned the faulty item ~'을 키워드로 잡고 오답을 소거한다.

(A) No(반품하지 않았다)라고 하며, 가게가 문을 닫았다고 부연 설명하였으므로 정답이다.

(B) 유사 발음(returned – turned) 오답이다.

(C) 연상 어휘(item, store – sale) 오답이다.

어휘 return 반품하다 | faulty 결함이 있는

11. You're still accepting applications for the assistant cook position, right?

_{고난도}

(A) She's a professional chef.

(B) An online application form.

(C) The deadline was yesterday.

주방 보조직의 지원서를 아직 받고 있는 중이죠, 그렇죠?

(A) 그녀는 전문 요리사예요.

(B) 온라인 지원 양식이요.

(C) 마감 기한은 어제였어요.

해설 주방 보조직의 지원서를 아직도 받고 있는지 물어보는 부가 의문문 ···▶ '동사 + 목적어'인 'accepting applications'를 키워드로 잡아야 문제가 풀린다.

(A) 연상 어휘(assistant cook – professional chef) 오답이다.

(B) 동어 반복(applications – application) 오답이다.

(C) 마감기한이 어제였다고 하여, No를 생략한 우회적인 응답의 정답이다.

어휘 application 지원서, 신청서 | assistant 보조원, 조수 | professional 전문적인 | deadline 마감 기한

12. We should have the windows in the reception area cleaned, shouldn't we?

(A) Yes, and the ones on the second floor, too.

(B) Oh, I think it's large enough.

(C) A number of guests attended.

로비에 있는 창문들을 청소해야 하죠, 그렇지 않나요?

(A) 네, 2층에 있는 것들도요.

(B) 오, 그건 충분히 큰 것 같아요.

(C) 많은 하객들이 참석했어요.

해설 로비 창문을 청소해야 하는지 물어보는 부가 의문문 ···▶ 수락, 거절, 보류하는 응답이 모두 가능함을 기억하고 'have the windows ~ cleaned'를 키워드로 잡아야 정답에 손이 간다.

(A) Yes(청소해야 한다)와 함께 2층에 있는 창문도 청소해야 한다고 부연 설명하고 있으므로 정답이다.

(B) 연상 어휘(windows – large) 오답이다.

(C) 연상 어휘(reception – guests) 오답이다.

어휘 reception area 로비 | a number of 많은 | attend 참석하다

---

13. Doesn't the stationery store close at 7 today?

    (A) Only on Saturdays.

    (B) Seven out of ten.

    (C) The subway station is close by.

문구점은 오늘 7시에 문을 닫지 않나요?

(A) 토요일에만요.

(B) 10개 중에 7개요.

(C) 지하철역은 근처예요.

해설 문구점이 오늘 7시에 문을 닫는지를 확인하는 부정 의문문 ⋯ not을 무시한 채 '~ store close at ~?'을 핵심 키워드로 잡아야 한다.

(A) '매주 토요일에만 7시에 문을 닫는다'고 하여 오늘은 그렇지 않다고 우회적으로 말해주고 있으므로 정답이다.

(B) 동어 반복(seven) 오답이다.

(C) 유사 발음(stationery - station)으로 말해주고 있으므로 오답이다.

어휘 stationery store 문구점 | out of ~중에 | close by 가까이에, 근처에

---

14. Shouldn't we hire Ms. Rimms for the position?

    (A) About a week ago.

    (B) It was higher.

    (C) Unfortunately, she withdrew her application.

Ms. Rimms를 그 자리에 고용해야 하지 않을까요?

(A) 약 일주일 전에요.

(B) 더 높았어요.

(C) 아쉽게도, 그녀는 지원을 취소했어요.

해설 Ms. Rimms를 그 직위로 고용해야 하지 않겠냐고 묻는 부정 의문문 ⋯ Shouldn't를 제외한 채 평서문으로 들으면 쉽게 키워드를 잡고 오답을 소거할 수 있다.

(A) When 의문문에 대한 응답이다.

(B) 유사 발음(hire - higher) 오답이다.

(C) 그녀가 지원을 취소하였다고 하며 고용할 수 없음을 나타낸 적절한 응답이다.

어휘 withdraw 취소하다 | application 지원서

---

15. The restaurant looks very crowded, doesn't it?

    (A) It seems too cloudy to be out.

    (B) Yes, should we try another place?

    (C) A soup and sandwich.

식당이 매우 붐비는 것 같아 보여요, 그렇지 않나요?

(A) 외출하기에는 너무 흐리네요.

(B) 그렇네요, 다른 데 가볼까요?

(C) 샌드위치와 수프요.

해설 식당이 매우 붐빈다는 사실에 동의를 얻고자 하는 목적의 부가 의문문 ⋯ 부가 의문문 'doesn't it?'을 무시하고 평서문으로 생각하면 쉽다.

(A) 유사 발음(crowded - cloudy) 오답이다.

(B) 붐빈다는 사실에 동의하며 다른 곳에 가자고 제안하고 있는 적절한 정답이다.

(C) 연상 어휘(restaurant - soup, sandwich) 오답이다.

어휘 crowded 붐비는 | cloudy 구름이 낀, 흐린 | be out 외출하다 | try 시도하다

---

16. Aren't the apartments ready for viewing yet?

    (A) Yes, it's a best-selling book.

    (B) They're still being painted, actually.

    (C) A view of the lake and the mountains.

아파트를 둘러볼 준비가 아직 되지 않았나요?

(A) 네, 그것은 베스트셀러 책이에요.

(B) 사실 아직도 페인트칠을 하는 중이에요.

(C) 호수와 산이 보이는 전망이에요.

해설 아파트들을 아직 둘러볼 준비가 되지 않았는지 묻는 부정 의문문 ⋯ 부정 의문문에서는 주어를 놓쳐도 질문의 동사를 잘 포착하면 정답을 고를 수 있으므로 집중하자.

(A) 질문과 연결이 되지 않으므로 오답이다.

(B) '아직도 페인트칠을 하는 중이에요'라는 말로 아직 준비가 안되었음을 우회적으로 나타낸 정답이다.

(C) 유사 발음(viewing - view) 오답이다.

어휘 viewing 보기, 감상 | view 전망

---

17. It'd be faster if we divided up the tasks, right?

    (A) Take the express train.

    (B) We can each have two slices.

    (C) There isn't much work to be done.

업무를 나누면 더 빠를 거예요, 그렇죠?

(A) 고속 열차를 타세요.

(B) 우리 각자 두 조각씩 가져갈 수 있어요.

(C) 해야 할 일이 많지는 않아요.

해설 업무를 분담하는 게 더 빠른지 확인하는 부가 의문문 ⋯ '동사 + 목적어'인 'faster ~ divided up the tasks'를 키워드로 잡고 소거법을 활용한다.

(A) 연상 어휘(faster - express train) 오답이다.

(B) 연상 어휘(divided up - two slices) 오답이다.

(C) 할 게 많지는 않다면서 업무를 나눌 필요가 없음을 우회적으로 말했으므로 정답이다.

어휘 divide 나누다 | task 일, 과업

---

18. Didn't Fredrick contribute to developing the current
고난도 policy?

    (A) The newly developed product boosted sales in Europe.

    (B) Yes, he reviewed the final draft.

    (C) It's been polished well.

Fredrick이 현재 정책을 개발하는 데 기여하지 않았나요?

(A) 새로 개발된 제품으로 유럽에서 매출이 늘었어요.

(B) 네, 그가 최종 원고를 검토했어요.

(C) 잘 닦였네요.

해설 Fredrick이 정책을 개발하는 데 기여했는지를 확인하는 부정 의문문
⋯ 정책 개발에 기여했으면 Yes, 그렇지 않으면 No임을 기억하고 질
문의 not을 제거하여 휘둘리지 않도록 하자.

(A) 유사 발음(developing – developed) 오답이다.

(B) Yes라고 하면서, 그가 최종 원고를 검토했다고 덧붙이고 있으므로
정답이다.

(C) 유사 발음(policy – polished) 오답이다.

어휘 contribute 기여하다 | policy 방침 | boost 증가시키다 | review
검토하다 | draft 원고 | polish 닦다, 광을 내다

영국 → 미국

19. Didn't they already confirm the meeting agenda?

(A) They are working with an accounting firm.

(B) OK, I'll meet you at the conference center.

(C) Yes, but they want to make some changes.

그들은 이미 회의 안건을 확인하지 않았나요?

(A) 그들은 회계사무소와 협업하고 있어요.

(B) 좋아요, 회의장에서 만나요.

(C) 네, 하지만 그들이 좀 변경하고 싶어해요.

해설 그들이 회의 안건을 확인해 주지 않았는지 묻는 부정 의문문 ⋯ 동사와
목적어 'confirm the ~ agenda'를 키워드로 잡아야 정답에 손이 간
다.

(A) 유사 발음(confirm – firm) 오답이다.

(B) 연상 어휘(meeting – conference) 오답이다.

(C) Yes라고 후 '(그들이 안건을 이미 확인하였으나) 안건을 변경하고
싶어한다'며 적절히 반응하고 있으므로 정답이다.

어휘 confirm 확인해 주다 | agenda 안건 | accounting firm 회계사
무소

호주 → 영국

20. The warranty is for one year, isn't it?

(A) I'll go find out.

(B) It is 50 percent off until this weekend.

(C) No, I'm going to study for two years.

품질 보증 기간은 1년이죠, 그렇지 않나요?

(A) 가서 알아 볼게요.

(B) 이번 주말까지 50퍼센트 할인이에요.

(C) 아니요, 저는 2년 동안 공부할 거예요.

해설 품질 보증 기간이 1년인지 확인하는 부가 의문문 ⋯ 부가 의문문에서는
뒤의 질문을 무시하고 평서문과 똑같이 생각하면 헷갈리지 않고 정답
을 고를 수 있다.

(A) '알아보겠다'고 적절히 대답하고 있으므로 정답이다.

(B) 동문서답형 오답이다.

(C) 연상 어휘(for one year – for two years) 오답이다.

어휘 warranty 품질 보증(서) | find out 알아내다

미국 → 미국

21. Shouldn't these boxes be moved to your new office today?

(A) The boxes are big enough.

(B) Yes, it's a great place to go to work.

(C) Could you lend me a hand?

이 상자들을 오늘 당신의 새 사무실로 옮겨야 하지 않나요?

(A) 그 상자들은 충분히 커요.

(B) 네, 출근하기에 아주 좋은 곳이에요.

(C) 도와주실 수 있으세요?

해설 상대방의 새 사무실로 상자를 옮겨야 하는지를 확인하는 부정 의문문
⋯ 부정 의문문 역시 다른 의문문과 마찬가지로 수락, 거절, 회피, 되묻
기 답변이 가능하기 때문에 소거법으로 정답을 찾는 것이 쉽다.

(A) 동어 반복(boxes) 오답이다.

(B) 연상 어휘(office – work) 오답이다.

(C) 상자를 옮기는 것에 대해 도움을 요청하고 있으므로 적절한 응답
이다.

어휘 go to work 출근하다 | lend a hand 도움을 주다

영국 → 호주

22. Ms. Smith approved your vacation request, didn't she?

(A) Two days in Egypt.

(B) A high approval rating.

(C) I'm not on Ms. Smith's team.

Ms. Smith가 당신의 휴가 신청을 승인했죠, 그렇죠?

(A) 이집트에서 이틀이요.

(B) 높은 승인률이네요.

(C) 저는 Ms. Smith의 팀이 아니에요.

해설 Ms. Smith가 휴가 신청을 승인했는지 확인하는 부가 의문문 ⋯ '동사
+ 목적어'인 'approved ~ vacation request'를 키워드로 잡고 소거
법을 활용한다.

(A) 연상 어휘(vacation – Egypt) 오답이다.

(B) 유사 발음(approved – approval) 오답이다.

(C) '아니요'가 생략된 유형으로, 자신은 Ms. Smith의 팀이 아니라 그
녀가 승인할 필요가 없다는 것을 우회적으로 말했으므로 정답이다.

어휘 approve 승인하다 | vacation 휴가 | request 요청

미국 → 영국

23. Aren't accommodations available for conference attendees?

(A) No, not that I know of.

(B) How many references do you want?

(C) Yes, I'll be attending the conference.

회의 참석자들을 위한 숙소가 있지 않나요?

(A) 아니요, 제가 알기로는 아니에요.

(B) 얼마나 많은 추천서를 원하세요?

(C) 네, 저는 회의에 참석할 거예요.

해설 회의 참석자들을 위한 숙소가 있는지 여부를 묻는 부정 의문문 ⋯ 숙소
가 있으면 Yes, 없으면 No임을 염두에 두고 부연 설명이 대답과 연결
되는지 반드시 확인하자.
(A) 이용 가능한 숙소가 없음을 적절히 알려주고 있으므로 정답이다.
(B) 유사 발음(conference – references) 오답이다.
(C) 동어 반복(conference) 오답이다.

어휘 accommodation 숙소 | available 이용 가능한 | attendee 참
석자 | reference 추천서 | attend 참석하다

미국 → 호주

24. Didn't you finish the employee survey on the new
security policy?
(A) I completed it this morning.
(B) We should get our security cards soon.
(C) At least 30 participants.

새 보안 정책에 대한 직원 설문조사를 끝내지 않았나요?
(A) 오늘 아침에 완료했어요.
(B) 우리는 곧 보안카드를 받아야 해요.
(C) 최소 30명의 참가자요.

해설 상대방이 새 보안 정책에 대한 직원 설문조사를 끝내지 않았는지 물
어보는 부정 의문문 ⋯ 긍정 의문문(Did you finish the employee
survey on the new security policy?)과 마찬가지로 직원 설문조사
를 끝냈으면 Yes, 끝내지 않았으면 No라고 대답한다.
(A) Yes가 생략된 채 설문조사를 끝냈음을 적절히 알려주고 있으므로
정답이다.
(B) 동어 반복(security) 오답이다.
(C) 연상 어휘(survey – participants) 오답이다.

어휘 employee 직원 | security 보안 | policy 정책, 방침 |
complete 완료하다 | participant 참가자

호주 → 영국

25. Haven't you read Michael's article yet?
(A) I was planning to look at it tonight.
(B) To be published online.
(C) Yes, my favorite color is red.

Michael의 기사를 아직 읽지 않았나요?
(A) 오늘 밤에 살펴볼 계획이었어요.
(B) 온라인 출판을 위해서요.
(C) 네, 제가 가장 좋아하는 색깔은 빨간색이에요.

해설 상대방이 Michael의 기사를 읽었는지 확인하는 부정 의문문 ⋯ 긍정
의문문(Have you read Michael's article?)에도 동일한 답이 적용
가능하므로 한국어로 해석하다가 헷갈리지 않도록 한다.
(A) 오늘 밤에 읽을 계획이라고 하여 아직 읽지 않았음을 우회적으로
말해주고 있으므로 정답이다.
(B) 연상 어휘(article – published) 오답이다.
(C) 유사 발음(read – red) 오답이다.

어휘 article 기사 | publish 출판하다, (기사 등을) 게재하다 | favorite 마
음에 드는, 매우 좋아하는

UNIT 08. 제안·제공·요청문

Practice

본서 p.126

1. (A)	2. (C)	3. (C)	4. (C)	5. (A)	6. (C)
7. (B)	8. (C)	9. (C)	10. (C)	11. (C)	12. (B)
13. (B)	14. (C)	15. (B)	16. (B)	17. (C)	18. (C)
19. (A)	20. (B)	21. (B)	22. (C)	23. (A)	24. (B)
25. (C)					

미국 → 미국

1.
고난도
Can we talk about it tomorrow?
(A) I'll be meeting a client in Toronto.
(B) No, every other week.
(C) You can borrow it.

우리 그것에 대해 내일 이야기할 수 있을까요?
(A) 토론토에서 고객을 만나기로 했어요.
(B) 아니요, 격주로요.
(C) 그거 빌려가셔도 되요.

해설 그것에 대해 내일 얘기할 수 있는지 여부를 묻는 요청문 ⋯ 답변으로
수락과 거절이 모두 등장할 수 있으나, 부정으로 답할 경우 다양한 이
유가 언급되므로 주의 깊게 들어야 한다.
(A) 내일 토론토에서 고객을 만나기로 해서 불가능하다는 응답을 우회
적으로 표현한 정답이다.
(B) 연상 어휘(tomorrow – every other week) 오답이다.
(C) 유사 발음(tomorrow – borrow) 오답이다.

어휘 talk about ~에 대해 이야기하다 | every other week 격주로 |
borrow 빌리다

호주 → 영국

2. Would you like to try a bowl of our new salad?
(A) I'll try to be there.
(B) It was very informative.
(C) Are there nuts in it?

새로 나온 저희 샐러드 드셔보시겠어요?
(A) 거기에 가도록 해볼게요.
(B) 그건 매우 유용했어요.
(C) 그 안에 견과류가 들어가 있나요?

해설 수락/거절 표현을 염두에 두고, 우회적 응답에 주의한다.
(A) 동어 반복(try) 오답이다.
(B) 질문과 무관한 응답이다.
(C) 견과류 포함 유무에 따라 다르다는 의미의 반문 응답이므로 정답
이다.

어휘 bowl 접시, 사발 | informative 유용한 | nut 견과

41

3. Could you tell me whether the IT consultant can see me this afternoon?
   (A) The conference went well.
   (B) Take a right at the road sign.
   (C) Certainly, she can meet with you at 3.

   IT 컨설턴트를 오늘 오후에 만날 수 있을지 말씀해 주시겠어요?
   (A) 회의는 순조롭게 진행되었어요.
   (B) 도로 표지판에서 우회전 하세요.
   (C) 물론이죠, 그녀는 3시에 당신을 만날 수 있어요.

   해설 오늘 오후에 IT컨설턴트를 만날 수 있는지 알려 달라는 요청문 ···› 'Could you tell me ~?'를 듣는 순간 빠르게 '~ IT consultant can see me ~'를 키워드로 잡고 오답을 소거한다.
   (A) 연상 어휘(consultant – conference) 오답이다.
   (B) whether를 where로 잘못 들었을 경우 선택할 수 있는 오답이다.
   (C) 요청문에 자주 등장하는 certainly를 사용한 정답이다. 이외에도 Sure / Of course / Absolutely 등의 표현이 가능하므로 빈출 응답을 숙지하자.

   어휘 consultant 컨설턴트, 자문 위원 | conference 회의, 학회 | road sign 도로 표지판 | certainly (대답으로) 물론이죠

4. Could you close up the store for me this evening?
   (A) Please close the door.
   (B) Yes, it's warmer than yesterday.
   (C) I have to pick up my brother.

   오늘 저녁에 가게 마감 좀 해주실 수 있으세요?
   (A) 문을 닫아주세요.
   (B) 네, 어제보다 따뜻하네요.
   (C) 제 남동생을 데리러 가야 해요.

   해설 가게 문을 대신 닫아줄 수 있냐고 말한 요청문 ···› 수락/거절 표현을 염두에 두고, 우회적 응답에 주의한다.
   (A) 동어 반복(close) 오답이다.
   (B) Yes(닫아줄 수 있다)와 뒤의 부연 설명이 불일치하므로 오답이다.
   (C) 동생을 데리러 가야 한다며 우회적으로 거절한 것이므로 정답이다.

   어휘 close up (상점 등의) 문을 닫다 | pick up 데리러 가다

5. We'd like you to come up with a new advertisement.
   (A) I'll get started on it immediately.
   (B) I like the new ad, too.
   (C) By the marketing team.

   우리는 당신이 새로운 광고를 내놓기를 바라요.
   (A) 바로 시작할게요.
   (B) 저도 그 새 광고를 좋아해요.
   (C) 마케팅 팀에 의해서요.

   해설 새 광고를 만들어 달라는 요청문 ···› 종종 수락의 표현이 생략된 채 나오므로 당황하지 말고 소거법을 이용하자.

   (A) 광고 만들기를 바로 시작하겠다는 수락 표현이므로 정답이다.
   (B) 동어 반복(new advertisement – new ad) 오답이다.
   (C) 연상 어휘(advertisement – marketing) 오답이다.

   어휘 come up with ~를 내놓다, 제시하다 | get started on ~에 착수하다, 시작하다 | immediately 즉시, 곧바로

6. Could I visit you at your office tomorrow to conduct an interview?
   (A) For a monthly business magazine.
   (B) No less than an hour.
   (C) I have a meeting at 3 P.M.

   제가 내일 인터뷰를 하러 당신의 사무실로 방문해도 될까요?
   (A) 월간 비즈니스 잡지를 위해서요.
   (B) 자그마치 한 시간이나요.
   (C) 제가 오후 3시에 미팅이 있어요.

   해설 수락/거절 표현을 염두에 두고, 우회적 응답에 주의한다.
   (A) 연상 어휘(conduct an interview – for ~ business magazine) 오답이다.
   (B) How long 의문문에 어울리는 응답이다.
   (C) 3시에 회의가 있다며 방문 요청을 완곡히 거절한 정답이다.

   어휘 conduct 수행하다 | no less than 자그마치

7. Can I give my presentation before you?
   (A) No, it isn't.
   (B) Actually, mine won't take long.
   (C) The new marketing strategy.

   제가 당신 차례 전에 발표를 해도 될까요?
   (A) 아니요, 그렇지 않습니다.
   (B) 사실, 제 발표는 길지 않을 거예요.
   (C) 새로운 마케팅 전략이에요.

   해설 질문자가 먼저 발표를 진행해도 되는지 허락을 구하는 요청문 ···› 수락/거절의 표현 이후에 등장하는 부연 설명에 집중한다.
   (A) 주어 불일치(Can I – it isn't) 오답이다.
   (B) 응답자의 발표가 길지 않을 것이라고 하여 우회적으로 거절한 응답이다.
   (C) 연상 어휘(presentation – marketing strategy) 오답이다.

   어휘 presentation 발표 | strategy 계획, 전략

8. I'd like you to join the volunteer group this month.
   (A) Two months ago.
   (B) It was a joint effort.
   (C) I'm afraid I'll be busy with work.

   당신이 이번 달에 자원봉사자 그룹에 가입했으면 좋겠군요.
   (A) 2개월 전이에요.
   (B) 함께 노력했어요.
   (C) 아쉽지만 일 때문에 바쁠 거예요.

해설 자원봉사자 그룹에 가입했으면 좋겠다고 말한 요청문 ⋯→ 수락/거절 표현을 염두에 두고, 우회적인 응답에 주의한다.
(A) 연상 어휘(this month - Two months) 오답이다.
(B) 유사 발음(join - joint) 오답이다.
(C) 일 때문에 바쁠 거라며 완곡하게 거절했으므로 정답이다.

어휘 volunteer 자원봉사자 | joint 공동의, 합동의 | effort 노력

호주 → 미국

9. Would you mind filling in for me for tomorrow's
고난도 lecture?
(A) Mine is over there.
(B) Sorry, it's already full.
(C) I'll have to check my calendar.

내일 저 대신에 강의 해주실 수 있나요?
(A) 제 건 저기 있네요.
(B) 미안해요. 이미 다 찼어요.
(C) 일정을 확인해야 해요.

해설 'Would you mind ~'로 시작해서 내일 강의를 대신 해줄 것을 부탁하는 요청문 ⋯→ 'Would you mind ~'형의 질문에서는 부정형(Not at all.)이 수락의 표현이지만, 부연 설명을 놓쳐서는 안 된다.
(A) 유사 발음(mind - mine) 오답이다.
(B) 유사 발음(filling - full) 오답이다.
(C) 일정을 확인해야 한다며 보류의 뜻을 나타낸 것이므로 정답이다.

어휘 fill in ~을 대신하다 | calendar 일정, 달력

미국 → 호주

10. Why don't I print out the handouts for the new
employee orientation this afternoon?
(A) Yes, they read it very carefully.
(B) Who interviewed the interns?
(C) Thanks. That would be very helpful.

제가 오늘 오후에 있을 신입사원 예비 교육을 위한 유인물을 출력할까요?
(A) 네, 그들은 아주 주의 깊게 그것을 읽었어요.
(B) 그 인턴들을 누가 인터뷰했나요?
(C) 고마워요. 정말 도움될 것 같아요.

해설 유인물을 출력해주겠다는 제공문 ⋯→ 'Why don't I ~?'형 질문에서 자주 등장하는 수락의 표현들이 정해져 있으므로 암기하자.
(A) 연상 어휘(handouts - read) 오답이다.
(B) 연상 어휘(new employee - interns) 오답이다.
(C) 제공문의 수락 표현으로 자주 등장하는 Thanks와 함께, 유인물 출력이 도움될 것 같다는 부연 설명을 하므로 정답이다.

어휘 print out 출력하다 | handout 유인물 | new employee orientation 신입사원 예비 교육 | carefully 주의 깊게

미국 → 영국

11. Could you drop me off at the airport tonight?
고난도 (A) Collect your baggage here.
(B) At the international departure gate.
(C) My van's still being repaired.

오늘 밤에 저를 공항에 데려다 주실 수 있나요?
(A) 짐을 여기서 찾으세요.
(B) 국제선 출발 게이트에서요.
(C) 제 밴이 아직 수리 중이에요.

해설 공항에 데려다 줄 수 있는지 묻는 요청문 ⋯→ 수락 혹은 거절의 표현이 생략되고 부연 설명만 하는 경우가 있기 때문에 소거법으로 문제를 접근하는 것이 현명하다.
(A) 연상 어휘(airport - baggage) 오답이다.
(B) 연상 어휘(airport - international departure gate) 오답이다.
(C) 차가 아직 수리 중이라고 이야기하며 요청을 우회적으로 거절하는 답변이다.

어휘 drop off at ~에 내려 주다 | baggage 짐, 수하물 | departure 출발 | still 아직

미국 → 미국

12. Could you go over this proposal before I turn it in?
(A) I've already looked under the desk.
(B) Oh, I was just about to head home.
(C) No, you should turn right.

제가 이 제안서를 제출하기 전에 살펴봐 주시겠어요?
(A) 이미 책상 아래를 살펴봤어요.
(B) 아, 막 집에 가려던 참인데요.
(C) 아니요, 우회전하셔야 해요.

해설 제안서를 검토해 줄 수 있는지 물은 요청문 ⋯→ 수락/거절 표현을 염두에 두고, 우회적인 응답에 주의한다.
(A) 연상 어휘(go over - looked) 오답이다.
(B) 퇴근하려던 참이라며 우회적으로 거절했으므로 정답이다.
(C) 동어 반복(turn) 오답이다.

어휘 go over 검토하다 | turn in 제출하다 | proposal 제안서

영국 → 호주

13. Shouldn't we change the conference venue?
(A) Yes, we need to make more photocopies.
(B) We really should.
(C) Yes, could I have the menu?

회의 장소를 변경해야 하지 않을까요?
(A) 네, 복사를 더 해야 해요.
(B) 정말 그래야 할 것 같아요.
(C) 네, 메뉴 좀 주시겠어요?

해설 회의 장소를 변경해야 할지 상대방의 의견을 묻고 있는 제안문 ⋯→ 'Shouldn't ~?' 의문문은 제안을 할 때 많이 사용되며 주로 수락이 답변으로 등장한다.

PART 2 UNIT 08

(A) 질문과 연결되지 않는 오답이다.

(B) 정말 그래야 한다며 자신의 의견을 말해주고 있으므로 정답이다.

(C) 유사 발음(venue – menu) 오답이다.

어휘 conference 회의 | venue 장소 | photocopy 복사

---

14. Why don't you postpone the meeting until next week when Mr. Shin comes back?

(A) I've already been to the post office.

(B) The meeting went well.

(C) Wouldn't that be too late?

Mr. Shin이 돌아오는 다음 주까지 회의를 미루는 게 어때요?

(A) 제가 이미 우체국에 다녀왔어요.

(B) 회의가 잘 진행됐어요.

(C) 그러면 너무 늦지 않아요?

해설 'Why don't you ~'로 시작하여 회의 일정 변경을 제안하는 제안문 ┈➤ 유사 발음과 동어 반복 함정에 주의하면서 오답을 소거하면 정답에 손이 간다.

(A) 유사 발음(postpone – post office) 오답이다.

(B) 동어 반복(meeting) 오답이다.

(C) 다음 주까지 회의를 미루면 너무 늦지 않냐고 물어보는 되묻기형 정답이다.

어휘 postpone 연기하다, 지연하다 | go well 잘 진행되다

---

15. Do you want to organize the company banquet with us this year?

(A) I don't want any food.

(B) Yes, that will be fun.

(C) The main hall.

올해 저희와 회사 연회 준비를 같이 하시겠어요?

(A) 음식은 필요 없어요.

(B) 네, 재미있겠네요.

(C) 메인 홀이요.

해설 연회 준비를 같이 하자고 한 제안문 ┈➤ 수락/거절 표현을 염두에 두고, 우회적 응답에 주의한다.

(A) 연상 어휘(banquet – food) 오답이다.

(B) Yes로 수락하며 재미있겠다고 했으므로 정답이다.

(C) 연상 어휘(company banquet – main hall) 오답이다.

어휘 organize 준비하다 | banquet 연회

---

16. Can you send me your expense report when you've completed it?

(A) We'll reimburse it.

(B) It's on your desk.

(C) At the Accounting Department.

비용 보고서 작성이 끝나면 저에게 보내주시겠어요?

(A) 저희가 상환해드릴 거예요.

(B) 당신 책상 위에 있어요.

(C) 회계부에서요.

해설 비용 보고서 작성을 끝내면 보내달라는 요청문 ┈➤ 수락/거절 표현이나 우회적 응답이 예상된다.

(A) 연상 어휘(expense report – reimburse) 오답이다.

(B) 책상 위에 이미 올려놨다고 설명하는 정답이다.

(C) 연상 어휘(expense report – Accounting Department) 오답이다.

어휘 expense report 비용 보고서 | reimburse 변제하다 | accounting 회계

---

17. What if we arrange some more chairs for the meeting?

(A) The seating arrangement.

(B) It will be in meeting room B.

(C) That's a good idea.

회의를 위해 의자를 더 가져오면 어떨까요?

(A) 좌석 배치요.

(B) 회의실 B에서 할 거예요.

(C) 좋은 생각이에요.

해설 의자를 더 가져오면 어떻겠냐고 물은 제안문 ┈➤ 수락/거절 표현을 염두에 두고, 우회적 응답에 주의한다.

(A) 유사 발음(arrange – arrangement) 및 연상 어휘(chairs – seating) 오답이다.

(B) 동어 반복(meeting) 오답이다.

(C) 좋은 생각이라며 수락 표현을 했으므로 정답이다.

어휘 arrange 배열하다, 정리하다 | seating arrangement 좌석 배치

---

18. Could you give me the list of speakers for the conference?

(A) At least 500 people.

(B) Yes, I'd like to speak to Mr. Simpson.

(C) I'll email it to you in a minute.

학회의 발표자 명단을 주시겠어요?

(A) 최소한 500명이요.

(B) 네, Mr. Simpson과 이야기하고 싶습니다.

(C) 잠시 후에 이메일로 보내 드릴게요.

해설 'Could you ~'로 시작하여 상대방에게 회의 연사 명단을 달라고 한 요청문 ┈➤ '~ give me ~ list ~'를 키워드로 잡아야 오답을 소거할 수 있다.

(A) 연상 어휘(speakers, conference – 500 people) 오답이다.

(B) 유사 발음(speakers – speak) 오답이다.

(C) 명단을 이메일로 보내주겠다고 하여 수락하고 있으므로 정답이다.

어휘 speaker 발표자, 연사 | conference 학회, 회의 | at least 최소한 | in a minute 잠시 후에, 곧

영국 → 미국

19. Would you mind handing out brochures for the conference in the lobby?
(A) The part-time worker should be here soon.
(B) Yes, I found it very informative.
(C) Thanks, but I just got some.

로비에서 회의 책자를 나눠 주시겠어요?
(A) 아르바이트생이 곧 올 거예요.
(B) 네, 전 그것이 아주 유익하다고 생각했어요.
(C) 감사합니다만, 저는 방금 몇 개 얻었어요.

해설 회의 책자를 나누어 달라고 한 요청문 ···› 'Would you mind ~?'는 '~해주시겠어요?'라는 의미로 상대방에게 정중히 요청하거나 허락을 구할 때 쓰이는 표현이다.
(A) 아르바이트생이 곧 올 거라 말하며 상대방의 제안을 우회적으로 거절하고 있으므로 정답이다.
(B) 연상 어휘(conference – informative) 오답이다.
(C) 질문과 연결되지 않는 오답이다.

어휘 hand out 나눠주다, 배포하다 | brochure (안내, 광고용) 책자 | informative 유익한

호주 → 미국

20. Let's go to a bigger place.
(A) Yes, I'm going to the party.
(B) Room 250 is open.
(C) I've never been to that place.

조금 더 큰 곳으로 갑시다.
(A) 네, 저는 파티에 갑니다.
(B) 250호실이 이용 가능해요.
(C) 저는 거기에 가 보지 않았어요.

해설 조금 더 큰 곳으로 가자고 한 제안문 ···› 제안에 수락하거나 거절하는 대답이 예상된다.
(A) 파티에 가는지 여부를 묻지 않았으므로 오답이다.
(B) 250호가 더 크다는 것을 암시하면서 그리로 가자고 우회적으로 말하고 있으므로 정답이다.
(C) 동어 반복(place) 오답이다.

어휘 open 열려 있는, 이용할 수 있는

영국 → 미국

21. Can you help me install the new monitor?
(A) Yes, he's a new assistant.
(B) I'm free in the afternoon.
(C) The technical support team.

제가 새 모니터 설치하는 것 좀 도와주실래요?
(A) 네, 그는 새 비서예요.
(B) 저는 오후에 시간이 돼요.
(C) 기술 지원팀이요.

해설 'Can you ~'를 사용하여 상대방에게 모니터 설치를 도와달라고 한 요청문 ···› 만약 키워드를 포착하지 못했다면 질문에서 반복되거나 연상되는 어휘를 소거법으로 제거하면 정답 확률이 높아진다.
(A) 동어 반복(new), 주어 불일치 오답이다.
(B) 오후에 도와주겠다고 우회적으로 응답하고 있으므로 정답이다.
(C) 연상 어휘(install – technical support team) 오답이다.

어휘 install 설치하다 | monitor 모니터 | assistant 조수,보조 | technical 기술적인, 기술의

호주 → 영국

22. Can you stop by my office after lunch?
(A) It should stop soon.
(B) In the break room.
(C) I'll be away all afternoon.

점심 먹고 제 사무실에 들르실 수 있으세요?
(A) 그것은 곧 멈출 거예요.
(B) 휴게실에서요.
(C) 저는 오후 내내 외근이에요.

해설 사무실에 들러줄 수 있냐고 물은 요청문 ···› 수락/거절 표현을 염두에 두고, 우회적 응답에 주의한다.
(A) 동어 반복(stop) 오답이다.
(B) 연상 어휘(lunch – break room) 오답이다.
(C) 오후 내내 자리에 없을 거라며 우회적으로 거절했으므로 정답이다.

어휘 stop by ~에 들르다 | break room 휴게실

미국 → 영국

23. Could someone help me take these baskets down to the storage room?
(A) I'll give you a hand.
(B) They're on the bottom shelf.
(C) How many chairs should I bring?

이 바구니들을 창고로 가지고 내려가는 걸 누가 도와주실 수 있나요?
(A) 제가 도와드릴게요.
(B) 그것들은 맨 아래 선반에 있어요.
(C) 제가 의자를 몇 개나 가져가야 하나요?

해설 바구니 나르는 일을 도와줄 수 있냐고 물은 요청문 ···› 수락/거절 표현을 염두에 두고, 우회적 응답에 주의한다.
(A) 도와주겠다며 수락했으므로 정답이다.
(B) 연상 어휘(storage room – bottom shelf) 오답이다.
(C) 질문과 무관한 동문서답형 오답이다.

어휘 storage room 창고 | give ~ a hand ~를 도와주다

PART 2 UNIT 08

24. Would you take this document to the sales team?

(A) Look at the second page.

(B) Okay, I'll do it after lunch.

(C) There is a 10 percent discount today.

이 문서를 영업팀에 가져다 주시겠어요?

(A) 두 번째 페이지를 보세요.

(B) 알겠어요. 점심 먹고 갖다 놓을게요.

(C) 오늘은 10퍼센트 할인을 해요.

해설 영업팀에 문서를 가져다 달라고 부탁하는 요청문 ···→ 'take ~ document to ~'를 키워드로 잡고 오답을 소거하면 정답을 쉽게 찾을 수 있다.

(A) 연상 어휘(document – the second page) 오답이다.

(B) 수락의 표현으로 자주 등장하는 Okay와 함께, 점심식사 후에 가져다 놓겠다고 부연설명을 한 정답이다.

(C) 연상 어휘(sales – discount) 오답이다.

어휘 document 서류, 문서 | sales team 영업팀

---

25. Would you like to receive a trial version of the software?

(A) Why don't you check out the computer store?

(B) You should try it on.

(C) I already have one, thanks.

소프트웨어의 시험 버전을 받아 보시겠어요?

(A) 컴퓨터 가게에 확인해 보는 게 어때요?

(B) 그걸 입어보세요.

(C) 이미 있어요, 고마워요.

해설 시험 버전을 받아보겠냐는 제안문 ···→ 제안을 수락, 거절, 보류하는 응답이 기대된다.

(A) 연상 어휘(software – computer) 오답 이다.

(B) 유사 발음(trial – try it on) 오답이다.

(C) 시험 버전을 받아보겠냐는 말에 이미 가지고 있으니 완곡히 거절하고 있으므로 정답이다.

어휘 trial 시험 | try on 입어보다, 신어보다

UNIT 09. 선택 의문문·평서문

Practice

본서 p.136

1. (A)	2. (C)	3. (A)	4. (C)	5. (B)	6. (B)
7. (B)	8. (C)	9. (A)	10. (B)	11. (B)	12. (A)
13. (C)	14. (C)	15. (B)	16. (B)	17. (C)	18. (A)
19. (A)	20. (A)	21. (A)	22. (C)	23. (C)	24. (A)
25. (B)					

1. Should we hire a band for the dinner party, or just play some recorded music?

(A) I know some performers we could contact.

(B) She hired a professional chef.

(C) At 7 o'clock next Saturday.

저녁 파티에 밴드를 고용해야 할까요, 아니면 그냥 녹음된 음악을 틀까요?

(A) 연락할 수 있는 연주자들을 몇 알고 있어요.

(B) 그녀가 전문 요리사를 고용했어요.

(C) 다음주 토요일 7시요.

해설 밴드를 고용할지, 녹음된 음악을 틀지 물어보는 선택 의문문 ···→ or 앞(hire a band) / 뒤(play music)의 핵심만 빠르게 잡으면 문제가 풀린다.

(A) 연주자들을 알고 있다고 대답하며 밴드를 고용할 것을 우회적으로 선택하는 답변을 하고 있다.

(B) 동어 반복(hire – hired) 오답이다.

(C) When 의문문에 어울리는 응답이다.

어휘 hire 고용하다 | performer 연기자, 연주자 | professional 직업의, 전문적인

---

2. I really want to hear this new group perform.

(A) Not there, here please.

(B) I don't know where the form is.

(C) There are no tickets left.

저는 이 새로운 그룹이 공연하는 것을 정말 듣고 싶어요.

(A) 그쪽이 아니고, 이쪽이에요.

(B) 그 서식이 어디에 있는지 모르겠네요.

(C) 남아있는 티켓이 없어요.

해설 새로운 그룹이 공연하는 것을 듣고 싶다고 말하는 평서문 ···→ 질문에 나왔던 단어와 발음이 비슷하게 나오는 유사 발음 오답에 유의하자.

(A) 유사 발음(hear – here) 오답이다.

(B) 유사 발음(perform – form) 오답이다.

(C) 공연에 남아있는 티켓이 없다고 사실을 전달하고 있으므로 정답이다.

어휘 perform 공연하다, 연주하다 | form 양식

---

3. Did the repairperson fix the conference room table or is it still broken?

(A) I don't think anyone came by.

(B) A conference call from Dubai.

(C) The engineers attended the meeting.

수리공이 회의실 탁자를 고쳤나요, 아니면 아직도 고장 나 있나요?

(A) 아무도 안 온 것 같은데요.

(B) 두바이에서 온 회의 전화요.

(C) 엔지니어들이 그 회의에 참석했어요.

해설 탁자를 고쳤는지 아직 고장 나 있는지를 묻는 선택 의문문 ···▶ or 앞뒤의 키워드를 파악하고 소거법을 활용한다.

(A) 고장 난 탁자를 고치러 아무도 안 온 것 같다며 아직 고장 나 있는 상태를 우회적으로 나타내므로 정답이다.

(B) 동어 반복(conference) 오답이다.

(C) 연상 어휘(repairperson – engineers, conference – attend, meeting) 오답이다.

어휘 repairperson 수리공 | fix 고치다, 수리하다 | conference call 전화 회의 | attend 참석하다

---

4. Would you like to buy a new car or lease one?

(A) Yes, it will be released in two weeks.

(B) A 10-year warranty.

(C) Which do you recommend?

새 차를 사고 싶으신가요, 아니면 대여를 원하시나요?

(A) 네, 2주 뒤에 출시될 거예요.

(B) 품질 보증은 10년이에요.

(C) 어느 쪽을 추천하시나요?

해설 A or B의 형태로 차를 살 것인지 대여할 것인지 묻는 선택 의문문 ···▶ 3가지 빈출 정답 패턴 중 하나인 '둘 다 싫어요'형에서 되묻는 답변이 등장할 수 있으니 유의하자.

(A) 유사 발음(lease – released) 오답이다.

(B) 연상 어휘(new car – warranty) 오답이다.

(C) 두 가지 선택사항 중 '어느 쪽이 더 좋아요?'라고 되묻는 우회적 정답이다.

어휘 lease 임대하다, 대여하다 | release 출시하다, 공개하다, 발표하다 | warranty 품질 보증(서)

---

5. My accountant just opened a new office in town.

(A) Probably before 10.

(B) Where is it located exactly?

(C) It's a savings account.

제 회계사가 최근에 시내에 새 사무실을 열었어요.

(A) 아마도 10시 전에요.

(B) 거기가 정확히 어디에 위치해 있죠?

(C) 그건 보통예금이에요.

해설 회계사가 시내에 사무실을 열었다고 하는 평서문 ···▶ 평서문에서 특히 정답으로 자주 나오는 패턴은 되묻기와 맞장구임을 알아두자.

(A) opened a new office만 듣고 사무실 근무 시작 시간을 묻는 문제로 잘못 이해했을 경우 선택할 수 있는 오답이다.

(B) 새로 연 사무실의 위치를 되묻는 정답이다.

(C) 유사 발음(accountant – account) 오답이다.

어휘 accountant 회계사 | exactly 정확히 | savings account 보통예금 (계좌)

---

6. Should I look for an apartment downtown or in the suburbs?

(A) She found it on the floor.

(B) I didn't know you were moving.

(C) The living room is fully furnished.

시내에 있는 아파트를 찾아야 할까요, 교외에 있는 걸 찾아야 할까요?

(A) 그녀가 바닥에서 그걸 발견했어요.

(B) 이사 가시는 줄 몰랐어요.

(C) 거실은 가구가 완비돼 있어요.

해설 아파트를 시내에서 구할지 교외에서 구할지를 묻는 선택 의문문 ···▶ or 앞뒤의 키워드를 파악하고 소거법을 활용한다.

(A) 연상 어휘(look for – found) 오답이다.

(B) 이사한다는 사실조차 몰랐다는 응답이 문맥상 가장 적절하므로 정답이다.

(C) 연상 어휘(apartment – living room, furnished) 오답이다.

어휘 suburb 교외 | furnished 가구가 비치된

---

7. The marketing campaign is going to cost more than we thought.

(A) He held the position abroad.

(B) Is it still within our budget?

(C) The advertisement team.

그 마케팅 캠페인은 우리가 생각했던 것보다 비용이 더 많이 들 거예요.

(A) 그는 해외에서 그 자리에 있었어요.

(B) 그게 여전히 우리 예산 범위 안에 있나요?

(C) 광고팀이요.

해설 마케팅 캠페인 비용에 대한 평서문 ···▶ 직청직해가 빨리 되어야 쉽게 풀리는 평서문에서 키워드를 놓쳤을 경우 유사 발음이나 질문의 단어에서 연상되는 어휘들을 소거하면 정답을 고를 확률을 높일 수 있다.

(A) 질문에 등장하지 않는 He는 주어 불일치 오답이다.

(B) 마케팅 비용이 여전히 예산 범위 내에 있는지 되묻는 표현으로 정답이다.

(C) 연상 어휘(marketing campaign – advertisement) 오답이다.

어휘 cost 비용이 들다 | hold (특정한 직장·지위에) 있다, 재직하다 | abroad 해외에서, 해외로 | budget 예산

8. Would you like to work on your presentation here or in the meeting room?
(A) No, I didn't see her.
(B) It wasn't discussed.
(C) Let's try it here.

여기서 발표 작업을 하실 건가요, 아니면 회의실에서 하실 건가요?
(A) 아니요, 그녀를 보지 못했어요.
(B) 그건 논의되지 않았어요.
(C) 여기서 해보죠.

해설 발표 작업을 할 장소에 대해 묻는 선택 의문문 ⋯ or 앞(here)/뒤(meeting room)를 키워드로 잡으면 정답이 보인다.
(A) 질문과 무관한 오답이다.
(B) 연상 어휘(meeting – discussed) 오답이다.
(C) 여기서 하자고 말하며 둘 중 하나를 선택한 정답이다.

어휘 work on ~에 대한 작업을 하다 I discuss 상의하다, 논의하다

---

9. The contractors that completed the repairs did an outstanding job.
(A) They did, didn't they?
(B) No, I was standing over here.
(C) The contracts were sent out today.

보수작업을 마친 도급업자들이 일을 매우 훌륭하게 했어요.
(A) 맞아요, 그렇지 않나요?
(B) 아니요, 저는 이곳에 서있었어요.
(C) 계약서는 오늘 발송되었어요.

해설 도급업자들이 한 보수작업에 매우 만족한다는 의견을 말한 평서문 ⋯ 키워드를 놓쳤을 경우 질문과 유사한 발음을 소거하거나, 평서문의 정답으로 자주 나오는 패턴인 되묻기와 맞장구 표현을 정답으로 연결하자.
(A) 맞장구를 친 정답이다.
(B) 유사 발음(outstanding – standing) 오답이다.
(C) 유사 발음(contractors – contracts) 오답이다.

어휘 contractor 도급업자 I complete 끝마치다, 완료하다 I outstanding 뛰어난, 두드러진 I contract 계약(서)

---

10. Do you think I should drive, or should I take the subway?
고난도 (A) She's been driving for many years.
(B) How's the traffic right now?
(C) Please give me my keys.

제가 운전을 해서 가야 할까요, 아니면 지하철을 타야 할까요?
(A) 그녀는 수년간 운전해왔어요.
(B) 현재 교통 상황이 어때요?
(C) 제 열쇠들을 주세요.

해설 운전을 할지 지하철을 탈지 묻는 선택 의문문 ⋯ or 앞(drive)/뒤(subway)를 핵심 키워드로 잡아 세 가지 빈출 정답(택1, 둘 다 좋아요, 둘 다 싫어요)과 연관되지 않은 응답을 오답으로 소거한다.
(A) 동어 반복(drive – driving) 오답이다.
(B) 현재 교통상황이 어떠냐고 되물으며 결정을 보류한 정답이다. 나머지 두 선택지를 오답으로 소거하면 (B)를 정답으로 골라낼 수 있다.
(C) 연상 어휘(drive – key) 오답이다.

어휘 take the subway 지하철을 이용하다 I traffic 교통(량)

---

11. I'm not sure how to get to the conference center from the hotel.
(A) At the reception area.
(B) Kobe will email the directions.
(C) I already reserved our rooms.

호텔에서 회의장까지 어떻게 가는지 잘 모르겠네요.
(A) 로비에서요.
(B) Kobe가 이메일로 약도를 보내줄 거예요.
(C) 제가 이미 방을 예약했어요.

해설 호텔에서 회의장까지 가는 법을 모르겠다고 말한 평서문 ⋯ 가는 길에 대한 정보를 제공하거나 그 밖에 우회적 응답에 주의한다.
(A) 연상 어휘(conference center – reception area) 오답이다.
(B) 약도를 이메일로 보내줄 거라고 대답했으므로 정답이다.
(C) 연상 어휘(hotel – reserved, rooms) 오답이다.

어휘 get to ~에 도달하다 I reception area 로비 I directions 약도, 길 안내 I reserve 예약하다

---

12. I heard that Troy Moreno will be awarded Employee of the Year.
(A) I thought it was going to be Tracy Mitchell.
(B) I heard that song too.
(C) Thank you, I will.

저는 Troy Moreno가 올해의 사원상을 받게 될 거라고 들었어요.
(A) 전 Tracy Mitchell이 될 줄 알았어요.
(B) 저도 그 노래를 들었어요.
(C) 감사합니다, 제가 할게요.

해설 올해의 직원상 수상자가 Moreno라는 소식을 전하는 평서문 ⋯ 정답 찾기가 힘들다면 오답 소거기로 정답률을 높이자.
(A) Moreno가 아닌 Mitchell이 수상할 줄 알았다고 응답하는 정답이다.
(B) 동어 반복(I heard) 오답이다.
(C) 동문서답형 오답이다.

어휘 award 수상하다 I Employee of the Year 올해의 사원상

미국 → 영국

13. You may like to add the Falkland Islands to your vacation itinerary.
(A) Together with my passport.
(B) Three more weeks to go.
(C) How much will that cost?

당신은 아마 포클랜드 제도를 휴가 일정에 추가하고 싶을 거예요.
(A) 제 여권이랑 함께요.
(B) 3주 더 남았어요.
(C) 비용이 얼마나 들까요?

해설 포클랜드 제도를 휴가 일정에 포함하라고 제안하는 평서문 ⋯ 쉽게 들리는 'add ~ to your vacation ~'을 키워드로 잡으면 정답을 쉽게 선택할 수 있다.
(A) 연상 어휘(vacation – passport) 오답이다.
(B) vacation만 듣고 남은 휴가 일정이 언제인지를 묻는 문제로 잘못 이해했을 경우 선택할 수 있는 오답이다.
(C) 일정을 포함하게 되면 비용이 얼마나 들어갈지 되묻는 답변이다.

어휘 add 더하다, 추가하다 | itinerary 여행 일정(표) | cost 비용이 들다

영국 → 호주

14. The next step is to have the floor plan drawn.
(A) You can find one at a furniture store.
(B) Just take the elevator.
(C) Okay, I'll contact the lead architect.

다음 단계는 평면도를 그리는 거예요.
(A) 가구점에서 찾으실 수 있어요.
(B) 그냥 엘리베이터를 타세요.
(C) 알겠어요, 수석 건축가에게 연락할게요.

해설 평면도를 그리는 단계의 업무 진행과 관련한 평서문 ⋯ 만약 'have the floor plan drawn'을 포착하지 못했을 경우, 'The next step is ~'라는 말을 키워드로 잡아 '다음 단계는 ~이다'라고 설명하는 내용으로 가장 적절하게 어울리는 정답을 고르도록 한다.
(A) 연상 어휘(floor plan – furniture) 오답이다.
(B) 연상 어휘(next step – take / floor plan – elevator) 오답이다.
(C) 평면도를 그리는 데 필요한 사람에게 연락하겠다고 대답하였으므로 정답이다.

어휘 floor plan 평면도 | architect 건축가, 설계사

미국 → 영국

15. Would you like to watch a movie or go for a drive this weekend?
(A) About 10 minutes without traffic.
(B) I'd rather rest at home.
(C) Thanks. I'd like some.

이번 주말에 영화를 보고 싶으세요, 드라이브를 하고 싶으세요?
(A) 교통 체증이 없다면 10분 정도요.
(B) 집에서 쉬는 게 낫겠어요.
(C) 고마워요. 먹을게요.

해설 영화를 보고 싶은지 드라이브를 원하는지를 묻는 선택 의문문 ⋯ or 앞뒤의 키워드를 파악하고 소거법을 활용한다.
(A) 연상 어휘(drive – traffic) 오답이다.
(B) 집에서 쉬겠다는 제3의 선택을 하는 응답이므로 정답이다.
(C) 동어 반복(like) 오답이다.

어휘 rather 다소, 차라리

미국 → 호주

16. We are offering a special discount on this item.
(A) The end of the month.
(B) When does the offer expire?
(C) A regular account.

저희는 이 품목에 대해 특별 할인을 제공하고 있어요.
(A) 월말이요.
(B) 할인은 언제 끝나요?
(C) 보통 계좌요.

해설 현재 진행 중인 특별 할인을 알리는 평서문 ⋯ 'offering a special discount'를 키워드로 잡아야 문제가 풀린다.
(A) special discount만 듣고 할인 만료 기간을 묻는 문제로 잘못 이해했을 경우 선택할 수 있는 오답이다.
(B) a special discount를 the offer로 받아 언제 할인행사가 끝나는지 물어보는 문맥상 어울리는 정답이다.
(C) 유사 발음(discount – account) 오답이다.

어휘 offer 제공하다 | expire (기간이) 끝나다, 만료되다

영국 → 호주

17. Should we have the annual company ceremony in June or wait until July?
(A) The presentations were great.
(B) Yes, I'll accompany you.
(C) Later would be preferable.

우리는 6월에 연례 사내 행사를 해야 할까요, 아니면 7월까지 기다려야 할까요?
(A) 그 발표는 아주 좋았어요.
(B) 네, 제가 당신과 동행할게요.
(C) 나중이 더 좋아요.

해설 연간 사내 행사를 6월에 해야 할지, 7월에 해야 할지 묻는 선택 의문문 ⋯ or 앞(June)/뒤(July)를 키워드로 잡고, 둘 다(both), 둘 다 좋다(either), 또는 둘 다 부정(neither)하는 제3의 선택안이 응답으로 예상된다.
(A) 연상 어휘(company ceremony – presentations) 오답이다.
(B) 유사 발음(company – accompany) 오답이다.
(C) 후자를 선택하여 7월에 진행하자고 우회적으로 답하는 '택1' 정답이다.

어휘 ceremony 행사, 의식 | accompany 동행하다 | preferable 더 좋은, 선호하는

18. The parking lot seems to be closed.

(A) Let's try the one opposite the bank, then.

(B) They seem reasonably priced.

(C) Yes, the park is close by.

주차장이 문을 닫은 것 같아요.

(A) 그러면 은행 맞은편에 있는 곳으로 가 봐요.

(B) 그것들은 가격이 합리적인 것 같아요.

(C) 네, 공원이 근처에 있어요.

해설 주차장이 닫았다고 알리는 평서문 ⋯ 문제를 제기하는 평서문에서는 대부분 대안을 언급하는 답변들이 종종 등장한다.

(A) 주차장 문이 닫혔으니 은행 맞은 편의 주차장으로 가보자고 제안하는 정답이다.

(B) 유사 발음(seems – seem) 오답이다.

(C) 유사 발음(closed – close) 오답이다.

어휘 parking lot 주차장 ǀ reasonably 합리적으로 ǀ priced 가격이 매겨진

---

19. Do you want to hire Ms. Morgan, or do you have someone else in mind?

(A) I'm still deciding.

(B) I don't mind leaving the house.

(C) Don't place it higher.

Ms. Morgan을 채용하기를 원하세요, 아니면 마음에 두고 계신 분이 있으세요?

(A) 아직 결정 중이에요.

(B) 저는 집을 나서도 괜찮아요.

(C) 그것을 더 높게 두지 마세요.

해설 특정 인물을 채용할 것인지, 아니면 다른 누군가를 생각하고 있는지를 묻는 선택 의문문 ⋯ or 앞(hire)/뒤(have someone else)의 핵심만 잡아 오답을 소거한다.

(A) 질문에 제시된 두 가지 사항이 아닌 제3의 답변(결정되지 않았다, 잘 모르겠다)을 사용하여 적절히 대답하였으므로 정답이다.

(B) 동어 반복 오답이다. 질문의 mind는 '마음'이라는 뜻의 명사, 대답에서는 '꺼리다, 상관하다'라는 의미의 동사로 쓰였다.

(C) 유사 발음(hire – higher) 오답이다.

어휘 hire 채용하다 ǀ mind 꺼리다, 상관하다 ǀ place (중요성, 가치 등을) 두다

---

20. I'm wondering if I should enroll in a business accounting course.

(A) I didn't find it that useful.

(B) From March 5th to 8th.

(C) An online application form.

기업 회계 과정에 등록할까 생각 중이에요.

(A) 저한테는 그다지 유용하지 않던데요.

(B) 3월 5일에서 8일까지요.

(C) 온라인 지원서요.

해설 수업에 등록해야 할지 생각 중이라고 말한 평서문 ⋯ 등록을 권하거나 권하지 않는 응답이 예상된다.

(A) 유용하지 않았다며 권하지 않는다는 의미를 우회적으로 나타내므로 정답이다.

(B) 연상 어휘(course – From March 5th to 8th) 오답이다.

(C) 연상 어휘(enroll – application form) 오답이다.

어휘 enroll 등록하다 ǀ business accounting 기업회계 ǀ useful 유용한 ǀ application form 지원 서식

---

21. Roger's been promoted to Plant Manager at Piedmont.

(A) He certainly deserves it.

(B) We designed the promotional event.

(C) Yes, that's my plan.

Roger가 피에몬테의 공장 관리자로 승진했어요.

(A) 그는 확실히 그럴 만해요.

(B) 우리는 홍보 행사 계획을 세웠어요.

(C) 네, 그게 저의 계획이에요.

해설 Roger가 공장 관리자로 승진했다는 사실을 전하는 평서문 ⋯ 'Roger ~ promoted ~'를 핵심 키워드로 잡으면 손쉽게 정답을 선택할 수 있다.

(A) 그가 승진할 만하다고 하여 그의 승진 소식을 축하하고 있으므로 정답이다.

(B) 유사 발음(promoted – promotional) 오답이다.

(C) 유사 발음(plant – plan) 오답이다.

어휘 promote 승진시키다 ǀ deserve ~을 받을 만하다 ǀ design 설계하다, 고안하다 ǀ promotional 홍보의

---

22. The article should be no more than 500 words long.

(A) A newspaper column.

(B) No, I think it's a short commute.

(C) Where did you hear that?

기사는 500자 이내로 써야 해요.

(A) 신문 칼럼이요.

(B) 아니요, 통근시간이 짧은 것 같아요.

(C) 그런 말은 어디서 들었어요?

해설 기사의 길이 제한을 알려주는 평서문 ⋯ 평서문의 정답으로 자주 등장하는 되묻기와 맞장구 표현에 집중하고 오답을 소거한다.

(A) 연상 어휘(article – newspaper column) 오답이다.

(B) 연상 어휘(long – short) 오답이다.

(C) 길이 제한에 대한 소식을 어디서 들었는지 되묻는 응답으로 정답이다.

어휘 no more than ~이내로 ǀ column (신문, 잡지의) 정기 기고란, 칼럼 ǀ commute 통근 (거리)

23.
_{고난도} Should we send the package to Ms. Kang or will she pick it up?

(A) Some computer parts.

(B) It's okay. I don't need it.

(C) She's dropping by later.

Ms. Kang에게 소포를 보낼까요 아니면 그분이 가지러 오시나요?

(A) 몇몇 컴퓨터 부품들이에요.

(B) 괜찮아요. 저는 그것이 필요하지 않아요.

(C) 나중에 들르시겠대요.

해설 소포를 보낼지 아니면 가지러 올 건지 묻는 선택 의문문 ⋯ or 앞/뒤의 핵심을 빠르게 잡아둔다.

(A) 질문의 맥락과 전혀 어울리지 않는 동문서답형 오답이다.

(B) Ms. Kang에 대해서 묻고 있는데, '나'에 대해서 대답한 주어 불일치 오답이다.

(C) 그녀가 나중에 가지러 올 것이라고 후자를 선택했으므로 정답이다.

어휘 package 소포 | pick ~ up ~을 찾다. 찾아오다 | parts 부품 | drop by ~에 들르다

---

24. Tonight's company dinner has been postponed.

(A) Let's see if anyone still wants to go out.

(B) Why was the product launch delayed?

(C) The banquet hall downtown.

오늘 회식은 연기됐어요.

(A) 그래도 가고 싶어 하는 사람이 있을지 한번 봅시다.

(B) 왜 제품 출시가 연기되었나요?

(C) 시내에 있는 연회장이요.

해설 회식이 연기되었다고 말한 평서문 ⋯ 'dinner, postponed'를 키워드로 잡고 소거법을 활용한다.

(A) 그래도 아직 가고 싶어 하는 사람이 있을지 알아보는 응답이 문맥상 가장 적절하므로 정답이다.

(B) 연상 어휘(postponed – delayed) 오답이다.

(C) 연상 어휘(company dinner – banquet hall) 오답이다.

어휘 postpone 미루다. 연기하다 | product launch 제품 출시 | delay 지연시키다 | banquet hall 연회장

---

25. I think I left my laptop in the coffee shop.

(A) Let's leave in three hours.

(B) You should give them a call.

(C) We have no tables available.

제 노트북을 커피숍에 두고 온 것 같아요.

(A) 3시간 후에 떠나죠.

(B) 그들에게 전화해 보세요.

(C) 우리에게는 빈 자리가 없네요.

해설 카페에 노트북을 두고 왔다고 알리는 평서문 ⋯ 어떤 문장이든 '동사 + 목적어(left my laptop)'를 키워드로 잡으면 문제가 풀린다.

(A) 동어 반복(left – leave의 과거형: ~을 두고 오다; 떠나다) 오답이다.

(B) 카페에 전화해보라고 한 적절한 대답이다.

(C) 연상 어휘(coffee shop – tables) 오답이다.

어휘 approximately 약, 대략 | give a call 전화하다 | available 이용 가능한

7. (B)	8. (C)	9. (C)	10. (B)	11. (A)	12. (B)
13. (C)	14. (C)	15. (B)	16. (B)	17. (B)	18. (C)
19. (A)	20. (C)	21. (B)	22. (A)	23. (B)	24. (C)
25. (B)	26. (A)	27. (A)	28. (C)	29. (B)	30. (B)
31. (C)					

미국 → 미국

7. Who can attend the marketing seminar?
(A) The market opens at 2.
(B) Anyone who's interested is welcome.
(C) I took the train.

누가 마케팅 세미나에 참석할 수 있나요?
(A) 시장이 2시에 열어요.
(B) 관심 있는 사람이면 누구나 환영이에요.
(C) 저는 기차를 탔어요.

해설 마케팅 세미나에 참석할 수 있는 대상이 누구인지를 묻는 Who 의문문
⋯ 핵심 의문사인 Who에 어울리지 않는 보기들을 소거하며 정답을 남
긴다.
(A) 유사 발음(marketing – market) 오답이다.
(B) '관심이 있는 사람은 누구나 환영'이라며 참석할 수 있는 대상을 언
급하였으므로 정답이다.
(C) 교통수단을 묻는 How 의문문에 어울리는 응답이다.

어휘 attend 참석하다 | interested 관심 있는 | take (교통 수단 등을) 타
다

호주 → 영국

8. Which chart shows the sales figures for the last
month?
(A) That's not the sale item I wanted.
(B) This chart contains many mistakes.
(C) The second one on this page.

지난달의 매출 수치를 보여주는 차트는 어느 것이죠?
(A) 그것은 제가 원하는 판매 상품이 아니네요.
(B) 이 차트에는 오류가 많아요.
(C) 이 페이지의 두 번째 거요.

해설 판매 수치를 나타내는 차트가 어느 것인지 묻는 Which 의문문 ⋯
'Which + 명사'의 형태로 묻는 질문에서는 그 명사를 대신하는 대명사
the one을 사용한 답변이 정답으로 자주 제시된다.
(A) 유사 발음(sales – sale) 오답이다.
(B) 매출 수치를 포함한 차트를 찾고 있으므로 실수가 있는 것과는 내
용상 무관하다.
(C) 질문의 chart를 대명사 one으로 받아서 The second one이라
고 알려주고 있으므로 정답이다.

어휘 sales figure 매출 수치

미국 → 호주

9. How can I get more information about volunteer
opportunities?
(A) Last Monday.
(B) Just leave them near the door.
(C) Have you talked to Howard Fisher?

자원봉사 기회에 대한 정보를 어떻게 더 얻을 수 있을까요?
(A) 지난주 월요일이에요.
(B) 그냥 문 근처에 놓아주세요.
(C) Howard Fisher와 이야기해보셨나요?

해설 정보를 더 얻을 수 있는 방법에 대해 묻는 How 의문문 ⋯ 방법에 어
울리지 않는 보기들을 버린다.
(A) 시점을 묻는 When 의문문의 응답이다.
(B) 질문과 상관없는 동문서답형 응답이다.
(C) Howard Fisher와 얘기해 봤냐고 반문하여 (자신은 모르니) 그에
게 물어보라는 우회적 응답 방식으로 질문과 어울리므로 정답이다.

어휘 volunteer opportunity 자원봉사 기회 | leave 놓다, 두다

영국 → 미국

10. Why are there so many mistakes in this report?
(A) He'll send it to the Accounting Department.
(B) It hasn't been reviewed yet.
(C) Because the topic is good.

이 보고서에 왜 이렇게 오류가 많죠?
(A) 그가 그것을 회계부로 보낼 거예요.
(B) 그것은 아직 검토되지 않았어요.
(C) 주제가 좋기 때문이죠.

해설 오류가 많은 이유를 묻고 있는 Why 의문문 ⋯ 최근에는 Why에
because가 생략된 정답이 자주 등장한다는 것을 기억하자.
(A) 질문과는 무관한 답변이다.
(B) 오류가 많은 이유로 아직 검토되지 않았음을 밝히고 있는 정답이
다.
(C) Because로 시작했지만 뒤의 내용이 질문과 어울리지 않는다.

어휘 mistake 오류, 실수 | report 보고서 | Accounting
Department 회계부 | review 검토하다

호주 → 미국

11. Could you recommend a restaurant for the client
dinner?
(A) You know, I hardly ever dine out.
(B) Thank you for your comments.
(C) I would like the steak, please.

고객과의 저녁 식사를 위한 레스토랑을 추천해 주시겠어요?
(A) 저 외식 거의 안 하는 거 아시잖아요.
(B) 의견 감사합니다.
(C) 저는 스테이크로 주세요.

해설 식당을 추천해 줄 수 있는지 묻는 요청문 ⋯ 수락/거절 표현을 염두에
두고, 우회적 응답에 주의한다.

(A) 외식을 거의 하지 않으므로 추천을 해 줄 수 없다는 우회적 정답이다.

(B) 유사 발음(recommend – comments) 오답이다.

(C) 연상 어휘(dinner – steak) 오답이다.

어휘 recommend 추천하다 | get back to ~에게 나중에 다시 연락하다 | comment 논평, 의견

---

12. Do you like using the Internet or the telephone to make a purchase?

(A) Yes, I found it on the Internet.

(B) Using a phone is convenient for me.

(C) Let's buy a computer.

인터넷을 이용해서 구매하는 걸 좋아하세요, 아니면 전화로 하는 걸 좋아하세요?

(A) 네, 저는 그것을 인터넷에서 찾았어요.

(B) 저는 전화를 이용하는 게 편해요.

(C) 컴퓨터를 사죠.

해설 선호하는 주문 방법을 묻는 선택 의문문 ⋯ or 앞/뒤의 핵심을 빠르게 잡고 문제를 풀어준다.

(A) 선택 의문문이므로 Yes/No로 답할 수 없다.

(B) 두 가지 선택 사항 중 하나를 택하여 답했으므로 정답이다.

(C) 연상 어휘(internet, telephone – computer) 오답이다.

---

13. I've moved to a three-bedroom apartment.

(A) My contract expires next month.

(B) I need a new bed in my room.

(C) Is it close to your office?

저는 침실 세 개짜리 아파트로 이사 갔어요.

(A) 제 계약은 다음 달에 만료돼요.

(B) 제 방에 새 침대가 필요해요.

(C) 당신의 사무실에서 가깝나요?

해설 침실 세 개짜리 아파트로 이사 갔다고 알려주는 평서문 ⋯ 평서문은 이해가 바탕이 되어있어야 하며 정답을 찾기 힘들면 오답을 버리자.

(A) 질문과 의미상 연결이 되지 않으므로 오답이다.

(B) 유사 발음(bedroom – bed in my room) 오답이다.

(C) '새로 이사한 아파트가 사무실에 가까운지'를 물으며 적절히 반응하고 있으므로 정답이다.

어휘 contract 계약(서) | expire 만료되다 | close 가까운

---

14. You'll send out the invitations tomorrow, right?

(A) Thank you for inviting me.

(B) I'll see you tomorrow, then.

(C) I think I'll do it today.

내일 초대장들을 발송하실 거죠, 그렇죠?

(A) 초대해 주셔서 감사합니다.

(B) 그러면 내일 뵐게요.

(C) 오늘 할 생각이에요.

해설 상대방이 내일 초대장들을 발송할 것인지 묻고 있는 부가 의문문 ⋯ '동사 목적어'인 send – invitation을 키워드로 잡고 문제를 풀어준다.

(A) 유사 발음(invitations – inviting) 오답이다.

(B) 동어 반복(tomorrow) 오답이다.

(C) '오늘 발송하겠다'고 적절히 알려주고 있으므로 정답이다.

어휘 send out ~을 보내다, 발송하다 | invitation 초대장

---

15. When will you be finished with those sales reports?

(A) Brief concluding remarks.

(B) I was just about to send them to you.

(C) Yes, I'll help you finish it.

그 영업 보고서들을 언제 끝내실 건가요?

(A) 짧은 폐회사요.

(B) 지금 막 보내드리려던 참이었어요.

(C) 네, 제가 당신이 그걸 끝내는 걸 도와드릴게요.

해설 영업 보고서를 언제 끝낼 것인지 묻는 When 의문문 ⋯ '시점'표현이나 우회적 응답이 예상된다.

(A) 연상 어휘(finished – concluding) 오답이다.

(B) '막 보내려고 했다'고 하여 다 완료했음을 우회적으로 말했으므로 정답이다.

(C) 의문사 의문문은 Yes/No로 응답할 수 없다.

어휘 sales reports 영업 보고서 | concluding remarks 폐회사 | be about to 막 ~하려고 하다

---

16. Have you tried the new restaurant across the street yet?

(A) To stay with my family.

(B) No, I'm planning to go this weekend.

(C) An experienced kitchen staff.

길 건너에 있는 새 식당에 가보셨어요?

(A) 제 가족과 함께 머무르려고요.

(B) 아니요, 이번 주말에 갈 계획이에요.

(C) 숙련된 주방 직원이요.

해설 새 식당을 가봤는지 묻는 Have동사 일반 의문문 ⋯ '동사 + 목적어'인 tried – new restaurant를 키워드로 잡고 오답 보기들을 소거한다.

(A) 질문과 무관한 응답이다.

(B) 가보지 않았다는 의미의 No로 답한 후 이번 주말에 갈 계획이라고 적절히 덧붙였으므로 정답이다.

(C) 연상 어휘(restaurant – kitchen staff) 오답이다.

어휘 experienced 숙련된, 경험이 많은

17. Don't we need to put off the meeting?
(A) Yes, I put it on the desk.
(B) Let's talk about it in a moment.
(C) I'll meet you at the café.

회의를 연기해야 하지 않을까요?
(A) 네, 책상 위에 두었어요.
(B) 잠시 후에 그것에 대해 이야기해 보죠.
(C) 카페에서 만나요.

해설 회의를 연기해야 하지 않겠냐고 묻고 있는 부정 의문문 ···▶ put off the meeting 하는 것에 동의하면 Yes, 동의하지 않으면 No로 대답한다. 하지만 Yes/No를 생략하고 답하기도 하므로 유의하자.
(A) 동어 반복(put) 오답이다.
(B) 잠시 후에 얘기해 보자고 제안했으므로 정답이다.
(C) 동어 반복(meet) 오답이다.

어휘 put off 연기하다, 미루다 | in a moment 곧, 잠시 후에

---

18. When will the ceremony begin?
(A) Fifty attendees.
(B) At Granville Hotel.
(C) I wasn't invited.

기념식은 언제 시작되나요?
(A) 50명의 참가자들이요.
(B) Granville 호텔에서요.
(C) 저는 초대받지 않았어요.

해설 기념식의 시작 시간을 묻는 When 의문문 ···▶ 식이 시작되는 시점이나 우회적 응답이 예상된다.
(A) How many 의문문에 어울리는 응답이다.
(B) Where 의문문에 어울리는 응답이다.
(C) 초대받지 않아서 모른다는 의미의 우회적 응답이므로 정답이다.

어휘 ceremony 기념식 | attendee 참석자

---

19. Can you tell me when this report is due?
(A) Not until the end of next week.
(B) I won't report this.
(C) No, it's not long enough.

이 보고서 기한이 언제인지 말씀해 주시겠어요?
(A) 다음 주 말이요.
(B) 저는 이것을 보고하지 않을 거예요.
(C) 아니요, 그것은 충분히 길지 않아요.

해설 보고서 기한이 언제인지를 묻는 간접 의문문 ···▶ 간접 의문문은 의문사를 키워드로 잡고 문제를 풀어준다.
(A) 다음 주 말이라고 언급하고 있으므로 정답이다.
(B) 동어 반복(report) 오답이다. 질문에서는 '보고서'의 의미로, 대답에서는 '보고하다, 알리다'의 의미로 사용되었다.
(C) 보고서의 분량에 대해 묻는 것이 아니므로 오답이다.

어휘 due ~하기로 되어 있는, 예정된

---

20. We're hoping to reduce shipping costs.
(A) Let's reuse the boxes.
(B) The containers in the warehouse.
(C) Our customers will like that.

우리는 배송비를 줄이기를 바라고 있어요.
(A) 그 박스들을 다시 사용하죠.
(B) 창고 안에 있는 컨테이너들이요.
(C) 고객들도 그걸 좋아할 거예요.

해설 배송비를 줄였으면 한다고 말한 평서문 ···▶ 반문이나 맞장구, 그 밖에 우회적 응답에 주의한다.
(A) 유사 발음(reduce – reuse) 오답이다.
(B) 연상 어휘(shipping – containers, warehouse) 오답이다.
(C) 고객들도 좋아할 거라며 맞장구를 친 응답이므로 정답이다.

어휘 reduce 줄이다 | shipping cost 배송비 | warehouse 창고

---

21. Do we have to complete the design plan by today, or can we have a few more days?
고난도
(A) He'll be taking a few days off.
(B) Violet said the deadline can't be extended.
(C) It was really attractive.

우리가 디자인 설계를 오늘까지 완료해야 하나요, 아니면 며칠 더 남았나요?
(A) 그가 며칠 휴가를 낼 거예요.
(B) Violet이 기한이 연장될 수 없다고 말했어요.
(C) 그건 정말 매력적이었어요.

해설 오늘까지 완료해야 하는지, 며칠이 더 남아 있는지를 묻는 선택 의문문 ···▶ or 앞뒤의 키워드를 파악하고, 소거법을 활용한다.
(A) 동어 반복(few, days) 오답이다.
(B) 오늘까지 완료해야 한다는 것을 우회적으로 말한 것이므로 정답이다.
(C) 연상 어휘(design – attractive) 오답이다.

어휘 deadline 기한, 마감일 | extend 연장하다 | attractive 매력적인

---

22. Wasn't it Lawrence's turn to get drinks for our meeting?
(A) He will be here soon.
(B) Go left into this street.
(C) The vending machine is on the first floor.

Lawrence가 회의 때 마실 음료를 살 차례 아니었나요?
(A) 그가 곧 올 거예요.
(B) 왼쪽으로 꺾어 이 거리로 들어가세요.
(C) 자판기는 1층에 있어요.

해설 Lawrence가 음료를 살 차례가 아니냐고 묻는 부정 의문문 ···▶ not을 무시하고 긍정이면 Yes, 그렇지 않으면 No로 대답하며, 우회적 응답에 주의한다.

(A) 당사자가 올 테니 기다려 보자는 의미를 나타내므로 정답이다.

(B) 연상 어휘(turn - Go left) 오답이다.

(C) 연상 어휘(drinks - vending machine) 오답이다.

어휘 turn 차례 | vending machine 자판기

---

23. What should I bring to the online security seminar?

(A) I reviewed your online application.

(B) Didn't you check your messages?

(C) No, I didn't bring my security badge.

온라인 보안 세미나에 제가 무엇을 가져가야 하나요?

(A) 제가 당신의 온라인 지원서를 검토했어요.

(B) 메시지를 확인 안 해보셨어요?

(C) 아니요, 제 보안 배지를 가져오지 않았어요.

해설 세미나에 가져와야 하는 것을 묻는 What 의문문 ⋯ 가져와야 하는 대상을 언급하거나 우회적 응답이 예상된다.

(A) 동어 반복(online) 오답이다.

(B) 메시지를 확인해보면 알 수 있다는 의미의 우회적 응답이므로 정답이다.

(C) 의문사 의문문은 Yes/No로 대답할 수 없다.

어휘 security 보안 | review 검토하다 | application 지원서

---

24. Would you like to see the new action movie this weekend?

(A) Your actions were unacceptable.

(B) It's a newly remodeled theater.

(C) Actually, I prefer a comedy film.

이번 주말에 새로 개봉한 액션영화를 볼래요?

(A) 당신의 행동은 받아들일 수 없어요.

(B) 그곳은 새로 리모델링된 극장이에요.

(C) 사실 저는 코미디 영화를 더 좋아해요.

해설 'Would you like ~?'를 사용하여 상대방에게 새로 개봉한 액션영화를 보자고 한 제안문 ⋯ Part 2의 빈출 오답 패턴들을 기억하고 소거해 정답을 남기자.

(A) 유사 발음(action - actions) 오답이다.

(B) 연상 어휘(movie - theater) 오답이다.

(C) '사실 코미디 영화를 더 좋아해요'라고 하여 상대방의 제안을 우회적으로 거절하고 있으므로 정답이다.

어휘 unacceptable 받아들일 수 없는 | remodel 개조하다, 리모델링하다 | prefer 선호하다

---

25. Doesn't the plant tour usually begin at 7 o'clock?

(A) Thanks, but I should be fine.

(B) It sometimes starts a little late.

(C) 300 parts per hour.

공장 견학은 보통 7시에 시작하지 않나요?

(A) 고맙지만 전 괜찮을 거예요.

(B) 가끔은 조금 늦게 시작하기도 해요.

(C) 시간당 부품 300개요.

해설 공장 견학이 7시에 시작하지 않냐고 확인하는 부정 의문문 ⋯ Not 을 무시하고 질문의 핵심 키워드인 plant tour - begin at 7에 어울리지 않는 보기들을 하나씩 버린다.

(A) 질문과 상관 없는 동문서답형 응답이다.

(B) 조금 늦게 시작하기도 한다고 하여 질문과 의미상 어울리므로 정답이다.

(C) 연상 어휘(plant - parts, 7 o'clock - hour) 오답이다.

어휘 plant 공장 | part 부품

---

26. How much does it cost to ship a package overseas?

(A) It depends on where it's going.

(B) Express delivery, please.

(C) Normally between five to 10 days.

해외로 소포를 보내려면 얼마나 드나요?

(A) 어디로 가는지에 달렸어요.

(B) 빠른 배송 부탁합니다.

(C) 보통 5일에서 10일이요.

해설 해외 배송비가 얼마나 드는지 묻는 How 의문문 ⋯ 금액이나 우회적인 응답이 예상된다.

(A) 소포 비용을 묻는 질문에 어디로 가는지에 따라 다르다고 말했으므로 정답이다.

(B) 연상 어휘(package - Express delivery) 오답이다.

(C) 소요 기간을 묻는 'How long ~?' 의문문에 어울리는 응답이다.

어휘 cost 비용이 들다 | ship 배송하다 | overseas 해외의, 국외의 | express delivery 빠른 배송 | normally 보통

---

27. Isn't this the latest issue of the newsletter?

(A) No, it isn't.

(B) At the nearest print shop.

(C) Every two weeks.

이것이 가장 최근에 발행된 소식지 아닌가요?

(A) 아니요, 그렇지 않아요.

(B) 가장 가까운 인쇄소에서요.

(C) 2주마다요.

해설 이것이 가장 최근에 발행된 소식지가 맞는지 확인하는 부정 의문문 ⋯ 가장 최근 것이 맞으면 Yes, 아니면 No로 대답한다.

(A) '아니요, 그렇지 않아요'라고 하여 가장 최근에 발행된 소식지가 아님을 적절히 알려주고 있으므로 정답이다. 부정 의문문도 긍정 의문문(Is this the latest issue of the newsletter?)과 마찬가지로 이것이 최신호 소식지이면 Yes, 아니면 No로 대답한다.

(B) Where 의문문에 어울리는 오답이다.

(C) '2주마다요'라고 하여 질문의 newsletter가 발행되는 빈도를 언급한 듯 보이나 질문과 맞지 않으므로 오답이다.

어휘 **latest** 최신의, 최근의 | **issue** (정기 간행물의)호, 발행물 | **newsletter** 소식지, 회보 | **print shop** 인쇄소

영국 → 호주

28. Who do you recommend for advertising services?
(A) It's quick and affordable.
(B) Our company's new line of products.
(C) I'm looking for an agency as well.

광고 서비스를 위해 누구를 추천하세요?
(A) 빠르고 가격이 적당해요.
(B) 우리 회사의 새 제품 라인이요.
(C) 저도 대행사를 찾고 있어요.

해설 추천할 사람을 묻는 Who 의문문 ⋯ 특정인의 이름이나 업체 또는 우회적 응답이 예상된다.
(A) 연상 어휘(advertising services – quick and affordable) 오답이다.
(B) 연상 어휘(advertising – new line of products) 오답이다.
(C) 자기도 (광고) 대행사를 찾고 있다며, 추천할 사람이 없음을 우회적으로 말했으므로 정답이다.

어휘 **recommend** 추천하다 | **advertising** 광고 | **affordable** 가격이 알맞은

미국 → 미국

29. Do we have any extra chairs left for the conference?
(A) We will be charged five percent extra.
(B) Yes, but only a few.
(C) He's a chairperson.

우리에게 회의에 쓸 의자가 남아있나요?
(A) 우리는 추가로 5%를 청구 받을 거예요.
(B) 네, 하지만 몇 개뿐이에요.
(C) 그분이 의장이에요.

해설 회의에 쓸 남은 의자가 있는지 묻고 있는 일반 의문문 ⋯ 키워드를 have – extra chairs로 잡고 질문에 어울리지 않는 보기들을 하나씩 버린다.
(A) 동어 반복(extra) 오답이다.
(B) '네, 하지만 몇 개밖에 없어요'라고 하여 남은 의자가 있음을 적절히 알려주고 있으므로 정답이다.
(C) 유사 발음(chairs – chairperson) 오답이다.

어휘 **extra** 추가의, 추가로 | **charge** 청구하다 | **chairperson** 의장

미국 → 호주

30. Which design programs is Adrian familiar with?
(A) Some graphic designers.
(B) Here's a copy of his résumé.
(C) That's not my laptop.

Adrian은 어느 디자인 프로그램을 잘 알고 있나요?
(A) 몇몇 그래픽 디자이너들이요.
(B) 여기 그의 이력서 사본이 있어요.
(C) 그건 제 노트북이 아니에요.

해설 Adrian이 잘 알고 있는 디자인 프로그램을 묻는 Which 의문문 ⋯ 특정 프로그램을 언급하거나 우회적 응답이 예상된다.
(A) 유사 발음(design – designers) 오답이다.
(B) 이력서가 여기 있으니 확인해보라는 의미의 우회적 응답이므로 정답이다.
(C) 연상 어휘(programs – laptop) 오답이다.

어휘 **familiar with** ~을 잘 알고 있는 | **copy** 사본 | **résumé** 이력서

호주 → 영국

31. So many employees are coming to the manager's farewell party.
(A) Leave the papers on my desk.
(B) She'll approve it today.
(C) Should we change to a bigger place?

많은 직원들이 부장님의 송별회에 올 거예요.
(A) 그 서류들을 제 책상 위에 놔두세요.
(B) 그녀는 오늘 그것을 승인할 거예요.
(C) 더 큰 장소로 바꾸어야 할까요?

해설 송별회에 많은 직원들이 올 거라고 말하는 평서문 ⋯ 평서문은 이해가 바탕이 되어야 하며 정답으로는 '되묻기'가 가장 자주 등장한다.
(A) 연상 어휘(farewell party – leave) 오답이다.
(B) 내용상 관련이 없으므로 오답이다.
(C) 송별회에 많은 직원들이 참석할 거라는 말에 '더 큰 장소로 바꾸어야 하냐?'고 되묻고 있으므로 내용상 자연스럽게 연결된다.

어휘 **farewell party** 송별회

PART 3

UNIT 10. 일반 정보 문제 유형

Practice

본서 p.152

1. (D)	2. (A)	3. (D)	4. (A)	5. (B)	6. (D)
7. (D)	8. (D)	9. (B)	10. (C)	11. (A)	12. (C)
13. (A)	14. (A)	15. (D)	16. (A)	17. (B)	18. (C)

호주 ↔ 영국

Questions 1-3 refer to the following conversation.

M Hello, my name is Tim Norton. **1** I have an appointment for an X-ray this Friday at noon, but I need to reschedule. An unexpected business trip has come up at work, so I just can't make it on that day. Is it possible for me to come in on Monday instead?

W **2** I'm afraid there won't be any openings for at least two weeks. **3** Let me call the Medical Imaging Center on Huron Street to see if they have any earlier openings.

M That would be fantastic. Could you also give me directions to that location?

1-3번은 다음 대화에 관한 문제입니다.

남 안녕하세요, Tim Norton이라고 합니다. **1** 이번 금요일 정오에 엑스레이 촬영 예약이 되어 있는데, 예약 시간을 변경해야 해서요. 직장에서 예정에 없던 출장을 가게 돼서 그날 갈 수가 없습니다. 대신 월요일에 가도 될까요?

여 **2** 어쩌죠, 적어도 2주 동안은 빈 시간이 없네요. **3** Huron 가에 있는 의료 영상 센터에 전화해서 좀 더 빠른 시간에 예약할 수 있는지 알아보겠습니다.

남 그렇게 해주시면 감사하겠습니다. 그 센터로 가는 길도 좀 알려주시겠어요?

어휘 have an appointment 예약하다 | reschedule (일정을) 변경하다 | unexpected 예상치 못한, 뜻밖의 | opening 빈자리, 공석 | directions 길 안내

1. Why is the man calling?
(A) To book a flight
(B) To inquire about business hours
(C) To confirm an order
(D) To reschedule an appointment

남자는 왜 전화를 거는가?
(A) 비행기를 예약하기 위해
(B) 영업 시간을 문의하기 위해
(C) 주문을 확인하기 위해
(D) 예약 시간을 변경하기 위해

해설 남자가 전화를 건 이유를 묻고 있다. 남자가 'I have an appointment for an X-ray this Friday at noon, but I need to reschedule. (이번 금요일 정오에 엑스레이 촬영 예약이 되어 있는데, 예약 시간을 변경해야 해서요.)'이라고 했으므로 (D)가 정답이다.

2. Who most likely is the woman?

고난도 (A) A receptionist
(B) A travel agent
(C) A salesperson
(D) A pharmacist

여자는 누구이겠는가?
(A) 접수 직원
(B) 여행사 직원
(C) 영업사원
(D) 약사

해설 여자의 직업을 묻고 있다. 엑스레이 예약 시간을 옮기려는 남자의 전화에 응답하면서 여자가 'I'm afraid there won't be any openings for at least two weeks. (어쩌죠, 적어도 2주 동안은 빈 시간이 없네요.)'라고 했으므로 (A)가 정답이다.

3. What does the woman offer to do for the man?
(A) Send him a document
(B) Put him on a waiting list
(C) Check a price for him
(D) Contact another location for him

여자는 남자를 위해 무엇을 해주겠다고 제안하는가?
(A) 서류를 보내준다
(B) 대기자 명단에 올려준다
(C) 가격을 알아봐준다
(D) 다른 곳에 연락해본다

해설 여자가 남자에게 제시한 대안을 묻고 있다. 여자가 'Let me call the Medical Imaging Center on Huron Street to see if they have any earlier openings. (Huron 가에 있는 의료 영상 센터에 전화해서 좀 더 빠른 시간에 예약할 수 있는지 알아보겠습니다.)'라고 했으므로 (D)가 정답이다.

미국 ↔ 미국

Questions 4-6 refer to the following conversation.

M Linda, I heard **4** there was a situation at one of our factories in Orlon. Do you know what's happening over there?

W Yeah, one of the assembly lines malfunctioned, and production was delayed for a couple of days. But I think everything is back to normal now.

M **5** I hope it won't affect the release date. We've got hundreds of retailers waiting to receive our new furniture at the end of the month.

W I wouldn't worry about it too much. If we get too far behind, **6** we can always put some extra workers on the production line to speed up the process. I'm sure everything will be fine.

4-6번은 다음 대화에 관한 문제입니다.

남 Linda, Orlon에 있는 **4** 우리 공장들 중 한 곳에 심각한 사태가 발생했다고 하는군요. 그곳에서 무슨 일이 벌어지고 있는지 알고 있나요?

여 네, 조립 라인 하나가 제대로 작동하지 않아서, 생산이 하루 이틀 지연됐습니다. 하지만 지금은 모든 것이 정상화된 것 같습니다.

남 **5** 그 일로 제품 출시일에 영향이 가지 않았으면 좋겠군요. 수백 명의 소매업자들이 우리 새 가구를 월말에 받으려고 기다리고 있으니 말이에요.

여 그렇게 걱정하지 않아도 될 것 같아요. 만일 공정이 너무 늦어지면, **6** 언제라도 추가 인력을 생산 라인에 투입해서 진행 속도를 높일 수 있으니까요. 분명히 모든 게 다 잘 될 겁니다.

어휘 **assembly line** 조립 라인 | **malfunction** (장치, 기계 등이) 제대로 작동하지 않다 | **affect** 영향을 미치다 | **release date** 출시일, 발매일 | **retailer** 소매업자

---

4. What kind of business do the speakers probably work at?

(A) A manufacturing company
(B) A retail store
(C) A hiring agency
(D) A construction contractor

화자들은 어떤 업체에서 일하고 있는가?

(A) 제조 업체
(B) 소매 상점
(C) 채용 대행사
(D) 건설 도급업체

해설 두 사람이 일하고 있는 업종을 묻고 있다. 남자가 'there was a situation at one of our factories (우리 공장들 중 한 곳에 심각한 사태가 발생했다고 하는군요.)'이라고 했으므로 (A)가 정답이다.

---

5. Why is the man concerned?

(A) A budget cut may affect business.
(B) An important date might be missed.
(C) Some equipment cannot be repaired.
(D) Customer complaints have risen.

남자가 걱정하는 이유는 무엇인가?

(A) 예산 삭감이 사업에 영향을 줄 수도 있다.
(B) 중요한 날짜를 지키지 못할 수도 있다.
(C) 장비 몇 대를 수리할 수 없다.
(D) 고객 불만이 늘었다.

해설 남자가 걱정하는 이유를 묻고 있다. 남자가 'I hope it won't affect the release date. (그 일로 제품 출시일에 영향이 가지 않았으면 좋겠군요.)'라고 했으므로 (B)가 정답이다.

---

6. What does the woman say they can do?

고난도 (A) Purchase new machines
(B) Reduce certain expenses
(C) Delay launching a product
(D) Assign more employees to a job

여자는 그들이 무엇을 할 수 있다고 말하는가?

(A) 새 기계를 구입한다
(B) 특정 비용을 절감한다
(C) 제품 출시를 연기한다
(D) 업무에 추가 인력을 배치한다

해설 여자가 할 수 있다고 주장하는 일이 무엇인지 묻고 있다. 여자가 'we can always put some extra workers on the production line to speed up the process. (언제라도 추가 인력을 생산 라인에 투입해서 진행 속도를 높일 수 있으니까요.)'라고 했으므로 (D)가 정답이다.

영국 ↔ 미국 ↔ 호주

Questions 7-9 refer to the following conversation with three speakers.

W Hello, **7** I'm thinking of getting a membership at your research library. But I'd like to get more details about your services.

M1 Sure. We operate Monday to Saturday, from 9 A.M. to 8 P.M. You can access most of our research materials, and also use the facility's computers and photocopiers.

W I see. Do you give a discount to senior citizens?

M1 Umm… Let me check with my manager. Mr. Lim, do senior citizens qualify for a discount?

M2 Yes. **8** You just need to provide a valid ID, and we'll apply the discount.

W OK. I brought my driver's license, so I'll just register now. **9** Is there any paperwork I need to complete?

M1 **9** Yes, let me print that out right now.

7-9번은 다음 세 화자의 대화에 관한 문제입니다.

여1 안녕하세요. **7** 학술 도서관에 회원가입을 할까 생각하고 있는데요. 서비스에 대해 좀 더 자세히 알고 싶어요.

남1 물론입니다. 저희는 월요일부터 토요일, 오전 9시부터 오후 8시까지 운영합니다. 대부분의 연구 자료를 이용할 수 있고, 또한 시설의 컴퓨터와 복사기도 사용하실 수 있습니다.

여 알겠습니다. 고령자들에게 할인을 해주시나요?

남1 흠… 매니저에게 확인해볼게요. Mr. Lim, 고령자분들이 할인 자격에 해당되나요?

남2 네. **8** 유효한 신분증만 주시면 할인을 적용해드려요.

여1 알겠습니다. 운전 면허증을 가져왔으니, 지금 등록할게요. **9** 제가 작성해야 할 서류가 있을까요?

남1 **9** 네, 지금 바로 출력해드릴게요.

어휘 **research library** 학술 도서관, 연구 도서관 | **detail** 세부사항 | **operate** 운영하다 | **access** 이용하다, 접근하다 | **material** 자료, 자재 | **senior citizen** 고령자 | **qualify for** ~의 자격을 얻다 | **valid** 유효한 | **apply** 적용하다 | **paperwork** 서류작업 | **complete** 작성하다, 완성하다

7. Where does the conversation most likely take place?
(A) At a conference center
(B) At a factory
(C) At an electronics store
(D) At a library

대화는 어디에서 일어나겠는가?
(A) 회의장에서
(B) 공장에서
(C) 전자기기 매장에서
(D) 도서관에서

해설 대화의 장소를 묻고 있다. 여자가 'I'm thinking of getting a membership at your research library. (학술 도서관에 회원가입을 할까 생각하고 있는데요.)'라고 했으므로 (D)가 정답이다.

---

8. Why does the woman have to present an ID?
(A) To reserve an item
(B) To confirm an address
(C) To check an order
(D) To get a discount

여자는 왜 신분증을 제시해야만 하는가?
(A) 물건을 예약하기 위해
(B) 주소를 확인 받기 위해
(C) 주문을 확인하기 위해
(D) 할인을 받기 위해

해설 여자가 신분증을 제시해야 하는 이유를 묻고 있다. 남자가 'You just need to provide a valid ID, and we'll apply the discount. (유효한 신분증만 주시면 할인을 적용해드려요.)'라고 했으므로 (D)가 정답이다.

---

9. What will the woman probably do next?
(A) Submit a fee
(B) Fill out some documents
(C) Visit a different facility
(D) Contact a supervisor

여자는 다음에 무엇을 할 것 인가?
(A) 수수료를 지불한다
(B) 서류를 작성한다
(C) 다른 시설을 방문한다
(D) 상사와 연락한다

해설 여자가 다음에 할 일을 묻고 있다. 여자가 'Is there any paperwork I need to complete? (제가 작성해야 할 서류가 있을까요?)'라고 묻

자, 남자가 'Yes, let me print that out right now. (네, 지금 바로 출력해드릴게요.)'라고 대답했으므로 여자는 다음에 서류를 작성할 것임을 알 수 있다. 따라서 complete를 fill out으로, paperwork를 documents로 패러프레이징한 (B)가 정답이다.

미국 ↔ 호주

Questions 10-12 refer to the following conversation.

W Hello, I'm Leslie with Kerk Market Solutions. **10** It looks like you're shopping for some writing supplies. **11** Can you spare some time to go over your selection process?

M Well... **11** I'm about to head over to the checkout counter now.

W It'll only take a minute. So when you shop, what's more important to you: the brand name or the price?

M I tend to go with the most popular brand.

W I see. **12** Then, you have probably heard of Hempoint office products. They're sold in many stores. Have you ever used them?

M **12** No, I haven't.

10-12번은 다음 대화에 관한 문제입니다.

여 안녕하세요, 저는 Kerk Market Solutions의 Leslie 입니다. **10** 필기도구를 구매하시려는 것 같네요. **11** 고객님의 물건 선택 과정을 알아보기 위한 시간 좀 내주실 수 있나요?

남 글쎄요… **11** 지금 막 계산대로 가려던 참이었거든요.

여 잠깐이면 됩니다. 쇼핑하실 때, 브랜드 이름과 가격 중 무엇이 더 중요하십니까?

남 저는 가장 인기 있는 브랜드를 선호하는 편이에요.

여 알겠습니다. **12** 그러면 아마 Hempoint 사무용품에 대해 들어 보셨을 겁니다. 많은 매장에서 판매 중입니다. 그걸 사용해 보신 적이 있나요?

남 **12** 아니요, 그러진 않았어요.

어휘 **writing supplies** 필기도구 | **spare** 할애하다, 내어주다 | **go over** 검토하다, 살피다 | **selection process** 선택 과정 | **head over to** ~로 출발하다 | **checkout counter** 계산대 | **go with** 선호하다 | **tend** 경향이 있다

10. Where does the conversation most likely take place?
(A) At a post office
(B) At a clothing retailer
(C) At a stationery store
(D) At a computer repair shop

대화는 어디서 일어나겠는가?
(A) 우체국에서
(B) 옷 가게에서
(C) 문구점에서
(D) 컴퓨터 수리점에서

해설 대화의 장소를 묻고 있다. 여자가 'It looks like you're shopping for some writing supplies. (필기도구를 구매하시려는 것 같네요.)'라고 한 말을 토대로 문구점에서 일어나는 대화로 유추할 수 있다. 따라서 (C)가 정답이다.

---

11. What does the man imply when he says, "I'm about to head over to the checkout counter now"?
(A) He is not interested in having a discussion.
(B) He is going to submit an application form.
(C) He is planning to exchange an item.
(D) He is not sure how to pay for some merchandise.

남자가 "지금 막 계산대로 가려던 참이었거든요"라고 말할 때 무엇을 의도하는가?
(A) 이야기하는 데 관심이 없다.
(B) 신청서를 제출할 것이다.
(C) 제품을 교환할 계획이다.
(D) 제품 금액을 어떻게 지불해야 할지 모른다.

해설 남자가 하는 말의 의도를 묻고 있다. 여자가 'Can you spare some time to go over your selection process? (고객님의 물건 선택 과정을 알아보기 위한 시간 좀 내주실 수 있나요?)'라고 묻자, 남자가 'I'm about to head over to the checkout counter now. (지금 막 계산대로 가려던 참이었거든요.)'라고 말한 것이므로 남자는 여자의 요청을 받아들일 생각이 별로 없다는 것을 알 수 있다. 따라서 (A)가 정답이다.

---

12. What does the man say about some merchandise?
(A) They are not very popular.
(B) They are not affordable.
(C) He has not used them before.
(D) He is unable to locate them.

남자가 어떤 상품에 대해 무엇을 말하는가?
(A) 별로 인기가 없다.
(B) 저렴하지 않다.
(C) 전에 사용해본 적이 없다.
(D) 제품을 찾지 못했다.

해설 어떤 상품에 관하여 화자가 말한 내용을 묻고 있다. 여자가 'Then, you have probably heard of Hempoint office products. They're sold in many stores. Have you ever used them? (그러면 아마 Hempoint 사무용품에 대해 들어 보셨을 겁니다. 많은 매장에서 판매 중입니다. 그걸 사용해 보신 적이 있나요?)'라고 묻자, 남자가 'No, I haven't. (아니요, 그러진 않았어요.)'라고 대답했으므로 (C)가 정답이다.

Questions 13-15 refer to the following conversation and error code chart.

M **13** Gareth Office Building Maintenance. How can I help you?

W Hello, my name is Charlize Gromme, and I recently started work at Sansor Tech. Anyway, **14** I got my fingerprints scanned yesterday, but when I place my finger on the reader to access the office, the display screen shows "error code 11."

M Eleven? OK, give me a moment to look up that code. Hmm… It looks like I'll need to scan your fingerprints again.

W **15** Will it take long? I have a consultation with a client soon, and I don't want to be late.

M The process will take less than five minutes. Just come down to the maintenance room.

13-15번은 다음 대화와 오류 코드 목록에 관한 문제입니다.

남 **13** Gareth 사옥 관리부입니다. 무엇을 도와 드릴까요?

여 안녕하세요, 제 이름은 Charlize Gromme이고 Sansor Tech사에서 최근에 일을 시작했습니다. 그런데 **14** 어제 제 지문을 스캔했는데, 사무실에 들어가려고 손가락을 판독기에 올리면 표시 화면에 "오류 코드 11"이 나타나요.

남 11이요? 알겠습니다. 잠시 그 코드를 찾아볼 시간을 주세요. 흠… 제가 지문을 다시 스캔해 드려야 할 것 같네요.

여 **15** 오래 걸릴까요? 곧 고객과 상담을 하는데, 늦고 싶지 않아요.

남 절차는 5분도 안 걸립니다. 관리부로 내려오세요.

지문 판독기 오류 코드 차트	
코드	설명
11	지문이 인식되지 않음
12	지문 감지기가 작동하지 않음
13	장치 업데이트가 필요함
14	장비 배터리 부족

어휘 office building 사무실용 건물, 사옥 | maintenance (기계, 건물 등의) 유지, 보수, 관리 | fingerprint 지문 | reader 판독기, 독자 | access 접근하다, 이용하다; 들어가다 | code 코드, 암호, 부호 | look up (정보를) 찾아보다 | consultation 상담 | description 설명, 묘사 | recognize 인식하다, 인정하다 | sensor 센서, 감지기 | device 장비, 장치 | low on ~이 부족한

---

13. Where does the man most likely work?
(A) In the maintenance team
(B) In the Human Resources Department
(C) In the parking garage
(D) In the dining room

남자는 어디에서 일하겠는가?

(A) 관리부서에서
(B) 인사부서에서
(C) 주차장에서
(D) 식당에서

해설 남자가 일하는 부서, 즉 남자의 정체를 묻고 있다. 남자가 'Gareth Office Building Maintenance. (Gareth 사옥 관리부입니다.)'라며 소속을 밝히고 있으므로 (A)가 정답이다.

---

14. Look at the graphic. What problem is the woman experiencing?

(A) Fingerprint not recognized
(B) Fingerprint sensor not working
(C) Device update required
(D) Device low on power

시각 정보를 보시오. 여자는 어떤 문제를 겪는가?

(A) 지문이 인식되지 않음
(B) 지문 감지기가 작동하지 않음
(C) 장치 업데이트가 필요함
(D) 장비 배터리 부족

해설 여자가 겪는 문제를 묻고 있다. 여자가 'I got my fingerprints scanned yesterday, but when I place my finger on the reader to access the office, the display screen shows "error code 11." (어제 제 지문을 스캔했는데 사무실에 들어가려고 손가락을 판독기에 올리면, 디스플레이 화면에 "오류 코드 11"이 나타나요.)'라고 했으며, 시각 정보 상에서 Code 11은 'Fingerprint not recognized (지문이 인식되지 않음)'에 해당하므로 (A)가 정답이다.

---

15. Why is the woman in a rush?

(A) She is waiting for a delivery.
(B) She must catch a flight soon.
(C) She has to submit a report.
(D) She is scheduled to meet a client.

여자는 왜 서두르는가?

(A) 배달을 기다리고 있다.
(B) 곧 비행기를 타야 한다.
(C) 보고서를 제출해야 한다.
(D) 고객과 만나기로 예정되어 있다.

해설 여자가 서두르는 이유를 묻고 있다. 여자가 'Will it take long? (오래 걸릴까요?)'라고 물으며, 'I have a consultation with a client soon, and I don't want to be late. (곧 고객과 상담을 하는데, 늦고 싶지 않아요.)'라고 말했으므로 (D)가 정답이다.

Questions 16-18 refer to the following conversation and diagram.

Ⓜ Hello, Carol. **16** I had a meeting earlier with our hotel's executive board. **17** We decided to start looking for potential candidates to replace Kyle Cooper. He'll be retiring this summer, so we need to hire someone very soon.

Ⓦ Yeah. It'll be very hard to find someone like Kyle, though. He's been with us for many years, and he has extensive experience in hospitality marketing.

Ⓜ I know. For that reason, we're going to expand our pool of candidates by accepting both internal and external applications. Do you think you can get started on this right away?

Ⓦ Sure. **18** I'll get a detailed job description ready so that we can post it on several Web sites.

16-18번은 다음 대화와 도표에 관한 문제입니다.

님 안녕하세요, Carol. **16** 우리 호텔 이사회와 앞서 회의를 했는데요. **17** Kyle Cooper를 대체할 수 있는 유력한 후보자 물색을 시작하기로 결정했어요. 그가 이번 여름에 은퇴할 테니 사람을 곧바로 뽑아야 해요.

여 네, 그런데 Kyle 같은 사람을 찾기는 정말 어려울 거예요. 우리와 수년 동안 함께 일해왔고 고객 접객업 마케팅에 폭넓은 경험도 가지고 있어요.

님 알아요. 그런 이유로 내부와 외부 지원들을 모두 받아서 지원자 인력을 확대할 계획이에요. 이걸 지금 당장 시작할 수 있을까요?

여 물론이죠. **18** 몇몇 웹 사이트에 게시할 수 있도록 제가 상세한 직무 기술서를 준비해 놓을게요.

어휘 look for ~를 찾다, 구하다 | potential 잠재적인 | candidate 후보자 | replace 대체하다 | retire 은퇴하다 | extensive 폭넓은, 광범위한 | hospitality (호텔업, 식당업 등의) 접객업,환대 | pool 이용가능 인력 | internal 내부의 | external 외부의 | application 지원, 신청 | detailed 상세한 | job description 직무 기술서

PART 3 UNIT 10

16. Who most likely are the speakers?

(A) Hotel workers

(B) Restaurant servers

(C) Travel agents

(D) Medical professionals

화자들은 누구이겠는가?

(A) 호텔 직원들

(B) 레스토랑 종업원들

(C) 여행사 직원들

(D) 의료 전문가들

해설 화자들의 정체를 묻고 있다. 남자가 'I had a meeting earlier with our hotel's executive board. (우리 호텔 이사회와 앞서 회의를 했는데요.)'라고 한 말을 토대로 화자들이 호텔에서 근무하는 직원들임을 알 수 있으므로 (A)가 정답이다.

17. Look at the graphic. Which position is being discussed?

(A) Company CEO

(B) Marketing Director

(C) Public Relations Specialist

(D) Brand Manager

시각 정보를 보시오. 어떤 직책이 논의되고 있는가?

(A) 회사 최고경영자

(B) 마케팅 이사

(C) 홍보 전문가

(D) 브랜드 매니저

해설 논의되고 있는 직책을 묻고 있다. 남자가 'We decided to start looking for potential candidates to replace Kyle Cooper. (Kyle Cooper를 대체할 수 있는 유력한 후보자 물색을 시작하기로 결정했어요.)'라고 했는데, 시각 정보 상에서 Kyle Cooper의 직책이 Marketing Director(마케팅 이사)임을 알 수 있으므로 (B)가 정답이다.

18. What does the woman say she will do?

(A) Conduct some interviews

(B) Meet with the executive board

(C) Prepare a job description

(D) Schedule an orientation session

여자는 무엇을 할거라고 말하는가?

(A) 면접을 진행한다

(B) 이사회와 만나다

(C) 직무 기술서를 준비한다

(D) 예비 교육 일정을 잡는다

해설 여자가 할 일을 묻고 있다. 여자가 'I'll get a detailed job description ready so that we can post it on several Web sites. (몇몇 웹 사이트에 게시할 수 있도록 제가 상세한 직무 기술서를 준비해 놓을게요.)'라고 말했으므로 get ~ ready를 prepare로 패러프레이징한 (C)가 정답이다.

UNIT 11. 세부 정보 문제 유형

Practice

본서 p.164

1. (B)	2. (C)	3. (D)	4. (D)	5. (B)	6. (D)
7. (A)	8. (C)	9. (D)	10. (B)	11. (B)	12. (C)
13. (C)	14. (B)	15. (B)	16. (D)	17. (B)	18. (C)

미국 ↔ 영국 ↔ 미국

Questions 1-3 refer to the following conversation with three speakers.

W1 **1** Hi, Kevin. Tina and I are going to grab some coffee at Beans Café. Would you like to come with us?

W2 **1** A couple of other people from our team are also joining us. You can get to know them better since you're new to the company.

M I'd like to, **2** but isn't that pretty far from here? We would have to walk for about 10 minutes to get there. And I'm afraid we won't get back in time for the team meeting at 2.

W1 Oh, they just opened up a new location. It's inside the Financial Building right across from our office.

W2 Yeah! And we're going to get the coffee to go, so we'll be back in time.

M Well, if that's the case, yes! **3** I'll just let the manager know that I'll be taking a quick break.

1-3번은 다음 세 화자의 대화에 관한 문제입니다.

여1 **1** 안녕하세요, Kevin. Tina와 저는 Beans 카페에서 커피를 마실 거예요. 저희와 함께 가실래요?

여2 **1** 저희 팀의 다른 사람들 몇 명도 저희와 함께 할거예요. 회사 신입 사원이시니 그분들을 더 잘 알 수 있게 될 거예요.

남 그러고 싶지만, **2** 여기서 꽤 멀지 않나요? 거기 가려면 10분 정도 걸어야 할 것 같은데요. 그리고 2시에 팀 회의에 제때 돌아오지 못할 것 같아 걱정돼요.

여1 아, 막 새 지점을 개업했어요. 우리 사무실 바로 맞은 편에 있는 Financial Building 안에 있어요.

여2 네! 그리고 커피를 가져갈 거니까, 제시간에 돌아올 거예요.

남 음, 그런 경우라면, 네! **3** 그럼 제 매니저님께 잠시 쉬겠다고 알릴게요.

어휘 grab 잠깐 ~하다, 붙잡다 | get to know 알게 되다 | pretty 꽤, 상당히 | case 상황, 경우 | break 잠시의 휴식

1. What is the man invited to do?

(A) Invest in a company

(B) Get coffee with coworkers

(C) Attend a banquet

(D) Participate in a workshop

남자는 무엇을 하라고 권유받았는가?

(A) 회사에 투자한다

(B) 동료와 커피를 마신다

(C) 연회에 참석한다

(D) 워크숍에 참가한다

해설 남자가 권유 받은 것을 묻고 있다. 여자1이 'Hi, Kevin, Tina and I are going to grab some coffee at Beans Café. Would you like to come with us? (안녕하세요, Kevin, Tina 와 저는 Beans 카페에서 커피를 마실 거예요. 저희와 함께 가실래요?)'라고 제안했고, 여자2도 'A couple of other people from our team are also joining us. (저희 팀의 다른 사람들도 몇 명도 저희와 함께 할거예요.)'라고 거들며 말했으므로 (B)가 정답이다.

---

2. What does the man say he is concerned about?

(A) Taking on a new task

(B) Losing money

(C) Being late for a meeting

(D) Finding a building

남자는 무엇에 대해 걱정한다고 말하는가?

(A) 새 과제를 맡는 것

(B) 금전적 손해를 보는 것

(C) 회의에 늦는 것

(D) 건물을 찾는 것

해설 남자의 걱정거리를 묻고 있다. 남자가 'but isn't that pretty far from here? We would have to walk for about 10 minutes to get there. And I'm afraid we won't get back in time for the team meeting at 2. (여기서 꽤 멀지 않나요? 거기 가려면 10분 정도 걸어야 할 것 같은데요. 그리고 2시에 팀 회의에 제때 돌아오지 못할 것 같아 걱정돼요.)'라고 말했으므로 (C)가 정답이다.

---

3. What will the man probably do next?

(A) Revise a presentation

(B) Call a store

(C) Make a reservation

(D) Talk to a supervisor

남자는 다음에 무엇을 하겠는가?

(A) 발표 내용을 수정한다

(B) 가게에 전화한다

(C) 예약을 한다

(D) 상사와 이야기한다

해설 남자가 다음에 할 일을 묻고 있다. 남자가 'I'll just let the manager know that I'll be taking a quick break. (그럼 제 매니저님께 잠시 쉬겠다고 알릴게요.)'라고 말했으므로 let ~ manager know를 talk to a supervisor로 패러프레이징한 (D)가 정답이다.

Questions 4-6 refer to the following conversation.

W Thank you for calling Lonzo Wholesalers. This is Gina speaking.

M Hi, I'm calling from Mini Convenience on Rover Street. We've run out of milk for the weekend, and **4** I was wondering if you could set aside four cases of 1-liter bottles for us. I'll come to pick them up as soon as my night shift employee gets here at 7.

W Sorry, **5** but we're going to be closing in about 10 minutes. **6** Why don't you come by first thing tomorrow morning? We open at 6.

4-6번은 다음 대화에 관한 문제입니다.

여 Lonzo 도매상에 전화 주셔서 감사합니다. 저는 Gina입니다.

남 안녕하세요, Rover 가의 Mini 편의점이에요. 주말에 판매할 우유가 다 떨어졌는데, **4** 1리터짜리 병 4박스를 저희를 위해 따로 빼두실 수 있나 해서요. 7시에 야간 근무 직원이 오는 대로 가지러 갈게요.

여 죄송합니다만, **5** 10분쯤 후에 문을 닫을 거라서요. **6** 내일 아침에 제일 먼저 저희 가게에 들르시면 어떨까요? 개점 시간은 6시예요.

어휘 run out of ~가 품절되다, 다 떨어지다 | set aside ~을 비축해 두다, 챙겨 놓다 | nightshift 야간 근무 | come by ~에 들르다 | on hold 보류하여 | short on ~이 부족하여

---

4. Why is the man calling?

고난도 (A) To get directions to a store

(B) To ask about new business hours

(C) To request a change in his work schedule

(D) To reserve some items

남자는 왜 전화를 거는가?

(A) 가게까지 가는 길을 알기 위해

(B) 새 영업 시간을 물어보기 위해

(C) 근무 일정 변경을 요청하기 위해

(D) 일부 품목을 예약하기 위해

해설 남자가 전화를 건 이유를 묻고 있다. 남자가 'I was wondering if you could set aside four cases of 1-liter bottles for us. (주말에 판매할 우유가 다 떨어졌는데, 1리터짜리 병 4박스를 저희를 위해 따로 빼두실 수 있나 해서요.)'라고 했으므로 (D)가 정답이다.

---

5. What does the woman say about her store?

(A) It is moving to a new location.

(B) It is about to close.

(C) It is out of a product.

(D) It is short on staff.

여자는 자신의 가게에 대해 무엇이라 말하는가?

(A) 새 장소로 이전할 것이다.

(B) 곧 영업을 끝낼 것이다.

(C) 상품이 품절됐다.

(D) 직원이 부족하다.

해설 여자가 가게와 관련해서 한 말을 묻고 있다. 여자가 'but we're going to be closing in about 10 minutes. (10분쯤 후에 문을 닫을 거라서요.)'라고 했으므로 (B)가 정답이다.

---

6. What does the woman suggest that the man do?

(A) Refer to a map

(B) Send one of his employees

(C) Switch shifts

(D) Visit a business tomorrow

여자는 남자에게 무엇을 하라고 제안하는가?

(A) 지도를 참조한다

(B) 직원 중 한 명을 보낸다

(C) 교대 시간을 바꾼다

(D) 내일 업체에 들른다

해설 여자가 남자에게 요청한 내용을 묻고 있다. 여자가 'Why don't you come by first thing tomorrow morning? (내일 아침에 제일 먼저 저희 가게에 들르시면 어떨까요?)'이라고 했으므로 (D)가 정답이다.

영국 ↔ 미국 ↔ 호주

Questions 7-9 refer to the following conversation with three speakers.

W Shawn, Kenneth. I appreciate you two coming to this meeting. **7** I'd like to get a progress report on the creation of the new English language book.

M1 Well, my group is almost done reviewing all the text and images. **8** We just need the accompanying audio script from Kenneth's team.

M2 We're nearly finished. **8** We just have to make some adjustments to some parts of the script.

W I see. Does that mean we have to call back some of the voice actors?

M2 We just have to re-record a few of Danielle Brown's parts. It shouldn't be that bad.

W Alright, **9** I'll call her to see what her schedule is like next week.

7-9번은 다음 세 화자의 대화에 관한 문제입니다.

여1 Shawn, Kenneth, 이 회의에 와주셔서 고마워요. **7** 새 영어책을 만드는 것에 대한 진행 보고를 듣고 싶어요.

남1 음, 저희 그룹은 모든 내용과 그림 검토를 거의 끝냈어요. **8** Kenneth의 팀에서 책과 동반되는 오디오 대본만 받으면 돼요.

남2 저희는 거의 끝났어요. **8** 대본의 일부를 좀 수정하기만 하면 됩니다.

여1 그렇군요. 그 말은 성우 몇 명에게 다시 연락해야 한다는 뜻인가요?

남2 Danielle Brown이 맡은 부분 몇 개만 재녹음하면 됩니다. 그렇게 나쁘진 않을 거예요.

여1 알겠어요. **9** 다음 주에 그분의 일정이 어떻게 되는지 전화해서 알아볼게요.

어휘 appreciate 감사하다 | progress 진전 | report 보고 | creation 제작, 창조 | review 검토하다 | accompany 동반하다 | script 대본 | adjustment 수정 | voice actor 성우

7. What is the main topic of the conversation?

(A) Creating some new content

(B) Organizing a company event

(C) Meeting with some clients

(D) Teaching a class

대화의 주제는 무엇인가?

(A) 새 자료 만들기

(B) 회사 행사 조직하기

(C) 고객과 만나기

(D) 수업 가르치기

해설 대화의 주제를 묻고 있다. 전반부 대사에서 단서를 찾아낸다. 여자가 'I'd like to get a progress report on the creation of the new English language book. (새 영어책을 만드는 것에 대한 진행 보고를 듣고 싶어요.)'라고 했으므로 English language book을 content로 패러프레이징한 (A)가 정답이다.

---

8. What does Kenneth want to change?

(A) A price

(B) A deadline

(C) A script

(D) A venue

Kenneth는 무엇을 바꾸고 싶어하는가?

(A) 가격

(B) 마감일

(C) 대본

(D) 행사장

해설 Kenneth가 바꾸고 싶어하는 것을 묻고 있다. 남자 1이 'We just need the accompanying audio script from Kenneth's team. (Kenneth의 팀에서 책과 동반되는 오디오 대본만 받으면 돼요.)'라고 하자, Kenneth인 남자 2가 'We just have to make some adjustments to some parts of the script. (대본의 일부를 좀 수정하기만 하면 됩니다.)'라고 말했으므로 (C)가 정답이다.

---

9. What does the woman say she will do?

(A) Submit a report

(B) Attend a training

(C) Contact an executive

(D) Check a schedule

여자는 무엇을 하겠다고 하는가?

(A) 보고서를 제출한다

(B) 트레이닝에 참석한다

(C) 임원에게 연락한다

(D) 일정을 확인한다

해설 여자가 하겠다고 말한 것을 묻고 있다. 후반부 대사에서 단서를 찾아낸다. 여자가 'I'll call her to see what her schedule is like next week. (다음 주에 그분의 일정이 어떻게 되는지 전화해서 알아볼게요.)'라고 말했으므로 (D)가 정답이다.

Questions 10-12 refer to the following conversation.

W Good afternoon, Joshua. **10** I just completed the final edits of the TV ad we're creating for Premive Systems. Would you mind taking a look at it if you have any free time? I would really appreciate your feedback.

M Hmm, that is not my area of expertise. But **11** Gina has extensive experience in television. She's probably at her desk now.

W **11** Ah, then I'll go talk to her. **12** We have to make a presentation to Premive Systems next Monday, and I really want them to be impressed.

10-12번은 다음 대화에 관한 문제입니다.

여 안녕하세요, Joshua. **10** 저희가 Premive Systems 사를 위해 제작하고 있는 TV 광고의 최종 편집을 막 끝냈습니다. 시간 있으시면 좀 봐 주실 수 있으세요? 피드백을 주시면 정말 감사하겠습니다.

남 음, 그건 제 전문 분야가 아니에요. 하지만 **11** Gina가 텔레비전에서 폭넓은 경험을 가지고 있어요. 그녀가 아마 지금 자리에 있을 거예요.

여 **11** 아, 그럼 제가 가서 그녀와 이야기해 볼게요. **12** 우리가 다음 주 월요일에 Premive Systems 사에 발표를 해야 하는데, 그들이 감명받으면 정말 좋겠네요.

어휘 complete 완성하다, 끝내다 | edit 편집, 수정 | appreciate 감사하다 | feedback 피드백, 의견 | area 구역, 부분, 분야 | expertise 전문성 | impressed 감명받은

10. What has the woman just finished doing?
(A) Editing an article
(B) Producing a commercial
(C) Reviewing a proposal
(D) Giving a presentation

여자는 무엇을 막 끝냈는가?
(A) 기사를 편집하는 것
(B) 상업광고를 제작하는 것
(C) 제안을 검토하는 것
(D) 발표를 하는 것

해설 여자가 막 끝낸 일을 묻고 있다. 여자가 'I just completed the final edits of the TV ad we're creating for Premive Systems. (저희가 Premive Systems 사를 위해 제작하고 있는 TV 광고의 최종 편집을 막 끝냈습니다.)'라고 했으므로 TV ad를 commercial로 패러프레이징한 (B)가 정답이다.

11. What does the man imply when he says, "Gina has extensive experience in television"?
(A) Gina will be the man's supervisor.
(B) Gina can help with a task.
(C) Gina is working on her résumé.
(D) Gina used to be a news reporter.

남자는 "Gina가 텔레비전에서 폭넓은 경험을 가지고 있어요"라고 말할 때 무엇을 의도하는가?
(A) Gina가 남자의 상사가 될 것이다.
(B) Gina가 업무를 도울 수 있다.
(C) Gina가 자신의 이력서를 작업하고 있다.
(D) Gina는 뉴스 기자였다.

해설 남자가 하는 말의 의도를 묻고 있다. 여자가 'I would really appreciate your feedback. (피드백을 주시면 정말 감사하겠습니다.)'라며 피드백을 요청하자, 남자가 TV 광고가 자신의 전문 분야가 아니라면서, 'Gina has extensive experience in television. She's probably at her desk now. (Gina가 텔레비전에서 폭넓은 경험을 가지고 있어요. 그녀가 아마 지금 자리에 있을 거예요.)'라고 말했고, 여자가 'Ah, then I'll go talk to her. (아, 그럼 제가 가서 그녀와 이야기해 볼게요.)'라고 대답한 내용을 토대로 Gina가 자기 대신 조언을 해줄 수 있을 거라는 의미를 담고 있음을 알 수 있다. 따라서 (B)가 정답이다.

12. What does the woman say she is concerned about?
(A) Locating a missing document
(B) Reducing an annual budget
(C) Impressing a client
(D) Negotiating a contract

여자는 무엇에 대해 걱정한다고 하는가?
(A) 분실 문서를 찾는 것
(B) 연간 예산을 감축하는 것
(C) 고객에게 인상을 남기는 것
(D) 계약 협상을 하는 것

해설 여자의 걱정거리를 묻고 있다. 여자가 'We have to make a presentation to Premive Systems next Monday, and I really want them to be impressed. (우리가 다음 주 월요일에 Premive Systems 사에 발표를 해야 하는데, 그들이 감명받으면 정말 좋겠네요.)'라고 말한 내용을 토대로 발표 내용을 그들의 고객인 Premive Systems 사가 승인해주길 바라고 있으므로 (C)가 정답이다.

Questions 13-15 refer to the following conversation and chart.

M Good morning, Laura. **13** Have you completed the event brochure for the global business expo yet?

W **13** Almost... I'm still waiting to hear back from one of the companies, Willow Designs. I need to know how much they are going to contribute before I can finish the sponsor section.

M Oh, **14** Willow Designs actually called me earlier and said they'd be happy to contribute at the blue level.

W Wonderful! I'll update the brochure now. It should be ready before lunch.

M OK. **15** I just received a message from the convention center that the banners have arrived. I'm going to head there right now to see if all of our other items have been delivered as well.

13-15번은 다음 대화와 차트에 관한 문제입니다.

남 안녕하세요, Laura. **13** 글로벌 사업 박람회의 행사 안내서를 완료하셨나요?

여 **13** 거의요… 아직 회사 중 하나인 Willow Designs사의 연락을 기다리고 있거든요. 후원자 부분을 마무리하기 전에 그들이 얼마를 기부할지 알아야 해요.

남 아, **14** 사실 Willow Designs 사가 초기에 저한테 전화해서 블루 레벨에 기부하고 싶다고 말했어요.

여 잘됐네요! 지금 안내서를 업데이트할게요. 점심 전에는 준비될 거예요.

남 알겠어요. **15** 방금 회의장에서 현수막들이 도착했다는 메시지를 받았어요. 우리의 다른 물품들도 전부 배달됐는지 보려고 지금 거기로 갈 거예요.

후원사 레벨	
(그린)	€500
(블루)	€1,000
(화이트)	€2,500
(퍼플)	€5,000

어휘 complete 작성하다, 완성하다 | brochure 안내서 | expo 엑스포, 박람회 | contribute 기부하다, 기여하다 | section 구역, 부문 | banner 현수막, 배너 | head 가다, 향하다

13. Why is the woman waiting to finish an event brochure?
   (A) A manager must approve a design.
   (B) She is creating a new front cover.
   (C) She needs more information.
   (D) A printer is not working.

   행사 안내서를 완료하기 위해 여자는 왜 기다리고 있는가?
   (A) 매니저가 디자인을 승인해야 한다.
   (B) 새로운 전면 표지를 만들고 있다.
   (C) 정보가 더 필요하다.
   (D) 프린터기가 작동하지 않는다.

해설 여자가 기다리는 이유를 묻고 있다. 남자가 'Have you completed the event brochure for the global business expo yet? (글로벌 사업 박람회의 행사 안내서를 완료하셨나요?)'라고 묻자, 여자가 'Almost… I'm still waiting to hear back from one of the companies, Willow Designs. I need to know how much they are going to contribute before I can finish the sponsor section. (거의요… 아직 회사 중 하나인 Willow Designs 사의 연락

을 기다리고 있거든요. 후원자 부분을 마무리하기 전에 그들이 얼마를 기부할지 알아야 해요.)'라고 말했으므로 여자는 필요한 정보를 얻기 위해 기다리는 중임을 알 수 있다. 따라서 (C)가 정답이다.

14. Look at the graphic. How much will the Willow Designs contribute?
   (A) €500
   (B) €1,000
   (C) €2,500
   (D) €5,000

   시각 정보를 보시오. Willow Designs는 얼마를 기부할 것인가?
   (A) 500유로
   (B) 1,000유로
   (C) 2,500유로
   (D) 5,000유로

해설 Willow Design Groups의 기부 금액을 묻고 있다. 남자가 'Willow Designs actually called me earlier and said they'd be happy to contribute at the blue level. (사실 Willow Designs 사가 초기에 저한테 전화해서 블루 레벨에 기부하고 싶다고 말했어요.)'라고 말했고, 시각 정보 상에서 블루레벨의 기부 금액은 €1,000이므로 (B)가 정답이다.

15. Why is the man going to the convention center?
   (A) To prepare a presentation
   (B) To check on some items
   (C) To meet with event staff
   (D) To set up a booth

   남자는 왜 회의장에 가고 있는가?
   (A) 발표를 준비하기 위해
   (B) 일부 물품들을 확인하기 위해
   (C) 행사 직원들을 만나기 위해
   (D) 부스를 설치하기 위해

해설 남자가 회의장에 가는 이유를 묻고 있다. 남자가 'I just received a message from the convention center that the banners have arrived. I'm going to head there right now to see if all of our other items have been delivered as well. (방금 회의장에서 현수막들이 도착했다는 메시지를 받았어요. 우리의 다른 물품들도 전부 배달됐는지 보려고 지금 거기로 갈 거예요.)'라고 말했으므로 see if를 check on으로 패러프레이징한 (B)가 정답이다.

Questions 16-18 refer to the following conversation and list.

Ⓜ Betty, as you know, our quarterly sales meeting is coming up. So **16** let's make sure we get a room at the conference center before it's too late. Can you book the same one we used last time?

Ⓦ **17** Actually, we'll have to find a different place this time.

Ⓜ Why?

Ⓦ Well, **17** that part of the center is closed for remodeling.

Ⓜ Hmm, I see. **18** Then, can you look for a similar place that charges less than $50 per person that has the biggest capacity?

Ⓦ Sure thing. I'll ask HR for a list of nearby locations.

16-18번은 다음 대화와 목록에 관한 문제입니다.

ⓝ Betty, 알다시피, 분기 영업회의가 다가오고 있어요. **16** 그래서 너무 늦기 전에 컨퍼런스 센터에 회의실을 얻어야만 해요. 우리가 지난 번에 사용한 것과 같은 회의실을 예약해 줄 수 있어요?

ⓔ **17** 사실, 이번에는 다른 장소를 찾아야 할 것 같아요.

ⓝ 왜죠?

ⓔ 음, **17** 센터의 그 부분이 리모델링 때문에 폐쇄되었어요.

ⓝ 흠, 그렇군요. **18** 그럼 일인당 50달러 이하의 비용으로 정원이 가장 큰 비슷한 장소를 찾아주겠어요?

ⓔ 물론이죠. HR에 근처에 있는 장소의 목록을 물어볼게요.

방 정원	인원당 가격
50명	$38
75명	$40
80명	$45
95명	$53

어휘 quarterly 분기별의 | look for 찾다 | charge 청구하다 | capacity 정원, 수용능력 | venue 장소

16. What is the woman asked to do?

고난도 (A) Meet with a supplier

(B) Plan an event

(C) Submit a report

(D) Make a reservation

여자는 무엇을 하라고 요청받는가?

(A) 공급업자와 만난다

(B) 행사를 기획한다

(C) 보고서를 제출한다

(D) 예약을 한다

해설 남자가 'let's make sure we get a room at the conference center before it's too late. (너무 늦기 전에 회의장에 방을 얻어야 해요.)'라고 하면서 'Can you book the same one we used last time? (우리가 지난 번에 사용한 같은 방을 예약해 줄 수 있어요?)'이

라고 부탁했으므로 book the same one이라는 키워드를 통해 (D)가 정답임을 알 수 있다.

17. What problem does the woman mention?

(A) An employee is unavailable.

(B) A venue is under construction.

(C) A service costs too much.

(D) A meeting has been canceled.

여자는 어떤 문제를 언급하는가?

(A) 직원과 만날 수 없다.

(B) 장소가 공사 중이다.

(C) 서비스 가격이 너무 비싸다.

(D) 회의가 취소되었다.

해설 but, no, actually, so 뒤에는 대부분 정답의 키워드가 들어 있다. 여자의 말 'Actually, we'll have to find a different place this time. (사실, 이번에는 다른 장소를 찾아야 할 것 같아요.)'에서 남자의 요청 (book the same one)을 이행하는 데 문제가 있다는 것을 알 수 있는데, 이어지는 말에서 'that part of the center is closed for remodeling. (회의장의 그 부분이 리모델링 때문에 폐쇄되었어요.)'이라고 설명했으므로 이 부분을 패러프레이징한 (B)가 정답이다.

18. Look at the graphic. What capacity room will the woman choose?

(A) 50 people

(B) 75 people

(C) 80 people

(D) 95 people

시각 정보를 보시오. 여자는 어떤 정원의 방을 선택할 것인가?

(A) 50명

(B) 75명

(C) 80명

(D) 95명

해설 여자는 남자의 요청 'Then, can you look for a similar place that charges less than $50 per person that has the biggest capacity? (그럼 일인당 50달러 이하의 비용으로 정원이 가장 큰 비슷한 장소를 찾아주겠어요?)'에 따라 50달러 이하의 요금으로 가장 많은 사람이 들어갈 수 있는 방을 선택해야 한다. 요금이 50달러 이하인 방은 세 개인데, 각각 50명, 75명, 80명이 들어갈 수 있으므로 이 중 80명이 들어갈 수 있는 방을 선택해야 한다. 그러므로 정답은 (C)이다.

UNIT 12. 전방위 문제 유형

Practice
본서 p.170

1. (C)	2. (B)	3. (D)	4. (D)	5. (A)	6. (B)
7. (D)	8. (A)	9. (B)	10. (C)	11. (A)	12. (C)
13. (C)	14. (B)	15. (B)	16. (B)	17. (A)	18. (D)

미국 ↔ 미국

Questions 1-3 refer to the following conversation.

M Margaret, **1, 2** you heard about the talk Dr. Vivian Cadet is giving this weekend, right?

W Of course. **1** She's a well-known Canadian biologist. However, I'll be in Bristol on Saturday.

M **2** That's unfortunate. I'll let you know how it went next Monday.

W Oh, that's not necessary. **3** I recently read her paper on cellular structure in the *Science World Journal*. It was very interesting.

M Oh really? I should order a copy.

W Actually, **3** I can lend you mine since I don't need it anymore. I'll be at my desk all day.

M That sounds good. **3** I'll drop by at 1 o'clock to grab it.

1-3번은 다음 대화에 관한 문제입니다.

남 Margaret, **1, 2** Vivian Cadet 박사님이 이번 주말에 하시는 강연에 대해 얘기 들으셨죠?

여 물론이죠. **1** 그녀는 유명한 캐나다 생물학자예요. 하지만, 전 토요일에 브리스틀에 있을 거예요.

남 **2** 그거 안됐군요. 강연이 어땠는지 다음주 월요일에 알려 드릴게요.

여 아, 그러실 필요 없어요. **3** 최근에 제가 〈Science World Journal〉에서 세포 구조에 대한 그녀의 논문을 읽었거든요. 아주 흥미로웠어요.

남 아 그러세요? 한 부 주문해야겠네요.

여 사실, 저는 더 이상 필요하지 않으니 **3** 제 걸 빌려드릴 수 있어요. 저는 온 종일 사무실에 있을 거예요.

남 그게 좋겠군요. **3** 그걸 가지러 한 시에 들를게요.

어휘 **well-known** 유명한, 잘 알려진 | **biologist** 생물학자 | **unfortunate** 운이 없는 | **paper** 연구 논문 | **cellular structure** 세포 구조 | **copy** (책, 신문 등의) 한 부 | **lend** 빌려주다 | **drop by** 잠깐 들르다

1. What field does Dr. Vivian Cadet work in?
(A) Physics
(B) Chemistry
(C) Biology
(D) Geology

Vivian Cadet 박사의 연구 분야는 무엇인가?
(A) 물리학
(B) 화학
(C) 생물학
(D) 지질학

해설 Vivian Cadet 박사의 연구 분야를 묻는 문제이다. field, Vivian Cadet을 키워드로 삼아 해당 내용이 언급된 부분을 포착한다. 남자가 'you heard about the talk Dr. Vivian Cadet is giving this weekend, right? (Vivian Cadet 박사님이 이번 주말에 강연할 거란 얘기 들으셨죠?)'라고 묻자, 여자가 '물론이죠'라며, 'She's a well-known Canadian biologist. (그녀는 유명한 캐나다 생물학자예요.)'라고 했으므로 (C)가 정답이다.

2. What does the woman mean when she says, "I'll be in Bristol on Saturday"?
(A) She needs to make travel arrangements.
(B) She will not be able to go to an event.
(C) She will cancel her current plans.
(D) She is excited about going on a trip.

여자가 "토요일에 브리스틀에 있을 거예요"라고 말할 때 무엇을 의도하는가?
(A) 출장 준비를 해야 한다.
(B) 행사에 갈 수 없을 것이다.
(C) 현재의 계획을 취소할 것이다.
(D) 여행가는 것에 대해 들떠있다.

해설 여자가 하는 말의 의도를 묻고 있다. 해당 표현 전후 내용을 정확히 파악할 수 있어야 한다. 남자가 'you heard about the talk Dr. Vivian Cadet is giving this weekend, right? (Vivian Cadet 박사님이 이번 주말에 강연할 거란 얘기 들으셨죠?)'라고 묻자, 여자는 그렇다고 하면서, 'However, I'll be in Bristol on Saturday. (하지만, 전 토요일에 브리스틀에 있을 거예요.)'라고 말했고, 남자가 'That's unfortunate. I'll let you know how it went next Monday. (그거 안됐군요. 강연이 어땠는지 다음주 월요일에 알려 드릴게요.)'라고 했으므로 여자가 행사에 참석할 수 없다는 사실을 알 수 있다. 따라서 (B)가 정답이다. talk가 event로 패러프레이징되었다.

3. What does the man say he will do at 1:00?
(A) Send an email
(B) Grab some lunch
(C) Attend a talk
(D) Visit the woman's office

남자는 1시에 무엇을 할 거라고 말하는가?
(A) 이메일을 보낸다
(B) 점심을 먹는다
(C) 강연회에 참석한다
(D) 여자의 사무실을 방문한다

해설 남자가 1시에 할 일을 묻는 문제이다. 1:00을 키워드로 삼아 단서를 포착한다. 여자가 'I recently read her paper on cellular structure in the *Science World Journal*. ~ I can lend you mine (최근에 제가 〈Science World Journal〉에서 세포 구조에 대한 그녀의 논

문을 읽었거든요. ~ 제 걸 빌려드릴 수 있어요)'라고 하자, 남자가 'I'll drop by at 1 o'clock to grab it. (그걸 가지러 한 시에 들를게요.)'라고 말했으므로 (D)가 정답이다. drop by가 visit로 패러프레이징되었다.

영국 ↔ 미국

Questions 4-6 refer to the following conversation.

W Good morning, Mr. Kane. **4, 5** According to the form you filled out, you've been experiencing constant headaches and eye pain, right?

M Yes, I use the computer a lot at work.

W **6** I recommend that you stop what you're working on every hour and close your eyes for about five minutes. This should relieve some stress and pain, and help you focus on your tasks better.

M Should I consider getting glasses?

W Not yet. Just do that for now. If the pain persists, we'll discuss the possibility of glasses at your next eye checkup.

4-6번은 다음 대화에 관한 문제입니다.

여 안녕하세요, Mr. Kane. **4, 5** 작성해주신 양식에 의하면, 지속적인 두통과 눈의 통증을 겪고 계신 게 맞나요?

남 예. 저는 직장에서 컴퓨터를 많이 사용해요.

여 **6** 한 시간마다 일하는 걸 멈추시고 5분 정도 눈을 감는 것을 추천해드려요. 이게 스트레스와 통증을 덜어주고 업무에 더 집중할 수 있게 도울 거예요.

남 제가 안경을 사는 걸 고려해봐야 하나요?

여 아직은 아니에요. 당분간은 그냥 그렇게 하세요. 통증이 지속된다면, 다음 시력 검사 때 안경을 착용할지를 논의해보죠.

어휘 fill out 기입하다 | constant 지속적인, 끊임없는 | headache 두통 | pain 통증, 고통 | relieve 덜어주다, 완화하다 | task 업무 | for now 당분간, 우선은 | persist 지속하다 | possibility 가능성 | checkup 검사, 진단

4. What most likely is the woman's profession?
(A) Fitness trainer
(B) Sales associate
(C) Computer repairperson
(D) Eye doctor

여자의 직업은 무엇이겠는가?
(A) 피트니스 트레이너
(B) 영업 사원
(C) 컴퓨터 수리공
(D) 안과 의사

해설 여자의 직업을 묻고 있다. 여자가 'According to the form you filled out, you've been experiencing constant headaches and eye pain, right? (작성해주신 양식에 의하면, 지속적인 두통과 눈의 통증을 겪고 계신 게 맞나요?)'라고 말한 내용을 토대로 여자의 직업을 안과 의사로 유추할 수 있으므로 (D)가 정답이다.

---

5. Why does the man say, "I use the computer a lot at work"?
(A) To provide the reason for a problem
(B) To request better equipment
(C) To express dissatisfaction with a program
(D) To explain his specialty

남자는 왜 "저는 직장에서 컴퓨터를 많이 사용해요"라고 말하는가?
(A) 문제에 대한 이유를 제공하기 위해
(B) 더 나은 장비를 요청하기 위해
(C) 프로그램 불만족을 표하기 위해
(D) 전공을 설명하기 위해

해설 남자가 하는 말의 의도를 묻고 있다. 여자가 'According to the form you filled out, you've been experiencing constant headaches and eye pain, right? (작성해주신 양식에 의하면, 지속적인 두통과 눈의 통증을 겪고 계신 게 맞나요?)'라고 물었고, 이에 남자가 'I use the computer a lot at work (저는 직장에서 컴퓨터를 많이 사용해요.)'라고 대답한 것이므로 눈의 통증에 대한 이유를 설명하기 위해 한 말임을 알 수 있다. 따라서 (A)가 정답이다.

---

6. What does the woman suggest the man do?
(A) Submit a work order form
(B) Take frequent breaks
(C) Review a user guide
(D) Organize his desk area

여자는 남자에게 무엇을 하라고 제안하는가?
(A) 작업 주문서를 제출한다
(B) 잦은 휴식을 취한다
(C) 사용 설명서를 검토한다
(D) 책상 공간을 정리한다

해설 여자가 제안한 것을 묻고 있다. 여자가 'I recommend that you stop what you're working on every hour and close your eyes for about five minutes. (한 시간마다 일하는 걸 멈추시고 5분 정도 눈을 감는 것을 추천해드려요.)'라고 권하고 있으므로 이를 패러프레이징한 (B)가 정답이다.

미국 ↔ 호주 ↔ 영국

Questions 7-9 refer to the following conversation with three speakers.

W1 Hey, Will. Do you mind if I ask you a question about the company?

M Not at all.

W1 Well, **7** an old coworker contacted me about a job opening in the Accounting Department. He has over eight years of experience, so he's definitely qualified. **7, 8** Do you know if I can refer him for employment here?

M Hmm... **7** I've never done that before, but wait– Ciara's been working here for a while.

W2 Hey, guys. Did someone just mention my name?

M I did. What is the procedure for recommending applicants here?

W2 Oh, **9** all you have to do is complete a referral form, and submit it to the Personnel Department.

7-9번은 다음 세 화자의 대화에 관한 문제입니다.

여1 안녕하세요, Will. 제가 회사에 관해 질문해도 될까요?

남 괜찮아요.

여1 음, **7** 예전 동료가 경리부의 일자리에 관해 저에게 연락을 했어요. 8년 넘는 경력이 있으니 분명히 자격은 갖추고 있어요. **7, 8** 제가 그에게 이곳 취직을 소개해도 되는지 아세요?

남 **8** 흠… 전에는 그렇게 해 본 적이 없는데, 기다려보세요. Ciara가 여기서 일한 지가 꽤 됐거든요.

여2 안녕하세요. 누가 방금 제 이름을 말하지 않았나요?

남 제가 했어요. 여기서 지원자를 추천하는 절차가 어떻게 되죠?

여2 아, **9** 해야 할 일은 소개 양식을 작성해서 그걸 인사부에 제출하기만 하면 돼요.

어휘 job opening 일자리 | definitely 분명히 | qualified 적격의, 자격을 갖춘 | refer 소개하다, 참조하다 | employment 고용, 취업 | procedure 절차 | referral 소개 | form 양식

7. What does the woman want to do?
(A) Submit a request for a transfer
(B) Participate in a workshop
(C) Check her recent pay stub
(D) Recommend a colleague for a position

여자는 무엇을 하기를 원하는가?
(A) 전근 신청서를 제출한다
(B) 워크숍에 참가한다
(C) 최근의 급여 명세서를 확인한다
(D) 어느 한 자리에 동료를 추천한다

해설 여자가 원하는 것을 묻고 있다. 여자 1이 'an old coworker contacted me about a job opening in the Accounting Department. (예전 동료가 경리부의 일자리에 관해 저에게 연락을 했어요.)'라며, 'Do you know if I can refer him for employment here? (제가 그에게 이곳 취직을 소개해도 되는지 아세요?)'라고 물었으므로 (D)가 정답이다.

8. Why does the man say, "Ciara's been working here for a while"?
(A) To see if Ciara can address an inquiry
(B) To organize a retirement party for Ciara
(C) To congratulate Ciara for getting promoted
(D) To show frustration over Ciara's mistake

남자는 왜 "Ciara가 여기서 일한 지가 꽤 됐거든요"라고 말하는가?
(A) Ciara가 문의를 처리할 수 있을지 확인하기 위해
(B) Ciara의 은퇴기념 파티를 준비하기 위해
(C) Ciara가 승진한 것을 축하하기 위해
(D) Ciara의 실수에 대한 불만을 나타내기·위해

해설 남자가 하는 말의 의도를 묻고 있다. 여자 1이 'Do you know if I can refer him for employment here? (제가 그에게 이곳 취직을 소개해도 될지 아세요?)'라고 묻자, 남자가 'I've never done that before, but wait–Ciara's been working here for a while. (전에는 그렇게 해 본 적이 없는데, 기다려보세요. Ciara가 여기서 일한 지가 꽤 됐거든요.)'라고 말한 것이므로 Ciara가 여기서 오래 일했으니 알지도 모른다는 의미를 내포하고 있다. 따라서 (A)가 정답이다.

9. What does Ciara suggest doing?
(A) Reading a company manual
(B) Filling out some paperwork
(C) Contacting a department manager
(D) Downloading some software

Ciara는 무엇을 하라고 제안하는가?
(A) 회사 매뉴얼을 읽는 것
(B) 서류를 작성하는 것
(C) 부서장에게 연락하는 것
(D) 소프트웨어를 다운받는 것

해설 Ciara가 제안한 것을 묻고 있다. Ciara인 여자 2가 'all you have to do is complete a referral form (소개 양식을 작성해야 해요)'라고 말했으므로 complete를 filling out으로, form을 paperwork로 패러프레이징한 (B)가 정답이다.

영국 ↔ 호주

Questions 10-12 refer to the following conversation.

W Mr. Shaarma, do you have a moment?

M Of course. **11** Is something wrong?

W Well, **10** I came back from an overseas conference recently, but I completely forgot to submit my travel expense report. **11** I think the deadline was last Friday.

M Oh, that's it? **11** Just send the report to my email before you leave today, and I'll look it over tomorrow morning.

W I appreciate it! By the way, **12** how should I upload my receipts? It's my first time doing this.

M **12** Almost all staff members prefer to use our receipt scanning program. You can access it from our server.

10-12번은 다음 대화에 관한 문제입니다.

여 Mr. Shaarma, 시간 좀 있으세요?

남 물론이죠. **11** 뭐가 잘못됐나요?

여 음, **10** 제가 최근에 해외 컨퍼런스에서 돌아왔는데, 출장 비용 보고서를 제출하는 걸 완전히 잊어버렸네요. **11** 기한이 지난 금요일이었던 것 같아요.

남 아, 그게 다예요? **11** 오늘 퇴근하시기 전에 제 이메일로 보고서를 보내주시면 제가 내일 아침에 검토할게요.

여 감사합니다! 그런데 **12** 영수증을 어떻게 업로드해야 하나요? 이건 처음 하는 일이에요.

남 **12** 거의 모든 직원이 우리 영수증 스캔 프로그램을 사용하는 걸 선호해요. 우리 서버에서 접속할 수 있어요.

10. What did the woman forget to do?
   (A) Install an update
   (B) Pick up an item
   (C) Turn in a report
   (D) Contact a manager

여자는 무엇을 하는 것을 잊었는가?
   (A) 업데이트를 설치한다
   (B) 물품을 찾아온다
   (C) 보고서를 제출한다
   (D) 매니저에게 연락한다

해설 여자가 잊은 것을 묻고 있다. 여자가 'I came back from an overseas conference recently, but I completely forgot to submit my travel expense report. (제가 최근에 해외 회의에서 돌아왔는데, 출장 비용 보고서를 제출하는 걸 완전히 잊어버렸네요.)'라고 말했으므로 submit를 turn in으로 패러프레이징한 (C)가 정답이다.

11. What does the man mean when he says, "Oh, that's it"?
   (A) He is not worried about an issue.
   (B) He thought a project would take longer.
   (C) He is not satisfied with some work.
   (D) He thought a cost would be higher.

남자는 "아, 그게 다예요?"라고 말할 때 무엇을 의도하는가?
   (A) 문제에 대해 걱정하지 않는다.
   (B) 프로젝트가 더 오래 걸릴 것이라고 생각했다.
   (C) 어떤 일에 만족하지 못한다.
   (D) 비용이 더 높을 것이라 생각했다.

해설 남자가 하는 말의 의도를 묻고 있다. 남자가 'Is something wrong? (뭐가 잘못됐어요?)'라고 묻자, 여자가 'I came back from an overseas conference recently, but I completely forgot to submit my travel expense report. I think the deadline was last Friday. (제가 최근에 해외 컨퍼런스에서 돌아왔는데, 출장 비용 보고서를 제출하는 걸 완전히 잊어버렸네요. 기한이 지난 금요일이었던 것 같아요.)'라고 걱정하듯 말했고, 남자는 'Oh, that's it? (아, 그게 다예요?)'라고 하며, 'Just send the report to my email before you leave today, and I'll look it over tomorrow morning. (오늘 퇴근하시기 전에 제 이메일로 보고서를 보내주시면 제가 내일 아침에 검토할게요.)'라고 대답했으므로 별 문제가 되지 않는다는 의미를 내포한 것이다. 따라서 (A)가 정답이다.

12. Why should the woman access a program?
   (A) To place an order
   (B) To record work hours
   (C) To scan receipts
   (D) To track a package

여자는 왜 프로그램에 접속해야 하는가?
   (A) 주문을 하기 위해
   (B) 근무 시간을 기록하기 위해
   (C) 영수증을 스캔하기 위해
   (D) 소포를 배송 조회하기 위해

해설 여자가 프로그램에 접속해야 하는 이유를 묻고 있다. 여자가 'how should I upload my receipts? (영수증을 어떻게 업로드해야 하나요?)'라고 물었고, 남자가 'Almost all staff members prefer to use our receipt scanning program. You can access it from our server. (거의 모든 직원이 우리 영수증 스캔 프로그램을 사용하는 걸 선호해요. 우리 서버에서 접속할 수 있어요.)'라고 말했으므로 (C)가 정답이다.

미국 ↔ 미국

Questions 13-15 refer to the following conversation and menu.

M Hey, Jessica. **13** I wasn't expecting you to come in on a Saturday. I thought you only work on the weekdays.

W Yeah, but Cameron can't make it in this week because he's sick, so I'll be covering for him until he gets better. Has today's shipment come?

M It should arrive within the hour. But **14** one of our suppliers called and said that they can't deliver any cherries for a few days. I'll have to revise our menu so that diners are aware that they can't order some items.

W Hmm... **15** I know of another fruit vendor. Let me contact them right now, and see if they can deliver some cherries tomorrow.

13-15번은 다음 대화와 메뉴에 관한 문제입니다.

남 안녕하세요, Jessica. **13** 저는 당신이 토요일에 올 줄 예상 못했어요. 당신이 평일 근무만 한다고 생각했거든요.

여 맞아요, 그런데 Cameron이 아파서 이번 주에 근무할 수가 없어서 그가 나을 때까지 제가 대신할 거예요. 오늘 배송분은 도착했나요?

남 한 시간 안에 도착할 거예요. 그런데 **14** 공급업자 한 명에게 전화가 왔는데 며칠 간 체리를 배송할 수 없다고 했어요. 손님들이 일부 항목을 주문할 수 없다는 것을 알 수 있도록 메뉴를 수정해야 할 거예요.

여 흠... **15** 제가 또 다른 과일 판매자를 알아요. 제가 지금 바로 연락해서 내일 체리를 배송해줄 수 있는지 알아볼게요.

Bruxton 카페
디저트 메뉴

1. 딸기 바나나 케이크	2. 복숭아 체리 코블러
3. 복숭아 바나나 스무디	4. 블루베리 복숭아 파이

어휘 make it 가다, 참석하다 | cover for (자리 비운 사람을) 대신하다
| shipment 수송(품) | supplier 공급자, 공급회사 | revise 변
경하다 | diner 식사하는 사람, 식당 | aware 알고 있는 | know
of ~에 관해 간접적으로 알다 | vendor 판매자

13. Why is the man surprised?

(A) The woman does not like a new dessert item.

(B) Some customers have complained.

(C) The woman came to work on a weekend.

(D) Some menu suggestions were not accepted.

남자는 왜 놀라는가?

(A) 여자가 새로운 디저트 메뉴를 좋아하지 않는다.

(B) 일부 고객들이 불평했다.

(C) 여자가 주말에 출근했다.

(D) 일부 메뉴 제안이 받아들여지지 않았다.

해설 남자가 놀란 이유를 묻고 있다. 남자가 'I wasn't expecting you
to come in on a Saturday. I thought you only work on the
weekdays. (저는 당신이 토요일에 올 줄 예상 못했어요. 당신이 평일
근무만 한다고 생각했거든요)'라고 말한 내용을 토대로 여자가 토요일
에 출근한 사실에 놀랐음을 알 수 있으므로 (C)가 정답이다.

14. Look at the graphic. Which item number will likely
be taken off today's menu?

(A) 1

(B) 2

(C) 3

(D) 4

시각 정보를 보시오. 어느 항목 번호가 오늘의 메뉴에서 빠질 수도 있
겠는가?

(A) 1

(B) 2

(C) 3

(D) 4

해설 오늘의 메뉴에서 빠질 항목을 묻고 있다. 남자가 'one of our
suppliers called and said that they can't deliver any cherries
for a few days (공급업자 한 명에게 전화가 왔는데 며칠 간 체리를
배송할 수 없다고 했어요)'라고 말했고, 시각 정보 상에서 체리가 들어
간 디저트는 '2. Peach Cherry Cobbler'이므로 (B)가 정답이다.

15. What will the woman most likely do next?

(A) Unload some packages

(B) Contact a business

(C) Print some receipts

(D) Talk to a chef

여자는 다음에 무엇을 하겠는가?

(A) 꾸러미들을 내린다

(B) 업체에 연락한다

(C) 영수증을 출력한다

(D) 주방장에게 이야기한다

해설 여자가 다음에 할 일을 묻고 있다. 여자가 'I know of another fruit
vendor. Let me contact them right now (제가 다른 과일 판매상
을 알아요. 제가 지금 바로 연락할게요)'라고 말했으므로 fruit vendor
를 business로 패러프레이징한 (B)가 정답이다.

미국 ↔ 영국

**Questions 16-18 refer to the following conversation
and center sign.**

M Hey, Mia. You're still going to the auction tomorrow,
right?

W Yeah, I am. **16** It begins at 3 P.M., right? We should
plan on arriving early.

M **16** I agree. Let's aim to get there when the banquet
room first opens, so we can sit in the front row.
Seats are available on a first-come, first-serve
basis, and many guests are expected.

W Apparently, **17** the auction will showcase some
historical artifacts. This is probably the reason why
so many people are interested.

M Ah, I see. That makes sense.

W **18** Would you like to get some coffee before the
auction?

M I know of a popular café right next door to the
community center. Let's get coffee there.

16-18번은 다음 대화와 극장 표지판에 관한 문제입니다.

남 안녕하세요, Mia. 여전히 내일 경매에 갈 예정이죠?

여 네, 갈 거예요. **16** 오후 3시에 시작하는 거 맞죠? 우리가 일찍 도착
하도록 계획해야 해요.

남 **16** 맞아요. 연회장이 처음 열릴 때 그곳에 도착하는 걸 목표로 해서
맨 앞줄에 앉을 수 있도록 해요. 좌석은 선착순으로 앉을 수 있고 많
은 손님들이 예상되네요.

여 듣자하니, **17** 경매에서 역사적 유물들을 보여줄 거래요. 이게 아마
많은 사람들이 관심을 갖는 이유이겠죠.

남 아, 맞아요. 일리 있네요.

예 18 경매 전에 커피 한잔 하시겠어요?

남 주민센터 바로 옆에 인기 있는 카페를 알고 있어요. 거기서 커피를 사요.

> ### Salens 주민센터
> ### 특별 경매
> 장소: 연회실
>
> *(일반 센터 영업시간: 오전 10:00–오후 7:00)*
>
> 연회실 개장: 오후 2:00
> 경매: 오후 3:00
> 피로연: 오후 5:00

어휘 auction 경매 | aim 목표하다 | banquet 연회 | row 줄, 열 | on a first-come, first-served basis 선착순으로 | apparently 듣자니 | showcase 진열하다, 보여주다 | historical 역사적인 | artifact 인공유물, 공예품 | make sense 일리가 있다, 이치에 맞다 | community center 주민센터

---

16. Look at the graphic. When do the speakers plan to arrive?
(A) At 10:00 A.M.
(B) At 2:00 P.M.
(C) At 3:00 P.M.
(D) At 5:00 P.M.

시각 정보를 보시오. 화자들은 언제 도착할 계획인가?
(A) 오전 10시에
(B) 오후 2시에
(C) 오후 3시에
(D) 오후 5시에

해설 화자들이 도착할 시점을 묻고 있다. 여자가 'It begins at 3 P.M., right? We should plan on arriving early. (오후 3시에 시작하는 거 맞죠? 우리가 일찍 도착하도록 계획해야 해요.)'라고 하자, 남자가 'I agree. Let's aim to get there when the banquet room first opens, so we can sit in the front row. (맞아요. 연회장이 처음 열릴 때 그곳에 도착하는 걸 목표로 해서 맨 앞줄에 앉을 수 있도록 해요.)'라고 대답했고, 시각 정보 상에서 연회장을 여는 시간은 오후 2시 (Banquet Room Opens: 2:00 P.M.)이므로 (B)가 정답이다.

---

17. According to the woman, why are many people interested in the auction?
(A) It will feature historical items.
(B) It is hosted by a local celebrity.
(C) It will offer complimentary gifts.
(D) It is free to attend.

여자에 따르면, 많은 사람들은 왜 경매에 관심이 있는가?
(A) 역사적 물품들이 나온다.
(B) 현지 유명인이 진행한다.
(C) 무료 선물을 제공한다.
(D) 참석이 자유롭다.

해설 많은 사람들이 경매에 관심이 있는 이유를 묻고 있다. 여자가 'the auction will showcase some historical artifacts. This is probably the reason why so many people are interested. (경매에서 역사적 유물들을 보여줄 거예요. 이게 아마 많은 사람들이 관심을 갖는 이유이겠죠.)'라고 말했으므로 (A)가 정답이다.

---

18. What does the woman recommend they do before the auction?
(A) Print a map
(B) Review some guidelines
(C) Book a room
(D) Purchase some beverages

여자는 경매 전에 무엇을 하자고 권하는가?
(A) 지도 출력하기
(B) 안내지침 검토하기
(C) 객실 예약하기
(D) 음료 구매하기

해설 여자가 경매 전에 하자고 권하는 것을 묻고 있다. 여자가 'Would you like to get some coffee before the auction? (경매 전에 커피 한 잔 하시겠어요?)'라고 물었고, 남자가 근처에 유명한 카페가 있으니 거기서 사자고 말했으므로 (D)가 정답이다.

UNIT 13. 대화 유형

Practice

본서 p.184

1. (D)	2. (C)	3. (C)	4. (B)	5. (D)	6. (A)
7. (B)	8. (D)	9. (C)	10. (A)	11. (C)	12. (D)
13. (A)	14. (D)	15. (C)	16. (D)	17. (D)	18. (C)

영국 ↔ 미국 ↔ 호주

Questions 1-3 refer to the following conversation with three speakers.

W1 **1** Hi, Donna. Thank you for expressing interest in Matech Medical. **1** I see from your job application that you have one year of experience working at a laboratory. Are you familiar with clinical procedures and medical equipment?

W2 Yes, **1** I have a medical technology license, so I'm pretty knowledgeable in that area.

M Excellent! If we call you back for the final interview, **2** would you be able to bring the license with you?

W2 Of course. I have a question, though.

W1 Sure, Donna, what would you like to know?

W2 **3** Is it true that lab employees can negotiate a higher salary after working at this company for at least one year?

1-3번은 다음 세 화자의 대화에 관한 문제입니다.

여1 안녕하세요, Donna. Matech Medical에 관심을 표해주셔서 감사합니다. **1** 입사 지원서를 보니 실험실에서 1년간 근무한 경험이 있으시군요. 임상 절차와 의료 장비에 대해 익숙하세요?

여2 네, 저는 의료 기술 자격증이 있어서 그 분야에 대해 꽤 잘 알고 있습니다.

남 잘됐네요! 최종 면접을 위해 다시 연락 드리면 **2** 자격증을 가져오실 수 있나요?

여2 물론입니다. 그런데 질문이 있습니다.

여1 네, Donna, 무엇이 궁금하신가요?

여2 **3** 실험실 직원들이 최소 1년간 이 회사에서 근무하고 나면 더 높은 임금에 대해 협상할 수 있다는 게 사실인가요?

어휘 job application 입사 지원서 | familiar with ~에 익숙한 | clinical 임상의 | procedure 절차 | license 자격증 | knowledgeable 아는 것이 많은 | area 분야 | negotiate 협상하다

1. What position did Donna apply for?
(A) Health inspector
(B) Doctor
(C) Pharmacist
(D) Lab technician

Donna는 어떤 직책에 지원했는가?
(A) 위생 검사관
(B) 의사
(C) 약사
(D) 실험실 기술자

해설 Donna가 지원한 직책을 묻고 있다. 여자1이 상대방에게 'Hi, Donna'라고 부르며, 'I see from your job application that you have one year of experience working at a laboratory. (입사 지원서를 보니 실험실에서 1년간 근무한 경험이 있으시군요.)'라고 말했으므로 (D)가 정답이다.

2. What does the man request that Donna bring?
(A) A job application
(B) A contract
(C) A license
(D) A recommendation letter

남자는 Donna에게 무엇을 가져오라고 요청하는가?
(A) 입사 지원서
(B) 계약서
(C) 자격증
(D) 추천서

해설 남자가 Donna에게 요청하는 것을 묻고 있다. 남자가 'would you be able to bring the license with you? (자격증을 가져오실 수 있나요?)'라고 물었으므로 (C)가 정답이다.

3. What does Donna ask about?
(A) Vacation days
(B) A work schedule
(C) Salary negotiations
(D) An insurance policy

Donna는 무엇에 관해 물어보는가?
(A) 휴가 일수
(B) 근무 일정
(C) 임금 협상
(D) 보험 증권

해설 Donna가 물어보는 것을 묻고 있다. 여자 2가 'Is it true that lab employees can negotiate a higher salary after working at this company for at least one year? (실험실 직원들이 최소 1년간 이 회사에서 근무하고 나면 더 높은 임금에 대해 협상할 수 있다는 게 사실인가요?)'라고 물었으므로 (C)가 정답이다.

미국 ↔ 미국

Questions 4-6 refer to the following conversation.

W Dave, it's Sarah. **4** I'm afraid I'll be late to the safety training because of traffic. I'm on the bus right now, and the driver just announced that there was an accident on Marine Boulevard. If it takes too long, I'll get off and take the subway instead.

M OK, thanks for the update. **5** But we can't start the presentation without those slides you prepared. Is there any way you can email them to me using your phone?

W Don't worry. **6** Dennis in Accounting saved a copy of everything to his computer. I'll ask him to get the files for you.

4-6번은 다음 대화에 관한 문제입니다.

여 Dave, 저 Sarah예요. **4** 길이 막혀서 안전 교육에 늦을 것 같아요. 지금 버스인데, 기사가 방금 말하길 Marine 대로에서 사고가 났대요. 만약 너무 오래 걸리면, 내려서 대신 지하철을 타려고요.

남 알았어요. 알려줘서 고마워요. **5** 하지만 당신이 준비한 슬라이드 없이는 발표를 시작할 수가 없어요. 휴대폰으로 그것들을 이메일로 보낼 수 있는 방법이 없을까요?

여 걱정마세요. **6** 경리팀 Dennis가 자신의 컴퓨터에 모든 것의 저장본을 만들어 저장해 두었어요. 그에게 부탁해서 당신에게 파일을 갖다 달라고 할게요.

어휘 announce 발표하다, 알리다 | get off 내리다 | accounting 회계(팀)

4. Why is the woman calling?
   (A) To inquire about a different route
   (B) To explain a delay
   (C) To order a device
   (D) To reschedule a meeting

여자는 왜 전화를 거는가?
(A) 다른 경로에 대해 물어보기 위해
(B) 지연에 대해 해명하기 위해
(C) 기기를 주문하기 위해
(D) 미팅 일정을 다시 잡기 위해

해설 여자가 전화한 이유를 묻고 있다. 여자의 전반부 대사에서 단서를 찾아낸다. 'I'm afraid I'll be late to the safety training because of traffic. (지금 길이 막혀서 안전 교육에 늦을 것 같아요.)'이라고 했으므로 (B)가 정답이다.

5. What does the man suggest?
   (A) Canceling a presentation
   (B) Arranging a conference call
   (C) Checking the traffic report
   (D) Emailing some files

남자가 제안한 것은 무엇인가?
(A) 발표를 취소하는 것
(B) 전화 회의를 준비하는 것
(C) 교통 정보를 확인하는 것
(D) 파일을 이메일로 보내는 것

해설 남자가 제안한 것을 묻고 있다. 남자의 말에서 제안 표현을 포착한다. 'But we can't start the presentation without those slides you prepared. Is there any way you can email them to me using your phone? (하지만 당신이 준비한 슬라이드 없이는 발표를 시작할

수가 없어요. 휴대폰으로 그것들을 이메일로 보낼 수 있는 방법이 없을까요?)'이라고 했으므로 slides를 files로 패러프레이징한 (D)가 정답이다.

6. What does the woman say she will do?
   (A) Request a colleague's assistance
   (B) Contact a manufacturer
   (C) Photocopy some documents
   (D) Install some equipment

여자는 무엇을 하겠다고 말하는가?
(A) 동료에게 도움을 요청한다
(B) 제조업체에 연락한다
(C) 문서를 복사한다
(D) 장비를 설치한다

해설 여자가 하겠다고 말한 것을 묻고 있다. 여자의 말에서 미래 행동 표현을 잡아낸다. 'Dennis in Accounting saved a copy of everything to his computer. I'll ask him to get the files for you. (Dennis가 자신의 컴퓨터에 모든 것의 저장본을 만들어 저장해 두었어요. 그에게 부탁해서 당신에게 파일을 갖다 달라고 할게요.)'라고 했으므로 ask를 request로, Dennis를 colleague로 패러프레이징한 (A)가 정답이다.

영국 ↔ 호주

Questions 7-9 refer to the following conversation.

W Hello, it's Tina Baker. **7** I know that you wanted to meet in one hour about this week's sales figures. But is there any way we can discuss them tomorrow?

M Do you mind if I ask why?

W Well... **8** The numbers I got from the Leffen store manager didn't seem to add up, so I told her to look into it and let me know what she finds by the end of today.

M OK. **9** I'll go ahead and let Doug know about the change as well. Just be sure to let me know once you hear back from the Leffen branch.

7-9번은 다음 대화에 관한 문제입니다.

여 안녕하세요, Tina Baker입니다. **7** 이번 주 매출 수치와 관련하여 한 시간 후에 만나자고 하신 걸로 알고 있습니다. 그런데 이걸 내일 논의할 수 있을까요?

남 이유를 여쭤봐도 될까요?

여 음…. **8** Leffen 지점장으로부터 받은 수치가 계산이 맞지 않는 것 같아서요. 다시 보고 오늘 퇴근 전에 그녀가 찾아낸 걸 알려달라고 얘기했거든요.

남 알겠습니다. **9** Doug에게도 변경사항을 알려주도록 하죠. Leffen 지점으로부터 답변을 들으시면 저에게도 꼭 알려주세요.

어휘 sales figures 매출 수치 | add up 말이 되다, 앞뒤가 맞다 | look into ~을 조사하다

7. What does the woman request that the man do?

(A) Review a report

(B) Move a meeting time

(C) Check the inventory

(D) Book a larger room

여자는 남자에게 무엇을 하라고 요청하는가?

(A) 보고서를 검토한다

(B) 회의 시간을 옮긴다

(C) 재고를 조사한다

(D) 더 큰 방을 예약한다

해설 여자의 첫 번째 말 'I know that you wanted to meet in one hour about this week's sales figures. (이번 주 매출액과 관련하여 한 시간 후에 만나자고 하신 걸로 알고 있습니다.)' 다음 문장이 But으로 시작되는데, Part 3, 4에서 but, no, actually, so로 시작하는 문장에는 90% 정도 확률로 정답의 키워드가 들어있다. 그러므로 이 키워드가 들릴 때 더 집중하려고 노력해야 한다. 여자가 'But is there any way we can discuss them tomorrow? (그런데 이걸 내일 논의할 수 있을까요?)'라고 물었으므로 한 시간 후에 있을 예정이었던 회의를 내일로 연기하자는 부탁이다. 따라서 (B)를 정답으로 선택해야 한다.

---

8. What problem has the woman identified?

고난도 (A) A manager is unavailable.

(B) Some documents are missing.

(C) A business will close soon.

(D) Some data is incorrect.

여자는 어떤 문제를 발견했는가?

(A) 매니저를 만날 수 없다

(B) 몇몇 서류가 분실되었다

(C) 어떤 사업체가 곧 문을 닫는다

(D) 일부 데이터가 부정확하다

해설 남자가 'Do you mind if I ask why? (이유를 여쭤봐도 될까요?)'라고 묻는 말에 여자가 'the numbers I got from the Leffen store manager didn't seem to add up. (Leffen 지점장으로부터 받은 수치가 계산이 맞지 않는 것 같아서요)'이라고 답하므로, 이를 패러프레이징한 (D)가 정답이다.

---

9. What will the man most likely do next?

(A) Update a homepage

(B) Visit a store

(C) Speak with a coworker

(D) Order some supplies

남자는 다음에 무엇을 하겠는가?

(A) 홈페이지를 업데이트한다

(B) 매장을 방문한다

(C) 동료와 얘기한다

(D) 일부 용품을 주문한다

해설 다음 일어날 일을 묻는 'do next' 문제는 거의 대부분 마지막 대사에 정답의 단서가 들어있기 때문에 대화 중간에 섣불리 정답을 고르지 말고 끝까지 집중해서 들어야 한다. 대화 마지막에서 남자가 'I'll go

---

ahead and let Doug know about the change as well. (Doug에게도 변경사항을 알려주도록 하죠.)'이라고 했으므로 남자는 Doug라는 동료에게 연락할 것이라는 것을 짐작할 수 있다. 따라서 정답은 (C)이다.

미국 ↔ 미국

Questions 10-12 refer to the following conversation.

W **10** I'm a little concerned that I won't have enough time to prepare my presentation for tomorrow afternoon's product demonstration.

M Didn't you set everything aside today so that you get ready for the demo?

W Yeah, but Yeon-hee is out sick. **11** She was going to show some investors around our warehouse today at 2 P.M., but now, I have to do it.

M Well, my schedule is pretty flexible this afternoon.

W Ah, **11** I guess I don't have to be the one to show them around. Yeon-hee did tell me what I should point out to the investors.

M Alright. **12** Do you mind forwarding her instructions to me?

10-12번은 다음 대화에 관한 문제입니다.

여 **10** 내일 오후 제품 시연을 위한 발표를 준비할 시간이 충분하지 않을까 봐 조금 걱정이 되네요.

남 오늘 시연을 준비할 수 있도록 다른 업무를 미뤄 두지 않았나요?

여 그렇긴 한데, Yeon-hee가 아파서 결근했어요. **11** 그녀가 오늘 오후 2시에 투자자들에게 우리 창고를 구경시켜주기로 했는데, 이제 제가 해야 해요.

남 음, 제 스케줄이 오늘 오후에 꽤 유동적이에요.

여 아, **11** 구경시켜드리는 일을 제가 하지 않아도 되겠네요. 제가 투자자들에게 무엇을 언급해야 하는지 Yeon-hee가 제게 말해줬어요.

남 좋아요. **12** 그녀의 지시사항들을 저에게 보내주실래요?

어휘 demonstration 설명, 시연 | set aside (한쪽으로) 치워두다 | out sick 아파서 결근한 | investor 투자자 | show around 둘러보도록 구경시켜주다 | flexible 융통성 있는, 유동적인 | point out 지적하다, 언급하다 | forward 전송하다 | instruction 설명, 지시

---

10. What is the woman planning to do tomorrow?

(A) Participate in a product demonstration

(B) Receive a medical checkup

(C) Attend an investors' meeting

(D) Oversee the renovation of a warehouse

여자는 내일 무엇을 하기로 계획하는가?

(A) 상품 시연에 참가한다

(B) 건강 검진을 받는다

(C) 투자자 회의에 참석한다

(D) 창고 개조를 감독한다

해설 여자가 내일 할 일을 묻고 있다. 여자가 'I'm a little concerned that I won't have enough time to prepare my presentation for tomorrow afternoon's product demonstration. (내일 오후 제품 시연을 위한 발표를 준비할 시간이 충분하지 않을까 봐 조금 걱정이 되네요.)'라고 말한 내용을 토대로 내일 제품 시연에 참가한다는 사실을 알 수 있다. 따라서 (A)가 정답이다.

---

11. Why does the man say, "my schedule is pretty flexible this afternoon"?
(A) He wants to use a vacation day.
(B) He would like change his work shift.
(C) He is able to assist the woman.
(D) He finished a project early.

남자가 "제 스케줄이 오늘 오후에 꽤 유동적이에요"라고 말할 때 무엇을 의도하는가?
(A) 휴가를 사용하길 원한다.
(B) 그의 근무 교대를 바꾸고 싶어한다.
(C) 여자를 도울 수 있다.
(D) 프로젝트를 일찍 끝냈다.

해설 남자가 하는 말의 의도를 묻고 있다. 여자가 'She was going to show some investors around our warehouse today at 2 P.M., but now, I have to do it. (그녀가 오늘 오후 2시에 투자자들에게 우리 창고를 구경시켜주기로 했는데, (결근해서) 이제 제가 해야 해요.)'라고 하자, 남자가 'my schedule is pretty flexible this afternoon (제 스케줄이 오늘 오후에 꽤 유동적이에요)'라고 했고, 여자가 'I guess I don't have to be the one to show them around. (구경시켜드리는 일을 제가 하지 않아도 되겠네요.)'라고 했으므로 남자는 시간이 있으니 도와줄 수 있다는 의미로 말한 것이다. 따라서 (C)가 정답이다.

---

12. What does the man ask the woman to do?
(A) Post a job advertisement
(B) Approve a purchase
(C) Give Yeon-hee a call
(D) Provide some details

남자는 여자에게 무엇을 하라고 요청하는가?
(A) 구인 광고를 게시한다
(B) 구매를 승인한다
(C) Yeon-hee에게 전화한다
(D) 세부 사항을 제공한다

해설 남자가 여자에게 요청하는 것을 묻고 있다. 남자가 'Do you mind forwarding her instructions to me? (그녀의 지시사항들을 저에게 보내주실래요?)'라고 요청했으므로 forward를 provide로, instructions를 details로 패러프레이징한 (D)가 정답이다.

Questions 13-15 refer to the following conversation and sign.

W You've reached the management office at Hopewell Tower. How may I assist you today?

M Hello. My company just moved into this building a few days ago. **13** I tried submitting a work request online, but your Web site keeps giving me an error message. Do you know what is wrong?

W I'm sorry about that. A technician is currently looking into the situation. **14** If it's urgent, you could stop by our office and fill out a hard copy of the request form. I can then process it right away. What is the request about?

M **15** My company just moved onto the floor where Unilux Electronics used to be. We'd like to put our name on the sign in the lobby—it still lists the old company at the moment.

13-15번은 다음 대화와 표지판에 관한 문제입니다.

여 Hopewell Tower 관리부입니다. 오늘은 무엇을 도와 드릴까요?

남 안녕하세요. 저희 회사가 며칠 전에 이 건물로 막 이사 왔어요. **13** 온라인으로 업무 요청서를 제출하려고 했는데, 웹사이트에 계속 오류 메시지가 뜨네요. 뭐가 잘못됐는지 아세요?

여 죄송합니다. 기술자가 지금 그 상황을 조사하고 있어요. **14** 급하시다면 저희 사무실에 들러서 요청서를 작성하실 수 있으세요. 그러면 제가 바로 처리해 드릴 수 있어요. 무엇에 대한 요청이신가요?

남 **15** 저희 회사가 Unilux 전자가 있던 곳으로 막 이사를 왔는데요. 저희 회사명을 로비 표지판에 붙이고 싶어요. 아직도 예전 회사가 지금 올라가 있거든요.

Hopewell 타워	
Kintech Holdings	1층
Keycore Technology	2층
Unilux 전자	3층
Innospire Consulting	4층

어휘 reach ~에 연락하다 | urgent 긴급한 | stop by (잠시) 들르다 | hard copy 하드카피, 출력한 인쇄물 | process 처리하다 | used to ~이었다, 하곤 했다 | list 리스트를 작성하다, 명단에 올리다

---

13. What does the man ask for assistance with?
(A) Using an online service
(B) Unloading some equipment
(C) Finding an office
(D) Cleaning some rooms

남자는 무엇에 대해 도움을 요청하는가?
(A) 온라인 서비스를 이용하는 것
(B) 장비를 내리는 것
(C) 사무실을 찾는 것
(D) 방을 청소하는 것

해설 남자가 어떤 도움을 요청하는지를 묻고 있다. 남자가 'I tried submitting a work request online, but your Web site keeps giving me an error message. Do you know what is wrong? (온라인으로 업무 요청서를 제출하려고 했는데, 웹사이트에 계속 오류 메시지가 뜨네요. 뭐가 잘못됐는지 아세요?)'라고 말했으므로 (A)가 정답이다.

14. Why does the woman recommend the man visit an office?
(A) To receive an ID badge
(B) To apply for a job
(C) To make a security deposit
(D) To fill out some paperwork

여자는 왜 남자에게 사무실에 방문하라고 권하는가?
(A) 신분증을 받기 위해
(B) 일자리에 지원하기 위해
(C) 임대 보증금을 내기 위해
(D) 서류를 작성하기 위해

해설 여자가 남자에게 사무실에 방문하라고 하는 이유를 묻고 있다. 여자가 'If it's urgent, you could stop by our office and fill out a hard copy of the request form. (급하시다면 저희 사무실에 들러서 요청서를 작성하실 수 있으세요.)'라고 말했으므로 hard copy of the request form을 paperwork로 패러프레이징한 (D)가 정답이다.

15. Look at the graphic. Which floor is the man's company located on?
(A) The 1st Floor
(B) The 2nd Floor
(C) The 3rd Floor
(D) The 4th Floor

시각 정보를 보시오. 남자의 회사는 몇 층에 있는가?
(A) 1층
(B) 2층
(C) 3층
(D) 4층

해설 남자의 회사가 몇 층에 있는지 묻고 있다. 남자가 'My company just moved onto the floor where Unilux Electronics used to be. We'd like to put our name on the sign in the lobby—it still lists the old company at the moment. (저희 회사가 Unilux 전자가 있던 곳으로 막 이사를 왔는데, 저희 회사명을 로비 표지판에 붙이고 싶어요. 아직도 예전 회사가 지금 올라가 있거든요.)'라고 말했고, 시각 정보 상에서 Unilux 전자는 '3rd Floor'로 표기되어 있으므로 (C)가 정답이다.

Questions 16-18 refer to the following conversation and floor plan.

W Omari, **16** I'm sure you're busy making plans to show the investors around the facility this afternoon, right? Sorry to bother you, but could you just quickly look at the new office layout?

M Of course. Can you give me a quick explanation of the changes?

W Well, the IT staff will be in rooms 201 and 202. **17** And since you hold a lot of meetings in the conference room, I made sure your office is right next to it.

M This looks great. Is the office in the corner yours?

W Yes. It works best this way as I work closely with the IT Department.

M OK. **18** I'm sure everyone will like to see these changes at the training workshop tomorrow morning.

16-18번은 다음 대화와 평면도에 관한 문제입니다.

여 Omari, **16** 오늘 오후에 투자자들에게 시설을 보여줄 계획을 짜느라 바쁠 것 같은데, 맞죠? 방해해서 죄송한데, 새로운 사무실 배치 좀 살짝 봐주시면 안될까요?

남 물론이죠. 뭐가 바뀐 건지 간단히 설명해 줄래요?

여 음, IT 직원들이 201호와 202호로 들어갈 거예요. **17** 그리고 당신이 회의실에서 회의를 아주 많이 하니까, 당신 사무실이 바로 그 옆에 있도록 했고요.

남 이거 좋네요. 코너에 있는 사무실이 당신 사무실인가요?

여 네. 제가 IT팀과 밀접하게 일을 하니까 이 방식이 최선이에요.

남 좋아요. **18** 모두가 내일 아침 교육 워크숍에서 이 변경 사항들을 확인하고 싶어할 것 같네요.

어휘 investor 투자자 | facility 시설 | layout 배치 | explanation 설명 | closely 밀접하게, 친밀하게

16. According to the woman, what will the man be doing later today?
고난도
(A) Participating in a conference
(B) Evaluating the IT Department
(C) Making a presentation
(D) Giving a tour

여자에 따르면, 남자는 오늘 늦게 무엇을 할 예정인가?

(A) 회의에 참석하는 것

(B) IT팀을 평가하는 것

(C) 발표를 하는 것

(D) 견학을 시켜주는 것

해설 남자가 오늘 늦게 할 일을 묻고 있다. later today를 키워드로 삼아 남자의 말에서 단서를 포착한다. 'I'm sure you're busy making plans to show the investors around the facility this afternoon, right? (오늘 오후에 투자자들에게 시설을 보여줄 계획을 짜느라 바쁠 것 같은데, 맞죠?)'이라고 했으므로 show the investors around the facility를 give a tour로 패러프레이징한 (D)가 정답이다.

---

17. Look at the graphic. Which room has been assigned to the man?

(A) Room 201

(B) Room 202

(C) Room 203

(D) Room 204

시각 정보를 보시오. 남자에게 배정된 방은 몇 호인가?

(A) 201호

(B) 202호

(C) 203호

(D) 204호

해설 남자에게 배정된 방 호수를 묻고 있다. 미리 평면도를 확인해 둔 상태에서, 잡아낸 단서와 시각 정보를 매칭시킨다. 'since you hold a lot of meetings in the conference room, I made sure your office is right next to it. (당신이 회의실에서 회의를 아주 많이 하니까, 당신 사무실이 바로 그 옆에 있도록 했어요.)'이라고 했으므로 평면도 상에서 회의실 바로 옆에 있는 (D)가 정답이다.

---

18. What does the man say will be held tomorrow morning?

(A) A store opening

(B) An investor's meeting

(C) A training session

(D) A product launch party

남자가 내일 아침에 개최될 것이라고 말한 것은 무엇인가?

(A) 가게 개업식

(B) 투자자 회의

(C) 교육 과정

(D) 제품 출시 파티

해설 내일 아침에 열릴 것이 무엇인지 묻고 있다. tomorrow morning을 키워드로 삼아 해당 내용을 잡아낸다. 'I'm sure everyone will like to see these changes at the training workshop tomorrow morning. (모두가 내일 아침 연수회에서 이 변경 사항들을 확인하고 싶어할 것 같네요.)'이라고 했으므로 training workshop을 패러프레이징한 (C)가 정답이다.

---

32. (C)	33. (A)	34. (B)	35. (A)	36. (C)	37. (A)
38. (A)	39. (C)	40. (A)	41. (D)	42. (A)	43. (B)
44. (B)	45. (B)	46. (A)	47. (A)	48. (D)	49. (D)
50. (D)	51. (B)	52. (C)	53. (A)	54. (B)	55. (D)
56. (C)	57. (A)	58. (D)	59. (A)	60. (C)	61. (A)
62. (A)	63. (D)	64. (C)	65. (B)	66. (C)	67. (A)
68. (B)	69. (C)	70. (A)			

미국 ↔ 영국

Questions 32-34 refer to the following conversation.

M Excuse me, **32** I'm here to buy some fruit. Are these apples over here regular or organic?

W They're organic. **33** As a matter of fact, these are quite special. They're locally grown just a few kilometers away from here, at Malbert Farms.

M Oh, wow. They look really ripe and delicious. I'll take a box of them, please.

W Sure. Also, **34** we have recipe cards for apple pies at the front. They're free, so take one on your way out.

32-34번은 다음 대화에 관한 문제입니다.

남 실례합니다. **32** 과일을 좀 사러 왔는데요. 여기 있는 이 사과들은 일반인가요, 아니면 유기농인가요?

여 유기농이에요. **33** 실은, 이것들은 꽤 특별해요. 여기서 단지 몇 킬로미터밖에 떨어져 있지 않은 Malbert 농장에서 현지 재배돼요.

남 오, 와. 정말 잘 익은 데다가 맛있어 보여요. 한 상자 가져갈게요.

여 네. **34** 그리고 앞쪽에 사과 파이 레시피 카드도 있어요. 무료니까, 나가시는 길에 하나 가져가세요.

어휘 organic 유기농의 | as a matter of fact 사실은 | quite 꽤 | locally 이 지역에서, 가까이에 | ripe 익은

---

32. Where most likely is the conversation taking place?

(A) At a bakery

(B) At a tourist center

(C) At a fruit market

(D) At a restaurant

대화는 어디에서 이루어지고 있는가?

(A) 제과점에서

(B) 관광 안내소에서

(C) 과일 가게에서

(D) 식당에서

해설 대화 장소를 묻고 있다. 특정 장소와 관련된 단어나 표현을 포착한다. 'I'm here to buy some fruit. Are these apples ～ regular or organic? (과일을 좀 사러 왔는데요. 이 사과들은 일반인가요, 아니면 유기농인가요?)'이라고 했으므로 (C) At a fruit market (과일 가게에서)이 정답이다. apples가 fruit로 패러프레이징되었다.

33. According to the woman, what is special about the product?

(A) It is locally grown.

(B) It is new this year.

(C) It is on sale now.

(D) It is only available this week.

여자에 따르면, 제품의 무엇이 특별한가?

(A) 그 지역에서 재배된다.

(B) 올해 처음 나온 것이다.

(C) 지금 할인 판매되고 있다.

(D) 이번 주에만 구할 수 있다.

해설 제품의 특별한 점을 묻고 있다. 여자의 말에 집중하고, 문제의 special, product를 키워드로 삼아 해당 내용을 포착한다. 'As a matter of fact, these are quite special. They're locally grown just a few kilometers away from here, at Malbert Farms. (실은, 이것들은 꽤 특별해요. 여기서 몇 킬로미터밖에 떨어져 있지 않은 Malbert 농장에서 재배돼요.)'라고 했으므로 (A)가 정답이다.

---

34. What does the woman offer the man?

(A) A gift box

(B) A free recipe

(C) A city map

(D) A membership card

여자는 남자에게 무엇을 제공하는가?

(A) 선물 상자

(B) 무료 레시피

(C) 도시 지도

(D) 회원 카드

해설 여자가 제공한 것을 묻고 있다. 여자의 말에서 '제안'과 관련된 표현을 포착한다. 'we have recipe cards ~ at the front. They're free, so take one ~. (앞쪽에 레시피 카드가 있어요. 무료니까 하나 가져가세요.)'라고 했으므로 (B)가 정답이다.

미국 ↔ 호주 ↔ 미국

Questions 35-37 refer to the following conversation with three speakers.

W: Welcome to Dunbar Painters.

M1: Hello, **35** I want to repaint my living room.

W: OK. Take a look at this catalog with the various colors that we offer.

M1: Hmm... This doesn't have the color I want—Timber Brown.

W: Ah, **36** our store policy states that clients are only allowed to choose from our product list. However, we have made exceptions before. I'll talk to my supervisor right now. Mr. Wong, can we use Timber Brown paint for this customer's living room?

M2: Yes, but **37** we'll have to charge a little bit extra since we have to put in a special order for that color.

M1: That's fine. It's not a big difference in price, is it?

35-37번은 다음 세 화자의 대화에 관한 문제입니다.

여: Dunbar Painters에 오신 것을 환영합니다.

남1: 안녕하세요. **35** 저희 거실을 다시 칠하고 싶은데요.

여: 알겠습니다. 저희가 제공하는 다양한 색상이 있는 카탈로그를 봐주세요.

남1: 흠… 여기엔 제가 원하는 갈색 목재 색상이 없네요.

여: 아, **36** 저희 가게 정책에 따르면 고객님들은 저희 제품 목록에서만 선택하실 수 있습니다. 하지만 예전에 예외가 있었기는 한데요. 지금 저희 상사에게 말해보겠습니다. Mr. Wong, 고객님의 거실에 목재 브라운 페인트를 사용할 수 있을까요?

남2: 네, 그런데 그 색은 특별 주문을 해야 하기 때문에 **37** 추가 요금이 좀 더 청구될 겁니다.

남1: 괜찮습니다. 가격 차이가 크지 않은 거죠?

어휘 take a look at ~를 보다 | timber 목재 | state 명시하다, 진술하다 | exception 예외 | charge 청구하다

---

35. What is the main topic of the conversation?

(A) A painting service

(B) A room reservation

(C) A book cover

(D) A furniture purchase

대화의 주제는 무엇인가?

(A) 페인트칠 서비스

(B) 객실 예약

(C) 책 표지

(D) 가구 구입

해설 대화의 주제를 묻고 있다. 남자1이 여자에게 'I want to repaint my living room. (저희 거실을 다시 칠하고 싶은데요.)'라고 한 말을 토대로 페인트칠 서비스에 관한 대화가 진행될 것임을 알 수 있으므로 (A)가 정답이다.

---

36. What business policy is mentioned?

(A) Original receipts must be provided.

(B) Orders will arrive within three business days.

(C) Clients can only select certain products.

(D) Customers must pay a deposit first.

어떤 사업 방침이 언급되었는가?

(A) 원본 영수증을 제출해야 한다.

(B) 주문은 영업일 3일 이내에 도착할 것이다.

(C) 고객들은 특정 상품들만 선택할 수 있다.

(D) 손님들은 착수금부터 먼저 지불해야 한다.

해설 사업 방침에 관하여 언급된 것을 묻고 있다. 여자가 'our store policy states that clients are only allowed to choose from our product list. (저희 가게 정책에 따르면 고객님들은 저희 제품 목록에서만 선택하실 수 있습니다.)'라고 말했으므로 (C)가 정답이다.

---

37. What does Mr. Wong explain to the customer?

(A) An additional fee will be included.

(B) A contract cannot be revised.

(C) A specific service is not available.

(D) A package will not be delivered on time.

Mr. Wong은 고객에게 무엇을 설명하는가?

(A) 추가 요금이 포함될 것이다.

(B) 계약은 수정될 수 없다.

(C) 특정 서비스를 이용할 수 없다.

(D) 소포가 제때 배달되지 않을 것이다.

해설 Mr. Wong이 고객에게 설명하는 것을 묻고 있다. Mr. Wong인 남자2가 'we'll have to charge a little bit extra (추가 요금이 좀 더 청구될 겁니다)'라고 말했으므로 (A)가 정답이다.

Questions 38-40 refer to the following conversation.

W **38** Welcome to Paul's Automobiles. Is there a particular make or model vehicle that you're looking for?

M Actually, I'm interested in getting an electric one. **39** It seems like gas prices are going up all the time, and I spend too much money on fuel every week. Do you sell hybrid electric vehicles here? I've seen ads for them on television.

W No, but we have them at our other location on Route 48 about 12 miles south. It's not very far from here.

M 12 miles south on Route 48? **40** Can you give me the street number? I'd like to go over there right now.

38-40번은 다음 대화에 관한 문제입니다.

여 **38** Paul's 자동차에 오신 것을 환영합니다. 특별히 찾는 제품이나 자동차 모델이 있으신가요?

남 사실, 전기 자동차를 사는 데 관심이 있어요. **39** 연료비는 항상 오르는 것 같고, 저는 매주 기름값으로 돈을 너무 많이 쓰거든요. 여기서 하이브리드 전기 자동차를 판매하나요? 텔레비전에서 광고를 봤는데요.

여 아니요, 하지만 남쪽으로 약 12마일 떨어져 있는 48번 국도에 위치한 저희 다른 지점에 있어요. 여기서 그렇게 멀지 않아요.

남 12마일 남쪽에 있는 48번 국도에요? **40** 번지수를 알려주시겠어요? 당장 거기 가보고 싶어서요.

어휘 particular 특정한 | make (특정 회사의) 제품 | fuel 연료 | hybrid electric vehicle 하이브리드 전기 자동차 | location 위치; 지점 | route 도로; 국도

---

38. Where is the conversation taking place?

(A) At a car dealership

(B) At a real estate agency

(C) At an electronics store

(D) At a tourist information center

대화는 어디에서 이루어지고 있는가?

(A) 자동차 대리점에서

(B) 부동산 중개업소에서

(C) 전자 제품 매장에서

(D) 관광 안내소에서

해설 대화 장소를 묻고 있다. 특정 장소와 관련된 단어나 표현을 포착한다. 첫 대사에서 'Paul's Automobiles (Paul의 자동차)'라고 했으므로 (A)가 정답이다. Automobiles가 car dealership으로 패러프레이징 되었다.

---

39. What is the man concerned about?

(A) His lease has expired.

(B) He is unable to find a document.

(C) He is spending too much on fuel.

(D) His luggage has been misplaced.

남자는 무엇에 대해 걱정하는가?

(A) 그의 임대차 계약이 만료되었다.

(B) 서류를 찾을 수 없다.

(C) 연료에 돈을 너무 많이 쓴다.

(D) 그의 수하물이 없어졌다.

해설 걱정거리를 묻고 있다. 남자의 대사에 집중하고, 부정 표현을 포착한다. 'It seems like gas prices are going up all the time, and I spend too much money on fuel every week. (연료비는 항상 오르는 것 같고, 저는 매주 기름값으로 돈을 너무 많이 쓰거든요.)'라고 했으므로 (C)가 정답이다.

---

40. What will the woman probably do next?

고난도 (A) Provide an address

(B) Review a contract

(C) Call a taxi

(D) Contact another location

여자는 다음에 무엇을 하겠는가?

(A) 주소를 알려준다

(B) 계약서를 검토한다

(C) 택시를 부른다

(D) 다른 지점에 연락한다

해설 여자가 다음 할 일을 묻고 있다. 화자의 다음 행동을 묻는 문제이므로, 남자의 마지막 대사에 집중한다. 'Can you give me the street number? (번지수를 알려주시겠어요?)'라고 했으므로 (A)가 정답이다. give ~ the street number가 Provide an address로 패러프레이징되었다.

PART 3 REVIEW TEST

Questions 41-43 refer to the following conversation.

W Mr. Jenson, **41** one of the sewing machines shut down all of a sudden.

M Again? **42** We have to complete Jackson Mills' order by next week, and I'm worried that we won't be able to make enough jeans in time.

W Oh, so this is not the first time this has happened? What did you do when the machine stopped working before?

M Well, **43** we turned it off, let it cool down for a while, and then, we started it up again. Why don't you try that and see if it works?

41-43번은 다음 대화에 관한 문제입니다.

여 Mr. Jenson, **41** 재봉틀 한 대가 갑자기 작동을 멈췄어요.

남 또요? **42** 다음 주까지 Jackson Mills의 주문분을 끝내야 하는데, 기한에 맞춰 청바지들을 충분히 생산하지 못할까 봐 걱정이 돼요.

여 아, 그러면 이런 일이 일어난 게 이번이 처음이 아닌 건가요? 이전에 기계가 작동을 멈췄을 때 어떻게 했나요?

남 음. **43** 기계를 끄고, 열기가 식도록 잠시 뒀어요. 그리고 다시 켰어요. 그렇게 하고 작동하는지 보는 게 어때요?

어휘 sewing machine 재봉틀 | all of a sudden 갑자기 | in time 시간에 맞춰서 | cool down 식다, 차가워지다 | for a while 잠시 동안

41. Where do the speakers most likely work?
(A) At an automobile repair shop
(B) At a printing company
(C) At an office supplies store
(D) At a clothing factory

화자들은 어디에서 일하겠는가?
(A) 자동차 정비소에서
(B) 인쇄 업체에서
(C) 사무용품점에서
(D) 의류 공장에서

해설 근무지를 묻고 있다. 특정 장소와 관련된 단어나 표현을 포착한다. 'one of the sewing machines shut down all of a sudden. (재봉틀 한 대가 갑자기 작동을 멈췄어요.)'이라고 했으므로 (D)가 정답이다.

42. What is the man concerned about?

고난도 (A) Meeting an order deadline
(B) Implementing a safety policy
(C) Purchasing some equipment
(D) Hiring additional workers

남자는 무엇에 대해 걱정하는가?
(A) 주문 기한을 맞추는 것
(B) 안전 방침을 시행하는 것
(C) 장비를 구매하는 것
(D) 추가로 인력을 고용하는 것

해설 남자의 걱정거리를 묻고 있다. 남자의 대사 중 부정 표현을 포착한다. 'We have to complete ~ order by next week, and I'm worried that we won't be able to make enough ~ in time. (다음 주까지 주문분을 끝내야 하는데, 기한에 맞춰 충분히 생산하지 못할까 봐 걱정이 돼요.)'이라고 했으므로 (A)가 정답이다. concerned about가 worried that으로 패러프레이징되었다.

43. What does the man suggest doing?
(A) Making an appointment
(B) Restarting a machine
(C) Changing a work schedule
(D) Ordering a new part

남자는 무엇을 하라고 제안하는가?
(A) 예약을 하는 것
(B) 기계를 다시 켜는 것
(C) 업무 일정을 변경하는 것
(D) 새 부품을 주문하는 것

해설 남자의 제안 사항을 묻고 있다. 남자의 대사 중 '제안'과 관련된 표현을 포착한다. 'we turned it off, let it cool down for a while, and then, we started it up again. Why don't you try that and see if it works? (기계를 끄고, 열기가 식도록 잠시 뒀어요. 그리고 다시 켰어요. 그렇게 하고 작동하는지 보는 게 어때요?)'라고 했으므로 (B)가 정답이다. started ~ up again가 Restarting으로 패러프레이징되었다.

Questions 44-46 refer to the following conversation.

W Brian. Our outdoor event area is available for use this evening. **44** So I was thinking we could hold Sarito Industries' anniversary banquet outside instead.

M Actually, the company's representative told me this morning that **45** they wanted to show some videos. And that will be difficult to do outdoors.

W **45** I suppose you're right. It's just that the weather today is really great.

M I know. Well, **46** what we could do is serve drinks and snacks in the terrace outside the hall.

W Oh, that would work. We already have chairs and tables out there, so all we'd have to do is rearrange them.

44-46번은 다음 대화에 관한 문제입니다.

여 Brian. 저희 야외 행사장이 오늘 저녁에 이용 가능해요. **44** 그래서 Sarito Industries의 기념 연회를 밖에서 대신 개최할까 생각 중이에요.

남 사실, 그 회사의 대표분이 저에게 오늘 아침에 말씀하시길, **45** 영상을 보여주고 싶다고 하시더라고요. 근데 그러려면 야외에서 하기는 힘들 것 같아요.

여 **45** 당신 말이 맞아요. 오늘 날씨가 너무 좋아서 해 본 생각이에요.

남 그러게 말이에요. 음, **46** 저희가 할 수 있는 것이라면, 강당 밖 테라스에서 음료와 간식을 제공하는 거예요.

여 아, 그럼 되겠네요. 밖에 이미 의자와 탁자가 있으니, 그것들을 재배치만 하면 되겠어요.

어휘 banquet 연회 | representative 대표 | rearrange 재배치하다

---

44. What event is being discussed?

(A) A retirement party

(B) An anniversary celebration

(C) A store opening

(D) A product demonstration

어떤 행사가 논의되고 있는가?

(A) 은퇴 파티

(B) 기념일 행사

(C) 개업 행사

(D) 제품 시연회

해설 논의되고 있는 행사를 묻고 있다. 전반부에서 대화의 주제가 무엇인지 파악한다. 여자가 'So I was thinking we could hold Sarito Industries' anniversary banquet outside instead. (그래서 Sarito Industries의 기념 연회를 밖에서 대신 개최할까 생각 중이에요.)'라고 했으므로 (B)가 정답이다. banquet이 celebration으로 패러프레이징되었다.

---

45. What does the woman imply when she says, "It's just that the weather today is really great"?

(A) She hopes to use a vacation day.

(B) She is disappointed in a decision.

(C) She thinks that the weather will change.

(D) She is reluctant to plan an event outside.

여자가 "오늘 날씨가 너무 좋아서 해 본 생각이에요"라고 말할 때 무엇을 의도하는가?

(A) 휴가를 사용하기를 원한다.

(B) 결정에 실망했다.

(C) 날씨가 바뀔 것이라고 생각한다.

(D) 야외 행사를 계획하기를 꺼린다.

해설 여자가 하는 말의 의도를 묻고 있다. 해당 표현의 전후 맥락을 파악한다. 남자가 'they wanted to show some videos. And that will be difficult to do outdoors. (영상을 보여주고 싶다고 하시더라고요. 근데 그러려면 야외에서 하기는 힘들 것 같아요.)'라고 하자, 여자가 'I suppose you're right. (당신 말이 맞아요.)'라며, 'It's just that the weather today is really great. (오늘 날씨가 너무 좋아서 해 본 생각이에요.)'라고 했으므로 (B)가 정답으로 적절하다.

---

46. What does the man recommend?

(A) Providing refreshments in another area

(B) Ordering additional furniture

(C) Rearranging a schedule

(D) Showing a video presentation

남자는 무엇을 추천하는가?

(A) 다른 구역에서 다과를 제공하는 것

(B) 추가적으로 가구를 주문하는 것

(C) 일정을 다시 조율하는 것

(D) 영상 발표 자료를 보여주는 것

해설 남자가 추천하는 것을 묻고 있다. 권유·제안과 관련된 내용을 포착한다. 'what we could do is serve drinks and snacks in the terrace outside the hall. (저희가 할 수 있는 것이라면, 강당 밖 테라스에서 음료와 간식을 제공하는 거예요.)'라고 했으므로 (A)가 정답이다. drinks and snacks가 refreshments로 패러프레이징되었다.

영국 ↔ 호주

Questions 47-49 refer to the following conversation.

W **47** Thank you for giving me a tour of the apartment, Mr. Jones. I think it's the best one your agency has shown me. The design is quite unique. I can't believe that this used to be an old factory.

M Yes, it's definitely not typical. **48** The old building was restored and then converted into this apartment complex last year. All of the units are taken, and this is the last one available.

W Well, I like it very much, and I want to rent it. **49** I can give you the security deposit right now.

47-49번은 다음 대화에 관한 문제입니다.

여 **47** 이 아파트를 둘러보게 해 줘서 고마워요, Mr. Jones. 이곳이 당신 중개소에서 보여준 것 중 최고인 것 같아요. 디자인이 꽤 특별해요. 이곳이 오래된 공장이었던 게 믿기지 않네요.

남 네, 확실히 일반적이지는 않아요. **48** 오래된 건물이 복원된 후 작년에 이 아파트 단지로 개조됐어요. 모든 세대들이 찼고, 이게 마지막 남은 거예요.

여 음, 매우 마음에 들어서 세 들고 싶어요. **49** 지금 당장 임대 보증금을 드릴 수 있어요.

어휘 tour 순회, 돌아봄 | agency 중개소 | unique 특별한, 독특한 | definitely 확실히, 분명히 | typical 보통의, 일반적인 | restore 복원하다 | convert 개조하다 | apartment complex 아파트 단지 | unit (아파트) 세대 | security deposit 임대 보증금

---

47. Who most likely is the man?

(A) A rental agent

(B) A bank manager

(C) A factory employee

(D) An interior decorator

남자는 누구이겠는가?

(A) 임대 중개인

(B) 은행 매니저

(C) 공장 직원

(D) 실내 장식가

해설 남자의 직업을 묻고 있다. 남자의 직업을 알 수 있는 단어나 표현에 집중한다. 'Thank you for giving me a tour of the apartment, Mr. Jones. I think it's the best one your agency has shown me. (이

아파트를 둘러보게 해줘서 고마워요. Mr. Jones. 이곳이 당신 중개소에서 보여 준 것 중 최고인 것 같아요.'라고 했으므로 (A)가 정답이다.

---

48. According to the man, what happened last year?
(A) A new product was launched.
(B) A manufacturing plant opened.
(C) A business relocated.
(D) A building was renovated.

남자에 따르면, 작년에 무슨 일이 일어났는가?
(A) 신제품이 출시되었다.
(B) 제조 공장을 열었다.
(C) 업체가 이전했다.
(D) 건물이 개조되었다.

해설 작년에 일어난 일을 묻고 있다. 남자의 말 중 last year를 키워드로 삼아 해당 내용을 포착한다. 'The old building was restored and then converted into this apartment complex last year. (오래된 건물이 복원된 그 후 작년에 이 아파트 단지로 개조됐어요.)'라고 했으므로 (D)가 정답이다.

---

49. What does the woman offer to do?
고난도 (A) Send a document by email
(B) Contact the previous owner
(C) Order some supplies
(D) Make a payment immediately

여자는 무엇을 해주겠다고 제안하는가?
(A) 이메일로 서류를 보낸다
(B) 전 주인에게 연락한다
(C) 비품 몇 개를 주문한다
(D) 납입금을 즉시 지불한다

해설 여자의 제안 사항을 묻고 있다. 여자의 말에 집중해 '제안'과 관련된 표현을 포착한다. 'I can give you the security deposit right now. (지금 당장 임대 보증금을 드릴 수 있어요.)'라고 했으므로 (D)가 정답이다. give ~ the ~ deposit right now가 Make a payment immediately로 패러프레이징되었다.

Questions 50-52 refer to the following conversation.

W Hey, Silvio. **50** I hope you enjoyed the convention. Were there a lot of people interested in our commercial heaters?

M Yes, I received quite a few orders from new clients. I've got a lot of business cards to organize, though. It'll be pretty time-consuming.

W **51** Why don't you install an application for your mobile phone to arrange them? I use one called Card Sorter. Just take a photo of the card, and the program stores it electronically in your phone. You can pull it up quickly whenever you'd like.

M That sounds very useful. Do I have to pay?

W Yeah, the basic version is $6. **52** But I purchased the platinum version for $10 because I can save as many cards as I want.

50-52번은 다음 대화에 관한 문제입니다.

여 안녕하세요, Silvio. **50** 컨벤션이 즐거웠기를 바라요. 우리 상업용 난방기에 관심 있는 분들이 많았었나요?

남 네, 신규 고객들로부터 상당한 주문을 받았어요. 그런데 정리해야 할 명함이 많네요. 이게 시간이 꽤 걸릴 거예요.

여 그걸 정리하는 데에 **51** 핸드폰 애플리케이션을 설치해서 쓰는 게 어때요? 저는 Card Sorter라는 걸 사용해요. 명함을 찍기만 하면 그 프로그램이 핸드폰에 전자 상으로 저장해줘요. 언제든 원할 때 빠르게 꺼낼 수 있어요.

남 아주 유용할 것 같네요. 돈을 내야 하나요?

여 네, 기본 버전은 6달러에요. **52** 그런데 저는 원하는 만큼 많은 명함을 저장할 수 있어서 플래티넘 버전을 10달러를 주고 구매했어요.

어휘 convention 컨벤션, (전문직 종사자들의 대규모) 협회, 대회 | commercial 상업용의 | quite a few 상당수의 | business card 명함 | time-consuming 시간 소모가 큰 | arrange 정리하다, 배열하다 | electronically 전자적으로

---

50. What has the man recently done?
(A) Repaired some heaters
(B) Purchased new business cards
(C) Transferred to a new office
(D) Participated in a convention

남자가 최근에 한 일은 무엇인가?
(A) 난방기를 수리했다
(B) 새 명함을 구입했다
(C) 신규 사무소로 이전했다
(D) 컨벤션에 참가했다

해설 남자가 최근에 한 일을 묻고 있다. 여자가 'I hope you enjoyed the convention. (컨벤션이 즐거웠기를 바라요.)'라고 한 말을 토대로 남자가 컨벤션에 참가했었다는 사실을 알 수 있다. 따라서 (D)가 정답이다.

---

51. What does the woman suggest the man do?
(A) Take photography lessons
(B) Download a mobile app
(C) Contact a vendor
(D) Read some testimonials

여자는 남자에게 무엇을 하라고 제안하는가?
(A) 사진 수업을 듣는다
(B) 모바일 어플을 다운받는다
(C) 판매 회사에 연락한다
(D) 추천 글을 읽는다

해설 여자가 남자에게 제안하는 것을 묻고 있다. 여자가 'Why don't you install an application for your mobile phone ~? (핸드폰 애플리케이션을 설치해서 쓰는 게 어때요?)'라고 제안했으므로 install을 download로 패러프레이징한 (B)가 정답이다.

52. What does the woman like about the platinum version of a product?

(A) It is covered by an extended warranty.

(B) It is more affordable than competing brands.

(C) It has simple features.

(D) It has a larger file capacity.

여자는 제품의 플래티넘 버전의 어떤 점을 좋아하는가?

(A) 연장된 품질 보증서로 보증된다.

(B) 경쟁 브랜드보다 더 저렴하다.

(C) 간단한 기능을 가지고 있다.

(D) 더 큰 파일 용량을 가지고 있다.

해설 플래티넘 버전에 관하여 좋아하는 것을 묻고 있다. 여자가 'But I purchased the platinum version for $10 because I can save as many cards as I want. (그런데 저는 원하는 만큼 많은 명함을 저장할 수 있어서 플래티넘 버전을 10달러를 주고 구매했어요.)'라고 말한 내용을 토대로 플래티넘 버전의 큰 용량을 좋아한다는 사실을 알 수 있으므로 (D)가 정답이다.

미국 ↔ 호주 ↔ 미국

Questions 53-55 refer to the following conversation with three speakers.

W   Jeremy, Michael, **53** I'm trying to sell some tickets to the Royalton Dance Group. Would either of you like to go?

M1   Oh, I've been meaning to see them! When is the performance?

W   This Friday at the Camero Center.

M1   **54** Michael, are you interested? I was thinking we could carpool there after work.

M2   I am, but we'll have to go there separately. I'm getting some coffee with a friend that night. How much is a ticket?

W   Thirty dollars. The seats are in the third row, so you'll have a good view.

M2   That sounds great.

W   Alright. **55** Let me run over to my desk and grab the tickets. Just wait right here.

53-55번은 다음 세 화자의 대화에 관한 문제입니다.

여   Jeremy, Michael, **53** 제가 Royalton 댄스 그룹 표를 팔려고 하는데요. 두 분 중 한 분이라도 가고 싶으신 분 있으세요?

남1   아, 저 보려고 했었어요! 공연이 언제죠?

여   이번 주 금요일에 Camero 센터예요.

남1   **54** Michael, 관심 있으세요? 퇴근 후에 우리가 거기로 같이 차를 타고 갈 수 있겠다고 생각했는데요.

남2   관심은 있는데, 거기로 각자 가야 할 거예요. 그날 밤에 친구와 커피 마시기로 되어 있어서요. 표가 얼마죠?

여   30달러요. 좌석이 3열이여서 잘 보실 수 있을 거예요.

남2   그거 좋을 것 같네요.

여   좋아요. **55** 제 자리에 가서 표를 가져올게요. 여기서 기다리세요.

어휘   mean to ~하려고 생각하다, 의도하다 | performance 공연 | carpool 카풀하다, 차를 함께 타다 | separately 별도로, 각각 | row 줄, 열 | run over to ~에 잠깐 들르다 | grab 붙잡다

53. What kind of event are the speakers discussing?

(A) A dance performance

(B) A movie premiere

(C) A music festival

(D) A book signing

화자들은 어떤 종류의 행사를 논의하고 있는가?

(A) 댄스 공연

(B) 영화 시사회

(C) 음악 페스티벌

(D) 책 사인회

해설 화자들이 얘기하는 행사를 묻고 있다. 여자가 'I'm trying to sell some tickets to the Royalton Dance Group. (제가 Royalton 댄스 그룹 표를 팔려고 하는데요.)'라는 말을 토대로 댄스 공연에 관한 대화가 진행될 것임을 유추할 수 있으므로 (A)가 정답이다.

54. What does Jeremy offer to do?

(A) Reserve some tickets

(B) Share a car

(C) Rent a vehicle

(D) Get some coffee

Jeremy는 무엇을 하겠다고 제안하는가?

(A) 표를 예매한다

(B) 차를 함께 탄다

(C) 차량을 대여한다

(D) 커피를 마신다

해설 Jeremy가 제안하는 것을 묻고 있다. Jeremy인 남자 1이 말한 'Michael, are you interested? I was thinking we could carpool there after work. (Michael, 관심 있으세요? 퇴근 후에 우리가 거기로 같이 차를 타고 갈 수 있겠다고 생각했는데요.)'를 통해 차를 같이 타고 가자고 제안하고 있다는 것을 알 수 있으므로 (B)가 정답이다.

55. What will the woman most likely do next?

(A) Review an invoice

(B) Print a map

(C) Update a schedule

(D) Go to her desk

여자는 다음에 무엇을 하겠는가?

(A) 청구서를 검토한다

(B) 지도를 출력한다

(C) 일정을 업데이트한다

(D) 자신의 책상으로 간다

해설 여자가 다음에 할 일을 묻고 있다. 여자가 'Let me run over to my desk and grab the tickets. Just wait right here. (제 자리에 들러서 표를 가져올게요. 여기서 기다리세요.)'라고 말했으므로 (D)가 정답이다.

Questions 56-58 refer to the following conversation.

M Leila, Marianne called. **56** She's running late for our meeting because her train is half an hour behind schedule. And **57** she just asked me to find the file for the Gonzalez project in her filing cabinet, but it's not there.

W Oh, I have it right here. I took it out earlier to make some notes, and I also made copies for the presentation. Should we wait until she arrives to start the meeting?

M No, Marianne said to start without her. We shouldn't make our clients wait. **58** Let me just run over to my desk and get my laptop computer.

56-58번은 다음 대화에 관한 문제입니다.

남 Leila, Marianne이 전화했었어요. **56** 그녀의 기차가 30분 연착되어서 회의에 늦을 거예요. 그리고 **57** 저한테 자기 서류 보관함에서 Gonzalez 프로젝트 서류를 찾아 달라고 부탁했는데 서류가 거기에 없더라고요.

여 아, 여기 제가 갖고 있어요. 오늘 일찍 메모를 좀 하려고 가져갔었고, 발표를 위해 복사도 했어요. 회의를 하기 위해 그녀가 도착할 때까지 기다려야 할까요?

남 아니요, Marianne이 본인 없이 시작하라고 했어요. 고객들을 기다리게 해서는 안 돼죠. **58** 잠시 제 자리에 가서 노트북 컴퓨터를 가져올게요.

어휘 run late 늦다 | behind schedule 예정보다 늦게 | make a copy 복사를 하다, 사본을 만들다 | run over to ~에 잠시 들르다

---

56. Why will Marianne be late for the meeting?

(A) She was given wrong directions.

(B) An appointment took longer than expected.

(C) Her train has been delayed.

(D) She has to finish an important project.

Marianne은 왜 회의에 늦을 것인가?

(A) 길 안내를 잘못 받았다.

(B) 일정이 예상보다 오래 걸렸다.

(C) 그녀의 기차가 연착되었다.

(D) 중요한 프로젝트를 끝내야 한다.

해설 Marianne이 회의에 늦는 이유를 묻고 있다. Marianne, late for the meeting을 키워드로 삼아 해당 내용을 포착한다. 'She's running late for our meeting because her train is half an hour behind schedule. (그녀의 기차가 30분 연착되어서 회의에 늦을 거예요.)'이라고 했으므로 (C)가 정답이다. train is ~ behind schedule이 train has been delayed로 패러프레이징되었다.

---

57. What did Marianne ask the man to do?

(A) Find a file from her cabinet

(B) Make copies of a document

(C) Prepare a presentation

(D) Take notes during a meeting

Marianne은 남자에게 무엇을 해 달라고 요청했는가?

(A) 보관함에서 서류를 찾는다

(B) 서류를 복사한다

(C) 발표를 준비한다

(D) 회의를 기록한다

해설 Marianne의 요청 사항을 묻고 있다. Marianne을 키워드로 삼아 '요청'과 관련된 표현을 포착한다. 'she just asked me to find the file for the Gonzalez project in her filing cabinet (저한테 자기 서류 보관함에서 Gonzalez 프로젝트 서류들을 찾아 달라고 부탁했는데)'이라고 했으므로 (A)가 정답이다.

---

58. What does the man say he will do next?

(A) Book a room

(B) Contact some clients

(C) Hand out a report

(D) Pick up a computer

남자는 다음에 무엇을 할 것이라고 말하는가?

(A) 방을 예약한다

(B) 고객들 몇 명에게 연락한다

(C) 보고서를 제출한다

(D) 컴퓨터를 가져온다

해설 남자의 다음 행동을 묻고 있다. 화자의 다음 행동을 묻는 문제이므로, 문제에 언급된 남자의 마지막 대사에 집중한다. 'Let me just run over to my desk and get my laptop computer. (잠시 제 자리에 가서 노트북 컴퓨터를 가져올게요.)'라고 했으므로 (D)가 정답이다. get my laptop computer가 Pick up a computer로 패러프레이징되었다.

Questions 59-61 refer to the following conversation.

M Hello, Janet. **59** I see here on the schedule that you've got me working at the front desk all weekend. **60, 61** But the thing is... I came out last Saturday and Sunday as well. So... I was wondering if I could get this weekend off.

W Hmm... **59, 61** I don't know. As you're aware, we're short on staff right now. And I was hoping that you could train some new workers this week because they don't have any experience taking calls and handling room reservations. After their training is done, I can give you some time off.

M OK. Let's hope they learn quickly!

59-61번은 다음 대화에 관한 문제입니다.

남 안녕하세요, Janet. **59** 여기 일정을 보니까 저를 주말 내내 안내 데스크에서 일하게 해놓으셨더군요. **60, 61** 근데 사실… 저 지난 주 토요일 일요일에도 나왔거든요. 그래서… 이번 주말은 좀 쉬면 안될까 싶어요.

59. Who most likely is the man?

(A) A hotel receptionist

(B) A restaurant server

(C) A store cashier

(D) A bank employee

남자는 누구이겠는가?

(A) 호텔 접수 담당자

(B) 식당 종업원

(C) 매장 계산원

(D) 은행원

해설 남자의 정체를 묻고 있다. 직업과 관련된 표현을 포착한다. 남자의 'I see here on the schedule that you've got me working at the front desk all weekend. (여기 일정을 보니까 저를 주말 내내 안내 데스크에서 일하게 해놓으셨군요.)'와 여자의 'As you're aware, we're short on staff right now. And I was hoping that you could train some new workers this week because they don't have any experience taking calls and handling room reservations. (당신도 알다시피, 우리는 지금 직원이 부족한 상황이에요. 그리고 신입 사원들이 전화 받고 방 예약 처리를 해 본 경험이 없기 때문에 이번 주에 그들을 교육시켜 줬으면 좋겠다고 생각했어요.)'라고 했으므로 (A)가 정답이다.

60. What does the man inquire about?

고난도 (A) A training workshop

(B) A job opening

(C) A work schedule

(D) A room reservation

남자는 무엇에 대해 묻고 있는가?

(A) 교육 워크숍

(B) 빈 일자리

(C) 업무 일정

(D) 방 예약

해설 남자가 묻고 있는 것을 묻고 있다. 남자의 질문이나 의문 표현 (I'm wondering ~)을 포착한다. 'But the thing is… I came out last Saturday and Sunday as well. So… I was wondering if I could get this weekend off. (근데 사실… 저 지난 주 토요일 일요일에도 나왔거든요. 그래서… 이번 주말은 좀 쉬면 안될까 싶어요.)'라고 했으므로 (C)가 정답이다.

61. What does the woman mean when she says, "I don't know"?

(A) She is unable to fulfill the man's request.

(B) She thinks more workers are not needed.

(C) She has to speak with a manager first.

(D) She is unsure about the time of an event.

여자가 "글쎄요."라고 말할 때 무엇을 의도하는가?

(A) 그녀는 남자의 요청을 이행할 수 없다.

(B) 그녀는 더 많은 직원이 필요치 않다고 생각한다.

(C) 그녀는 상사와 먼저 얘기해야 한다.

(D) 그녀는 행사 시간을 확실히 모른다.

해설 여자가 하는 말의 의도를 묻고 있다. 해당 표현 전후 대화 내용을 제대로 파악할 수 있어야 한다. 남자가 'But the thing is…. I came out last Saturday and Sunday as well. So…. I was wondering if I could get this weekend off. (근데 사실…. 저 지난 주 토요일 일요일에도 나왔거든요. 그래서…. 이번 주말은 좀 쉬면 안될까 싶어요.)'라고 하자, 여자가 'I don't know. (글쎄요.)'라고 하며, 'As you're aware, we're short on staff right now. And I was hoping that you could train some new workers this week because they don't have any experience taking calls and handling room reservations. (당신도 알다시피, 우리는 지금 직원이 부족한 상황이에요. 그리고 신입 사원들이 전화 받고 방 예약 처리를 해 본 경험이 없기 때문에 당신이 이번 주에 그들에게 연수를 해주면 좋겠다고 생각했어요.)'라고 했으므로 여자는 사실상 남자의 요구를 들어줄 수 없음을 전하고 있다. 따라서 (A)가 정답이다.

영국 ↔ 호주

Questions 62-64 refer to the following conversation and list.

W Hello. My family goes through a lot of milk each week, so I would like some information about your home delivery service.

M Great. You'll find our prices are very competitive. Our pricing is simple: the price per liter drops for every additional liter you order each week.

W That's fair. **62** But what happens if I decide to increase or lower my weekly order before the contract ends?

M **62** Hmm, I'm afraid you'll have to pay extra for that.

W OK. **63** When the whole family is together we drink five liters per week, but my husband is often away on business.

M **64** Why don't you go with four per week just to be safe?

W **64** Sure. I guess I can always get more at the store if needed.

여 안녕하세요. 저희 가족은 매주 우유를 많이 마셔요. 그래서 집으로 우유를 배달해 주는 서비스에 관한 정보를 좀 얻고 싶어요.

남 좋습니다. 저희 가격이 매우 경쟁력이 있다는 걸 아실 수 있을 거예요. 저희의 가격 책정은 간단합니다: 리터당 가격은 고객님이 매주 주문하시는 추가 1리터마다 떨어집니다.

여 괜찮네요. **62** 하지만 만약 제가 계약 만료 전에 매주 주문량을 늘리거나 줄이면 어떻게 되는 거죠?

남 **62** 음, 죄송하지만 그것에 대해서는 추가로 지불하셔야 합니다.

여 좋아요. **63** 가족이 전부 모이면 저희는 일주일에 5리터를 마시지만, 제 남편은 종종 출장을 가요.

남 **64** 그럼 혹시 모르니까 주당 4리터로 하시는 게 어떠세요?

여 **64** 좋아요. 만약 필요하면 가게에서 더 살 수 있겠죠.

주당 리터의 수	리터당 가격
2 리터	$3.25
3 리터	$3.00
64 4 리터	$2.75
5 리터	$2.50

어휘 go through ~을 다 써 버리다 | home delivery service 가정 배달 서비스 | competitive 경쟁력 있는 | pricing 가격 책정 | just to be safe 혹시 모르니까

62. When is an additional fee charged?

고난도 (A) When an order quantity is changed

(B) When larger trucks are needed

(C) When a delivery location is far away

(D) When a contract is terminated early

언제 추가 비용이 부과되는가?

(A) 주문량이 변경될 때

(B) 더 큰 트럭이 필요할 때

(C) 배달 장소가 멀 때

(D) 계약이 일찍 종료될 때

해설 추가 비용이 부과되는 때를 묻고 있다. additional fee, charged를 키워드로 삼아 해당 내용을 잡아낸다. 여자가 'But what happens if I decide to increase or lower my weekly order before the contract ends? (하지만 만약 제가 계약 만료 전에 매주 주문량을 늘리거나 줄이면 어떻게 되는 거죠?)'라고 물었고, 남자가 'Hmm – I'm afraid you'll have to pay extra for that. (음, 죄송하지만 그것에 대해서는 추가로 지불하셔야 합니다.)'이라고 했으므로 (A)가 정답이다.

63. What does the woman say about her husband?

(A) He works overtime a lot.

(B) He runs his own store.

(C) He is not satisfied with a supplier.

(D) He frequently goes out of town.

여자는 남편에 대해 무엇을 말하는가?

(A) 야근을 많이 한다.

(B) 자신의 가게를 운영한다.

(C) 공급업자에 만족하지 않는다.

(D) 출장을 자주 간다.

해설 여자가 남편에 대해 말하는 것을 묻고 있다. 여자의 말에 집중하여 husband를 키워드로 삼아 해당 내용을 잡아낸다. 여자가 'When the whole family is together we drink five liters per week, but my husband is often away on business. (가족이 전부 모이면 저희는 일주일에 5리터를 마시지만, 제 남편은 종종 출장을 가요.)'라고 했으므로 (D)가 정답이다. often away on business가 frequently goes out of town으로 패러프레이징되었다.

64. Look at the graphic. How much will the woman most likely pay per liter?

(A) $3.25

(B) $3.00

(C) $2.75

(D) $2.50

시각 정보를 보시오. 여자는 리터당 얼마를 지불할 것인가?

(A) $3.25

(B) $3.00

(C) $2.75

(D) $2.50

해설 여자가 리터당 지불할 금액을 묻고 있다. 미리 시각 자료를 파악해둔 상태에서 해당 내용을 듣고, 시각 자료와 매칭시킨다. 남자가 'Why don't you go with four per week just to be safe? (그럼 혹시 모르니까 주당 4리터로 하시는 게 어떠세요?)'라고 제안했고, 여자가 'Sure. (좋아요.)'라고 동의한 대화 내용을 토대로 시각 자료를 보면 4리터의 리터당 가격은 2.75달러이므로 (C)가 정답이다.

미국 ↔ 미국

Questions 65-67 refer to the following conversation and calendar.

W **65** Hey, Steve, I heard they asked all employees to gather right after lunch one day next week. Do you have any idea what it's about?

M Yes. **65** Upper management will meet with staff members in a casual atmosphere to talk about how to improve the work environment. Snacks will be provided as well.

W That sounds pretty interesting. **66** I want to see if they would be open to employees wearing casual clothes in the office.

M That would be nice! Also, I heard that they will hold these kinds of gatherings at least once a month. **67** I think there are other things that need to be discussed in the future. I'll bring them up to upper management.

65-67번은 다음 대화와 일정표에 관한 문제입니다.

(여) **65** 안녕하세요, Steve. 그분들이 직원들에게 다음 주 중 하루 점심 식사 후에 모이라고 요청했다고 들었어요. 무엇에 관한 건지 아세요?

(남) 네. **65** 근무 환경 개선 방법에 관해 이야기할 수 있도록 자유로운 분위기에서 고위 경영진이 직원들과 만날 거예요. 간식도 제공될 겁니다.

(여) 그거 꽤 재미있을 것 같네요. **66** 직원들이 사무실에서 평상복을 입는 것을 그분들이 수용할지 알고 싶네요.

(남) 그거 좋을 것 같네요! 그리고 적어도 한 달에 한 번은 이런 종류의 모임을 할 거라고 들었어요. **67** 앞으로 논의되어야 할 다른 사항들이 있으리라 생각해요. 상급 경영진에게 **이야기해 볼게요.**

	화	수	목	금
점심시간				
1–2 P.M.		자유로운 직원모임		
2–3 P.M.	신입직원 예비 교육			
3–4 P.M.				
4–5 P.M.			제품 시연	
5–6 P.M.				이사회 회의

*월요일은 휴일입니다.

어휘 gather 모이다 | upper management 고위 경영진 | atmosphere 분위기 | casual clothes 평상복 | gathering 모임 | bring up (화제를) 꺼내다 | demonstration 설명, 시연

---

65. Look at the graphic. When will managers meet with staff members?
(A) On Tuesday
(B) On Wednesday
(C) On Thursday
(D) On Friday

시각 정보를 보시오. 매니저들은 직원들을 언제 만날 것인가?
(A) 화요일에
(B) 수요일에
(C) 목요일에
(D) 금요일에

해설 매니저들이 직원들을 만날 요일을 묻고 있다. 여자가 'Hey, Steve, I heard they asked all employees to gather right after lunch one day next week. (안녕하세요, Steve. 그분들이 직원들에게 다음 주 중 하루 점심 식사 후에 모이라고 요청했다고 들었어요.)'라고 하자, 남자가 'Upper management will meet with staff members in a casual atmosphere to talk about how to improve the work environment. (근무 환경 개선 방법에 관해 이야기할 수 있도록 자유로운 분위기에서 고위 경영진이 직원들과 만날 거예요.)'라고 말했고, 시각 정보 상에서 이를 충족하는 말은 'Casual Employee

Gathering (자유로운 직원 모임)'인데, 해당 일정이 수요일(Wed)에 잡혀 있으므로 (B)가 정답이다.

---

66. What does the woman say she wants to find out about?
(A) A new product
(B) A project deadline
(C) Wearing casual clothing
(D) Training new employees

여자는 무엇에 관해 알고 싶다고 말하는가?
(A) 신상품
(B) 프로젝트 마감일
(C) 평상복을 입는 것
(D) 신입 사원들을 교육하는 것

해설 여자가 알고 싶어하는 것을 묻고 있다. 여자가 'I want to see if they would be open to employees wearing casual clothes in the office. (그분들이 직원들이 사무실에서 평상복을 입는 것을 수용할지 알고 싶네요.)'라고 말했으므로 (C)가 정답이다.

---

67. What does the man say he will do?
(A) Suggest discussion topics
(B) Take meeting notes
(C) Book a table
(D) Recommend a venue location

남자는 무엇을 할 것이라고 말하는가?
(A) 논의 주제를 제안한다
(B) 회의록을 작성한다
(C) 자리를 예약한다
(D) 장소를 추천한다

해설 남자가 하겠다고 말한 것을 묻고 있다. 남자가 'I think there are other things that need to be discussed in the future. I'll bring them up (앞으로 논의되어야 할 다른 사항들이 있으리라 생각해요. 이야기 해 볼게요.)'라고 말했으므로 bring up을 suggest로 패러프레이징한 (A)가 정답이다.

미국 ↔ 호주

Questions 68-70 refer to the following conversation and rental chart.

(W) Welcome to Haulers Vehicle Rental Agency. How may I assist you today?

(M) Hello, **68** I'm relocating to a new place, so I want to borrow a van to transport my furniture.

(W) OK. If you look at this chart, you'll see the types of vehicles we have. What will you be moving?

(M) Hmm… Let me think. My current studio has a large couch, a mattress, two tables, and three small cabinets…

W Alright, I'd recommend the basic van. It's 13 feet long and should be able to carry all your furniture.

M Actually, I do have a few other things, so I'd better get something a little bigger. **69** Perhaps the 17-foot-van if you have one for me.

W Sure thing. **70** When will you be using it? I'll print out the agreement form.

68-70번은 다음 대화와 렌트표에 관한 문제입니다.

여 어서 오세요, Haulers 렌터카 회사입니다. 오늘 무엇을 도와드릴까요?

남 안녕하세요. **68** 저는 새로운 장소로 이사할 예정인데, 제 가구를 옮길 화물차를 빌리고 싶습니다.

여 알겠습니다. 이 표를 보시면, 저희가 보유한 차량 종류를 보실 수 있으세요. 어떤 걸 옮기실 건가요?

남 흠… 잠시만요. 지금 저의 원룸에 큰 쇼파, 침대 매트리스, 탁자 2개, 그리고 작은 보관함 3개가 있어요…

여 그렇다면, 기본 화물차를 추천해 드립니다. 그건 길이가 13피트여서 가구 전부를 실을 수 있을 거예요.

남 실은 물건들이 몇 가지 더 있어서요, 조금 더 큰 걸로 하고 싶어요. **69** 혹시 보유하고 계시다면, 17피트 화물차로요.

여 알겠습니다. **70** 언제 사용하실 건가요? 계약서를 출력해 놓을게요.

화물차 대여

소형 (9피트) 기본 (13피트)

디럭스 (17피트) 슈프림 (21피트)

어휘 assist 돕다 | relocate 이전하다 | van 밴 | transport 수송하다 | vehicle 차량 | current 현재의 | studio 원룸 | couch 긴 의자, 소파 | mattress 매트리스 | cabinet 캐비닛, 수납장 | print out 출력하다 | agreement 동의 | form 서식, 양식

68. Why does the man need to rent a vehicle?
(A) He needs to pick up some clients.
(B) He wants to move some furniture.
(C) He is going on vacation soon.
(D) He has to drop off his truck for repairs.

남자는 왜 차량을 대여해야 하는가?
(A) 고객을 데리러 가야 한다.
(B) 가구를 옮기고 싶어한다.
(C) 곧 휴가를 갈 예정이다.
(D) 자신의 트럭을 수리 맡겨야 한다.

해설 남자가 차량을 대여해야 하는 이유를 묻고 있다. 남자가 'I'm relocating to a new place, so I want to borrow a van to transport my furniture. (저는 새로운 장소로 이사할 예정인데, 제 가구를 옮길 화물차를 빌리고 싶습니다.)'라고 말했으므로 transport를 move로 패러프레이징한 (B)가 정답이다.

69. Look at the graphic. What type of vehicle will the man most likely select?
(A) Compact
(B) Basic
(C) Deluxe
(D) Supreme

시각 정보를 보시오. 남자는 어떤 차량을 선택하겠는가?
(A) 소형
(B) 기본
(C) 디럭스
(D) 슈프림

해설 남자가 선택할 차량을 묻고 있다. 처음에 여자가 추천한 차량은 13피트 크기의 화물차였으나 남자는 실을 게 더 있다며 'Perhaps the 17-foot-van if you have one for me. (혹시 보유하고 계시다면, 17피트 화물차로요.)'라고 말했고, 시각 정보 상에서 17피트 크기의 화물차는 디럭스이므로 (C)가 정답이다.

70. What does the woman request from the man?
(A) A rental date
(B) A photo ID
(C) A credit card number
(D) An application form

여자는 남자에게 무엇을 요청하는가?
(A) 대여 날짜
(B) 사진이 부착된 신분증
(C) 신용카드 번호
(D) 신청서 양식

해설 여자가 남자에게 요청하는 것을 묻고 있다. 대화 마지막에 여자가 'When will you be using it? (언제 사용하실 건가요?)'라고 물으며, 계약서를 출력해 놓겠다고 말했으므로 (A)가 정답이다.

PART 4

UNIT 14. 일반 정보 문제 유형

Practice

본서 p.200

1. (B) 2. (D) 3. (A) 4. (A) 5. (B) 6. (D)
7. (D) 8. (C) 9. (A) 10. (C) 11. (B) 12. (D)
13. (D) 14. (A) 15. (A) 16. (D) 17. (D) 18. (A)

미국

Questions 1-3 refer to the following telephone message.

M Hi, Mr. Davidson, **1** it's Ben Thompson calling from *Coastal Daily News* regarding your application for the sports editor position. We regret to inform you that the position has already been filled. However, your résumé was very impressive, so **2** I wanted to bring your attention to another opening for a feature writer at our newspaper. I believe you have the necessary qualifications for this job. If you are interested in applying, **3** you'll need to email us a few samples of your work, preferably something that was written within the last two months. Thank you, and I look forward to hearing from you.

1-3번은 다음 전화 메시지에 관한 문제입니다.

남 안녕하세요, **1** Mr. Davidson, 당신이 지원한 스포츠 편집자 자리에 관해 전화 드리는 〈Coastal 일간 뉴스〉의 Ben Thompson이에요. 유감스럽게도 그 자리는 이미 채워졌어요. 하지만 당신의 이력서는 매우 인상적이었고, 그래서 **2** 저는 저희 신문사의 다른 공석인 특집 기사 기자 자리로 당신의 관심을 돌리고 싶네요. 저는 당신이 이 직무에 필요한 자격을 갖추고 있다고 믿어요. 지원하는 데 관심이 있으시다면, **3** 가급적이면 최근 2개월 내에 쓴 기사의 견본 몇 개를 저희에게 이메일로 보내주셔야 합니다. 감사합니다, 그리고 소식 듣길 기다리고 있겠습니다.

어휘 regarding ~에 관하여 | application 지원서 | regret to inform that 유감스럽게도 ~입니다 | fill (일자리에 사람을) 채우다 | impressive 인상적인 | bring attention to ~에 관심을 가져오다, ~에 주의를 돌리다 | opening 공석 | feature writer 특집 기사 기자 | qualification 자격 | preferably 가급적이면

1. Where does the speaker probably work?
(A) At a local college
(B) At a newspaper office
(C) At a book publisher
(D) At an advertisement firm

화자는 어디에서 일하겠는가?
(A) 지역 대학에서
(B) 신문사에서
(C) 도서 출판사에서
(D) 광고 회사에서

해설 화자의 근무지에 대해 묻는 질문이므로 대부분 정답 단서가 도입부에 등장한다. 인사 후에 바로 등장하는 문장 'it's Ben Thompson calling from *Coastal Daily News* regarding your application for the sports editor position. (당신이 지원한 스포츠 편집자 자리에 관해 전화드리는 〈Coastal 일간 뉴스〉의 Ben Thompson이에요.)'을 들으면 *Costal Daily News*, 즉 (B)가 정답임을 알 수 있다.

2. What does the speaker suggest the listener do?
(A) Renew his subscription
(B) Complete a form online
(C) Call another company
(D) Apply for a different job

화자는 청자에게 무엇을 하라고 제안하는가?
(A) 구독을 연장한다
(B) 온라인으로 양식을 작성한다
(C) 다른 회사에 전화한다
(D) 다른 직무에 지원한다

해설 청자에게 제안하는 사항을 물어보는 질문으로, 제안과 관련된 표현을 포착하는 것이 중요하다. 'I wanted to bring your attention to another opening for a feature writer at our newspaper. I believe you have the necessary qualifications for this job. (저희 신문사의 다른 공석인 특집 기사 기자 자리로 당신의 관심을 돌리고 싶네요. 저는 당신이 이 직무에 필요한 자격을 갖추고 있다고 믿어요.)'에서 'I wanted to bring your attention to ~' 로 시작되는 제안과 연관된 표현 바로 뒤에 another opening(다른 공석)을 언급하며 청자가 다른 공석에 필요한 자격을 가지고 있다고 부연 설명하고 있다. 선택지에는 another opening이 a different job(다른 직무)으로 패러프레이징되었으므로 정답은 (D)이다.

3. What does the speaker say is required?
(A) Writing samples
(B) An article suggestion
(C) An updated résumé
(D) Job references

화자는 무엇이 요구된다고 말하는가?
(A) 원고 견본
(B) 기사 제안
(C) 최신 이력서
(D) 취업 추천서

해설 화자가 요구하는 사항을 묻는 질문으로, 요구와 관련한 표현을 포착해야 한다. 대화의 마지막 부분에 'you'll need to email us a few samples of your work, preferably something that was written within the last two months. (가급적이면 최근 2개월 내에 쓴 기사의 견본 몇 개를 저희에게 이메일로 보내주셔야 합니다.)'라는 내용이

PART 4 UNIT 14

언급되고 있으므로 청자가 전송해야 할 것은 a few samples(견본 몇 개)이며 부연 설명으로 최근 2개월 이내에 쓰여진 기사 견본임을 알 수 있어, 정답은 (A)이다.

Questions 4-6 refer to the following excerpt from a meeting.

W Good morning everyone. **4** I've asked all of you to attend this meeting to go over the recent survey results regarding the company's newly designed hiking boots. **5** In order to find out how consumers may respond to our new product, we had various sample groups try on some prototypes. The majority of the people said they liked the slimmer, redesigned boots better than our existing boots. So we'll have to come up with a marketing campaign for the new boots. **6** What I would like everyone to do now is share some ideas for possible advertising strategies.

4-6번은 다음 회의 발췌록에 관한 문제입니다.

여 안녕하세요 여러분. **4** 우리 회사의 새로 디자인된 하이킹 부츠에 대한 최근 설문조사 결과를 살펴보려고 여러분 모두 이 회의에 참석해달라고 요청했습니다. **5** 새 제품에 소비자들이 어떻게 반응할지 알아내기 위해 우리는 다양한 샘플 그룹이 시제품 몇 개를 신어보도록 했어요. 사람들 대다수가 기존의 부츠보다 더 얇고 다시 디자인된 새 부츠를 더 좋아했습니다. 그래서 새 부츠를 위한 마케팅 캠페인을 생각해야 해요. **6** 지금 여러분께서 해주셨으면 하는 것은, 가능한 광고 전략을 위해 아이디어를 공유하는 것입니다.

어휘 survey 설문조사 | consumer 소비자 | respond 반응하다 | various 다양한 | prototype 시제품 | majority 대다수 | slim 얇은 | existing 기존의 | strategy 전략

---

4. According to the speaker, what has the company changed?

(A) A product design

(B) An annual budget

(C) A shipping service

(D) A refund policy

화자에 따르면, 회사에서는 무엇을 바꾸었는가?

(A) 제품 디자인

(B) 연간 예산

(C) 배송 서비스

(D) 환불 규정

해설 회사가 변경한 것을 묻고 있다. changed를 키워드로 삼아 단서를 포착한다. 'I've asked all of you to attend this meeting to go over the recent survey results regarding the company's newly designed hiking boots. (우리 회사의 새로 디자인된 하이킹 부츠에 대한 최근 설문조사 결과를 살펴보려고 여러분 모두 이 회의에 참석해달라고 요청했습니다.)'라고 말했으므로 (A)가 정답이다. hiking boots가 product로 패러프레이징되었다.

5. What information is the speaker presenting?

(A) Some problems with a delivery

(B) Feedback from sample groups

(C) Changes to a schedule

(D) The cost of a project

화자는 어떤 정보를 보여주고 있는가?

(A) 배달과 관련된 일부 문제점

(B) 샘플 그룹의 피드백

(C) 일정 변경

(D) 프로젝트 비용

해설 화자가 보여주고 있는 정보를 묻고 있다. information과 presenting을 키워드로 삼아 단서를 포착한다. 'In order to find out how consumers may respond to our new product, we had various sample groups try on some prototypes. The majority of the people said they liked the slimmer, redesigned boots better than our existing boots. (새 제품에 소비자들이 어떻게 반응할지 알아내기 위해 우리는 다양한 샘플 그룹이 시제품 몇 개를 신어보도록 했어요. 사람들 대다수가 기존의 부츠보다 더 얇고 다시 디자인된 새 부츠를 더 좋아했습니다.)'라고 말했으므로 (B)가 정답이다.

6. What will the listeners most likely do next?

(A) Prepare a presentation

(B) Contact some customers

(C) Submit an application

(D) Suggest some ideas

청자들은 다음에 무엇을 하겠는가?

(A) 프레젠테이션을 준비한다

(B) 일부 고객들에게 연락한다

(C) 지원서를 제출한다

(D) 아이디어를 제시한다

해설 청자들의 다음 행동을 묻고 있다. 담화 후반부에 집중한다. 'What I would like everyone to do now is share some ideas for possible advertising strategies. (지금 여러분께서 해주셨으면 하는 것은, 가능한 광고 전략을 위해 아이디어를 공유하는 것입니다.)'라고 말했으므로 (D)가 정답이다. share가 suggest로 패러프레이징되었다.

Questions 7-9 refer to the following telephone message.

M Hello, this message is for Amy Smith. This is Lee calling from Gibson Contractors. **7** I dropped by last Tuesday to take a look at your living room and gave you an estimate for remodeling it. Also, when I was there, **8** you asked me if we'd be able to finish the entire project by March 31. Well, I've talked to my partner about it, and I don't think it'll be possible to complete the whole project by the end of March. **9** However, we will definitely be able to have the flooring done by then. Let me know if you want us to get started on this part of the project.

7-9번은 다음 전화 메시지에 관한 문제입니다.

남 안녕하세요, Amy Smith께 메시지 남깁니다. Gibson 건설 회사에서 전화 드리는 Lee입니다. **7** 지난 화요일에 들러 고객님의 거실을 살펴 보고 리모델링 견적을 드렸습니다. 또, 제가 거기 갔을 때, **8** 고객님이 제게 저희가 3월 31일까지 전체 프로젝트를 끝낼 수 있는지를 물어보 셨죠. 음, 제 파트너에게 말해 봤는데, 전체 프로젝트를 3월 말까지 끝 내는 건 가능하지 않을 것 같습니다. **9** 하지만, 바닥 공사를 끝내는 것은 확실히 그때까지 할 수 있습니다. 저희가 프로젝트의 이 부분에 착수하기 원하신다면 알려주십시오.

어휘 drop by ~에 들르다 | take a look at ~을 살펴보다 | estimate 견적서 | entire 전체의 | definitely 확실히, 틀림없이

7. What project is the speaker discussing?
(A) Repairing a heating system
(B) Installing a garage door
(C) Building a fence
(D) Remodeling a room

화자는 어떤 프로젝트를 이야기하는가?
(A) 난방 설비를 수리하는 것
(B) 차고 문을 설치하는 것
(C) 울타리를 세우는 것
(D) 방을 리모델링하는 것

해설 화자가 얘기하고 있는 프로젝트를 묻는 문제이다. 주요 논의 주제는 대 부분 대화 초반에 등장하므로 도입부를 놓치지 않고 관련 단어나 표현 을 키워드로 잡는다. 'I dropped by last Tuesday to take a look at your living room and gave you an estimate for remodeling it. (지난 화요일에 들러 고객님의 거실을 살펴보고 리모델링 견적을 드 렸습니다.)'이라고 했으므로 리모델링에 대한 내용이 논의 주제임을 파 악할 수 있으므로 (D)가 정답이다.

8. What problem does the speaker mention?
(A) The weather will be inclement.
(B) Some materials are not available.
(C) A deadline cannot be met.
(D) A permit has not been issued.

화자는 어떤 문제점을 언급하는가?
(A) 날씨가 나빠질 것이다.
(B) 자재 몇 가지를 구할 수 없다.
(C) 기한을 맞출 수 없다.
(D) 허가증이 발행되지 않았다.

해설 문제점을 묻는 문제로 부정 표현이 언급된 문장에 집중해야 한다. 'you asked me if we'd be able to finish the entire project by March 31. ~ I don't think it'll be possible to complete the whole project by the end of March. (고객님이 제게 저희가 3월 31일까지 전체 프로젝트를 끝낼 수 있는지를 물어보셨죠. 전체 프로젝 트를 3월 말까지 끝내는 건 가능하지 않을 것 같습니다.)'라고 했으므로 전체 프로젝트를 청자가 요청한 기간 내에 끝내지 못한다는 의사를 표 현하고 있다. 보기에서 패러프레이징된 (C)가 정답이 된다.

9. What does the speaker offer to do?
고난도
(A) Begin a part of a project
(B) Hire more workers
(C) Refer another company
(D) Give a price reduction

화자는 무엇을 해주겠다고 제안하는가?
(A) 작업을 일부 시작한다
(B) 더 많은 작업자들을 고용한다
(C) 다른 회사에 위탁한다
(D) 가격 인하를 제공한다

해설 청자에게 제안하는 사항을 묻는 문제로, 제안과 관련한 표현에 집중한 다. 대화 후반부에 등장하는 'However, we will definitely be able to have the flooring done by then. Let me know if you want us to get started on this part of the project. (하지만, 바닥 공사 를 끝내는 것은 확실히 그때까지 할 수 있습니다. 저희가 프로젝트의 이 부분에 착수하기 원하신다면 알려주십시오.)'라고 하며 프로젝트의 일부분인 바닥 까는 일을 시작하는 것이 가능하다고 알렸으므로 (A)가 정답이다.

미국

Questions 10-12 refer to the following news report.

W Good evening, this is Victoria Watkins for KPHO-5, live at Old Country Bistro. I'm down here on Fifth and Verity Avenue at the bistro's 10-year anniversary party. **10** The bistro started out right here in Murrayville and has now opened locations all over the state. To thank its customers for a decade of support, **11** today there are complimentary beverages, outdoor games, and gift certificates for a free dinner. You should know, however, **12** the gift certificates are only for the first 100 customers, and the event has already been going on for two hours. **12** Even if you miss out on the gift certificates, come down for the free beverages and games.

10-12번은 다음 뉴스 보도에 관한 문제입니다.

여 안녕하세요, KPHO-5의 Victoria Watkins가 Old Country 식당에 서 생방송으로 보내드립니다. 저는 5번가와 Verity 가에 있는 이 식당 에서 10주년 행사에 참석 중입니다. **10** 이 식당은 Murrayville 바로 이곳에서 시작되었고 이제 전국 각지에 지점을 갖고 있습니다. 10년 간 지지해준 고객들을 위해 **11** 오늘 무료 음료와 야외 게임, 그리고 무료 저녁 식사를 위한 상품권을 제공 중입니다. 하지만 **12** 상품권은 처음 온 백 분만을 위한 것임을 알고 계세요. 그리고 행사는 이미 시 작한 지 두 시간이 지났습니다. **12** 상품권은 놓치셨더라도, 무료 음 료와 게임을 위해 이곳을 방문하세요.

어휘 bistro 작은 식당 | location 지점 | decade 10년 | complimentary 공짜의 | gift certificate 상품권 | miss out 놓치다 | beverage 음료수

10. What kind of business is being discussed?

(A) A museum

(B) A hotel chain

(C) A restaurant

(D) A department store

어떤 사업이 논의되고 있는가?

(A) 박물관

(B) 호텔 체인점

(C) 식당

(D) 백화점

해설 화자가 소개하는 주요 사업을 묻는 질문 유형으로, 대화 도입 부분에 집중하도록 한다. 도입 부분부터 화자가 bistro라는 단어를 언급하면서, 'The bistro started out right here in Murrayville and has now opened locations all over the state. (이 식당은 Murrayville 바로 이곳에서 시작되었고 이제 전국 각지에 지점을 갖고 있습니다.)'라고 말하였으므로 현재 다루고 있는 사업의 종류가 bistro(식당)을 패러프레이징한 (C)임을 알 수 있다.

11. What will customers be given this evening?

(A) Tickets for a concert

(B) Free drinks

(C) A computer game

(D) A cookbook

오늘 저녁에 고객들은 무엇을 받게 되는가?

(A) 콘서트 티켓

(B) 무료 음료

(C) 컴퓨터 게임

(D) 요리책

해설 오늘 저녁 고객들에게 제공될 것에 대한 질문으로, 대화 중반부에서 언급되는 'today there are complimentary beverages, outdoor games, and gift certificates for a free dinner. (오늘 무료 음료와 야외 게임, 그리고 무료 저녁 식사를 위한 상품권을 제공 중입니다.)'라고 하였으므로 (B)가 정답임을 알 수 있다.

12. Why does the speaker say, "the event has already been going on for two hours"?

(A) To clarify the hours of operation

(B) To describe the rules of a contest

(C) To suggest coming on another day

(D) To point out that there is limited time

화자는 왜 "행사는 이미 시작한 지 두 시간이 지났습니다"라고 말하는가?

(A) 영업 시간을 명확히 하기 위해

(B) 콘테스트 규칙을 설명하기 위해

(C) 다른 날에 찾아오라고 제안하기 위해

(D) 시간이 제한되어 있다고 지적하기 위해

해설 화자가 한 말의 의도를 묻고 있다. 방송 중반부에 무료 음료와 무료 저녁식사를 위한 상품권을 고객에게 제공할 것이라는 말과 함께, 'the gift certificates are only for the first 100 customers. (상품권은 처음 온 백 분만을 위한 것입니다.)'라고 말하면서 'and the event has already been going on for two hours. (그리고 행사는 이미 시작한 지 두 시간이 지났습니다.)'라고 덧붙이고 있다. 즉, 행사가 시작한지 꽤 되었으므로 선착순 100명에게 제공되는 상품권이 곧 없어질 것이라고 암시하는 표현임을 알 수 있다. 또한, 마지막 문장에 'Even if you miss out on the gift certificates (상품권은 놓치셨더라도)'라고 단정짓는 것으로 보아 (D)가 정답이 된다.

영국

Questions 13-15 refer to the following talk.

W **13** As the lead mechanic at Rolling Hills Auto Repairs, I'd like to welcome all of the new trainees to our shop. Our customers entrust us with their vehicles, so it is important that you receive proper instruction. **14** This morning, we'll be pairing you up with a technician who will teach you about the various types of work we do here. During your training, you'll gain hands-on experience on some of the automobiles that are currently in our shop. **15** It may be difficult at first, but keep in mind—all of the workers here were once trainees, too. OK, now, let me show you around the facility.

13-15번은 다음 담화에 관한 문제입니다.

W **13** Rolling Hills 자동차 정비소의 수석 정비사로서, 우리 정비소에 온 모든 신입 실습생들을 환영합니다. 고객들이 우리에게 차를 맡기기 때문에 제대로 된 설명을 듣는 것이 중요해요. **14** 오늘 아침에는 우리가 이곳에서 하는 다양한 작업에 대해 알려줄 기술자와 한 명씩 짝을 지어줄 겁니다. 교육 동안 지금 우리 정비소에 있는 자동차들 몇 대로 실습을 하겠습니다. **15** 처음에는 어렵겠지만 기억하세요. 이곳의 모든 직원도 한때는 실습생이었습니다. 좋아요, 여러분에게 시설을 안내해 드리겠습니다.

어휘 mechanic 정비사 | auto repair 자동차 정비소 | trainee 실습생, 교육 받는 사람 | entrust 맡기다 | proper 제대로 된, 적절한 | instruction 설명 | pair up (두 사람씩) 짝을 짓다 | technician 기술자 | various 다양한 | gain 얻다 | hands-on 실제의, 직접 해보는 | automobile 자동차

13. Where is the talk being held?

(A) At a mobile phone manufacturer

(B) At a home appliance store

(C) At a vehicle rental agency

(D) At an auto repair shop

담화는 어디에서 이루어지고 있는가?

(A) 핸드폰 제조사

(B) 가전제품 가게

(C) 자동차 대여점

(D) 자동차 정비소

해설 담화가 이루어지고 있는 장소를 묻는 문제이다. 특정 장소와 관련된 단어/표현을 포착하여 담화 장소를 유추한다. 담화 처음에 'As the lead mechanic at Rolling Hills Auto Repairs, I'd like to welcome all of the new trainees to our shop. (Rolling Hills 자동차 정비소의 수석 정비공으로서, 우리 정비소에 온 모든 신입 실습생들을 환영합니다.)'라고 하여, lead mechanic(수석 정비공), Auto Repairs(자동차 정비소) 등의 단어를 토대로 담화 장소가 자동차 정비소임을 알 수 있으므로 (D)가 정답이다.

---

14. What will the listeners do this morning?

(A) Meet a technician
(B) Read a manual
(C) Sign a contract
(D) Visit a warehouse

청자들은 오늘 아침에 무엇을 하겠는가?

(A) 기술자와 만난다
(B) 매뉴얼을 읽는다
(C) 계약서에 서명한다
(D) 창고를 방문한다

해설 청자들이 오늘 아침에 할 일을 묻는 문제이다. 질문의 'this morning'을 키워드로 삼아 단서를 포착한다. 담화 중반에 'This morning, we'll be pairing you up with a technician who will teach you about the various types of work we do here. (오늘 아침에는 우리가 이곳에서 하는 다양한 작업에 대해 알려줄 기술자와 한 명씩 짝을 지어줄 겁니다.)'라고 하여 기술자와 한 명씩 짝을 지어 주겠다고 하므로 (A)가 정답이다.

---

15. Why does the speaker say, "all of the workers here were once trainees, too"?

(A) To provide some reassurance
(B) To describe a process
(C) To welcome some visitors
(D) To clarify a misunderstanding

화자는 왜 "이곳의 모든 직원도 한때는 실습생이었습니다"라고 말하는가?

(A) 안심되는 말을 해주기 위해
(B) 절차를 묘사하기 위해
(C) 방문객들을 환영하기 위해
(D) 오해를 해명하기 위해

해설 화자가 하는 말의 의도를 묻고 있다. 인용 문장 앞뒤 내용을 핵심 단서로 삼는다. 담화 후반에 'It may be difficult at first, but keep in mind (처음에는 어렵겠지만 기억하세요)'라고 하면서, 'all of the workers here were once trainees, too (이곳의 모든 직원도 한때는 실습생이었습니다)'라고 말한 것이므로 실습생인 청자들을 안심시키기 위한 목적이 담겨 있음을 알 수 있다. 따라서 (A)가 정답이다.

미국

Questions 16-18 refer to the following talk and graph.

M Hello everyone. **16** I'm going to be reviewing the year's membership figures here at Raleigh Total Gym, which have been strong overall. It's been a productive year: as you see here, the summer was the strongest season. This is most likely due to the fact that we installed a popular new line of equipment. It's also clear from the chart that **17** our second-best season coincided with the event where we offered a month of free personal training to new members. Next year, we hope to build on this success in a more efficient way. **18** That's why, starting January 1, we will offer online consultations through a new section of our Web site, instead of face-to-face sessions.

16-18번은 다음 담화와 그래프에 관한 문제입니다.

남 안녕하세요 여러분. **16** 여기 Raleigh Total 헬스클럽의 올해 회원 수치를 검토할 겁니다. 전반적으로 꽤나 좋았어요. 생산적인 한 해였습니다. 여기서 보실 수 있듯이 여름이야말로 가장 사람이 많은 계절이었죠. 이는 우리가 새로운 인기 있는 기구 라인을 설치했기 때문일 가능성이 높습니다. 그리고 **17** 두 번째로 성공적이었던 계절은 새로운 회원에게 한 달 무료 개인 트레이닝을 제공했던 행사 때와 맞아 떨어집니다. 내년에 우리가 이 성공을 올해보다 더 효율적인 방법으로 쌓아 나가기를 바랍니다. **18** 그래서 1월 1일부터 우리는 직접 얼굴을 맞대고 하는 상담 대신 우리 회사 웹 페이지의 새로운 섹션을 통해 온라인 상담을 제공하기로 했습니다.

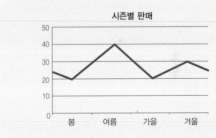
시즌별 판매

어휘 figure 수치 | overall 전반의, 전체의 | productive 생산적인 | install 설치하다 | coincide 일치하다 | efficient 효율적인 | consultation 상담 | face-to-face 마주보는, 대면하는

---

16. Where most likely is the talk taking place?

(A) At a travel agency
(B) At a sporting goods store
(C) At an accounting firm
(D) At a fitness center

담화는 어디에서 이루어지고 있겠는가?

(A) 여행사에서
(B) 스포츠 용품점에서
(C) 회계법인에서
(D) 헬스장에서

해설 담화가 이루어지는 장소에 대한 문제이므로 대화의 도입 부분, 특히 인사 직후 부분을 집중한다. 초반부 문장 'I'm going to be reviewing the year's membership figures here at Raleigh Total Gym, which have been strong overall. (여기 Raleigh Total 헬스클럽의 올해 회원 수치를 검토할 겁니다. 전반적으로 패나 좋았어요.)'에서 here at Raleigh Total Gym이라는 단어를 포착했다면 손쉽게 (D)를 선택할 수 있다. 하지만, 뒤이어 등장하는 'installed a popular new line of equipment' 라는 말만 포착했다면 (B)를 오답으로 고를 수 있으므로 주의하자.

해설 미래 상황, 앞으로의 계획에 대해 묻는 질문이며, 미래의 계획에 대해 암시하는 표현을 키워드로 잡아야 한다. 대화의 후반부에 'That's why, starting January 1, we will offer online consultations through a new section of our Web site, instead of face-to-face sessions. (그래서 1월 1일부터 우리는 직접 얼굴을 맞대고 하는 상담 대신 우리 회사 웹 페이지의 새로운 섹션을 통해 온라인 상담을 제공하기로 했습니다.)'라는 내용이 언급되어 웹 페이지에 새로운 항목이 생길 것임을 알 수 있으므로 정답은 (A)가 된다.

---

17. Look at the graphic. When was the promotional offer held?
(A) In spring
(B) In summer
(C) In fall
(D) In winter

시각 정보를 보시오. 홍보용 할인 행사는 언제였는가?
(A) 봄
(B) 여름
(C) 가을
(D) 겨울

해설 대화 초반부에 화자는 'as you can see here, the summer was the strongest season. (보시다시피, 여름이 가장 사람이 많은 계절이었어요.)'이라고 언급하였다. 하지만 'due to the fact that we installed a popular new line of equipment. (새로운 인기 많은 기구 라인을 설치했기 때문일 것입니다.)'고 덧붙이므로 (B)는 정답이 될 수 없다. 이어서 등장하는 'our second-best season coincided with the event where we offered a month of free personal training to new members. (두 번째로 성공적이었던 계절은 새로운 회원에게 한 달 무료 개인 트레이닝을 제공했던 행사 때와 맞아 떨어집니다.)'를 참고하면 두 번째로 성공적이었던 계절에 홍보 행사를 진행했다는 사실을 알 수 있다. 차트를 보면 두 번째로 성공적인 계절 (D)가 정답임을 알 수 있다.

---

18. According to the speaker, what does the business plan to do next year?
(A) Upgrade a Web site
(B) Hire fewer employees
(C) Remodel a facility
(D) Move to a new location

화자에 따르면, 내년에 할 사업 계획은 무엇인가?
(A) 웹 사이트를 업데이트한다
(B) 더 적은 수의 직원을 채용한다
(C) 시설을 리모델링한다
(D) 새 지점으로 이전한다

UNIT 15. 세부 정보 문제 유형

Practice

본서 p.210

1. (A)	2. (B)	3. (D)	4. (D)	5. (B)	6. (C)
7. (C)	8. (C)	9. (B)	10. (B)	11. (C)	12. (A)
13. (D)	14. (A)	15. (D)	16. (B)	17. (D)	18. (D)

영국

Questions 1-3 refer to the following excerpt from a meeting.

W Before we close this meeting, **1** I want to remind you all to respond to my email regarding the purchase of new equipment. As I stated, **1, 2** since there's money left over in the budget, we can use that to replace our old photocopiers. In the email, you'll notice that **1, 3** I have attached several photos and specifications of recent models. Please carefully review them and let me know in your reply which one you think would be best for our office.

1-3번은 다음 회의 발췌록에 관한 문제입니다.

역 회의를 마치기 전에, **1** 새로운 장비 구입에 대한 제 이메일에 회신해 주실 것을 다시 한 번 알려 드리고 싶네요. 말씀드렸듯이, **1, 2** 예산에 남은 금액이 있기 때문에, 그 돈을 오래된 복사기를 교체하는 데 쓸 수 있습니다. 이메일에 **1, 3** 최신 모델 여러 개의 사진과 사양을 첨부해 놓은 걸 보게 될 것입니다. 신중하게 검토해 보시고 저희 사무실에 어떤 것이 가장 좋다고 생각하는지 답장으로 알려주십시오.

어휘 remind 상기시키다 | state 말하다, 진술하다 | leave over ~을 남겨 두다 | replace 교체하다, 바꾸다 | photocopier 복사기 | specification 사양 | review 검토하다 | reply 대답, 답장

1. What are the listeners being asked to decide?
(A) What kind of equipment to purchase
(B) How to change a process
(C) Where to obtain some equipment
(D) When to hold an event

청자들은 무엇을 결정하라고 요청받는가?
(A) 구매할 장비 종류
(B) 절차 변경 방법
(C) 장비를 구할 장소
(D) 행사를 여는 시기

해설 청자들에게 요청되는 사항을 묻는 문제이다. 요청과 관련된 표현을 키워드로 잡으면 쉽게 정답을 골라낼 수 있다. 담화의 초반부에 'I want to remind you all to respond to my email regarding the purchase of new equipment. ~ we can use that to replace our old photocopiers. ~ I have attached several photos and specifications of recent models. Please carefully review them

and let me know in your reply which one you think would be best (새로운 장비 구입에 대한 제 이메일에 회신해 주실 것을 다시 한 번 상기시켜 드리고 싶네요. ~ 오래된 복사기를 교체하는 데 쓸 수 있습니다. ~ 최신 모델 여러 개의 사진과 사양을 첨부해 놓았으니, 신중하게 검토해 보시고 어떤 것이 가장 좋다고 생각하시는지 알려주십시오.)'라는 내용을 언급하고 있으므로 정답은 (A)가 된다.

2. What does the speaker say about the budget?
(A) It has yet to be finalized.
(B) There is money remaining in it.
(C) There will be a new policy.
(D) It will be reduced next quarter.

화자는 예산에 대해 무엇을 말하는가?
(A) 아직 확정되지 않았다.
(B) 남은 돈이 있다.
(C) 새로운 방침이 있을 것이다.
(D) 다음 분기에는 삭감될 것이다.

해설 예산에 대한 정보, 세부사항을 묻는 문제이다. budget을 키워드로 삼아 내용에 집중하면 된다. 초반에 청자들에게 새 장비를 구매하는 일에 대해 언급하면서 'since there's money left over in the budge(예산에 남은 금액이 있기 때문에)'이라고 하므로, 예산이 남았음을 알 수 있다. 따라서 정답은 left over가 패러프레이징되어 remaining으로 표현된 (B)가 된다.

3. What are the listeners requested to do after the meeting?
(A) Prepare for a presentation
(B) Meet with a department manager
(C) Register for a session
(D) Indicate a preferred product

청자들은 회의 후에 무엇을 하라고 요청 받는가?
(A) 발표를 준비한다
(B) 부서장을 만난다
(C) 수업에 등록한다
(D) 선호하는 제품을 알려 준다

해설 회의 후 요청 사항을 묻는 질문으로 요청과 관련한 표현을 키워드로 잡아야 문제가 풀린다. 'I have attached several photos and specifications of recent models. Please carefully review them and let me know in your reply which one you think would be best for our office. (최신 모델 여러 개의 사진과 사양을 첨부해 놓았으니 검토해 보시고 어떤 게 가장 좋다고 생각하시는지 답장으로 알려주십시오.)'라고 말했으므로 (D)가 정답이 된다.

미국

Questions 4-6 refer to the following news report.

Ⓜ I'm Pedro Alvarez with your local news brief. Today's lead story is the upcoming changes to the city's public bus system. **4** The project is in regard to residents' complaints about the recent increase in pollution in our city. To improve the air quality, the city government has proposed replacing some old vehicles with hybrid electric buses. As this is an important issue for many residents, **5** the meeting regarding this project will be held at the Letterman Conference Hall instead of the community center. We would like to hear from you. Do you think the city should invest in environmentally friendly buses? **6** Call us at 555-9428 and share your thoughts.

4-6번은 다음 뉴스 보도에 관한 문제입니다.

Ⓝ 저는 지역 뉴스 단신을 전해드릴 Pedro Alvarez입니다. 오늘의 주요 소식은 곧 있을 시 공공버스 시스템 개편에 관한 내용입니다. **4** 이 프로젝트는 최근 시내 오염 증가에 관한 주민들의 불만과 관련 있습니다. 시 정부는 공기의 질을 개선하기 위해, 일부 오래된 차량을 하이브리드 전기 버스로 교체할 것을 제안했습니다. 이것이 많은 주민들에게 중요한 사안인 만큼, **5** 이 프로젝트 관련 회의는 주민센터 대신 Letterman 회의장에서 열릴 것입니다. 저희는 여러분의 의견을 듣고 싶습니다. 시에서 환경친화적 버스에 투자해야 한다고 생각하시나요? **6** 555-9428로 저희에게 전화 주셔서 여러분의 생각을 알려주세요.

어휘 brief 단신 ㅣ lead 선두 ㅣ upcoming 곧 있을 ㅣ in regard to ~에 관해서 ㅣ resident 주민 ㅣ complaint 불평 ㅣ pollution 오염 ㅣ quality 질 ㅣ propose 제안하다 ㅣ replace 대체하다, 대신하다 ㅣ electric 전기의 ㅣ issue 안건, 사안 ㅣ hold (회의를) 열다, 개최하다 ㅣ invest in ~에 투자하다 ㅣ environmentally friendly 환경친화적인

4. Why have residents complained recently?
(A) The schools are inconveniently located.
(B) The streets are not well-maintained.
(C) The public transportation system is confusing.
(D) The air quality is poor.

주민들은 최근에 왜 불평을 했는가?
(A) 학교들이 불편한 곳에 위치해 있다.
(B) 거리가 잘 정비되어 있지 않다.
(C) 대중 교통 체계가 복잡하다.
(D) 공기 질이 나쁘다.

해설 주민들이 최근에 불평한 이유를 묻는 문제로 residents, complained, recently를 키워드로 삼아 단서를 포착한다. 담화 초반에 'The project is in regard to residents' complaints about the recent increase in pollution in our city. To improve the air quality, the city government has proposed replacing some old vehicles with hybrid electric buses. (이 프로젝트는 최근 시내 오염 증가에 관한 주민들의 불만과 관련 있습니다. 시 정부는 공기의 질을 개선하기 위해, 일부 오래된 차량을 하이브리드 전기 버스로 교체할 것을 제안했습니다.)'라고 말한 내용을 토대로 최근 공기 질 문제로 주민들의 불만

5. What does the speaker say has changed about a meeting?
(A) The attendees
(B) The venue
(C) The content
(D) The time

화자는 회의에 관하여 무엇이 바뀌었다고 말하는가?
(A) 참석자들
(B) 장소
(C) 내용
(D) 시간

해설 회의에서 변경된 사항을 묻는 질문으로 changed, meeting을 키워드로 삼아 단서를 포착한다. 담화 중반에 'the meeting regarding this project will be held at the Letterman Conference Hall instead of the community center (이 프로젝트 관련 회의는 주민센터 대신 Letterman 회의장에서 열릴 것입니다)'라고 말했으므로 (B)가 정답이다.

6. Why are the listeners asked to call?
(A) To order a ticket
(B) To enter a contest
(C) To express an opinion
(D) To make a donation

청자들은 왜 전화하라고 요청받는가?
(A) 티켓을 주문하기 위해
(B) 대회에 참가하기 위해
(C) 의견을 표현하기 위해
(D) 기부를 하기 위해

해설 청자들이 전화하라고 요청 받은 이유를 묻고 있다. 담화 마지막에 'Call us at 555-9428 and share your thoughts. (555-9428로 저희에게 전화 주셔서 여러분의 생각을 알려주세요.)'라고 말했으므로 share ~ thoughts를 express ~ opinion으로 패러프레이징한 (C)가 정답이다.

미국

Questions 7-9 refer to the following telephone message.

Ⓦ Hello, Mr. Abrams. **7** I wanted to follow up on our discussion this morning about your company's new online informational video. Our writers have started working on incorporating the changes you requested into the script. You had also said that you were considering making brochures. **8** This is something we can definitely do for you, and right now, we're taking half off the price of promotional printed materials. **9** Just be aware that this deal ends next Monday, so you have to let us know if you are interested by then.

7-9번은 다음 전화 메시지에 관한 문제입니다.

남 안녕하세요, Mr. Abrams. **7** 귀사의 새 온라인 정보 제공 영상에 대해 오늘 아침에 했던 이야기를 계속하려고 합니다. 저희 작가들은 귀하께서 요청하셨던 수정 사항들을 대본에 넣는 작업을 시작했습니다. 그리고 광고 책자 제작을 생각 중이라고 말씀하셨죠. **8** 이건 저희 쪽에서 확실히 해드릴 수 있습니다. 그리고 지금 저희 회사에서는 홍보용 인쇄물 비용을 절반으로 할인해 드리고 있습니다. **9** 이 할인은 다음 주 월요일에 끝난다는 것을 기억해 주세요. 그러므로 관심이 있으시다면 그때까지 알려주셔야 합니다.

어휘 follow up (방금 한 것에) ~을 덧붙이다 | informational 정보를 제공하는 | incorporate 포함하다 | definitely 분명히, 틀림없이 | promotional 홍보의, 판촉의 | printed material 인쇄물

7. Why did Mr. Abrams meet with the speaker?
(A) To finalize a schedule
(B) To negotiate a price
(C) To give an update
(D) To apply for a job

Mr. Abrams는 왜 화자와 만났는가?
(A) 일정을 마무리 지으려고
(B) 가격을 협상하려고
(C) 새로운 정보를 제공하려고
(D) 일자리에 지원하려고

해설 화자와 청자가 만난 이유·목적에 대해 물어보는 질문이다. 대부분 전화, 녹음 메시지에서는 메시지를 남긴 이유나 목적이 초반부에 등장하므로 담화의 도입부를 집중해서 듣는다. 도입부분에서 'I wanted to follow up on our discussion this morning about your company's new online informational video. Our writers have started working on incorporating the changes you requested into the script. (귀사의 새 온라인 정보 제공 영상에 대해 오늘 아침에 했던 이야기를 계속하려고 합니다. 저희 작가들은 귀하께서 요청하셨던 수정 요소들을 대본에 넣는 작업을 시작했습니다.)'라고 언급하였으므로 오늘 아침 Mr. Abrams가 화자에게 대본에 수정 요소가 있음을 알렸다는 걸 알 수 있다. 따라서 정답은 (C)가 된다.

8. What does the speaker offer Mr. Abrams?
(A) A full-time position
(B) Express delivery
(C) A discounted service
(D) Free product samples

화자는 Mr. Abrams에게 무엇을 제공하는가?
(A) 정규직 자리
(B) 빠른 배송
(C) 할인된 서비스
(D) 무료 샘플 제품

해설 화자가 청자에게 제공할 것을 물어보는 질문으로, 제공과 관련된 표현을 키워드로 잡아야 한다. 대화의 중반부에 'This is something we can definitely do for you, and right now, we're taking half off the price of promotional printed materials. (이건 저희 쪽에서 확실히 해드릴 수 있습니다. 그리고 지금 저희 회사에서는 홍보용 인쇄물 비용을 절반으로 할인해 드리고 있습니다.)'라고 말하며 인쇄물 비용 할인을 제공한다는 사실을 알 수 있다. 따라서 정답은 (C)임을 알 수 있다.

9. According to the speaker, what must Mr. Abrams do before next Monday?
(A) Upload a file
(B) Reach a decision
(C) Create an account
(D) Fill out a survey

화자에 따르면, Mr. Abrams는 다음 주 월요일까지 무엇을 해야 하는가?
(A) 파일을 업로드한다
(B) 결정을 내린다
(C) 계정을 만든다
(D) 설문을 작성한다

해설 화자가 요청하는 사항을 묻는 문제이다. 문제의 before next Monday를 키워드로 잡고 다른 요일들을 언급할 수 있으므로 키워드가 언급되는 문장에 집중해야 한다. 후반부에 'Just be aware that this deal ends next Monday, so you have to let us know if you are interested by then. (이 할인은 다음 주 월요일에 끝난다는 것을 기억해 주세요. 그러므로 관심이 있으시다면 그때까지 알려주셔야 합니다.)'이라는 말을 언급하므로, 인쇄물 비용 할인 행사가 월요일에 끝나기 때문에 그 전까지 의사를 밝혀야 함을 알 수 있다. 정답은 (B)임을 알 수 있다.

호주

Questions 10-12 refer to the following announcement.

M Hello, all. As you know, the parking lot will be under construction. It is expected to be done by Monday morning. **10** So, um, there will be no place to park if you come in on the weekend. **11** If you have to work in the office, you'd better try to find a different way to get here. And you might all like to know which bus or subway to take to come to the office. So, **12** I will email everyone the information after I get back to my office.

10-12번은 다음 공지에 관한 문제입니다.

남 안녕하십니까, 여러분. 모두 아시다시피 회사 주차장이 공사에 들어갈 것입니다. 공사는 월요일 아침에 끝날 것으로 예상됩니다. **10** 그래서, 음, 주말에 오실 경우 따로 주차를 할 공간이 없을 것입니다. **11** 만약 사무실에서 일해야 한다면, 다른 방법을 찾아 보시는 것이 좋을 것입니다. 그리고 다들 사무실까지 어떤 버스나 지하철을 타고 와야 하는지 알고 싶으시겠죠. 그래서, **12** 제가 사무실에 돌아가면 해당 정보를 여러분에게 이메일을 통해 알려드리겠습니다.

10. What problem is mentioned?

(A) Sales targets will not be met.

(B) Parking will not be available.

(C) Some machinery requires repairs.

(D) A team has too many projects.

어떤 문제점이 언급되는가?

(A) 매출 목표액이 달성되지 않을 것이다.

(B) 주차장이 이용 불가능할 것이다.

(C) 일부 장비들에 수리가 필요하다.

(D) 팀이 맡고 있는 프로젝트가 너무 많다.

해설 담화에서 언급되고 있는 문제를 묻는 문제로 부정적 표현들을 키워드로 잡으면 정답이 보인다. 담화의 도입 부분에 주차장이 공사 중이라는 말과 함께 'So, um, there will be no place to park if you come in on the weekend. (그래서, 음, 주말에 오실 경우 따로 주차를 할 공간이 없을 것입니다.)'라고 이어지므로, 정답은 (B)임을 알 수 있다.

11. What does the speaker mean when he says, "you'd better try to find a different way to get here"?

(A) A different route will be available to commuters.

(B) The entrance to an office will be temporarily closed.

(C) Employees should consider other transportation options.

(D) Staff members are expected to come in on the weekend.

화자는 "다른 방법을 찾아 보시는 것이 좋을 것입니다"라고 말할 때 무엇을 의도하는가?

(A) 통근자들에게 다른 경로가 이용 가능해질 것이다.

(B) 사무실 입구가 잠시 폐쇄될 것이다.

(C) 직원들은 다른 교통수단을 고려해야 할 것이다.

(D) 직원들이 주말에도 출근할 것으로 예상된다.

해설 화자가 하는 말의 의도를 묻고 있다. 주어진 문장 전에 화자는 주말에는 주차장 이용이 불가함을 이야기하며, 'If you have to work in the office (만약 사무실에서 일해야 한다면)'라고 언급하고 'you'd better try to find a different way to get here. (다른 방법을 찾아 보시는 것이 좋을 것입니다.)'라고 덧붙인다. 즉, 주말에 출근하는 직원들은 차를 이용하는 것이 아닌 다른 출근 방법을 찾아야 하므로 정답은 (C)가 된다.

12. What does the speaker say he will do?

(A) Email some information

(B) Work on the weekend

(C) Visit a construction site

(D) Speak to a supervisor

화자는 무엇을 할 거라고 말하는가?

(A) 정보를 이메일로 보내 준다

(B) 주말에 일한다

(C) 공사 현장을 방문한다

(D) 상사에게 이야기한다

해설 미래에 발생할 사항에 대해 묻는 질문으로, 대표적으로 미래 시제를 키워드로 잡으면 정답 단서를 찾을 수 있다. 대화의 후반부에 'I will email everyone the information after I get back to my office. (제가 사무실에 돌아가면 해당 정보를 여러분에게 이메일을 통해 알려 드리겠습니다.)'라고 언급하므로 다른 교통수단과 관련된 사항을 직원들에게 알릴 것임을 알 수 있다. 따라서 정답은 (A)이다.

영국

Questions 13-15 refer to the following speech.

W I hope you all have been enjoying the convention this year. I'm here to talk about how I started my own business. I've always enjoyed cooking, and my friends often asked me to cook for them on special occasions. After a while, **13** I began thinking that this passion could transform into a career. I majored in business in university, so I decided to try it out. I was able to secure the necessary funds to rent a small building. **14** I started out with just one chef and several kitchen workers and wait staff but quickly established a loyal customer base. **15** And later this month, we'll start selling our famous pasta sauce at the local supermarket.

13-15번은 다음 연설에 관한 문제입니다.

W 여러분 모두 올해 컨벤션을 즐기고 계시길 바랍니다. 제 사업을 어떻게 시작하게 됐는지 이야기하려고 이 자리에 왔습니다. 저는 항상 요리를 좋아했고, 친구들은 특별한 일이 있으면 저에게 요리를 해달라고 자주 부탁했죠. **13** 시간이 지나고 저는 이러한 열정을 경력으로 바꿀 수 있겠다고 생각하기 시작했습니다. 대학에서 경영을 전공했기에 시도해보기로 결정했어요. 작은 건물을 임대하는 데 필요한 자금을 확보할 수 있었죠. **14** 저는 단 한 명의 셰프와 몇 명의 주방 직원과 종업원을 데리고 시작했지만 충성 고객층을 금세 확보했습니다. **15** 그리고 이번 달 말 저희 가게의 유명한 파스타 소스를 지역 슈퍼마켓에서 팔기 시작할 겁니다.

어휘 occasion 때, 경우 | passion 열정 | transform 변형하다, 완전히 바꾸다 | major 전공하다 | secure 확보하다, 획득하다 | fund 자금 | wait staff 종업원 | establish 확고히 하다, 수립하다 | loyal 충실한, 충성스러운 | customer base 고객층

13. What does the speaker mean when she says, "I majored in business in university"?

(A) She thinks people should earn a business degree.

(B) She plans to apply for a management position.

(C) She will be teaching some classes.

(D) She was confident about a choice.

화자는 왜 "대학에서 경영을 전공했기에"라고 말하는가?

(A) 사람들이 경영 학위를 따야 한다고 생각한다.

(B) 관리직에 지원할 계획이다.

(C) 일부 수업을 가르칠 것이다.

(D) 선택에 자신감이 있었다.

해설 화자가 하는 말의 의도를 묻고 있다. 인용 문장 앞뒤 내용을 핵심 단서로 삼는다. 담화 중반에 'I began thinking that this passion could transform into a career. (시간이 지나고 저는 이러한 열정을 경력으로 바꿀 수 있겠다고 생각하기 시작했습니다.)'라며, 'I majored in business in university, so I decided to try it out. (대학에서 경영을 전공했기에 시도해보기로 결정했어요)'라고 말한 것이므로 대학에서 경영학을 전공했다고 한 말은 본인의 결정에 자신감을 부여하기 위한 의도임을 알 수 있다. 따라서 (D)가 정답이다.

---

14. What type of business does the speaker most likely own?

(A) A restaurant

(B) A kitchen appliance store

(C) A farm

(D) A supermarket chain

화자는 어떤 종류의 업체를 소유하고 있겠는가?

(A) 식당

(B) 주방 용품 가게

(C) 농장

(D) 슈퍼마켓 체인

해설 화자가 소유하고 있을 업종을 묻는 문제로, 특정 업종과 관련된 단어/표현을 포착한다. 담화 중반에 'I started out with just one chef and several kitchen workers and wait staff but quickly established a loyal customer base. (저는 단 한 명의 셰프와 몇 명의 주방 직원과 종업원을 데리고 시작했지만 충성 고객층을 금세 확보했습니다.)'라고 하여 chef, kitchen workers 등을 토대로 화자가 레스토랑 소유주임을 알 수 있으므로 (A)가 정답이다.

---

15. What does the speaker say will happen later this month?

(A) A new employee will be trained.

(B) An advertisement campaign will begin.

(C) A customer survey will be distributed.

(D) A product will go on sale.

화자는 이달 말에 무슨 일이 있을 거라고 하는가?

(A) 신입 직원이 교육을 받는다.

(B) 광고 캠페인이 시작된다.

(C) 고객 설문조사가 배포된다.

(D) 한 제품이 판매될 것이다.

해설 이달 말에 일어날 일을 묻는 문제이다. later this month를 키워드로 삼아 단서를 포착한다. 담화 후반에 'And later this month, we'll start selling our famous pasta sauce at the local supermarket. (그리고 이번 달 말 저희 가게의 유명한 파스타 소스를 지역 슈퍼마켓에서 팔기 시작할 겁니다.)'라고 말했으므로 (D)가 정답이다.

Questions 16-18 refer to the following broadcast and map.

M Thank you for tuning in to MRX's morning news report. Fortunately, the storm is finally over. **16, 17** However, the heavy rain has caused some damage to the roads, and the intersection between Bloomfield Drive and Carrington Lane is blocked off for repairs. There is a lot of debris on that corner, and maintenance workers are doing their best to clear it. The Transportation Department stated that they aim to complete the work by 3 P.M. today. By the way, **18** this should not affect tomorrow's cycling competition through Bloomfield Drive, so don't worry. You can find more information about the competition on Haverton City's Web site.

16-18번은 다음 방송과 지도에 관한 문제입니다.

남 MRX의 아침 뉴스 보도를 시청해 주셔서 감사합니다. 다행히도, 태풍이 완전히 사라졌습니다. **16, 17** 하지만 강한 비로 도로가 피해를 입었고, Bloomfield 가와 Carrington 가의 교차로가 복원작업으로 통제되었습니다. 모퉁이에 잔해가 많으며, 정비 작업자들이 그것을 치우려고 최선을 다하고 있습니다. 교통부는 오늘 오후 3시까지 작업을 완료할 것이라고 말했습니다. 그러므로 **18** 이는 내일 Bloomfield 가에서 있을 사이클링 대회에 영향을 미치지 않을 것이니, 염려하지 마십시오. Haverton 시 웹 사이트에서 대회에 관한 더 많은 정보를 보실 수 있습니다.

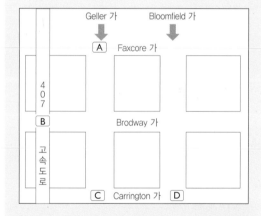

어휘 tune in 시청하다 I fortunately 다행히도 I storm 폭풍 I cause 초래하다, 야기하다 I damage 피해 I intersection 교차로 I block off 막다, 차단하다 I repair 수리 I debris 잔해 I maintenance 유지(보수) I clear 치우다 I transportation 교통, 수송 I department 부서 I state 말하다, 진술하다

16. What is the cause of a problem?

(A) A staff shortage

(B) Inclement weather

(C) A system error

(D) Building construction

문제의 원인은 무엇인가?

(A) 직원 부족

(B) 악천후

(C) 시스템 오류

(D) 건물 공사

해설 문제의 원인을 묻는 문제로 cause, problem을 키워드로 삼아 문제점을 언급하는 시그널 표현을 포착한다. 담화 초반에 'However, the heavy rain has caused some damage to the roads, and the intersection between Bloomfield Drive and Carrington Lane is blocked off for repairs. (하지만 강한 비로 도로가 피해를 입었고, Bloomfield 가와 Carrington 가의 교차로가 복원작업으로 통제되었습니다.)'라고 말했으므로 heavy rain이 문제의 원인임을 알 수 있다. 따라서 이를 inclement weather로 패러프레이징한 (B)가 정답이다.

---

17. Look at the graphic. Which area is the speaker describing?

(A) Area A

(B) Area B

(C) Area C

(D) Area D

시각 정보를 보시오. 화자는 어느 구역을 설명하는가?

(A) A구역

(B) B구역

(C) C구역

(D) D구역

해설 화자가 설명하는 구역을 묻는 문제이다. 담화 초반에 'However, the heavy rain has caused some damage to the roads, and the intersection between Bloomfield Drive and Carrington Lane is blocked off for repairs. (하지만 강한 비로 도로가 피해를 입었고, Bloomfield 가와 Carrington 가의 교차로가 복원작업으로 통제되었습니다.)'라고 말했고, 시각 정보 상에서 Bloomfield Drive와 Carrington Lane의 교차 지점은 'D'이므로 (D)가 정답이다.

---

18. According to the speaker, what will be held tomorrow?

(A) A city parade

(B) A business conference

(C) A sales event

(D) An athletic competition

화자에 따르면, 내일 무엇이 개최될 것인가?

(A) 도시 퍼레이드

(B) 기업 회의

(C) 판매 행사

(D) 운동 경기

해설 내일 개최될 행사를 묻는 문제로 held, tomorrow를 키워드로 삼아 단서를 포착한다. 담화 후반에 'this should not affect tomorrow's cycling competition through Bloomfield Drive (이는 내일 Bloomfield 가에서 있을 사이클링 대회에 영향을 미치지 않을 것이니)'라고 말한 부분을 토대로 내일 사이클링 대회가 열린다는 사실을 알 수 있으므로 cycling을 athletic으로 패러프레이징한 (D)가 정답이다.

UNIT 16. 전방위 문제 유형

Practice

본서 p.216

1. (C)	**2.** (D)	**3.** (A)	**4.** (B)	**5.** (A)	**6.** (A)
7. (D)	**8.** (B)	**9.** (C)	**10.** (A)	**11.** (A)	**12.** (A)
13. (B)	**14.** (B)	**15.** (D)	**16.** (D)	**17.** (C)	**18.** (B)

미국

Questions 1-3 refer to the following telephone message.

W Hi, Carlos. It's Olivia Herkins. **1** I'm calling you back about the company anniversary party I'm holding at your hotel. During our last discussion, you said I should tell you if I require extra furniture or other equipment. The current number of chairs and tables is fine. **2** But I do need more microphones. Also, **3** you said you could arrange an airport shuttle to pick up some of our guests, but we'll just use a rental vehicle. OK, I'll talk to you soon.

1-3번은 다음 전화메시지에 관한 문제입니다.

여 Carlos, 안녕하세요. 저는 Olivia Herkins에요. 귀사의 호텔에서 진행하는 **1** 회사 기념일 파티 관련 회신 전화를 드립니다. 지난번 논의 때, 여분의 가구나 다른 장비가 필요하면 말해달라고 하셨잖아요. 지금 의자와 탁자 수는 괜찮아요. **2** 하지만 마이크가 더 필요해요. 또한, **3** 저희 손님들을 데리러 갈 공항 셔틀을 마련해 주실 수 있다고 하셨는데요, 저희는 그냥 대여 차량을 이용할 예정입니다. 그럼, 곧 전화 드리겠습니다.

어휘 anniversary 기념일 | require 요구하다 | extra 추가의, 여분의 | equipment 장비 | current 현재의 | microphone 마이크 | arrange 주선하다, 마련하다 | rental 대여, 임대료 | vehicle 차량, 탈 것

---

1. What event is being discussed?

(A) A hotel opening

(B) A company workshop

(C) An anniversary celebration

(D) A retirement party

어떤 행사가 논의되고 있는가?

(A) 호텔 개관

(B) 회사 워크숍

(C) 기념일 축하 행사

(D) 은퇴 파티

해설 논의되고 있는 행사를 묻는 문제이다. 담화 초반에 'I'm calling you back about the company anniversary party (회사 기념일 파티 관련 회신 전화를 드립니다)'로 메시지를 시작하는 것으로 보아 회사 기념일 행사에 관한 내용이 논의될 것임을 알 수 있으므로 (C)가 정답이다.

2. What does the speaker request?

(A) A menu

(B) Some furniture

(C) A laptop

(D) Some microphones

화자는 무엇을 요구하는가?

(A) 메뉴

(B) 가구

(C) 노트북 컴퓨터

(D) 마이크

해설 화자가 요구하는 것을 묻는 문제로 요구 표현을 단서로 잡아낸다. 담화 중반에 'But I do need more microphones. (하지만 마이크가 더 필요해요.)'라고 말했으므로 (D)가 정답이다.

---

3. Why does the speaker say, "we'll just use a rental vehicle"?

(A) To turn down an offer

(B) To ask for a refund

(C) To request a discount

(D) To make a reservation

화자는 왜 "저희는 그냥 대여 차량을 이용할 예정입니다"라고 말하는가?

(A) 제안을 거절하기 위해

(B) 환불을 요청하기 위해

(C) 할인을 요청하기 위해

(D) 예약을 하기 위해

해설 화자가 그렇게 말한 의도를 파악하는 문제이다. 인용 문장 앞뒤 내용을 핵심 단서로 삼는다. 담화 후반에 'you said you could arrange an airport shuttle to pick up some of our guests (저희 손님들을 데리러 갈 공항 셔틀을 마련해 주실 수 있다고 하셨는데요)'라며, 'but we'll just use a rental vehicle (하지만 저희는 그냥 대여 차량을 이용할 예정입니다)'라고 말한 것이므로 공항 셔틀을 마련해 주겠다는 제안을 거절한 표현으로 이해할 수 있다. 따라서 (A)가 정답이다.

호주

Questions 4-6 refer to the following excerpt from a meeting.

M Welcome to today's meeting. **4** We're making good progress with the planning of our annual fundraising dinner gala, however, we are in need of additional sponsors. **5** Therefore, we'll be reaching out to businesses in the area, asking for donations. You'll each be given a list of possible local sponsors to contact. I realize that many of you don't have much experience with this type of work, and **6** I know you're going to have a lot of questions. The thing is, though, I'm still in the process of learning, which is why I've asked Jonah to come to give us some tips. He's been a part of several fundraising events.

4-6번은 다음 회의 발췌록에 관한 문제입니다.

남 오늘 회의에 잘 오셨습니다. **4** 연례 기금 모음 만찬 축제 기획은 좋은 진전을 보이고 있지만, 추가 후원자가 필요합니다. **5** 그래서 지역 사업체들에게 연락해서 기부를 요청할 겁니다. 여러분은 연락 가능한 지역 후원자들 목록을 각각 받게 될 겁니다. 여러분 다수가 이런 종류의 일을 경험해보지 못했다는 것을 알고 있고, **6** 질문이 많다는 것도 압니다. 하지만 저는 여전히 배우는 과정에 있기에 Jonah에게 부탁해 우리에게 조언을 해달라고 했습니다. 이분은 다수의 기금 모금 행사에서 일했습니다.

어휘 progress 진전, 진척 | annual 연례의, 매년의 | fundraising 모금 | additional 부가의, 추가의 | reach out ~에게 연락을 취하다 | donation 기부 | contact 연락하다 | process 과정 | tip (작은) 조언

---

4. What event is being discussed?

(A) A product launch celebration

(B) A fundraising party

(C) A business opening

(D) An employee welcome dinner

어떤 행사가 논의되고 있는가?

(A) 제품 출시 축하 행사

(B) 기금 모음 파티

(C) 회사 개업식

(D) 직원 환영 만찬

해설 논의되고 있는 행사를 묻는 문제로, 담화 초반부에서 특정 행사와 관련된 단어/표현을 포착한다. 'We're making good progress with the planning of our annual fundraising dinner gala (연례 기금 모음 만찬 축제 기획은 좋은 진전을 보이고 있습니다)'라고 말한 내용을 토대로 기금 모음 행사가 논의되고 있음을 알 수 있다. 따라서 (B)가 정답이다.

---

5. What does the speaker instruct the listeners to do?

(A) Get in touch with possible sponsors

(B) Distribute some brochures

(C) Arrange transportation for guests

(D) Look over some menu items

화자는 청자들에게 무엇을 하라고 안내하는가?

(A) 가능한 스폰서들에게 연락한다

(B) 안내책자를 나눠준다

(C) 손님들을 위해 교통수단을 마련한다

(D) 메뉴를 살펴본다

해설 화자가 청자들에게 안내하는 것을 묻는 문제이다. 담화 중반에 'Therefore, we'll be reaching out to businesses in the area, asking for donations. You'll each be given a list of possible local sponsors to contact. (그래서 지역 사업체들에게 연락해서 기부를 요청할 겁니다. 여러분은 연락 가능한 지역 스폰서들 목록을 각자 받게 될 겁니다.)'라고 말했으므로 contact를 get in touch로 패러프레이징한 (A)가 정답이다.

PART 4 UNIT 16

6. What does the speaker imply when he says, "I'm still in the process of learning"?

(A) He is unable to answer some questions.

(B) He will attend a training session.

(C) He does not understand some instructions.

(D) He is not happy with his assignment.

해설 화자는 "저는 여전히 배우는 과정에 있기에"라고 말할 때 무엇을 의도하는가?

(A) 일부 질문에 답변할 수 없다.

(B) 교육 시간에 참석할 것이다.

(C) 일부 안내를 이해하지 못했다.

(D) 자신의 업무가 마음에 들지 않는다.

해설 화자가 하는 말의 의도를 묻고 있다. 인용 문장 앞뒤 내용을 핵심 단서로 삼는다. 담화 후반에 'I know you're going to have a lot of questions. (질문이 많다는 것도 압니다.)'라며, 'The thing is, though, I'm still in the process of learning, which is why I've asked Jonah to come to give us some tips. He's been a part of several fundraising events. (하지만 저는 여전히 배우는 과정에 있기에 Jonah에게 부탁해 우리에게 조언을 해달라고 했습니다. 이분은 다수의 기금 모금 행사에서 일했습니다.)'라고 말한 것으로 보아 자신은 아직 배우는 과정이라 다 알지 못한다는 의미를 담은 것으로 이해할 수 있다. 따라서 (A)가 정답이다.

영국

Questions 7-9 refer to the following talk.

W Good afternoon, ladies and gentlemen. My associate, Dominic, and I are very happy to be at your firm today to explain our newest product. **7** Now, the food ordering application that you've developed allows people to have meals delivered even when they are not at their home address. Our smart tablet is perfect for your program. **8** When connected with your app, it will display the fastest delivery route. **9** We'd like to pass around some pamphlets, so you can read more about our product. Let's see... Dominic... I think the brochures are in your bag.

7-9번은 다음 담화에 관한 문제입니다.

여 신사 숙녀 여러분, 안녕하세요. 제 동료 Dominic과 저는 오늘 저희 회사의 최신 제품에 대해 귀사에서 설명하게 되어 아주 기쁩니다. **7** 귀사에서 개발하신 음식 주문 어플리케이션은 사람들이 집 주소지에 없을 때에도 식사를 배달하도록 해주죠. 저희의 스마트 태블릿은 귀사의 프로그램에 안성맞춤입니다. **8** 귀사의 어플리케이션과 연결되면 가장 빠른 배달 경로를 보여줄 수 있습니다. **9** 여러분이 저희 제품에 대해 더 읽어보실 수 있게 팜플렛 몇 장을 돌리려고 합니다. 저기 Dominic… 제 생각에는 안내책자가 당신 가방에 있는 것 같아요.

어휘 **associate** (사업, 직장) 동료 | **firm** 회사 | **meal** 식사 | **connect** 연결하다 | **display** 보여주다 | **route** 경로, 길

---

7. In what industry does the speaker most likely work?

(A) Finance

(B) Food

(C) Construction

(D) Technology

화자는 어떤 산업에 종사하겠는가?

(A) 금융

(B) 음식

(C) 건설

(D) 기술

해설 화자의 정체를 묻는 문제로, 특정 직업과 관련된 단어/표현을 포착한다. 담화 초반에 화자가 최신 제품을 설명하게 되어 기쁘다고 하면서, 'Now, the food ordering application that you've developed allows people to have meals delivered even when they are not at their home address. Our smart tablet is perfect for your program. (귀사에서 개발하신 음식 주문 어플리케이션은 사람들이 집 주소지에 없을 때에도 식사를 배달하도록 해주죠. 저희의 스마트 태블릿은 귀사의 프로그램에 안성맞춤입니다.)'라고 말한 내용을 토대로 화자가 스마트 태블릿을 개발하는 업종에 소속되어 있음을 알 수 있으므로 (D)가 정답이다.

---

8. According to the speaker, what can the smart tablets be used for?

(A) Tracking packages

(B) Planning a route

(C) Listening to music

(D) Designing presentations

화자의 말에 따르면, 스마트 태블릿은 무엇에 사용될 수 있는가?

(A) 소포 배송조회를 하는 것

(B) 경로를 계획하는 것

(C) 음악을 감상하는 것

(D) 발표 내용을 디자인하는 것

해설 스마트 태블릿이 사용될 수 있는 곳을 묻는 문제로 smart tablets를 키워드로 삼아 단서를 포착한다. 담화 중반부에, 'Our smart tablet is perfect for your program. When connected with your app, it will display the fastest delivery route. (저희의 스마트 태블릿은 귀사의 프로그램에 안성맞춤입니다. 어플리케이션과 연결되면 가장 빠른 배달 경로를 보여줄 수 있습니다.)'라고 말했으므로 (B)가 정답이다.

---

9. Why does the speaker say, "I think the brochures are in your bag"?

(A) To postpone a meeting

(B) To point out an error

(C) To request some help

(D) To express frustration

화자는 왜 "제 생각에는 안내책자가 당신 가방에 있는 것 같아요."라고 말하는가?

(A) 회의를 연기하기 위해

(B) 실수를 지적하기 위해

(C) 도움을 요청하기 위해

(D) 언짢음을 표현하기 위해

해설 화자가 그렇게 말한 의도를 파악하는 문제이다. 인용 문장 앞뒤 내용을 핵심 단서로 삼는다. 담화 후반에 'We'd like to pass around some pamphlets, so you can read more about our product. Let's see Dominic (여러분이 저희 제품에 대해 더 읽어보실 수 있게 팜플렛 몇 장을 돌리려고 합니다. 저기 Dominic…)'라고 Dominic을 부르며, 'I think the brochures are in your bag. (제 생각에는 안내책자가 당신 가방에 있는 것 같아요.)'라고 말한 것이므로 Dominic에게 가방에서 안내책자를 꺼내 달라는 의미로 판단할 수 있다. 따라서 (C)가 정답이다.

미국

Questions 10-12 refer to the following tour information and floor plan.

M **10** We hope you've enjoyed this tour of tulips and lilies. **11** If you're interested in finding out more about this exhibition, you'll definitely want to drop by our main office on the first floor. There, you can grab a complimentary guidebook that will give you the information you need. Anyway, we encourage you to continue exploring the other gardens. Just follow the signs on this map. If you don't have much time, be sure to **12** check out the tropical tree exhibition as it won't take too long. It's right next to the stairs to the first floor. And please remember, flash photography is prohibited.

10-12번은 다음 관광 정보와 평면도에 관한 문제입니다.

남 **10** 여러분께서 이번 튤립과 백합 투어에서 즐거운 시간을 보내셨기를 바랍니다. **11** 이 전시회에 대해서 더 알고 싶은 분이 있다면, 1층에 위치한 저희 본사 사무실로 들러주시기 바랍니다. 그곳에서, 필요하신 정보를 제공하는 안내 책자를 무료로 가져가실 수 있습니다. 아무쪼록, 여러분들께 계속해서 다른 정원들도 답사하시기를 권해드립니다. 이 지도에 있는 표지들만 따라가시면 됩니다. 시간이 부족하시다면 **12** 열대 나무 전시회는 그렇게 오래 걸리지 않을 테니 꼭 한번 보고 가시기 바랍니다. 1층 계단 바로 옆 쪽에서 진행 중입니다. 그리고 플래시 촬영은 금지된다는 점 다시 한번 명심해 주십시오.

어휘 definitely 분명히, 틀림없이 | grab 잡다, 움켜잡다 | complimentary 무료의 | explore 답사[탐사]하다 | tropical 열대의 | prohibit 금하다, 금지하다 | staircase 계단 | article (신문, 잡지의) 기사

---

10. What did listeners just see on the tour?

(A) Flowers

(B) Trees

(C) Ponds

(D) Fountains

청자들이 투어에서 지금 막 보고 온 것은 무엇인가?

(A) 꽃

(B) 나무

(C) 연못

(D) 분수

해설 청자들이 투어에서 보고 온 것을 묻는 질문이다. 담화의 도입부에서 화자는 'We hope you've enjoyed this tour of tulips and lilies. (여러분께서 이번 튤립과 백합 투어에서 즐거운 시간을 보내셨기를 바랍니다.)'라고 언급하였으므로 청자들이 방금 막 화원 투어를 마쳤음을 알 수 있다. 따라서 정답은 (A)이다.

11. What does the speaker suggest listeners do to find out more about the exhibition?

(A) Pick up a free book

(B) Watch a video

(C) Read an online article

(D) Speak to a guide

화자는 청자들이 전시회에 대해 더 알아보기 위해 무엇을 하기를 권하는가?

(A) 무료 책자를 가져간다

(B) 비디오를 시청한다

(C) 온라인 기사를 읽는다

(D) 가이드와 상의한다

해설 전시회에 대해 더 알아볼 사항을 묻는 질문으로, find out more about을 키워드로 잡고 정답의 단서를 찾으면 된다. 화자가 'If you're interested in finding out more about this exhibition, you'll definitely want to drop by our main office on the first floor. There, you can grab a complimentary guidebook that will give you the information you need. (이 전시회에 대해서 더 알고 싶은 분이 계시다면, 1층에 위치한 저희 본사로 들러주시기 바랍니다. 그곳에서, 필요하신 정보를 제공하는 안내 책자를 무료로 가져가실 수 있습니다.)'라고 말하고 있으므로, 무료 안내 책자를 보면 전시회와 관련한 추가 정보를 얻을 수 있음을 알 수 있다. 따라서 정답은 (A)이다.

12. Look at the graphic. In which area can listeners view tropical trees?

(A) Area A

(B) Area B

(C) Area C

(D) Area D

시각 정보를 보시오. 청자들이 열대 나무를 볼 수 있는 구역은 어디인가?

(A) A 구역

(B) B 구역

(C) C 구역

(D) D 구역

해설 시각 정보 연계 문제이다. 담화의 후반부에 'check out the tropical tree exhibition as it won't take too long. It's right next to the stairs to the first floor. (열대 나무 전시회는 그렇게 오래 걸리지 않을 테니 꼭 한번 보고 가시기 바랍니다. 1층 계단 바로 옆 쪽에서 진행 중입니다.)'라고 언급되었으므로, 시각 정보에서 1층으로 향하는 계단을 빠르게 찾으면, Right next to ~가 들리는 순간 바로 (A)를 정답으로 체크할 수 있다.

미국

Questions 13-15 refer to the following excerpt from a workshop and table of contents.

W I'm glad everyone could make it to the second day of our training session on installing the Hydro-Five water heater. By the way, **13, 14** I want to thank all of you for completing the survey after the overview yesterday. It was helpful to know what everyone thought about the session and what other things I should cover throughout the workshop. OK, now, **14** we'll be reviewing the next section today, please open your guides and turn to page 15. The first of today's sessions will be held here in this conference room. **15** Then, after we come back from lunch, we'll go to the event hall to practice with an actual water heater.

13-15번은 다음 워크숍 발췌문과 목차에 관한 문제입니다.

W Hydro-Five 온수기 설치에 관한 트레이닝 과정 둘째 날까지 모두들 와주셔서 기쁩니다. 그나저나, **13, 14** 어제의 개략적인 설명 후에 설문조사를 작성해 주신 데 대해 모든 분들께 감사를 드리고 싶습니다. 모든 분들이 과정에 대해 어떻게 생각 하는가와 워크숍 동안 제가 반드시 다루어야 할 다른 것들에 대해 알게 되는데 도움이 되었습니다. 좋습니다. 그럼 **14** 오늘은 다음 부분을 살펴볼 겁니다. 안내서를 열고 15페이지로 넘기세요. 오늘 첫 번째 과정은 여기 이 회의실에서 열릴 겁니다. **15** 그런 다음 점심식사에서 돌아온 후 실제 온수기로 연습할 수 있도록 이벤트 홀에 가겠습니다.

Hydro-Five 온수기
설치 안내서

목차
2쪽: 개요
15쪽: 단계
45쪽: 지원
56쪽: 연락처

어휘 make it to ~에 가다 | install 설치하다 | water heater 온수기 | overview 개요, 개관 | helpful 도움이 되는 | session (특정 활동을 위한) 시간 | cover 다루다, 포함하다 | review 검토하다 | hold 개최하다

---

13. What does the speaker thank the listeners for?

(A) Selling many products

(B) Providing some feedback

(C) Purchasing some guides

(D) Wearing safety gear

화자는 청자들에게 무엇을 고마워하는가?

(A) 많은 제품들을 판매한 것

(B) 피드백을 제공한 것

(C) 안내서를 구매한 것

(D) 안전 장비를 착용한 것

해설 화자가 청자들에게 고마워 하는 것을 묻는 문제이다. 질문의 thank를 키워드로 삼아 단서를 포착한다. 담화 초반에 'I want to thank all of you for completing the survey after the overview yesterday. (어제의 개략적인 설명 후에 설문조사를 작성해 주신 데 대해 모든 분들께 감사를 드리고 싶습니다.)'라고 말했으므로 completing the survey를 feedback으로 패러프레이징한 (B)가 정답이다.

---

14. Look at the graphic. Which section will the speaker discuss today?

(A) Overview

(B) Steps

(C) Support

(D) Contact

시각 정보를 보시오. 오늘 화자가 논의하는 것은 어느 부분인가?

(A) 개요

(B) 단계

(C) 지원

(D) 연락처

해설 오늘 논의할 섹션을 묻는 문제이다. 담화 초반의 'I want to thank all of you for completing the survey after the overview yesterday. (어제의 개략적인 설명 후에 설문조사를 완료해 주신 데 대해 모든 분들께 감사를 드리고 싶습니다.)'와 담화 중반의 'we'll be reviewing the next section today, please open your guides and turn to page 15. (오늘은 다음 부분을 살펴볼 겁니다. 안내서를 열고 15페이지로 넘기세요.)'를 토대로 오늘은 Overview 다음 부분인 15페이지를 살펴본다고 했고 시각 정보 상에서 Page 15를 확인하면 오늘 논의할 내용이 'Steps'임을 알 수 있다. 따라서 (B)가 정답이다.

---

15. What does the speaker mention about the afternoon session?

(A) It will feature a famous speaker.

(B) It will include snacks and beverages.

(C) It will be moved to a different date.

(D) It will be held in another location.

오후 일정에 관하여 화자가 언급한 것은 무엇인가?

(A) 유명한 연사를 출연시킬 것이다.

(B) 간식과 음료를 포함할 것이다.

(C) 다른 날짜로 옮겨질 것이다.

(D) 다른 장소에서 열릴 것이다.

해설 오후 시간에 관하여 화자가 언급한 것을 묻는 문제로 afternoon session을 키워드로 삼아 단서를 포착한다. 담화 후반에 'Then, after we come back from lunch, we'll go to the event hall to practice with an actual water heater. (그런 다음 점심식사에서 돌아온 후 실제 온수기로 연습할 수 있도록 이벤트 홀에 가겠습니다.)'라고 하여 after we come back from lunch를 듣고 afternoon session에 대한 내용이 언급될 것을 짐작하고 들으면, 실제 온수기 연습을 위해 이벤트홀로 갈 거라고 했으므로 event hall을 another location으로 패러프레이징한 (D)가 정답이다.

미국

Questions 16-18 refer to the following excerpt from a meeting and chart.

Ⓜ Hello, everyone. The results from our recent market test are in. **16** And surprisingly, the majority of users did not find it difficult to use our music streaming application. I'm also happy to say that nearly all of them enjoyed our application's features. **17** In particular, they really liked our search engine because it let them quickly find the music they wanted to hear. There's one thing that concerns me, though. If you look at this graph, the responses of the users differ from town to town. **18** Jenna, do you mind finding out why this particular city's residents were the least satisfied with our application? Once we know the reason, we can use it to improve our program.

16-18번은 다음 회의 발췌록과 도표에 관한 문제입니다.

🔊 여러분, 안녕하세요. 최근의 시장성 테스트 결과가 들어왔습니다. **16** 그리고 놀랍게도, 사용자의 대부분은 우리의 음악 스트리밍 어플리케이션을 사용하는 것이 어렵다고 생각하지 않았습니다. 이들 중 거의 모두가 우리 어플리케이션의 기능들을 즐겁게 사용했다고 말할 수 있게 되어 기쁩니다. **17** 특히, 검색 엔진을 정말 좋아했는데, 자신들이 듣고 싶어 하는 음악을 빨리 찾을 수 있게 해주기 때문입니다. 그런데 한 가지 걱정되는 게 있습니다. 이 그래프를 보시면, 사용자들의 응답이 도시마다 다릅니다. **18** Jenna, 왜 이 특정 도시의 주민들이 우리의 어플리케이션을 가장 만족스럽지 않게 여겼는지 알아봐줄 수 있어요? 그 이유를 알게 되면, 우리 프로그램 향상을 위해 쓸 수 있을 겁니다.

도시별 사용자 등급

사용자 등급 (y축), 참가 도시 (x축): Polyfield, Sharton Grove, Samsville, Fera Creek

어휘 majority (특정 집단 내에서) 가장 많은 수 | music streaming application 음원 재생 어플리케이션 | in particular 특히, 특별히 | search engine 검색 엔진 | differ from town to town 도시마다 다르다 | platform 플랫폼 (사용 기반이 되는 컴퓨터 시스템, 소프트웨어) | high-quality 고품질의 | investigate 조사하다

16. What does the speaker say he is surprised about?
(A) The change in a project deadline
(B) The sudden decrease in sales
(C) The price of a new item
(D) The easy use of a program

화자는 무엇에 대해 놀랐다고 말하는가?
(A) 프로젝트 마감일 변경
(B) 갑작스러운 판매 감소
(C) 신제품 가격
(D) 프로그램의 쉬운 사용

해설 화자가 무엇에 대해 놀랐는지 세부사항을 묻는 질문이다. 문제에 surprised라는 키워드가 있기 때문에 surprisingly가 들리는 두 번째 문장에서 정답을 알아낼 수 있다. 'And surprisingly, the majority of users did not find it difficult to use our music streaming application. (그리고 놀랍게도, 사용자의 대부분은 우리의 음악 스트리밍 어플리케이션 사용하는 것이 어렵다 생각하지 않았습니다.)'이라고 말했으므로 이 부분을 패러프레이징 한 (D)가 정답이다.

17. What feature of the application does the speaker say is popular?
(A) Its payment platform
(B) Its high-quality music
(C) Its search engine
(D) Its user reviews

화자는 어플리케이션의 어떤 점이 인기가 많다고 말하는가?
(A) 결제 플랫폼
(B) 고품질 음악
(C) 검색 엔진
(D) 사용자 리뷰

해설 어플리케이션이 어떤 면에서 인기가 많았는지 묻는 질문이다. 질문의 popular를 키워드로 잡고 관련 어휘를 포착해야 한다. 담화의 중반부에서 화자가 'In particular, they really liked our search engine (특히, 검색 엔진을 정말 좋아했는데)'이라고 말했기 때문에 이 부분이 그대로 써있는 (C)를 정답으로 선택하면 된다.

18. Look at the graphic. What town does the speaker ask Jenna to investigate?
(A) Polyfield
(B) Sharton Grove
(C) Samsville
(D) Fera Creek

시각 정보를 보시오. 화자는 Jenna에게 어떤 도시를 조사하라고 요청하는가?

(A) Polyfield
(B) Sharton Grove
(C) Samsville
(D) Fera Creek

해설 화자가 청자에게 조사를 요청하는 도시를 묻는 시각 정보 연계 문제이다. 우선 화자가 Jenna에게 부탁하는 사항이 나와있는 문장 'Jenna, do you mind finding out why this particular city's residents were the least satisfied with our application? (Jenna, 왜 이 특정 도시의 주민들이 우리의 어플리케이션을 가장 만족스럽지 않게 여겼는지 알아봐줄 수 있어요?)'에서 finding out이 문제에서 investigate로 바뀌어 있다는 것을 간파한 후에 표를 보면서 어플리케이션에 대한 만족도가 가장 낮은 (the least satisfied with our application) 도시를 찾아내야 한다. 표에서 막대가 가장 낮은 도시는 Sharton Grove이므로 (B)가 정답이다.

UNIT 17. 전화·녹음 메시지

Practice
본서 p.222

1. (D)	2. (A)	3. (A)	4. (C)	5. (A)	6. (D)
7. (C)	8. (B)	9. (D)	10. (C)	11. (A)	12. (C)
13. (B)	14. (C)	15. (A)	16. (B)	17. (D)	18. (C)

미국

Questions 1-3 refer to the following telephone message.

M Hi, it's Vernon Caldwell. I'm leaving you a message regarding the **1** party your bookstore is holding this Friday evening for Brandie Wickers. I wanted to confirm my attendance, and **1** I can't wait to receive a signed copy of her latest novel. I do want to check something, though. **2** I'm aware that this is an exclusive event, but I wanted to see if I could invite a friend. She really admires Ms. Wickers, and **3** I was hoping you could put her on the list of attendees.

1-3번은 다음 전화 메시지에 관한 문제입니다.

남 안녕하세요. 저는 Vernon Caldwell입니다. **1** 이번 주 금요일 저녁 Brandie Wickers를 위해 당신의 서점에서 개최하는 파티에 관한 메시지를 남겨 드립니다. 제 참석을 확정해 드리고 싶기도 하고 **1** 사인이 들어간 그녀의 신작 소설을 빨리 받고 싶어요. 그런데 확인하고 싶은 게 있는데요. **2** 이번 행사가 독점적인 행사라는 건 알긴 하지만, 친구 한 명을 초대할 수 있는지 알고 싶어요. 그녀가 Ms. Wickers를 정말로 존경하거든요. **3** 당신이 그녀를 참석자 명단에 넣어주시면 좋겠네요.

어휘 hold 열다, 개최하다 | confirm 확인하다, 확정하다 | attendance 참석 | copy 사본, 한 부 | latest 최신의 | aware 인지하는, 알고 있는 | exclusive 독점적인; 배타적인 | admire 존경하다, 우러러보다 | attendee 참석자 | refer 참고하다; 추천하다

1. Who is Brandie Wickers?
   (A) A reporter
   (B) A bookstore manager
   (C) A party planner
   (D) An author

   Brandie Wickers는 누구인가?
   (A) 기자
   (B) 서점 매니저
   (C) 파티 기획자
   (D) 작가

해설 Brandie Wickers의 정체를 묻는 문제로, Brandie Wickers를 키워
드로 삼아 단서를 포착한다. 담화 초반의 'party your bookstore is
holding this Friday evening for Brandie Wickers (이번 주 금요
일 저녁 Brandie Wickers를 위해 당신의 서점에서 개최하는 파티)'와
담화 중반의 'I can't wait to receive a signed copy of her latest
novel. (사인이 들어간 그녀의 신작 소설을 빨리 받고 싶어서요.)'를 토
대로 Brandie Wickers가 소설가임을 알 수 있으므로 (D)가 정답이다.

---

2. Why does the speaker mention his friend?

(A) She would like to go to an event.

(B) She recently submitted a job application.

(C) She just moved to a new city.

(D) She was selected as a guest speaker.

화자는 왜 그의 친구를 언급하는가?

(A) 행사에 가고 싶어 한다.

(B) 최근에 입사 지원서를 제출했다.

(C) 새 도시로 막 이사했다.

(D) 초청 연사로 선택되었다.

해설 화자가 그의 친구를 언급한 이유를 묻는 문제. friend를 키워드로 삼아
단서를 포착한다. 담화 중반에 'I'm aware that this is an exclusive
event, but I wanted to see if I could invite a friend. She really
admires Ms. Wickers (이번 행사가 독점적인 행사라는 건 알긴 하지
만, 친구 한 명을 초대할 수 있는지 알고 싶어요. 그녀가 Ms. Wickers
를 정말로 존경하거든요)'라고 말한 내용을 토대로 화자의 친구가 Ms.
Wickers의 행사에 가고 싶어 한다는 사실을 알 수 있다. 따라서 (A)가
정답이다.

---

3. What does the speaker ask the listener to do?

(A) Update a list

(B) Reserve an item

(C) Refer a business

(D) Check a schedule

화자는 청자에게 무엇을 하라고 요청하는가?

(A) 명단을 업데이트한다

(B) 물품을 예약한다

(C) 업체를 추천한다

(D) 일정을 확인한다

해설 청자에게 요청하는 것을 묻는 문제. 요청 표현을 시그널로 잡고 단서를
포착한다. 담화 후반에 'I was hoping you could put her on the
list of attendees. (당신이 그녀를 참석자 명단에 넣어주시면 좋겠네
요.)'라고 말했으므로 (A)가 정답이다.

Questions 4-6 refer to the following recorded message.

W You have reached Fogerty Art Hall's box office. **4** We are sorry to inform you that tickets for tomorrow's production of *Metal Bill* are sold out. But **5** we have a special performance this Friday evening. *Broken Wings* will be presented on the outdoor stage by the rear entrance of the Fogerty Art Hall. Tickets for this outdoor play cost 15 dollars, but **6** there is a discount if you buy them in advance. For more details, please visit our Web site at fogertyarthall.com.

4-6번은 다음 녹음 메시지에 관한 문제입니다.

CH Fogerty 예술회관 매표소에 전화하셨습니다. **4** 내일 〈Metal Bill〉
상연 입장권이 매진되었음을 알려드리게 되어 죄송합니다. 그러나 **5**
이번 주 금요일 밤에 특별 공연이 있습니다. 〈Broken Wings〉가
Forgerty 예술회관 뒷문 옆에 있는 야외 무대에서 상연될 것입니다.
이 야외 연극은 15달러지만, **6** 사전에 구매하시면 할인을 받으실 수
있습니다. 더 자세한 사항을 위해서는, 저희 웹사이트 fogertyarthall.
com을 방문해 주세요

어휘 reach (특히 전화로) 연락하다 | production (연극·오페라의)
상연 | sold out 매진된 | rear 뒤쪽의 | outdoor 야외의 | in
advance 사전에

---

4. Why does the speaker apologize?

(A) A venue has been changed.

(B) A performance has been canceled.

(C) Some tickets are unavailable.

(D) Some singers have been replaced.

화자는 왜 사과를 하는가?

(A) 장소가 변경되었다.

(B) 공연이 취소되었다.

(C) 티켓을 구할 수 없었다.

(D) 가수들 일부가 교체되었다.

해설 화자가 사과하는 이유에 대해 묻는 질문이다. 질문의 apologize
를 키워드로 잡아 사과하는 표현을 단서로 포착하면 정답이 보인
다. 'We are sorry to inform you that tickets for tomorrow's
production of *Metal Bill* are sold out. (내일 〈Metal Bill〉 상연 입
장권이 매진되었다는 걸 알려드리게 되어 죄송합니다.)' 지문의 sold
out이 unavailable로 패러프레이징된 (C)가 정답이다.

---

5. What will take place on Friday night?

(A) An outdoor play

(B) A facility tour

(C) A dance contest

(D) A gallery opening

금요일 밤에 무슨 일이 일어날 것인가?

(A) 야외 연극

(B) 시설 견학

(C) 춤 경연대회

(D) 미술관 개관

해설 금요일 밤에 일어날 일에 대해 묻는 질문이다. 미래 행동·다음에 발생할 일의 유형이므로 후반부에 집중하고, Friday night을 키워드로 삼아 해당 내용을 포착하면 정답 단서를 찾을 수 있다. 'we have a special performance this Friday evening. *Broken Wings* will be presented on the outdoor stage by the rear entrance of the Fogerty Art Hall. Tickets for this outdoor play cost 15 dollars. (이번 주 금요일 밤에 특별 공연이 있습니다. 〈Broken Wings〉가 Forgerty 예술회관 뒷문 옆에 있는 야외 무대에서 상연될 것입니다. 이 야외 연극은 15달러입니다만)'에서 this outdoor play라고 하였으므로 그대로 (A)를 정답으로 고르면 된다.

---

6. How does the speaker say people can save money?

(A) By getting a membership

(B) By attending during the day

(C) By registering as a group

(D) By purchasing tickets in advance

화자는 사람들이 어떻게 돈을 절약할 수 있다고 말하는가?

(A) 회원으로 등록함으로써

(B) 낮에 참석함으로써

(C) 단체로 등록함으로써

(D) 입장권을 미리 구매함으로써

해설 돈을 절약하는 방법에 대해 묻는 질문이다. save money를 키워드로 잡고 들으면 단서가 보인다. 'there is a discount if you buy them in advance. (사전 구매를 하면 할인을 받을 수 있습니다.)'라고 하였으므로 문제의 save money를 discount로 패러프레이징한 뒤의 문장을 듣고, 담화의 buy를 purchasing으로 패러프레이징 된 선택지 (D)를 정답으로 체크할 수 있다.

호주

Questions 7-9 refer to the following telephone message.

M Hello, my name is Jackson Rivers. I'm a manager at Neutron Energy, and **7** I'm contacting you in regard to the event that we're holding at your restaurant this Thursday. **8** As I mentioned, the company is honoring the retirement of our CEO that day, but we need to make a last-minute change. We are expecting more people than we originally thought, so I think we'll need a different room. **9** We initially booked the Von Rose Room for 25 people, but we'll now need a private area that could accommodate up to 35 guests. Please give me a call as soon as you can at 555-1972 to let me know if this is possible. Thank you.

7-9번은 다음 전화 메시지에 관한 문제입니다.

M 안녕하세요, Jackson Rivers라고 합니다. Neutron Energy의 매니저이고, **7** 귀하의 레스토랑에서 이번 목요일에 개최할 행사에 관련해 연락 드립니다. **8** 제가 말씀드렸듯 저희 회사는 그날 CEO의 은퇴를 기리려고 하지만 급하게 변경할 것이 있습니다. 원래 생각했던 것보다 더 많은 사람들이 예상되어서 다른 방이 필요할 것 같네요. **9** 원래 25명을 위해 Von Rose 방을 예약했지만 이제 35명의 손님을 수용할 수 있는 전용 공간이 필요합니다. 이것이 가능하다면 할 수 있으신 한 빨리 555-1972로 연락 주십시오. 감사합니다.

어휘 in regard to ~와 관련하여 | honor 기리다 | retirement 은퇴 | last-minute 막바지의 | originally 원래 | initially 원래, 처음에 | book 예약하다 | private 사적인, 개인의 | accommodate 수용하다

---

7. Who most likely is the listener?

(A) A factory worker

(B) A construction supervisor

(C) A restaurant employee

(D) A hotel manager

청자는 누구이겠는가?

(A) 공장 직원

(B) 건설 관리자

(C) 레스토랑 직원

(D) 호텔 매니저

해설 청자의 정체를 묻는 문제이다. 메시지 초반에 청자의 특정 직업과 관련된 단어나 표현을 포착한다. 화자가 'I'm contacting you in regard to the event that we're holding at your restaurant this Thursday. (귀하의 레스토랑에서 이번 목요일에 개최할 행사에 관련해 연락 드립니다.)'라고 했으므로 (C)가 정답이다.

---

8. What does the speaker say will be held on Thursday?

(A) An awards ceremony

(B) A retirement party

(C) A management workshop

(D) A graduation celebration

화자는 목요일에 무엇이 열린다고 말하는가?

(A) 시상식

(B) 은퇴 파티

(C) 운영 워크숍

(D) 졸업식

해설 'on Thursday'를 키워드로 삼아 단서를 포착한다. 'I'm contacting you in regard to the event that we're holding at your restaurant this Thursday. As I mentioned, the company is honoring the retirement of our CEO that day (귀하의 레스토랑에서 이번 목요일에 개최할 행사에 관련해 연락 드립니다. 제가 말씀드렸듯 저희 회사는 그날 CEO의 은퇴를 기리려고 합니다)'라고 말했으므로 목요일에 CEO의 은퇴 행사를 할 것임을 알 수 있다. 따라서 (B)가 정답이다.

9. What does the speaker ask about?

고난도 (A) Revising an invoice

(B) Hiring more workers

(C) Setting up some equipment

(D) Booking a bigger space

화자는 무엇에 관해 묻는가?

(A) 청구서 변경하기

(B) 더 많은 직원 고용하기

(C) 장비 설치하기

(D) 더 큰 장소 예약하기

해설 'ask'를 키워드로 삼아 단서를 포착한다. 담화 후반에 'We initially booked the Von Rose Room for 25 people, but we'll now need a private area that could accommodate up to 35 guests. Please give me a call as soon as you can at 555-1972 to let me know if this is possible. (원래 25명을 위해 Von Rose 방을 예약했지만 이제 35명의 손님을 수용할 수 있는 전용 공간이 필요합니다. 이것이 가능하다면 할 수 있으신 한 빨리 555-1972로 연락 주십시오.)'라고 말했으므로 (D)가 정답이다.

미국

Questions 10-12 refer to the following telephone message.

W Good morning. My name is Paige Yeargin. I am an executive sales agent from Attractmore Industries. **10** I'm calling in regard to your email. I see that you are interested in purchasing some of our custom stickers, which are great for marketing purposes. **11** And this week, we are offering free shipping on all orders over $150. **12** I understand that you have a promotional event in a few weeks. Creating a design takes more time than you think, so please give me a call as soon as possible. We should talk about what kind of sticker you want. You can reach me at 555-4920.

10-12번은 다음 전화 메시지에 관한 문제입니다.

여 안녕하세요. 제 이름은 Paige Yeargin입니다. Attractmore 산업의 판매 총책임자예요. **10** 귀하의 이메일과 관련해 전화 드렸습니다. 마케팅 목적에 아주 좋은 저희 주문 제작 스티커 구매에 관심이 있으시군요. **11** 그리고 이번 주에 저희 회사에서 150달러가 넘는 모든 주문에 무료 배송을 제공하고 있습니다. **12** 몇 주 뒤 할인 행사를 개최하신다고 알고 있습니다. 디자인 고안은 예상보다 시간이 더 걸릴 수도 있으니, 되도록 빨리 전화 주십시오. 어떤 종류의 스티커를 원하시는지 이야기해야 합니다. 제 번호는 555-4920입니다.

어휘 executive sales agent 판매 총책임자 I custom 주문 제작한 I shipping 배송 I promotional 할인의, 홍보의

---

10. What is the speaker calling about?

(A) Posters

(B) Business cards

(C) Stickers

(D) Packaging boxes

화자는 무엇에 관해 전화하는가?

(A) 포스터

(B) 명함

(C) 스티커

(D) 포장 상자

해설 화자가 전화 건 용건을 묻는 문제이다. 전화 건 목적을 나타내는 시그널 표현을 캐치하여 단서를 포착한다. 담화 초반에 'I'm calling in regard to your email. I see that you are interested in purchasing some of our custom stickers. (귀하의 이메일과 관련해 전화 드렸습니다. 저희 주문 제작 스티커 구매에 관심이 있으시군요.)'라고 말했으므로 (C)가 정답이다.

---

11. What is offered to the listener?

(A) Complimentary shipping

(B) On-site installation

(C) A gift certificate

(D) A product sample

청자에게 무엇이 제공되는가?

(A) 무료 배송

(B) 현장 설치

(C) 상품권

(D) 제품 샘플

해설 청자에게 제공되는 것을 묻는 문제로 offer를 키워드로 삼아 단서를 포착한다. 'And this week, we are offering free shipping on all orders over $150. (그리고 이번 주에 저희 회사에서 150달러가 넘는 모든 주문에 무료 배송을 제공하고 있습니다.)'라고 말했으므로 free를 complimentary으로 패러프레이징한 (A)가 정답이다.

---

12. What does the speaker imply when she says, "Creating a design takes more time than you think"?

(A) Returns are not allowed.

(B) A design cannot be revised.

(C) A decision must be made soon.

(D) More workers might be required.

화자는 "디자인 고안은 예상보다 시간이 더 걸릴 수도 있습니다"라고 말할 때 무엇을 의도하는가?

(A) 반품은 허가되지 않는다.

(B) 디자인은 수정할 수 없다.

(C) 곧 결정을 내려야 한다.

(D) 더 많은 직원들이 필요할 수도 있다.

해설 화자가 그렇게 말한 의도를 파악하는 문제이다. 인용 문장 앞뒤 내용을 핵심 단서로 삼는다. 담화 후반에 'I understand that you have a promotional event in a few weeks. ~ so please give me a call as soon as possible. We should talk about what kind of

111

sticker you want. (몇 주 뒤 할인 행사를 개최하신다고 알고 있습니다. ~ 되도록 빨리 전화 주십시오. 어떤 종류의 스티커를 원하시는지 이야기해야 합니다.)'라고 하며, 'Creating a design takes more time than you think (디자인 고안은 예상보다 시간이 더 걸릴 수도 있으니)'라고 말한 것이므로 원하는 스티커가 빨리 결정되어야 일정을 맞출 수 있다는 의미를 내포하고 있다. 따라서 (C)가 정답이다.

Questions 13-15 refer to the following telephone message.

W Hi, Robert. **13** It's Kelly Stevens from the Westmont Library. **14** I'd like to thank you for wanting to assist with our charity dinner this weekend. We actually have plenty of help for the event, but if you're interested in future volunteer opportunities, we do post that information in our free monthly electronic newsletter. **15** Just visit the Community section of our Web site and complete a membership form. We email the newsletter on the first of every month, so you'll know which opportunities are available in advance. If you have any other questions, feel free to contact me.

13-15번은 다음 전화 메시지에 관한 문제입니다.

여 안녕하세요, Robert. **13** Westmont 도서관의 Kelly Stevens입니다. **14** 이번 주말 저희의 자선 만찬에 도움을 주시겠다고 해주셔서 감사합니다. 사실 이번 행사에서는 저희를 도와주실 분들이 많이 있어요. 그래도 앞으로 있을 자원 봉사 기회에 관심이 있으시다면 저희가 무료 월간 온라인 회보에 정보를 게시한다는 점을 알아주시기 바랍니다. **15** 저희 웹사이트의 커뮤니티 섹션에 들어가셔서 회원가입 양식을 작성하시기만 하면 됩니다. 회보는 매월 1일 이메일로 보내드리오니 어떤 기회가 있는지 사전에 아시게 될 것입니다. 기타 문의사항이 있으실 때는 언제든 저에게 연락주시기 바랍니다.

어휘 assist with ~을 돕다 | charity dinner 자선 만찬 | plenty of 많은 | volunteer 자원 봉사자 | opportunity 기회 | electronic newsletter 온라인 소식지 | publishing company 출판사

13. Where does Ms. Stevens work?
(A) At a publishing company
(B) At a library
(C) At a restaurant
(D) At a community center

Ms. Stevens는 어디에서 근무하는가?
(A) 출판사
(B) 도서관
(C) 식당
(D) 지역 주민회관

해설 화자가 근무하는 장소를 묻는 질문이다. 주로 화자의 직업이나 장소는 첫 문장에 단서가 등장한다는 사실을 염두하자. 담화의 초반부에 화자는 'It's Kelly Stevens from the Westmont Library. (Westmont 도서관의 Kelly Stevens입니다.)'라고 말했으므로 Ms. Stevens는 도서관 직원이라는 것을 쉽게 알 수 있다. (B)를 정답으로 빠르게 체크하자.

---

14. Why does Ms. Stevens say, "We actually have plenty of help for the event"?
(A) To invite Robert to an event
(B) To make changes to a schedule
(C) To turn down an offer
(D) To check an employee's availability

Mr. Stevens는 왜 "사실 이번 행사에서는 저희를 도와주실 분들이 많이 있습니다"라고 말하는가?
(A) Robert를 행사에 초대하기 위해
(B) 일정을 변경하기 위해
(C) 제안을 거절하기 위해
(D) 어떤 직원이 시간이 있는지 확인하기 위해

해설 화자가 하는 말의 의도를 묻고 있다. 질문에 주어진 문장을 키워드로 삼아 정답의 단서를 찾는다. 화자는 'I'd like to thank you for wanting to assist with our charity dinner this weekend. (이번 주말 저희의 자선 만찬에 도움을 주시겠다고 해주셔서 감사합니다.)'라는 말에 이어서 질문의 문장 'We actually have plenty of help for the event, but if you're interested in future volunteer opportunities ~ (사실 이번 행사에서는 저희를 도와주실 분들이 많이 있지만, 앞으로 있을 자원 봉사 기회에 관심이 있으시다면 ~)'라고 말하고 있으므로 자원 봉사 지원자에게 현재는 봉사 기회를 제공할 수 없다는 점을 알려주고 있다는 것을 유추할 수 있다. 따라서 정답은 (C)를 선택해야 한다.

---

15. What is the listener advised to do?
(A) Fill out a form
(B) Change a date
(C) Participate in a workshop
(D) Send an email

청자는 무엇을 하라고 조언받는가?
(A) 양식을 작성한다
(B) 날짜를 변경한다
(C) 워크숍에 참여한다
(D) 이메일을 보낸다

해설 청자에게 조언하는 사항이 무엇인지 묻는 질문이다. 담화의 중반부에 화자는 'Just visit the Community section of our Web site and complete a membership form. (저희 웹사이트의 커뮤니티 섹션에 들어가셔서 회원가입 양식을 작성하시기만 하면 됩니다.)'이라고 말했으므로 complete를 fill out으로 패러프레이징한 (A)가 정답이 된다.

Questions 16-18 refer to the following telephone message and route options.

M Hello, Barbara. **16** I'm excited about going to the clothing expo tomorrow. It'll be interesting to see what kind of products our competitors will be launching. Anyway, I tried looking up driving directions so that we'll be on time tomorrow. **17** If we take the fastest route, it'll take 30 minutes. But the thing is, we'll have to pay a toll. So to save money, we should use this other route, which will take 45 minutes. The time difference is not that big, so it should be fine. **18** By the way, you should make sure to bring your visitor's badge tomorrow. They won't let you in without one.

16-18번은 다음 전화 메시지와 경로 옵션에 관한 문제입니다.

남 안녕하세요, Barbara. **16** 내일 의류 박람회에 가는 게 기대돼요. 우리의 경쟁 회사들이 어떤 종류의 제품을 내놓을지 보게 되어 흥미롭네요. 그나저나 내일 시간에 맞춰 갈 수 있도록 운전해서 가는 길을 보고 있었어요. **17** 만약 제일 빠른 경로로 가면 30분이 걸려요. 하지만 문제는 통행료를 내야 한다는 거죠. 그래서 돈을 절약하기 위해 이 다른 경로를 이용하면 45분이 걸릴 거예요. 시간 차이가 그렇게 크진 않으니 괜찮을 것 같아요. **18** 아무튼 내일 방문증 가져오는 걸 잊지 마세요. 방문증이 없으면 안에 들어갈 수 없으니까요.

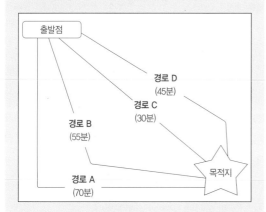

어휘 expo 박람회 | competitor 경쟁자 | launch 출시하다 | direction 길 찾는 방법 | route 경로, 길 | toll 통행료

16. What event is the speaker planning to attend?
(A) A museum opening
(B) An industry trade show
(C) A corporate anniversary party
(D) A factory tour

화자는 어떤 행사에 참석할 계획인가?
(A) 박물관 개장 행사
(B) 업계 박람회
(C) 회사 창립기념 파티
(D) 공장 견학

해설 화자가 참석할 행사를 묻는 문제로 planning to attend를 키워드로 삼아 단서를 잡아낸다. 담화 초반에 'I'm excited about going to the clothing expo tomorrow. (내일 의류 박람회에 가는 게 기대돼요.)'라고 말했으므로 clothing expo를 an industry trade show로 패러프레이징한 (B)가 정답이다.

17. Look at the graphic. Which route does the speaker suggest using?
(A) Route A
(B) Route B
(C) Route C
(D) Route D

시각 정보를 보시오. 화자는 어느 경로를 이용하자고 제안하는가?
(A) 경로 A
(B) 경로 B
(C) 경로 C
(D) 경로 D

해설 화자가 제안한 이용 경로를 묻는 문제이다. 담화 중반에 'If we take the fastest route, it'll take 30 minutes. But the thing is, we'll have to pay a toll. So to save money, we should use this other route, which will take 45 minutes. (만약 제일 빠른 경로로 가면 30분이 걸려요. 하지만 문제는 통행료를 내야 한다는 거죠. 그래서 돈을 절약하기 위해 이 다른 경로를 이용하면 45분이 걸릴 거예요.)'라고 말했고, 시각 정보 상에서 45분이 걸리는 경로는 Route D이므로 (D)가 정답이다.

18. What does the speaker remind the listener to do?
(A) Make a hotel reservation
(B) Buy a parking permit
(C) Bring an ID badge
(D) Download a mobile application

화자는 청자에게 무엇을 하라고 상기시키는가?
(A) 호텔을 예약한다
(B) 주차증을 구매한다
(C) 방문증을 가져온다
(D) 모바일 어플리케이션을 다운받는다

해설 화자가 청자에게 상기시키는 것을 묻는 문제로 요청이나 당부 등의 시그널 표현을 잡아낸다. 담화 후반에 'By the way, you should make sure to bring your visitor's badge tomorrow. (아무튼 내일 방문객 배지 가져오는 걸 잊지 마세요.)'라고 말했으므로 (C)가 정답이다.

UNIT 18. 회의·사내 공지

Practice
본서 p.228

1. (B)	2. (A)	3. (D)	4. (D)	5. (A)	6. (B)
7. (B)	8. (C)	9. (A)	10. (D)	11. (B)	12. (C)
13. (C)	14. (A)	15. (B)	16. (D)	17. (B)	18. (A)

미국

Questions 1-3 refer to the following excerpt from a talk.

M First off, **1** I want to thank the Glendale Business Group for sponsoring the regional investors' meeting. Hopefully, all of you will consider investing. My name is Carlos Teville, and I'm the owner of Organic Beauty. Last year, I began a small online company featuring all-natural cosmetics that I developed myself. Today, I can proudly say that Organic Beauty products have grown so popular that customers now want to see the items sold in a store. **2** So it is finally time to expand this business by opening up a store in Glendale. However, despite increased business, I require more funding in order to expand into the new market. Now, **3** I'm going to hand out the quarterly earnings reports so that you are able to see this company's profitability for yourself.

1-3번은 다음 연설 발췌에 관한 문제입니다.

남 먼저, **1** 지역 투자자들의 회의를 후원해 주신 Glendale 비즈니스 그룹에 감사드립니다. 바라건대 여러분 모두가 투자를 고려해 주셨으면 합니다. 제 이름은 Carlos Teville이고, Organic Beauty의 소유주입니다. 작년에, 저는 제가 직접 개발한 천연 화장품을 파는 작은 온라인 회사를 시작했습니다. 오늘 저는 손님들이 이제 물품들이 가게에서 팔리는 걸 보고 싶어할 만큼 Organic Beauty 제품의 인기가 올랐다는 걸 자랑스럽게 말씀드릴 수 있습니다. **2** 따라서, 마침내 Glendale에 가게를 열어 사업을 확장할 때입니다. 하지만, 사업이 증대했음에도 불구하고, 새로운 시장으로 확장하기 위해서는 더 많은 자금이 필요합니다. 이제, 여러분들이 이 회사의 수익성을 직접 보실 수 있도록 제가 **3** 분기별 수익 보고서를 나눠드릴 것입니다.

어휘 sponsor 후원하다 | invest 투자하다 | proudly 자랑스럽게 | funding 재정 지원, 자금 | hand out 나누어 주다 | quarterly 분기별의 | earnings report 수익 보고서 | profitability 수익성

1. What is the purpose of the talk?
(A) To celebrate an anniversary
(B) To present an investment opportunity
(C) To promote a community center
(D) To offer management courses

담화의 목적은 무엇인가?
(A) 기념일을 축하하기 위해
(B) 투자 기회를 제시하기 위해
(C) 지역센터를 홍보하기 위해
(D) 경영자 과정을 제공하기 위해

해설 문제에서 목적을 물어보고 있으므로 전반부, 특히 화자의 첫 대사에 집중한다. 'I want to thank the Glendale Business Group for sponsoring the regional investors' meeting. Hopefully, all of you will consider investing. (지역 투자자들의 회의를 후원해 준 Glendale 비즈니스 그룹에 감사드립니다. 바라건대 여러분 모두가 투자를 고려해 주셨으면 합니다.)'이라고 말했으므로, all of you will consider investing이 들리는 순간, (B)를 정답으로 체크한다.

2. What does the speaker say he wants to do?
(A) Expand a business
(B) Develop alternative energy
(C) Offer a scholarship
(D) Attract more tourists

화자는 무엇을 하고 싶다고 말하는가?
(A) 사업을 확장한다
(B) 대체 에너지를 개발한다
(C) 장학금을 제공한다
(D) 더 많은 관광객들을 유치한다

해설 화자가 원하는 것을 물어보는 문제이다. 질문의 wants를 키워드로 잡아 해당 내용을 포착하면 단서를 찾을 수 있다. 담화의 중반부에서 'So it is finally time to expand this business by opening up a store in Glendale. However, despite increased business, I require more funding in order to expand into the new market. (따라서, 마침내 Glendale에 가게를 열어 사업을 확장할 때입니다. 하지만, 사업이 증대했음에도 불구하고, 새로운 시장으로 확장하기 위해서는 더 많은 자금이 필요합니다.)'이라고 말했으므로 expand this business를 들으며 사업 확장을 하고 싶다는 화자의 희망 사항을 포착하고 (A)로 즉각 정답을 체크한 후 다음 문장의 expand into the new market을 들으며 다시 한번 정답을 확인한다.

3. What will the speaker distribute?
고난도
(A) Instruction manuals
(B) Application forms
(C) Product samples
(D) Financial reports

화자는 무엇을 나누어 줄 것인가?
(A) 사용 설명서
(B) 신청서
(C) 상품 견본
(D) 재무 보고서

해설 화자가 나누어 줄 것에 대해 묻는 질문으로, distribute를 키워드로 삼아 정답의 단서를 찾는다. 담화의 후반부에서 'I'm going to hand out the quarterly earnings reports (분기별 수익 보고서를 나눠드릴 것입니다)'라고 하였으므로 distribute가 패러프레이징된 hand out을 듣는 순간 집중하여 earnings reports를 패러프레이징한 (D)를 정답으로 연결한다.

Questions 4-6 refer to the following announcement.

🅦 Hello. **4** Before we begin sorting the clothes and putting them on the shelves, I wanted to inform everyone that we are short-staffed today. **5** I got a call from Jim earlier, and he told me that he has the flu. So I'd like each of you to help a few more customers than usual today. One more thing, **6** don't forget to let customers know about our winter sale: if they spend $75 or more, they can get 20 percent off their purchase. Ahm… I think that covers everything. Please come and talk to me right away if you encounter any problems.

4-6번은 다음 공지에 관한 문제입니다.

🅔 안녕하세요. **4** 옷을 분류하고 선반에 놓는 일을 시작하기 전에, 저는 여러분에게 오늘 직원이 부족하다는 것을 알리고 싶습니다. **5** 아까 Jim에게 전화가 왔는데, 그가 감기에 걸렸다고 하더군요. 그래서 오늘은 여러분 각자가 고객들을 평소보다 몇 명씩 더 도와주길 바랍니다. 한 가지 더, **6** 고객들에게 겨울 세일에 대해 알리는 것을 잊지 마세요: 만약 고객들이 75달러 이상 구매하면, 구매금액의 20퍼센트를 할인받을 수 있게 됩니다. 음…. 이거면 될 것 같네요. 문제가 생기면 저에게 바로 와서 이야기해 주시기 바랍니다.

어휘 sort 분류하다 | short-staffed 직원이 부족한 | flu 독감 | cover 다루다, 포함하다 | encounter (특히 반갑지 않은 일에) 맞닥뜨리다, 부딪히다

4. Where does the speaker most likely work?
(A) At a laundromat
(B) At a doctor's office
(C) At a library
(D) At a clothing store

화자는 어디에서 일하겠는가?
(A) 빨래방에서
(B) 병원에서
(C) 도서관에서
(D) 옷 가게에서

해설 화자가 일하는 장소를 묻는 문제이므로 대부분 첫 한두 문장 이내에 정답이 나오는데, 특히 most likely 문제는 장소의 명칭을 보기에서 나온 그대로 직접적으로 언급하는 일은 거의 없으므로 관련 어휘를 통해 유추해야 한다. 첫 문장에서 'Before we begin sorting the clothes and putting them on the shelves, I wanted to inform everyone that we are short-staffed today. (옷을 분류하고 선반에 놓는 일을 시작하기 전에, 저는 여러분에게 오늘 직원이 부족하다는 것을 알리고 싶습니다.)'라고 했으므로 화자가 일하는 장소는 옷을 분류해서 선반 위에 진열해야 하는 곳, 즉 옷 가게라는 것을 알 수 있다. 그러므로 정답은 (D)이다.

5. Why does the speaker assign additional work to the listeners?
(A) An employee is sick.
(B) Business hours have been extended.
(C) Some furniture needs to be moved.
(D) More customers are expected.

화자는 왜 청자들에게 추가적인 일을 맡기는가?
(A) 직원 한 명이 아프다.
(B) 영업시간이 연장되었다.
(C) 가구를 옮겨야 한다.
(D) 더 많은 고객들이 예상된다.

해설 화자가 청자들에게 추가 업무를 맡기는 이유를 묻는 질문이다. 담화의 중반부에 화자는 'I got a call from Jim earlier, and he told me that he has the flu. (아까 Jim에게 전화가 왔는데, 그가 감기에 걸렸다고 하더군요.)'라고 말하면서 'So I'd like each of you to help a few more customers than usual today. (그래서 오늘은 여러분 각자가 고객들을 평소보다 몇 명씩 더 도와주길 바랍니다.)'라고 덧붙여 말하고 있다. I'd like each of you to help a few more customers than usual을 문제에서 assign additional work로 바꿔놓았다는 것을 간파하고 has the flu를 sick로 바꿔 놓은 (A)를 정답으로 연결시킬 수 있다. 지문에 등장하는 more customers만 듣고 (D)를 정답으로 선택하지 않도록 주의하자.

6. What should the listeners inform customers about?
(A) New merchandise
(B) A seasonal sale
(C) A new branch opening
(D) Gift cards

청자들은 고객들에게 무엇을 공지해야 하는가?
(A) 신상품
(B) 계절 세일
(C) 새로운 지점 오픈
(D) 상품권

해설 고객들에게 공지해야 할 사항을 묻는 질문이다. 화자가 청자에게 요청하는 사항에 대한 내용은 주로 담화 후반부에 당부의 표현과 함께 등장하므로 inform을 키워드로 잡아야 정답의 단서를 찾을 수 있다. 후반부에 'One more thing (한 가지 더)'이라는 말로 주의를 환기 시키면서 화자는 'don't forget to let customers know about our winter sale (고객들에게 겨울 세일에 대해 알리는 것을 잊지 마세요)'라고 말했으므로 winter sale이 들릴 때 (B)를 정답으로 선택해야 한다.

Questions 7-9 refer to the following excerpt from a meeting.

M Let's move onto the next item on our meeting's agenda. The board of directors is incredibly **7** pleased with the turnaround that our company has made this year and wants to show its appreciation. Sales have grown despite the economic slump, and our three newest locations are actually doing better than our main store. In light of this, **8** we have decided to hold a year-end gala at the Bayside Resort to give awards and bonuses to high-performing individuals in each department. **9** But we'd like a list of nominees. So, umm, if each department head could submit a list of names at their earliest convenience, it would be much appreciated.

7-9번은 다음 회의 발췌록에 관한 문제입니다.

남 우리 회의 안건의 다음 사안으로 넘어가보겠습니다. 이사회에서는 올해 **7** 우리 회사가 이루어낸 호전으로 엄청나게 기뻐하고 있으며, 성과에 대한 감사를 표하고 싶어합니다. 매출이 경기침체에도 불구하고 올랐고, 새로운 세 지점이 본점보다 더 잘 되고 있습니다. 이것을 고려하여, **8** 저희는 연말 행사를 Bayside 리조트에서 개최하고, 각 부서에서 가장 많은 성과를 보여준 개개인들에게 상장과 보너스를 수여하기로 결정했습니다. **9** 그런데 수상 후보의 리스트가 있었으면 합니다. 따라서, 음, 각 부서장들께서 빠른 시일 내 편한 시간에 후보자들의 이름을 제출해 주신다면 정말 감사하겠습니다.

어휘 agenda 의제, 안건 | board of directors 경영진, 이사회 | incredibly 믿을 수 없을 정도로 | turnaround (상황의) 호전 | appreciation 감사 | economic slump 경기침체 | in light of ~에 비추어, ~를 고려하여 | year-end 연말 | gala 경축 행사 | high-performing 우수한 성과를 올리는 | nominee (직책, 수상자 등에) 지명, 추천된 사람 | at one's earliest convenience 되도록 일찍 | appreciate 고마워하다

7. What is mentioned about the company?
(A) It is opening a new location.
(B) Its sales figures have gone up.
(C) It wants to change service providers.
(D) Its management will be reorganized.

회사에 대해 어떤 사항이 언급되었는가?
(A) 새로운 지점을 열 것이다.
(B) 회사의 매출이 올랐다.
(C) 서비스 제공처를 바꾸고 싶어한다.
(D) 경영진이 재편될 것이다.

해설 회사에 대해 어떤 사항이 언급되었는지 묻는 질문이다. 최근 일어난 일에 대해 이야기할 것임을 미루어 보아, 담화의 초반부에 집중하도록 한다. 초반에 'pleased with the turnaround that our company has made this year and wants to show its appreciation. (올해 우리 회사가 이루어낸 호전으로 엄청나게 기뻐하고 있으며, 성과에

대한 감사를 표하고 싶어합니다.)'라고 말했으므로 이익이 발생했다는 사실을 간파한 후 이어지는 문장 'Sales have grown despite the economic slump (매출이 경기침체에도 불구하고 올랐고)'를 듣는 순간 올해 회사의 매출이 올랐음을 파악할 수 있다. 담화의 sales, grow를 패러프레이징한 (B)가 정답이다.

8. According to the speaker, what decision did the company recently make?
(A) Reorganizing a department
(B) Promoting some employees
(C) Holding an awards ceremony
(D) Reducing some expenses

화자에 따르면, 회사는 최근에 어떤 결정을 내렸는가?
(A) 조직 부서를 개편하는 것
(B) 몇몇 직원들을 승진시키는 것
(C) 시상식을 개최하는 것
(D) 비용을 줄이는 것

해설 최근 회사에서 결정된 사안을 묻는 질문으로 decision, make를 키워드로 잡고 결정과 관련한 표현을 포착하면 정답의 단서를 찾을 수 있다. 담화의 중반부에 'we have decided to hold a year-end gala at the Bayside Resort to give awards and bonuses to high-performing individuals in each department. (저희는 연말 행사를 Bayside 리조트에서 개최하고, 각 부서에서 가장 많은 성과를 보여준 개개인들에게 상장과 보너스를 수여하기로 결정했습니다.)'라고 말했으므로 연말 행사가 개최될 것이라는 사실을 알 수 있다. 설령 gala를 알아듣지 못했더라도 바로 뒤에 이어지는 give awards and bonuses를 듣는 순간 (C)로 정답을 체크할 수 있다.

9. What are the listeners asked to do?
(A) Provide some names
(B) Complete a survey
(C) Book some rooms
(D) Contact a venue

청자들은 무엇을 요청받는가?
(A) 명단을 제공한다
(B) 설문조사를 작성한다
(C) 방을 예약한다
(D) 장소를 알아본다

해설 청자들이 요청 받은 사항을 묻는 질문이다. 청자에게 하는 당부, 요청과 관련한 표현들을 키워드로 잡아 정답의 단서를 찾아야 한다. 담화의 후반부에서 화자는 'But we'd like a list of nominees. (그런데 수상 후보의 리스트가 있었으면 합니다.)'라고 말했으므로 후보자들의 명단이 필요하다는 사실을 간파하고, 'So, umm, if each department head could submit a list of names at their earliest convenience, it would be much appreciated. (따라서, 음, 각 부서장들께서 빠른 시일 내 편한 시간에 후보자들의 이름을 제출해 주신다면 정말 감사하겠습니다.)'를 들으며 submit a list of names를 포착하는 순간 (A)로 정답을 체크할 수 있다.

Questions 10-12 refer to the following excerpt from a meeting.

W **10** Hello and welcome to the second week of your training. Last week, we introduced our products and helped you prepare for your first month as a representative. **11** Now, quite a few of you requested more information about the firm's financial planning software and how it can be used. If you look at today's schedule, you'll see that Ms. Fung will go over the software at 1 P.M. **12** But until lunchtime, we want to talk about our firm's vision and goals. Valarie Somday from upper management is here to give a talk on this subject.

10-12번은 다음 회의 발췌에 관한 문제입니다.

CM **10** 안녕하세요, 2주차 교육에 잘 오셨습니다. 저번 주에 우리 회사의 제품을 소개했고 영업사원으로서 여러분의 첫 달을 준비하는 것을 도와드렸습니다. **11** 여러분 중 상당수가 회사의 재무 기획 소프트웨어에 대한 더 많은 정보와 사용법을 요청하셨습니다. 오늘의 일정을 보시면 **Ms. Fung**이 그 소프트웨어에 관해 오후 1시에 이야기할 예정임을 아실 수 있습니다. **12** 하지만 점심 시간까지는 우리 회사의 미래상과 목표에 대해 이야기하고 싶습니다. 고위 경영진 Valarie Somday님이 이 주제에 대해 이야기하러 오셨습니다.

어휘 representative 영업사원, 대표직원 | vision 미래상, 비전 | goal 목표 | upper management 고위 경영진 | give a talk 강연하다 | subject 주제

---

10. Who is the speaker most likely talking to?
(A) Professional trainers
(B) Department managers
(C) Potential customers
(D) New workers

화자는 누구에게 말하고 있겠는가?
(A) 전문 트레이너들
(B) 부서 매니저들
(C) 잠재 고객들
(D) 신입 직원들

해설 화자와 얘기 나누는 대상을 묻는 문제. 담화 초반에 'Hello and welcome to the second week of your training. Last week, we introduced our products and helped you prepare for your first month as a representative. (안녕하세요, 2주차 트레이닝에 잘 오셨습니다. 저번 주에 우리 회사의 제품을 소개했고 외판원으로서 여러분의 첫 달을 준비하는 것을 도와드렸습니다.)'라고 말했으므로 화자는 막 시작하는 외판원들에게 얘기하고 있음을 알 수 있다. 따라서 representative를 worker로 패러프레이징한 (D)가 정답이다.

---

11. What does the speaker mean when she says, "Ms. Fung will go over the software at 1 P.M."?
(A) A software program will be installed.
(B) Some concerns will be addressed.
(C) Some events have been postponed.
(D) A speaker will arrive late.

화자는 "Ms. Fung이 그 소프트웨어에 관해 오후 1시에 이야기할 예정임"라고 말할 때 무엇을 의도하는가?
(A) 소프트웨어 프로그램이 설치될 것이다.
(B) 몇 가지 관심사들이 다뤄질 것이다.
(C) 일부 행사가 연기되었다.
(D) 연설자가 늦게 도착할 것이다.

해설 화자가 그렇게 말한 의도를 파악하는 문제이다. 인용 문장 앞뒤 내용을 핵심 단서로 삼는다. 담화 중반에 'Now, quite a few of you requested more information about the firm's financial planning software and how it can be used. (여러분 중 상당수가 회사의 재정 계획 소프트웨어에 대한 더 많은 정보와 사용법을 요청하셨습니다.)'라고 하며, 'If you look at today's schedule, you'll see that Ms. Fung will go over the software at 1 P.M. (오늘의 일정을 보시면 Ms. Fung이 그 소프트웨어에 관해 오후 1시에 이야기할 예정임을 아실 수 있습니다.)'라고 말한 것이므로 청자들이 제기한 소프트웨어 관련 요청들을 Ms. Fung이 해결해줄 것이란 의미를 담고 있다. 따라서 (B)가 정답이다.

---

12. What will the listeners most likely do next?
(A) Review some products
(B) Eat a meal
(C) Listen to a presentation
(D) Offer some feedback

청자들은 다음에 무엇을 하겠는가?
(A) 일부 제품을 검토한다
(B) 식사를 한다
(C) 발표를 듣는다
(D) 피드백을 제공한다

해설 청자들이 다음에 할 일을 묻는 문제로 담화 맨 마지막 문장에서 단서를 잡아낸다. 'But until lunchtime, we want to talk about our firm's vision and goals. Valarie Somday from upper management is here to give a talk on this subject. (하지만 점심 시간까지는 우리 회사의 미래상과 목표에 대해 이야기하고 싶습니다. 고위 경영진 Valarie Somday님이 이 주제에 대해 이야기하러 오셨습니다.)'라고 말했으므로 청자들은 Valarie Somday의 발표를 들을 것임을 알 수 있다. 따라서 (C)가 정답이다.

Questions 13-15 refer to the following excerpt from a workshop.

W Thank you all for attending this workshop hosted by the State Health Department. **13** Today, we'll be discussing how research labs like yours can take advantage of the funding that the government offers to help advance meaningful research. **14** Are you aware that only eight institutes applied for our grant program last year? We want to change this. Research labs can put our grants to good use— they can purchase better equipment or hire more employees. **15** Now, let me start the workshop by briefly describing how the application process works.

13-15번은 다음 워크숍 발췌록에 관한 문제입니다.

여 주 보건복지부에서 주최한 이 워크숍에 참석해주신 여러분께 감사 드립니다. **13** 오늘 저희는 의미 있는 연구를 진척하는 데 도움을 주기 위해 정부에서 제공하는 자금을 여러분의 연구소와 같은 곳에서 어떻게 이용할지에 대해 논의할 겁니다. **14** 작년에 단 여덟 개 기관이 저희 보조금 프로그램에 지원했다는 것을 알고 계시나요? 저희는 이것을 바꾸고 싶습니다. 연구소들은 저희의 보조금을 좋은 곳에 사용할 수 있습니다. 더 나은 장비를 구입하거나 직원을 더 고용할 수 있죠. **15** 이제, 지원 절차가 어떻게 되는지 간단히 설명하는 것으로 워크숍을 시작하겠습니다.

어휘 **attend** 참가하다 l **host** 주최하다 l **State Health Department** 주 보건복지부 l **take advantage of** ~를 이용하다 l **funding** 자금 l **advance** 진전을 보다 l **meaningful** 유의미한 l **aware** 인지하고 있는 l **institute** 기관, 협회 l **grant** 보조금 l **hire** 채용하다 l **briefly** 간단하게

---

13. Where do the listeners most likely work?
(A) At a manufacturing plant
(B) At a financial institution
(C) At a research facility
(D) At a health clinic

청자들은 어디에서 일하겠는가?
(A) 제조 공장
(B) 금융 기관
(C) 연구 시설
(D) 병원

해설 청자들이 일하는 장소, 즉 청자들의 정체를 묻는 문제로 특정 직업과 관련된 단어/표현을 잡아낸다. 담화 전반부에 'Today, we'll be discussing how research labs like yours can take advantage of the funding that the government offers to help advance meaningful research. (오늘 저희는 의미 있는 연구를 진척하는 데 도움을 주기 위해 정부에서 제공하는 자금을 여러분의 연구소와 같은 곳에서 어떻게 이용할지에 대해 논의할 겁니다.)'라고 말했으므로 청자들은 연구 기관에 종사하는 사람들로 짐작할 수 있다. 따라서 (C)가 정답이다.

---

14. What does the speaker imply when she says, "Are you aware that only eight institutes applied for our grant program last year"?
(A) She believes a program is not well-known.
(B) She thinks a program is too complicated.
(C) She needs more workers to run a program.
(D) She wants to increase a program's budget.

화자는 "작년에 단 여덟 개 기관이 저희 보조금 프로그램에 지원했다는 것을 알고 계시나요"라고 말할 때 무엇을 의도하는가?
(A) 프로그램이 잘 알려지지 않았다고 생각한다.
(B) 프로그램이 너무 복잡하다고 생각한다.
(C) 프로그램을 운영하는 데 더 많은 직원을 필요로 한다.
(D) 프로그램의 예산을 늘리고 싶어 한다.

해설 화자가 그렇게 말한 의도를 파악하는 문제이다. 인용 문장 앞뒤 내용을 핵심 단서로 삼는다. 담화 중반에 'Are you aware that only eight institutes applied for our grant program last year? (작년에 단 여덟 개 기관이 저희 보조금 프로그램에 지원했다는 것을 알고 계시나요?)'라고 하며, 'We want to change this. (저희는 이것을 바꾸고 싶습니다.)'라고 말한 것이므로 프로그램이 잘 알려지지 않아 이용률이 저조하다는 의미를 내포한 것이다. 따라서 (A)가 정답이다.

---

15. What will the speaker do next?
(A) Show a film
(B) Explain a process
(C) Conduct a survey
(D) Introduce a presenter

화자는 다음에 무엇을 하겠는가?
(A) 영화를 상영한다
(B) 절차를 설명한다
(C) 설문 조사를 진행한다
(D) 발표자를 소개한다

해설 화자가 다음에 할 일을 묻는 문제로 담화 맨 마지막 문장에서 단서를 포착한다. 'Now, let me start the workshop by briefly describing how the application process works. (이제, 지원 절차가 어떻게 되는지 간단히 설명하는 것으로 워크숍을 시작하겠습니다.)'라고 말했으므로 (B)가 정답이다.

Questions 16-18 refer to the following excerpt from a meeting and questionnaire results.

M Let's start the faculty meeting by looking at the responses to this month's student questionnaire. As you know, **16** student motivation is one of our biggest priorities, so we really want to pay attention to these results. The question this month was, "What new clubs would you most like to see offered?" The broadcasting club was the top selection, but I'm afraid we don't have the funds right now to purchase the necessary equipment. **17** But I think that we have the resources to make the next most-popular selection a reality. **18** If you have any spare items at home that could help start this club, please consider donating them.

16-18번은 다음 회의 발췌록과 설문조사 결과에 관한 문제입니다.

남 이번 달 학생 설문조사에 대한 응답을 살펴보면서 교수회의를 시작하겠습니다. 아시다시피 **16** 학생들의 동기부여가 우리의 최우선 사항 중 하나이기 때문에 우리는 이 결과에 매우 주목하려고 합니다. 이번 달 질문은 "새로 만들어지기를 가장 원하는 동아리는 무엇입니까?"였습니다. 방송 동아리가 가장 많은 선택을 받았습니다만 현재 우리는 필요한 장비를 구매할 자금을 보유하고 있지 않습니다. **17** 하지만 제가 보기에 다음으로 가장 인기 있었던 선택 사항을 실현시킬 만한 자원은 갖고 있습니다. **18** 혹시 집에 이 동아리가 시작될 수 있는 남는 물건이 있으시다면 동아리에 기부하시는 걸 고려해주시기 바랍니다.

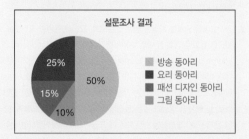

설문조사 결과
- 50% 방송 동아리
- 25% 요리 동아리
- 15% 패션 디자인 동아리
- 10% 그림 동아리

어휘 faculty (대학의 한 학부의) 교수단 | response 대답, 응답 | questionnaire 설문지 | motivation 자극, 유도 | priority 우선사항 | broadcasting club 방송부 | necessary 필요한 | resource 자원, 재원 | make ~ a reality ~을 실현하다 | spare 남는, 여분의 | donate 기부하다 | enrollment figures 등록 수치 | motivate 동기를 부여하다

16. According to the speaker, what is a priority of the school?
(A) Raising exam scores
(B) Increasing enrollment figures
(C) Keeping faculty members healthy
(D) Motivating students

화자에 따르면, 학교의 우선 사항은 무엇인가?
(A) 시험 성적을 올리는 것
(B) 등록 수치를 증가시키는 것
(C) 교수진을 건강하게 유지하는 것
(D) 학생들에게 동기를 부여하는 것

해설 우선 사항이 무엇인지 묻는 문제이다. 질문의 priority를 키워드로 잡고 연관된 단어를 포착하여 정답의 단서를 찾아야 한다. 화자는 초반부에 'student motivation is one of our biggest priorities, so we really want to pay attention to these results. (학생들의 동기부여가 우리의 최우선 사항 중 하나이기 때문에 우리는 이 결과에 매우 주목하려고 합니다.)'라고 하며 biggest priorities를 직접 언급하고 있다. 따라서 student motivation을 priorities와 함께 포착하는 순간 (D)를 정답으로 선택하면 된다.

17. Look at the graphic. Which club will the speaker most likely discuss further?
(A) The Broadcasting Club
(B) The Cooking Club
(C) The Fashion Design Club
(D) The Painting Club

시각 정보를 보시오. 화자는 어느 동아리에 관하여 더 논하겠는가?
(A) 방송 동아리
(B) 요리 동아리
(C) 패션 디자인 동아리
(D) 그림 동아리

해설 but, no, actually, so로 시작하는 문장에는 대부분 정답의 키워드가 들어있다는 것을 기억하고 집중하는 습관을 가져야 한다. 설문조사에서 'The broadcasting club was ~ to purchase the necessary equipment. (방송 동아리가 가장 많은 선택을 받았습니다만 자금을 보유하고 있지 않습니다.)'라는 내용이 나온 후 'But I think that we have the resources to make the next most-popular selection a reality. (하지만 제가 보기에 다음으로 가장 인기 있었던 선택 사항을 실현시킬 만한 자원은 갖고 있습니다.)'라고 말하고 있다. 시각 정보를 보면 두 번째로 많이 선택된 것은 요리 동아리이다. 그리고 'If you have any spare items ~ to the club.'에서 요리 동아리에 대한 용품 기부를 독려하는 내용으로 지문이 마무리되고 있으므로 이후에는 이 동아리에 대한 논의가 이어질 것이라고 유추할 수 있다. 따라서 정답은 (B)이다.

18. What does the speaker request listeners to do?
(A) Donate some supplies
(B) Purchase some items
(C) Research a topic
(D) Go over a budget

화자는 청자들에게 무엇을 하라고 요청하는가?
(A) 용품을 기부한다
(B) 몇몇 물건들을 구입한다
(C) 어떤 주제에 대해 연구한다
(D) 예산을 검토한다

해설 청자에게 요청되는 사항을 묻는 문제이다. 요청과 연관된 표현인 please, let me know와 같은 말을 반드시 포착하여 정답의 단서로 잡는다. 담화의 후반부에 화자는 두 번째로 가장 많은 선택이 있었던 요리 동아리를 실현시킬 수 있고 하면서 'If you have any spare items at home ~, please consider donating them to the club.(혹시 집에 남는 물건이 있으시다면 ~, 동아리에 기부하시는 걸 고려해주시기 바랍니다.)'이라고 마무리 지었다. spare items와 donating을 듣는 순간 정답 (A)로 연결할 수 있다. 동사 donate만 듣고 (B)로 오답처리 할 수 있으므로 유의하자.

UNIT 19. 연설·인물 소개

Practice
본서 p.234

1. (A)	2. (A)	3. (D)	4. (A)	5. (D)	6. (B)
7. (B)	8. (C)	9. (B)	10. (D)	11. (A)	12. (D)
13. (A)	14. (D)	15. (D)	16. (B)	17. (C)	18. (B)

영국

Questions 1-3 refer to the following announcement.

W Good afternoon and **1** welcome to the Kitchen Appliance Fair. I'm Elizabeth Baxter, CEO of Madera Incorporated, and I'm very proud to be a part of this year's convention. Madera is offering an amazing opportunity to today's attendees. **1** We are planning to add a new blender to our current product line, **2** and we would like your suggestions for a name of the appliance! Simply come by our booth to see the new model and submit your idea. **3** If we decide to choose your entry, you will win an all-expense-paid trip to next year's Kitchen Appliance Fair in Vancouver!

1-3번은 다음 공지에 관한 문제입니다.

여 안녕하세요. **1** 주방용품 박람회에 오신 것을 환영합니다. 저는 Madera 주식회사의 CEO, Elizabeth Baxter라고 하며, 올해 박람회에 참여하게 되어서 정말 자랑스럽습니다. Madera는 오늘 참석하신 분들께 놀라운 기회를 제공하고 있습니다. **1** 저희는 현재 제품군에 새로운 믹서기를 추가할 계획이며, **2** 그 기기 이름에 대한 여러분의 제안을 바랍니다! 저희 부스에 오셔서 새로운 모델을 보시고 여러분의 아이디어를 제출해 주세요. **3** 만약 저희가 여러분의 응모작을 채택하기로 정하면, 여러분은 밴쿠버에서 열리는 내년 주방용품 박람회로 가실 수 있는 모든 비용이 포함된 여행권을 받으실 수 있습니다!

어휘 appliance 기기, 용품 | blender 믹서기 | product line 제품 라인 | come by 잠깐 들르다 | entry 응모작, 출품작 | win (상을) 타다, 차지하다 | all-expense-paid (여행 등) 비용이 전액 지원되는

1. Where is the announcement being made?
(A) At a fair
(B) At a fitness center
(C) At a bookstore
(D) At a factory

이 안내방송이 이루어지는 장소는 어디인가?
(A) 박람회에서
(B) 헬스클럽에서
(C) 서점에서
(D) 공장에서

해설 안내방송이 나오고 있는 장소를 묻는 질문으로, 도입부에서 정확한 키워드가 나오기 때문에 주의 깊게 들어야 한다. 담화 도입부에서 화자가 'welcome to the Kitchen Appliance Fair. (주방용품 박람회에 오신 것을 환영합니다.)'라고 말했으므로 Fair를 듣는 순간 정답이 (A)라는 것을 알 수 있다.

2. What does the speaker invite the listeners to do?
(A) Provide suggestions
(B) Register for a class
(C) Attend a product demonstration
(D) Take photographs

화자는 청자들에게 무엇을 하라고 권하는가?
(A) 제안을 한다
(B) 수업에 등록한다
(C) 상품 시연회에 참석한다
(D) 사진을 촬영한다

해설 청자들에게 권하는 사항을 묻는 질문으로, 요청과 관련한 표현들을 키워드로 잡고 정답의 단서를 찾아야 한다. 화자가 'and we would like your suggestions for a name of the appliance! (그 기기 이름에 대한 여러분의 제안을 바랍니다!)'라고 말할 때 키워드 suggestions만 알아들으면 (A)가 정답이라는 것을 알 수 있다. 다만 이 문제는 정답이 바로 앞 문제의 정답과 같은 문장에 들어있다는 점을 주의해야 한다. 앞 문제인 1번의 정답을 선택하는 데 조금이라도 머뭇거렸다면 난이도가 별로 높지도 않은 이 문제의 키워드를 놓칠 수 있기 때문이다. 정답의 키워드가 들리면 순발력을 발휘해서 재빨리 정답을 선택하는 것을 습관으로 만들어 놓아야 한다.

3. According to the speaker, what will be awarded to the winner?
(A) A gift certificate to a restaurant
(B) A one-year subscription to a magazine
(C) An exclusive tour of a facility
(D) A complimentary trip to a convention

화자에 따르면, 우승자는 무엇을 받게 되는가?
(A) 식당 식사권
(B) 잡지 일년 구독권
(C) 공장 특별 투어
(D) 박람회 무료 여행권

해설 우승자가 받게 되는 것을 묻는 질문이다. 마지막 문장 'If we decide to choose your entry, you will win an all-expense-paid trip to next year's Kitchen Appliance Fair in Vancouver! (만약 저희가 여러분의 응모작을 채택하기로 정하면, 여러분은 밴쿠버에서 열리는 내년 주방용품 박람회로 가실 수 있는 모든 비용이 포함된 여행권을 받으실 수 있습니다!)'를 들으면서 여러 가지 동의어들을 간파하고 정답을 선택해야 한다. 'If we decide to choose your entry'가 문제의 winner라는 명사로 바뀌어 있고, all-expense-paid는 보기에 complimentary로, Kitchen Appliance Fair는 convention으로 바꿔 놓았다는 것을 간파하고 (D)를 정답으로 선택해야 한다. 특히 시험에는 '박람회'라는 뜻의 단어가 자주 등장하는데, fair, show, expo, convention 등의 동의어가 있다는 것을 알고 있어야 쉽게 문제를 해결할 수 있다.

호주

Questions 4-6 refer to the following speech.

M Good evening, **4** I'm honored that you have chosen me as the new president of Flavor Foods, Inc. As president, **5** I plan on doubling our current market size within the year. Currently, we only sell our food products to grocery stores, but we will soon sell them to restaurants as well. By establishing a client base in the restaurant industry, we can increase our presence in the food service market. **6** To achieve our goal, we're going to add staff in a number of key areas.

4-6번은 다음 연설에 관한 문제입니다.

남 안녕하세요. **4** Flavor 식품 주식회사의 새 회장으로 절 선택해 주신 것을 영광으로 생각합니다. 회장으로서, 저는 1년 안에 **5** 우리의 현재 시장 규모를 두 배로 만들려고 계획하고 있습니다. 현재, 우리는 식료품점에만 식품을 판매하지만, 곧 음식점에도 판매할 것입니다. 외식 산업에서 고객층을 확고히함으로써, 우리는 외식 시장에서 존재감을 높일 수 있을 겁니다. **6** 목표를 달성하기 위해, 우리는 핵심 분야 여러 곳에 직원을 늘릴 겁니다.

어휘 honored 영광으로 생각하여 | double 두 배로 만들다 | establish 확고히 하다 | client base 고객층 | presence 존재(함) | achieve one's goal ~의 목표를 달성하다 | a number of 많은 | high-tech 최첨단의 | acquire 획득하다, 취득하다 | commercial 광고

---

4. Who most likely is the speaker?
(A) A company president
(B) A sales representative
(C) A professional chef
(D) A supermarket owner

화자는 누구이겠는가?
(A) 회사 회장
(B) 판매 직원
(C) 전문 요리사
(D) 슈퍼마켓 주인

해설 화자의 직업을 묻고 있다. 화자의 직업을 알 수 있는 단어나 표현에 집중한다. 'I'm honored that you have chosen me as the new president of Flavor Foods, Inc. (Flavor 식품 주식회사의 새 회장으로 절 선택해 주신 것을 영광으로 생각합니다.)'라고 말했으므로 (A)가 정답이다.

5. What goal does the speaker mention?
(A) Partnering with a local hospital
(B) Creating a new company logo
(C) Developing high-tech products
(D) Expanding market share

화자는 어떤 목표를 언급하는가?
(A) 지역 병원과 제휴하는 것
(B) 새로운 회사 로고를 만드는 것
(C) 최첨단 제품을 개발하는 것
(D) 시장 점유율을 확대하는 것

해설 화자가 언급한 목표를 묻고 있다. goal을 키워드로 삼아 해당 내용을 포착하면, 'I plan on doubling our current market size (저는 현재 우리의 시장 규모를 두 배로 만들려고 계획하고 있습니다.)'라고 말했으므로 doubling ~ market size를 패러프레이징한 (D)가 정답이다.

6. According to the speaker, how will the goal be reached?
(A) By acquiring a restaurant chain
(B) By hiring additional employees
(C) By making a TV commercial
(D) By conducting a survey

화자에 따르면, 그 목표는 어떻게 달성될 것인가?
(A) 레스토랑 체인점을 인수함으로써
(B) 추가로 직원들을 채용함으로써
(C) TV 광고를 제작함으로써
(D) 설문 조사를 진행함으로써

해설 목표를 달성하는 방법을 묻고 있다. goal, be achieved를 키워드로 삼아 해당 내용을 포착하면 'To achieve our goal, we're going to add staff. (목표를 달성하기 위해, 우리는 직원을 늘릴 겁니다.)'라고 말했으므로 add staff를 패러프레이징한 (B)가 정답이다.

미국

Questions 7-9 refer to the following introduction.

W **7** It is our pleasure to welcome Edward Wright to the Davenport Arts Center for the U.S. premiere of the play *Carpenter Dreams*. **8** This performance is special because it represents the return of the brilliant actor, who is originally from Davenport. Many of you may remember Mr. Wright from his amazing shows at the local theater when he was just a boy. Once he graduated high school, he went abroad to take acting lessons at the Miranda School of Drama and afterwards, moved to California to become part of the Live Stage Theater. He came back tonight to take on the leading role in this highly anticipated play. **9** After the show, please join Mr. Wright in the lounge where he'll be signing autographs.

7-9번은 다음 소개에 관한 문제입니다.

여 **7** Edward Wright를 연극 〈목수의 꿈〉 미국 초연에 맞춰 Davenport 예술 회관으로 모시게 되어 기쁩니다. **8** 이 공연은 원래 Davenport 출신인 뛰어난 배우의 귀환을 상징하기 때문에 특별합니다. 많은 분들이 그가 그저 소년이었을 때 지역 극장에서 한 멋진 공연으로 Mr. Wright를 기억하실 겁니다. 고등학교를 졸업하자마자, 그는 Miranda 연극 학교에서 연기 수업을 받기 위해 해외로 갔고, 후에 Live Stage 극장의 일원이 되기 위해 캘리포니아로 이주했습니다. 그는 오늘 밤 몹시 기대되는 이 연극에서 주연을 맡기 위해 돌아왔습니다. **9** 공연이 끝난 후, Mr. Wright가 라운지에서 사인을 할 때 함께해 주십시오.

어휘 premiere (연극의) 초연 | represent 상징하다 | brilliant (재능이) 뛰어난 | once ~하자마자 | take on a role 역할을 맡다 | leading role 주연 | highly anticipated 몹시 기대되는 | autograph (유명인의) 사인

---

7. What event is taking place?
(A) A theater rehearsal
(B) A play opening
(C) A school reunion
(D) A graduation party

어떤 행사가 개최되고 있는가?
(A) 연극 리허설
(B) 연극 개막
(C) 학교 동창회
(D) 졸업 파티

해설 행사 유형을 묻는 문제이므로 행사 유형과 관련된 단어나 표현을 잡아낸다. 'It is our pleasure to welcome Edward Wright to the ~ Arts Center for the ~ premiere of the play ~. (Edward Wright를 연극 ~의 초연에 맞춰 예술 회관으로 모시게 되어 기쁩니다.)'라고 했으므로 (B)가 정답이다. premiere of the play가 play opening으로 패러프레이징되었다.

---

8. According to the speaker, what makes the event special?
(A) It is in honor of the city.
(B) It is free for Davenport residents.
(C) It features a local actor.
(D) It is the 20th anniversary celebration.

화자에 따르면, 무엇이 이 행사를 특별하게 만드는가?
(A) 도시를 기리는 것이다.
(B) Davenport 주민들에게는 무료이다.
(C) 지역 배우가 출연한다.
(D) 20주년 기념 행사이다.

해설 행사를 특별하게 만드는 것을 묻고 있다. makes the event special을 키워드로 삼아 해당 내용을 잡아낸다. 'This performance is special because it represents the return of the ~ actor, who is originally from Davenport. (이 공연은 원래 Davenport 출신인 배우의 귀환을 상징하기 때문에 특별합니다.)'라고 했으므로 (C)가 정답이다.

---

9. What are the listeners asked to do?
(A) Purchase a book
(B) Attend an autograph signing
(C) Make a donation
(D) Turn off mobile devices

청자들은 무엇을 하라고 요청 받는가?
(A) 책을 구입한다
(B) 사인회에 참여한다
(C) 기부를 한다
(D) 휴대 기기를 끈다

해설 요청 사항을 묻고 있다. 요청과 관련된 표현을 잡아낸다. 'After the show, ~ join Mr. Wright in the lounge where he'll be signing autographs. (공연이 끝난 후, Mr. Wright가 라운지에서 사인을 할 때 함께해 주십시오.)'라고 했으므로 (B)가 정답이다.

미국

Questions 10-12 refer to the following speech.

M Welcome to your first day at Wilford Technical Institute. **10** At today's new student orientation, I'll be going over some guidelines you must follow while attending here. Later, we'll head over to the cafeteria for lunch with some instructors. OK, **11** the first thing I want to mention is our recently revised policy on bicycling through the campus grounds. **12** People with bicycles are only allowed to ride on marked paths. Grassy areas and other walkways are only for pedestrians. Due to this year's high enrollment numbers, there will be a lot more people walking through the campus.

10-12번은 다음 연설에 관한 문제입니다.

남 Wilford 기술대학에서 첫날을 맞이하게 되신 여러분을 환영합니다. **10** 오늘 신입생 예비 교육에서는 이곳에 다니는 동안 준수하셔야 하는 지침을 설명할 겁니다. 그 뒤 안내하는 분들 몇 명과 함께 점심을 먹으러 카페테리아로 갈 거예요. 좋습니다. **11** 제가 먼저 언급하고자 하는 것은 캠퍼스 부지에서 자전거를 타는 것에 관련해 최근 수정된 규정이에요. **12** 자전거를 타는 사람들은 표시된 길에서만 자전거를 탈 수 있습니다. 풀이 있는 구역이나 다른 보도는 보행자만 다닐 수 있어요. 올해 입학생들의 숫자가 많기 때문에 캠퍼스에서 걷게 될 사람들이 훨씬 더 많아질 겁니다.

어휘 technical institute 기술대학 | guideline 지침 | revise 수정하다 | policy 규정 | marked 표시가 되어 있는 | grassy 풀로 덮인 | walkway 보도 | pedestrian 보행자 | enrollment 입학, 등록

10. Who is the speaker addressing?

(A) Recent graduates

(B) Long-time instructors

(C) Cafeteria workers

(D) New students

화자는 누구에게 말하고 있는가?

(A) 최근 졸업자

(B) 오랜 강사

(C) 카페테리아 직원

(D) 신입생

해설 화자가 말하는 대상을 묻는 문제이다. 담화 초반에 'At today's new student orientation, I'll be going over some guidelines you must follow while attending here. (오늘 신입생 오리엔테이션에 서는 이곳에 다니는 동안 준수하셔야 하는 가이드라인을 설명할 겁니 다.)'라고 말했으므로 (D)가 정답이다.

11. According to the speaker, what has recently changed?

(A) A campus policy

(B) An enrollment process

(C) Some menu items

(D) Some course subjects

화자의 말에 따르면, 최근 무엇이 바뀌었는가?

(A) 캠퍼스 정책

(B) 등록 절차

(C) 메뉴 항목

(D) 수업 주제

해설 최근에 변경된 것을 묻는 문제로 recently changed를 키워드로 삼아 단서를 포착한다. 담화 중반에 'the first thing I want to mention is our recently revised policy on bicycling through the campus grounds. (제가 먼저 언급하고자 하는 것은 캠퍼스 부지에서 자전거 를 타는 것에 관련해 최근 수정된 규정이에요.)'라고 말했으므로 캠퍼스 부지에 관한 규정이 변경되었음을 알 수 있다. 따라서 (A)가 정답이다.

12. What does the speaker imply when he says, "Grassy areas and other walkways are only for pedestrians"?

(A) Bicycle parking is limited.

(B) Visitors are encouraged to walk.

(C) Some walkways will be added.

(D) Cyclists must be cautious.

화자는 "풀이 있는 구역이나 다른 보도는 보행자만 다닐 수 있어요."라 고 말할 때 무엇을 의도하는가?

(A) 자전거 주차는 제한되어 있다.

(B) 방문객들은 걷는 것이 장려된다.

(C) 일부 보도가 추가될 것이다.

(D) 자전거 타는 사람들은 조심해야 한다.

해설 화자가 하는 말의 의도를 묻고 있다. 인용 문장 앞뒤 내용을 핵심 단서 로 삼는다. 담화 후반에 'People with bicycles are only allowed to ride on marked paths. (자전거를 타는 사람들은 표시된 길에서

만 자전거를 탈 수 있습니다.)'라고 하며, 'Grassy areas and other walkways are only for pedestrians. (풀이 있는 구역이나 다른 보 도는 보행자만 다닐 수 있어요.)'라고 말한 것이므로 자전거를 타는 사 람들은 해당 구역으로 다니지 말 것을 당부하는 의미가 담겨 있다. 따 라서 (D)가 정답이다.

영국

Questions 13-15 refer to the following speech.

W I'd like to thank all of you for joining us at our booth this morning here at this year's technology convention. **13** I want to explain to you how our robotic arms are helping factories save time and money. For instance, our largest client in the computer industry has adopted our technology in their assembly process. **14** They can put together parts for their laptops more quickly and precisely than before when they used human workers. Now, these devices can be made in minutes! **15** OK, now, if you'll give your attention to my colleague to your left, he'll show the robotic arms in action.

13-15번은 다음 연설에 관한 문제입니다.

에 올해 기술 박람회에서 오늘 아침 저희 부스에 와주셔서 여러분 모두 에게 감사 드립니다. **13** 저희 로봇 팔이 공장들에서 시간과 돈을 어 떻게 절약하도록 해주는지 설명하고 싶습니다. 예를 들어, 컴퓨터 업 계에 있는 저희 회사의 가장 큰 고객께서는 조립 절차에 저희 기술을 채택하셨습니다. **14** 전에 사람 직원들을 썼을 때보다 로봇 팔이 이 회사의 노트북을 위한 부품을 더 빠르고 정확하게 조립할 수 있습니 다. 이제, 이 장치들은 몇 분에 만들어질 수 있어요! **15** 좋습니다. 이제 여러분 왼쪽에 있는 제 동료를 보시면 작동하는 로봇 팔을 보여 드릴 겁니다.

어휘 join 합류하다, 참가하다 | booth 부스 | robotic 로봇의 | adopt 채택하다 | assembly process 조립 절차 | part 부 품 | precisely 정확히 | device 장치 | colleague 동료 | in action 작동하는

13. What is the speech mainly about?

(A) Robot technology

(B) Computer repair

(C) Corporate finance

(D) Safety regulations

연설은 주로 무엇에 관한 것인가?

(A) 로봇 기술

(B) 컴퓨터 수리

(C) 기업 재정

(D) 안전 규정

해설 담화의 주제를 묻는 문제로 담화 초반에서 중심 생각을 파악해야 한 다. 화자가 'I want to explain to you how our robotic arms are helping factories save time and money. (저희 로봇 팔이 공장들 에서 시간과 돈을 어떻게 절약하도록 해주는지 설명하고 싶습니다.)'라 고 말했으므로 (A)가 정답이다.

14. Why does the speaker say, "these devices can be made in minutes"?

(A) To confirm that an order will be fulfilled

(B) To raise concerns about a product's quality

(C) To praise listeners for completing a project on time

(D) To point out the speed of a process

화자는 왜 "이 장치들은 몇 분만에 만들어질 수 있어요"라고 말하는가?

(A) 주문이 완료될 것임을 확인해주기 위해

(B) 제품의 품질에 대해 우려를 나타내기 위해

(C) 청자들이 프로젝트를 제 시간에 완수한 것을 칭찬하기 위해

(D) 어떤 과정의 속도를 강조하기 위해

해설 화자가 그렇게 말한 의도를 파악하는 문제이다. 인용 문장 앞뒤 내용을 핵심 단서로 삼는다. 담화 중반에 'They can put together parts for their laptops more quickly and precisely than before when they used human workers. (전에 사람 직원들을 썼을 때보다 로봇 팔이 이 회사의 노트북을 위한 부품을 더 빠르고 정확하게 조립할 수 있습니다.)'라고 하며, 'Now, these devices can be made in minutes! (이제, 이 장치들은 몇 분만에 만들어질 수 있어요!)'라고 말한 것이므로 로봇의 업무 처리 속도가 사람보다 빠르다는 것을 강조하기 위한 표현임을 알 수 있다. 따라서 (D)가 정답이다.

---

15. What are the listeners invited to do?

(A) Take a tour

(B) Try out a laptop

(C) Complete some paperwork

(D) View a demonstration

청자들은 무엇을 하도록 권유 받는가?

(A) 둘러본다

(B) 노트북 컴퓨터를 이용해본다

(C) 서류를 작성한다

(D) 시연을 본다

해설 청자들이 권유 받은 것을 묻는 문제로 담화 후반에 'OK, now, if you'll give your attention to my colleague to your left, he'll show the robotic arms in action. (좋습니다. 이제 여러분 왼쪽에 있는 제 동료를 보시면 작동하는 로봇 팔을 보여드릴 겁니다.)'라고 말했으므로 화자의 동료의 시연을 보도록 안내하고 있다. 따라서 (D)가 정답이다.

Questions 16-18 refer to the following talk and chart.

16 Yesterday, we went over how to handle basic customer calls. Today, we're going to talk about customers who are happy with their satellite radio service but want access to more content. Now of the four subscription options, the one with just music streaming is the most popular. But **17** you should point out that the best choice has music streaming as well as local news and talk show programming. **18** And as an incentive, if you get at least 20 subscribers to upgrade their service this month, you'll receive some extra cash with your next salary payment.

16-18번은 다음 담화와 차트에 관한 문제입니다.

16 어제 우리는 기본적인 고객 통화 대응법을 살펴봤습니다. 오늘 우리는 위성라디오 서비스에 만족하지만 더 많은 콘텐츠를 원하는 고객들에 관해 이야기할 것입니다. 현재 4개의 구독 옵션들 중, 음악 스트리밍만 있는 옵션이 가장 인기가 좋습니다. 하지만 **17** 최고의 선택은 지역뉴스와 토크쇼 프로그램도 함께 이용하는 음악 스트리밍이라는 것을 언급하셔야 합니다. **18** 그리고 이번 달 서비스를 업그레이드하는 구독자를 최소 20명 모으면, 장려책으로 다음달 급여와 함께 현금을 추가로 받게 됩니다.

구독 레벨	내용	월 요금
Blue	음악	10.99달러
Green	음악 + 지역 뉴스	12.99달러
Red	음악 + 지역 뉴스 + 토크쇼	15.99달러
Gold	음악 + 지역 뉴스 + 토크쇼 + 글로벌 엔터테인먼트	19.99달러

어휘 go over 점검하다, 검토하다 | handle 처리하다 | basic 기본적인, 기초적인 | satellite 위성 | access 접근, 이용 | content 내용(물) | subscription 구독(료) | option 선택권 | music streaming 음악 스트리밍 서비스 | point out 지적하다, 언급하다 | incentive 인센티브, 장려책 | subscriber 구독자 | salary 월급 | payment 지불, 납입

---

16. Where do the listeners most likely work?

(A) At a music store

(B) At a call center

(C) At a newspaper firm

(D) At a travel agency

청자들은 어디서 일하겠는가?

(A) 음반 가게

(B) 콜센터

(C) 신문사

(D) 여행사

해설 청자들이 일하는 장소 즉, 청자의 정체를 묻는 문제이므로 특정 직업과 관련된 단어/표현을 포착한다. 담화 초반에 'Yesterday, we went over how to handle basic customer calls. Today, we're going to talk about customers who are happy with their satellite radio service but want access to more content. (어제 우리는 기본적인 고객 통화 대응법을 살펴봤습니다. 오늘 우리는 위성라디오 서비스에 만족하지만 더 많은 콘텐츠를 원하는 고객들에 관해 이야기할 것입니다.)'라고 말한 내용을 토대로 전화로 고객을 응대하는 직업임을 알 수 있으므로 (B)가 정답이다.

---

17. Look at the graphic. Which subscription level does the speaker say is the best choice?

(A) Blue

(B) Green

(C) Red

(D) Gold

시각 정보를 보시오. 화자는 어느 구독 레벨이 최고의 선택이라고 말하는가?

(A) Blue

(B) Green

(C) Red

(D) Gold

해설 최고의 선택이라고 말한 구독 레벨을 묻는 문제이다. 앞서 음악 스트리밍만 있는 옵션이 가장 인기가 좋다고 했으나, 'you should point out that the best choice has music streaming as well as local news and talk show programming (최고의 선택은 지역뉴스와 토크쇼 프로그램도 함께 이용하는 음악 스트리밍이라는 것을 언급하셔야 합니다)'라고 말했고, 시각 정보 상에서 지역뉴스와 토크쇼를 포함한 구독 레벨은 'Red'이므로 (C)가 정답이다.

---

18. What is offered as an incentive to the listeners?

(A) A free subscription

(B) A cash bonus

(C) An extra vacation day

(D) A flight ticket

청자들에게 장려책으로 무엇이 제공되는가?

(A) 무료 구독

(B) 현금 보너스

(C) 추가 휴가

(D) 항공권

해설 청자들에게 인센티브로 제공되는 것을 묻는 문제로 incentive를 키워드로 삼아 단서를 포착한다. 담화 후반에 'And as an incentive, if you get at least 20 subscribers to upgrade their service this month, you'll receive some extra cash with your next salary payment. (그리고 이번 달 서비스를 업그레이드하는 구독자를 최소 20명 모으면, 장려금으로 다음달 급여와 함께 현금을 추가로 받게 됩니다.)'라고 말했으므로 (B)가 정답이다.

UNIT 20. 안내방송·방송·보도·광고

Practice

본서 p.244

1. (C)	**2.** (A)	**3.** (A)	**4.** (A)	**5.** (C)	**6.** (A)
7. (B)	**8.** (B)	**9.** (D)	**10.** (C)	**11.** (A)	**12.** (C)
13. (D)	**14.** (B)	**15.** (A)	**16.** (B)	**17.** (D)	**18.** (D)

호주

Questions 1-3 refer to the following advertisement.

M Do you frequently have problems seeing the participants in your videoconferences clearly? **1** If that's the case, the CCX5 Web camera is for you. It has an attractive design and includes several great features. **2** But what makes the CCX5 special is its capability to produce high-quality images in any environment. Even if you're in a dimly-lit room, other meeting participants will still be able to see you well. This means that you don't have to worry about how bright the room should be when you're holding a videoconference. **3** Want to learn more? Go to www.digicc.com to check out a detailed video on how our Web camera works.

1-3번은 다음 광고에 관한 문제입니다.

남 영상 회의에 참여하는 사람들을 또렷하게 볼 수 없어 자주 문제를 겪으십니까? **1** 만약 그런 경우라면 당신을 위한 CCX5 웹 카메라가 여기 있습니다. 매력적인 디자인과 다수의 훌륭한 특징들을 갖추고 있습니다. **2** 하지만 CCX5를 특별하게 만드는 것은 어떤 환경에서든 높은 품질의 영상을 만들어내는 겁니다. 희미하게 불이 켜진 방 안에 있어도 다른 회의 참가자들이 여러분을 잘 볼 수 있습니다. 이는 영상 회의를 할 때 방이 얼마나 밝아야 할지 걱정할 필요가 없다는 뜻입니다. **3** 더 알고 싶으십니까? www.digicc.com으로 가셔서 저희 웹 카메라가 어떻게 작동하는지에 대한 자세한 영상을 확인하세요.

어휘 frequently 자주, 흔히 | participant 참가자 | videoconference 화상회의 | attractive 매력적인 | feature 특징 | capability 능력 | dimly 어둑하게, 흐릿하게 | light 불을 켜다 | detailed 자세한

1. What product is being advertised?

(A) A fitness watch

(B) A mobile phone

(C) A Web camera

(D) An electronic reader

어떤 제품이 광고되고 있는가?

(A) 피트니스 시계

(B) 핸드폰

(C) 웹 카메라

(D) 전자책 리더기

해설 해설 광고 대상을 묻는 문제로 담화 초반에 'If that's the case, the CCX5 Web camera is for you. (만약 그런 경우라면 당신을 위한 CCX5 웹 카메라가 여기 있습니다.)'라고 말했으므로 (C)가 정답이다.

---

2. What does the speaker say is special about the product?

(A) It can be used in low-light environments.

(B) It has been promoted by several celebrities.

(C) It is more compact than rival brands.

(D) It is the most affordable model available.

화자는 이 제품의 특별한 점이 무엇이라고 하는가?

(A) 조명이 약한 환경에서 사용할 수 있다.

(B) 여러 연예인들이 광고했다.

(C) 경쟁 브랜드보다 더 크기가 작다.

(D) 시중에 나온 것 중 가장 가격이 적당한 모델이다.

해설 제품의 특별한 점으로 화자가 말한 것을 묻는 문제이다. special을 키워드로 삼아 단서를 포착한다. 담화 중반에 'But what makes the CCX5 special is its capability to produce high-quality images in any environment. Even if you're in a dimly-lit room, other meeting participants should still be able to see you well. (하지만 CCX5를 특별하게 만드는 것은 어떤 환경에서든 높은 품질의 영상을 만들어내는 겁니다. 희미하게 불이 켜진 방 안에 있어도 다른 회의 참가자들이 여러분을 잘 볼 수 있습니다.)'라고 말했으므로 dimly-lit room을 low-light environments로 패러프레이징한 (A)가 정답이다.

---

3. What does the speaker encourage interested listeners to do?

(A) Watch a video demonstration

(B) Test some merchandise

(C) Attend a convention

(D) Submit a deposit

화자는 흥미가 있는 청자들에게 무엇을 하도록 권하는가?

(A) 영상 시연을 본다

(B) 상품을 시험한다

(C) 컨벤션에 참석한다

(D) 보증금을 입금한다

해설 청자들에게 권장하는 것을 묻는 문제로 담화 후반에 'Want to learn more? Go to www.digicc.com to check out a detailed video on how our Web camera works. (더 알고 싶으십니까? www.digicc.com으로 가셔서 저희 웹 카메라가 어떻게 작동하는지에 대한 자세한 영상을 확인하세요.)'라고 말했으므로 check out을 view로, video on how our Web camera works를 video demonstration 으로 패러프레이징한 (A)가 정답이다.

미국

Questions 4-6 refer to the following broadcast.

Ⓜ You're listening to *Pep Talk* on Sports Daily Radio, your source for sporting news. I'm your host, Mark Nolan. **4** We have a special guest today: national swimming champion Shelly Martin. **5** Ms. Martin came on the show to discuss a special project she's working on. She's visiting youth sports clubs across the nation to explain the importance of exercise for good health. And get this: **6** She's going to hold a swim competition where the winners will receive free private lessons from her for a month. Those kids will have a once-in-a-lifetime chance. Thanks for stopping by Ms. Martin.

4-6번은 다음 방송에 관한 문제입니다.

Ⓦ 여러분은 스포츠 뉴스를 전해드리는 Sports Daily 라디오에서 〈Pep Talk〉를 듣고 계십니다. 저는 진행자 Mark Nolan입니다. **4** 오늘은 특별한 손님을 모셨습니다. 전국 수영 챔피언 Shelly Martin입니다. **5** Ms. Martin은 지금 하고 있는 특별 프로젝트를 논의하기 위해 이 쇼에 나왔습니다. 그녀는 건강을 위한 운동의 중요성을 설명하기 위해 전국에 있는 청소년 스포츠 동호회들을 방문하고 있습니다. 그리고 이 소식도 있습니다. **6** Ms. Martin은 우승자가 한 달 동안 무료 개인 교습을 받게 되는 수영 대회를 주최할 것입니다. 우승하는 어린이들은 평생 한 번 올까 말까 한 기회를 잡게 되죠. Ms. Martin, 와주셔서 감사합니다.

어휘 **host** 진행자, 호스트 | **national champion** 전국 챔피언 | **competition** 대회 | **winner** 우승자 | **private lesson** 개인 교습

---

4. Who most likely is Shelly Martin?

(A) A professional athlete

(B) A radio host

(C) A news journalist

(D) A health expert

Shelly Martin은 누구이겠는가?

(A) 프로 운동선수

(B) 라디오 진행자

(C) 뉴스 기자

(D) 건강 전문가

해설 Shelly Martin의 정체를 묻는 문제이다. Shelly Martin을 키워드로 삼아 단서를 잡아낸다. 담화 초반에 'We have a special guest today: national swimming champion Shelly Martin. (오늘은 특별한 손님을 모셨습니다. 전국 수영 챔피언 Shelly Martin입니다.)'이라며 Shelly Martin을 수영 선수로 소개하고 있으므로 national swimming champion을 professional athlete로 패러프레이징한 (A)가 정답이다.

5. What project is Shelly Martin currently involved in?

(A) Acting in a movie

(B) Starting a new business

(C) Meeting with multiple clubs

(D) Publishing a book

Shelly Martin은 현재 어떤 프로젝트에 관여하고 있는가?

(A) 영화에서 연기하는 것

(B) 신 사업을 시작하는 것

(C) 여러 동호회와 만나는 것

(D) 도서를 출간하는 것

해설 Shelly Martin이 현재 관여된 프로젝트를 묻는 문제로 담화 중반에 'Ms. Martin came on the show to discuss a special project she's working on. She's visiting youth sports clubs across the nation to explain the importance of exercise for good health. (Ms. Martin은 지금 하고 있는 특별 프로젝트를 논의하기 위해 이 쇼에 나왔습니다. 그녀는 건강을 위한 운동의 중요성을 설명하기 위해 전국에 있는 청소년 스포츠 동호회들을 방문하고 있습니다.)'라고 말했으므로 (C)가 정답이다.

---

6. According to the speaker, what does Shelly Martin plan to do?

(A) Organize a competition

(B) Donate some money

(C) Provide tickets to an event

(D) Move to another country

화자에 따르면 Shelly Martin은 무엇을 계획하고 있는가?

(A) 대회를 주최한다

(B) 돈을 기부한다

(C) 행사 티켓을 제공한다

(D) 다른 나라로 이주한다

해설 Shelly Martin이 계획하고 있는 일을 묻는 문제이다. Shelly Martin과 plan to do를 키워드로 삼아 담화 후반부에서 단서를 포착한다. 'She's going to hold a swim competition where the winners will receive free private lessons from her for a month. (Ms. Martin은 우승자가 한 달 동안 무료 개인 교습을 받게 되는 수영 대회를 주최할 것입니다.)'라고 말했으므로 hold를 organize로 패러프레이징한 (A)가 정답이다.

영국

Questions 7-9 refer to the following announcement.

W Good morning. **8** I'd like to welcome you all to today's workshop, which will discuss the latest digital trends in the advertising industry. **7** I'll quickly go over today's plan. We'll first split you into two teams. Team A will head to room 205 for an interactive session focused on social media. Team B will go downstairs to room 102 to listen to a presentation on the international regulations concerning the collection of customer data. At 10

A.M., the teams will switch locations. **9** After lunch, participants will fill out a questionnaire. OK, now, I'm going to pass around an attendance list, so please check what team you're on and sign your name.

7-9번은 다음 안내에 관한 문제입니다.

W 안녕하세요. **8** 오늘 워크숍에 오신 여러분 모두 환영하며, 이 워크숍에서는 광고 업계의 최신 디지털 트렌드에 대해 논의할 것입니다. **7** 오늘 계획을 빠르게 살펴보겠습니다. 먼저 여러분들을 두 팀으로 나누겠습니다. A팀은 소셜 미디어에 초점을 맞춘 상호적인 대화 시간을 위해 205호실로 갈 것입니다. B팀은 고객 데이터 수집과 관련된 국제 규정에 대한 발표를 듣기 위해 102호로 내려갈 것입니다. 오전 10시에 팀들이 장소를 바꿀 것입니다. **9** 점심 식사 후 참가자들은 설문지를 작성할 것입니다. 좋습니다. 이제 참석자 명단을 돌려 볼 테니, 어느 팀에 속해 있는지 확인하고 서명해 주세요.

어휘 latest 최신의 | go over ~를 검토하다 | split 나누다, 쪼개다 | head to ~로 향하다 | interactive 상호작용의, 대화형의 | session (특정 활동을 위한) 시간, 기간, 회기 | social media 소셜 미디어 | regulation 규정 | collection 모음, 수집 | switch 전환하다, 바꾸다 | fill out 작성하다 | questionnaire 설문지 | attendance 참석 | sign a name 서명하다

---

7. What is the main reason for the announcement?

(A) To request volunteers for a project

(B) To outline an event schedule

(C) To announce a revised customer policy

(D) To introduce a new team member

이 안내의 주된 이유는 무엇인가?

(A) 프로젝트를 위한 자원 봉사자를 구하기 위해

(B) 행사 일정의 개요를 설명하기 위해

(C) 개정된 고객 정책을 발표하기 위해

(D) 신규 팀원을 소개하기 위해

해설 안내의 주된 이유를 묻는 문제로 담화 초반에 'I'd like to welcome you all to today's workshop, which will discuss the latest digital trends in the advertising industry. I'll quickly go over today's plan. (오늘 워크숍에 오신 여러분 모두 환영하며, 이 워크숍에서는 광고 업계의 최신 디지털 트렌드에 대해 논의할 것입니다. 오늘 계획을 빠르게 살펴보겠습니다.)'라고 하여 오늘 계획에 대해 빠르게 점검하겠다고 하므로 workshop을 event로, go over를 outline으로, plan을 schedule로 패러프레이징한 (B)가 정답이다.

---

8. Where do the listeners most likely work?

(A) At an electronics store

(B) At an advertising firm

(C) At a construction company

(D) At a catering business

청자들은 어디에서 일하겠는가?

(A) 전자제품 매장에서

(B) 광고회사에서

(C) 건설회사에서

(D) 출장 요리 업체에서

해설 청자들이 일하는 장소 즉, 청자들의 정체를 묻는 문제로 특정 직업과 관련된 단어/표현을 포착한다. 담화 초반에 'I'd like to welcome you all to today's workshop, which will discuss the latest digital trends in the advertising industry. (오늘 워크숍에 오신 여러분 모두 환영하며, 이 워크숍에서는 광고 업계의 최신 디지털 트렌드에 대해 논의할 것입니다.)'라고 말한 내용을 토대로 청자들이 광고 업계에 종사한다는 사실을 알 수 있다. 따라서 (B)가 정답이다.

---

9. According to the speaker, what will happen after lunch?

(A) A building tour will be given.

(B) A product demonstration will be held.

(C) Teams will switch locations.

(D) Participants will answer some questions.

화자에 따르면, 점심 식사 후에 무슨 일이 일어날 것인가?

(A) 건물 견학이 이루어질 것이다.

(B) 제품 시연회가 열릴 것이다.

(C) 팀들이 장소를 바꿀 것이다.

(D) 참가자들이 질문들에 응답할 것이다.

해설 점심 식사 후에 일어날 일을 묻는 문제로 after lunch를 키워드로 삼아 단서를 포착한다. 담화 후반에 'After lunch, participants will fill out a questionnaire. (점심 식사 후 참가자들은 설문지를 작성할 것입니다.)'라고 말했으므로 fill out a questionnaire를 answer some questions로 패러프레이징한 (D)가 정답이다.

미국

Questions 10-12 refer to the following news report.

W Good morning! This is Ari Nakamura with News 9. I'm reporting today from Wesley's Techno Mart, **10, 11** where people have been lining up since last night in hopes of getting their hands on the long-awaited Delle X4 tablet PC, which will be available starting this morning. If you didn't know any better, you'd think that these tablets were free. Now, **12** many analysts say that the feature that makes the Delle X4 stand out from other models is its bendable screen. The tablet's users can bend the screen to whatever shape they want it to be.

10-12번은 다음 뉴스 보도에 관한 문제입니다.

여 안녕하세요. News 9의 Ari Nakamura입니다. 오늘은 Wesley's Techno Mart에서 소식을 전해드리고자 합니다. **10, 11** 이곳은 오랫동안 출시를 기다려왔던 Delle X4 tablet PC를 손에 넣기 위해 어젯밤부터 사람들이 줄을 길게 늘어섰는데요, 오늘 아침부터 판매가 시작된다고 합니다. 만약 이 제품에 대해 잘 모르셨다면, 이 태블릿이 무료라고 생각하실지도 모르겠습니다. 현재, **12** 많은 분석가들이 말하기를 Delle X4가 다른 모델과 비교해 두드러진 점은 구부릴 수 있는 스크린이라는 것입니다. 이 태블릿의 사용자들은 스크린을 그들이 원하는 모양대로 구부릴 수 있습니다.

어휘 line up 줄을 서다 | in hopes of ~의 희망을 가지고 | long-awaited 오랫동안 기다리던 | analyst 분석가 | stand out 두각을 나타내다 | bendable 구부릴 수 있는 | bend ~을 구부리다 | shape 모양

10. What does the speaker say will happen today?

(A) A seasonal sale will be held.

(B) An advertisement will be shown.

(C) A new product will be offered.

(D) A store will extend its operating hours.

화자는 오늘 무슨 일이 일어날 것이라고 말하는가?

(A) 기간 세일이 열릴 것이다.

(B) 광고가 있을 것이다.

(C) 신제품이 제공될 것이다

(D) 가게는 영업시간을 연장할 것이다.

해설 오늘 일어날 일에 대해 묻는 질문이다. 질문의 today를 키워드로 잡고 정답의 단서를 포착해야 한다. 담화의 도입부에 화자는 'reporting today from Wesley's Techno Mart. (오늘은 Wesley's Techno Mart에서 소식을 전해드리고자 합니다.)'라고 했으므로 이어지는 문장에 주목하고, 'where people have been lining up since last night in hopes of getting their hands on the long-awaited Delle X4 tablet PC, which will be available starting this morning. (이곳은 오늘 아침부터 판매가 시작되고, 오랫동안 출시를 기다려왔던 Delle X4 tablet PC를 손에 넣기 위해 어젯밤부터 사람들이 줄을 길게 늘어섰는데요.)'을 들으며 새로운 제품 판매가 시작될 것이라는 사실을 간파할 수 있다. 따라서 정답은 (C)가 된다.

---

11. What does the speaker mean when she says, "If you didn't know any better, you'd think that these tablets were free"?

(A) Many customers are waiting in line.

(B) A lot of free samples are being handed out.

(C) Some merchandise has been sold out.

(D) Wesley's is offering good deals on their products.

화자는 "만약 잘 모르셨다면, 이 태블릿이 무료라고 생각하실지도 모르겠습니다"라고 말할 때 무엇을 의도하는가?

(A) 많은 고객들이 줄을 서 있다.

(B) 무료 샘플이 많이 나누어지고 있다.

(C) 몇몇 상품이 매진되었다.

(D) Wesley's가 그들 제품에 대해 좋은 조건을 제시하고 있다.

해설 화자가 하는 말의 의도를 묻고 있다. 새로운 제품이 출시될 것이라는 소식과 함께 화자는 'people have been lining up since last night in hopes of getting their hands on the long-awaited Delle X4 tablet PC' (오랫동안 출시를 기다려왔던 Delle X4 tablet PC를 손에 넣기 위해 어젯 밤부터 사람들이 줄을 길게 늘어섰는데요.)'라고 말하며, 소식을 몰랐던 사람들은 줄을 길게 서 있는 이유가 무료로 태블릿을 나누어주기 때문일 것이라 생각할 것이라고 우회적으로 덧붙인다. 이 문장에서 people have been lining up을 듣는 순간 패러프레이

징된 (A)로 답을 체크할 수 있다. 다만, 본 문제는 11번 문제와 같은 문장에서 정답의 단서를 찾아야 하기 때문에 담화의 흐름을 끝까지 집중해야 한다.

어휘 | join 함께 하다, 합류하다 | seafood 해산물 | platter 접시 | appetizer 에피타이저, 전채 | review 평가 | special deal 특가 할인 상품 | entire 전체의

12. What feature of the Delle X4 does the speaker emphasize?
(A) Its battery life
(B) Its durable case
(C) Its flexible display
(D) Its lightweight

화자는 Delle X4의 어떤 특징을 강조하는가?
(A) 배터리 수명
(B) 튼튼한 케이스
(C) 구부러지는 디스플레이
(D) 가벼움

해설 상품의 특징을 묻는 질문이다. 중요한 정보가 나올 때 등장하는 Now, One more thing 등과 같은 표현을 흘려 듣지 않도록 한다. 담화의 후반부에 화자는 'many analysts say that the feature that makes the Delle X4 stand out from other models is its bendable screen. (많은 분석가들이 말하기를 Delle X4가 다른 모델과 비교해 두드러진 점은 구부릴 수 있는 스크린이라는 것입니다.)'이라고 말했으므로 stands out from other models 이후의 단서에 집중하면 bendable screen이 flexible display로 패러프레이징된 (C)로 정답을 쉽게 고를 수 있다. 만약, bendable을 알아듣지 못했더라도 맨 마지막 문장 'whatever shape they want it to be. (그들이 원하는 모양대로)'를 듣는 순간 빠르게 정답을 선택할 수 있으므로 끝까지 집중하며 듣자.

영국

Questions 13-15 refer to the following talk.

W **13** Thank you for joining us at Gail's Seafood Platter. I'm Joanne, and I'll be taking care of you today. If you want to start with some appetizers, they are on the first page of the menu. **14** At the top of the list are our famous mini burgers with barbecue sauce. They received positive reviews in the *Mestoville Tribune*. **15** In addition, we're offering a special deal throughout this entire month. Order one glass of wine and receive another free. OK, I'll give you a minute to go over the menu. If you have any questions, please let me know.

13-15번은 다음 담화에 관한 문제입니다.

여 **13** Gail's Seafood Platter에 함께해주셔서 감사합니다. 저는 Joanne이고 오늘 여러분을 도와드릴 겁니다. 에피타이저로 시작하고 싶으시다면, 그것들은 메뉴 첫 페이지에 있습니다. **14** 목록 맨 위에는 바비큐 소스를 곁들인 저희 식당의 유명한 미니 버거가 있죠. 〈Mestoville Tribune〉에서 호평을 받았습니다. **15** 또한 저희는 이번 달 내내 특별 할인을 제공합니다. 와인 한 잔을 주문하시면 다른 한 잔을 무료로 받으실 수 있습니다. 좋습니다, 메뉴를 살펴보실 시간을 드릴게요. 질문이 있으시면 말해주십시오.

13. Where does the speaker most likely work?
(A) At a culinary institute
(B) At a food magazine
(C) At a farm
(D) At a restaurant

화자는 어디에서 일하겠는가?
(A) 요리 학교
(B) 음식 잡지
(C) 농장
(D) 음식점

해설 화자가 일하는 장소 즉, 화자의 정체를 묻는 문제로 특정 직업과 관련된 단어/표현을 포착한다. 담화 초반에 'Thank you for joining us at Gail's Seafood Platter. I'm Joanne, and I'll be taking care of you today. If you want to start with some appetizers, they are on the first page of the menu. (Gail's Seafood Platter에 함께해주셔서 감사합니다. 저는 Joanne이고 오늘 여러분을 도와드릴 겁니다. 에피타이저로 시작하고 싶으시다면, 그것들은 메뉴 첫 페이지에 있습니다.)'라고 말한 내용을 토대로 화자가 레스토랑에서 일한다는 사실을 알 수 있다. 따라서 (D)가 정답이다.

14. Why does the speaker say, "They received positive reviews in the *Mestoville Tribune*"?
(A) To recommend purchasing a subscription
(B) To suggest a certain dish
(C) To ask for article ideas
(D) To request award nominations

화자는 왜 "〈Mestoville Tribune〉에서 호평을 받았습니다"라고 말하는가?
(A) 구독권 구입을 추천하기 위해
(B) 특정 요리를 제안하기 위해
(C) 기사 아이디어를 요청하기 위해
(D) 수상 후보 임명을 요청하기 위해

해설 화자가 그렇게 말한 의도를 파악하는 문제이다. 인용 문장 앞뒤 내용을 핵심 단서로 삼는다. 담화 중반에 'At the top of the list are our famous mini burgers with barbecue sauce. (목록 맨 위에는 바비큐 소스를 곁들인 저희 식당의 유명한 미니 버거가 있죠.)'라고 하며, 'They received positive reviews in the *Mestoville Tribune*. (〈Mestoville Tribune〉에서 긍정적인 리뷰를 받았습니다.)'라고 말한 것이므로 미니 버거 메뉴를 추천하기 위한 의미를 담고 있음을 알 수 있다. 따라서 (B)가 정답이다.

15. What does the speaker say is happening during this month?

(A) A special deal is being offered.

(B) A celebrity chef is teaching cooking courses.

(C) Some money is being donated to local schools.

(D) Some kitchen equipment is being replaced.

화자는 이번 달에 무슨 일이 있다고 하는가?

(A) 특별 할인이 제공되고 있다.

(B) 유명 요리사가 요리 수업을 가르치고 있다.

(C) 지역 학교에 돈이 기부되고 있다.

(D) 일부 조리도구가 교체되고 있다.

해설 이번 달에 일어나는 일을 묻는 문제로 during this month를 키워드로 삼아 단서를 잡아낸다. 담화 후반에 'In addition, we're offering a special deal throughout this entire month. (또한 저희는 이번 달 내내 특별 할인을 제공합니다.)'라고 말했으므로 (A)가 정답이다.

어휘 entertainment news 연예뉴스 ι disappoint 실망시키다 ι rainfall 강우 ι stream 스트림 처리하다 (데이터 전송을 연속적으로 이어서 하다) ι cause ~을 야기하다 ι clear off 깨끗이 처리하다 ι inaccessible 접근할 수 없는

호주

Questions 16-18 refer to the following broadcast and map.

ᴹ Good evening. This is KVD Rockville Radio with your 5 o'clock entertainment news. **16** Glow Symphony Orchestra fans were disappointed that last Sunday evening's performance was canceled due to the unexpected heavy rainfall. The Rockville Arts Center rescheduled the performance for this Saturday at 6 P.M. **17** Tickets are selling quickly. If you can't get one, the event will also be streamed live on the Rockville Arts Center Web site. **18** Damage caused by the rains has been cleared off all parking lots at the center, except for one. The lot that will be inaccessible is the one nearest to Ash Avenue.

16-18번은 다음 방송과 지도에 관한 문제입니다.

ᴺ 안녕하세요. 여러분과 5시를 함께하는 연예뉴스 KVD Rockville Radio입니다. **16** Glow Symphony Orchestra 팬들은 지난주 일요일 저녁 예정되었던 공연이 폭우로 인해 취소된 것에 대해 큰 실망을 표했습니다. Rockville 공연장은 이번 주 토요일 오후 6시에 공연을 진행하도록 일정을 조정했습니다. **17** 티켓은 매우 빠르게 판매되고 있습니다. 만약 티켓을 구매하지 못했을 경우, Rockville 공연장 웹 사이트에서 생방송으로 시청하실 수 있습니다. **18** 폭우로 인해 피해를 받았던 주차장들은 지금 모두 복구되었습니다, 한 곳을 제외하고요. Ash 가에서 가장 가까운 주차장은 사용이 불가능할 것입니다.

---

16. Why was the performance rescheduled?

(A) Some musicians were sick.

(B) There was inclement weather.

(C) The arts center was under construction.

(D) A connecting flight arrived late.

공연의 일정이 왜 변경되었는가?

(A) 일부 음악가들이 아팠다.

(B) 악천후가 있었다.

(C) 공연장이 공사 중이었다.

(D) 비행기 연결편이 늦었다.

해설 일정이 변경된 이유를 묻는 질문이다. 일정과 관련된 표현 reschedule, cancel 등을 포착하여 정답의 단서를 찾는다. 담화의 초반부에 화자는 'Glow Symphony Orchestra fans were disappointed that last Sunday evening's performance was canceled due to the unexpected heavy rainfall. (Glow Symphony Orchestra 팬들은 지난주 일요일 저녁 예정되었던 공연이 폭우로 인해 취소된 것에 대해 큰 실망을 표했습니다.)'이라고 말하며 공연이 이번 주 토요일로 재조정되었다고 덧붙이고 있으므로 공연 일정이 바뀐 이유인 heavy rainfall을 듣는 순간 선택지에 패러프레이징된 (B)를 정답으로 선택한다.

---

17. According to the speaker, why would listeners watch the performance online?

(A) If heavy rains are expected

(B) If all parking lots are full

(C) If the event is moved to another venue

(D) If there are no tickets available

화자에 따르면, 청자들은 왜 온라인으로 공연을 봐야 하겠는가?

(A) 폭우가 예상되는 경우

(B) 주차장이 꽉 차는 경우

(C) 행사 장소가 바뀔 경우

(D) 티켓 구매가 힘든 경우

해설 청취자들이 특정한 상황에서 취해야 할 행동을 묻는 문제이다. 질문에 등장하는 listeners watch the performance online을 바탕으로 단서를 찾아야 하며 선택지의 if를 키워드로 잡으면 더욱 쉽게 정답을 찾을 수 있다. 담화 중반부에 'Tickets are selling quickly. If you can't get one, the event will also be streamed live on the Rockville Arts Center Web site. (티켓은 매우 빠르게 판매되고 있습니다. 만약 티켓을 구매하지 못했을 경우, Rockville 공연장 웹사이트에서 생방송으로 시청하실 수 있습니다.)'라고 말하고 있으므로 티켓을 구하지 못한 경우에 사이트를 방문하라고 권하고 있다. 따라서 정답은 (D)가 된다.

---

18. Look at the graphic. Which parking lot will be closed?
(A) Parking Lot 1
(B) Parking Lot 2
(C) Parking Lot 3
(D) Parking Lot 4

시각 정보를 보시오. 어느 주차장이 문을 닫게 될 것인가?
(A) 1번 주차장
(B) 2번 주차장
(C) 3번 주차장
(D) 4번 주차장

해설 이용 불가한 주차장을 묻는 시각 정보 연계 문제이다. inaccessible이 closed로 패러프레이징되었다. 듣기 도중 시각 정보의 지명과 일치하는 곳에 시선을 고정하고 흐름을 따라가면 정답을 쉽게 찾을 수 있다. 담화의 후반부에 'Damage caused by the rains has been cleared off all parking lots at the center, except for one. (폭우로 인해 피해를 받았던 주차장들은 지금 모두 복구되었습니다. 한 곳을 제외하고요.)'이라고 말하며 사용 불가능한 한 군데 주차장에 대해 언급할 것임을 파악하고 시각 정보에 시선을 고정 한 후, 다음 문장 'The lot that will be inaccessible is the one nearest to Ash Avenue. (Ash 가에서 가장 가까운 주차장은 사용이 불가능할 것입니다.)'를 들으며 Ash 가에서 가장 가까운 주차장인 (D)를 정답으로 체크한다.

REVIEW TEST

본서 p.246

71. (A)	**72.** (C)	**73.** (B)	**74.** (B)	**75.** (D)
76. (D)	**77.** (D)	**78.** (A)	**79.** (B)	**80.** (B)
81. (C)	**82.** (B)	**83.** (B)	**84.** (B)	**85.** (D)
86. (A)	**87.** (C)	**88.** (A)	**89.** (A)	**90.** (A)
91. (B)	**92.** (C)	**93.** (B)	**94.** (D)	**95.** (B)
96. (C)	**97.** (A)	**98.** (B)	**99.** (D)	**100.** (D)

미국

Questions 71-73 refer to the following radio advertisement.

M Are you looking to work part-time during the winter? **71** Bondra Limited, the country's number one packaging company, is recruiting delivery workers for several branches in the southern Langway area. This is an ideal position for local students and those looking for temporary work. No prior delivery experience is required. **72** You will be trained by us in all shipping and delivery procedures required for the position. **73** Please come to the Bondra Limited office at 397 Middleton Road to apply.

71-73번은 다음 라디오 광고에 관한 문제입니다.

남 겨울 동안 시간제 근무를 하려고 생각 중이십니까? **71** 국내 1위의 포장 회사인 Bondra 사가 남부 Langway 지역에 있는 지부 몇 군데에서 일할 배달원들을 모집하고 있습니다. 지역 학생들과 임시직을 찾는 분들에게 가장 알맞은 자리입니다. 이전 배달 경험은 요구하지 않습니다. **72** 저희가 직무에 필요한 출하 및 배달 절차와 관련된 훈련을 해 드릴 겁니다. **73** 지원하시려면 Middleton 가 397번지에 있는 Bondra 사 사무실로 오십시오.

어휘 look to ~를 생각해[고려해] 보다 I packaging 포장 I recruit (사원 등을) 모집하다, 뽑다 I ideal 가장 알맞은, 이상적인 I temporary 임시의 I prior 이전의 I required 필요한, 필수인 I shipping 출하, 운송 I procedure 절차

71. What type of job is being advertised?
(A) Delivery worker
(B) Packaging production supervisor
(C) Teaching assistant
(D) Tow truck driver

어떤 직업이 광고되고 있는가?
(A) 배달 직원
(B) 포장재 생산 감독
(C) 조교
(D) 견인차 운전자

해설 광고되고 있는 직업의 종류를 묻는 질문이다. 광고의 주제와 관련된 단어나 표현을 포착한다. 담화의 초반부에서 'Bondra Limited, the country's number one packaging company, is recruiting delivery workers (국내 1위의 포장 회사인 Bondra사가 배달원들을 모집하고 있습니다)'라고 하므로 (A)를 정답으로 선택한다.

---

72. According to the speaker, what will Bondra Limited provide?
(A) Free accommodations
(B) End-of-year bonuses
(C) On-the-job training
(D) Health insurance

화자에 따르면, Bondra 사는 무엇을 제공할 것인가?
(A) 무료 숙소
(B) 연말 보너스
(C) 직장 내 훈련
(D) 건강 보험

해설 Bondra 사가 제공할 것을 묻는 질문이다. Bondra Limited, provide 를 키워드로 삼아 단서를 포착한다. 담화의 후반부에서 'You will be trained by us in all shipping and delivery procedures required for the position. (저희가 직무에 필요한 출하와 배달 절차 및 관련된 훈련을 해 드릴 겁니다.)'라고 하므로 이를 패러프레이징한 (C)가 정답이다.

---

73. How should people apply for the job?
(A) By visiting a company's Web site
(B) By going to an office
(C) By attending a job fair
(D) By emailing a résumé

사람들은 어떻게 일자리에 지원하면 되는가?
(A) 회사 웹사이트를 방문함으로써
(B) 사무실에 감으로써
(C) 채용박람회에 참석함으로써
(D) 이력서를 이메일로 보냄으로써

해설 일자리에 지원하는 방법을 묻는 질문이다. apply를 키워드로 삼아 해당 표현을 포착한다. 담화 후반부에서 'Please come to the Bondra Limited office at 397 Middleton Road to apply. (지원하시려면 Middleton 가 397번지에 있는 Bondra 사 사무실로 오십시오.)'라고 하므로 (B)를 정답으로 선택한다.

Questions 74-76 refer to the following broadcast.

ⓜ Welcome to the House Essentials channel, where we offer the finest home products at the most affordable prices. **74** Today, we are featuring stackable storage containers. They are designed to be airtight so that your food remains fresh for as long as possible. **75** Mr. Bertrand Hollande is here with us today to show us different ways to use this innovative product. I'm sure everyone has seen his popular TV series, *Innovative Appliances*. **76** Well, the first 10 callers to place an order will have a chance to appear as a special guest on his show. So, shall we get started, Mr. Hollande?

74-76번은 다음 방송에 관한 문제입니다.

남 House Essentials 채널에 오신 것을 환영합니다. 이곳에서 저희는 가장 합리적인 가격에 최상의 가정용품을 제공하고 있습니다. **74** 오늘 저희는 쌓아서 보관 가능한 저장 용기를 보여드립니다. 여러분의 음식이 가능한 한 오래 신선하게 유지되도록 밀폐된 디자인으로 되어 있습니다. **75** Mr. Bertrand Hollande가 오늘 이 혁신적인 제품을 사용하는 다양한 방법을 보여주기 위해 이 자리에 함께 나와 계십니다. 여러분 모두 이분의 유명한 TV 시리즈인 〈Innovative Appliances〉를 보셨으리라고 생각합니다. **76** 음, 먼저 주문하시는 열 분은 이분의 프로그램에 특별 게스트로 참여할 기회를 갖게 되십니다. 그럼, 이제 시작할까요, Mr. Hollande?

어휘 finest 최상의 | affordable 가격이 적절한 | stackable 쌓을 수 있는 | storage 보관, 저장 | airtight 밀폐된 | innovative 혁신적인 | appliance (가정용) 기기

---

74. What is being featured on the show?
(A) Electronic appliances
(B) Food containers
(C) Recycling bins
(D) Cooking videos

쇼에 나온 제품은 무엇인가?
(A) 전자 제품
(B) 음식 용기
(C) 재활용품 통
(D) 요리 비디오

해설 쇼에 나온 제품을 묻고 있다. 전반부에서 특정 제품과 관련된 단어/표현을 잡아낸다. 'Today, we are featuring stackable storage containers. They are designed to be airtight so that your food remains fresh ~. (오늘 저희는 쌓아서 보관 가능한 저장 용기를 보여드립니다. 여러분의 음식이 가능한 한 오래 신선하게 유지되도록 밀폐된 디자인으로 되어 있습니다.)'라고 했으므로 storage containers, food remains fresh 등을 통해 (B)가 정답임을 알 수 있다.

75. What will Mr. Hollande do?

(A) Prepare some meals

(B) Answer questions from the audience

(C) Introduce some guests

(D) Conduct a product demonstration

Mr. Hollande는 무엇을 할 것인가?

(A) 요리를 준비한다

(B) 관중들의 질문에 답한다

(C) 몇몇 손님을 소개한다

(D) 제품을 시연한다

해설 Mr. Hollande가 무엇을 할 것인지 묻고 있다. Mr. Hollande를 키워드로 삼아 단서를 잡아낸다. 'Mr. Bertrand Hollande is here with us today to show us different ways to use this innovative product. (Mr. Bertrand Hollande가 오늘 이 혁신적인 제품을 사용하는 다양한 방법을 보여주기 위해 이 자리에 함께 나와 계십니다.)'라고 했으므로 (D)가 정답이다. show us ~ ways to use가 conduct ~ demonstration으로 패러프레이징되었다.

---

76. What is being offered to the first 10 callers?

(A) A restaurant coupon

(B) A concert ticket

(C) A free subscription to a magazine

(D) An opportunity to be on a show

첫 열 명의 주문자에게는 무엇이 주어지는가?

(A) 식당 쿠폰

(B) 콘서트 티켓

(C) 잡지 무료 구독권

(D) 쇼에 참여할 기회

해설 첫 열명의 주문자에게 제공되는 것을 묻고 있다. first 10 callers를 키워드로 삼아 단서를 잡아낸다. 'Well, the first 10 callers to place an order will have a chance to appear as a special guest on his show. (음, 먼저 주문하시는 열 분이 이분의 프로그램에 특별 게스트로 참여할 기회를 갖게 됩니다.)'라고 했으므로 (D)가 정답이다. chance to appear가 opportunity to be로 패러프레이징되었다.

미국

Questions 77-79 refer to the following talk.

W Ok, **77** can all actors come up to the stage so that I can talk about how our rehearsals will work? Today, we'll go over the new script. Starting tomorrow, we'll rehearse every day until the first show. If you look at the schedule I'm handing out, you'll see the start and end times of the rehearsals. **78** You'll notice in the schedule that the first few rehearsals will run a lot shorter than the later ones. One last thing, **79** we just received our costumes for this production. So, before you leave today, please try them on to see if they need any adjustments.

77-79번은 다음 담화에 관한 문제입니다.

여 자, **77** 우리 리허설이 어떻게 진행되는지 말씀드릴 수 있게 모든 배우들은 무대 위로 올라와 주시겠어요? 오늘, 우리는 새 대본을 검토할 것입니다. 내일부터는 첫 공연 때까지 매일 예행 연습을 할 것입니다. 제가 나눠 드리는 일정표를 보시면, 리허설의 시작과 끝 시간을 보실 수 있습니다. **78** 일정표 내에 처음 리허설 몇 개는 나중 것들보다 훨씬 더 짧게 진행될 것이라는 걸 알아차리실 겁니다. 마지막으로, **79** 이 상연을 위한 의상을 막 받았습니다. 그러니, 오늘 가시기 전에 수선이 필요한지 보기 위해 **그것들을 입어봐 주세요.**

어휘 go over ~을 검토하다 | rehearse 예행 연습을 하다, 리허설하다 | hand out 나누어 주다 | costume (연극·영화 등에서) 의상 | production 상연, 제작 | adjustment 수정

---

77. Who is the speaker addressing?

(A) Audience members

(B) Theater employees

(C) Costume designers

(D) Stage actors

화자는 누구에게 말하고 있는가?

(A) 관객들

(B) 극장 직원들

(C) 의상 디자이너들

(D) 무대 배우들

해설 청자들의 직업을 묻고 있다. 청자들의 직업을 알 수 있는 단어나 표현에 집중한다. 'can all actors come up to the stage so that I can talk about how our rehearsals will work? (우리 리허설이 어떻게 진행되는지 말씀드릴 수 있게 모든 배우들은 무대 위로 올라와 주시겠어요?)'라고 했으므로 (D)가 정답이다.

---

78. What does the speaker say about the schedule?

고난도 (A) Rehearsals will vary in length.

(B) Performance times have been changed.

(C) Cancellations will be posted on a Web site.

(D) Holiday breaks have been added.

화자는 일정에 대해 무엇을 말하는가?

(A) 리허설 길이는 각기 다를 것이다.

(B) 공연 시간이 변경되었다.

(C) 취소 사항이 웹사이트에 게시될 것이다.

(D) 휴가가 추가되었다.

해설 일정을 묻고 있다. schedule을 키워드로 삼아 해당 내용을 포착한다. 'You'll notice in the schedule that the first few rehearsals will run a lot shorter than the later ones. (일정표 내에 처음 리허설 몇 개는 나중 것들보다 훨씬 더 짧게 진행될 것이라는 걸 알아차리실 겁니다.)'라고 했으므로 (A)가 정답이다.

79. What does the speaker request the listeners do?

(A) Clean up an area

(B) Try on some outfits

(C) Reserve some tickets

(D) Pick up an event brochure

화자는 청자들에게 무엇을 하라고 요청하는가?

(A) 구역을 청소한다

(B) 의상을 입어본다

(C) 입장권 몇 장을 예매한다

(D) 행사 안내 책자를 가져간다

해설 요청 사항을 묻고 있다. 요청과 관련된 표현을 포착한다. 'we just received our costumes for this production. So, ~ please try them on (이 상연을 위한 의상을 막 받았습니다. 그러니, 그것들을 입어봐 주세요.)'이라고 했으므로 (B)가 정답이다. costumes가 outfits 로 패러프레이징되었다.

미국

Questions 80-82 refer to the following telephone message.

M Hi, Sonya, it's Lawrence. **80** I'm calling about the draft of the article you wrote about the newly reopened Faxford Performing Arts Center. It needs some work. **81** Your story focuses too much on the new interactive computer stations and not enough on the other added features of the center. I guess I should have been clearer with the instructions during the meeting last week. I know this is your first assignment here. **82** Ahm... perhaps it's better if you get Danielle Chan's help on this. She has done a lot of assignments regarding building construction. OK, talk to you soon.

80-82번은 다음 전화 메시지에 관한 문제입니다.

남 안녕하세요, Sonya. Lawrence입니다. **80** 새로 개장한 Faxford 공연 예술 센터에 대해 쓰셨던 기사 초안 때문에 전화 드렸어요. 손봐야 할 부분이 좀 있어서요. **81** 당신의 기사는 새 대화형 컴퓨터 스테이션에 너무 집중되어 있고, 이 센터에 추가된 다른 요소들에 대한 정보가 충분치 않아요. 저번 주 회의에서 제가 설명을 좀 더 자세히 했어야 했나 보군요. 이 기사가 이곳에서의 당신의 첫 업무라는 걸 알아요. **82** 음... 이 문제에 Danielle Chan의 도움을 받는 게 좋을 것 같아요. 건축 구조에 대한 일을 많이 해봤거든요. 알았어요, 곧 이야기하죠.

어휘 draft 초안 | reopen 재개장하다 | interactive 상호 작용하는; [컴퓨터] 대화식의 | added 추가된 | instruction 설명 | assignment 일, 과제 | building construction 건축 구조

---

80. What field does Lawrence work in?

(A) Information Technology

(B) Journalism

(C) Construction

(D) Performing Arts

Lawrence는 어떤 분야에서 일하는가?

(A) 정보 기술

(B) 언론

(C) 건설

(D) 공연 예술

해설 Lawrence가 일하는 분야를 묻고 있다. 특정 분야와 관련된 표현을 잡아낸다. 'I'm calling about the draft of the article you wrote about the newly reopened Faxford Performing Arts Center.(새로 개장한 Faxford 공연 예술 센터에 대해 쓰셨던 기사 초안 때문에 전화 드렸어요.)'라고 했으므로 (B)가 정답이다.

---

81. Why does Lawrence say, "It needs some work"?

(A) To request repair work

(B) To assign another project

(C) To address an issue

(D) To give a reminder

Lawrence는 왜 "손봐야 할 부분이 좀 있어요"라고 말하는가?

(A) 보수 공사를 요청하기 위해서

(B) 다른 프로젝트를 주기 위해서

(C) 문제를 제기하기 위해서

(D) 상기해줄 것이 있어서

해설 화자가 하는 말의 의도를 묻고 있다. 해당 표현의 전후 내용을 파악한다. 'I'm calling about the draft of the article you wrote about the newly reopened Faxford Performing Arts Center. It needs some work. (새로 개장한 Faxford 공연 예술 센터에 대해 쓰셨던 기사 초안 때문에 전화 드렸어요. 손봐야 할 부분이 좀 있어서요.)'라고 한 후 'Your story focuses too much on the new interactive computer stations and not enough on the other added features of the center. (당신의 기사는 새 대화형 컴퓨터 스테이션에 너무 집중되어 있고, 이 센터에 추가된 다른 요소들에 대한 정보가 충분치 않아요.)'라고 했으므로 (C)가 정답이다.

---

82. What does Lawrence recommend Sonya do?

(A) Review some instructions

(B) Ask for assistance

(C) Download a file

(D) Participate in a meeting

Lawrence는 Sonya에게 무엇을 하라고 권하는가?

(A) 설명서를 검토한다

(B) 도움을 요청한다

(C) 파일을 다운로드한다

(D) 회의에 참석한다

해설 Lawrence가 Sonya에게 권하는 것을 묻고 있다. 제안/추천 표현을 잡아낸다. 'perhaps it's better if you get Danielle Chan's help on this (이 문제에 대해 Danielle Chan의 도움을 받는 게 좋을 것 같아요.)'라고 했으므로 get ~ help를 바꿔 표현한 (B)가 정답이다.

Questions 83-85 refer to the following announcement.

🆆 **83** Attention passengers taking the 5:30 A.M. train to Holinfield. Unfortunately, we will be departing 30 minutes later than originally scheduled **84** because our technicians are dealing with unexpected neccessary repairs on the tracks. **85** Due to this delay, we will take a shorter course as our usual scenic one around the mountains would cause us to arrive late. We sincerely apologize for the inconvenience.

83-85번은 다음 안내 방송에 관한 문제입니다.

🇰🇷 **83** Holinfield로 가는 오전 5시 30분 기차를 이용하는 승객들께 알려드립니다. **84** 기술자들이 예기치 못한 불가피한 기차 선로 보수를 하는 중이라서 **83** 유감스럽게도 원래 일정보다 30분 늦은 시각에 기차가 출발하게 되었습니다. **85** 이 지연 때문에 기존의 산 주변으로 가는 경치 좋은 노선을 이용하게 되면 목적지에 늦게 도착하게 되므로 더 짧은 노선을 이용할 예정입니다. 불편을 끼쳐 드려 대단히 죄송합니다.

어휘 unfortunately 불행히도, 유감스럽게도 | originally 원래, 본래 | technician 기술자 | unexpected 예기치 못한 | repair 보수, 수리 | scenic 경치가 좋은 | sincerely 진심으로

---

83. Where does the announcement most likely take place?
(A) At a loading port
(B) In a railway station
(C) In an airport
(D) At a bus stop

이 안내 방송은 어디에서 이루어지고 있겠는가?
(A) 선적항에서
(B) 기차역에서
(C) 공항에서
(D) 버스 정류장에서

해설 안내 방송이 나오고 있는 장소에 대해 묻는 문제이다. 안내 방송이 이루어지는 장소는 도입부에 정확한 키워드로 등장하기 때문에 첫 문장을 흘려 들어서는 안 된다. 담화의 초반부에 화자는 'Attention passengers taking the 5:30 A.M. train to Holinfield. Unfortunately, we will be departing 30 minutes later than originally scheduled (Holinfield로 가는 오전 5시 30분 기차를 이용하는 승객들께 알려드립니다. ~ 유감스럽게도 원래 일정보다 30분 늦은 시각에 기차가 출발하게 되었습니다)'라고 말했으므로 train to ~를 듣는 순간 기차역임을 간파하고 (B)으로 정답을 체크한다.

---

84. What has caused a delay?
(A) A technician has not arrived.
(B) Some maintenance was required.
(C) Some seats are unavailable.
(D) A passenger was late.

무엇이 일정을 지연시켰는가?
(A) 기술자가 도착하지 않았다.
(B) 보수 작업이 필요했다.
(C) 몇몇 좌석이 이용 불가능하다.
(D) 승객이 늦었다.

해설 일정이 지연된 이유를 묻는 문제이다. delay를 키워드로 잡고 지연을 알리는 부정적인 단어를 단서로 포착하면 쉽게 정답에 손이 간다. Unfortunately ~ 와 같은 단어로 시작하는 문장 뒤는 반드시 들어야하는 단서이므로 집중한다. 담화의 중반부에 화자는 'because our technicians are dealing with unexpected neccessary repairs on the tracks. (기술자들이 예기치 못한 불가피한 기차 선로 보수를 하는 중이라서)'라고 했으므로 repairs가 패러프레이징된 (B)가 정답이 된다.

---

85. What does the speaker say will happen?
(A) Discount vouchers will be distributed.
(B) A partial refund will be issued.
(C) Some tickets will be upgraded.
(D) An alternative route will be used.

화자는 무슨 일이 일어날 것이라고 말하는가?
(A) 할인 쿠폰을 나눠줄 것이다.
(B) 부분 환불을 해줄 것이다.
(C) 몇몇 티켓을 업그레이드해줄 것이다.
(D) 다른 노선으로 갈 것이다.

해설 앞으로 일어날 일을 묻는 문제이다. will happen을 키워드로 잡고 정답의 단서를 찾는다. 화자는 담화의 후반부에 'Due to this delay, we will take a shorter course as our usual scenic one around the mountains would cause us to arrive late. (이 지연 때문에 기존의 산 주변으로 가는 경치 좋은 노선을 이용하게 되면 목적지에 늦게 도착하게 되므로 더 짧은 노선을 이용할 예정입니다.)라고 했으므로 will take a shorter course를 듣는 순간 다른 노선이 이용될 것이라는 (D)로 정답을 연결할 수 있다.

Questions 86-88 refer to the following excerpt from a meeting.

🆆 Good morning, we'll begin our meeting with a few reminders about the new inventory software. First, **86** many of you have indicated that you have been having problems accessing product information in the database. We've resolved this issue, and you should be able to view all of the items now. **87** If you're still experiencing difficulties, please call the tech team for assistance. Someone there will help you. Also, when updating information in the system, make sure each item is listed only once. **88** I'd like to avoid having copies of the same records in the database.

📣 안녕하세요, 새로운 재고 관리 소프트웨어에 대해 몇 가지 기억해야 할 사항으로 회의를 시작하겠습니다. 우선, **86 여러분 중 많은 분들이 데이터베이스의 상품 정보에 접근하는 데 문제를 겪어 왔다고 지적했습니다.** 저희는 이 문제를 해결했고, 이제 여러분은 모든 품목을 볼 수 있을 것입니다. **87 여전히 어려움을 겪으신다면, 지원을 위해 기술팀에 전화해 주십시오. 거기 누군가가 도와드릴 것입니다.** 아울러, 시스템에 정보를 업데이트하실 때, 각각의 품목이 한 번만 기입되도록 해주십시오. **88 데이터베이스 내에 동일한 기록의 사본이 있는 걸 피하고 싶습니다.**

어휘 **reminder** 상기시키는 것, 생각나게 하는 것 | **inventory** 재고(품) | **indicate** 지적하다 | **resolve** (문제 등을) 해결하다 | **assistance** 도움, 지원 | **duplicate** 똑같은; 사본의 | **faulty** 흠이 있는 | **conflict** 충돌; 상충

86. What have employees had a problem with?
(A) Accessing some information
(B) Submitting proposals online
(C) Contacting colleagues
(D) Entering a building

직원들은 어떤 문제를 겪어왔는가?
(A) 정보에 접근하는 것
(B) 온라인으로 제안서를 제출하는 것
(C) 동료들에게 연락하는 것
(D) 건물에 들어가는 것

해설 문제점을 묻고 있다. 부정 표현이 언급된 문장을 포착한다. 'many of you have indicated that you have been having problems accessing product information in the database. (여러분 중 많은 분들이 데이터베이스의 상품 정보에 접근하는 데 문제를 겪어 왔다고 지적했습니다.)'라고 했으므로 (A)가 정답이다.

87. According to the speaker, who can offer further assistance?
(A) A Human Resources Director
(B) A security officer
(C) A technology staff member
(D) A front desk assistant

화자에 따르면, 누가 추가로 지원을 해줄 수 있는가?
(A) 인사부 관리자
(B) 경비원
(C) 기술팀 직원
(D) 안내 데스크 보조원

해설 추가로 지원을 해줄 수 있는 사람이 누구인지 묻고 있다. 추가로 도움을 줄 수 있는 사람의 직업을 알 수 있는 단어나 표현에 집중한다. 'If you're still experiencing difficulties, please call the tech team for assistance. Someone there will help you. (여전히 어려움을 겪으신다면, 지원을 위해 기술팀에 전화해 주십시오. 거기 누군가가 도와드릴 것입니다.)'라고 했으므로 (C)가 정답이다. tech team이 technology staff로 패러프레이징되었다.

88. What does the speaker say she wants to avoid?
(A) Duplicate records
(B) Faulty items
(C) Customer complaints
(D) Schedule conflicts

화자는 무엇을 피하고 싶다고 말하는가?
(A) 중복 기록
(B) 불량품
(C) 고객 불만
(D) 일정이 겹치는 것

해설 화자가 피하고 싶은 것을 묻고 있다. wants to avoid를 키워드로 삼아 해당 내용을 포착한다. 'I'd like to avoid having copies of the same records in the database. (데이터베이스 내에 동일한 기록의 사본이 있는 걸 피하고 싶습니다.)'라고 했으므로 (A)가 정답이다. same copies of records가 Duplicate records로 패러프레이징 되었다.

미국

Questions 89-91 refer to the following telephone message.

M Paula! It's Steven. **89 I know you're not coming in today, but we've got a bit of an emergency here at the supermarket.** We are getting the store ready, but **90 I'm concerned because our daily shipment of produce hasn't come in yet. It is usually delivered by 6 A.M.** As you recall, we're also holding a sale on all produce this week. I tried calling our local distributor, but no one is picking up. **91 There are only 30 minutes before we open.** Please give me a call right away once you get this message.

89-91번은 다음 전화 메시지에 관한 문제입니다.

M Paula! 저 Steven이에요. **89 오늘 출근하시지 않는 걸로 알고 있기는 하지만, 이 곳 슈퍼마켓에 약간의 긴급상황이 생겼어요.** 영업을 준비하고 있는데요, **90 농산물의 일일 운송물량이 아직 오지 않아서 걱정이에요. 보통 아침 6시까지는 배달이 되잖아요.** 기억하시겠지만 저희는 이번 주에는 모든 농산물에 대한 세일도 해요. 우리 지역에 있는 유통업체에 전화도 해봤지만 아무도 받지 않네요. **91 문 열 때까지 시간이 30분밖에 없어요.** 이 메시지 받으시면 바로 전화 좀 해주세요.

어휘 **emergency** 비상 사태 | **produce** 농산물 | **recall** 기억하다 | **distributor** 유통업체 | **pick up** 전화를 받다 | **switch** 바꾸다 | **shift** 교대 근무 | **urgency** 긴급, 위기

89. Where most likely does the speaker work?
(A) At a grocery store
(B) At a local farm
(C) At a restaurant
(D) At a café

화자는 어디에서 일하겠는가?
(A) 식료품점에서
(B) 지역 농장에서

(C) 식당에서

(D) 카페에서

해설 화자가 일하는 장소를 묻고 있다. 'I know you're not coming in today, but we've got a bit of an emergency here at the supermarket. (오늘 출근하시지 않는 걸로 알고 있기는 하지만, 이곳 슈퍼마켓에 약간의 긴급상황이 생겼어요.)'이라고 했으므로 (A)가 정답이다. supermarket이 grocery store로 패러프레이징되었다.

---

90. What problem is mentioned?

(A) A delivery has not arrived.

(B) A telephone is out of order.

(C) A manager is not feeling well.

(D) An advertisement is wrong.

어떤 문제점이 언급되는가?

(A) 배달물품이 도착하지 않았다.

(B) 전화기가 고장 났다.

(C) 매니저가 몸이 안 좋다.

(D) 광고가 잘못 되었다.

해설 'I'm concerned because our daily shipment of produce hasn't come in yet. (농산물의 일일 운송물량이 아직 배달되지 않아서 걱정이에요.)'이라고 말하므로 이 부분을 패러프레이징 한 (A)가 정답이다.

---

91. Why does the speaker say, "There are only 30 minutes before we open"?

(A) To suggest switching some work shifts

(B) To point out the urgency of the situation

(C) To recommend placing another order

(D) To tell a customer to wait

화자는 왜 "문 열 때까지 시간이 30분밖에 없어요"라고 말하는가?

(A) 근무조를 바꾸자고 제안하기 위해

(B) 상황의 긴급함을 지적하기 위해

(C) 주문을 한 번 더 하자고 권하기 위해

(D) 고객에게 기다리라고 말하기 위해

해설 화자가 하는 말의 의도를 묻고 있다. 이어지는 문장에서 메시지를 받는 대로 전화 달라고(Please give me a call right away once you get this message.) 부탁하고 있으므로 'There are only 30 minutes before we open. (문 열 때까지 시간이 30분밖에 없어요.)' 은 긴급한 상황임을 표현하는 문장이다. 따라서 정답은 (B)이다.

영국

Questions 92-94 refer to the following excerpt from a meeting.

W 92 I'd like to start by saying that this will not be our usual sales meeting. As you are all aware, 93 the number of orders dropped significantly over the past few months, despite the investments the company made in advertising and product improvements. What's worse, our biggest client's contract ends next month. 92 As sales staff, we need to work together to overcome this situation. 94 In my opinion, we need to go out and meet with our clients more often. I know that means traveling more and being away from the office, but it may be the only thing that can turn this situation around.

92-94번은 다음 회의 발췌록에 관한 문제입니다.

해 92 오늘은 우리가 일상적으로 하는 영업회의가 아니라는 점 말씀드리면서 시작하겠습니다. 모두 아시다시피 회사가 광고와 제품 향상에 한 투자에도 불구하고 93 주문량은 지난 몇 달에 걸쳐 크게 떨어졌습니다. 설상가상으로 우리의 가장 큰 고객의 계약은 다음 달에 끝납니다. 92 영업사원으로서 우리는 이 상황을 극복하기 위해 협력해야 합니다. 94 제 의견으로는 우리가 더 자주 밖으로 나가 고객들을 만나야 합니다. 이것이 더 많은 출장과 외근을 의미한다는 것은 저도 알지만 이 상황을 호전시킬 수 있는 유일한 방법일 것 같습니다.

어휘 significantly 상당히, 크게 | what's worse 설상가상으로 | overcome 극복하다 | turn around ~을 호전시키다 | associate (사업·직장) 동료 | predict 예측하다 | supplier 공급자

---

92. Who most likely are the listeners?

(A) Journalists

(B) Company executives

(C) Sales associates

(D) Investors

청자들은 누구이겠는가?

(A) 기자들

(B) 회사 임원들

(C) 영업사원들

(D) 투자자들

해설 'I'd like to start by saying that this will not be our usual sales meeting. (오늘은 우리가 일상적으로 하는 영업회의가 아니라는 점 말씀 드리면서 시작하겠습니다.)'에서 지금 진행중인 것이 영업회의라고 말하고 있고, 자신들을 가리켜 영업사원이라고 (As sales staff, we need to ~) 부르고 있으므로 (C)가 정답이다.

---

93. What does the speaker imply when she says, "our biggest client's contract ends next month"?

(A) She predicts an increase in next month's orders.

(B) She is worried about losing more business.

(C) She will contact a client next month.

(D) She is proposing changes to a contract.

화자는 "우리의 가장 큰 고객의 계약은 다음 달에 끝납니다"라고 말할 때 무엇을 의도하는가?

(A) 다음 달 주문량의 증가를 예상한다.

(B) 더 많은 거래처를 놓치는 것에 대해 걱정한다.

(C) 다음 달에 어떤 고객에게 연락할 것이다.

(D) 계약의 변경을 제안한다.

해설 화자가 하는 말의 의도를 묻고 있다. 담화 초반에서 'the number of orders dropped significantly over the past few months, (주문량은 지난 몇 달에 걸쳐 크게 떨어졌습니다)'라고 말하며 'our biggest client's contract ends next month. (우리의 가장 큰 고객의 계약은 다음 달에 끝납니다.)'라고 말하고 있으므로 계속해서 거래처를 잃는 것에 대한 우려를 표현하는 것이므로 정답은 (B)이다.

---

94. What does the speaker suggest listeners do?
(A) Research a new supplier
(B) Promote a business online
(C) Request additional funds
(D) Hold more meetings

화자는 청자들에게 무엇을 하라고 제안하는가?
(A) 새 납품업체를 찾는다
(B) 사업을 온라인으로 홍보한다
(C) 추가 자금을 요청한다
(D) 더 많은 만남을 가진다

해설 후반부에서 'we need to go out and meet with our clients more often. (고객과의 만남을 더 자주 가져야 합니다.)'라고 권하고 있으므로 (D)가 정답이다.

미국

Questions 95-97 refer to the following announcement and flight map.

🔲 Good afternoon, and thank you for choosing Moonlight Airlines. **95** The plane has reached a safe altitude, so you are now allowed to get up from your seats. It's a beautiful day today, which means you'll be able to see many landmarks during this flight. As a matter of fact, **96** if you look to your right, we are now passing by Greenfield National Forest. It is home to some of the tallest trees in the world. **97** For additional information on Greenfield Forest and the other sites we'll be seeing today, grab the booklet in front of you in the seat pocket. We thank you again for flying with Moonlight Airlines.

95-97번은 다음 공지와 비행기 항로에 관한 문제입니다.

🔲 안녕하세요. Moonlight 항공사를 선택해주셔서 감사합니다. **95** 이 비행기는 안정적인 고도에 도달했으니 이제 자리에서 일어나셔도 됩니다. 오늘은 아주 날씨가 좋고, 그 말은 비행하는 동안 다수의 랜드마크를 보실 수 있다는 뜻입니다. 실제로 **96** 오른쪽을 보시면 저희는 지금 Greenfield 국유림을 지나고 있습니다. 세계에서 가장 키가 큰 나무들이 있는 곳이죠. **97** Greenfield 국유림과 오늘 보시게 될 다른 곳들에 대해 부가 정보가 필요하시다면 여러분 앞 좌석 포켓에 있는 소책자를 보십시오. Moonlight 항공사와 함께 해주셔서 다시 한 번 감사 드립니다.

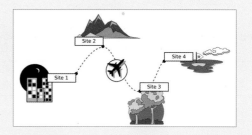

어휘 airlines 항공사 | altitude 고도 | landmark 랜드마크, 주요 지형물 | flight 비행 | national forest 국유림 | additional 추가의, 부가적인 | grab (손에) 쥐다 | booklet 소책자

---

95. What does the speaker say that passengers are now allowed to do?
(A) Turn on their phones
(B) Leave their seats
(C) Order refreshments
(D) Access the overhead compartments

화자는 이제 승객들이 무엇을 해도 된다고 하는가?
(A) 핸드폰을 켠다
(B) 자리에서 일어난다
(C) 간식을 주문한다
(D) 짐칸을 이용한다

해설 승객들에게 허용되는 것을 묻는 문제로 passengers, allowed to do를 키워드로 삼아 단서를 잡아낸다. 담화 초반에 'The plane has reached a safe altitude, so you are now allowed to get up from your seats. (이 비행기는 안정적인 고도에 도달했으니 이제 자리에서 일어나셔도 됩니다.)'라고 말했으므로 (B)가 정답이다.

---

96. Look at the graphic. Where most likely is the plane now?
(A) Site 1
(B) Site 2
(C) Site 3
(D) Site 4

시각 정보를 보시오. 지금 비행기는 어디에 있겠는가?
(A) 위치 1
(B) 위치 2
(C) 위치 3
(D) 위치 4

해설 비행기가 위치해 있는 곳을 묻는 문제이다. 담화 중반에 'if you look to your right, we are now passing by Greenfield National Forest (오른쪽을 보시면 저희는 지금 Greenfield 국유림을 지나고 있습니다)'라고 말했고, 시각 정보 상에서 Forest는 'Site 3'에 해당하므로 (C)가 정답이다.

---

97. According to the speaker, how can the listeners receive more information?
(A) By looking at a booklet

(B) By using the airline's application

(C) By speaking with a crew member

(D) By watching a film

화자에 따르면, 청자들은 어떻게 더 많은 정보를 받을 수 있는가?

(A) 소책자를 참조함으로써

(B) 항공사 어플리케이션을 사용함으로써

(C) 항공사 직원에게 이야기함으로써

(D) 영화를 봄으로써

해설 청자들이 더 많은 정보를 얻을 수 있는 방법을 묻는 문제로 listeners, receive more information을 키워드로 삼아 단서를 잡아낸다. 담화 후반부에 'For additional information on Greenfield Forest and the other sites we'll be seeing today, grab the booklet in front of you in the seat pocket. (Greenfield 국유림과 오늘 보시게 될 다른 곳들에 대해 부가 정보가 필요하시다면 여러분 앞 좌석 포켓에 있는 소책자를 보십시오.)'라고 말했으므로 (A)가 정답이다.

호주

Questions 98-100 refer to the following talk and schedule.

M Good morning. **98** I did not expect to see so many people here at today's seminar! We'll get right into discussing genre trends. But first, I want to inform you of a schedule change. There will still be a seminar on the 16th of next week, but **99** the lecture on the 23rd has been postponed. Management decided to hold an orientation for new staff on that day. We'll announce the new date soon. Also, **100** there will be snacks at every seminar. You can enjoy some cookies and chips in the lounge outside during the break.

98-100번은 다음 담화와 일정표에 관한 문제입니다.

남 좋은 아침입니다. **98** 오늘 세미나에서 이렇게 많은 분들을 뵙게 될 줄은 몰랐습니다! 곧바로 장르 트렌드에 관한 논의로 들어가겠습니다. 그러나 먼저 한 가지 일정 변경을 알려드려야겠습니다. 다음 주 16일에는 세미나가 그대로 있지만 **99** 23일 강연은 연기되었습니다. 경영진 측에서 그 날은 신입직원들을 위한 오리엔테이션을 열기로 결정했습니다. 새 날짜는 곧 공고하겠습니다. **100** 또한, 각 세미나에는 간식이 제공됩니다. 휴식시간 동안 바깥 라운지에서 쿠키와 칩을 즐기실 수 있습니다.

DCT 출판	
월간 세미나 일정	
날짜	세미나
5월 2일	저자와 협력하기
5월 9일	장르 트렌드
5월 16일	전자책의 영향력
99 5월 23일	인쇄물 마케팅하기

어휘 inform ~을 알리다 | postpone 연기하다, 미루다 | management 경영진 | break 휴식 시간

---

98. What is the speaker surprised about?

(A) The cost of an event

(B) The number of attendees

(C) The selection of speakers

(D) The size of a venue

화자는 무엇에 대해 놀라는가?

(A) 행사의 비용

(B) 참석자들의 수

(C) 발표자들의 선정

(D) 장소의 규모

해설 담화 초반에서 화자는 'I did not expect to see so many people here at today's seminar! (오늘 세미나에서 이렇게 많은 분들을 뵙게 될 줄은 몰랐습니다!)'라고 말하며 세미나 참석자 수가 많아서 놀랐다는 것을 나타내므로 (B)가 정답이다.

---

99. Look at the graphic. Which seminar has been postponed?

(A) Cooperating with Authors

(B) Genre Trends

(C) Power of E-books

(D) Marketing Print Materials

시각 정보를 보시오. 어떤 세미나가 연기되었는가?

(A) 저자와 협력하기

(B) 장르 트렌드

(C) 전자책의 영향력

(D) 인쇄물 마케팅하기

해설 문제의 postponed를 키워드로 잡고 단서를 확인한다. 담화 중반에서 화자는 'the lecture on the 23rd has been postponed. (23일 강연은 연기되었습니다.)'라고 했으므로 시각 정보에 따라 23일의 강의인 Marketing Print Materials가 미뤄진 것을 알 수 있다. 따라서 (D)가 정답이다.

---

100. What will happen during the break?

(A) Prizes will be given.

(B) Access cards will be handed out.

(C) Survey forms will be distributed.

(D) Snacks will be provided.

휴식시간 동안 어떤 일이 있을 것인가?

(A) 상을 줄 것이다.

(B) 출입카드를 나눠줄 것이다.

(C) 설문조사 양식이 배포될 것이다.

(D) 간식이 제공될 것이다.

해설 during the break를 키워드로 정답을 확신한다. 담화 후반에서 'Also, there will be snacks at every seminar. You can enjoy some cookies and chips in the lounge outside during the break. (또한, 각 세미나에는 간식이 제공됩니다. 휴식시간 동안 바깥 라운지에서 쿠키와 칩을 즐기실 수 있습니다.)'라고 안내하고 있으므로 (D)가 정답이다.

HALF TEST 01

본서 p.292

1. (C)	2. (A)	3. (D)	4. (C)	5. (C)
6. (A)	7. (B)	8. (A)	9. (A)	10. (B)
11. (A)	12. (A)	13. (C)	14. (C)	15. (A)
16. (C)	17. (A)	18. (A)	19. (A)	20. (B)
21. (D)	22. (B)	23. (D)	24. (C)	25. (A)
26. (C)	27. (B)	28. (C)	29. (A)	30. (A)
31. (C)	32. (B)	33. (B)	34. (C)	35. (B)
36. (C)	37. (B)	38. (A)	39. (A)	40. (C)
41. (B)	42. (C)	43. (C)	44. (B)	45. (B)
46. (D)	47. (B)	48. (C)	49. (B)	50. (A)

1. 영국

(A) Some pots are lined up on the grass.
(B) A fence borders one side of a sidewalk.
(C) The woman is kneeling beside a garden.
(D) The woman is putting potted plants into a container.

(A) 단지 몇 개가 잔디 위에 줄지어 있다.
(B) 울타리가 인도의 한 면에 접해 있다.
(C) 여자가 정원 옆에 무릎을 꿇고 있다.
(D) 여자가 화분에 심은 식물들을 용기 안에 넣고 있다.

해설 (A) 단지가 보이지 않으므로 오답이다.
(B) 울타리가 보이지 않으므로 오답이다.
(C) 정원 옆에 있는 여자가 무릎을 꿇고 있으므로 정답이다.
(D) 여자가 화분을 용기 안에 넣고 있는 동작이 아니므로 오답이다.

어휘 line up 줄을 서다[이루다] I fence 울타리 I border (경계에) 접하다 I sidewalk 인도 I kneel 무릎을 꿇다 I beside ～의 옆에 I potted plant 화분에 심은 식물

2. 호주

(A) People are paddling on the water.
(B) People are diving into a river.
(C) A boat is being docked.
(D) A passenger is waving from a boat.

(A) 사람들이 물 위에서 노를 젓고 있다.
(B) 사람들이 강으로 다이빙하고 있다.
(C) 배가 부두에 대어지고 있다.
(D) 승객이 배에서 손을 흔들고 있다.

해설 (A) 사람들이 노를 젓고 있으므로 정답이다.
(B) 사람들이 다이빙하는 동작이 아니므로 오답이다.
(C) 부두에 대는 동작이 아니므로 오답이다.
(D) 손을 흔들고 있는 동작이 아니므로 오답이다.

어휘 paddle 노를 젓다 I dock (배를) 부두에 대다 I passenger 승객 I wave (손을) 흔들다

3. 미국

(A) Workers are delivering some fruits.
(B) People are lined up to enter a shop.
(C) A vendor is organizing items on a counter.
(D) A vendor is handing some goods to a customer.

(A) 일꾼들이 과일을 배달하고 있다.
(B) 사람들이 상점에 들어가기 위해 줄 서 있다.
(C) 노점상이 판매대의 물품들을 정리하고 있다.
(D) 노점상이 상품을 손님에게 건네고 있다.

해설 (A) 일하는 사람은 한 명이므로 오답이다.
(B) 사람들이 줄 서 있지 않으므로 오답이다.
(C) 상인이 물건을 정리하는 모습이 아니므로 오답이다.
(D) 상인이 손님에게 물건을 건네고 있으므로 정답이다.

어휘 vendor 노점상 I organize 정리하다 I item 물품 I counter 판매대 I purchase 구매하다 I goods 상품

4. 영국

(A) The men are setting up some chairs.
(B) The men are adjusting some microphones.
(C) One of the men is wearing eyeglasses.
(D) One of the men is drinking a bottle of water.

(A) 남자들이 의자들을 놓고 있다.
(B) 남자들이 마이크들을 조절하고 있다.
(C) 남자들 중 한 명은 안경을 쓰고 있다.
(D) 남자들 중 한 명이 물 한 병을 마시고 있다.

해설 (A) 남자들이 의자를 놓고 있는 모습이 아니므로 오답이다.
(B) 남자들이 마이크를 조절하는 모습이 아니므로 오답이다.
(C) 남자 한 명이 안경을 쓰고 있으므로 정답이다.
(D) 물을 마시고 있는 사람은 없으므로 오답이다.

어휘 set up ~을 놓다, 세우다 | adjust 조절하다 | microphone 마이크 | lean over 몸을 앞으로 굽히다[구부리다]

5.

호주

(A) He's answering a phone call.
(B) He's posting some notes on the bulletin board.
(C) Some documents are spread out on the desk.
(D) Some files are being placed on a shelf.

(A) 남자가 전화를 받고 있다.
(B) 남자가 게시판에 메모를 붙이고 있다.
(C) 서류들이 책상 위에 펼쳐져 있다.
(D) 파일들이 선반 위에 놓이고 있다.

해설 (A) 전화기는 보이지만 통화 중이 아니므로 오답이다.
(B) 게시판에 메모를 붙이고 있지 않으므로 오답이다.
(C) 서류가 책상 위에 널려 있으므로 정답이다.
(D) 선반 위에 파일들을 놓고 있지 않으므로 오답이다.

어휘 post 게시하다 | be spread out 펼쳐져 있다 | shelf 선반

6.

미국

(A) Some carts have been left unattended.
(B) Customers are sorting clothes into piles.
(C) Some appliances are propped up against the wall.
(D) Laundry detergent is being put into a machine.

(A) 몇 개의 카트가 지켜보는 사람 없이 놓여 있다.
(B) 손님들이 옷가지를 분류해서 쌓고 있다.
(C) 몇몇 기기들이 벽에 기대어 세워져 있다.
(D) 세탁 세제가 기계 안으로 넣어지고 있다.

해설 (A) 카트 몇 개가 보이고 주위에 사람이 없으므로 정답이다.
(B) 손님이 보이지 않으므로 오답이다.
(C) 벽에 기대어 세워져 있는 기기들이 보이지 않으므로 오답이다.
(D) 세탁 세제를 넣고 있는 사람이 보이지 않으므로 오답이다.

어휘 unattended 지켜보는 사람이 없는 | customer 손님 | sort 분류하다 | pile 더미, (위로 차곡차곡) 쌓아 놓은 것 | appliance 기기 | prop up against ~을 기대어 세우다 | detergent 세제

영국 ↔ 미국

7. Why is the door locked?
(A) Yes, I think so.
(B) Let me give you the key.
(C) Not yet.

문이 왜 잠겨 있나요?
(A) 네, 저는 그렇게 생각해요.
(B) 제가 열쇠를 드릴게요.
(C) 아직이요.

해설 Why 의문문 ⋯➤ 문이 잠겨 있는 이유가 응답으로 예상된다.
(A) 의문사 의문문에 Yes/No 응답은 불가하다.
(B) 내가 열쇠를 줄테니 열 수 있다고 우회적으로 응답하고 있으므로 정답이다.
(C) 동문서답형 오답이다.

어휘 lock 잠그다

호주 ↔ 영국

8. Who's responsible for the new product design?
(A) Ms. Park is in charge of it.
(B) It's a popular design.
(C) It's not responding.

새 제품 디자인을 누가 맡고 있나요?
(A) Ms. Park이 담당이에요.
(B) 인기 있는 디자인이에요.
(C) 반응이 없어요.

해설 Who 의문문 ⋯➤ 제품 디자인 책임자 이름이나 부서 또는 우회적 응답이 예상된다.
(A) 담당자 이름을 언급했으므로 정답이다.
(B) 동어 반복(design) 오답이다.
(C) 유사 발음(responsible – responding) 오답이다.

어휘 responsible for ~에 책임이 있는 | respond 반응하다

미국 ↔ 미국

9. Can I borrow your bike?
(A) I lent it to Mateo.
(B) A steep path down the hill.
(C) The loan application.

당신의 자전거를 빌려도 될까요?
(A) Mateo에게 빌려줬어요.
(B) 언덕을 내려가는 가파른 길이요.
(C) 대출 신청서요.

해설 요청문 ⋯➤ 자전거를 빌려 달라는 요청에 대해 수락, 거절, 또는 보류를 표하는 응답이 예상된다.

(A) Mateo에게 빌려줬다며 거절하므로 정답이다.

(B) 연상 어휘(bike – steep path down the hill) 오답이다.

(C) 연상 어휘(borrow – loan) 오답이다.

어휘   steep 가파른 | path 길 | loan 대출, 빌려주다 | application 신청(서)

미국 ↔ 호주

10. Where's the Kennedy Seminar Room?

    (A) Ted's giving the first presentation.

    (B) Check out the floor plan.

    (C) There's more room here.

    Kennedy 세미나실은 어디인가요?

    (A) Ted가 첫 번째 발표를 해요.

    (B) 평면도를 확인해보세요.

    (C) 여기 공간이 더 있어요.

해설   Where 의문문 ⋯ 특정 장소나 우회적 응답이 예상된다.

    (A) 연상 어휘(Seminar Room – presentation) 오답이다.

    (B) 평면도를 확인해보라고 한 '난 몰라'식 정답이다.

    (C) 동어 반복(room) 오답이다.

어휘   floor plan 평면도

미국 ↔ 영국

11. How much longer will you need to fill out the survey?

    (A) Just a few more minutes.

    (B) Several hundred dollars.

    (C) He no longer works here.

    설문조사를 작성하시는 데 시간이 얼마나 더 필요하신가요?

    (A) 몇 분이면 됩니다.

    (B) 수백 달러요.

    (C) 그는 더 이상 여기서 일하지 않아요.

해설   How 의문문 ⋯ 작성하는 데 걸리는 소요 시간이나 우회적 응답이 예상된다.

    (A) 필요한 시간으로 대답했으므로 정답이다.

    (B) 'How much~?' 의문문에 어울리는 응답이다.

    (C) 동어 반복(longer) 오답이다.

어휘   fill out 작성하다 | survey 설문조사 | no longer 더 이상 ~아닌

호주 ↔ 미국

12. Do you prefer having your interview in the morning or the afternoon?

    (A) I'll have to look at my calendar.

    (B) A few times a month.

    (C) At the end of the hall.

    면접을 오전에 보고 싶으세요, 오후에 보고 싶으세요?

    (A) 제 일정표를 봐야 해요.

    (B) 한 달에 몇 번이요.

    (C) 복도 맨 끝이요.

해설   선택 의문문 ⋯ 면접 선호 시간이 오전인지 오후인지를 묻는 or 앞뒤의 키워드를 잡고, 소거법을 활용한다.

    (A) 일정표를 봐야 한다며 선택을 보류한 것이므로 정답이다.

    (B) 빈도를 묻는 'How often ~?' 의문문에 어울리는 응답이다.

    (C) Where 의문문에 어울리는 응답이다.

어휘   prefer 선호하다

미국 ↔ 영국

13. Did you speak to the landlord about the faulty doors?

    (A) Apartment 37.

    (B) Fifty dollars.

    (C) There was no answers.

    고장 난 문에 대해 집주인과 이야기했나요?

    (A) 아파트 37동이요.

    (B) 50달러예요.

    (C) 응답이 없었어요.

해설   일반 의문문 ⋯ 고장 난 문에 관해 주인과 이야기했으면 Yes, 하지 않았으면 No로 응답한 후 부연 설명이 예상된다.

    (A) 연상 어휘(landlord – Apartment) 오답이다.

    (B) 질문과 무관한 동문서답형 오답이다.

    (C) 집주인의 응답이 없었다고 우회적으로 대답하는 정답이다.

어휘   landlord 집주인, 임대주 | faulty 고장 난, 결함이 있는

영국 ↔ 미국

14. How many times have you been to Italy?

    (A) Yes, with my sister.

    (B) I'll have the pasta, thanks.

    (C) Only once last spring.

    이탈리아에 몇 번 가 봤나요?

    (A) 네, 제 여동생과 함께요.

    (B) 저는 파스타를 먹겠어요.

    (C) 지난 봄에 딱 한 번이요.

해설   How 의문문 ⋯ 이탈리아를 방문했던 횟수가 응답으로 예상된다.

    (A) 의문사 의문문에 Yes/No 응답은 불가하다.

    (B) 연상 어휘(Italy – pasta) 오답이다.

    (C) 횟수를 언급했으므로 정답이다.

어휘   five-star 5성급의

미국 ↔ 호주

15. Which channel is the 10 o'clock finance report on?

    (A) Rita might know.

    (B) No, I didn't study finance.

    (C) I'll finish the report tonight.

    10시 금융 보도는 어느 채널에서 하나요?

    (A) Rita가 알 거예요.

    (B) 아니요, 저는 재무를 공부하지 않았어요.

    (C) 저는 오늘 밤에 그 보고서를 끝낼 거예요.

해설 Which 의문문 ⋯ 10시 금융 보도가 방송되는 특정 채널이 응답으로 예상된다.
(A) Rita가 알 거라고 말하는 '난 몰라'식 정답이다.
(B) 의문사 의문문에 Yes/No 응답은 불가하다.
(C) 동어 반복(report) 및 연상 어휘(10 o'clock – tonight) 오답이다.

어휘 finance 금융, 재정, 재무 | report 보도, 보고(서)

호주 ↔ 미국

16. When are we supposed to present our budget proposals?
(A) On the display screen.
(B) The director was present.
(C) At Thursday's staff meeting.

저희가 예산안을 언제 발표하기로 되어 있나요?
(A) 디스플레이 화면에요.
(B) 그 이사는 참석했었어요.
(C) 목요일 직원 회의에서요.

해설 When 의문문 ⋯ 예산안을 발표하기로 한 특정 시점이 응답으로 예상된다.
(A) Where 의문문에 어울리는 응답이다.
(B) 동어 반복(present v. 발표하다 adj. 참석[출석]한) 오답이다.
(C) 시점을 언급했으므로 정답이다.

어휘 be supposed to ~하기로 되어 있다 | budget proposal 예산안

영국 ↔ 미국

17. Didn't you use to be in charge of the New York branch?
(A) Yes, for 13 years.
(B) No, I can't go there.
(C) I don't know that brand.

당신은 뉴욕 지사를 담당한 적 있지 않았나요?
(A) 네, 13년 동안이요.
(B) 아니요, 저는 거기 갈 수 없어요.
(C) 전 그 상표를 몰라요.

해설 부정 의문문 ⋯ 뉴욕 지사를 담당했었으면 Yes, 아니면 No로 응답한 후 부연 설명이 예상된다.
(A) Yes로 답한 후 질문에 맞는 부연 설명을 덧붙였으므로 정답이다.
(B) 연상 어휘(New York – go there) 오답이다.
(C) 유사 발음(branch – brand) 오답이다.

어휘 in charge of ~을 담당하는 | branch 지사, 지점

미국 ↔ 미국

18. Mr. Frye wants our team to attend a meeting at 10.
(A) I have a conference call then.
(B) A large directory.
(C) Ten chairs should be enough.

Mr. Frye가 10시에 우리 팀이 회의에 참석하길 바라세요.
(A) 저는 그 시간에 전화 회의가 있어요.
(B) 큰 안내 책자요.
(C) 의자 열 개면 충분할 거예요.

해설 평서문 ⋯ 10시에 회의에 참석하길 바란다고 한 말에 대해 수락/거절의 응답이나 우회적 응답이 예상된다.
(A) 그때 회의가 있다며 참석을 우회적으로 거절했으므로 정답이다.
(B) 질문과 무관한 동문서답형 오답이다.
(C) 동어 반복(10 – Ten) 오답이다.

어휘 attend 참석하다 | conference call 전화 회의 | directory 안내 책자

미국 ↔ 영국

19. Would you like me to check your report before you submit it?
(A) Actually, Mr. Jones already did.
(B) I'll pay with cash.
(C) I'd like a few more, thank you.

보고서를 제출하기 전에 제가 검토해 드릴까요?
(A) 실은, Mr. Jones가 이미 하셨어요.
(B) 제가 현금으로 계산할게요.
(C) 몇 개 더 주세요, 고마워요.

해설 제공문 ⋯ 보고서 제출 전 검토해 주겠다는 제안에 대해 수락, 거절, 또는 보류를 표하는 응답이 예상된다.
(A) Mr. Jones가 이미 검토해 주었다며 제안을 우회적으로 거절했으므로 정답이다.
(B) 연상 어휘(check 확인하다; 수표 – cash) 오답이다.
(C) 동어 반복(like) 오답이다.

어휘 submit 제출하다 | pay with cash 현금으로 계산하다

영국 ↔ 호주

20. We should change all the carpets in the entrance soon.
(A) Here's one dollar change.
(B) Right, they're too old.
(C) You can also enter through the rear door.

우리는 조만간 입구에 있는 카펫을 모두 교체해야 해요.
(A) 여기 잔돈 1달러요.
(B) 맞아요, 너무 낡았어요.
(C) 뒷문을 통해서도 들어갈 수 있어요.

해설 평서문 ⋯ 입구의 카펫을 교체해야 한다고 말하는 평서문으로, 이에 대한 동의나 부정 표현 또는 새로운 의견 제시가 응답으로 예상된다.
(A) 동어 반복(change) 오답이다.
(B) '맞다'고 동의한 후 '너무 낡았다'며 부연하고 있으므로 정답이다.
(C) 유사 발음(entrance – enter) 및 연상 어휘(entrance – rear door) 오답이다.

어휘 replace 교체하다 | entrance 입구 | change 잔돈 | enter 들어가다, 입장하다 | rear 뒤의; 뒤쪽

Questions 21-23 refer to the following conversation.

Ⓜ Hello, I recently registered for the Annual Technology Conference in the second week of May, and **22** I heard that the Tigress Hotel is offering a discounted rate for those going to the conference. Could you give me more details?

Ⓦ Of course. During that whole week, rooms are 25% off for any guests attending the conference. When paying for your room, **23** all you have to do is show us your conference registration form to prove that you went.

Ⓜ Oh, OK. **21** I want to book a room for Wednesday and Thursday night then.

21-23번은 다음 대화에 관한 문제입니다.

남 안녕하세요. 제가 최근에 5월 둘째 주에 있을 연례 기술 학회에 등록했는데, **22** Tigress 호텔이 학회에 가는 사람들에게 할인된 요금을 제공한다고 들었어요. 좀더 자세한 사항을 알려 주실래요?

여 물론이죠. 그 주 내내 객실은 학회에 참석하시는 투숙객들에게 25% 할인돼요. 객실 비용을 지불하실 때, 고객님이 가셨다는 것을 증명하기 위해 **23** 학회 등록증을 저희에게 보여주시기만 하면 됩니다.

남 오, 알겠어요. 그럼 수요일과 목요일 밤으로 **21** 방을 하나 예약하고 싶어요.

어휘 register 등록하다 | annual 연례[매년]의 | conference 학회, 회의 | discounted 할인된 | rate 요금 | details 세부 사항 | attend 참석[참가]하다 | registration 등록 | form 양식, 서식 | prove 증명[입증]하다

21. Why is the man calling?
(A) To arrange a taxi service
(B) To ask for directions
(C) To confirm an appointment
(D) To reserve a hotel room

남자는 왜 전화를 거는가?
(A) 택시 서비스를 예약하기 위해
(B) 길을 묻기 위해
(C) 예약을 확인하기 위해
(D) 호텔 방을 예약하기 위해

해설 전화 건 목적을 묻고 있다. 일반적으로 전화 건 목적을 묻는 문제는 대화의 앞부분에 정답 단서가 제시되지만, 이 문제의 경우에는 대화의 마지막 부분에 단서가 제시되었음에 유의하자. 남자가 'I want to book a room (방을 하나 예약하고 싶어요)'이라고 했으므로 (D)가 정답이다. book a room이 reserve a ~ room으로 패러프레이징되었다.

22. What does the man ask about?
(A) A payment plan
(B) A special rate
(C) Public transportation
(D) Tourist sites

남자는 무엇에 대해 문의하는가?
(A) 결제 방식
(B) 특별 요금
(C) 대중교통
(D) 관광지

해설 남자가 문의하는 것을 묻고 있다. 문제에 언급된 남자의 말에 집중하고, ask about을 키워드로 삼아 해당 내용을 포착한다. 'I heard that the ~ Hotel is offering a discounted rate ~. Could you give me more details? (호텔이 할인된 요금을 제공한다고 들었어요. 좀 더 자세한 사항을 알려 주실래요?)'라고 했으므로 (B)가 정답이다. a discounted rate가 a special rate로 패러프레이징되었다.

23. What does the woman say the man will need to show?
(A) A voucher
(B) A credit card
(C) A photo identification
(D) A registration form

여자는 남자가 무엇을 보여 줘야 한다고 말하는가?
(A) 할인권
(B) 신용카드
(C) 사진이 있는 신분증
(D) 등록증

해설 남자가 여자에게 보여 줘야 하는 것을 묻고 있다. 문제에 언급된 여자의 말에 집중하고, need to show를 키워드로 삼아 해당 내용을 포착한다. 'all you have to do is show us your conference registration form (학회 등록증을 저희에게 보여주시기만 하면 됩니다)'이라고 했으므로 (D)가 정답이다.

Questions 24-26 refer to the following conversation.

Ⓦ Hi, I bought a pair of boots from your online store last week. They arrived yesterday, and when I took them out of the box to try them on, **24** I found cracks in the leather.

Ⓜ I'm sorry to hear that. **25** I'll send you a return label by email. Just print out the label, tape it to the outside of the box the boots came in and mail it back to us. You don't have to pay any postage. We can either send you another pair of boots or give you a refund. Which would you prefer?

Ⓦ **26** I'd rather get a refund than a replacement. I needed new boots for a trip last weekend, so I just bought another pair at a local store.

24-26번은 다음 대화에 관한 문제입니다.

여 안녕하세요. 지난주에 귀사의 온라인 상점에서 부츠 한 켤레를 샀어요. 부츠가 어제 도착해서 제가 신어보려고 상자에서 꺼냈을 때, **24** 가죽에 갈라진 부분이 있는 것을 발견했어요.

남 죄송합니다. **25** 반품 라벨을 이메일로 보내 드릴게요. 라벨을 출력해서 부치가 들어 있던 상자 바깥에 테이프로 붙여서 저희에게 다시 우편으로 보내 주세요. 우송료를 내실 필요는 없습니다. 저희가 고객님께 다른 부츠를 보내 드리거나 환불을 해 드릴 수 있어요. 어떤 것을 더 선호하시나요?

여 **26** 교환보다는 환불을 받고 싶어요. 지난 주말 여행에 새 부츠가 필요해서 동네 가게에서 다른 것을 샀거든요.

어휘 crack 금, 갈라진 틈 | leather 가죽 | return label 반품 라벨 | postage 우송료 | get a refund 환불 받다 | replacement 대체(물), 교체

24. Why does the man say, "I'm sorry to hear that"?
(A) Some orders were not processed.
(B) A product is expensive.
(C) An item is damaged.
(D) Some merchandise is missing.

남자는 왜 "죄송합니다"라고 말하는가?
(A) 주문 몇 개가 진행되지 않았다.
(B) 제품이 비싸다.
(C) 물건이 손상됐다.
(D) 상품 몇 개가 없어졌다.

해설 남자가 하는 말의 의도를 묻고 있다. 이전 대화에서 부정 표현을 찾아보면, 여자가 'I found cracks in the leather (가죽에 갈라진 부분이 있는 것을 발견했어요)'라고 했으므로 (C)가 정답이다.

25. What will the man email to the woman?
(A) A shipping label
(B) A store's phone number
(C) A discount coupon
(D) A new brochure

남자는 여자에게 이메일로 무엇을 보낼 것인가?
(A) 배송 라벨
(B) 상점의 전화번호
(C) 할인 쿠폰
(D) 새 안내 책자

해설 남자가 이메일로 보낼 것을 묻고 있다. email을 키워드로 삼아 해당 내용을 포착한다. 남자가 'I'll send you a return label by email (반품 라벨을 이메일로 보내 드릴게요)'이라고 했으므로 (A)가 정답이다.

26. What does the woman say she would prefer?
(A) To get a replacement of the same item
(B) To order a different pair of boots
(C) To receive a refund
(D) To set up a payment plan

여자는 무엇을 선호한다고 말하는가?
(A) 같은 물건으로 교환을 받는 것
(B) 다른 부츠를 주문하는 것
(C) 환불받는 것
(D) 분할납부로 거래하는 것

해설 여자가 선호하는 것을 묻고 있다. prefer를 키워드로 삼아 해당 내용을 포착한다. 여자가 'I'd rather get a refund (환불을 받고 싶어요)'라고 했으므로 (C)가 정답이다.

미국 ↔ 호주 ↔ 영국

Questions 27-29 refer to the following conversation with three speakers.

W1 I'm glad that both of you could come and meet with me today to talk about the Springfield account.

M **27** My pleasure. I know Springfield's one of our most important accounts, so I'm honored that you asked me to take over for Elizabeth when she's done managing it.

W1 Elizabeth, do you have any advice for Thomas?

W2 Well, **28** you'll want to be in frequent contact with the client. Be sure to call Springfield each week and give updates.

M Sure thing. So, Elizabeth, I understand you've been promoted.

W2 That's right. **29** I'm looking forward to moving to our headquarters and having my own office there.

27-29번은 다음 세 명의 대화에 관한 문제입니다.

여1 오늘 Springfield 고객에 대해 이야기하러 두 분 모두 와주어서 기뻐요.

남 **27** 도움이 되어 저도 기쁩니다. Springfield 고객이 저희의 가장 중요한 고객 중 하나라는 걸 알고 있는데, Elizabeth가 관리하던 일을 제게 관리해달라고 하시다니 영광입니다.

여1 Elizabeth, Thomas에게 줄 조언이 있나요?

여2 음, **28** 고객과 자주 연락을 하셔야 할 거예요. Springfield측에 매주 전화해서 업데이트를 꼭 하세요.

남 물론이죠. 그런데 Elizabeth, 승진하셨다면서요.

여2 맞아요. **29** 본사로 이동해서 저만의 사무실을 갖게 되기를 기대하고 있어요.

어휘 account 고객, 단골 | be honored ~하게 되어 영광이다 | take over (일·임무 등을) 맡다 | frequent 빈번한 | be promoted 승진하다 | headquarters 본사

27. What is the main topic of the conversation?
(A) Arranging a client meeting
(B) Changing an account manager
(C) Hiring a new salesperson
(D) Adjusting a department budget

대화의 주요 주제는 무엇인가?
(A) 고객 미팅을 잡는 것
(B) 고객 담당 매니저를 변경하는 것
(C) 새로운 영업사원을 고용하는 것
(D) 부서 예산을 조정하는 것

해설 대화의 주제를 묻고 있다. 전반부에서 어떤 주제를 가지고 대화를 이끌어가는지를 파악한다. 남자가 'My pleasure. I know Springfield's one of our most important accounts, so I'm honored that you asked me to take over for Elizabeth ~ managing it. (도움이 되어 저도 기쁩니다. Springfield 고객이 저희의 가장 중요한 고객 중 하나라는 걸 알고 있는데, Elizabeth가 관리하던 일을 제게 관리해 달라고 하시다니 영광입니다.)'이라고 했으므로 (B)가 정답이다.

---

28. What does Elizabeth suggest the man do?

(A) Reduce unnecessary expenses

(B) Visit the headquarters frequently

(C) Make weekly calls

(D) Train other employees

Elizabeth는 남자에게 무엇을 제안하는가?

(A) 불필요한 비용을 감축한다

(B) 본사에 자주 방문한다

(C) 매주 전화 통화한다

(D) 다른 직원들을 교육한다

해설 Elizabeth가 남자에게 제안하는 것을 묻고 있다. Elizabeth의 말에 집중하여 제안 표현을 포착한다. 여자 2를 Elizabeth라고 부르고 있으므로 여자 2가 Elizabeth임을 알 수 있고, 'you'll want to be in frequent contact with the client. Be sure to call Springfield each week and give updates. (고객과 자주 연락을 하셔야 할 거예요. Springfield측에 매주 전화해서 업데이트를 꼭 하세요.)'라고 했으므로 (C)가 정답이다. call ~ each week가 Make weekly calls로 패러프레이징되었다.

---

29. What does Elizabeth say she looks forward to?

(A) Working in a new location

(B) Promoting new products

(C) Having more responsibilities

(D) Getting a pay increase

Elizabeth는 무엇을 기대한다고 말하는가?

(A) 새로운 곳에서 일하는 것

(B) 새 상품을 홍보하는 것

(C) 더 많은 책임을 지게 되는 것

(D) 급여가 인상되는 것

해설 Elizabeth가 고대하는 것을 묻고 있다. 바람과 관련된 표현을 포착한다. Elizabeth인 여자 2가 마지막에 'I'm looking forward to moving to our headquarters and having my own office there. (본사로 이동해서 저만의 사무실을 갖게 되기를 기대하고 있어요.)'라고 했으므로 (A)가 정답이다.

미국 ↔ 호주

Questions 30-32 refer to the following conversation.

W Good afternoon, Mr. Sharma. **30** This is the cost estimate that Decibel Construction Company sent us for the employee cafeteria that we're having built. It's a little more expensive than we anticipated.

M Well, construction of a new cafeteria does take a lot of work. But their prices are still much higher than we expected. We haven't heard from Valleyview Enterprises yet, though. Hopefully, their price quote will better suit our budget.

W **31** I emailed them our design blueprints and requested that they send an estimate by the end of this week. But I've yet to receive anything from them.

M OK, for now, **32** why don't we call more construction companies in the city so that we have more options available to us?

30-32번은 다음 대화에 관한 문제입니다.

여 안녕하세요, Mr. Sharma. **30** 이것은 우리가 짓는 직원 구내식당에 대해 Decibel 건설 회사가 보낸 비용 견적서예요. 우리가 예상했던 것보다 좀 더 비싸네요.

남 음, 새 구내식당 건축은 많은 작업이 요구되죠. 하지만 그들의 가격은 여전히 우리가 예상했던 것보다 훨씬 더 높네요. 우리가 Valleyview 사로부터 아직 연락을 받지는 않았지만요. 그들의 견적이 우리 예산에 더 잘 맞길 바라요.

여 **31** 제가 그들에게 우리 디자인 청사진을 이메일로 보내서 이번 주말까지 견적서를 보내 달라고 요청했어요. 하지만 전 아직 아무것도 받지 못했어요.

남 그렇군요. 우선은 우리에게 이용 가능한 선택권이 더 많아질 수 있도록 시내에 있는 **32** 더 많은 건설 회사에 연락해 보는 게 어떨까요?

어휘 cost estimate 비용 견적(서) | cafeteria 구내식당 | anticipate 예상[기대]하다 | take a lot of work 많은 작업을 요구하다 | hopefully 바라건대 | price quote 견적서 | suit ~에 맞다 | budget 예산 | blueprint (설계용) 청사진

---

30. What are the speakers planning?

(A) A building project

(B) A job fair

(C) A training seminar

(D) A company lunch

화자들은 무엇을 계획하고 있는가?

(A) 건설 프로젝트

(B) 취업 박람회

(C) 교육 세미나

(D) 회사 점심

해설 화자들이 계획하는 것을 묻고 있다. 대화의 주제가 언급되는 전반부에 집중한다. 여자가 'This is the cost estimate ~ for the employee cafeteria ~ we're having built (이것은 우리가 짓는 직원 구내식당에 대한 비용 견적서예요)'라고 했으므로 (A)가 정답이다. the ~ cafeteria ~ we're having built가 A building project로 패러프레이징되었다.

31. What is the woman expecting to receive from Valleyview Enterprise?

(A) A candidate's résumé

(B) A catering menu

(C) A cost estimate

(D) A product description

여자는 Valleyview 사로부터 무엇을 받을 것으로 기대하는가?

(A) 지원자의 이력서

(B) 출장 요리 메뉴

(C) 비용 견적서

(D) 제품 설명서

해설 여자가 Valleyview 사에서 받을 것을 묻고 있다. receive from Valleyview Enterprise를 키워드로 삼아 해당 내용을 포착한다. 여자가 'I emailed them ~ and requested that they send an estimate by the end of this week. (그들에게 이메일을 보내서 이번 주말까지 견적서를 보내 달라고 요청했어요.)'라고 했으므로 (C)가 정답이다.

---

32. What does the man suggest?

(A) Moving to a new location

(B) Contacting other companies

(C) Delaying an event

(D) Recruiting more staff

남자는 무엇을 제안하는가?

(A) 다른 장소로 옮기기

(B) 다른 회사에 연락하기

(C) 행사 연기하기

(D) 더 많은 직원 모집하기

해설 남자의 제안 사항을 묻고 있다. '제안'과 관련된 표현을 포착한다. 남자가 'why don't we call more construction companies (더 많은 건설 회사에 연락해 보는 게 어떨까요?)'라고 했으므로 (B)가 정답이다. call more ~ companies가 Contacting other companies로 패러프레이징되었다.

호주 ↔ 영국

Questions 33-35 refer to the following conversation and map.

M Hey, Amanda! **33** I can't believe I ran into you here. I hope you can help me. **33** I need to get to Grand Train Terminal to go to Rosedale, but I don't know which bus to take.

W Well, all of the buses at this stop go to Grand Terminal.

M Really? Oh, but **34** I also have to drop by City Mall on the way to pick up something.

W In that case, let's look at the map right here to see which route you should take. Well, it looks like you have only one option.

M You're right. Thanks.

W By the way, are you going to Rosedale to visit a client?

M **35** No, I have to deliver a payment to a supplier in person. It's a long story. I'll explain on Monday.

W OK. See you next week!

33-35번은 다음 대화와 지도에 관한 문제입니다.

남 안녕하세요, Amanda! **33** 여기서 만나게 될 줄이야. 저 좀 도와줘요. **33** Rosedale에 가야 해서 Grand 기차 터미널에 가야 하는데, 어떤 버스를 타야 할지 모르겠어요.

여 음, 이 정류장을 지나는 모든 버스들이 Grand 터미널에 가요.

남 정말요? 아, 근데 **34** 뭐 찾으러 갈 게 있어서 City Mall에도 잠깐 들러야 하거든요.

여 그렇다면, 어떤 노선을 타고 가야 하는지 여기 있는 지도에서 확인해 보죠. 음, 선택권이 하나뿐인 것 같네요.

남 그렇네요. 고마워요.

여 그나저나, Rosedale에는 고객 만나러 가는 거예요?

남 **35** 아니요, 공급업체에 직접 지불해야 해서요. 말하자면 길어요. 월요일에 설명해줄게요.

여 네. 다음주에 봐요!

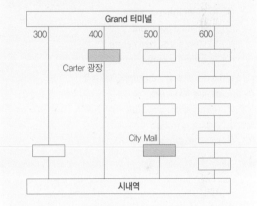

어휘 run into ~와 우연히 만나다. 마주치다 | drop by ~에 들르다 | route 길. 경로 | supplier 공급자

33. Where is the conversation taking place?

(A) In a shopping mall

(B) At a bus stop

(C) At a train station

(D) In a conference room

대화는 어디에서 이루어지고 있는가?

(A) 쇼핑몰

(B) 버스 정류장

(C) 기차역

(D) 회의실

해설 대화가 이루어지는 장소를 묻는 문제로 첫 화자에서 정답을 확인할 수가 있다. 'I can't believe I ran into you here. (여기서 만나게 될 줄이야.)'에서 here라 말하며 단서를 제시하고 'I need to get to Grand Train Terminal to go to Rosedale, but I don't know which bus to take. (Rosedale에 가야 해서 Grand 기차 터미널에 가야 하는

데, 어떤 버스를 타야 할지 모르겠어요.)'라 말했으므로 (B) At a bus stop이 정답이 된다.

---

34. Look at the graphic. Which route will the man take?
(A) Route 300
(B) Route 400
(C) Route 500
(D) Route 600

시각 정보를 보시오. 남자는 어떤 노선을 탈 것인가?
(A) 300번 노선
(B) 400번 노선
(C) 500번 노선
(D) 600번 노선

해설 남자가 'I also have to drop by City Mall on the way to pick up something. (뭐 찾으러 갈 게 있어서 City Mall에도 잠깐 들려야 하거든요.)'이라 말했으므로 지도를 보면 City Mall을 경유하는 노선인 (C) Route 500가 정답이다.

---

35. Why is the man going to Rosedale?
(A) To meet the manager
(B) To make a payment
(C) To view some real estate
(D) To attend a conference

남자가 Rosedale에 가려는 이유는 무엇인가?
(A) 매니저를 만나기 위해
(B) 금액을 납부하기 위해
(C) 부동산을 보기 위해
(D) 회의에 참석하기 위해

해설 대화 후반부에 남자가 'No, I have to deliver a payment to a supplier in person. (아니요, 공급업체에 직접 지불해야 해서요.)'에서 deliver a payment를 패러프레이징한 (B) To make a payment가 정답이다.

Questions 36-38 refer to the following telephone message.

W Hi, Margaret. This is Kimberly. **36** I'm calling to let you know that I won't be able to attend the Electrical Engineering career fair. So I can't drive you there on Tuesday morning. But **37** Roy from our department is planning to go. Why don't you call him and ask if he has room in his car? And since I won't be going, **38** I'll have to give you the company brochures we were planning to hand out at the fair. I'll come by your desk tomorrow to drop them off.

36-38번은 다음 전화 메시지에 관한 문제입니다.

W 안녕하세요, Margaret, 저 Kimberly에요. **36** 제가 전기 공학 취업 박람회에 참석할 수 없게 됐다는 걸 알려 드리려고 전화 드려요. 그래서 화요일 오전에 당신을 거기에 태워다 드릴 수가 없어요. 하지만 **37** 우리 부서의 Roy가 갈 계획이에요. 그에게 전화해서 차에 자리가 있는지 물어보는 게 어때요? 그리고 제가 가지 않으니까, **38** 우리가 박람회에서 나눠 주기로 했던 회사 안내 책자를 당신에게 드려야겠네요. 그걸 갖다 드리러 내일 당신 자리에 들를게요.

어휘 attend 참석하다 | electrical engineering 전기 공학 | career fair 취업 박람회 | room 자리 | brochure 책자 | hand out ~을 나누어 주다 | come by 잠깐 들르다 | drop ~ off ~을 가져다 주다

36. Why is the speaker calling?
(A) To ask about a meeting location
(B) To request an itinerary
(C) To cancel some travel plans
(D) To explain an office policy

화자는 왜 전화를 거는가?
(A) 회의 장소에 대해 물어보기 위해
(B) 여행 일정표를 요청하기 위해
(C) 출장 계획을 취소하기 위해
(D) 사무실 정책을 설명하기 위해

해설 화자가 전화 건 목적을 묻고 있다. 전화 건 목적을 언급하는 전반부에 집중한다. 화자가 'I'm calling to let you know that I won't be able to attend the ~ career fair. So I can't drive you there on Tuesday morning (제가 취업 박람회에 참석할 수 없게 됐다는 걸 알려 드리려고 전화 드려요. 그래서 화요일 오전에 당신을 거기에 태워다 드릴 수가 없어요)'이라고 했으므로 (C)가 정답이다.

---

37. What does the speaker suggest?
(A) Arriving at an earlier time
(B) Calling a coworker
(C) Renting a vehicle
(D) Checking a manual

화자는 무엇을 제안하는가?
(A) 더 이른 시간에 도착하는 것
(B) 동료에게 전화하는 것
(C) 차량을 대여하는 것
(D) 설명서를 확인하는 것

해설 화자의 제안 사항을 묻고 있다. '제안'과 관련된 표현을 포착한다. 'Roy from our department is planning to go. Why don't you call him and ask if he has room in his car? (우리 부서의 Roy가 갈 계획이에요. 그에게 전화해서 차에 자리가 있는지 물어보는 게 어때요?)'라고 했으므로 (B)가 정답이다. Roy from our department가 coworker로 패러프레이징되었다.

38. What does the speaker plan to do tomorrow?

(A) Deliver some brochures

(B) Sign up for a seminar

(C) Take the day off

(D) Attend a video conference

화자는 내일 무엇을 할 계획인가?

(A) 안내 책자를 전달한다

(B) 세미나에 등록한다

(C) 하루 휴가를 낸다

(D) 화상 회의에 참석한다

해설 화자가 내일 하려고 계획한 일을 묻고 있다. plan to do tomorrow를 키워드로 삼아 단서를 포착한다. 'I'll have to give you the company brochures ~. I'll come by ~ tomorrow to drop them off (회사 안내 책자를 당신에게 드려야겠네요. 그걸 갖다 드리러 내일 들를게요)'라고 했으므로 (A)가 정답이다. drop ~ off가 Deliver로 패러프레이징되었다.

Questions 39-41 refer to the following announcement.

M **39** Attention all Global Financial Conference guests. We apologize for the interruption. We're looking for the owner of a blue, four-door minivan, license plate number XP9S07. **40** The car is blocking an emergency exit door at the back of the building. If this vehicle belongs to you, please move it right away. **41** If you need help finding a parking spot, please dial 2 on the nearest green courtesy phone to contact a parking attendant. Thank you.

39-41번은 다음 안내방송에 관한 문제입니다.

남 **39** 국제 금융 학회 방문객들께 알립니다. 진행을 방해해 죄송합니다. 저희는 차량 번호가 XP9S07인 문 4개짜리 파란색 미니밴의 차주를 찾고 있습니다. **40** 그 차가 건물 뒤편의 비상 출구를 막고 있습니다. 이 차량을 소유하신 분은 즉시 옮겨 주십시오. **41** 주차할 곳을 찾는 데 도움이 필요하시면 녹색 무료 전화기에서 2번을 눌러 주차장 직원에게 연락해 주시기 바랍니다. 감사합니다.

어휘 **attention** (안내방송에서) 알립니다, 주목하세요 | **financial** 금융[재정]의 | **interruption** 방해 | **license plate** 차량 번호판 | **block** 막다, 차단하다 | **vehicle** 차량 | **belong to** ~의 소유[것]이다 | **dial** 전화를 걸다 | **courtesy phone** 무료 전화 | **parking attendant** 주차장 직원

39. Where is the announcement taking place?

(A) At a conference center

(B) At a department store

(C) At a parking lot

(D) At a movie theater

안내방송은 어디에서 이루어지고 있는가?

(A) 회의장에서

(B) 백화점에서

(C) 주차장에서

(D) 영화관에서

해설 안내 방송 장소를 묻는 문제이다. 특정 장소와 관련된 단어나 표현을 포착한다. 'Attention all ~ Conference guests (학회 방문객들께 알립니다)'라고 했으므로 (A)가 정답이다.

---

40. What is the problem?

(A) A worker is late.

(B) A card has been lost.

(C) An exit is blocked.

(D) An event has been postponed.

무엇이 문제인가?

(A) 직원이 늦었다.

(B) 카드가 분실되었다.

(C) 출구가 막혔다.

(D) 행사가 연기되었다.

해설 문제점을 묻는 문제이다. 부정 표현이 언급된 문장을 포착한다. 'The car is blocking an emergency exit door (그 차가 비상 출구를 막고 있습니다)'라고 했으므로 (C)가 정답이다.

---

41. What type of assistance does the speaker mention?

(A) Arranging a group tour

(B) Finding alternate parking

(C) Making a payment in advance

(D) Installing phone equipment

화자는 어떤 도움을 언급하는가?

(A) 단체 관광 일정을 잡는 것

(B) 다른 주차 장소를 찾는 것

(C) 미리 지불하는 것

(D) 전화 기기를 설치하는 것

해설 도움의 종류를 묻는 문제이다. assistance를 키워드로 삼아 해당 내용을 포착한다. 'If you need help finding a parking spot, please dial 2 (주차할 곳을 찾는 데 도움이 필요하시면 2번을 눌러주세요)'라고 했으므로 (B)가 정답이다. help가 assistance로, finding a parking spot이 Finding ~ parking으로 패러프레이징되었다.

Questions 42-44 refer to the following excerpt from a meeting.

W Welcome to today's meeting. **42** I was just informed that Mayor Ronaldson will be visiting us next Monday. **43** He is interested in the different types of books we publish and how we're planning to partner with local schools. Now, when he's here, I'll be showing him around and visiting every team. **44** As managers, you'll be describing what kind of work your team does here. You don't have to be very detailed. Just give a three-minute talk about what you've done and are currently working on.

图 오늘 회의에 오신 것을 환영합니다. **42 Ronaldson 시장이 다음 주 월요일에 우리를 방문할 것이란 소식을 방금 안내받았습니다. 43** 그는 우리가 출판하는 다양한 종류의 책에 관심이 있고 지역 학교들과 우리가 어떻게 파트너를 맺을 계획인지에 대해 흥미가 있습니다. 이제 그가 여기 오면 제가 그를 안내하면서 모든 팀을 방문할 것입니다. **44** 매니저로서, 여러분은 여러분의 팀이 여기서 어떤 일을 하는지를 설명하게 될 것입니다. 매우 세세할 필요는 없습니다. 여러분이 무엇을 하였고 현재 무슨 작업을 하는지에 관해 그냥 3분 정도의 이야기만 해주세요.

어휘 partner 파트너 관계를 맺다 I show around ~에게 둘러보도록 안내하다 I detailed 상세한 I currently 현재, 지금

42. What will happen next Monday?
(A) A product demonstration will be held.
(B) A contract will be signed.
(C) A city official will tour an office.
(D) A renovation project will begin.

다음 주 월요일에 무슨 일이 있을 것인가?
(A) 제품 시연회가 열린다.
(B) 계약이 맺어질 것이다.
(C) 시 공무원이 사무실을 견학할 것이다.
(D) 개조 프로젝트가 시작될 것이다.

해설 다음 주 월요일에 일어날 일을 묻는 문제로 next Monday를 키워드로 삼아 단서를 잡아낸다. 담화 초반에 'I was just informed that Mayor Ronaldson will be visiting us next Monday. (Ronaldson 시장이 다음 주 월요일에 우리를 방문할 것이란 소식을 방금 안내받았습니다.)'라고 말했으므로 Mayor를 city official로 패러프레이징한 (C)가 정답이다.

43. What kind of business do the listeners work for?
(A) A school library
(B) A delivery center
(C) A publishing company
(D) A recruiting agency

청자는 어떤 업종에 종사하는가?
(A) 학교 도서관
(B) 배달 센터
(C) 출판사
(D) 채용 기관

해설 청자들의 정체를 묻는 문제로 특정 직업과 관련된 단어/표현을 포착한다. 담화 초반에 'He is interested in the different types of books we publish (그는 우리가 출판하는 다양한 종류의 책에 관심이 있고)'라고 말한 내용을 토대로 청자가 출판사에서 일한다는 사실을 알 수 있으므로 (C)가 정답이다.

44. What does the speaker request that the listeners do?
(A) Complete some paperwork
(B) Explain their teams' duties
(C) Look over a schedule
(D) Hold individual meetings

화자는 청자에게 무엇을 하라고 요구하는가?
(A) 서류작업을 끝낸다
(B) 자신의 팀이 맡은 업무를 설명한다
(C) 일정을 검토한다
(D) 개별 미팅을 연다

해설 화자가 청자에게 요구하는 것을 묻는 문제로 담화 후반에 'As managers, you'll be describing what kind of work your team does here. (매니저로서, 여러분은 여러분들의 팀이 여기서 어떤 일을 하는지를 설명하게 될 것입니다.)'라고 말했으므로 (B)가 정답이다.

미국

Questions 45-47 refer to the following announcement.

M Hello, umm, **45** I wanted to inform everyone of a new recycling policy that our store will be implementing starting next month. As usual, once our shipment of clothes arrives, you will unpack the items, and take the boxes and packing materials to our recycling area. However, from now on, the cardboard boxes and the plastic wrap must also be separated and then put into different containers. **46** This is a new law that all businesses in the city must comply with, and of course we are no exception. **47** Pick-up day will still be Friday, so be sure to sort all the items by then.

45-47번은 다음 안내 방송에 관한 문제입니다.

남 안녕하세요. 음, **45** 다음 달부터 저희 상점이 실시하게 될 새로운 재활용 정책을 여러분 모두에게 알려드리고자 합니다. 평소대로 일단 의류 배송품이 도착하면, 여러분은 물건들을 꺼낸 후 박스와 포장재를 재활용 구역으로 옮기면 됩니다. 하지만 이제부터는 판지 박스와 비닐 랩도 반드시 분리 수거를 한 다음에 다른 수거함에 넣어야 합니다. **46** 이것은 시에 있는 모든 업체들이 반드시 따라야 하는 새로운 규칙이며, 물론 우리도 예외가 아닙니다. **47** 수거일은 변함없이 금요일이 될 것이므로 그때까지 모든 물건들을 꼭 분류해 주세요.

어휘 recycling policy 재활용 정책 I implement 이행하다 I as usual 평상시처럼, 늘 그렇듯이 I shipment 배송(품) I unpack (짐을) 풀다, 개봉하다 I packing material 포장재 I cardboard box 판지 상자 I plastic wrap 비닐 랩 I comply with 따르다, 준수하다 I exception 예외, 제외 I sort 분류하다 I by then 그때까지

45. Where is the announcement most likely taking place?

(A) At a recycling center

(B) At a clothing retailer

(C) At a shipping company

(D) At an office supply store

안내 방송은 어디에서 이루어지고 있겠는가?

(A) 재활용 센터에서

(B) 의류 소매점에서

(C) 배송 회사에서

(D) 사무용품 상점에서

해설 안내 방송 첫 부분에서 'I wanted to inform everyone of a new recycling policy that our store will be implementing starting next month. As usual, once our shipment of clothes arrives (다음 달부터 저희 상점이 실시하게 될 새로운 재활용 정책을 여러분 모두에게 알려드리고자 합니다. 평소대로 일단 의류 배송품이 도착하면)'라고 했으므로 (B)가 정답이다. our shipment of clothes를 듣고 clothing retailer로 유추하는 문제이다.

46. What does the speaker mean when he says, "we are no exception"?

(A) A workshop is mandatory for all employees.

(B) The store will revise its sales policy.

(C) Training is not required for all workers.

(D) The business will follow a local regulation.

화자는 "우리도 예외가 아닙니다"라고 말할 때 무엇을 의도하는가?

(A) 워크숍은 모든 직원들에게 의무이다.

(B) 그 상점은 판매 정책을 수정할 것이다.

(C) 교육은 모든 직원들에게 필수가 아니다.

(D) 그 업체는 지역 규정을 따를 것이다.

해설 화자가 하는 말의 의도를 묻고 있다. 안내 방송 후반부에 'This is a new law that all businesses in the city must comply with (이 것은 시에 있는 모든 업체들이 반드시 따라야 하는 새로운 규칙입니다)'라고 하면서, "we are no exception"이라고 했으므로 (D)가 정답이다. law ~ in the city가 local regulation으로, comply with가 follow로 패러프레이징되었다.

47. According to the speaker, what will happen on Friday?

(A) Some machines will be repaired.

(B) Discarded materials will be collected.

(C) New shipments of merchandise will arrive.

(D) Monthly salaries will be paid.

화자에 따르면, 금요일에 무슨 일이 있을 것인가?

(A) 일부 기계들이 수리될 것이다.

(B) 폐기물이 수거될 것이다.

(C) 새로운 배송품이 도착할 것이다.

(D) 월급이 지급될 것이다.

해설 안내 방송 마지막 부분에서 'Pick-up day will still be Friday, so be sure to sort all recyclable items by then (수거일은 변함없이 금 요일이 될 것이므로 그때까지 모든 물건들을 꼭 분류해 주세요)'이라고

했으므로 (B)가 정답이다. pick up이 collect로, items가 materials 로 패러프레이징되었다.

영국

Questions 48-50 refer to the following telephone message and expense report.

W Hello, Joseph, this is Katie from Accounting. I'm reviewing the expense report you completed for your business trip to Denver last month, and **48** I can't seem to find one of your receipts. **49** You reported an expense of $200 on May 5, but I don't see a receipt for that date. It wasn't attached to your report, and I need it to confirm your expenses. **50** If you really cannot locate it, I'm going to need you to fill out a special exception report.

48-50번은 다음 전화 메시지와 경비 보고서에 관한 문제입니다.

예 안녕하세요 Joseph, 회계팀의 Katie예요. 저번 달에 덴버로 다녀오 신 출장 경비 보고서를 검토하고 있습니다. 그런데 **48** 영수증들 중 하나를 찾을 수가 없네요. **49** 5월 5일에 200달러의 지출이 발생했다 고 보고하셨는데 그 날짜의 영수증이 보이지 않아요. 당신이 주신 보 고서에 첨부되어 있지 않았어요. 그리고 저는 그게 있어야 당신의 지 출 내역을 확정할 수 있어요. **50** 만약 찾으실 수 없다면 특별 예외 보 고서를 작성하셔야 합니다.

경비 보고서		
일시	금액	세부 사항
5월 2일	300달러	숙박
5월 5일	200달러	교통
5월 9일	150달러	식사
5월 10일	100달러	접대

어휘 expense report 경비 보고서 | business trip 출 장 | attach 첨부하다, 붙이다 | confirm 확인하다, 확정 하다 | locate 위치를 파악하다, 찾아내다 | fill out 작성 하다 | exception 예외 | accommodation 숙박 | entertainment 접대

48. Why is the speaker calling?

(A) A booking date is incorrect.

(B) A trip has to be rescheduled.

(C) A document is missing.

(D) A contract needs to be signed.

화자는 왜 전화를 거는가?

(A) 예약 일자가 잘못되었다.

(B) 여행 스케줄이 바뀌었다.

(C) 서류가 보이지 않는다.

(D) 서명해야 할 계약서가 있다.

해설 화자의 전화 목적을 묻는 문제이다. 전화 메시지에서의 목적과 주제를 묻는 유형은 대부분 담화의 도입 부분에 등장한다. 화자는 현재 출장 경비 보고서 검토 중이라고 말하면서 'I can't seem to find one of your receipts. (영수증들 중 하나를 찾을 수가 없네요.)'라고 덧붙이고

있다. 따라서 담화 속의 receipts를 document로 패러프레이징한 (C)가 정답이 된다.

---

49. Look at the graphic. Which expense needs to be confirmed?
(A) Accommodation
(B) Transportation
(C) Food
(D) Entertainment

시각 정보를 보시오. 어느 지출 비용이 확인되어야 하는가?
(A) 숙박
(B) 교통
(C) 식사
(D) 접대

해설 화자는 영수증 하나가 보이지 않는다고 하며 뒤이어, 'You reported an expense of $200 on May 5, but I don't see a receipt for that date. It wasn't attached to your report, and I need it to confirm your expenses. (5월 5일에 200달러의 지출이 발생했다고 보고하셨는데 그 날짜의 영수증이 보이지 않아요. 당신이 주신 보고서에 첨부되어 있지 않았어요. 그리고 저는 그게 있어야 당신의 지출 내역을 확정할 수 있어요.)'라고 하였으므로, 표를 참고하면 5월 5일, 200달러의 지출이 발생한 Transportation (교통) 내역의 영수증이 확인되어야 함을 알 수 있다. 따라서 (B)가 정답이다.

---

50. What might Joseph need to do?
(A) Complete a form
(B) Review a proposal
(C) Return some money
(D) Cancel a credit card

Joseph은 무엇을 해야 할 수도 있겠는가?
(A) 양식을 작성한다
(B) 제안서를 검토한다
(C) 특정 금액을 환불한다
(D) 신용 카드를 취소한다

해설 화자가 청자에게 요청하는 사항을 묻는 문제이다. 담화의 후반부에 화자는 지출 내역을 확정할 수 없다고 말하며, 'If you really cannot locate it, I'm going to need you to fill out a special exception report. (만약 찾으실 수 없다면 특별 예외 보고서를 작성하셔야 합니다.)'라고 하므로, 영수증이 없다면 보고서를 작성해야 함을 알 수 있다. 따라서 정답은 (A)이다.

HALF TEST 02

1. (B)	2. (B)	3. (D)	4. (D)	5. (C)
6. (A)	7. (A)	8. (C)	9. (C)	10. (C)
11. (B)	12. (B)	13. (C)	14. (A)	15. (A)
16. (A)	17. (C)	18. (B)	19. (B)	20. (A)
21. (A)	22. (C)	23. (A)	24. (D)	25. (A)
26. (D)	27. (C)	28. (C)	29. (C)	30. (B)
31. (A)	32. (C)	33. (A)	34. (A)	35. (B)
36. (C)	37. (B)	38. (A)	39. (A)	40. (D)
41. (C)	42. (A)	43. (B)	44. (B)	45. (C)
46. (B)	47. (B)	48. (A)	49. (B)	50. (A)

1. 영국

(A) The women are talking on the phone.
(B) The women are looking at a document.
(C) One of the women is sipping from a mug.
(D) One of the women is picking up a file folder.

(A) 여자들이 전화 통화 중이다.
(B) 여자들이 문서를 보고 있다.
(C) 여자들 중 한 명이 머그잔으로 마시고 있다.
(D) 여자들 중 한 명이 서류철을 들어올리고 있다.

해설 (A) 전화기는 보이지 않으므로 오답이다.
(B) 두 여자가 함께 서류를 보고 있으므로 정답이다.
(C) 머그잔으로 마시는 동작이 보이지 않으므로 오답이다.
(D) 서류철을 들어올리는 동작이 보이지 않으므로 오답이다.

어휘 sip (조금씩) 마시다, 홀짝이다 I pick up 들어올리다 I file folder 서류철

---

2. 호주

(A) The man is placing groceries on a counter.
(B) The man is unloading a shopping cart.
(C) The woman is paying for items at a register.
(D) The woman is closing the door of a van.

(A) 남자가 계산대 위에 식료품들을 놓고 있다.
(B) 남자가 쇼핑 카트에서 짐을 내리고 있다.
(C) 여자가 계산대에서 물건 값을 지불하고 있다.
(D) 여자가 승합차의 문을 닫고 있다.

해설 (A) 계산대(a counter)가 보이지 않으므로 오답이다.
(B) 남자가 쇼핑 카트에서 짐을 내리고 있으므로 정답이다.
(C) 여자가 돈을 지불하는 모습이 아니므로 오답이다.
(D) 여자가 승합차의 문을 닫는 모습이 아니므로 오답이다.

어휘 place 놓다, 두다 | grocery 식료품 | unload (짐을) 내리다 | item 물품 | register 계산대

3.

미국

(A) Some clothes are being carried into a store.
(B) Some merchandise is being folded.
(C) A man is hanging a mirror on a wall.
(D) A man is shopping for garments.

(A) 몇 벌의 옷들이 상점 안으로 옮겨지고 있다.
(B) 몇몇 상품이 개어지고 있다.
(C) 남자가 벽에 거울을 걸고 있다.
(D) 남자가 옷을 쇼핑하고 있다.

해설 (A) 옷을 옮기고 있지 않으므로 오답이다.
(B) 물건을 접는 동작이 아니므로 오답이다.
(C) 거울은 보이지 않으므로 오답이다.
(D) 남자가 옷 가게에서 옷을 보고 있으므로 정답이다.

어휘 carry 옮기다, 나르다 | merchandise 상품 | fold 개다, 접다 | hang 걸다, 매달다 | garment 옷, 의복

4.

미국

(A) Some people are raising their glasses.
(B) A waiter is clearing a table.
(C) Some food is being brought to diners.
(D) A server is taking an order.

(A) 몇몇 사람들이 잔을 들어올리고 있다.
(B) 웨이터가 식탁을 치우고 있다.
(C) 음식이 손님들에게 제공되고 있다.
(D) 웨이터가 주문을 받고 있다.

해설 (A) 잔을 들어올리는 사람들은 없으므로 오답이다.
(B) 웨이터가 테이블을 치우는 동작이 아니므로 오답이다.
(C) 음식을 나르는 모습이 없으므로 오답이다.
(D) 웨이터가 종이에 적으면서 손님들의 주문을 받는 모습이므로 정답이다.

어휘 raise 들어올리다 | clear 치우다 | diner 식사하는 사람, 손님 | server (식당에서) 서빙하는 사람 | take an order 주문을 받다

5.

호주

(A) She is watering some flowers.
(B) She is facing her colleagues.
(C) Potted plants are arranged on a desk.
(D) Some mugs have been stacked in front of a lamp.

(A) 여자가 꽃에 물을 주고 있다.
(B) 여자가 동료들 쪽을 향해 있다.
(C) 화분에 심은 식물들이 책상 위에 배열되어 있다.
(D) 머그잔 몇 개가 램프 앞에 쌓여 있다.

해설 (A) 여자가 꽃에 물을 주는 모습이 아니므로 오답이다.
(B) 여자가 동료들과 마주보는 모습이 아니므로 오답이다.
(C) 화분에 심은 식물들이 책상 위에 배열되어 있으므로 정답이다.
(D) 머그잔이 램프 뒤에 하나 보이므로 오답이다.

어휘 water 물을 주다 | face ~쪽을 향하다 | colleague 동료 | potted plant 화분에 심은 식물 | arrange 배열[정돈]하다 | place 놓다, 두다

6.

영국

(A) Buildings are located along the water.
(B) A ship is passing under a bridge.
(C) Some passengers are boarding a boat.
(D) The river winds around a forest.

(A) 건물들이 물가를 따라 위치해 있다.
(B) 배가 다리 밑을 지나가고 있다.
(C) 몇몇 승객들이 배에 탑승하고 있다.
(D) 강이 숲을 굽이돌고 있다.

해설 (A) 건물들이 물가를 따라 위치하고 있으므로 정답이다.
(B) 배가 보이지 않으므로 오답이다.
(C) 승객과 배가 보이지 않으므로 오답이다.
(D) 강이 숲을 굽이돌고 있는 모습이 아니므로 오답이다.

어휘 locate ~에 위치시키다 I along ~을 따라 I passenger 승객 I board 탑승하다 I wind around ~을 굽이돌다

7. Where did Tracy live before moving to Milan?
   (A) Paris, I think.
   (B) You should leave it here.
   (C) For quite some time now.

   Tracy는 밀라노로 이사 가기 전에 어디서 살았나요?
   (A) 파리인 것 같아요.
   (B) 그걸 여기 두고 가셔야 해요.
   (C) 이제 꽤 오랫동안이요.

해설 Where 의문문 … Tracy가 밀라노로 이사 가기 전에 살았던 장소가 응답으로 예상된다.
      (A) 장소를 언급했으므로 정답이다.
      (B) 유사 발음(live – leave) 오답이다.
      (C) 연상 어휘(before – now) 오답이다.

어휘 move 이사하다 I quite 꽤

8. When will you finish the sales report?
   (A) Thanks, I'd like that.
   (B) It exceeded our projections.
   (C) I completed it this morning.

   영업 보고서를 언제 끝낼 건가요?
   (A) 고마워요. 그거 좋아요.
   (B) 그건 우리 예상치를 초과했어요.
   (C) 오늘 오전에 완료했어요.

해설 When 의문문 … 보고서를 끝낼 특정 시점이 응답으로 예상된다.
      (A) 질문과 무관한 응답이다.
      (B) 연상 어휘(sales – exceeded, projections) 오답이다.
      (C) 보고서를 오늘 아침에 (이미) 완료했다고 했으므로 정답이다.

어휘 exceed 초과하다. 넘어서다 I projection 예상(치) I complete 완료하다. 완성하다

9. Rick's coming to dinner with us, isn't he?
   (A) An Italian restaurant.
   (B) How about a movie?
   (C) I think he has to work late.

   Rick이 우리와 함께 저녁 먹으러 가죠. 그렇죠?
   (A) 이탈리안 레스토랑이요.
   (B) 영화는 어때요?
   (C) 야근해야 되는 것 같던데요.

해설 부가 의문문 … Rick이 함께 저녁 먹으러 가면 Yes, 그렇지 않으면 No로 응답하거나 우회적 응답이 예상된다.
      (A) 연상 어휘(dinner – restaurant) 오답이다.
      (B) 질문과 무관한 동문서답형 오답이다.
      (C) Rick이 야근해야 하는 것 같다며 동석하지 못한다는 의미를 우회적으로 나타내므로 정답이다.

어휘 work late 야근하다

10. Are you satisfied with your new laptop?
    (A) They're on the top shelf.
    (B) Sorry, but I can't.
    (C) Yes, it runs well.

    당신은 새 노트북 컴퓨터에 만족하나요?
    (A) 그것들은 꼭대기 선반에 있어요.
    (B) 죄송하지만 저는 할 수 없어요.
    (C) 네, 잘 작동돼요.

해설 일반 의문문 … 새 노트북 컴퓨터에 만족하고 있는지 Yes/No의 응답이 예상된다.
      (A) 유사 발음(laptop – top)오답이다.
      (B) 질문과 무관한 응답이다.
      (C) Yes로 답한 후 질문에 맞는 부연 설명을 덧붙였으므로 정답이다.

어휘 be satisfied with ~에 만족하다 I mostly 대부분, 거의 I brand-new 완전 새 것인 I run 작동하다

11. When will the seminar start?
    (A) The office has a great view.
    (B) I was wondering the same thing.
    (C) In conference room B.

    세미나가 언제 시작될까요?
    (A) 그 사무실은 경관이 아주 좋아요.
    (B) 저도 같은 걸 궁금해하고 있었어요.
    (C) B 회의실에서요.

해설 When 의문문 … 의문사 When을 키워드로 잡고 어울리지 않는 보기들을 소거한다.
      (A) 연상 어휘(seminar – office) 오답이다.
      (B) 모르겠음을 우회적으로 말한 것이므로 정답이다.
      (C) Where 의문문에 어울리는 응답이다.

어휘 view 경관, 전망 I wonder 궁금해하다

12. What were Ms. Nichol's thoughts on our presentation?
    (A) I didn't know that.
    (B) She hasn't said anything yet.
    (C) The HR manager.

    Ms. Nichol은 우리 발표를 어떻게 생각하셨죠?
    (A) 저는 그걸 몰랐어요.
    (B) 아직 아무 말도 안 하셨어요.
    (C) 인사 매니저요.

해설 What 의문문 ⋯ 발표에 대해 Ms. Nichol이 말한 의견이나 우회적 응답이 예상된다.
　　(A) 연상 어휘(thoughts – know) 오답이다.
　　(B) 아직 아무 말도 안 했다며 모르겠음을 우회적으로 말했으므로 정답이다.
　　(C) 질문과 무관한 동문서답형 응답이다.

어휘 thought 생각, 사고 | presentation 발표 | HR (회사의) 인사팀
　　(= Human Resources)

영국 ↔ 호주

13. This camera comes in two colors, doesn't it?
　　(A) I don't think I can come.
　　(B) No, your ID photo.
　　(C) Yes, black and silver.

이 카메라는 두 가지 색상으로 나오죠, 그렇지 않나요?
(A) 저는 갈 수 없을 것 같아요.
(B) 아니요, 당신의 신분증 사진이요.
(C) 네, 검정색과 은색이요.

해설 부가 의문문 ⋯ 카메라가 두 가지 색상으로 출시되면 Yes, 그렇지 않으면 No로 응답한 후 부연 설명이 예상된다.
　　(A) 동어 반복(come (제품이) 나오다; 가다) 오답이다.
　　(B) 연상 어휘(camera – photo) 오답이다.
　　(C) Yes로 답한 후 질문에 맞는 부연 설명을 덧붙였으므로 정답이다.

어휘 come (제품이) 나오다, 출시되다, 가다 | ID 신분증

미국 ↔ 호주

14. We should hold a department meeting to discuss our budget.
　　(A) Mr. Crawford is on a business trip, though.
　　(B) It was quite informative.
　　(C) Under ten thousand dollars.

예산을 논의하기 위해 부서 회의를 해야 해요.
(A) 하지만 Mr. Crawford가 출장 중이에요.
(B) 상당히 유용했어요.
(C) 만 달러 이하로요.

해설 평서문 ⋯ 예산 논의를 위해 회의를 해야 한다고 한 말에 대해 의견을 말하거나 우회적인 응답이 예상된다.
　　(A) Mr. Crawford가 출장 중이라면, 그가 올 때까지 기다리는 게 낫지 않겠냐는 의미를 내포하고 있으므로 정답이다.
　　(B) 연상 어휘(meeting – informative) 오답이다.
　　(C) 연상 어휘(budget – ten thousand dollars) 오답이다.

어휘 discuss 논의하다 | budget 예산 | though 하지만

영국 ↔ 미국

15. Should we buy a printer for the office, or do you think a projector is more urgent?
　　(A) A projector is more important.
　　(B) At the supply store.
　　(C) That's a good idea.

사무실에 인쇄기를 사야 할까요, 아니면 프로젝터가 더 급하다고 생각하세요?
(A) 프로젝터가 더 중요해요.
(B) 물품 매장에서요.
(C) 좋은 생각이에요.

해설 선택 의문문 ⋯ 둘 중 하나 이상을 택하거나 다른 선택안이 응답으로 예상된다.
　　(A) 프로젝터가 더 중요하다며 둘 중 하나를 선택했으므로 정답이다.
　　(B) 연상 어휘(printer, projector – supply store) 오답이다.
　　(C) 'Should we'만 듣고 제안문으로 판단했을 때 선택할 수 있는 오답이다.

어휘 urgent 긴급한

호주 ↔ 미국

16. Could you hang an "Out of Order" sign on the drinking fountain?
　　(A) Sam is going to take care of it.
　　(B) Sign right here.
　　(C) Some water, please.

급수대에 '고장' 표지를 걸어 주시겠어요?
(A) Sam이 처리할 거예요.
(B) 바로 여기에 서명하세요.
(C) 물 좀 주세요.

해설 요청문 ⋯ 급수대에 '고장' 표지를 걸어 달라는 요청에 대해 수락, 거절, 또는 보류를 표하는 응답이 예상된다.
　　(A) 'Sam이 할 거예요'라며 우회적으로 거절하고 있으므로 정답이다.
　　(B) 동어 반복(sign 표지, 표시; 서명하다) 오답이다.
　　(C) 연상 어휘(drinking fountain – water) 오답이다.

어휘 hang 걸다 | sign 표지, 표시; 서명하다 | drinking fountain 급수대

미국 ↔ 미국

17. How can I apply for a frequent shoppers' card?
　　(A) Not very often.
　　(B) Yes, that's fine with me.
　　(C) Just register at the checkout counter.

단골 고객 카드를 어떻게 신청할 수 있나요?
(A) 그렇게 자주는 아니에요.
(B) 네, 저는 괜찮아요.
(C) 그냥 계산대에서 신청하시면 돼요.

해설 How 의문문 ⋯ 단골 고객 카드를 신청하는 방법이 응답으로 예상된다.
　　(A) 연상 어휘(frequent – often) 오답이다.
　　(B) 의문사 의문문에 Yes/No로 응답할 수 없다.
　　(C) 계산대에서 신청하라고 하여 질문에 맞는 설명을 했으므로 정답이다.

어휘 apply 신청하다 | frequent shoppers' card 단골 고객 카드 | register 신청하다, 등록하다 | checkout counter 계산대

(B) 연상 어휘(employees – Human Resources) 오답이다.

(C) 유사 발음(assigned – signed) 오답이다.

어휘　assign 배정하다 | account 고객, 단골 | agreement 계약(서)

---

18. Didn't Kim already book the concert tickets?

(A) A copy of the article, I think.

(B) She's doing it now.

(C) It's at Madison Performance Center.

Kim이 이미 콘서트 표를 예매하지 않았나요?

(A) 기사 사본일 거예요.

(B) 지금 하고 있어요.

(C) Madison 공연 센터에서 해요.

해설　부정 의문문 ⋯ Kim이 이미 콘서트 표를 예매했으면 Yes, 예매하지 않았으면 No로 응답한 후 부연 설명이 예상된다. Yes/No를 생략하고 부연 설명을 하는 응답이 정답으로 나올 수 있다는 점을 유념하자.

(A) 연상 어휘(book 예약하다; 책 – copy) 오답이다.

(B) No가 생략되고 질문에 맞는 부연 설명을 덧붙였으므로 정답이다.

(C) 연상 어휘(concert – Performance) 오답이다.

어휘　book 예약하다 | copy 사본 | article 기사

---

19. Is there an Amaro Financial branch anywhere close?

(A) No, his money ran out.

(B) Yes, but it's not open now.

(C) It's a guaranteed offer.

이 근처에 Amaro 금융 지점이 있나요?

(A) 아니요, 그는 돈이 다 떨어졌어요.

(B) 네, 하지만 지금 문을 열지 않았어요.

(C) 그것은 확실한 제안이에요.

해설　일반 의문문 ⋯ Amaro 금융 지점이 근처에 있으면 Yes, 없으면 No로 응답한 후 부연 설명이 예상된다.

(A) 연상 어휘(financial – money) 오답이다.

(B) Yes로 답한 후 질문에 맞는 부연 설명을 덧붙였으므로 정답이다.

(C) 질문과 무관한 응답이다.

어휘　financial 금융의, 재정의 | branch 지점 | run out 다 떨어지다 | guaranteed 확실한, 보장된 | offer 제안

---

20. Weren't the new employees assigned to this account?

(A) They don't have enough experience.

(B) No, she's in Human Resources.

(C) I already signed the agreement.

신입 직원들이 이 고객에게 배정된 게 아니었나요?

(A) 그들은 경험이 충분치 않아요.

(B) 아니요, 그녀는 인사부에서 근무해요.

(C) 제가 이미 계약을 했어요.

해설　부정 의문문 ⋯ 배정되었으면 Yes, 그렇지 않으면 No로 응답하거나 우회적 표현이 예상된다.

(A) 경험이 부족해서 배정되지 않았다는 의미의 우회적 응답이므로 정답이다.

Questions 21-23 refer to the following conversation.

🇼 Hi, is there something in particular you're looking for here at the Lawn and Garden Department?

🇲 Yes. **21** I need some dining tables for my restaurant. I want something simple and modern to match the contemporary design of the interior.

🇼 Hmm, then I recommend the Zenith table product line. It's a popular design, and **22** we're giving 15 percent off on all orders this week.

🇲 Oh, it's perfect! **23** I'm going to take a picture to show it to my business partner and get his opinion. I hope he likes it.

21-23번은 다음 대화에 관한 문제입니다.

여 안녕하세요, 이곳 정원 원예 매장에서 특별히 찾고 계신 물건이 있나요?

남 네, 제 식당에 놓을 **21** 식탁 몇 개가 필요해요. 현대적 실내 디자인과 어울리는 단순하고 현대적인 것을 원해요.

여 음, 그러면 저는 Zenith 식탁 제품 계열을 추천해 드려요. 그건 인기 있는 디자인이고, **22** 이번 주에는 모든 주문품에 대해 15% 할인해 드려요.

남 오, 정말 좋네요! **23** 사진을 찍어서 그걸 제 사업 파트너에게 보여 주고 그의 의견을 들어볼게요. 그가 마음에 들어 했으면 좋겠네요.

어휘　in particular 특(별)히 | look for ~을 찾다 | dining table 식탁 | modern 현대적인 | match 어울리다 | contemporary 현대의 | interior 실내, 내부 | take a picture 사진을 찍다 | opinion 의견, 견해

21. What is the man looking for?

(A) Some furniture

(B) Some plants

(C) A garden tool

(D) A cooking appliance

남자는 무엇을 찾고 있는가?

(A) 가구

(B) 식물

(C) 원예 도구

(D) 조리 기기

해설　남자가 찾고 있는 것을 묻고 있다. 문제에 언급된 남자의 말에 집중하고, looking for를 키워드로 삼아 해당 내용을 포착한다. 'I need some dining tables (식탁 몇 개가 필요해요)'라고 했으므로 (A)가 정답이다. tables가 furniture로 패러프레이징되었다.

22. According to the woman, what will be happening this week?

(A) A product line will be expanded.

(B) An event will be postponed.

(C) A discount will be available.

(D) An order will be shipped.

여자에 따르면, 이번 주에 무슨 일이 일어날 것인가?

(A) 제품 계열이 확장될 것이다.

(B) 행사가 연기될 것이다.

(C) 할인이 이용 가능할 것이다.

(D) 주문품이 배송될 것이다.

해설 이번 주에 일어날 일을 묻고 있다. 문제에 언급된 여자의 말에 집중하고, this week를 키워드로 삼아 해당 내용을 포착한다. 'we're giving 15 percent off ~ this week (이번 주에는 15% 할인해 드려요)'라고 했으므로 (C)가 정답이다. 15 percent off가 A discount로 패러프레이징되었다.

---

23. What does the man decide to do?

(A) Consult with a colleague

(B) Pay with a credit card

(C) Visit a different store

(D) File a complaint

남자는 무엇을 하기로 결정하는가?

(A) 동료와 상의한다

(B) 신용카드로 지불한다

(C) 다른 상점을 방문한다

(D) 불만을 제기한다

해설 남자가 하기로 결정한 것을 묻고 있다. 문제에 언급된 남자의 말에 집중하고, decide to do를 키워드로 삼아 해당 내용을 포착한다. 'I'm going to take a picture to show it to my business partner and get his opinion (사진을 찍어서 그걸 제 사업 파트너에게 보여 주고 그의 의견을 들어볼게요)'이라고 했으므로 (A)가 정답이다. business partner가 colleague로 패러프레이징되었다.

미국 ↔ 영국

Questions 24-26 refer to the following conversation.

M Hi, **24** you've reached the Boex Public Library. How may I be of service?

W I wanted to book a room at your library that could hold up to ten people.

M OK, then **25** I recommend the Berkshire Room. Just remember that the library closes early on Sundays. Also, **25** please be aware that you cannot rent it for promotional purposes. That means that you cannot use the room to sell or advertise any products or services.

W I understand. My classmates and I need it to work on a group project. Do we have to pay a fee to reserve the room?

M It's free of charge. **26** But you do have to sign up on our Web site.

24-26번은 다음 대화에 관한 문제입니다.

남 안녕하세요. **24** Boex 공립 도서관입니다. 제가 어떻게 도와 드릴까요?

여 도서관에서 10명까지 수용할 수 있는 방을 예약하고 싶은데요.

남 좋아요. **25** 그럼 Berkshire 실을 추천할게요. 일요일에는 도서관이 일찍 문을 닫는다는 것만 기억하세요. 또한, **25** 홍보 목적으로 대여하실 수는 없다는 점을 유념해 주세요. 상품이나 서비스를 판매하거나 광고하는 데 이 방을 사용할 수 없다는 의미입니다.

여 알겠습니다. 저희 반 친구들과 제가 그룹 프로젝트 작업을 하기 위해 그 방이 필요해서요. 방을 예약하는데 요금을 내야 하나요?

남 무료입니다. **26** 하지만 저희 웹 사이트에 등록은 하셔야 해요.

어휘 reach ~에 연락하다 | be of service 유용하다, 도움이 되다 | hold 수용하다 | up to ~까지 | promotional 홍보용의 | classmate 급우, 반 친구 | reserve 예약하다 | free of charge 무료의

---

24. Who most likely is the man?

(A) A computer technician

(B) A university professor

(C) A hotel clerk

(D) A library employee

남자는 누구이겠는가?

(A) 컴퓨터 기술자

(B) 대학 교수

(C) 호텔 직원

(D) 도서관 직원

해설 남자의 정체를 묻고 있다. 남자가 'you've reached the Boex Public Library. How may I be of service? (Boex 공립 도서관입니다. 제가 어떻게 도와 드릴까요?)'라고 말한 내용을 토대로 남자가 도서관 직원임을 알 수 있으므로 (D)가 정답이다.

---

25. What is mentioned about the Berkshire Room?

(A) It must not be used to promote merchandise.

(B) It is the largest room available.

(C) It requires a security deposit.

(D) It cannot be rented on Sundays.

Berkshire 실에 대해서 무엇이 언급되었는가?

(A) 상품을 홍보하는 데 사용되어선 안 된다.

(B) 이용 가능한 방 중 가장 크다.

(C) 보증금을 필요로 한다.

(D) 일요일에는 대여할 수 없다.

해설 Berkshire 실에 관하여 언급된 것을 묻고 있다. 남자가 'I recommend the Berkshire Room. (그럼 Berkshire 실을 추천할게요.)'라고 말하며, 'please be aware that you cannot rent it for promotional purposes. That means that you cannot use the room to sell or advertise any products or services. (홍보 목적으로 대여하실 수는 없다는 점을 유념해 주세요. 상품이나 서비스를 판

매하거나 광고하는 데 이 방을 사용할 수 없다는 의미입니다.)'라고 덧붙였으므로 (A)가 정답이다.

---

26. According to the man, what should the woman do?
(A) Provide contact information
(B) Pay in advance
(C) Read some guidelines
(D) Sign up online

남자에 따르면, 여자는 무엇을 해야만 하는가?
(A) 연락처를 제공한다
(B) 선결제한다
(C) 지침을 읽는다
(D) 온라인으로 등록한다

해설 여자가 해야 하는 것을 묻고 있다. 남자가 'But you do have to sign up on our Web site. (하지만 저희 웹 사이트에 등록은 하셔야 해요.)'라고 말했으므로 Web site를 online으로 패러프레이징한 (D)가 정답이다.

미국 ↔ 호주

Questions 27-29 refer to the following conversation.

W Good afternoon, Mr. Fleming. **27, 28** Are you available now to discuss this year's employee reviews?

M **27, 28** I'm headed to the post office, but go on.

W Well, it seems the operations manager is in the hospital, so we won't be able to conduct the meetings until she gets back.

M Hmm... **29** Have the forms been collected?

W No, they aren't due until Friday.

M Alright. I have to go now, but we'll continue this conversation later.

27-29번은 다음 대화에 관한 문제입니다.

여 안녕하세요, Mr. Fleming. **27, 28** 올해의 직원 평가에 관해 논의를 하려는데 지금 시간 되세요?

남 **27, 28** 우체국에 가려던 참이었는데, 얘기하세요.

여 음, 업무 팀장님이 병원에 있는 것 같아요. 그래서 그녀가 돌아올 때까지 회의를 할 수 없을 거예요.

남 흠… **29** 서류는 모두 수집되었나요?

여 아니요, 그것들은 금요일 이후에나 받게 될 거예요.

남 알겠어요. 지금은 제가 가봐야 하지만, 이따가 계속 얘기해요.

어휘 available 시간이 있는 | head to ~로 향하다 | conduct 수행하다 | get back 돌아오다 | form 서식, 양식 | collect 수집하다 | due ~하기로 되어 있는

---

27. What is the conversation mainly about?
(A) Sales figures
(B) Job candidates
(C) Annual evaluations
(D) Company regulations

대화는 주로 무엇에 관한 것인가?
(A) 매출액
(B) 지원자
(C) 연례 평가
(D) 회사 규정

해설 대화의 주제를 묻고 있다. 대화 전반부에서 단서를 잡아낼 수 있어야 한다. 여자가 'Are you available now to discuss this year's employee reviews? (올해의 직원 평가에 관해 논의를 하려는데 지금 시간 되세요?)'라고 하자 남자가 우체국에 가야 하지만 'go on (얘기하세요)'라고 했으므로 this year's reveiws을 Annual evaluations로 패러프레이징한 (C)가 정답이다.

---

28. What does the man mean when he says, "I'm headed to the post office"?
(A) His package is ready to be picked up.
(B) He is asking to delay an appointment.
(C) He does not have much time to talk.
(D) His mail is currently in transit.

남자가 "우체국에 가려던 참이었는데"라고 말할 때 무엇을 의도하는가?
(A) 그의 소포가 수령될 준비가 되어 있다.
(B) 약속을 연기해달라고 요청하고 있다.
(C) 얘기할 시간이 많지 않다.
(D) 우편이 현재 배송 중이다.

해설 남자가 하는 말의 의도를 묻고 있다. 해당 표현 앞뒤의 대화 내용을 토대로 유추할 수 있어야 한다. 여자가 'Are you available now to discuss this year's employee reviews? (올해의 직원 평가에 관해 논의를 하려는데 지금 시간 되세요?)'라고 하자, 남자가 'I'm headed to the post office, but go on. (우체국에 가려던 참이었는데, 얘기하세요)'이라고 했으므로 (C)가 정답이다.

---

29. What does the man ask the woman?
(A) If contracts have been signed
(B) If a manager has approved a request
(C) If the staff have submitted documents
(D) If a deadline has been extended

남자가 여자에게 묻는 것은 무엇인가?
(A) 계약서에 서명이 되었는지
(B) 매니저가 요청을 승인했는지
(C) 직원들이 서류를 제출했는지
(D) 마감일이 연장되었는지

해설 남자가 여자에게 물어본 것을 묻고 있다. 남자의 대화에서 질문 표현을 잡아낸다. 'Have the forms been collected? (서류는 수집되었나요?)'라고 물었으므로 (C)가 정답이다.

Questions 30-32 refer to the following conversation.

M Hi, Valerie. Thank you for checking to see if my car needs any work. **30** I want to put it up for sale before the weekend because I have to buy a bigger car.

W Well, I think a lot of **31** buyers will like your car because its exterior has been maintained so well. However, there are several holes in the leather of the front passenger seat. You should consider getting it replaced.

M Sure. Do you know how much it costs to put a new fabric on the seat?

W Actually, a friend of mine owns an auto interior repair shop. **32** Let me go look for his card in my office, so you can contact him for a cost estimate.

30-32번은 다음 대화에 관한 문제입니다.

남 안녕하세요, Valerie. 제 차에 수리가 필요한지 점검해 주셔서 고마워요. **30** 전 더 큰 차를 사야 하기 때문에 주말 전에 그걸 팔려고 내놓고 싶어요.

여 음, **31** 외관이 정말 잘 유지되었기 때문에 많은 구매자들이 당신 차를 마음에 들어 할 거라고 생각해요. 하지만 앞쪽 조수석 가죽에 구멍이 몇 개 있어요. 그걸 교체하는 걸 고려해 보시는 게 좋을 거예요.

남 물론이죠. 좌석에 새 천을 씌우는 데 비용이 얼마나 드는지 아시나요?

여 사실, 제 친구가 자동차 내부 수리점을 해요. **32** 제가 사무실에 가서 그의 명함을 찾아볼게요, 그에게 연락해 비용 견적서를 받을 수 있도록요.

어휘 put up (팔려고) 내놓다 | exterior 외부 | maintain 유지하다 | leather 가죽 | passenger seat 조수석 | consider 고려하다 | fabric 천 | estimate 견적(서)

30. Why is the man selling his car?
(A) He is moving abroad.
(B) He needs a larger vehicle.
(C) He plans on using public transportation.
(D) He is getting a new car from his company.

남자는 왜 그의 차를 팔고 있는가?
(A) 해외로 이사할 것이다.
(B) 더 큰 차량이 필요하다.
(C) 대중교통을 이용할 계획이다.
(D) 그의 회사에서 새 차를 받을 것이다.

해설 남자가 차를 파는 이유를 묻고 있다. 문제에 언급된 남자의 말에 집중하고, selling his car를 키워드로 삼아 해당 내용을 포착한다. 'I want to put it up for sale ~ because I have to buy a bigger car (전 더 큰 차를 사야 하기 때문에 그걸 팔려고 내놓고 싶어요)'라고 했으므로 (B)가 정답이다. for sale이 selling으로, I have to buy a bigger car가 He needs a larger vehicle로 패러프레이징되었다.

31. According to the woman, why will buyers like the car?
(A) The outside is in good condition.
(B) It can save money on fuel.
(C) It is a popular model.
(D) The engine is brand-new.

여자에 따르면, 구매자들은 왜 그 차를 마음에 들어 할 것인가?
(A) 외관의 상태가 좋다.
(B) 연료에서 돈을 절약할 수 있다.
(C) 인기 있는 기종이다.
(D) 엔진이 새 것이다.

해설 구매자들이 차를 마음에 들어 할 이유를 묻고 있다. 문제에 언급된 여자의 말에 집중하고, buyers like the car를 키워드로 삼아 해당 내용을 포착한다. 'buyers will like your car because its exterior has been maintained so well (외관이 정말 잘 유지되었기 때문에 구매자들이 당신 차를 마음에 들어 할 거예요)'이라고 했으므로 (A)가 정답이다. its exterior has been maintained ~ well이 The outside is in good condition으로 패러프레이징되었다.

32. What will the woman most likely do next?
(A) Order some fabric
(B) Talk to her friend
(C) Find a business card
(D) Check a price list

여자는 다음에 무엇을 하겠는가?
(A) 천을 주문한다
(B) 친구와 상의한다
(C) 명함을 찾는다
(D) 가격표를 확인한다

해설 여자가 다음에 할 일을 묻고 있다. 문제에 언급된 여자의 말에 집중하고, do next를 키워드로 삼아 해당 내용을 포착한다. 'Let me go look for his card ~, so you can contact him for a cost estimate (제가 그의 명함을 찾아볼게요, 그에게 연락해 비용 견적서를 받을 수 있도록요)'라고 했으므로 (C)가 정답이다. look for his card가 Find a ~ card로 패러프레이징되었다.

Questions 33-35 refer to the following conversation and schedule.

W Hello, Bryce. **33** Earlier today, I was here at the dealership reviewing our new discussion board. And well…

M Oh? What do you think?

W I like it. It seems that most of the employees are participating, especially in the discussion about the sales seminar. I think we might need a bigger location. What if we...

M That won't be necessary. **34** I'll be uploading all of the talks to the online discussion board.

HALF TEST 02

159

W That'll work.

M Just one thing, though. There's been a change. **35** We had to switch the second and third talks. So now, the second talk will be 'Product Knowledge'. One of the speakers, Ms. Field, has to depart before the break for an afternoon flight.

33-35번은 다음 대화와 일정에 관한 문제입니다.

여 안녕하세요, Bryce. **33** 오늘 좀 전에, 여기 대리점에서 우리의 새로운 토론 게시판을 좀 살펴봤어요. 그리고 음….

남 오? 어떻게 생각하세요?

여 좋아요. 대부분의 직원들이 참가하고 있는 것 같네요. 특히 영업 세미나에 관한 토론이요. 제 생각엔 더 큰 장소가 필요할 것 같아요. 만약 우리가…

남 그럴 필요 없습니다. **34** 제가 온라인 토론 게시판에 모든 의견을 올릴 거예요.

여 그럼 되겠군요.

남 그런데 한가지 문제가 있어요. 바뀐 게 하나 있어요. **35** 두 번째와 세 번째 강연을 바꿔야 해서, 지금은 두 번째 강연이 '상품 지식'이 될 겁니다. 강연자 중 한 분인 Ms. Field가 오후 항공편 때문에 휴식 시간 전에 출발해야 해서요.

세미나 스케줄	
강연	**시간**
최적의 가게 터	오후 2:00 – 2:30
표적 시장	오후 2:30 – 3:00
휴식 시간	오후 3:00 – 3:30
상품 지식	오후 3:30 – 4:00
클로징 세일	오후 4:00 – 4:30

어휘 **dealership** 자동차 대리점 | **discussion board** 토론 게시판 | **especially** 특히 | **switch** 전환하다, 바꾸다 | **depart** 출발하다 | **pitch** (거리·상점의) 자리

33. Where is the conversation most likely taking place?
(A) At a car dealership
(B) At a department store
(C) At a hotel
(D) At an airport

대화는 어디에서 이루어지고 있는가?
(A) 자동차 대리점에서
(B) 백화점에서
(C) 호텔에서
(D) 공항에서

해설 대화의 장소를 묻는 문제이므로 첫 한두 문장 이내에 정답이 나오게 되어 있다. 첫 문장에서 'here at the dealership (여기 대리점에서)'이라는 키워드만 알아들으면 (A)가 정답이라는 것을 쉽게 알 수 있다.

34. What does the man plan to do?
(A) Upload content to a Web site
(B) Give a presentation
(C) Reserve a larger room
(D) Look over some sales figures

남자는 무엇을 하려고 하는가?
(A) 웹사이트에 내용을 업로드한다
(B) 발표를 한다
(C) 더 큰 방을 예약한다
(D) 매출액을 검토한다

해설 남자가 'I'll be uploading all of the talks to the online discussion board. (제가 온라인 토론 게시판에 모든 의견을 올릴 거예요.)'라고 말했으므로 이 부분을 패러프레이즈한 (A)가 정답이다.

35. Look at the graphic. According to the speaker, which talk will now be held third?
(A) The Perfect Pitch
(B) Target Markets
(C) Product Knowledge
(D) Closing Sales

시각 정보를 보시오. 화자에 따르면, 어떤 강연이 세 번째로 열리게 되는가?
(A) 최적의 가게 터
(B) 표적 시장
(C) 상품 지식
(D) 클로징 세일

해설 남자가 'We had to switch the second and third talks. So now, the second talk will be 'Product Knowledge. (두 번째와 세 번째 강연을 바꿔야 해서, 지금은 두 번째 강연이 '상품 지식'이 될 겁니다.)'라고 말했으므로 표에 두 번째 강연으로 나와있는 Target Markets가 세 번째로 바뀌게 된다. 그러므로 정답은 (B)이다.

영국

Questions 36-38 refer to the following telephone message.

W Hello, Mr. Kwan. **36, 37** It's Jasmine calling from Beautify Land Work. During our last discussion, you wanted us to visit you to examine your lawn and suggest what treatments should be used to improve it. Since you have a lot of dead spots in your grass, **37** our specialist recommends that you reseed the entire lawn. If this is okay with you, I will pencil you in for next week. However, **38** we do require a down payment by this Friday to get started on our work.

36-38번은 다음 전화 메시지에 관한 문제입니다.

남 안녕하세요, Mr. Kwan. **36, 37** Beautify Land Work의 Jasmine입니다. 지난번 논의했을 때, 고객님은 저희에게 고객님을 방문해서 잔디를 살펴보고 잔디를 개선하기 위해 **어떤 처치법을 사용해야 하는지 추천해 달라고 하셨죠.** 고객님 잔디에 죽은 자리가 많아서, **37** 저희 전문가는 잔디 전체에 다시 씨를 뿌리는 걸 추천합니다. 이것이 괜찮으시다면, 일단 다음 주로 일정 잡아놓겠습니다. 하지만 작업을 시작하기 위해 **38** 이번 주 금요일까지는 계약금을 주셔야 합니다.

어휘 discussion 논의, 상의 | examine 살펴보다, 검사하다 | treatment 처치, 처리 | improve 개선하다 | spot (특정한) 곳 [자리] | specialist 전문가 | reseed ~에 다시 씨를 뿌리다 | pencil in (나중에 바뀔지도 모르지만) 일단 ~을 예정해 놓다 | down payment 계약[착수]금

36. Where does the speaker most likely work?
(A) At a supermarket
(B) At an amusement park
(C) At a landscaping company
(D) At a construction company

화자는 어디에서 일하겠는가?
(A) 슈퍼마켓에서
(B) 놀이공원에서
(C) 조경 회사에서
(D) 건설 회사에서

해설 화자의 근무지를 묻고 있다. 특정 장소와 관련된 단어나 표현을 포착한다. 'It's Jasmine calling from Beautify Land Work. During our last discussion, you wanted us to ~ examine your lawn and suggest what treatments should be used (Beautify Land Work의 Jasmine입니다. 지난번 논의했을 때, 고객님은 저희에게 잔디를 살펴보고 어떤 처치법을 사용해야 하는지 추천해 달라고 하셨죠)' 라고 했으므로 (C)가 정답이다.

37. What is the purpose of the message?
(A) To apologize for billing errors
(B) To suggest a service
(C) To confirm a delivery
(D) To delay some repair work

메시지의 목적은 무엇인가?
(A) 계산서 오류를 사과하기 위해
(B) 서비스를 제안하기 위해
(C) 배송을 확인하기 위해
(D) 수리 작업을 연기하기 위해

해설 메시지의 목적을 묻고 있다. 메시지의 목적을 언급하는 전반부에 집중한다. 첫 화자의 대사에 집중한다. 'you wanted us to ~ examine your lawn and suggest what treatments should be used (저희에게 잔디를 살펴보고 어떤 처치법을 사용해야 하는지 추천해 달라고 하셨죠)'와 'our specialist recommends that you reseed the ~ lawn (저희 전문가는 잔디에 다시 씨를 뿌리는 걸 추천합니다)'이라고 했으므로 (B)가 정답이다. recommends가 suggest로 패러프레이징되었다.

38. What does the speaker ask Mr. Kwan to do before this weekend?
(A) Make a down payment
(B) Complete an application
(C) Return some tools
(D) Select a preferred time

화자는 Mr. Kwan에게 이번 주말 전에 무엇을 하라고 요청하는가?
(A) 계약금을 지불한다
(B) 신청서를 작성한다
(C) 공구 몇 개를 돌려준다
(D) 선호하는 시간을 선택한다

해설 요청 사항을 묻고 있다. '요청'과 관련된 표현을 포착한다. 'we ~ require a down payment by this Friday (이번 주 금요일까지는 계약금을 주셔야 합니다)'라고 했으므로 (A)가 정답이다. by this Friday가 before this weekend로 패러프레이징되었다.

미국

Questions 39-41 refer to the following announcement.

남 Welcome to the Kensington Natural History Museum. Unfortunately, we will only be able to tour the first two floors of the museum today. **39** The third floor is closed for the day, while our workers fix the faulty lights in the permanent exhibit area. However, **40** if you wish to see the exhibits on the third floor, you are invited to come back to our museum tomorrow free of charge. Also, **41** we have an amazing book that contains photos of all of the main exhibits that have been displayed here since the museum's opening. It's available for purchase in our gift shop. Our tour will be ending there today, so I'll be sure to show you where it is.

39-41번은 다음 공지에 관한 문제입니다.

남 Kensington 자연사 박물관에 오신 것을 환영합니다. 유감스럽게도, 오늘은 박물관의 첫 두 층만 둘러볼 수 있을 것입니다. **39** 3층은 오늘 저희 직원이 상설 전시 구역의 조명 결함을 수리하는 동안 문을 열지 않습니다. 하지만 **40** 3층에 있는 전시물을 보고 싶으시다면, 내일 저희 박물관에 무료로 다시 보러 오시길 권장해 드립니다. 아울러 **41** 저희에게는 박물관 개관 이래 여기 전시되었던 모든 주요 전시품들의 사진을 담은 멋진 책도 있습니다. 저희 선물 가게에서 구매 가능합니다. 저희 관람은 오늘 그곳에서 끝날 것이므로 제가 그 책이 어디에 있는지 꼭 알려드리겠습니다.

어휘 unfortunately 유감스럽게도, 안타깝게도 | for the day 그날은 | faulty 결함[흠]이 있는 | permanent 상설의, 영구적인 | free of charge 무료로 | contain 포함하다, 들어 있다 | display 전시[진열]하다 | available 이용 가능한

39. Why is the third floor of the building closed?
(A) The lighting is being repaired.
(B) The floors are being cleaned.
(C) A new exhibit is being set up.
(D) A private party is being held.

건물 3층은 왜 문이 닫혀 있는가?

(A) 조명이 수리되고 있다.

(B) 바닥이 청소되고 있다.

(C) 새 전시물이 설치되고 있다.

(D) 비공개 파티가 열리고 있다.

해설 3층이 문을 열지 않는 이유를 묻고 있다. third floor와 closed를 키워드로 삼아 해당 내용을 포착한다. 'The third floor is closed ~ while ~ workers fix ~ faulty lights (3층은 직원들이 조명 결함을 수리하는 동안 문을 열지 않습니다)'라고 했으므로 (A)가 정답이다. fix ~ faulty lights가 lighting is being repaired로 패러프레이징되었다.

---

40. Why are the visitors invited to return tomorrow?

(A) To participate in a discussion

(B) To meet a special guest

(C) To attend a grand opening

(D) To view other exhibits

방문객들은 왜 내일 다시 오라고 초청받는가?

(A) 토론에 참가하기 위해

(B) 특별 손님을 만나기 위해

(C) 개관식에 참석하기 위해

(D) 다른 전시물들을 관람하기 위해

해설 내일 다시 와야 하는 이유를 묻고 있다. return tomorrow를 키워드로 삼아 해당 내용을 포착한다. 'if you wish to see the exhibits on the third floor, you are invited to come back ~ tomorrow (3층에 있는 전시물을 보고 싶으시다면, 내일 다시 보러 오시길 권장해 드립니다)'라고 했으므로 (D)가 정답이다. come back이 return으로, see ~ exhibits가 view exhibits로 패러프레이징되었다.

---

41. What does the speaker say he will do at the end of the tour?

(A) Collect registration forms

(B) Distribute some free gifts

(C) Help visitors locate a book

(D) Take a group picture

화자는 관람이 끝날 때 무엇을 할 것이라고 말하는가?

(A) 신청서를 걷는다

(B) 무료 선물을 나눠 준다

(C) 방문객들이 책을 찾는 것을 도와준다

(D) 단체 사진을 찍는다

해설 관람이 끝날 때 화자가 할 일을 묻고 있다. 미래 행동/미래에 일어날 일의 유형이므로 후반부에 집중하고, do at the end of the tour를 키워드로 삼아 해당 내용을 포착한다. 'we have an amazing book ~. It's available ~ in our gift shop. Our tour will be ending there ~, so I'll ~ show you where it is (저희에게는 멋진 책도 있습니다. 저희 선물 가게에서 구매 가능합니다. 저희 관람은 그곳에서 끝날 것이므로 그 책이 어디에 있는지 알려드리겠습니다)'라고 했으므로 (C)가 정답이다.

Questions 42-44 refer to the following introduction.

W **42** Thank you for coming to tonight's banquet for this year's Global Awareness Fundraiser. We've raised nearly 7,000 dollars from ticket sales to this event. All donations will go towards protecting endangered species across the world. And now, allow me to introduce tonight's speaker, **43** actress Astrid Simmons. Ms. Simmons is widely known for her leading role in the film *Everlasting Serenity*, and she's been a huge supporter of our foundation's campaign to preserve wildlife. **44** Tonight, she'll talk about protecting endangered species and their habitats and how you can get involved. Now, please help me welcome Astrid Simmons to the stage.

42-44번은 다음 소개에 관한 문제입니다.

C **42** 올해 Global Awareness 모금 행사가 열리는 오늘 밤 연회에 와 주셔서 고맙습니다. 우리는 이 행사의 입장권 판매로 거의 7,000달러를 모았습니다. 모든 기부금은 전 세계 멸종 위기종을 보호하는 데 보탬이 될 것입니다. 자 이제, 오늘 밤 연사인 **43** 여배우 Astrid Simmons를 소개해 드리겠습니다. Ms. Simmons는 영화 〈영원한 평온〉에서 주연을 맡은 것으로 널리 알려져 있고, 우리 재단의 야생동물 보호 캠페인의 막대한 후원자입니다. **44** 오늘 밤 그녀는 멸종 위기종과 그들의 서식지 보호, 그리고 여러분들이 어떻게 참여하실 수 있는지에 대해 이야기할 것입니다. 자, Astrid Simmons를 무대 위로 모시니 환영해 주십시오.

어휘 banquet 연회 | awareness (무엇의 중요성에 대한) 인식 | fundraiser 모금 행사 | raise (자금 등을) 모으다 | nearly 거의 | donation 기부 | go towards ~에 도움이 되다, ~쪽으로 가다 | endangered (동식물이) 멸종될 위기에 이른 | species 종(種) | widely known 널리 알려진 | leading role 주연 | everlasting 영원한 | serenity 평온, 평정 | foundation 재단 | preserve 보호하다 | wildlife 야생동물 | habitat 서식지 | get involved 관여하다

---

42. Where is the introduction taking place?

(A) At a fundraising event

(B) At a movie premiere

(C) At a job fair

(D) At an awards ceremony

소개는 어디에서 이루어지고 있는가?

(A) 모금 행사에서

(B) 영화 시사회에서

(C) 채용 박람회에서

(D) 시상식에서

해설 소개 장소를 묻고 있다. 특정 장소와 관련된 단어나 표현을 포착한다. 'Thank you for coming to tonight's ~ Fundraiser (오늘 밤 모금 행사에 와 주셔서 고맙습니다)'라고 했으므로 (A)가 정답이다. Fundraiser가 fund-raising event로 패러프레이징되었다.

43. Who is Astrid Simmons?

(A) A gardener

(B) An environmental biologist

(C) An actress

(D) A company director

Astrid Simmons는 누구인가?

(A) 정원사

(B) 환경 생물학자

(C) 여배우

(D) 회사 임원

해설 Astrid Simmons의 직업을 묻고 있다. Astrid Simmons의 직업을 알 수 있는 단어나 표현에 집중한다. 'actress Astrid Simmons (여배우 Astrid Simmons)'라고 했으므로 (C)가 정답이다.

---

44. What will Astrid Simmons talk about?

(A) Pet adoption

(B) Wildlife conservation

(C) Health research

(D) Plant care

Astrid Simmons는 무엇에 대해 이야기할 것인가?

(A) 애완동물 입양

(B) 야생동물 보호

(C) 의료 연구

(D) 식물 돌보기

해설 Astrid Simmons가 이야기할 것을 묻고 있다. Astrid Simmons talk about을 키워드로 삼아 해당 내용을 포착한다. 'Tonight, she'll talk about protecting endangered species and their habitats (오늘 밤 그녀는 멸종 위기종과 그들의 서식지 보호에 대해 이야기할 것입니다)'라고 했으므로 (B)가 정답이다. protecting endangered species and their habitats가 Wildlife conservation으로 패러프레이징되었다.

호주

Questions 45-47 refer to the following excerpt from a meeting.

M I've gathered everyone here to discuss our ongoing community partnership program. **45** Tertz Associates firmly believes in lending a hand to our community, so we invite all of our workers to volunteer once a month. You'd be helping the underprivileged members of our city. Look, **46** I can guess what you might be thinking; not everyone has that kind of time. That's why we're offering you an incentive. **47** If more than 70 percent of the employees volunteer in the next month, everyone will get a special card worth $20 at Wani Café.

45-47번은 다음 회의 발췌록에 관한 문제입니다.

남 지금 진행되고 있는 지역 공동체 협력 프로그램에 대해 논의하려고 모두를 불렀습니다. **45** Tertz Associates는 우리 지역 공동체에 도움을 주어야 한다고 굳게 믿고 있기에 모든 직원들이 한 달에 한 번씩 자원 봉사를 하길 요청합니다. 여러분은 혜택을 받지 못하고 살아가는 우리 도시의 구성원들을 돕게 될 겁니다. **46** 여러분이 무슨 생각을 하는지 알아요; 모두가 그럴 시간이 있는 건 아니라고 생각하겠죠. 그래서 장려금을 드리려고 합니다. **47** 만약 다음 달에 70퍼센트 이상의 직원들이 봉사활동을 하면, 모두가 Wani Café에서 20달러 상당의 특별 카드를 받게 될 겁니다.

어휘 ongoing 계속 진행 중인 | firmly 단호히, 확고히 | believe in ~를 좋다고 생각하다, 가치를 인정하다 | lend a hand 도움을 주다 | underprivileged 빈곤한; (사회, 경제적으로) 혜택을 못 받는

---

45. According to the speaker, what is the company trying to do?

(A) Move into a new market

(B) Protect the environment

(C) Encourage volunteer work

(D) Increase a budget

화자에 따르면, 회사는 무엇을 하려고 하는가?

(A) 새로운 시장에 진출한다

(B) 환경을 보호한다

(C) 봉사활동을 장려한다

(D) 예산을 늘린다

해설 회사에서 하려고 하는 것에 대해 묻는 질문이다. 담화의 초반부에 오늘 모임의 이유에 대해 밝힌 후, 'Tertz Associates firmly believes in lending a hand to our community, so we invite all of our workers to volunteer once a month. (Tertz Associates는 우리 지역 공동체에 도움을 주어야 한다고 굳게 믿고 있기에 모든 직원들이 한 달에 한 번씩 자원 봉사를 하길 요청합니다.)'라고 언급하면서 직원들이 봉사활동을 하기를 원한다고 요청한다. 따라서 정답은 (C)이다.

46. What does the speaker mean when he says, "I can guess what you might be thinking"?

(A) He predicts that there will be many participants.

(B) He understands the staff's concerns.

(C) He is satisfied with a new program.

(D) He wants to emphasize the purpose of a project.

화자는 "여러분이 무슨 생각을 하는지 알아요"라고 말할 때 무엇을 의도하는가?

(A) 많은 사람들이 참여할 거라고 예상한다.

(B) 직원들의 걱정을 이해한다.

(C) 새 프로그램에 만족한다.

(D) 프로젝트의 목적을 강조하고 싶어한다.

해설 화자가 하는 말의 의도를 묻고 있다. 화자 의도 파악 문제는 주어진 문장 앞 뒤의 내용을 정확히 파악해야 하므로 담화 끝까지 집중력을 잃지 않도록 하자. 이야기의 중반부에 혜택을 받지 못하고 살아가는 사람들을 돕게 될 것이라고 하면서 'I can guess what you might be thinking; not everyone has that kind of time. (여러분이 무슨 생각을 하는지 알아요. 모두가 그럴 시간이 있는 건 아니라고 생각하겠죠.)'이라고 언급하므로, 한 달에 한 번씩 봉사활동에 참여하기를 원하는 회사의 요청에 직원들 전부 다 봉사에 대한 참석 의사가 있을 것이 아님을 인지한다고 우회적으로 표현하였다. 따라서 정답은 (B)이다.

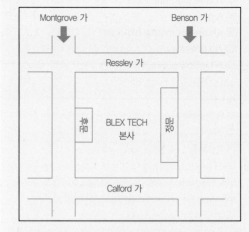

47. What will the listeners receive if the program is successful?

(A) A bonus vacation day

(B) A gift certificate

(C) A magazine subscription

(D) A pay raise

청자들은 프로그램이 성공적일 경우 무엇을 받게 되는가?

(A) 보너스 휴가 1일

(B) 상품권

(C) 잡지 구독권

(D) 급여 인상

해설 화자가 요청한 일에 따르는 대가를 묻는 질문이다. 질문의 receive를 키워드로 잡아 수령과 관련한 단어를 포착하면 정답의 단서를 찾을 수 있다. 담화의 마지막 부분에 'If more than 70 percent of the employees volunteer in the next month, everyone will get a special card worth $20 at Wani Café. (만약 다음 달에 70퍼센트 이상의 직원들이 봉사활동을 하면, 모두가 Wani Café에서 20달러 상당의 특별 카드를 받게 될 겁니다.)'라고 하며 봉사활동이 성공적이었을 때에 주어지는 보상은 20달러짜리 특별 카드라고 언급하였다. 따라서 정답은 a special card가 패러프레이징된 (B)임을 알 수 있다.

미국

Questions 48-50 refer to the following announcement and map.

M Attention all Blex Tech workers. **48** Please be aware that the annual summer marathon will take place tomorrow. So **49** the road that runs alongside the front entrance will not be accessible from 7 A.M. to 11 A.M. We apologize for the inconvenience. You can still take the other roads surrounding our office building to get here. **50** As there will be heavy traffic tomorrow, it would be a good idea to leave for work 20 to 30 minutes earlier.

48-50번은 다음 안내방송과 지도에 관한 문제입니다.

남 모든 Blex Tech 직원들께서는 집중해 주시기 바랍니다. **48** 연례 하계 마라톤이 내일 개최된다는 점을 숙지하시기 바랍니다. 따라서 **49** 정문과 나란히 있는 도로가 오전 7시부터 11시까지 폐쇄될 것입니다. 불편을 끼쳐 죄송하다는 말씀을 전합니다. 저희 사무실 건물을 둘러싼 다른 도로들은 계속 이용하실 수 있습니다. **50** 내일은 교통량이 많을 예정이니, 20분에서 30분 일찍 출발하시는 것이 좋겠습니다.

48. According to the speaker, what will be held tomorrow?

(A) A race

(B) An annual sale

(C) A staff workshop

(D) A parade

화자에 따르면, 내일 개최될 행사는 무엇인가?

(A) 경주

(B) 연례 할인행사

(C) 직원 연수회

(D) 퍼레이드

해설 내일 개최될 행사가 무엇인지 묻는 질문이다. 문제의 tomorrow를 키워드로 잡고 담화에 집중하자. 대화의 초반부에 남자는 'Please be aware that the annual summer marathon will take place tomorrow. (연례 하계 마라톤이 내일 개최된다는 점을 숙지하시기 바랍니다.)'라고 언급하여 연례 하계 마라톤이 열리는 것을 알리고 있다. 따라서 정답은 marathon을 패러프레이징한 (A)임을 알 수 있다.

49. Look at the graphic. Which road will be closed?

(A) Ressley Road

(B) Benson Street

(C) Calford Lane

(D) Montgrove Drive

시각 정보를 보시오. 어떤 도로가 폐쇄될 예정인가?

(A) Ressley 가

(B) Benson 가

(C) Calford 가

(D) Montgrove 가

해설 시각 정보를 연계한 질문이다. 도로에 관하여 묻고 있으므로 시각 정보에 시선을 고정하고 어느 쪽의 도로인지 집중하여 듣도록 한다. 마라톤의 개최 소식과 함께 화자는 'the road that runs alongside the front entrance will not be accessible from 7 A.M. to 11 A.M. (정문과 나란히 있는 도로가 오전 7시부터 11시까지 폐쇄될 것입니다.)'이라고 말했으므로 지도 내의 정문(Front Entrance)이 위치한 도로를 빠르게 정답으로 확인하면 (B)가 폐쇄될 것임을 알 수 있다. 만약 alongside를 알아듣지 못했다면 오답으로 이어질 수 있는 대답이기 때문에 지도와 관련한 문제가 나올 때는 위치를 설명하는 전치사에 특히 집중하도록 하자.

----

50. What does the speaker recommend?

(A) Departing from home early

(B) Checking a schedule

(C) Using another office

(D) Attending a company party

화자는 무엇을 추천하는가?

(A) 집에서 일찍 출발하는 것

(B) 일정을 체크하는 것

(C) 다른 사무실을 이용하는 것

(D) 회사 파티에 참석하는 것

해설 화자가 추천하는 사항을 묻는 문제이다. 당부하는 말과 관련한 표현을 키워드로 잡으면 단서를 쉽게 찾을 수 있다. 대화의 후반부에 'As there will be heavy traffic tomorrow, it would be a good idea to leave for work 20 to 30 minutes earlier. (내일은 교통량이 많을 예정이니, 20분에서 30분 일찍 출발하시는 것이 좋겠습니다.)'라고 언급하고 있으므로, 화자는 (A)를 추천하고 있다.

HALF TEST 03

본서 p.308

1. (C)	**2.** (A)	**3.** (A)	**4.** (B)	**5.** (C)
6. (A)	**7.** (C)	**8.** (B)	**9.** (B)	**10.** (C)
11. (B)	**12.** (C)	**13.** (B)	**14.** (A)	**15.** (B)
16. (B)	**17.** (C)	**18.** (B)	**19.** (A)	**20.** (C)
21. (C)	**22.** (C)	**23.** (B)	**24.** (D)	**25.** (B)
26. (C)	**27.** (A)	**28.** (C)	**29.** (D)	**30.** (B)
31. (A)	**32.** (C)	**33.** (B)	**34.** (A)	**35.** (D)
36. (D)	**37.** (A)	**38.** (B)	**39.** (D)	**40.** (B)
41. (B)	**42.** (C)	**43.** (D)	**44.** (D)	**45.** (C)
46. (A)	**47.** (D)	**48.** (D)	**49.** (C)	**50.** (B)

1. 미국

(A) A woman is paying for some groceries.

(B) A woman is approaching some steps.

(C) A woman is pushing merchandise in a cart.

(D) A woman is displaying some items on a shelf.

(A) 여자가 식료품 값을 지불하고 있다.

(B) 여자가 계단에 다가가고 있다.

(C) 여자가 카트에 실린 물건을 밀고 있다.

(D) 여자가 선반 위에 물건들을 진열하고 있다.

해설 (A) 돈을 지불하는 모습이 아니므로 오답이다.

(B) 계단이 보이지 않으므로 오답이다.

(C) 카트를 밀고 있으므로 정답이다.

(D) 선반 위에 물건들을 진열하는 모습이 아니므로 오답이다.

어휘 grocery 식료품 | approach 다가가다 | merchandise 상품, 물품 | display 진열하다 | item 물건, 물품 | shelf 선반

----

2. 영국

(A) They are standing near an entrance.

(B) They are moving some plants.

(C) They are putting down their briefcases.

(D) They are shaking hands with each other.

HALF TEST 03

165

(A) 사람들이 입구 근처에 서 있다.
(B) 사람들이 식물들을 옮기고 있다.
(C) 사람들이 서류 가방을 내려놓고 있다.
(D) 사람들이 서로 악수하고 있다.

해설 (A) 두 남녀가 입구 근처에 서 있는 모습이므로 정답이다.
(B) 식물을 옮기는 모습이 아니므로 오답이다.
(C) 서류 가방을 내려놓고 있는 모습이 아니므로 오답이다.
(D) 서로 악수하는 모습이 아니므로 오답이다.

어휘 entrance 입구, 문 | put down 내려놓다 | briefcase 서류 가방 |
shake hands 악수하다 | each other 서로

3.

 호주

(A) Some people are gathered around a counter.
(B) Some people are unloading some luggage from a conveyor belt.
(C) A passenger is boarding an airplane.
(D) A customer is weighing some merchandise.

(A) 몇몇 사람들이 카운터 주위에 모여 있다.
(B) 몇몇 사람들이 컨베이어 벨트에서 짐을 내리고 있다.
(C) 승객이 비행기에 탑승하고 있다.
(D) 고객이 상품의 무게를 재고 있다.

해설 (A) 사람들이 카운터 주변에 모여 있으므로 정답이다.
(B) 짐을 내리는 동작이 보이지 않으므로 오답이다.
(C) 비행기가 보이지 않으므로 오답이다.
(D) 무게를 재는 고객의 모습이 보이지 않으므로 오답이다.

어휘 gather 모이다, 모으다 | unload (짐을) 내리다 | conveyor
belt 컨베이어 벨트 | board 탑승하다 | weigh 무게를 재다 |
merchandise 상품

4.

 미국

(A) They're resting on some rocks.
(B) They're crossing over a stream.
(C) They're looking through their backpacks.
(D) They're strolling along the beach.

(A) 사람들이 바위에서 쉬고 있다.
(B) 사람들이 개울을 건너고 있다.
(C) 사람들이 배낭을 살펴보고 있다.
(D) 사람들이 해변을 따라 거닐고 있다.

해설 (A) 바위에서 쉬는 모습이 아니므로 오답이다.
(B) 개울을 건너고 있으므로 정답이다.
(C) 배낭을 매고 있지만 살펴보고 있지 않으므로 오답이다.
(D) 해변은 보이지 않으므로 오답이다.

어휘 cross 건너다 | stream 개울, 시내 | look through ~을 살펴보다
| stroll 거닐다 | along ~을 따라

5.

 미국

(A) A mirror has been hung above the fireplace.
(B) A wooden floor is being swept.
(C) A vase has been placed on the table.
(D) A rug is being folded in a hallway.

(A) 거울이 벽난로 위에 걸려 있다.
(B) 목제 바닥을 쓸고 있는 중이다.
(C) 꽃병이 식탁 위에 놓여 있다.
(D) 깔개가 복도에서 접혀지고 있다.

해설 (A) 거울이 벽난로 위가 아니라 탁자 근처의 벽에 걸려 있으므로 오답
이다.
(B) 바닥을 쓸고 있는 사람이 보이지 않으므로 오답이다.
(C) 꽃병이 식탁 위에 놓여져 있으므로 정답이다.
(D) 깔개를 접고 있는 사람이 보이지 않으므로 오답이다.

어휘 hang 걸다, 매달다 | above ~위에 | fireplace 벽난로 | wooden
목제의 | sweep 쓸다, 청소하다 | place 놓다, 두다 | rug 깔개 | fold
접다 | hallway 복도, 현관

6.

 영국

(A) Several boats are floating in the water.
(B) A fishing net is being cleaned.
(C) Some umbrellas are set up on the shore.
(D) A sign is being hung from a pole.

(A) 보트 몇 대가 물에 떠 있다.
(B) 어망이 청소되고 있다.
(C) 몇몇 파라솔이 물가에 설치되어 있다.
(D) 간판이 기둥에 걸리고 있다.

해설 (A) 보트가 물 위에 있으므로 정답이다.
(B) 어망이 보이지 않으므로 오답이다.
(C) 파라솔과 해변이 보이지 않으므로 오답이다.
(D) 간판이 보이지 않으므로 오답이다.

어휘 **float** 뜨다, 띄우다 | **fishing net** 어망, 고기잡이 그물 | **set up** 설치하다 | **shore** 물가 | **sign** 간판 | **pole** 기둥, 막대기

---

7. How many sandwiches should I order for the lunch meeting?
(A) But I've already eaten dinner.
(B) OK. I'll forward the purchase order to Finance.
(C) The entire department will be attending.

점심 모임을 위해 샌드위치를 얼마나 주문해야 하나요?
(A) 하지만 제가 이미 저녁을 먹어서요.
(B) 알겠어요. 제가 구매주문서를 재무팀에 전달할게요.
(C) 부서 전체가 참석할 거예요.

해설 How many 의문문 ⋯→ 주문 수량이나 우회적 응답이 예상된다.
(A) 연상 어휘(lunch – dinner) 오답이다.
(B) 동어 반복(order) 오답이다.
(C) 부서원 전체 인원수만큼 주문해야 한다는 우회적 응답이므로 정답이다.

어휘 **purchase order** 구매주문서 | **Finance** 재무팀 | **entire** 전체의 | **attend** 참석하다

호주 ↔ 미국

8. I think we should renovate the main lobby.
(A) Some interior designers.
(B) That's a good suggestion.
(C) I have a new hobby.

중앙 로비를 수리해야 할 것 같아요.
(A) 몇몇 인테리어 디자이너들이요.
(B) 그거 좋은 제안이네요.
(C) 취미가 새로 생겼어요.

해설 평서문 ⋯→ 맞장구를 치거나 다른 의견을 제시하는 응답이 예상된다.
(A) 연상 어휘(renovate – interior designers) 오답이다.
(B) 좋은 제안이라며 맞장구를 친 응답이므로 정답이다.
(C) 유사 발음(lobby – hobby) 오답이다.

어휘 **renovate** 수리하다

영국 ↔ 호주

9. Who are you going to recommend for the job?
(A) The interview was tough.
(B) I've chosen Mr. Hiromoto.
(C) It will commence next week.

당신은 그 일자리에 누구를 추천할 건가요?
(A) 그 면접은 힘들었어요.
(B) 저는 Mr. Hiromoto를 선택했어요.
(C) 그건 다음 주에 시작될 거예요.

해설 Who 의문문 ⋯→ 그 직무에 추천할 특정인의 이름이나 직책 등이 응답으로 예상된다.
(A) 연상 어휘(job – interview) 오답이다.

(B) 특정인의 이름을 언급했으므로 정답이다.
(C) 유사 발음(recommend – commence) 오답이다.

어휘 **recommend** 추천하다 | **tough** 힘든, 어려운 | **commence** 시작되다

미국 ↔ 미국

10. I can walk to the store, right?
(A) Two dollars, please.
(B) Make a left turn.
(C) Yes, it's not that far.

가게까지 걸어갈 수 있죠, 그렇죠?
(A) 2달러예요.
(B) 왼쪽으로 도세요.
(C) 네, 별로 안 멀어요.

해설 부가 의문문 ⋯→ 가게까지 걸어갈 수 있으면 Yes, 그렇지 않으면 No로 답하거나 우회적 응답이 예상된다.
(A) 연상 어휘(store – Two dollars) 오답이다.
(B) 연상 어휘(right – Make a left turn) 오답이다.
(C) Yes(걸어갈 수 있다)라고 말하며, 별로 안 멀다고 했으므로 정답이다.

어휘 **make a left turn** 좌회전하다 | **far** 먼, 멀리 있는

영국 ↔ 미국

11. When will Darren's retirement party begin?
(A) For 35 years of service.
(B) Actually, I won't be able to attend.
(C) A cake and some decorations.

Darren의 은퇴기념 파티가 언제 시작될까요?
(A) 35년의 근무 기간 동안이요.
(B) 실은, 저는 참석할 수 없을 거예요.
(C) 케이크와 몇 가지 장식품들이요.

해설 When 의문문 ⋯→ 의문사 When을 키워드로 잡고 어울리지 않는 보기들을 소거한다.
(A) 연상 어휘(retirement – 35 years of service) 오답이다.
(B) 참석할 수 없을 거라서 모르겠다는 의미이므로 정답이다.
(C) 연상 어휘(party – cake, decorations) 오답이다.

호주 ↔ 미국

12. Aren't you going to be in the office tomorrow?
(A) Today's Monday.
(B) It's a nice office.
(C) No, I'm taking the day off.

당신은 내일 사무실에 안 계시나요?
(A) 오늘은 월요일이에요.
(B) 멋진 사무실이네요.
(C) 아니요, 하루 휴가를 내려고요.

해설 부정 의문문 ⋯→ 내일 출근을 하면 Yes, 하지 않으면 No로 응답한 후 부연 설명이 예상된다.

HALF   TEST 03

167

(A) 연상 어휘(tomorrow – Today, Monday) 오답이다.

(B) 동어 반복(office) 오답이다.

(C) No로 답한 후 질문에 맞는 부연 설명을 덧붙였으므로 정답이다.

어휘 take a day off 하루 휴가를 내다

영국 ↔ 미국

13. Can you please take these files to the accounting manager?

(A) No, it arrived earlier.

(B) But I'm late for a meeting.

(C) In the bottom drawer.

이 파일들을 회계 매니저에게 갖다 주실 수 있나요?

(A) 아니요, 그건 아까 도착했어요.

(B) 하지만 제가 회의에 늦어서요.

(C) 맨 아래 서랍이에요.

해설 요청문 ⋯ 파일들을 회계 매니저에게 갖다 줄 수 있냐고 한 요청에 대해 수락/거절 표현이나 우회적 응답이 예상된다.

(A) No(갖다 줄 수 없다)와 뒤의 부연 설명이 불일치하므로 오답이다.

(B) 회의에 늦었다며 우회적으로 거절했으므로 정답이다.

(C) 연상 어휘(files – drawer) 오답이다.

어휘 accounting 회계 | drawer 서랍

호주 ↔ 영국

14. How are you getting to the marketing agency?

(A) I'm riding with Barbara.

(B) At 4 o'clock.

(C) The Leblanc headquarters.

당신은 그 마케팅 대행사에 어떻게 갈 건가요?

(A) Barbara와 같이 차를 타고 갈 거예요.

(B) 4시에요.

(C) Leblanc 본사요.

해설 How 의문문 ⋯ 마케팅 대행사에 가는 방법이 응답으로 예상된다.

(A) 어떻게 가는지 방법을 언급했으므로 정답이다.

(B) getting to the marketing agency만 듣고 마케팅 대행사 방문 시각을 묻는 문제로 잘못 이해했을 경우에 선택할 수 있는 오답이다.

(C) 연상 어휘(agency – headquarters) 오답이다.

어휘 agency 대행사 | headquarters 본사

미국 ↔ 영국

15. Doesn't the bookstore take cash?

(A) The reviews were good.

(B) No, they only accept credit cards.

(C) A new novel.

그 서점은 현금을 받지 않나요?

(A) 평들이 좋았어요.

(B) 안 받아요, 거긴 신용카드만 받아요.

(C) 새 소설이요.

해설 부정 의문문 ⋯ 서점에서 현금을 받으면 Yes, 받지 않으면 No로 응답한 후 부연 설명이 예상된다.

(A) 연상 어휘(bookstore – reviews) 오답이다.

(B) No로 답한 후 질문에 맞는 부연 설명을 덧붙였으므로 정답이다.

(C) 연상 어휘(bookstore – novel) 오답이다.

어휘 cash 현금 | accept 받아들이다 | credit card 신용카드

영국 ↔ 미국

16. Did you paint this picture, or did you get it at a gallery?

(A) I signed up for a drawing class.

(B) It was my birthday present.

(C) Right down the hallway.

이 그림을 당신이 그렸나요, 아니면 화랑에서 산 건가요?

(A) 그림 수업을 신청했어요.

(B) 그건 제 생일 선물이었어요.

(C) 바로 복도 끝이에요.

해설 선택 의문문 ⋯ 둘 중 하나를 선택하거나 그 밖에 우회적 응답에 주의한다.

(A) 연상 어휘(picture – drawing) 오답이다.

(B) 선물로 받은 거라며 질문에 적절히 대답했으므로 정답이다.

(C) 연상 어휘(gallery – hallway) 오답이다.

어휘 get 사다, 구매하다 | sign up for ~을 신청하다 | drawing 그림, 소묘 | hallway 복도

호주 ↔ 미국

17. When will the new windows be installed?

(A) Yes, they're clean.

(B) In the conference room.

(C) Not until next week.

새 창문들은 언제 설치될까요?

(A) 네, 그것들은 깨끗해요.

(B) 회의실에서요.

(C) 다음 주 이후에나요.

해설 When 의문문 ⋯ 새 창문이 설치될 특정 시점이 응답으로 예상된다.

(A) 의문사 의문문에 Yes/No로 응답할 수 없다.

(B) 장소를 묻는 Where 의문문에 어울리는 응답이다.

(C) 시점을 언급했으므로 정답이다.

어휘 install 설치하다

미국 ↔ 미국

18. Why did Ms. Dowell cancel the company workshop?

(A) Will all staff members attend?

(B) Actually, it's been postponed.

(C) I prefer a morning session.

Ms. Dowell이 왜 회사 워크숍을 취소한 거죠?

(A) 직원들이 전부 참석하나요?

(B) 사실 연기되었어요.

(C) 저는 오전 시간을 선호해요.

해설 Why 의문문 → 워크숍을 취소한 이유나 우회적 응답이 예상된다.

(A) 연상 어휘(workshop – staff members, attend) 오답이다.

(B) 실은 연기된 거라며 취소된 건 아니라고 정정하여 말했으므로 정답이다.

(C) 연상 어휘(workshop – morning session) 오답이다.

어휘 attend 참석하다 | postpone 연기하다, 미루다 | prefer 선호하다

---

19. Let's ask the Human Resources Department about the new regulations.

(A) I'll call them later.

(B) To rent an apartment.

(C) Just today's date.

새로운 규정에 관해 인사과에 물어보죠.

(A) 제가 나중에 그들에게 전화할게요.

(B) 아파트를 임차하려고요.

(C) 단지 오늘 날짜만이요.

해설 제안문 → 새 규정에 관하여 인사과에 문의해보자는 제안에 대해 수락, 거절, 또는 보류를 표하는 응답이 예상된다.

(A) '나중에 전화하겠다'면서 보류를 표현했으므로 정답이다.

(B) 유사 발음(department – apartment) 오답이다.

(C) 질문과 무관한 응답이다.

어휘 regulation 규정 | rent 빌리다, 임차하다

---

20. I'm preparing the documents for today's presentation.

(A) It's a present from Ms. Ullis.

(B) I watched that documentary.

(C) Is there anything I can help you with?

오늘 발표를 위한 서류를 준비하고 있어요.

(A) Ms. Ullis가 보낸 선물이에요.

(B) 저는 그 다큐멘터리를 봤어요.

(C) 제가 도와드릴 게 있나요?

해설 평서문 → 발표할 서류를 준비하는 데 도움을 주겠다는 제공 표현이나 우회적 응답이 예상된다.

(A) 유사 발음(presentation – present) 오답이다.

(B) 유사 발음(documents – documentary) 오답이다.

(C) 서류를 준비하고 있다는 말에 도움을 제의하고 있으므로 정답이다.

어휘 documentary 다큐멘터리

Questions 21-23 refer to the following conversation.

M Hi, **21** I'm calling from the Northern Convention Center. **22** A security guard found a laptop, so I called the mobile number on a business card that was in the case. Did you leave your computer here?

W Yes, I did. Thank you! I just realized that I had left it there and was going to contact you. A few of my coworkers are still at the convention. Would it be possible for one of them to pick it up for me?

M Sorry, but no. According to our center's policy, all found items must be shipped directly to the owner. **23** We can ship it to your company, or if you give me your home address, we'll send it there.

21-23번은 다음 대화에 관한 문제입니다.

남 안녕하세요. **21** Northern 컨벤션 센터에서 전화드립니다. **22** 경비원이 노트북 컴퓨터 한 대를 발견해서, 케이스 안에 있던 명함에 적힌 휴대전화 번호로 전화드렸어요. 이곳에 컴퓨터를 두고 가셨나요?

여 네, 그랬어요. 고맙습니다! 거기에 놔두고 온 걸 방금 알게 되어서 연락 드리려고 했어요. 제 직장 동료들 중 몇 명이 아직 그 컨벤션에 있어요. 그들 중 한 명이 저 대신 그것을 가지러 가도 될까요?

남 죄송하지만, 안 돼요. 저희 센터 규정에 따라, 습득된 모든 물건은 주인에게 직접 배송되어야 해요. **23** 저희가 그것을 당신의 회사로 보내드리거나, 아니면 집 주소를 주시면 그곳으로 보내 드릴게요.

어휘 security guard 경비원 | business card 명함 | coworker 직장 동료 | pick up 가지러 가다 | policy 방침 | ship 배송하다

21. Where does the man work?

(A) At an airport

(B) At an electronics store

(C) At a convention center

(D) At a library

남자는 어디에서 일하는가?

(A) 공항에서

(B) 전자제품 상점에서

(C) 컨벤션 센터에서

(D) 도서관에서

해설 남자의 근무지를 묻고 있다. 특정 장소와 관련된 단어나 표현을 포착한다. 'I'm calling from the Northern Convention Center (Northern 컨벤션 센터에서 전화드립니다)'라고 했으므로 (C)가 정답이다.

---

22. Why is the man contacting the woman?

(A) An event has been canceled.

(B) A shipment has arrived.

(C) A computer was found.

(D) A door is locked.

남자는 왜 여자에게 연락하고 있는가?

(A) 행사가 취소되었다.

(B) 배송품이 도착했다.

(C) 컴퓨터가 발견되었다.

(D) 문이 잠겨 있다.

해설 남자가 여자에게 연락하는 이유를 묻고 있다. 문제에 언급된 남자의 말에 집중하고, contacting을 키워드로 삼아 해당 내용을 포착한다. 'A security guard found a laptop, ~. Did you leave your computer here? (경비원이 노트북 컴퓨터 한 대를 발견했어요. 이곳에 컴퓨터를 두고 가셨나요?)'라고 했으므로 (C)가 정답이다. found a laptop이 A computer was found로 패러프레이징되었다.

---

23. What does the man say he will do?

(A) Change a meeting time

(B) Send an item

(C) Update an inventory list

(D) Make an appointment

남자는 무엇을 할 것이라고 말하는가?

(A) 회의 시간을 변경한다

(B) 물품을 보낸다

(C) 재고 목록을 업데이트한다

(D) 예약을 한다

해설 남자가 다음에 할 일을 묻고 있다. 문제에 언급된 남자의 말에 집중하고, will do를 키워드로 삼아 해당 내용을 포착한다. 'We can ship it to your company (저희가 그것을 당신의 회사로 보내드리거나)'라고 했으므로 (B)가 정답이다. ship이 Send로 패러프레이징되었다.

호주 ↔ 미국

Questions 24-26 refer to the following conversation.

M I appreciate you having me over today.

W Of course. Now, **24** according to the email you sent me, you're planning to open another restaurant.

M Yes. But as I'm not very familiar with this city, **25** a colleague referred me to your company.

W Ah, I see. Well, we can definitely help find a suitable and affordable place for your restaurant.

M That is what I'm hoping!

W **26** Our firm will conduct extensive research on vacant properties in the downtown area. Then, we will show you a list, and you'll get to decide on which places you'd like to check out.

24-26번은 다음 대화에 관한 문제입니다.

남 오늘 저를 초대해 주셔서 감사합니다.

여 물론이죠. **24** 저에게 보내주신 이메일을 보니 다른 식당을 열 계획이시라고요.

남 네. 그런데 제가 이 도시에 익숙하지 않기 때문에 **25** 동료가 저에게 귀사를 소개시켜 줬습니다.

여 아, 그렇군요. 좋아요. 저희는 고객님의 식당에 적합하고 알맞은 가격대의 장소를 찾는 것을 확실히 도와드릴 수 있습니다.

남 그게 제가 바라는 겁니다!

여 **26** 저희 회사는 도심 지역의 빈 부동산들에 대한 광범위한 조사를 실시할 겁니다. 그 다음에 저희가 고객님께 목록을 보여드리면 어떤 곳을 확인하고 싶으신지 결정하시면 됩니다.

어휘 have ~ over ~를 손님으로 맞이하다, 초대하다 | familiar with ~에 익숙한, 친숙한 | colleague 동료 | refer 참고하다, 추천하다 | definitely 분명히, 확실히 | suitable 적합한 | affordable (가격이) 알맞은 | conduct 실시하다 | extensive 광범위한 | vacant 빈 | property 부동산 | check out 확인하다, 점검하다

---

24. What does the woman say the man is planning to do?

(A) Go on an overseas trip

(B) Participate in a conference

(C) Sign up for a class

(D) Expand his business

여자는 남자가 무엇을 할 계획이라고 말하는가?

(A) 해외 여행을 간다

(B) 회의에 참석한다

(C) 수업을 신청한다

(D) 사업을 확장한다

해설 여자가 말한 남자의 계획을 묻고 있다. 여자가 'according to the email you sent me, you're planning to open another restaurant (저에게 보내주신 이메일을 보니 다른 식당을 열 계획이시라고요.)'라고 말한 내용을 토대로 남자는 식당을 추가할 계획임을 알 수 있다. 따라서 (D)가 정답이다.

---

25. How did the man learn about the woman's company?

(A) From a relative

(B) From a colleague

(C) From an ad

(D) From a newspaper article

남자는 여자의 회사에 대해 어떻게 알게 되었는가?

(A) 친척으로부터

(B) 동료로부터

(C) 광고에서

(D) 신문 기사에서

해설 남자가 여자의 회사를 알게 된 방법을 묻고 있다. 남자가 'a colleague referred me to your company (동료가 저에게 귀사를 소개시켜 줬습니다)'라고 말했으므로 (B)가 정답이다.

26. Who most likely is the woman?

(A) A tax accountant

(B) A travel agent

(C) A commercial realtor

(D) A cooking instructor

여자는 누구이겠는가?

(A) 세무사

(B) 여행사 직원

(C) 상업용 부동산 중개인

(D) 요리 강사

해설 여자의 정체를 묻고 있다. 여자가 'Our firm will conduct extensive research on vacant properties in the downtown area. Then, we will show you a list, and you'll get to decide on which places you'd like to check out. (저희 회사는 도심 지역의 빈 부동산들에 대한 광범위한 조사를 실시할 겁니다. 그 다음에 저희가 고객님께 목록을 보여드리면 어떤 곳을 확인하고 싶으신지 결정하시면 됩니다.)'라고 말한 내용을 토대로 부동산 중개인임을 알 수 있으므로 (C)가 정답이다.

英国 ↔ 미국

Questions 27-29 refer to the following conversation.

W Boris, what are you doing in the office? **27** Shouldn't you be at the sports festival today?

M Ah, **27** I usually participate every year. But this time, I've got to take care of an issue with some incomplete marketing packets that were sent out yesterday.

W Really? What's going on?

M Well, **28** the branch managers got the wrong promotional materials for this weekend's sale. We're preparing the corrected ones now, but I'm worried they won't receive them before Friday.

W That's not good. But I'm sure things will be okay. Look, I've got to go to the festival now, but **29** I'll talk to the head of the Marketing Department tomorrow, and he'll make sure they get it right from now on.

27-29번은 다음 대화에 관한 문제입니다.

여 Boris, 사무실에서 뭐하고 있는 거예요? **27** 오늘 스포츠 축제에 가 있어야 하는 거 아니에요?

남 아, **27** 보통 매년 참가하죠. 근데 이번에는, 어제 발송된 불완전한 마케팅 자료집에 대한 문제를 처리해야 해서요.

여 정말요? 무슨 일이 있었죠?

남 음, **28** 지점 매니저들이 이번 주말 할인 행사에 대한 잘못된 홍보자료를 가지고 있어요. 지금 수정본을 준비 중이긴 한데, 그들이 금요일 전까지 못 받을까 봐 걱정되네요.

여 좋지 않네요. 하지만 다 잘 될 거라고 확신해요. 저기, 제가 지금 축제 가야 하는데, **29** 내일 마케팅 팀장님과 얘기할게요. 그리고 그분이 앞으로 담당자들이 제대로 하도록 확실히 해 두실 거예요.

어휘 participate 참가하다, 참여하다 | take care of ~을 처리하다 | incomplete 불완전한, 미완성의 | packet (특정 목적용으로 제공되는 서류 등의) 뭉치 | promotional 홍보의 | make sure 반드시 ~하도록 하다

---

27. What does the man imply when he says, "I usually participate every year"?

(A) He will not go to a festival.

(B) He did not deliver a presentation.

(C) He forgot to participate in a meeting.

(D) He is happy with his recent project.

남자는 "보통 매년 참가하죠"라고 말할 때 무엇을 의도하는가?

(A) 그는 축제에 가지 않을 것이다.

(B) 그는 발표를 하지 않았다.

(C) 그는 회의에 참석하는 것을 잊어버렸다.

(D) 그는 최근 프로젝트에 만족한다.

해설 남자가 하는 말의 의도를 묻고 있다. 해당 표현 전후 대화 내용을 정확히 이해할 수 있어야 한다. 처음에 여자가 'Shouldn't you be at the sports festival today? (오늘 스포츠 축제에 가 있어야 하는 거 아니예요?)'라고 묻자, 남자는 'I usually participate every year. (보통 매년 참가하죠.)'라고 하면서 'But this time, I've got to take care of an issue with some incomplete marketing packets that were sent out yesterday. (근데 이번에는, 어제 발송된 불완전한 마케팅 자료집에 대한 문제를 처리해야 해서요.)'라고 했으므로 (A)가 정답이다.

---

28. What is the man concerned about?

(A) Increasing the prices of some items

(B) Losing loyal customers

(C) Sending some documents in time

(D) The results of a sports competition

남자가 우려하는 것은 무엇인가?

(A) 일부 품목의 가격을 인상하는 것

(B) 단골 고객을 잃는 것

(C) 문서를 제 시간에 보내는 것

(D) 스포츠 경연대회 결과

해설 남자가 우려하는 것을 묻고 있다. 남자의 말에서 걱정이나 부정적 표현에 집중한다. 'the branch managers got the wrong promotional materials for this weekend's sale. We're preparing the corrected ones now, but I'm worried they won't receive them before Friday. (지점 매니저들이 이번 주말 할인 행사에 대한 잘못된 홍보자료를 가지고 있어요. 지금 수정본을 준비 중이긴 한데, 그들이 금요일 전까지 못 받을까 봐 걱정되네요.)'라고 했으므로 (C)가 정답이다.

29. What does the woman say she will do tomorrow?

(A) Reduce the man's workload

(B) Deliver some marketing materials

(C) Arrange a shipment schedule

(D) Speak with a coworker

여자는 내일 무엇을 하겠다고 말하는가?

(A) 남자의 업무량을 줄여준다

(B) 마케팅 자료를 보낸다

(C) 배송 스케줄을 잡는다

(D) 동료와 대화한다

해설 여자가 내일 하겠다고 말한 것을 묻고 있다. tomorrow를 키워드로 삼아 여자의 말에서 해당 내용을 잡아낸다. 'I'll talk to the head of the Marketing Department tomorrow (내일 마케팅 팀장님과 얘기할게요)'라고 했으므로 talk to the head를 패러프레이징한 (D)가 정답이다.

미국 ↔ 미국

Questions 30-32 refer to the following conversation.

W Hi, Frank. You've visited the Ottawa Recycling Center before, right? I just moved to a new apartment, and **30** I have a lot of cardboard boxes to recycle. I don't know how things work at the Center. Can you tell me what I'm supposed to do when I'm there?

M It's quite simple. The Center is divided into several collection areas for different types of materials. Since the collection area for cardboard products is near the back of the building, **31** I recommend that you go through the back door to drop off your boxes.

W OK, thank you so much. I'll be sure to do that. Also, is there a limit on how much material I can drop off at once?

M Hmm, I'm not sure. **32** Why don't you check out the Web site? The most up-to-date regulations are posted there.

30-32번은 다음 대화에 관한 문제입니다.

여 안녕하세요, Frank. 당신은 이전에 오타와 재활용 센터에 방문한 적이 있죠, 그렇죠? 전 새 아파트로 막 이사했고, **30** 재활용할 판지 상자들이 많아요. 저는 센터가 어떻게 운영되는지 몰라요. 제가 거기에서 무엇을 해야 하는지 알려주실 수 있나요?

남 꽤 간단해요. 센터는 각기 다른 종류의 자재에 따라 여러 수집 구역으로 나누어져 있어요. 판지 제품 수집 구역은 건물 뒤편과 가까우니, **31** 뒷문을 지나서 상자들을 갖다 놓을 것을 권해 드려요.

여 알겠어요. 정말 고마워요. 꼭 그렇게 할게요. 그리고 한꺼번에 갖다 줄 수 있는 자재의 양에 제한이 있나요?

남 흠, 잘 모르겠어요. **32** 웹 사이트를 확인해 보는 게 어때요? 가장 최신 규정이 거기에 게시되어 있어요.

어휘 recycling 재활용 | cardboard 판지 | recycle 재활용하다 | be supposed to ~해야 한다, ~하기로 되어 있다 | divide 나누다 | material 자재, 재료 | recommend 추천하다 | drop off 가져다 주다 | limit 제한 | at once 한번에[동시에] | up-to-date 최신[최근]의 | regulation 규정 | post 게시하다

30. What does the woman want to do?

(A) Update an address

(B) Recycle some materials

(C) Purchase some supplies

(D) Mail out a package

여자는 무엇을 하길 원하는가?

(A) 주소를 갱신한다

(B) 일부 자재를 재활용한다

(C) 물품을 구매한다

(D) 소포를 부친다

해설 여자가 바라는 것을 묻고 있다. '바람'과 관련된 표현을 포착한다. 'I have ~ cardboard boxes to recycle (재활용할 판지 상자들이 있어요)'이라고 했으므로 (B)가 정답이다.

---

31. What does the man recommend?

(A) Using a rear entrance

(B) Making an appointment

(C) Checking a catalog

(D) Contacting a city official

남자는 무엇을 추천하는가?

(A) 뒷문을 이용하는 것

(B) 예약을 하는 것

(C) 카탈로그를 확인하는 것

(D) 시 공무원에게 연락하는 것

해설 남자의 추천 사항을 묻고 있다. '추천'과 관련된 표현을 포착한다. 'I recommend that you go through the back door (뒷문을 지나서 가는 것을 권해 드려요)'라고 했으므로 (A)가 정답이다. go through the back door가 Using a rear entrance로 패러프레이징되었다.

---

32. What does the man say is available on the Web site?

(A) Application forms

(B) An event schedule

(C) Current regulations

(D) A building's history

남자는 웹 사이트에서 무엇이 이용 가능하다고 말하는가?

(A) 지원서 양식

(B) 행사 일정표

(C) 현재의 규정

(D) 건물의 연혁

해설 웹 사이트에 나와 있는 것을 묻고 있다. 문제에 언급된 남자의 말에 집중하고, Web site를 키워드로 삼아 해당 내용을 포착한다. 'Why don't you check out the Web site? The most up-to-date regulations are posted there (웹 사이트를 확인해 보는 게 어때요? 가장 최신 규정이 거기에 게시되어 있어요)'라고 했으므로 (C)가 정답이다. up-to-date가 Current로 패러프레이징되었다.

호주 ↔ 영국

Questions 33-35 refer to the following conversation and list.

M Hi. Our company is going to be having an outdoor picnic next month, and **33** I'd like to order some shirts for the event.

W OK. We carry a wide variety of types and designs. Did you have something specific in mind?

M Well, **34** I was wondering if it would be possible to get our company logo printed on them.

W **35** Of course. It's two dollars extra per shirt.

M OK. **35** I'll order 70 green ones with the logo.

W Sure. Here is our price list. It shows how much it will cost for each item.

33-35번은 다음 대화와 목록에 관한 문제입니다.

남 안녕하세요. 저희 회사가 다음 달에 야유회를 갈 예정인데요, 그 행사를 위해 **33** 셔츠를 좀 주문하고 싶습니다.

여 네. 저희는 아주 다양한 종류와 디자인을 취급하고 있습니다. 따로 생각해두신 게 있으신가요?

남 음, **34** 거기에 저희 회사 로고를 인쇄하는 게 가능할지 궁금해요.

여 **35** 물론입니다. 그렇게 하면 셔츠당 2달러가 추가됩니다.

남 좋아요. **35** 로고가 들어간 녹색 셔츠로 70개 주문할게요.

여 알겠습니다. 여기에 가격표가 있습니다. 거기에 각 물건값이 얼마인지 나와 있습니다.

종류	로고 미포함	로고 포함
흰색	10달러/개	12달러/개
35 컬러	11달러/개	13달러/개

어휘 carry (상점에서 상품 등을) 취급하다 | a wide variety of 아주 다양한 | specific 특정한, 구체적인 | have ~ in mind ~을 염두에 두다 | price list 가격표 | cost 비용이 들다

33. Where does the woman probably work?
(A) At a printing shop
(B) At a clothing store
(C) At a graphic design company
(D) At a fitness center

여자는 어디에서 일하겠는가?
(A) 인쇄소에서
(B) 옷 가게에서
(C) 그래픽 디자인 회사에서
(D) 헬스클럽에서

해설 남자가 'I'd like to order some shirts (셔츠를 좀 주문하고 싶습니다)'라고 말했으므로 (B)가 정답이다.

34. What does the man inquire about?
(A) A special service
(B) A group discount
(C) A refund policy
(D) An invoice error

남자는 무엇에 관하여 문의하는가?
(A) 특별 서비스
(B) 단체 할인
(C) 환불 방침
(D) 청구서 오류

해설 남자가 'I was wondering if it would be possible to get our company logo printed on them (거기에 저희 회사 로고를 인쇄하는 게 가능할지 궁금하네요)'이라고 말했으므로 셔츠에 회사 로고를 넣는 특별 서비스를 문의하고 있다. 따라서 (A)가 정답이다.

35. Look at the graphic. How much will the man pay per item?
(A) $10
(B) $11
(C) $12
(D) $13

시각 정보를 보시오. 남자는 물품당 얼마를 지불할 것인가?
(A) 10달러
(B) 11달러
(C) 12달러
(D) 13달러

해설 셔츠에 회사 로고를 넣을 수 있는지 물어보는 남자의 말에, 여자가 '물론 가능하다(Of course)'고 답하며, 'It's two dollars extra per shirt (그렇게 하면 셔츠당 2달러가 추가됩니다)'라고 말했다. 남자의 말 'I'll order 70 green ones with the logo (로고가 들어간 녹색 셔츠로 70개 주문할게요)'를 토대로 표를 확인하면, 로고 포함 항목에서 색깔 옷의 가격이 개당 13달러(With Logo + Color → $13 / item)이므로 (D)가 정답이다.

미국

Questions 36-38 refer to the following talk.

M **36** DigiTab, Inc. is pleased to reveal its latest software here at the annual Food and Hospitality Trade Show: a table menu application for your restaurant. This menu app is much more convenient than paper menus, which you have to reprint constantly to reflect the most current prices of your items. **37** When this menu application is installed on your computer network, you can make immediate updates to your prices. That means all of your menu items' prices will constantly be up-to-date. **38** Now, I'm going to teach you how to use this program. So would you please look at the screen right behind me?

남 **36** DigiTab 주식회사는 이곳 연간 음식·접대 박람회에서 최신 소프트웨어를 공개하게 되어 기쁩니다. 바로 여러분의 레스토랑을 위한 테이블 메뉴 어플리케이션입니다. 이 메뉴 앱은 상품의 가장 최근 가격을 반영하기 위해 지속적으로 다시 프린트해야 하는 종이 메뉴보다 훨씬 더 편리합니다. **37** 여러분의 컴퓨터 네트워크에 이 메뉴 어플리케이션이 설치되면 상품 가격을 즉시 업데이트할 수 있습니다. 모든 메뉴 상품의 가격이 언제나 최신 정보일 거라는 의미죠. **38** 이제 이 프로그램을 어떻게 사용하는지 가르쳐드릴 겁니다. 제 뒤에 있는 화면을 봐주시겠습니까?

어휘 Inc. (= incorporated) 주식회사 | pleased 만족하는, 기쁜 | reveal 드러내다 | annual 매년의, 연례의 | hospitality 후대, 접대 | trade show 박람회 | convenient 편리한 | reprint (책의) 재판을 찍다 | constantly 끊임없이, 거듭 | reflect 반영하다 | current 현재의, 최신의 | immediate 즉각적인 | up-to-date 최신의

36. What is the purpose of the talk?
(A) To discuss some survey results
(B) To invite listeners to a restaurant opening
(C) To train employees on a revised process
(D) To advertise a new product

담화의 목적은 무엇인가?
(A) 설문조사 결과를 논의하기 위해
(B) 식당 개장 행사에 청자들을 초대하기 위해
(C) 수정된 절차에 대해 직원들을 교육하기 위해
(D) 신제품을 광고하기 위해

해설 담화의 목적을 묻는 문제로 담화 초반부에서 화자의 중심 생각을 파악한다. 'DigiTab, Inc. is pleased to reveal its latest software here at the annual Food and Hospitality Trade Show: a table menu application for your restaurant. (DigiTab 주식회사는 이곳 연간 음식·접대 박람회에서 최신 소프트웨어를 공개하게 되어 기쁩니다. 바로 여러분의 레스토랑을 위한 테이블 메뉴 어플리케이션입니다.)' 라고 말한 내용을 토대로 새로운 어플리케이션을 알리기 위한 담화임을 알 수 있다. 따라서 (D)가 정답이다.

37. What feature of the menu application does the speaker mention?
(A) Instant price changes
(B) Improved customer feedback
(C) Simple installation
(D) High-quality images

화자는 메뉴 어플리케이션의 어떤 특징을 언급하는가?
(A) 즉각적인 가격 변화
(B) 향상된 고객 피드백
(C) 간단한 설치
(D) 고품질의 이미지

해설 화자가 말한 메뉴 어플리케이션의 특징을 묻는 문제로 feature, menu application을 키워드로 삼아 단서를 잡아낸다. 담화 중반부에 'When this menu application is installed on your computer network,

you can make immediate updates to your prices. (여러분의 컴퓨터 네트워크에 이 메뉴 어플리케이션이 설치되면 상품 가격을 즉시 업데이트할 수 있습니다.)'라고 말했으므로 immediate updates to ~ prices를 instant price changes로 패러프레이징한 (A)가 정답이다.

38. What will the speaker most likely do next?
(A) Introduce a guest
(B) Give a tutorial
(C) Distribute some forms
(D) Take some pictures

화자는 다음에 무엇을 하겠는가?
(A) 손님을 소개한다
(B) 사용법을 설명한다
(C) 양식을 배포한다
(D) 사진을 찍는다

해설 화자가 다음에 할 일을 묻는 문제로 담화 마지막 부분에서 화자가 'Now, I'm going to teach you how to use this program. (이제 이 프로그램을 어떻게 사용하는지 가르쳐드릴 겁니다.)'라고 말했으므로 teach ~ how to use this program을 give a tutorial로 패러프레이징한 (B)가 정답이다.

미국

Questions 39-41 refer to the following telephone message.

W Rodney, this is Penelope. **39** Thank you for inviting me to the upcoming training workshop on the new video editing software. I'm sorry to tell you that I don't think I'll be able to go. **40** I'm going to be interviewing several job candidates during that time next Tuesday. Also, I really don't need the training since I've already tried out the software at home, and I found it fairly easy to use. It has many features that would definitely help our video editors with their work. Please **41** call me after the training is over, though. I'd like to know what the other team members thought about the program.

여 Rodney, 저 Penelope에요. **39** 새 영상 편집 소프트웨어에 관해 곧 있을 교육 워크숍에 저를 초대해 주셔서 고마워요. 제가 가지 못할 것 같다고 말씀드리게 되어 죄송하네요. **40** 전 다음 주 화요일 그 시간 동안에 입사 지원자 몇 명을 면접하고 있을 거예요. 그리고 전 이미 그 소프트웨어를 집에서 시험삼아 사용해 봤고, 그게 꽤 사용하기 쉽다고 생각했기 때문에 그 교육이 정말 필요하진 않아요. 그건 영상 편집자들의 작업에 틀림없이 도움이 될 만한 기능들을 다수 포함하고 있어요. **41** 그래도 교육이 끝나면 제게 전화해 주세요. 다른 팀원들이 그 프로그램에 대해 어떻게 생각했는지를 알고 싶거든요.

39. Why is the speaker calling?
(A) To arrange a film shoot
(B) To place an order
(C) To recommend a new worker
(D) To decline an invitation

화자는 왜 전화를 거는가?
(A) 영화 촬영 일정을 잡기 위해
(B) 주문을 하기 위해
(C) 신입 직원을 추천하기 위해
(D) 초대를 거절하기 위해

해설 전화 건 목적을 묻고 있다. 전화 건 목적을 언급하는 전반부에 집중한다. 'Thank you for inviting me ~. ~ I don't think I'll be able to go (저를 초대해 주셔서 고마워요. 제가 가지 못할 것 같아요)'라고 했으므로 (D)가 정답이다.

40. What does the speaker plan to do next Tuesday?
(A) Participate in a conference
(B) Conduct some interviews
(C) Go on vacation
(D) Meet with a client

화자는 다음 주 화요일에 무엇을 할 계획인가?
(A) 회의에 참석한다
(B) 면접을 진행한다
(C) 휴가를 간다
(D) 고객을 만난다

해설 화자가 다음 주 화요일에 할 일을 묻고 있다. next Tuesday를 키워드로 삼아 해당 내용을 포착한다. 'I'm going to be interviewing ~ job candidates ~ next Tuesday (전 다음 주 화요일에 입사 지원자들을 면접하고 있을 거예요)'라고 했으므로 (B)가 정답이다. interview ~ job candidates가 Conduct ~ interviews로 패러프레이징되었다.

41. What does the speaker ask the listener to provide?
(A) A guest list
(B) Feedback on some training
(C) Video footage of an event
(D) Itinerary details

화자는 청자에게 무엇을 제공해 달라고 요청하는가?
(A) 손님 명단
(B) 교육에 대한 피드백
(C) 행사의 영상 화면
(D) 일정 세부 사항

해설 요청 사항을 묻고 있다. '요청'과 관련된 표현을 포착한다. 'call me after the training is over, though. I'd like to know what the other team members thought about the program (그래도 교육이 끝나면 제게 전화해 주세요. 다른 팀원들이 그 프로그램에 대해 어떻게 생각했는지를 알고 싶거든요)'이라고 했으므로 (B)가 정답이다.

호주

Questions 42-44 refer to the following instructions.

Ⓜ Ladies and gentlemen, may I have your attention, please? Due to the heavy snow here in Boston, **42** Maro Airlines Flight 403 to Arizona has been delayed until tomorrow afternoon. **43** We ask that all passengers proceed to the ticket counter to receive your new boarding passes. **44** A free shuttle bus to the Grandeur Hotel is waiting outside Door 5, near Baggage Claim Area A. As compensation for the delay and inconvenience, our airline will cover your stay and meals at the hotel.

42-44번은 다음 지시 사항에 관한 문제입니다.

Ⓝ 신사 숙녀 여러분. 주목해 주시겠습니까? 여기 보스턴의 폭설로 인해, **42** Maro 항공사의 애리조나행 403편이 내일 오후까지 지연되었습니다. **43** 모든 승객들은 항공권 카운터로 가셔서 새 탑승권을 받으시길 요청드립니다. **44** Grandeur 호텔로 가는 무료 셔틀버스가 수하물 수취 구역 A 근처에 있는 5번 출입구 바깥에서 대기하고 있습니다. 지연과 불편에 대한 보상으로, 저희 항공사가 고객님의 호텔 숙박과 식사 비용을 부담할 것입니다.

42. Who most likely is the speaker?
(A) A tour guide
(B) A weather forecaster
(C) An airline employee
(D) A bus driver

화자는 누구이겠는가?
(A) 관광 가이드
(B) 기상예보관
(C) 항공사 직원
(D) 버스 기사

해설 화자의 직업을 묻고 있다. 화자의 직업을 알 수 있는 단어나 표현에 집중한다. 'Maro Airlines Flight ~ has been delayed (Maro 항공사의 항공편이 지연되었습니다)'라고 했으므로 (C)가 정답이다.

43. What are the listeners instructed to pick up?

(A) Misplaced baggage

(B) Boarding passes

(C) Room keys

(D) Meal vouchers

청자들은 무엇을 가져가라고 지시받는가?

(A) 잃어버린 수하물

(B) 탑승권

(C) 객실 열쇠

(D) 식사 쿠폰

해설 지시 사항을 묻고 있다. pick up을 키워드로 삼아 '지시'와 관련된 표현을 포착한다. 'We ask that all passengers proceed to the ticket counter to receive your ~ boarding passes (모든 승객들은 항공권 카운터로 가서 탑승권을 받으시길 요청드립니다)'라고 했으므로 (B)가 정답이다.

44. Where will the shuttle bus go?

(A) To an airport

(B) To a restaurant

(C) To a museum

(D) To a hotel

셔틀버스는 어디로 갈 것인가?

(A) 공항으로

(B) 음식점으로

(C) 박물관으로

(D) 호텔로

해설 셔틀버스가 갈 곳을 묻고 있다. 특정 장소와 관련된 단어나 표현을 포착하고, shuttle bus를 키워드로 삼아 해당 내용을 포착한다. 'A ~ shuttle bus to the ~ Hotel (호텔로 가는 셔틀버스)'이라고 했으므로 (D)가 정답이다.

영국

Questions 45-47 refer to the following telephone message.

Ⓦ Scott, this is Kimmy. **45** I'm still at the airport. Mr. Compos was supposed to get in an hour ago, but his connecting flight from Chicago has been delayed. Based on current weather conditions, **45, 46** I don't think he can get to our office in time for the training workshop at 4 P.M. He's OK with giving his lecture tomorrow morning, though. Now, **47** I know you were originally scheduled for tomorrow, but I think you'll have to fill in for him today. I know it's very short notice, but I really can't think of any other way.

45-47번은 다음 전화 메시지에 관한 문제입니다.

Ⓜ Scott, 저 Kimmy예요. **45** 전 아직 공항이에요. Mr. Compos가 한 시간 전에 도착하기로 되어있었는데, 시카고에서 출발하는 그의 연결항공편이 연착됐어요. 지금 기상 상태로 봤을 때, **45, 46** 그는 4시에 있을 연수회에 맞춰 저희 사무실에 도착할 수 없을 것 같아요. 그래도 내일 아침에는 강의를 할 수 있어요. 그래서, **47** 당신이 원래 내일로 일정이 잡혀있는 걸 알고 있지만, 오늘 당신이 그를 대신해줘야 할 것 같아요. 너무 촉박한 통보인 건 알지만, 다른 방법을 떠올릴 수가 없네요.

어휘 connecting flight 연결항공편 | originally 원래, 본래 | fill in for ~을 대신하다 | short notice 촉박한 통보

45. What is the woman waiting for?

(A) Her flight to be booked

(B) Her Internet connection to be fixed

(C) A guest speaker to arrive

(D) A weather report to be updated

여자가 기다리고 있는 것은 무엇인가?

(A) 비행기가 예약되는 것

(B) 인터넷 연결이 복구되는 것

(C) 초빙 강사가 도착하는 것

(D) 기상 보고가 업데이트 되는 것

해설 여자가 기다리고 있는 것을 묻는 세부사항 질문이다. 대화 초반부에 'I'm still at the airport. Mr. Compos was supposed to get in an hour ago, but his connecting flight from Chicago has been delayed. ~ I don't think he can get to our office in time for the training workshop at 4 P.M. He's OK with giving his lecture tomorrow morning, though. (전 아직 공항이에요. Mr. Compos가 한 시간 전에 도착하기로 되어있었는데, 시카고에서 출발하는 그의 연결항공편이 연착됐어요. ~ 그는 4시에 있을 연수회에 맞춰 저희 사무실에 도착할 수 없을 것 같아요. 그래도 내일 아침에는 강의를 할 수 있어요.)'라고 하면서 연수회에서 내일 아침 강의를 할 사람을 기다리고 있음을 알 수 있다. 따라서 정답은 (C)가 된다.

46. What will take place this afternoon?

(A) A training session

(B) A Web conference

(C) A corporate celebration

(D) A graduation ceremony

오늘 오후에 일어날 일은 무엇인가?

(A) 연수회

(B) 화상 회의

(C) 기업 축하 행사

(D) 졸업식

해설 오늘 오후에 일어날 일에 대해 물어보는 문제이다. 대화의 중반부에 'I don't think he can get to our office in time for the training workshop at 4 P.M. He's OK with giving his lecture tomorrow morning though. (그는 4시에 있을 연수회에 맞춰 저희 사무실에 도착할 수 없을 것 같아요. 그래도 내일 아침에는 강의를 할 수 있어요.)'라고 언급되었으므로 오늘 오후에는 연수회가 있음을 알 수 있다. 담화의 workshop이 session으로 패러프레이징된 (A)가 정답이다.

---

47. Why does the woman say, "I know it's very short notice"?

(A) To ask the listener to depart earlier
(B) To take the listener out of a schedule
(C) To emphasize that a speech should be short
(D) To apologize for a sudden request

여자는 왜 "너무 촉박한 통보인 건 알아요"라고 말하는가?

(A) 청자에게 더 일찍 출발하라고 부탁하기 위해
(B) 청자를 일정에서 빼기 위해
(C) 연설이 짧아야 한다는 것을 강조하기 위해
(D) 갑작스런 요청에 사과하기 위해

해설 여자가 하는 말의 의도를 묻고 있다. 주어진 문장을 숙지하고 집중하여 앞 뒤 문장을 포착하면 정답의 단서를 찾을 수 있다. 대화의 후반부에 'I know you were originally scheduled for tomorrow, but I think you'll have to fill in for him today. I know it's very short notice' (당신이 원래 내일로 일정이 잡혀있는 걸 알고 있지만, 오늘 당신이 그를 대신해줘야 할 것 같아요. 너무 촉박한 통보인 건 알지만)라는 여자의 담화를 통해서 초빙 강사를 기다려야 하는 갑작스런 일정 변경으로, 오늘 일정을 남자에게 대신 맡아달라고 부탁하고 있음을 알 수 있다. 따라서 (D)가 정답이다.

미국

Questions 48-50 refer to the following telephone message and list.

M Hello, Ms. Chung. This is Larry from Global Properties. **48** I'm calling regarding the office space I showed you in the Delta Financial Building yesterday. **49** I just heard that a multi-unit apartment complex is going to be built right across the street on the empty lot. This is totally unexpected news, and um… it will take about a year to complete. I expect that the construction will probably cause a lot of noise as well as other inconveniences, so it's probably not the best place to rent at this time. However, **50** there is another one on the market that fits both of your requirements in terms of the floor level and the price. It's no higher than the third floor, and the rent is under $2,000 a month. I've emailed you the information along with other listings for you to consider. Please have a look and call me back.

48-50번은 다음 전화 메시지와 목록에 관한 문제입니다.

남 안녕하세요, Ms. Chung. Global Properties의 Larry입니다. **48** 제가 어제 Delta Financial 빌딩에서 당신께 보여드렸던 사무 공간에 관해 연락드렸어요. **49** 도로 바로 맞은편 공터에 아파트 단지가 지어질 예정이라고 방금 들었어요. 이건 전혀 예상치 못한 소식이고, 음… 완공되는 데 일 년쯤 소요될 거예요. 그 공사가 다른 불편들뿐만 아니라 많은 소음을 발생시킬 것으로 예상되니, 그곳은 이번에 임차하기에는 최적의 장소가 아닐 것 같아요. 하지만 **50** 층수와 가격 면에서 당신의 요구조건에 모두 부합하는 곳이 하나 더 나와 있어요. 거기는 3층보다 높지 않고, 임차료는 월 2,000달러 미만이에요. 당신이 고려할 다른 목록들과 함께 그 정보를 이메일로 보내 드렸어요. 보시고 제게 다시 전화 주세요.

위치	층	월 임차료
Bernard 로	2	2,200달러
50 Domaine 가	2	1,900달러
Jasper 로	3	2,150달러
Hamptons 가	4	1,950달러

어휘 regarding ~에 관하여 | multi-unit apartment complex 아파트 단지 | empty lot 공지, 공터 | inconvenience 불편 | fit ~에 들어맞다 | requirement 요구조건, 요건 | in terms of ~ 면에서 | floor level 층수 | along with ~와 함께 | listing 목록

---

48. What did the speaker do for the listener yesterday?

(A) Searched a Web site
(B) Inspected an apartment building
(C) Revised a rental agreement
(D) Showed a commercial property

화자는 청자를 위해 어제 무엇을 했는가?

(A) 웹 사이트를 검색했다
(B) 아파트 건물을 조사했다
(C) 임대차 계약서를 수정했다
(D) 상업 용지를 보여줬다

해설 yesterday를 키워드로 해당 내용을 찾아본다. 전화 메시지의 처음 부분에서 'I'm calling regarding the office space I showed you in the Delta Financial Building yesterday (제가 어제 Delta Financial 빌딩에서 당신께 보여드렸던 사무 공간에 관해 연락드렸어요)'라고 했으므로 (D)가 정답이다. office space가 commercial property로 패러프레이징되었다.

---

49. What unexpected information does the speaker share?

(A) An office needs some repairs.
(B) Some real estate is unavailable.
(C) Construction will begin nearby.
(D) A local law has changed.

화자는 어떤 예상치 못한 정보를 공유하는가?

(A) 사무실에 수리가 필요하다.

(B) 어떤 부동산을 이용할 수 없다.

(C) 공사가 인근에서 시작될 것이다.

(D) 지방 법률이 변경되었다.

해설 전화 메시지의 앞부분에서 'I just heard that a multi-unit apartment complex is going to be built right across the street on the empty lot. This is totally unexpected news (도로 바로 맞은편 공터에 아파트 단지가 지어질 예정이라고 방금 들었어요. 이건 전혀 예상치 못한 소식이고)'라고 했으므로 (C)가 정답이다. right across the street가 nearby로 패러프레이징되었다.

---

50. Look at the graphic. Which location fits the listener's requirements?

(A) Bernard Road

(B) Domaine Street

(C) Jasper Road

(D) Hamptons Street

시각 정보를 보시오. 어느 장소가 청자의 요구조건에 맞는가?

(A) Bernard 로

(B) Domaine 가

(C) Jasper 로

(D) Hamptons 가

해설 전화 메시지의 마지막 부분 'there is another one on the market that fits both of your requirements in terms of the floor level and the price. It's no higher than the third floor, and the rent is under $2,000 a month (층수와 가격 면에서 당신의 요구조건에 모두 부합하는 곳이 하나 더 나와 있어요. 거기는 3층보다 높지 않고, 임차료는 월 2,000달러 미만이에요)'의 내용을 토대로 표를 확인하면, 이 두 조건을 충족시키는 장소는 Domaine Street(Floor: 2 + Rent per Month: $1,900)이므로 (B)가 정답이다.

---

1. (C)	2. (B)	3. (A)	4. (D)	5. (B)
6. (A)	7. (C)	8. (A)	9. (C)	10. (A)
11. (C)	12. (B)	13. (A)	14. (A)	15. (B)
16. (B)	17. (A)	18. (C)	19. (B)	20. (A)
21. (D)	22. (A)	23. (B)	24. (B)	25. (A)
26. (A)	27. (A)	28. (B)	29. (B)	30. (D)
31. (C)	32. (C)	33. (D)	34. (A)	35. (D)
36. (B)	37. (D)	38. (B)	39. (A)	40. (A)
41. (B)	42. (C)	43. (A)	44. (D)	45. (D)
46. (D)	47. (B)	48. (A)	49. (D)	50. (D)

1. 미국

(A) The man is watering a bush.

(B) The man is walking toward a door.

(C) The man is shoveling some snow.

(D) The man is clearing off some steps.

(A) 남자가 덤불에 물을 주고 있다.

(B) 남자가 문을 향해 걸어가고 있다.

(C) 남자가 눈을 삽으로 퍼내고 있다.

(D) 남자가 계단을 치우고 있다.

해설 (A) 덤불에 물을 주는 모습이 아니므로 오답이다.

(B) 문을 향해 걸어가는 모습이 아니므로 오답이다.

(C) 삽으로 눈을 퍼내고 있으므로 정답이다.

(D) 계단을 청소하는 모습이 아니므로 오답이다.

어휘 water 물을 주다 | bush 관목, 나무 | shovel 삽으로 파다 | clear off 치우다

---

2. 호주

(A) The man is looking at a computer screen.

(B) The woman is typing on a keyboard.

(C) The man is pointing to a document.

(D) The woman is sipping from a mug.

(A) 남자가 컴퓨터 화면을 보고 있다.
(B) 여자가 키보드를 치고 있다.
(C) 남자가 서류를 가리키고 있다.
(D) 여자가 머그잔으로 마시고 있다.

해설 (A) 컴퓨터 화면을 보고 있지 않으므로 오답이다.
(B) 키보드를 치고 있으므로 정답이다.
(C) 서류를 가리키고 있지 않으므로 오답이다.
(D) 음료를 마시고 있지 않으므로 오답이다.

어휘 type 타자를 치다 | point 가리키다 | sip 홀짝거리며 음료를 마시다

3.  [미국]

(A) One of the women is trying on footwear.
(B) A worker is organizing a clothing rack.
(C) Some items are being put into bags.
(D) Shirts are being folded by an employee.

(A) 여자들 중 한 명이 신발을 신어보고 있다.
(B) 점원이 옷걸이를 정리하고 있다.
(C) 몇몇 물건들이 가방 안에 넣어지고 있다.
(D) 종업원이 셔츠들을 개고 있다.

해설 (A) 여자들 중 한 명이 신발을 신어보고 있으므로 정답이다.
(B) 옷걸이를 정리하는 모습이 아니므로 오답이다.
(C) 상품을 가방에 넣고 있지 않으므로 오답이다.
(D) 종업원이 셔츠를 개고 있지 않으므로 오답이다.

어휘 footwear 신발 | clothing rack 옷걸이 | organize 정리하다 | item 상품 | fold 접다, 개키다 | employee 종업원

4.  [영국]

(A) Pots have been set on the ground.
(B) Lids are being taken off bottles.
(C) Tags are being attached to some jugs.
(D) Jars are arranged on display shelves.

(A) 병들이 땅에 놓여 있다.
(B) 병 뚜껑이 따지고 있다.
(C) 항아리에 이름표를 붙이고 있다.
(D) 단지들이 진열 선반에 배열되어 있다.

해설 (A) 병들이 땅에 놓여있지 않으므로 오답이다.
(B) 병 뚜껑을 따는 사람이 없으므로 오답이다.

(C) 이름표를 항아리에 붙이는 사람이 없으므로 오답이다.
(D) 단지들이 선반에 배열되어 있는 모습이므로 정답이다.

어휘 lid 뚜껑 | take off 벗기다, 뜯다 | attach 부착하다 | jug (손잡이가 달린) 항아리, 단지 | jar 단지, 항아리, 병 | arrange 정리하다, 배열하다

5.  [호주]

(A) The man's gathering some branches in a garden.
(B) The man's cutting a log into pieces.
(C) Some leaves are being swept off a road.
(D) Some tools are being repaired.

(A) 남자가 정원에서 나뭇가지들을 모으고 있다.
(B) 남자가 통나무를 조각으로 자르고 있다.
(C) 나뭇잎을 길에서 쓸어내고 있다.
(D) 공구가 수리되고 있다.

해설 (A) 나뭇가지를 모으고 있지 않으므로 오답이다.
(B) 통나무를 자르고 있으므로 정답이다.
(C) 나뭇잎을 길에서 쓸어내고 있는 모습이 아니므로 오답이다.
(D) 공구를 수리하고 있는 모습이 아니므로 오답이다.

어휘 gather 모으다 | branch (나뭇)가지 | plant 식물을 심다 | log 통나무 | piece 조각 | sweep off 쓸어내다

6.  [영국]

(A) There's a bench beneath a tree.
(B) Some flowers are planted along a fence.
(C) Leaves are being raked in a pile.
(D) Boats have been docked at a pier.

(A) 나무 아래에 벤치가 있다.
(B) 꽃들이 울타리를 따라 심겨 있다.
(C) 나뭇잎들이 한 더미로 긁어 모아지고 있다.
(D) 배들이 부두에 정박되어 있다.

해설 (A) 나무 아래에 벤치가 있으므로 정답이다.
(B) 울타리는 보이지 않으므로 오답이다.
(C) 나뭇잎을 긁어 모으는 사람이 없으므로 오답이다.
(D) 배나 부두는 보이지 않으므로 오답이다.

어휘 beneath ~아래에 | plant 심다 | fence 울타리 | rake (갈퀴로) 긁어 모으다 | in a pile 한 더미로 | dock 부두에 대다 | pier 잔교, 부두

7. Are you available to meet me for dinner?

(A) I met him yesterday.

(B) Yes, it's available.

(C) Sorry, but I'm working late tonight.

저랑 만나서 저녁 식사 할 수 있어요?

(A) 저는 어제 그를 만났어요.

(B) 네, 그것은 이용 가능해요.

(C) 미안하지만, 전 오늘 저녁 늦게까지 일해요.

해설 일반 의문문 ⋯ 오답을 잘 골라내면 쉽게 정답을 알 수 있다.

(A) 유사 발음(meet – met) 오답이다.

(B) 동어 반복(available) 오답이다.

(C) '미안하다'는 말과 함께 적절한 부연 설명을 덧붙였으므로 정답이다.

어휘 available 시간이 있는, 이용 가능한

8. Where can I print the documents?

(A) We're out of ink.

(B) Sure, you can.

(C) Seven pages, please.

이 문서를 어디에서 출력할 수 있죠?

(A) 우린 잉크가 떨어졌어요.

(B) 네, 하실 수 있어요.

(C) 7장 부탁합니다.

해설 Where 의문문 ⋯ 문서를 인쇄할 수 있는 특정 장소나 우회적 응답이 예상된다.

(A) 잉크가 떨어졌다며 프린트할 수 없다고 우회적으로 말했으므로 정답이다.

(B) 의문사 의문문에 Yes/No로 응답할 수 없으며, Sure는 Yes와 마찬가지의 표현이므로 오답이다.

(C) 연상 어휘(documents – Seven pages) 오답이다.

어휘 document 문서, 서류 | out of ~이 다 떨어진

9. Why was the annual fundraiser canceled?

(A) The museum downtown.

(B) No, it's been held since last year.

(C) We couldn't find enough sponsors.

연례 모금행사가 왜 취소되었나요?

(A) 시내의 박물관이요.

(B) 아니요, 작년부터 열렸어요.

(C) 후원자들을 충분히 찾지 못했어요.

해설 Why 의문문 ⋯ 연례 모금행사가 취소된 이유나 우회적 응답이 예상된다.

(A) 연상 어휘(fundraiser – museum) 오답이다.

(B) 의문사 의문문에 Yes/No로 응답할 수 없다.

(C) Because를 생략하고 후원자가 충분하지 않아서 행사가 취소되었음을 설명하는 정답이다.

어휘 annual 연례의, 매년 있는 | fundraiser 모금 행사 | sponsor 후원자[업체]

10. How many desks does the office need?

(A) Probably about 20.

(B) Once every month.

(C) Extra chairs are provided.

사무실에 책상이 몇 개 필요한가요?

(A) 아마도 20개 정도요.

(B) 한 달에 한 번이요.

(C) 여분의 의자가 제공돼요.

해설 How 의문문 ⋯ How 바로 뒤에 나오는 형용사나 부사를 잘 듣고 그 의미에 맞게 정답을 선택해야 한다.

(A) How many로 시작하는 질문이므로 숫자가 언급되는 대답이 자연스럽게 정답이 된다.

(B) 빈도를 언급하는 대답은 How often 의문문에 어울리는 응답이다.

(C) 연상 어휘(desks – chairs) 오답이다.

어휘 extra 추가의 | provide 제공하다

11. Naoki said that he's resigning next month.

(A) How many were there?

(B) I signed it already.

(C) He will certainly be missed.

Naoki가 다음 달에 사임한다고 말했어요.

(A) 거기 몇 명이나 있었어요?

(B) 전 이미 신청했어요.

(C) 그가 분명 그리울 거예요.

해설 평서문 ⋯ 의미상 문장의 핵심이 되는 that절의 주어와 동사(he's resigning 그가 사임한다고)에 집중해야 한다.

(A) 질문과 무관한 응답이다.

(B) 유사 발음(resigning – signed) 오답이다.

(C) '사임한다'는 말에 그의 사임에 대한 자신의 생각을 말한 자연스러운 대답이다.

어휘 resign 사직하다, 물러나다

12. Will you have time to lead the training workshop?

(A) A new employee.

(B) It depends on when it is.

(C) The session was informative.

교육 워크숍을 진행할 시간이 있으시겠어요?

(A) 신입 직원이요.

(B) 언제인지에 따라 달라요.

(C) 그 과정은 유용했어요.

해설 일반 의문문 ⋯ 교육 워크숍을 진행할 시간이 되면 Yes, 그렇지 않으면 No로 응답하거나 우회적 응답이 예상된다.

(A) 연상 어휘(training workshop – new employee) 오답이다.

(B) 언제인지에 따라 다르다며 Yes/No를 보류한 표현이므로 정답이다.

(C) 미래와 관련된 질문에 과거 시제로 응답했으므로 오답이다.

어휘 lead 이끌다, 진행하다 I informative 유용한 정보를 주는, 유익한

미국 ↔ 호주

13. Would you like cream with your coffee, or do you like it black?

(A) Do you have tea?

(B) No, I didn't like it.

(C) It's a nice café.

커피에 크림을 넣어 드시겠어요, 아니면 블랙 커피로 드시겠어요?

(A) 차 있나요?

(B) 아니요, 전 그게 마음에 안 들었어요.

(C) 멋진 카페네요.

해설 선택 의문문 ⋯→ 둘 중 하나를 선택하거나 제3의 선택지 등 우회적 응답이 예상된다.

(A) 차가 있냐며 제3의 선택지를 언급하고 있으므로 정답이다.

(B) 동어 반복(like) 오답이며, 선택 의문문에는 보통 Yes/No로 응답하지 않는다.

(C) 연상 어휘(coffee – café) 오답이다.

어휘 Would you like ~? ~하시겠어요?

영국 ↔ 미국

14. Where could I find boxes for a delivery?

(A) There are some in the storage closet.

(B) Yes, the express shipping service.

(C) She used to work here.

배달용 상자를 어디서 찾을 수 있나요?

(A) 비품 벽장에 몇 개 있어요.

(B) 네, 특급 배송 서비스요.

(C) 그녀는 여기서 일을 했어요.

해설 Where 의문문 ⋯→ 질문 앞부분의 의문사와 주어, 동사(Where could I find 어디서 찾을 수 있죠?)에 집중하면 정확하게 문제를 해결할 수 있다.

(A) Where 의문문에 장소로 대답했으므로 정답이다.

(B) 의문사 의문문에 Yes/No로 응답할 수 없다.

(C) here라는 장소부사로 오답을 유도하고 있다.

어휘 storage closet 비품 벽장, 보관창고 I express shipping 특급 배송 I used to 예전에는 ~했었다

미국 ↔ 영국

15. Does this applicant have experience working overseas?

(A) You can fill it out online.

(B) Here, this is his résumé.

(C) I will be overseeing the project.

이 지원자는 해외 근무 경력이 있나요?

(A) 그걸 온라인으로 작성하셔도 돼요.

(B) 여기요, 이게 그의 이력서예요.

(C) 제가 그 프로젝트를 감독하게 될 거예요.

해설 Do동사 의문문 'applicant, have, overseas'를 키워드로 잡고 오답 보기들을 소거한다.

(A) 연상 어휘(applicant – fill it out online) 오답이다.

(B) 이력서를 줄 테니 확인해보라는 의미의 우회적 응답이므로 정답이다.

(C) 유사 발음(overseas – overseeing) 오답이다.

어휘 applicant 지원자 I overseas 해외에, 해외로 I fill ~ out ~을 작성하다 I résumé 이력서 I oversee 감독하다, 관리하다

미국 ↔ 미국

16. Who's the HR director of this location?

(A) No, it's in Seoul.

(B) You're looking for Mr. Gregg.

(C) Here are the directions.

이 지점의 인사 책임자가 누구인가요?

(A) 아니요, 그건 서울에 있어요.

(B) Mr. Gregg를 찾고 계시군요.

(C) 여기 약도입니다.

해설 Who 의문문 ⋯→ 인사 책임자의 이름이나 우회적 응답이 예상된다.

(A) 의문사 의문문에는 Yes/No로 응답할 수 없다.

(B) Mr. Gregg가 인사 책임자임을 우회적으로 나타내므로 정답이다.

(C) 유사 발음(director – directions) 오답이다.

어휘 director 이사 I location 지점, 장소

호주 ↔ 영국

17. I sent you the new product line catalog on Monday.

(A) I don't think I got it.

(B) We're not in line.

(C) Just a few.

제가 월요일에 신제품 계열 카탈로그를 보냈어요.

(A) 저는 받은 것 같지 않아요.

(B) 우리는 줄 서 있지 않아요.

(C) 몇 개만요.

해설 평서문 ⋯→ 앞부분(I sent you 보내드렸어요)에 집중하면 정확하게 문제를 해결할 수 있다.

(A) '카탈로그를 보냈다'는 말에 '받은 것 같지 않다'고 말하므로 자연스러운 대답이다.

(B) 동어 반복(line) 오답이다.

(C) 질문과 무관한 응답이다.

어휘 product line 제품 계열, 제품군 I catalog 목록, 카탈로그 I in line 일렬로 늘어선

미국 ↔ 호주

18. Philip from Marketing will be leaving the company next week.

(A) I left it on his desk.

(B) Yes, for over five years.

(C) Will there be a farewell party?

마케팅 부서의 Philip이 다음 주에 회사를 떠난대요.

(A) 그분 책상에 뒀어요.

(B) 네, 5년 넘게요.

(C) 송별회를 하나요?

해설 평서문 → 마케팅 직원이 회사를 그만두는 것과 관련된 내용이 응답으로 예상된다.

(A) 동어 반복(leave [과거형 left] v. 떠나다; 놓아 두다) 오답이다.

(B) 기간을 나타내는 응답은 어울리지 않는다.

(C) 회사를 그만두는 직원을 위한 송별회가 예정돼 있는지를 묻고 있으므로 정답이다.

어휘 farewell party 송별회

---

19. What will be reviewed at the managers' meeting?

(A) Only with department managers.

(B) Feedback from the latest questionnaire.

(C) The reviews have been positive.

관리자 회의에서 무엇을 검토할 건가요?

(A) 부서 관리자들만요.

(B) 최근 설문지의 피드백이요.

(C) 평이 긍정적이었어요.

해설 What 의문문 → 질문 앞부분의 의문사와 주어, 동사(What will be reviewed 무엇을 검토할 건가요?)에 집중하면서 오답을 잘 골라내면 정확하게 문제를 해결할 수 있다.

(A) 동어 반복(managers) 오답이다.

(B) 검토 대상을 묻는 질문에 '피드백'이라고 대답했으므로 정답이다.

(C) 유사 발음(reviewed – reviews) 오답이다.

어휘 review 검토하다; 비평, 평론 I feedback 피드백 I latest 최근의 I questionnaire 설문지 I positive 긍정적인

영국 ↔ 미국

20. The board is looking over next year's budget proposal.

(A) I think they'll approve it.

(B) She's agreed to relocate.

(C) It's almost ready.

이사회가 내년도 예산안을 검토하고 있어요.

(A) 그들이 그것을 승인할 것 같아요.

(B) 그녀는 전근 가는 데 동의했어요.

(C) 거의 준비되었어요.

해설 평서문 → 앞부분의 주어와 동사(The board is looking over 이사회가 검토하고 있어요)에 집중하면 정확하게 문제를 해결할 수 있다.

(A) it이 next year's budget을 가리키며 예산을 승인할 것 같다고 말하므로 자연스러운 대답이다.

(B) She가 누구를 가리키는지 알 수 없으므로 오답이다.

(C) 질문과 무관한 응답이다.

어휘 board 이사회 I look over ~을 살펴보다 I budget proposal 예산안 I approve 승인하다 I relocate 이전하다

Questions 21-23 refer to the following conversation.

M **21, 22** We might need to have more kitchen staff this Sunday. The convention center across the street is holding an exhibition, and **21, 22** we're going to have a big dinner crowd once it finishes.

W You're right – we'll need at least four cooks for dinner.

M OK, Rhonda, Bill, and James are already working the whole day. **23** But Mary's only working until 4:00 P.M. I'll find out if she can work overtime.

21-23번은 다음 대화에 관한 문제입니다.

남 **21, 22** 이번 일요일에 주방 근무 직원이 더 필요할 것 같아요. 길 건너편에 있는 컨벤션 센터에서 전시회가 열리는데, **21, 22** 그게 끝나면 저녁 식사 손님들이 정말 많을 거예요.

여 당신 말이 맞아요 – 저녁 식사 준비를 위해 적어도 4명의 요리사가 필요하겠네요.

남 좋아요, Rhonda, Bill, 그리고 James는 이미 그날 하루 종일 일할 예정이에요. **23** 하지만 Mary는 오후 4시까지만 일해요. 그녀가 초과 근무를 할 수 있는지 내가 알아볼게요.

어휘 exhibition 전시회 I cook 요리사 I work overtime 초과 근무를 하다

21. Where most likely do the speakers work?

(A) At a theater

(B) At a music store

(C) At a convention center

(D) At a café

화자들은 어디에서 일하겠는가?

(A) 극장에서

(B) 음반 가게에서

(C) 컨벤션 센터에서

(D) 카페에서

해설 대화의 주제나 장소, 화자의 직업을 묻는 문제는 대부분 처음 한두 문장에서 정답이 나오므로 첫 문장부터 집중하고 있어야 한다. 또한 장소나 직업을 묻는 문제는 대화 중에 이것을 직접적으로 언급하는 경우가 거의 없으므로 관련 어휘를 통해 유추해서 정답을 선택한다. 'We might need to have more kitchen staff this Sunday (이번 일요일에 주방 근무 직원이 더 필요할 것 같아요)'라고 말한 후 'we're going to have a big dinner crowd once it finishes (끝나면 저녁 식사 손님들이 정말 많을 거예요)'라고 다시 한 번 확인해 주었으므로 (D)가 정답이다.

22. What is the conversation mainly about?

(A) Planning for extra customers

(B) Organizing an exhibition

(C) Going on a business trip

(D) Working at another branch

대화는 주로 무엇에 관한 것인가?

(A) 추가 고객을 위한 계획을 짜는 것

(B) 전시회를 기획하는 것

(C) 출장 가는 것

(D) 다른 지점에서 일하는 것

해설 일반적으로 대화 주제를 묻는 문제는 어렵지는 않지만, 이 문제의 경우는 바로 앞 문제가 장소를 묻는 문제였으므로 문제를 미리 읽어보면서 이 두 문제의 정답이 대화 초반에 거의 동시에 나올 것임을 예상할 수 있어야 한다. 'We might need to have more kitchen staff this Sunday (이번 일요일에 주방 근무 직원이 더 필요할 것 같아요)', 'we're going to have a big dinner crowd once it finishes (그게 끝나면 저녁 식사 손님들이 정말 많을 거예요)'라고 말했으므로 손님들이 많을 것에 대비해 직원을 늘리는 것에 대해 말하고 있음을 알 수 있다. 따라서 (A)가 정답이다.

---

23. What will the man ask Mary to do?

    (A) Submit an expense report

    (B) Work an extra shift

    (C) Pick up some supplies

    (D) Hire more employees

    남자는 Mary에게 무엇을 하라고 요청할 것인가?

    (A) 비용 보고서를 제출한다

    (B) 초과 근무한다

    (C) 물품을 가져온다

    (D) 더 많은 직원을 고용한다

해설 남자가 요청하는 것에 대해 묻고 있다. Part 3과 4에서는 but [however], no, actually, so 등으로 시작하는 문장에 정답의 키워드가 들어 있는 경우가 대부분이다. 'But Mary's only working until 4:00 P.M. I'll find out if she can work overtime (하지만 Mary는 오후 4시까지만 일해요. 그녀가 초과 근무를 할 수 있는지 내가 알아볼게요)'이라고 했으므로 (B)가 정답이다.

호주 ↔ 영국 ↔ 미국

Questions 24-26 refer to the following conversation with three speakers.

M Elaine, Tasha, **24** I've asked you both to meet with me because I wanted an update on the plans for this Friday's company picnic.

W1 Everything's going smoothly. I visited the venue today and spoke with the manager there. The weather forecast says it will be sunny all week, so we won't worry about being outdoors. **25** Tasha, how are things on your end?

W2 Umm, **25** the catering company informed me this morning that due to the holiday season, they won't be able to meet our desired delivery time. The earliest they can come is at 12:30 P.M.

M That should be fine. **26** Just call the caterers and make sure that they stick to the new schedule.

W2 Of course. I'll take care of it right away.

24-26번은 다음 세 화자의 대화에 관한 문제입니다.

남 Elaine, Tasha, **24** 이번 금요일 회사 야유회 계획에 대한 최신 정보가 필요해서 두 분을 만나자고 요청드렸습니다.

여1 모든 게 순조롭게 진행되고 있습니다. 저는 오늘 그 장소를 방문해서 그곳의 매니저와 이야기를 했는데요. 일기 예보에서 이번 주 내내 맑을 거라고 해서 야외에 나가는 것에 걱정할 건 없을 거예요. **25** Tasha, 그 쪽에선 어떻게 되어가요?

여2 음, **25** 음식 공급 회사가 휴가철이라 우리가 원하는 배달 시간을 맞출 수 없다고 오늘 아침에 저한테 알려왔어요. 그들이 올 수 있는 가장 빠른 시간이 오후 12시 30분이에요.

남 괜찮을 겁니다. **26** 그냥 음식 공급 회사에 전화해서 새로운 스케줄은 꼭 지켜달라고 해주세요.

여2 물론이죠. 바로 처리하겠습니다.

어휘 update 최신정보, 최신판 | smoothly 부드럽게, 순조롭게 | venue (콘서트, 경기, 회담 등의) 장소 | weather forecast 일기 예보 | catering 음식 공급(업) | desired 바랐던, 희망했던 | stick to ~를 고수하다 | take care of ~를 돌보다, 처리하다

---

24. Why did the man call the meeting?

    (A) To complain about a delay

    (B) To discuss event plans

    (C) To train the women on a new program

    (D) To inquire about a payment

    남자는 왜 회의를 소집했는가?

    (A) 지연에 대해 항의하기 위해

    (B) 행사 계획을 논의하기 위해

    (C) 새로운 프로그램을 여자들에게 교육하기 위해

    (D) 지불에 대해 묻기 위해

해설 남자가 회의를 소집한 이유를 묻고 있다. 남자가 'I've asked you both to meet with me because I wanted an update on the plans for this Friday's company picnic. (이번 금요일 회사 야유회 계획에 대한 최신 정보가 필요해서 두 분을 만나자고 요청드렸습니다.)'라고 하여 행사 계획에 관한 논의를 위해 만났음을 알 수 있으므로 (B)가 정답이다.

---

25. What problem does Tasha mention?

    (A) A delivery cannot arrive on time.

    (B) A venue is too small.

    (C) A cost is too high.

    (D) A supervisor is not available.

    Tasha는 어떤 문제를 언급하는가?

    (A) 배달이 제때 올 수 없다.

    (B) 장소가 너무 좁다.

    (C) 비용이 너무 많이 든다.

    (D) 감독관이 시간이 없다.

해설 여자이 'Tasha, how are things on your end? (Tasha, 그 쪽에선 어떻게 되어가요?)'라고 묻는 내용을 토대로 여자2가 Tasha임을 알 수 있고, 여자2가 'the catering company informed me this morning that due to the holiday season, they won't be able to meet our desired delivery time (음식 공급 회사가 휴가철이라

우리가 원하는 배달 시간을 맞출 수 없다고 오늘 아침에 저한테 알려왔어요'라고 말했으므로 (A)가 정답이다.

---

26. What does the man ask Tasha to do?

(A) Contact a business

(B) Prepare a presentation

(C) Consult another team

(D) Organize some files

남자는 Tasha에게 무엇을 하라고 부탁하는가?

(A) 업체에 연락한다

(B) 발표를 준비한다

(C) 다른 팀과 상담한다

(D) 파일을 정리한다

해설 남자가 Tasha에게 요청한 것을 묻고 있다. 남자가 'Just call the caterers and make sure that they stick to the new schedule. (그냥 음식 공급회사에 전화해서 새로운 스케줄은 꼭 지켜달라고 해주세요.)'라고 말했으므로 call the caterers를 contact a business로 패러프레이징한 (A)가 정답이다.

호주 ↔ 미국

Questions 27-29 refer to the following conversation.

M Hi, Stella. Remember how **27, 28** we were supposed to go over the satisfaction surveys our employees completed? Well, I just read through most of them…

W Ah, right! The audit has kept me so busy lately. What did you find?

M Well, **29** many think that their quotas should be lowered because they have to work overtime at the end of every month to keep up.

W That makes sense. It's a common problem in this business; however, **29** we should consider ways to prevent this from continuing to happen.

M I agree. **29** I'll be sure to mention it during the board meeting next Friday. You'll be there, right?

27-29번은 다음 대화에 관한 문제입니다.

남 안녕하세요, Stella. **27, 28** 직원들이 완성한 만족도 설문조사를 검토하기로 했던 것 기억해요? 음, 제가 막 그것들을 거의 다 읽어 봤는데….

여 아, 맞다! 회계 감사 때문에 요즘 너무 바빴어요. 어떤 걸 발견하셨나요?

남 음, **29** 많은 직원들이 진도를 맞추기 위해서 매달 말에는 야근을 해야 한다며 자신들의 업무 할당량이 줄어들어야 한다고 생각하고 있네요.

여 일리가 있네요. 이 업계의 흔한 문제점이죠. 하지만, **29** 이 문제가 지속해서 발생되는 것을 예방하기 위해서 방법을 강구해야겠네요.

남 동의해요. **29** 다음 주 금요일에 있을 이사회에서 제가 이것에 대해 언급하도록 하겠습니다. 참석하실 거죠?

어휘 **go over** 검토하다, 점검하다 | **satisfaction survey** 만족도 조사 | **audit** 회계 감사 | **quota** 몫, 할당량 | **keep up** (진도나 증가 속도 등을) 따라가다 | **prevent** 막다, 예방하다 | **board meeting** 이사회

---

27. What did the man recently do?

(A) He looked at staff responses.

(B) He signed up for a conference.

(C) He mailed some packages.

(D) He analyzed financial documents.

남자가 최근에 한 일은 무엇인가?

(A) 직원의 반응을 살펴보았다.

(B) 학회 참석 신청을 하였다.

(C) 몇몇 소포를 발송했다.

(D) 회계 서류를 분석했다.

해설 남자가 최근에 한 일을 묻고 있다. recently를 키워드로 삼아 남자의 말에서 단서를 찾는다. 'we were supposed to go over the satisfaction surveys our employees completed? Well, I just read through most of them… (직원들이 완성한 만족도 설문조사를 검토하기로 했던 것 기억해요? 음, 제가 막 그것들을 거의 다 읽어 봤는데…)'이라고 했으므로 satisfaction surveys와 read through를 패러프레이징한 (A)가 정답이다.

---

28. Why does the woman say, "The audit has kept me so busy lately"?

(A) To request assistance

(B) To give an excuse

(C) To reserve a meeting room

(D) To make a suggestion

여자는 왜 "회계 감사 때문에 요즘 너무 바빴어요"라고 말하는가?

(A) 도움을 요청하기 위해

(B) 변명하기 위해

(C) 회의실을 예약하기 위해

(D) 제안을 하기 위해

해설 여자가 하는 말의 의도를 묻고 있다. 해당 표현 전후 대화 내용을 정확히 이해해야 한다. 남자가 'we were supposed to go over the satisfaction surveys our employees completed? (직원들이 작성한 만족도 설문조사를 검토하기로 했던 것 기억해요?)'라고 묻자, 여자가 'The audit has kept me so busy lately. (회계 감사 때문에 요즘 너무 바빴어요.)'라고 했으므로 (B)가 정답이다.

---

29. What will the man suggest at next week's meeting?

(A) Switching suppliers

(B) Reducing monthly quotas

(C) Updating a store database

(D) Acquiring more funds

남자는 다음 주 회의에서 무엇을 제안할 예정인가?

(A) 공급 업체 바꾸기

(B) 월간 할당량 축소하기

(C) 매장 데이터베이스 업데이트하기

(D) 더 많은 자금을 모금하기

해설 남자가 다음 주 회의에서 제안할 것을 묻고 있다. next week's meeting을 키워드로 삼아 남자의 말에서 단서를 찾는다. 남자가 'many think that their quotas should be lowered because they have to work overtime at the end of every month to keep up. (많은 직원들이 진도를 맞추기 위해서 매달 말에는 야근을 해야 한다며 자신들의 업무 할당량이 줄어들어야 한다고 생각하고 있네요.)'이라고 하자, 여자는 'we should consider ways to prevent this from continuing to happen. (이 문제가 지속해서 발생되는 것을 예방하기 위해서 방법을 강구해야겠네요.)'이라고 말했고, 남자가 'I'll be sure to mention it during the board meeting next Friday. (다음 주 금요일에 있을 이사회에서 제가 이것에 대해 언급하도록 하겠습니다.)'라고 했으므로 lowered ~ work overtime at the end of every month를 패러프레이징한 (B)가 정답이다.

───────────────
영국 ↔ 호주
───────────────

Questions 30-32 refer to the following conversation.

W Hi, Pablo. **30** I wasn't expecting you to be at the reception desk so early. I thought you were scheduled to work at the hospital in the afternoon.

M Well, for the time being, I'll be working the morning shift. The reception manager got transferred to another building, so I am covering for him until the hospital hires another person.

W **31** Really? There's a manager position available at the reception desk? I've been waiting for this kind of opportunity. **32** Do you think I can still submit an application?

M **32** Sure, but just be aware that you'll be working mornings. If you're OK with that, I think you'd be a good fit. You should hurry though—the interviews start next Monday.

30-32번은 다음 대화에 관한 문제입니다.

여 안녕하세요. Pablo. **30** 당신이 이렇게 일찍 접수처에 있을 줄은 몰랐어요. 오후에 병원에서 일하기로 되어 있다고 생각했어요.

남 음, 당분간 오전에 일할 거예요. 접수처 과장님이 다른 건물로 전근 가셨어요. 그래서 병원에서 다른 사람을 고용하기 전까지 제가 대신 일하게 됐어요.

여 **31** 정말이요? 접수처 과장 자리가 비어 있다는 거죠? 저는 이런 기회를 기다려 왔어요. **32** 제가 지금이라도 지원서를 제출해도 될까요?

남 **32** 물론이죠. 하지만 아침에 일해야 한다는 걸 염두에 두세요. 그게 괜찮다면, 당신이 적임자일 것 같아요. 그래도 서둘러야 해요. 면접이 다음 주 월요일에 시작되니까요.

어휘 for the time being 당분간 | transfer 전근 가다, 이동하다 |
fit 어울림, 조화

---

30. Where most likely does the conversation take place?

(A) At a dental office

(B) At a gym

(C) At a customer service center

(D) At a hospital

대화는 어디에서 이루어지겠는가?

(A) 치과에서

(B) 체육관에서

(C) 고객 서비스 센터에서

(D) 병원에서

해설 대화 장소에 대해 묻고 있다. 대화 장소나 화자의 직업을 묻는 문제는 대화의 첫 한두 문장에서 정답이 나오는데, 직접적으로 장소나 직업의 명칭을 언급하는 일은 거의 없으므로 관련 어휘를 통해 유추해야 한다. 여자의 첫 대사 'I wasn't expecting you to be at the reception desk so early. I thought you were scheduled to work at the hospital in the afternoon (당신이 이렇게 일찍 접수처에 있을 줄은 몰랐어요. 오후에 병원에서 일하기로 되어 있다고 생각했어요.)'을 통해 병원 접수처에서 이루어지는 대화라는 것을 유추할 수 있으므로 (D)가 정답이다.

---

31. What does the woman ask the man about?

(A) A work schedule

(B) A transfer request

(C) A job opening

(D) A building renovation

여자는 남자에게 무엇에 대해 묻는가?

(A) 업무 일정

(B) 전근 신청

(C) 직장의 공석

(D) 건물 개조

해설 여자가 무엇에 관해 묻는지 묻고 있다. 여자가 'Really? There's a manager position available at the reception desk? (정말이요? 접수처 과장 자리가 비어 있다는 거죠?)'라고 묻고 있으므로 position available이라는 키워드가 들릴 때 (C)를 정답으로 선택할 수 있어야 한다.

---

32. What does the man say the woman should be prepared to do?

(A) Organize training sessions

(B) Create budget proposals

(C) Work morning hours

(D) Meet with clients

남자는 여자가 무엇을 할 것을 준비해야 한다고 말하는가?

(A) 연수를 계획한다

(B) 예산안을 만든다

(C) 오전에 일한다

(D) 고객을 만난다

해설 남자가 여자에게 준비하라고 한 것이 무엇인지 묻고 있다. but, no, actually, so 뒤에는 대부분 정답 키워드가 들어 있다. 여자가 'Do you think I can still submit an application? (제가 지금이라도 지원서를 제출해도 될까요?)'이라며 묻자, 남자가 'Sure, but just be aware that you'll be working mornings (물론이죠, 하지만 아침에 일해야 한다는 걸 염두에 두세요.)'라고 대답하고 있으므로 여기서 working mornings라는 키워드만 알아들으면 (C)가 정답임을 알 수 있다.

미국 ↔ 영국

Questions 33-35 refer to the following conversation and map.

M **33** How was the team lunch?

W **33** Productive. We discussed how to make our company look more appealing for the convention.

M What did you come up with?

W Well, **34** I was going to have Protolight redesign our logo, but I didn't expect them to be so expensive. Another idea was to change our booth set-up. I think if some items were rearranged, we could make our booth stand out.

M How about putting our product brochures more towards the front then? Last year, we had them in the back, so not many people picked one up.

W Yes, that is a great idea! **35** We should put them right next to the greeting table so that even those passing by our booth can grab one.

33-35번은 다음 대화와 지도에 관한 문제입니다.

남 **33** 팀 점심은 어땠어요?

여 **33** 생산적이었어요. 우리는 그 대회에서 회사가 더 매력적으로 보이게 하는 방법을 논의했죠.

남 어떤 얘기가 나왔나요?

여 음, **34** 저는 Protolight에서 우리의 로고를 다시 디자인하려고 했었지만, 그들이 그렇게 비싼 줄은 예상치 못했어요. 다른 아이디어는 우리의 부스 설치를 변경하는 것이었어요. 일부 물품들을 다시 배치한다면, 부스를 더 눈에 띄게 할 수 있을 거예요.

남 그럼 우리의 제품 책자를 더 앞쪽으로 놓는 건 어때요? 작년에, 우리가 그것들을 뒤쪽에 두었더니 많은 사람들이 가져가질 않았어요.

여 네, 그거 아주 좋은 생각이네요! 우리 부스를 그냥 지나치는 사람들도 집어갈 수 있도록 **35** 그것들을 접견 탁자 바로 옆에 두어야겠어요.

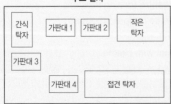

어휘 productive 생산적인 | appealing 호소하는; 매력적인 | set-up 설치 | rearrange 재배열하다 | stand out 쉽게 눈에 띄다, 두드러지다 | pass by 지나치다 | grab 잡다

---

33. What did the woman recently do?
(A) She designed a logo.
(B) She spoke at a seminar.
(C) She attended a convention.
(D) She had lunch with coworkers.

여자가 최근에 한 일은 무엇인가?
(A) 로고를 디자인했다.
(B) 세미나에서 연설을 했다.
(C) 대회에 참석했다.
(D) 동료들과 점심을 먹었다.

해설 여자가 최근에 한 일을 묻고 있다. recently를 키워드로 삼아 단서를 찾는다. 남자가 'How was the team lunch? (팀 점심은 어땠어요?)'라고 묻자, 여자가 'Productive. (생산적이었어요.)'라고 했으므로 (D)가 정답이다.

---

34. What is the woman surprised by?
(A) The price of a service
(B) The length of a presentation
(C) The size of a space
(D) The number of visitors

여자는 무엇에 놀랐는가?
(A) 서비스 가격
(B) 발표 길이
(C) 공간 크기
(D) 방문객들의 숫자

해설 여자가 놀란 것을 묻고 있다. surprised를 키워드로 삼아 여자의 말에서 단서를 잡아낸다. 'I was going to have Protolight redesign our logo, but I didn't expect them to be so expensive. (저는 Protolight에서 우리의 로고를 다시 디자인하려고 했었지만, 그들이 그렇게 비싼 줄은 예상치 못했어요.)'라고 했으므로 (A)가 정답이다.

---

35. Look at the graphic. Where does the woman suggest putting the brochures?
(A) On Stand 1
(B) On Stand 2
(C) On Stand 3
(D) On Stand 4

시각 정보를 보시오. 여자는 책자를 어디에 놓기를 제안하는가?
(A) 가판대 1
(B) 가판대 2
(C) 가판대 3
(D) 가판대 4

해설 여자가 책자를 둘 장소로 제안한 곳을 묻고 있다. 미리 지도를 확인해 둔 상태에서 where, brochures를 키워드로 삼아 제안 표현을 잡아내어 시각 자료와 매칭시킨다. 'We should put them right next to the greeting table (그것들을 접견 탁자 바로 옆에 두어야겠어요)'이라고 했는데, 이 위치는 지도에서 Stand 4에 해당하므로 (D)가 정답이다.

Questions 36-38 refer to the following announcement.

M Good afternoon. On behalf of the Reeder Community Center, **36** I'm pleased to announce a new program. We are making an effort to get more residents interested in the arts. **37** That's why I'm inviting members of our community like you to donate one piece of art that you have created. It can be in any style or form. In addition, please write a short explanation of the piece including the materials you used. We will then showcase your work to the public. **38** For those who are thinking about participating, talk to José Garcia, our activities director.

36-38번은 다음 공지에 관한 문제입니다.

남 안녕하세요. Reeder 주민 회관을 대표해 **36** 새로운 프로그램을 발표하게 되어 기쁩니다. 저희는 더 많은 주민들이 예술에 관심을 가지도록 노력하고 있습니다. **37** 그래서 여러분과 같은 지역 사회 일원분들에게 직접 창조한 미술 작품 하나를 기부해달라고 요청드리는 겁니다. 어떠한 양식이나 형태도 가능합니다. 그리고 작품에 사용한 재료를 포함해 작품에 대해 짧은 설명도 써 주십시오. 그 뒤 여러분의 작품을 대중에게 전시할 겁니다. **38** 참가를 생각하시는 분들은 저희 프로그램 책임자 José Garcia에게 문의하십시오.

어휘 **announce** 발표하다 | **resident** 주민, 거주자 | **community** 지역 사회 | **donate** 기부하다 | **form** 형태 | **explanation** 설명 | **material** 재료, 소재 | **showcase** 전시하다, 진열하다 | **public** 대중 | **participate** 참가하다 | **director** 책임자, 관리자

36. Why is a new program being started?
(A) To recruit more qualified employees
(B) To increase interest among residents
(C) To ask for larger financial contributions
(D) To improve public transportation

새 프로그램은 왜 시작되었는가?
(A) 더 능력 있는 직원을 채용하기 위해
(B) 주민들의 관심을 증가시키기 위해
(C) 더 큰 재정적 기여를 요구하기 위해
(D) 대중 교통을 향상시키기 위해

해설 새 프로그램이 시작된 이유를 묻는 문제로 담화 초반에 'I'm pleased to announce a new program. We are making an effort to get more residents interested in the arts. (새로운 프로그램을 발표하게 되어 기쁩니다. 저희는 더 많은 주민들이 예술에 관심을 가지도록 노력하고 있습니다.)'라고 말한 내용을 토대로 예술에 대한 주민들의 관심을 증대시키기 위해 프로그램이 시작되었음을 알 수 있다. 따라서 (B)가 정답이다.

37. What are the listeners encouraged to do?
(A) Attend a gallery opening
(B) Sign up for a class
(C) Choose a favorite painting
(D) Provide some artwork

청자들은 무엇을 하도록 권장받는가?
(A) 화랑 개장 행사에 참석한다
(B) 수업에 등록한다
(C) 가장 좋아하는 그림을 선택한다
(D) 예술 작품을 제공한다

해설 청자들이 권장받는 것을 묻는 문제로 담화 중반에 'That's why I'm inviting members of our community like you to donate one piece of art that you have created. (그래서 여러분과 같은 지역 사회 일원분들에게 직접 창조한 미술 작품 하나를 기부해달라고 요청드리는 겁니다.)'라고 말했으므로 donate ~ piece of art를 provide some artwork로 패러프레이징한 (D)가 정답이다.

38. Who is Mr. Garcia?
(A) A museum curator
(B) An activities director
(C) A newspaper reporter
(D) An interior designer

Mr. Garcia는 누구인가?
(A) 박물관 큐레이터
(B) 프로그램 책임자
(C) 신문 기자
(D) 인테리어 디자이너

해설 Mr. Garcia의 정체를 묻는 문제로 Mr. Garcia를 키워드로 삼아 단서를 포착한다. 담화 후반에 'For those who are thinking about participating, talk to José Garcia, our activities director. (참가를 생각하시는 분들은 저희 프로그램 책임자 José Garcia에게 문의하십시오.)'라고 말했으므로 (B)가 정답이다.

Questions 39-41 refer to the following talk.

W Hello, everyone. My name is Roslin, and I am Caufield Academy's Admissions Director. **39** I'm excited to be speaking at your graphic design studio. My talk will last about 30 minutes, and feel free to interrupt me if you have any questions. **40** I'm here today to tell you about our professional development courses. We offer various classes, including imaging software programs and trends in the industry, to improve your career prospects in digital arts. Now, I'll go over our curriculum in more detail. **41** After that, I'll hand out some information packets. They contain application forms that you can fill out if you'd like to take a course at our institution.

여 안녕하세요, 여러분. 제 이름은 Roslin이고 Caufield 아카데미의 입학 책임자입니다. **39** 여러분의 그래픽 디자인 스튜디오에서 연설하게 되어 기쁩니다. 제 이야기는 약 30분 정도 이어질 것이고, 중간에 질문이 있으면 편하게 해주세요. **40** 오늘은 저희의 전문 개발 수업에 대해 말해드리려고 합니다. 저희는 디지털 아트 분야에서 여러분의 직업 전망을 향상시켜 드리기 위해 이미지 소프트웨어 프로그램과 업계 동향을 포함하여 다양한 수업을 제공합니다. 이제, 저희의 교육 과정에 대해 더 자세히 설명할게요. **41** 그 후에 제가 정보 패킷을 나눠드리겠습니다. 저희 기관에서 수업을 듣고 싶으실 경우 **41** 여러분이 작성할 수 있는 지원서가 포함되어 있어요.

어휘 admission 입학 | director 이사, 책임자 | interrupt 중단하다, 방해하다 | professional 전문적인 | various 다양한 | trend 유행, 트렌드 | industry 업계, 산업 | improve 향상하다 | prospect 전망, 가능성 | curriculum 커리큘럼 | hand out 나눠주다 | application form 지원서 | institution 기관, 협회

39. Who most likely are the listeners?
(A) Graphic designers
(B) Software instructors
(C) Advertising specialists
(D) Professional photographers

청자들은 누구이겠는가?
(A) 그래픽 디자이너
(B) 소프트웨어 강사
(C) 광고 전문가
(D) 전문 사진사

해설 청자들의 정체를 묻는 문제로 특정 직업과 관련된 단어/표현을 포착한다. 담화 초반에 'I'm excited to be speaking at your graphic design studio. (여러분의 그래픽 디자인 스튜디오에서 연설하게 되어 기쁩니다.)'라고 말한 내용을 토대로 청자들이 그래픽 디자인 회사에서 일한다는 사실을 알 수 있으므로 (A)가 정답이다.

40. What is the purpose of the talk?
(A) To promote some courses
(B) To discuss a new project
(C) To recommend an employee
(D) To upgrade some equipment

이 담화의 목적은 무엇인가?
(A) 수업을 홍보하기 위해
(B) 신규 프로젝트를 논의하기 위해
(C) 직원을 추천하기 위해
(D) 장비를 업그레이드하기 위해

해설 담화의 목적을 묻는 문제로 담화 중반에 'I'm here today to tell you about our professional development courses. (오늘은 저희의 전문 개발 수업에 대해 말해드리려고 합니다.)'라고 말한 내용을 토대로 전문 개발 과정에 대한 수업 내용을 알리기 위한 담화임을 알 수 있다. 따라서 (A)가 정답이다.

41. What does the speaker say she will do later?
(A) Show some slides
(B) Distribute some forms
(C) Provide some refreshments
(D) Take some pictures

화자는 나중에 무엇을 하겠다고 말하는가?
(A) 슬라이드를 보여준다
(B) 양식을 나눠준다
(C) 간식을 제공한다
(D) 사진을 찍는다

해설 화자가 나중에 하겠다고 말한 것을 묻는 문제로 do later를 키워드로 삼아 단서를 잡아낸다. 담화 후반에 'After that, I'll hand out some information packets. They contain application forms that you can fill out (그 후에 제가 정보 패킷을 나눠드리겠습니다 ~ 여러분이 작성할 수 있는 지원서가 포함되어 있어요)'라고 말했으므로 hand out을 distribute로 패러프레이징한 (B)가 정답이다.

미국

Questions 42-44 refer to the following excerpt from a meeting.

M Hello. I just wanted to give everyone an update on Mayor Tristan's upcoming visit. He will be coming by next Thursday. **42** As all of you know, the remodeling of the museum, which we finished last week, was part of the city's initiative to restore old historic buildings. Mayor Tristan has already dropped by the Belmore Library, and our museum is his next stop. Now, this is not an official occasion, **43** so we don't need to prepare anything special. **44** We will, however, hold a brunch for the mayor on that day to welcome him. Everyone is encouraged to attend. If you can't make it for some reason, let me know by tomorrow.

남 안녕하세요. 저는 다가올 Tristan 시장님의 방문에 대한 최신 정보를 드리고자 합니다. 시장님께서는 다음주 목요일에 방문하실 예정입니다. **42** 여러분 모두 아시다시피, 지난주에 저희가 완료한 박물관 개조 사업은 오래된 역사적 건물들을 복구하고자 하는 시 계획의 일환이었습니다. Tristan 시장님께서는 이미 Belmore 도서관을 방문하셨으며, 저희 박물관이 다음 방문하실 장소입니다. 이것은 공식적인 행사는 아니므로, **43** 특별히 준비하실 것은 없습니다. **44** 다만, 우리는 당일 시장님을 환영하는 의미에서 아침 겸 점심 식사를 할 예정입니다. 모두 참석하시기를 권장합니다. 특정 사유로 참석하지 못하시는 분들께서는, 내일까지 저에게 알려주시기 바랍니다

어휘 give an update on ~에 대한 최신 정보를 제공하다 | initiative 계획 | restore (건물, 예술 작품 등을) 복원하다 | historic 역사적인 | drop by 잠깐 들르다 | official occasion 공식 행사

42. Why is the mayor coming for a visit?

(A) Visitor attendance has been increasing.

(B) A library has been opened.

(C) Some renovation work has been finished.

(D) A city budget has been approved.

시장이 방문하는 이유는 무엇인가?

(A) 방문객 참석률이 증가했다.

(B) 도서관이 개업했다.

(C) 개조 공사가 완료되었다.

(D) 시 예산이 승인되었다.

해설 시장의 방문 목적에 대해 묻는 질문이다. 담화의 초반부에서 시장의 방문 예정 시각을 알리면서, 'As all of you know, the remodeling of the museum, which we finished last week, was part of the city's initiative to restore old historic buildings. Mayor Tristan has already dropped by the Belmore Library, and our museum is his next stop. (여러분 모두 아시다시피, 지난주에 저희가 완료한 박물관 개조 사업은 오래된 역사적 건물들을 복구하고자 하는 시 계획의 일환이었습니다. Tristan 시장님께서는 이미 Belmore 도서관을 방문하셨으며, 저희 박물관이 다음 방문하실 장소입니다.)'이라고 언급하고 있다. 즉, 지난주에 개조가 완료된 박물관에 다음 주 목요일에 시장이 방문할 예정이라는 내용을 담고 있으므로 정답은 (C)이다. 앞부분을 제대로 듣지 못했다면 (B)의 오답으로 이어질 수 있는 부분이므로 첫 번째 문제는 특히 담화의 도입 부분을 집중하여 들어야 정답에 손이 간다.

---

43. Why does the speaker say, "this is not an official occasion"?

(A) To prevent staff from worrying

(B) To offer a different opinion

(C) To introduce a coworker

(D) To highlight an achievement

화자는 왜 "이것은 공식적인 행사는 아닙니다"라고 말하는가?

(A) 직원들이 걱정하는 것을 방지하기 위해

(B) 다른 의견을 제안하기 위해

(C) 동료를 소개하기 위해

(D) 성과를 강조하기 위해

해설 화자가 하는 말의 의도를 묻고 있다. 담화의 중반부에 'this is not an official occasion, so we don't need to prepare anything special. (이것은 공식적인 행사는 아니므로, 특별히 준비하실 것은 없습니다.)'이라고 이야기하며 비공식 행사로서 특별히 준비사항이 없으니 너무 걱정하지 않아도 된다는 의미를 내포하고 있다. 따라서 정답은 (A)이다.

---

44. What event are listeners invited to attend?

(A) An anniversary celebration

(B) An exhibition

(C) A musical performance

(D) A meal

청자들은 어떤 행사에 참석하도록 권해지는가?

(A) 기념 행사

(B) 전시회

(C) 음악 공연

(D) 식사

해설 화자가 청자에게 권장하는 사항을 물어보는 질문이다. 요청, 제안, 권장과 관련된 표현을 키워드로 잡으면 정답의 단서를 찾을 수 있다. 담화 마지막 부분에서 'We will, however, hold a brunch for the mayor on that day to welcome him. Everyone is encouraged to attend. (다만, 우리는 당일 시장님을 환영하는 의미에서 아침 겸 점심 식사를 할 예정입니다. 모두 참석하시기를 권장합니다.)'라고 말했으므로, 시장과 함께하는 식사에 참여하기를 권하는 내용임을 알 수 있다. 따라서 권장된 행사는 담화에서 언급된 brunch (아침 겸 점심)가 패러프레이징된 (D)이다.

미국

Questions 45-47 refer to the following excerpt from a meeting.

W Before we discuss this month's sales figures, **46** I'd like to make an announcement regarding a new company policy. When leaving for an out-of-office meeting with a client, **47** you must inform Kim, our office manager, of your schedule. She needs to know who you're meeting, where you're going, and when you'll return. So, **45, 47** before you go out for a sales call, make sure to see Kim and give her your information, and she'll write it down on the whiteboard in our office. That way, in case someone is looking for you, we'll know where you are.

45-47번은 다음 회의 발췌록에 관한 문제입니다.

W 이번 달 매출액을 논의하기 전에, **46** 새로운 회사 규정에 관한 발표를 하고자 합니다. 고객과의 외부 회의를 위해 나가실 때는, **47** 여러분의 일정을 저희 사무장인 Kim에게 통보해야 합니다. 그녀는 여러분이 누구를 만나는지, 어디에 가는지, 그리고 언제 돌아올 건지에 대해 알아야 합니다. 그러니 **45, 47** 고객 방문을 위해 나가기 전에, 반드시 Kim을 만나서 여러분의 정보를 드리도록 하세요, 그럼 그녀가 우리 사무실에 있는 화이트보드에 그걸 적을 겁니다. 이런 방식으로, 누가 여러분을 찾을 경우, 저희는 여러분이 어디 있는지 알 수 있게 됩니다.

어휘 sales figures 매출액 | regarding ~에 관하여[대하여] | policy 정책 | out-of-office 외근의 | inform 알리다, 통보하다 | sales call 고객 방문 | in case ~인 경우에 대비하여

---

45. Who most likely is the talk intended for?

(A) Department managers

(B) Security officers

(C) Prospective clients

(D) Sales representatives

담화는 누구를 대상으로 하겠는가?

(A) 부서장들

(B) 경비원들

(C) 잠재적 고객들

(D) 영업 사원들

해설 청자들의 직업을 묻는 문제이다. 청자들의 신분을 알 수 있는 단어나 표현에 집중한다. 'before you go out for a sales call (고객 방문을 위해 나가기 전에)'이라고 말했으므로 (D)가 정답이다.

---

46. What is the purpose of the talk?

(A) To announce a project

(B) To honor a staff member

(C) To present a report

(D) To describe a policy

담화의 목적은 무엇인가?

(A) 프로젝트를 발표하기 위해

(B) 직원을 표창하기 위해

(C) 보고서를 제출하기 위해

(D) 정책을 설명하기 위해

해설 담화의 목적을 묻고 있다. 담화의 목적을 언급하는 전반부에 집중한다. 'I'd like to make an announcement regarding a new company policy. (새로운 회사 규정에 관한 발표를 하고자 합니다.)' 라고 말했으므로 (D)가 정답이다.

---

47. According to the speaker, what will Kim do?

(A) Interview job applicants

(B) Record schedule information

(C) Provide samples of a product

(D) Organize a training session

화자에 따르면, Kim은 무엇을 할 것인가?

(A) 입사 지원자들을 면접한다

(B) 일정 정보를 기록한다

(C) 제품의 견본을 제공한다

(D) 연수를 준비한다

해설 Kim이 할 일을 묻고 있다. 미래 행동·다음에 발생할 일의 유형이므로 후반부에 집중하고, Kim do를 키워드로 삼아 해당 내용을 포착한다. 'you must inform Kim ~ of your schedule. She needs to know who you're meeting, where you're going and when you'll return. / ~ give her your information, and she'll write it down on the whiteboard in our office. (여러분의 일정을 Kim에게 통보해야 합니다. 그녀는 여러분이 누구를 만나는지, 어디를 가는지, 그리고 언제 돌아올 건지에 대해 알아야 합니다. 그녀에게 여러분의 정보를 드리도록 하세요. 그럼 그녀가 우리 사무실에 있는 화이트보드에 그걸 적을 겁니다.)'라고 말했으므로 (B)가 정답이다.

Questions 48-50 refer to the following telephone message and a list.

M Hello, I'm leaving a message for Genna, the company vehicle supervisor. My name's Alan Floyd, and I'm calling about changing my vehicle reservation for Friday. **48** I originally just needed a sedan to pick up several clients from the airport. But, I just learned that they will be bringing some more equipment, and I won't have enough space to fit everything. **49** I know Carlos rented a large vehicle that day, so I was wondering whether he would be willing to switch with me. Do you mind talking to him to see if that would be acceptable? Also, **50** I'll need to use the navigation system. So, can you give me a brief tutorial on how it works?

48-50번은 다음 대화와 표에 관한 문제입니다.

남 안녕하세요. 회사의 차량 관리인인 Genna에게 메시지 남깁니다. 제 이름은 Alan Floyd이고, 금요일에 차량 예약을 해뒀던 걸 변경하려고 전화 드렸어요. **48** 원래는 공항에서 몇 분의 고객을 모시고 오려고 세단이 필요했거든요. 그런데 방금 그분들이 장비를 더 가지고 오신다는 걸 들었고, 모든 것들을 다 싣기에는 공간이 충분하지 않을 거예요. **49** 그날 Carlos가 큰 차량을 빌렸다는 걸 알고 있는데 저와 차량을 바꿔줄 수 있는지가 궁금해서요. 이게 가능한지 Carlos에게 여쭤봐 주시겠어요? 그리고 **50** 네비게이션 시스템을 사용해야 해요. 어떻게 사용하는 건지 잠시 설명해주실 수 있으신가요?

차종	예약자
소형차	이용 가능
승용차	Alan
트럭	Blake
49 밴	Carlos

어휘 vehicle 차량 | originally 원래 | equipment 장비 | switch 교환하다, 바꾸다 | acceptable 받아들일 수 있는 | brief 간단한 | tutorial 가르침, 개별 지도

48. What does the man need a vehicle for?

(A) Picking up some clients

(B) Attending a conference

(C) Giving a city tour

(D) Dropping off a coworker

남자는 왜 차량이 필요한가?

(A) 고객들을 태워 오기 위해

(B) 회의에 참석하기 위해

(C) 도시 투어를 해주기 위해

(D) 동료를 내려주기 위해

해설 원래 공항에서 고객 몇 명을 태우기 위해 세단 차량이 필요했었다고 (I originally just needed a sedan to pick up several clients from the airport.) 말하고 있으므로 (A)가 정답이다.

49. Look at the graphic. What type of vehicle does the speaker want to use?
(A) Compact
(B) Sedan
(C) Truck
(D) Van

시각 정보를 보시오. 화자는 어떤 종류의 차량을 사용하고 싶어하는가?
(A) 소형차
(B) 승용차
(C) 트럭
(D) 밴

해설 지문 중반부에 'I know Carlos rented a large vehicle that day, so I was wondering whether he would be willing to switch with me. (그날 Carlos가 큰 차량을 빌렸다는 걸 알고 있는데 저와 차량을 바꿔줄 수 있는지가 궁금해서요.)'라고 말하고 있는데 도표에 의하면 Carlos가 빌리기로 한 차량은 밴이므로 (D)가 정답이다.

---

50. What does the speaker say he needs assistance with?
(A) Carrying large equipment
(B) Repairing a vehicle
(C) Arranging accommodations
(D) Operating a navigation system

화자는 무엇에 대해 도움이 필요하다고 말하는가?
(A) 큰 장비를 운반하는 것
(B) 차량을 정비하는 것
(C) 숙박을 예약하는 것
(D) 네비게이션 시스템을 작동하는 것

해설 지문 마지막에 네비게이션 시스템을 사용해야 하는데, 작동법에 관한 간단한 지도를 원한다며 'I'll need to use the navigation system. So, can you give me a brief tutorial on how it works? (네비게이션 시스템을 사용해야 해요. 어떻게 사용하는 건지 잠시 설명해주실 수 있으신가요?)'라고 말하고 있으므로 이 부분을 패러프레이징한 (D)가 정답이다.

HALF TEST 05

1. (D)	2. (D)	3. (C)	4. (A)	5. (D)
6. (D)	7. (B)	8. (C)	9. (A)	10. (B)
11. (A)	12. (C)	13. (A)	14. (A)	15. (A)
16. (A)	17. (B)	18. (C)	19. (B)	20. (A)
21. (C)	22. (A)	23. (B)	24. (C)	25. (A)
26. (C)	27. (A)	28. (B)	29. (A)	30. (D)
31. (C)	32. (B)	33. (D)	34. (A)	35. (D)
36. (D)	37. (A)	38. (D)	39. (D)	40. (A)
41. (A)	42. (D)	43. (B)	44. (D)	45. (C)
46. (D)	47. (D)	48. (B)	49. (B)	50. (B)

1. 　　　　　　　　　　　　　　　　호주

(A) He's installing a kitchen counter.
(B) He's sorting food into baskets.
(C) He's holding a refrigerator door.
(D) He's removing a bag from a bin.

(A) 남자가 부엌 조리대를 설치하고 있다.
(B) 남자가 음식을 바구니들에 분류하고 있다.
(C) 남자가 냉장고 문을 잡고 있다.
(D) 남자가 쓰레기통에서 봉지를 꺼내고 있다.

해설 (A) 부엌 조리대(kitchen counter)는 보이지 않으므로 오답이다.
(B) 음식을 분류하는 동작이 아니므로 오답이다.
(C) 냉장고 문을 잡고 있는 동작이 아니므로 오답이다.
(D) 쓰레기 봉지를 통에서 꺼내고 있으므로 정답이다.

어휘 install 설치하다 | kitchen counter 부엌 조리대 | sort 분류하다 | basket 바구니 | refrigerator 냉장고 | remove 꺼내다, 치우다 | bag 봉지 | bin 쓰레기통

2. 　　　　　　　　　　　　　　　　미국

(A) He's attaching some tags to a rack.
(B) Wooden panels are being assembled.
(C) He's putting on a safety helmet.
(D) A package is being moved by a worker.

(A) 남자가 선반에 꼬리표를 붙이고 있다.
(B) 나무 판들이 조립되고 있다.
(C) 남자가 안전모를 쓰고 있는 중이다.
(D) 상자 하나가 인부에 의해 옮겨지고 있다.

해설 (A) 꼬리표를 붙이는 동작이 아니므로 오답이다.
(B) 나무 판이 조립되는 모습이 아니므로 오답이다.
(C) 안전모를 쓰고 있는 있는 동작이 아니므로 오답이다.
(D) 남자가 상자를 옮기고 있으므로 정답이다.

어휘 attach 붙이다 | tag 태그, 꼬리표 | rack 걸이, 선반 | wooden 나무
로 만든 | panel 판 | assemble 조립하다 | safety helmet 안전모
| package 상자, 포장물

---

3.    미국

(A) An overhead compartment is being closed.
(B) A flight attendant is checking a ticket.
(C) Some of the seats are occupied.
(D) One of the men is drinking from a glass.

(A) 머리 위 짐칸이 닫히고 있다.
(B) 승무원이 티켓을 확인하고 있다.
(C) 몇몇 자리에 사람들이 앉아 있다.
(D) 남자들 중 한 명이 잔으로 마시고 있다.

해설 (A) 머리 위 짐칸을 닫고 있지 않으므로 오답이다.
(B) 승무원이 티켓을 확인하고 있지 않으므로 오답이다.
(C) 몇몇 자리에 사람들이 앉아 있으므로 정답이다.
(D) 잔으로 음료를 마시는 남자가 보이지 않으므로 오답이다.

어휘 overhead compartment 비행기 머리 위 짐칸 | close 닫다 |
flight attendant 승무원 | occupy 자리를 점하다

---

4.    영국

(A) Some people are checking their reflections in a
    mirror.
(B) One of the women is sweeping the floor.
(C) Some chairs are being moved to a corner.

(D) One of the women is setting scissors on top of a
    cabinet.

(A) 몇몇 사람들이 거울로 자신들의 모습을 비춰보고 있다.
(B) 여자들 중 한 명이 바닥을 쓸고 있다.
(C) 의자 몇 개가 구석으로 옮겨지고 있다.
(D) 여자들 중 한 명이 보관함 위에 가위를 놓고 있다.

해설 (A) 몇몇 사람들이 거울에 비친 모습을 보고 있으므로 정답이다.
(B) 바닥을 쓸고 있는 여자가 보이지 않으므로 오답이다.
(C) 의자가 구석으로 옮겨지고 있지 않으므로 오답이다.
(D) 보관함이 보이지 않으므로 오답이다.

어휘 reflection (거울 등에 비친) 모습 | mirror 거울 | sweep 비로 쓸다
| corner 구석 | scissors 가위

---

5.    호주

(A) The man is looking at a computer monitor.
(B) The woman is organizing books on a shelf.
(C) A man and a woman are shaking hands.
(D) A man and a woman are at a checkout counter.

(A) 남자가 컴퓨터 모니터를 보고 있다.
(B) 여자가 선반에 있는 책들을 정리하고 있다.
(C) 남자와 여자가 악수를 하고 있다.
(D) 남자와 여자가 대출 카운터에 있다.

해설 (A) 남자가 컴퓨터 모니터를 보고 있는 모습이 아니므로 오답이다.
(B) 여자가 책들을 정리하는 모습이 아니므로 오답이다.
(C) 남녀가 악수하는 동작이 아니므로 오답이다.
(D) 남녀가 대출 카운터를 중심으로 마주하고 있으므로 정답이다.

어휘 organize 정리하다 | shelf 선반 | shake hands 악수하다 |
checkout counter 계산대, 대출 카운터

---

6.    영국

(A) Some stools are lined up on the floor.
(B) Some plants have been placed beside a door.
(C) The shelves are being stocked with books.
(D) The drawers behind the desk are closed.

(A) 의자들이 바닥에 일렬로 늘어서 있다.
(B) 식물들이 문 옆에 놓여 있다.
(C) 선반에 책들이 채워지고 있다.
(D) 책상 뒤에 있는 서랍들이 닫혀 있다.

해설 (A) 의자가 하나 뿐이므로 오답이다.
(B) 식물은 창문 옆에 있으므로 오답이다.
(C) 선반에 책을 채워넣고 있는 사람이 보이지 않으므로 오답이다.
(D) 책상 뒤에 있는 책장 서랍들이 닫혀 있으므로 정답이다.

어휘 **stool** 등받이 없는 의자 ǀ **be lined up** 일렬로 늘어서다 ǀ **plant** 식물 ǀ **shelves** 선반(shelf의 복수형) ǀ **stock** 쌓다 ǀ **drawer** 서랍 ǀ **closed** 닫혀 있는

---

7. How well can Tina play the guitar?
(A) Yes, I like it a lot.
(B) Oh, she's an expert.
(C) I'll lower the volume.

Tina는 기타를 얼마나 잘 치나요?
(A) 네, 저는 그게 정말 마음에 들어요.
(B) 아, 그녀는 전문가예요.
(C) 제가 소리를 좀 줄일게요.

해설 How 의문문 ⋯→ 기타 연주의 수준이나 우회적 응답이 예상된다.
(A) 의문사 의문문이므로 Yes를 듣는 순간 오답으로 소거한다.
(B) How well(얼마나 잘)이라고 물은 데 대해 expert(전문가)라고 자연스럽게 대답하므로 정답이다.
(C) 연상 어휘(guitar – lower the volume) 오답이다.

어휘 **expert** 전문가 ǀ **lower** 낮추다, 내리다

---

8. Who should I submit my timesheet to?
(A) Just your hours.
(B) At the end of every month.
(C) I'll give you his email address.

제 근무 시간 기록표를 누구에게 제출하죠?
(A) 당신 시간만요.
(B) 매달 말에요.
(C) 그분의 이메일 주소를 드릴게요.

해설 Who 의문문 ⋯→ 근무 시간표를 제출하는 대상이나 우회적 응답이 예상된다.
(A) 연상 어휘(timesheet – hours) 오답이다.
(B) 연상 어휘(timesheet – month) 오답이다.
(C) 제출해야 될 담당자 이메일 주소를 주겠다고 우회적으로 응답했으므로 정답이다.

어휘 **submit** 제출하다 ǀ **timesheet** 근무 시간 기록표

---

9. Where should I place the finalized reports?
(A) Ms. Duncan arranges all the documents.
(B) I finally got the approval.
(C) Either Monday or Tuesday.

완성된 보고서들을 어디 둬야 하죠?
(A) Ms. Duncan이 모든 서류를 정리해요.
(B) 마침내 승인을 받았어요.
(C) 월요일 아니면 화요일이요.

해설 Where 의문문 ⋯→ 완성된 보고서를 둬야 하는 위치나 우회적 응답이 예상된다.
(A) 문서를 정리하는 담당자 이름을 알려주며 '난 모른다'는 뜻을 우회적으로 말했으므로 정답이다.
(B) 유사 발음(finalized – finally) 오답이다.
(C) When 의문문에 어울리는 응답이다.

어휘 **finalized** 마무리된, 완결된 ǀ **arrange** 처리하다, 정리하다 ǀ **approval** 승인

---

10. What subway will take me to the theater?
(A) About 30 minutes.
(B) Look at the map behind you.
(C) It will be a great performance.

어떤 지하철을 타야 극장에 갈 수 있나요?
(A) 약 30분이요.
(B) 뒤에 있는 지도를 보세요.
(C) 훌륭한 공연이 될 거예요.

해설 What 의문문 ⋯→ 질문 앞부분(What subway 어떤 지하철)에 집중하면 정확하게 문제를 해결할 수 있다.
(A) 기간을 묻는 How long 의문문에 어울리는 응답이므로 오답이다.
(B) 자신은 모르니 지도를 보라고 한 우회적 표현이므로 정답이다.
(C) 연상 어휘(theater – performance) 오답이다.

어휘 **take** 데려다 주다 ǀ **theater** 극장 ǀ **performance** 공연

---

11. How much have our sales increased this month?
(A) I don't have the final figures yet.
(B) Yes, a 20 percent discount.
(C) From June to August.

이번 달에 우리 매출이 얼마나 올랐나요?
(A) 아직 최종 수치를 몰라요.
(B) 네, 20퍼센트 할인이요.
(C) 6월에서 8월까지요.

해설 How 의문문 ⋯→ 매출 증가폭이나 우회적 응답이 예상된다.
(A) 최종 수치를 가지고 있지 않아서 모른다는 의미를 우회적으로 나타내는 '모른다'형 정답이다.
(B) 의문사 의문문에는 Yes/No로 응답할 수 없다.
(C) 연상 어휘(month – June, August) 오답이다.

어휘 **sales** 매출액, 판매량 ǀ **figure** 수치 ǀ **discount** 할인

12. Should we go right to the train station or drop by the office first?

(A) Turn left at the corner.

(B) I can train them myself.

(C) Whatever you'd like.

기차역으로 바로 가야 하나요, 아니면 사무실에 먼저 들러야 하나요?

(A) 모퉁이에서 좌회전하세요.

(B) 제가 직접 그들을 교육할 수 있어요.

(C) 당신이 하고 싶은 대로요.

해설 선택 의문문 ··· 선택 의문문에서는 어떤 내용의 질문이 나와도 무조건 정답이 되는 표현들이 있으므로 이것들을 미리 외워 두면 쉽게 문제를 풀 수 있다.

(A) 연상 어휘(right – left) 오답이다.

(B) 동일 어휘(train) 반복 오답이다.

(C) 선택의문문에서 '아무거나(either, whichever, whatever, whenever, any ～)'라는 표현이 등장하면 정답으로 선호한다.

어휘 right 즉시, 곧바로 | drop by 들르다 | turn left 좌회전을 하다 | corner 모퉁이 | train 교육시키다 | whatever ～한 모든 것, 무엇이든지

---

13. Are you going to participate in the seminar at the city hall?

(A) I'm waiting for the dates to be confirmed.

(B) Twenty or so people from our division.

(C) Try the event hall.

시청에서 하는 세미나에 참가하실 건가요?

(A) 날짜가 확정되길 기다리고 있어요.

(B) 저희 부서에서 약 20명 정도요.

(C) 행사장에 가 보세요.

해설 일반 의문문 ··· 세미나에 참가할 거면 Yes, 그렇지 않으면 No로 응답하거나 우회적 응답이 예상된다.

(A) 확정 날짜를 기다린다는 말로 우회적으로 참가 의사를 나타내고 있으므로 정답이다.

(B) 연상 어휘(participate, seminar – Twenty) 오답이다.

(C) 동어 반복(hall) 오답이다.

어휘 participate 참여하다 | confirm 확정하다 | division 부문, 부서

---

14. You said you saw this film, didn't you?

(A) I don't mind seeing it again.

(B) Take it to the photo studio.

(C) No, it's a new movie theater.

이 영화를 보셨다고 했죠, 그렇죠?

(A) 다시 봐도 괜찮아요.

(B) 그걸 사진관에 가져가세요.

(C) 아니요, 새 영화관이에요.

해설 부가 의문문 ··· 영화를 봤으면 Yes, 그렇지 않으면 No로 응답하거나 우회적 응답이 예상된다.

(A) 다시 봐도 된다고 말하며 영화를 이미 봤다는 의미를 우회적으로 나타내므로 정답이다.

(B) 연상 어휘(film – photo studio) 오답이다.

(C) 연상 어휘(film – movie theater) 오답이다.

어휘 I don't mind V-ing ～해도 상관없다 | photo studio 사진관 | movie theater 영화관

---

15. The construction is starting tomorrow, isn't it?

(A) Yes, for the new office.

(B) We'll be attending the annual conference.

(C) The tool box.

공사는 내일 시작하죠, 그렇지 않나요?

(A) 네, 새 사무실을 위한 거요.

(B) 저희는 연례 컨벤션에 참석할 거예요.

(C) 공구 상자요.

해설 부가 의문문 ··· 오답을 잘 골라내면 쉽게 정답을 알 수 있다.

(A) 공사가 내일 시작하는지 확인하는 질문에 긍정(Yes)으로 답한 후 적절한 설명을 덧붙였으므로 정답이다.

(B) 유사 발음(construction – convention) 오답이다.

(C) 연상 어휘(construction – tool) 오답이다.

어휘 construction 건설, 공사 | convention 대회, 집회 | tool box 공구 상자

---

16. Hasn't Valerie appointed a new team leader yet?

(A) She said she'd do it tomorrow.

(B) Not on this street.

(C) What a great point!

Valerie가 아직 새로운 팀장을 임명하지 않았나요?

(A) 그녀는 내일 할 거라고 말했어요.

(B) 이 거리에서는 아니에요.

(C) 정말 좋은 의견이에요!

해설 부정 의문문 ··· not을 무시하고 질문 앞부분의 주어와 동사(Valerie appointed Valerie가 임명했나요?)에 집중하면 정확하게 문제를 해결할 수 있다.

(A) 질문에 언급된 Valerie를 She로 바꾸어 자연스럽게 대답한 정답이다.

(B) 질문과 무관한 응답을 했으므로 오답이다.

(C) 유사 발음(appointed – point) 오답이다.

어휘 appoint 임명하다 | team leader 팀장

---

17. Would Mr. Son prefer to talk with me about the new business today or later in the week?

(A) I'd like business class, please.

(B) Today would be better for him.

(C) Yes, I'm free next week.

Mr. Son이 그 새로운 사업에 대해 오늘 이야기하기를 원하나요, 아니면 이번 주말에 하기를 원하나요?
(A) 비즈니스석으로 부탁합니다.
(B) 오늘이 그에게 더 좋을 거예요.
(C) 네, 저는 다음 주에 한가해요.

해설 선택 의문문 ···› 오늘 또는 이번 주말 둘 중 하나를 선택하거나 제3의 응답이 예상된다.
(A) 동어 반복(business) 오답이다.
(B) '오늘'이 나을 것 같다고 말하며 둘 중 하나를 선택한 정답이다.
(C) 선택 의문문에는 보통 Yes/No로 응답하지 않는다.

어휘 prefer 선호하다 I free 한가한

미국 ↔ 호주

18. When will we know if we won the Phillips account?
(A) We won the sales award.
(B) Four of our long-time clients.
(C) Ms. Tunsil may know already.

우리가 Phillips와 거래가 성사되었는지 언제 알게 되나요?
(A) 우리는 매출상을 받았어요.
(B) 우리 장기고객 중 네 분이에요.
(C) Ms. Tunsil이 이미 알고 있는지도 몰라요.

해설 When 의문문 ···› 의문사 의문문은 의문사만 알아들어도 문제가 해결되는 경우가 많다.
(A) 동어 반복(won) 오답이다.
(B) 연상 어휘(account – clients) 오답이다.
(C) 직접적인 시점을 말하기보다 해당 업무에 대해 알고 있는 사람을 언급했으므로 정답이다.

어휘 win the account 거래를 성사하다 I long-term 장기적인 I client 고객

미국 ↔ 미국

19. You'd better contact the mechanic to fix the printer.
(A) No, express delivery.
(B) I hope it doesn't take him very long.
(C) Only color prints, please.

그 프린터를 고치려면 수리공에게 연락하는 게 좋겠어요.
(A) 아니에요. 특급 배송입니다.
(B) 그가 (수리하는 데) 시간이 그리 오래 걸리지 않기를 바라요.
(C) 컬러 인쇄만 부탁해요.

해설 평서문 ···› 평서문은 질문의 내용을 정확히 이해하는 것이 관건이다.
(A) 연상 어휘(contact – express delivery) 오답이다.
(B) 질문의 내용을 받아서 '수리하는 데 시간이 오래 걸리지 않았으면 좋겠다'고 한 적절한 대답이므로 정답이다.
(C) 유사 발음(printer – prints) 오답이다.

어휘 mechanic 수리공 I express delivery 특급 배송

영국 ↔ 미국

20. Haven't you read the feedback about our hotel?
(A) I didn't have time to look at it yet.
(B) They're in the back.
(C) A booking for two rooms on Friday.

우리 호텔에 대한 피드백을 보지 않으셨어요?
(A) 아직 검토해볼 시간이 없었어요.
(B) 그것들은 뒤에 있어요.
(C) 금요일에 방 두 개 예약이요.

해설 부정 의문문 ···› 부정 의문문은 not을 무시하고 긍정 의문문으로 간주한 후, 내용에 맞춰 Yes/No를 결정하는 것이 좋다.
(A) '검토할 시간이 없었다'고 하여 아직 못 봤음을 우회적으로 말하고 있으므로 정답이다.
(B) 유사 발음(feedback – back) 오답이다.
(C) 연상 어휘(hotel – booking, rooms) 오답이다.

어휘 feedback 피드백 I booking 예약

호주 ↔ 영국

Questions 21-23 refer to the following conversation.

Ⓜ Good morning. I hope you haven't been waiting long. **21** I was filling some prescriptions in the back. How can I help you?

Ⓦ Hi, **21** I'm here to pick up my medication. My doctor's office should have emailed my prescription here this morning. The pills are called Loratine – they're for my allergies. Also, **22** I was wondering whether using a nasal spray in addition to taking the pills would be helpful.

Ⓜ You should be fine taking just the pills. But **23** if your symptoms do not get any better after a few days, then call your doctor and speak to him about other options to treat the problem.

21-23번은 다음 대화에 관한 문제입니다.

남 안녕하세요. 오래 기다리지 않으셨기를 바라요. 뒤에서 **21** 약을 조제하고 있느라고요. 무엇을 도와드릴까요?

여 안녕하세요. **21** 전 약을 찾으러 왔어요. 오늘 오전에 제 병원에서 이메일로 처방전을 여기로 보냈을 거예요. 그 알약은 Loratine이라고 하고, 알레르기 약이에요. 그리고 **22** 알약을 복용하는 것과 함께 비강 스프레이를 사용하는 게 도움이 될지도 궁금해요.

남 이 알약만 드셔도 괜찮을 거예요. 하지만 **23** 며칠 후에도 증상이 전혀 호전되지 않는다면, 의사에게 전화해서 그 문제를 해결하기 위한 다른 방안들에 대해 상의하세요.

어휘 fill a prescription 약을 조제하다 I medication 약(물) I pill 알약, 정제 I nasal 비강[코]의 I in addition to ~에 더하여 I take a pill 알약을 복용하다 I symptom 증상 I treat 다루다. 처리하다

21. Where most likely are the speakers?

(A) At a fitness center

(B) At a doctor's office

(C) At a pharmacy

(D) At a health seminar

화자들이 있는 곳은 어디겠는가?

(A) 헬스클럽에

(B) 병원에

(C) 약국에

(D) 건강 세미나에

해설 대화 장소를 묻는 문제이다. 특정 장소와 관련된 단어나 표현을 포착한다. 남자가 'I was filling some prescriptions (약을 조제하고 있느라고요)'라고 했고, 여자가 'I'm here to pick up my medication. (전약을 찾으러 왔어요)'이라고 말했으므로 (C)가 정답이다.

22. What is the woman unsure about?

(A) The need for additional medicine

(B) The name of a trainer

(C) The directions to an office

(D) The amount of a prescription

여자는 무엇을 확신하지 못하는가?

(A) 추가 약의 필요성

(B) 트레이너의 이름

(C) 사무실까지 가는 길

(D) 처방된 약의 양

해설 여자가 확신하지 못하는 것을 묻고 있다. 문제에 언급된 여자의 말에 집중하고, unsure를 키워드로 삼아 해당 내용을 포착한다. 'I was wondering whether using a nasal spray in addition to taking the pills would be helpful. (알약을 복용하는 것과 함께 비강 스프레이를 사용하는 게 도움이 될지 궁금해요.)'이라고 말했으므로 nasal spray를 medicine으로 바꿔 쓴 (A)가 정답이다.

23. What does the man recommend?

(A) Returning later

(B) Contacting a doctor

(C) Buying different pills

(D) Visiting a Web site

남자는 무엇을 추천하는가?

(A) 나중에 다시 오는 것

(B) 의사에게 연락하는 것

(C) 다른 알약을 사는 것

(D) 웹사이트를 방문하는 것

해설 남자의 추천 사항을 묻고 있다. 문제에 언급된 남자의 말에 집중하고, '추천'과 관련된 표현을 포착한다. 'if your symptoms do not get ~ better ~, then call your doctor and speak to him. (증상이 호전되지 않는다면, 의사에게 전화해서 상의하세요.)'이라고 말했으므로 call your doctor를 바꿔 표현한 (B)가 정답이다.

Questions 24-26 refer to the following conversation.

Ⅿ Excuse me, **24** does your inn's shuttle bus go to Wacona Art Gallery? I'm going there for the opening of a new exhibit at 3 P.M.

Ⅵ It does – that'll be 3 dollars.

Ⅿ **25** Umm, isn't it free? I don't remember having to pay for the airport shuttle service.

Ⅵ We only offer complimentary rides to and from the airport. There is a fee if you want to go to other destinations.

Ⅿ Well, it's pretty cheap, so that's fine.

Ⅵ Should I arrange a ride back for you this evening?

Ⅿ That won't be necessary. I'm planning to meet a friend for dinner afterward at Lunas Café. Do you know where that is?

Ⅵ **26** Hmm... I'm not sure, but here's a city information brochure for you. It should list every major eatery.

24-26번은 다음 대화에 관한 문제입니다.

남 실례합니다. **24** 호텔 셔틀 버스가 Wacona 미술관을 가나요? 오후 3시에 새로운 전시회 개장에 갈 예정이에요.

여 갑니다. 3달러예요.

남 **25** 음, 무료 아닌가요? 공항 셔틀 서비스에 돈을 내야 했던 기억은 없는데요.

여 저희는 오직 공항에 오고 가는 것에 대한 무료 탑승만 제공합니다. 다른 목적지에 가고 싶으시면 요금이 있습니다.

남 그래요, 꽤 싸니깐 괜찮습니다.

여 오늘 저녁에 돌아오시는 차량도 준비해야 할까요?

남 그럴 필요 없어요. 후에 Lunas 카페에서 저녁 식사로 친구를 만날 계획이에요. 그게 어디 있는지 아세요?

여 **26** 음… 전 잘 모르겠지만, 여기 도시 안내 책자가 있습니다. 모든 주요 식당이 열거되어 있습니다.

어휘 inn 여관, 호텔 | opening 개장; 빈자리 | complimentary 무료의 | ride 탈 것, 타기 | destination 목적지 | afterward 나중에, 그 후에 | brochure 안내서 | list 명단, 목록 열거하다 | eatery 음식점, 식당

24. Where will the man go this afternoon?

(A) To a bus terminal

(B) To an airport

(C) To an art museum

(D) To a café

남자는 오늘 오후에 어디에 갈 것인가?

(A) 버스 터미널로

(B) 공항으로

(C) 미술관으로

(D) 카페로

해설 남자가 오늘 오후에 갈 장소를 묻고 있다. 'does your inn's shuttle bus go to Wacona Art Gallery? I'm going there for the opening of a new exhibit at 3 P.M. (호텔 셔틀 버스가 Wacona 미술관을 가나요? 오후 3시에 새로운 전시회 개장에 갈 예정이에요.)'라고 말했으므로 gallery를 museum으로 패러프레이징한 (C)가 정답이다.

---

25. What is the man surprised about?

(A) A transportation cost

(B) A flight time

(C) A room cancelation

(D) A meal discount

남자는 무엇에 놀라는가?

(A) 교통비

(B) 비행 시간

(C) 객실 취소

(D) 식사 할인

해설 남자가 놀란 것을 묻고 있다. 여자가 (셔틀 버스) 요금이 3달러라고 하자, 남자가 'Umm, isn't it free? I don't remember having to pay for the airport shuttle service. (음, 무료 아닌가요? 공항 셔틀 서비스에 돈을 내야 했던 기억은 없는데요.)'라고 말했으므로 airport shuttle을 transportation으로 패러프레이징한 (A)가 정답이다.

---

26. What does the woman give the man?

(A) A store voucher

(B) A business card

(C) A local guide

(D) A room key

여자는 남자에게 무엇을 주는가?

(A) 매장 상품권

(B) 명함

(C) 현지 안내책자

(D) 방 열쇠

해설 여자가 남자에게 주는 것을 묻고 있다. 여자가 'Hmm... I'm not sure, but here's a city information brochure for you. It should list every major eatery. (음… 전 잘 모르겠지만, 여기 도시 안내 책자가 있습니다. 모든 주요 식당이 열거되어 있습니다.)'라고 말했으므로 city information brochure를 local guide로 패러프레이징한 (C)가 정답이다.

Questions 27-29 refer to the following conversation.

W Hello Andrew, **27** my manager from the Information Technology team mentioned that the training session is next Thursday. I'm in charge of the basic skills workshop, correct?

M That's right.

W Also, it looks like I'll be presenting in the morning…

M Correct. **28** This is the complete training schedule. Keep it for your reference…

W Thank you.

M Oh, and another thing—since Mr. Lee's workshop is right after yours, coordinate your session with his to ensure a smooth transition. **29** You might want to talk with him about how the room should be set up.

W OK. I'll take care of that.

27-29번은 다음 대화에 관한 문제입니다.

여 안녕하세요 Andrew. **27** 저희 IT팀 매니저가 교육 과정이 다음 주 목요일이라고 했어요. 제가 기초 기술 워크숍 담당이죠, 맞나요?

남 맞아요.

여 그리고 제가 오전에 발표를 하기로 되어 있는 것 같던데요….

남 맞아요. **28** 이게 전체 교육 일정이에요. 참고용으로 가지고 계세요….

여 고마워요.

남 아, 그리고 하나 더요. Mr. Lee의 워크숍이 당신 바로 다음이라서, 원만한 전환을 위해 그분 시간과 당신 시간을 맞춰 주세요. **29** 강의실을 어떻게 준비할지 그분과 이야기를 해보시는 것도 좋을 것 같아요.

여 네. 제가 처리할게요.

어휘 training session 교육 (과정) | be in charge of ~을 담당하다 | reference 참고 | smooth 원만한 | transition 전환, 이동

---

27. What department does the woman work in?

(A) Information Technology

(B) Personnel

(C) Research

(D) Facilities Management

여자는 어느 부서에서 일하는가?

(A) IT부

(B) 인사부

(C) 연구부

(D) 시설관리부

해설 일하는 부서를 묻는 질문이므로 첫 문장에 정답이 나올 것이라고 미리 예상할 수 있다. 'my manager from the Information Technology team (저희 IT팀 매니저)'에서 여자가 소속된 부서는 Information Technology이라는 것을 알 수 있으므로 (A)가 정답이다.

---

28. What does the man hand to the woman?

(A) An instruction manual

(B) A workshop schedule

(C) A product questionnaire

(D) A company brochure

남자는 여자에게 무엇을 건네주는가?
(A) 설명서
(B) 워크숍 일정
(C) 상품 설문 조사지
(D) 기업 소책자

해설 남자가 'This is the complete training schedule. Keep it for your reference (이게 전체 교육 일정이에요. 참고용으로 가지고 계세요)'라고 말하면서 여자에게 training schedule을 건네주므로 (B)가 정답이다.

---

29. What does the man suggest the woman do?
(A) Review plans with a coworker
(B) Move a training session
(C) Meet with a job candidate
(D) Test out some equipment

남자는 여자에게 무엇을 하라고 제안하는가?
(A) 동료와 계획을 검토한다
(B) 교육 세션을 옮긴다
(C) 입사 지원자와 만난다
(D) 장비를 시험해본다

해설 남자가 Mr. Lee의 워크숍에서 여자의 워크숍으로 원활하게 전환되도록 조정해야 한다고 말하면서 'You might want to talk with him about how the room should be set up (강의실을 어떻게 준비할지 그분과 이야기를 해보시는 것도 좋을 것 같아요)'이라고 말했으므로 이 문장을 패러프레이징한 (A)가 정답이다.

영국 ↔ 미국

Questions 30-32 refer to the following conversation.

W Hello, Mr. Holt. It's Eliza from Scrubber's Cleaning Service. **30** I'm terribly sorry, but we won't be able to come to your home today because three of our employees are out with a cold. Would it be OK if we come by tomorrow?

M Actually, **31** I'll be in New York meeting clients for two days starting Wednesday. Why don't we just do it next Monday?

W **32** Since this is our fault, how about we come in this Saturday?

M If that works for you. **32** I should be here all day on Saturday.

30-32번은 다음 대화에 관한 문제입니다.

여 안녕하세요 Mr. Holt. Scrubber's 세탁소의 Eliza입니다. **30** 정말로 죄송한데, 저희 직원들 중 세 명이 감기에 걸려 나오지 않아서 저희가 오늘 당신 집에 갈 수 없을 거예요. 내일 방문해도 괜찮을까요?

남 사실, **31** 제가 수요일부터 이틀 간 뉴욕에서 고객들을 만나고 있을 거라서요. 그냥 다음 주 월요일에 하면 어떨까요?

여 **32** 이게 저희 잘못이니, 이번주 토요일에 가면 어떨까요?

남 당신만 괜찮다면요. **32** 저는 토요일에 여기 하루 종일 있을 거예요.

어휘 come by 들르다

30. Why is the woman delaying the project?
(A) An incorrect address was provided.
(B) A payment was not made.
(C) Some machines are being repaired.
(D) Some workers are unavailable.

여자가 일을 늦추려는 이유는 무엇인가?
(A) 잘못된 주소가 제공되었다.
(B) 비용이 지급되지 않았다.
(C) 기계가 수리 중이다.
(D) 몇몇 직원들의 시간이 안 된다.

해설 여자가 일을 늦추려고 하는 이유를 묻고 있다. delaying을 키워드로 삼아 여자의 말에서 단서를 잡아낸다. 'I'm terribly sorry, but we won't be able to come to your home today because three of our employees are out with a cold. (정말로 죄송한데, 저희 직원들 중 세 명이 감기에 걸려 나오지 않아서 저희가 오늘 당신 집에 갈 수 없을 거예요.)'라고 했으므로 (D)가 정답이다.

---

31. What does the man say he will do on Wednesday?
(A) View a property
(B) Conduct an interview
(C) Go on a business trip
(D) Get a medical checkup

남자는 수요일에 무엇을 할 거라고 말하는가?
(A) 부동산을 본다
(B) 인터뷰를 진행한다
(C) 출장을 간다
(D) 건강 검진을 받는다

해설 남자가 수요일에 할 일을 묻고 있다. Wednesday를 키워드로 삼아 남자의 말에서 단서를 잡아낸다. 'I'll be in New York meeting clients for two days starting Wednesday. (제가 수요일부터 이틀 간 뉴욕에서 고객들을 만나고 있을 거예요.)'라고 했으므로 I'll be in New York meeting clients를 패러프레이징한 (C)가 정답이다.

---

32. Why does the man say, "If that works for you"?
(A) To request a refund
(B) To agree to a suggestion
(C) To ask about a service
(D) To accept a discount

남자는 왜 "당신만 괜찮다면요"라고 말하는가?
(A) 환불을 요청하기 위해
(B) 제안에 동의하기 위해
(C) 서비스에 대해 물어보기 위해
(D) 할인을 수용하기 위해

해설 남자가 하는 말의 의도를 의도를 묻고 있다. 해당 표현 전후 대화 내용을 정확히 이해할 수 있어야 한다. 여자가 'Since this is our fault, how about we come in this Saturday? (이게 저희 실수니, 이번 주 토요일에 가면 어떨까요?)'라고 제의하자, 남자가 'If that works for you. I should be here all day on Saturday. (당신만 괜찮다면요. 저는 토요일에 여기 하루 종일 있을 거예요.)'라고 했으므로 (B)가 정답이다.

Questions 33-35 refer to the conversation and receipt.

W Hi, did you enjoy your meal?

M I did. But I'm looking at my receipt again, and I think I overpaid. **33, 34** According to that poster on your window, my drink should have been half off the original price.

W **34** Yes, we are offering our beverages at reduced prices right now. Do you mind showing me your receipt?

M Sure. Here you are.

W Thank you. Let's see… You're right. The discount wasn't applied.

M Do you mind refunding the difference in cash?

W Not at all, **35** but only my supervisor can approve the refund. Let me go and talk to him.

33-35번은 다음 대화와 영수증에 관한 문제입니다.

여 안녕하세요, 식사 맛있게 하셨나요?

남 네. 근데 제 영수증을 다시 보고 있는데, 요금을 더 낸 것 같아요. **33, 34** 식당 창문에 있는 저 포스터에 따르면, 제가 마신 음료는 원래 금액에서 반이 할인됐어야 하잖아요.

여 **34** 네, 저희는 지금 음료를 할인된 가격으로 제공하고 있습니다. 영수증 좀 보여주시겠습니까?

남 네. 여기요.

여 감사합니다. 음…. 손님 말씀이 맞네요. 할인이 적용이 되지 않았군요.

남 차액을 현금으로 환불받아도 될까요?

여 네. **35** 하지만 제 상사만 환불을 승인할 수가 있어요. 잠시 가서 말씀드리고 올게요.

Snake Burger Shack 영수증	
34 오렌지주스	3.00달러
후렌치후라이(대)	3.50달러
Mamba 버거	5.75달러
Cobra 버거	5.25달러

어휘 overpay 초과 지급하다 | apply 적용하다 | difference 차액 | approve 승인하다

33. Where did the man find out about the promotion?
(A) In a magazine
(B) In an online ad
(C) On the radio
(D) On a poster

남자는 판촉 행사에 대해 어디에서 확인하였는가?
(A) 잡지에서
(B) 온라인 광고에서
(C) 라디오에서
(D) 포스터에서

해설 남자가 프로모션을 확인한 장소를 묻고 있다. 남자의 대화 내용에 집중한다. 'According to that poster on your window, my drink should have been half off the original price. (식당 창문에 있는 저 포스터에 따르면, 제가 마신 음료는 원래 금액에서 반이 할인됐어야 하잖아요.)'라고 했으므로 (D)가 정답이다.

34. Look at the graphic. Which price is incorrect?
(A) $3.00
(B) $3.50
(C) $5.75
(D) $5.25

시각 정보를 보시오. 어느 가격이 잘못되었는가?
(A) 3.00달러
(B) 3.50달러
(C) 5.75달러
(D) 5.25달러

해설 잘못된 가격이 무엇인지 묻고 있다. 먼저 시각 정보를 파악해 둔 상태에서 해당 내용을 듣고, 시각 정보와 매칭시킨다. 남자가 'According to that poster on your window, my drink should have been half off the original price. (식당 창문에 있는 저 포스터에 따르면, 제가 마신 음료는 원래 금액에서 반이 할인됐어야 하잖아요.)'라고 하자, 여자가 'Yes, we are offering our beverages at reduced prices right now. (네, 저희는 지금 음료를 할인된 가격으로 제공하고 있습니다.)'라고 답하고 있는데, 시각 정보에서 음료에 해당하는 건 Orange juice이므로 이 가격인 (A)가 정답이다.

35. What most likely will the woman do next?
(A) Refill a beverage
(B) Provide a coupon
(C) Review a policy
(D) Speak with a manager

여자는 다음에 무엇을 하겠는가?
(A) 음료를 리필한다
(B) 쿠폰을 제공한다
(C) 정책을 검토한다
(D) 상사와 얘기한다

해설 여자가 다음에 할 일을 묻고 있다. 대화 후반부에서 미래 계획과 관련된 표현을 잡아낸다. 여자가 'but only my supervisor can approve the refund. Let me go and talk to him. (하지만 제 상사만 환불을 승인할 수가 있어요. 잠시 가서 말씀드리고 올게요.)'라고 했으므로 (D)가 정답이다. supervisor가 manager로 패러프레이징되었다.

Questions 36-38 refer to the following excerpt from a meeting.

M Welcome to today's marketing division meeting. **36** We'll begin by reviewing the adjustments that were made to our expense approval process. Receipts still need to be collected and submitted to Accounting. **37** However, everyone must now provide a budget proposal estimating how much they will spend before each trip and have it confirmed by their manager. All managers have been informed about this new process and will expect to check the proposal before your business trip. **38** This is a template of the budget proposal. Let's go over it together.

36-38번은 다음 회의 발췌록에 관한 문제입니다.

남 오늘의 마케팅 부서 회의에 오신 것을 환영합니다. **36** 비용 승인 절차에 이뤄진 조정 내용을 검토하는 것으로 시작하겠습니다. 여전히 영수증을 모아 회계 부서에 제출해야 합니다. **37** 하지만 이제 모두들 매 출장 전 얼마나 돈을 쓸 것인지 추산한 예산 제안서를 제시하고 매니저에게 승인 받아야 해요. 모든 매니저들이 이 새 절차에 대해 공지를 받았고 여러분이 출장을 가기 전 제안서를 확인할 것으로 예상하고 있습니다. **38** 이게 예산 제안서 틀이에요. 같이 살펴봅시다.

어휘 review 검토하다 | adjustment 조정, 수정 | expense 비용 | approval 승인 | receipt 영수증 | collect 모으다 | accounting 회계 | budget 예산 | proposal 제안서 | estimate 추산하다 | confirm 확인하다 | template 틀

36. What does the speaker say is being changed?
(A) An event schedule
(B) A meeting location
(C) A hiring process
(D) An approval procedure

화자는 무엇이 변경되고 있다고 말하는가?
(A) 행사 일정
(B) 회의 장소
(C) 채용 절차
(D) 승인 절차

해설 변경되고 있는 것을 묻고 있다. change를 키워드로 삼아 해당 내용을 포착한다. 'We'll begin by reviewing the adjustments that were made to our expense approval process. (비용 승인 절차에 이뤄진 조정 내용을 검토하는 것으로 시작하겠습니다.)'라고 말했으므로 process를 procedure로 패러프레이징한 (D)가 정답이다.

37. What will managers have to do?
(A) Confirm a budget
(B) Evaluate their team members
(C) Propose an idea
(D) Attend a workshop

매니저들은 무엇을 해야 하는가?
(A) 예산을 확인한다
(B) 팀원을 평가한다
(C) 아이디어를 제안한다
(D) 워크숍에 참석한다

해설 매니저들이 해야 하는 일을 묻고 있다. managers를 키워드로 삼아 해당 내용을 포착한다. 'However, everyone must now provide a budget proposal estimating how much they will spend before each trip and have it confirmed by their manager. (하지만 이제 모두들 매 출장 전 얼마나 돈을 쓸 것인지 추산한 예산 제안서를 제시하고 매니저에게 승인 받아야 해요.)'라고 말했으므로 (A)가 정답이다.

38. What does the speaker say he will do next?
(A) Conduct a survey
(B) Introduce an employee
(C) Demonstrate a product
(D) Discuss a form

화자는 다음에 무엇을 하겠다고 하는가?
(A) 설문조사를 진행한다
(B) 직원을 소개한다
(C) 제품을 시연한다
(D) 양식을 설명한다

해설 화자의 다음 할 일을 묻고 있다. 담화 후반부에서 미래시제나 제안 표현을 포착한다. 'This is a template of the budget proposal. Let's go over it together. (이게 예산 제안서 틀이에요. 같이 살펴봅시다.)'라고 말했으므로 go over를 discuss로, template를 form으로 패러프레이징한 (D)가 정답이다.

Questions 39-41 refer to the following news report.

W This morning, **39** a group of local citizens and city officials got together to witness the opening of Vanowen Park's newest facility. The facility is called the Young Health Hub, and it features several rooms where children can engage in a wide range of recreational activities. Vanowen Park has been trying to promote regular exercise in children. Recently, they contracted Abby Hood, a renowned architect, **40** to create a new playground that contains equipment made from the safest materials. Park officials received a number of impressive blueprints from many candidates, **41** but they ultimately chose Ms. Hood because she submitted a design that stood out the most.

39-41번은 다음 뉴스 보도에 관한 문제입니다.

데 오늘 오전에 **39** 지역 시민들과 시 공무원들이 Vanowen 공원의 최신 시설 개관을 지켜보기 위해 모였습니다. 이 시설은 The Young Health Hub라 불리며, 어린이들이 다양한 종류의 여가 활동에 참여할 수 있는 여러 방이 있습니다. Vanowen 공원은 어린이들의 규칙적인 운동을 장려하기 위해 노력해 왔습니다. 최근에는 **40** 가장 안전한 자재로 만들어진 기구를 놓은 새로운 놀이터를 만들기 위해 저명한 건축가 Abby Hood와 계약을 맺었습니다. 공원 관계자들은 많은 후보자들로부터 인상적인 청사진들을 받았지만, **41** Ms. Hood가 가장 눈에 띄는 디자인을 제출했기 때문에 결국 그녀를 선택했습니다.

어휘 city official 공무원 | facility 시설 | promote 증진하다 | renowned 유명한 | blueprint 청사진 | stand out 매우 뛰어나다

---

39. Why did people gather at Vanowen Park?

(A) To participate in a community workshop

(B) To watch a sports competition

(C) To register for a fitness class

(D) To view a recreational facility

사람들은 왜 Vanowen 공원에 모였는가?

(A) 지역 사회 워크숍에 참가하기 위해

(B) 스포츠 경기를 관람하기 위해

(C) 피트니스 수업에 등록하기 위해

(D) 여가 시설을 보기 위해

해설 지문 첫 두 문장에서 정답을 알 수 있다. 'a group of local citizens and city officials got together to witness ~ Vanowen Park's newest facility. The facility ~ features several rooms where children can engage in a wide range of recreational activities. (지역 시민들과 시 공무원들이 Vanowen 공원의 최신 시설을 지켜보기 위해 모였습니다. 이 시설은 어린이들이 다양한 종류의 여가 활동에 참여할 수 있는 여러 방이 있습니다.)'라고 했으므로 (D)가 정답이다.

---

40. What is said about the playground?

(A) It uses safe equipment.

(B) It is located near a health clinic.

(C) It features a bigger slide.

(D) It is made of recycled materials.

놀이터에 대해 언급된 것은 무엇인가?

(A) 안전한 기구를 사용한다.

(B) 진료소 근처에 위치한다.

(C) 더 큰 미끄럼틀이 있다.

(D) 재활용 자재로 만들어졌다.

해설 지문 중간에 'to create a new playground that contains equipment made from the safest materials (가장 안전한 자재로 만들어진 기구를 놓은 새로운 놀이터를 만들기 위해)'라고 언급되었으므로 (A)가 정답이다.

---

41. Why was Abby Hood selected?

(A) She submitted the best design.

(B) She offered a reasonable price.

(C) She is able to start right away.

(D) She is a city official.

왜 Abby Hood가 선정되었는가?

(A) 최상의 디자인을 제출했다.

(B) 적정한 비용을 제안했다.

(C) 일을 당장 시작할 수 있다.

(D) 시 공무원이다.

해설 but, no, actually, so 뒤에는 거의 대부분 정답 키워드가 들어 있다. 마지막 문장에서 'but they ultimately chose Ms. Hood because she submitted a design that stood out the most. (Ms. Hood가 가장 눈에 띄는 디자인을 제출했기 때문에 결국 그녀를 선택했습니다.)'라고 했으므로 지문의 동사 chose를 문제에서 selected로 바꿔 놓았다는 것을 간파하고, stood out the most를 best design이라고 패러프레이징한 (A)를 정답으로 선택해야 한다.

미국

Questions 42-44 refer to the following telephone message.

M Hi, Sarah. **42** It's Vince calling from the florist's. **43** I think there's a mistake with today's delivery. We got double the usual number of roses and carnations, but I'm pretty sure we don't have any promotional events coming up this week. And I even looked through our calendar to be sure. Did you put in a special order, by any chance? I wanted to check with you before I contacted our supplier. Oh, and uh… just so you know… **44** I've got to finish checking the inventory before noon… and it's 11:30 already.

42-44번은 다음 전화 메시지에 관한 문제입니다.

데 안녕하세요, Sarah. **42** 꽃 가게에서 Vince가 전화드려요. **43** 오늘 배달에 실수가 있는 것 같네요. 저희가 평상시보다 장미와 카네이션을 두 배로 받았는데요, 이번 주에는 홍보 행사를 하지 않을 거라고 확신하거든요. 제가 확인하려고 달력도 훑어봤어요. 혹시, 당신이 특별 주문을 했나요? 공급업체에 연락하기 전에 당신과 확인해보고 싶었어요. 오, 그리고 어… 한 가지 알아두실 게… **44** 제가 정오 전까지 재고품 확인을 끝내야 해서요… 그런데 지금 벌써 11시 30분이네요.

어휘 double 두 배로 하다, 두 배가 되다 | promotional event 홍보 행사 | look through 검토하다 | by any chance 혹시라도 | supplier 공급업체 | just so you know 알기를 바란다 | inventory 재고(품)

42. Where does the speaker work?

(A) At a post office

(B) At an advertising agency

(C) At a landscaping company

(D) At a flower shop

화자는 어디에서 일하는가?

(A) 우체국에서

(B) 광고 대행사에서

(C) 조경 회사에서

(D) 꽃 가게에서

해설 화자가 일하는 장소를 묻는 문제이다. 특정 장소와 관련된 단어나 표현을 포착한다. 'It's Vince calling from the florist's (꽃 가게에서 Vince가 전화드려요)'라고 말했으므로 (D)가 정답이다.

43. What problem does the speaker mention?

(A) A promotional event was postponed.

(B) A shipment contained extra items.

(C) A supplier cannot fulfill a request.

(D) A customer filed a complaint.

화자는 어떤 문제점을 언급하는가?

(A) 홍보 행사가 연기되었다.

(B) 배송품에 추가 물건들이 포함되어 있었다.

(C) 공급업체가 요청을 이행해줄 수 없다.

(D) 고객이 불만을 제기했다.

해설 문제점을 묻는 문제이다. 부정 표현을 포착한다. 'I think there's a mistake with today's delivery. We got double the usual number of roses and carnations, but I'm pretty sure we don't have any promotional events coming up this week. (저희가 평상시보다 장미와 카네이션을 두 배로 받았는데요, 이번 주에는 홍보 행사를 하지 않을 거라고 확신하거든요.)'라고 말했으므로 화자는 장미와 카네이션을 추가로 주문하지 않았음을 알 수 있다. 따라서 (B)가 정답이다.

44. What does the man mean when he says, "I've got to finish checking the inventory before noon"?

(A) He needs more workers to help him.

(B) He is missing some merchandise.

(C) He has to place a new order soon.

(D) He wants a quick response.

남자는 "제가 정오 전까지 재고품 확인을 끝내야 해서요"라고 말할 때 무엇을 의도하는가?

(A) 도와줄 더 많은 직원들이 필요하다.

(B) 어떤 상품을 잃어버렸다.

(C) 곧 새로운 주문을 해야 한다.

(D) 빠른 응답을 원한다.

해설 남자가 하는 말의 의도를 묻고 있다. 앞에서 공급업체에 전화하기 전에 Sarah가 주문한 것인지 확인해보고 싶었다고 하면서, 'I've got to finish checking the inventory before noon... and it's 11:30 already (제가 정오 전까지 재고품 확인을 끝내야 해요… 그런데 지

금 벌써 11시 30분이네요)'라고 말했으므로 재고 확인 완료 시간이 얼마 안 남았으니 자신의 질문에 빨리 응답해달라고 한 것임을 알 수 있다. 따라서 (D)가 정답이다.

Questions 45-47 refer to the following introduction.

W Welcome back to TVZ Radio's program, *What's New*? Our guest this morning is Alex Khan, founder of the online company, Comptro.com. **45** The company operates a popular Web site that allows users to read reviews of the newest electronic products, including laptops, smartphones, and digital cameras. **46** A special feature of Comptro is that it runs extensive tests to review the product. The company's expert staff members attend the biggest technology expos each year to check out the latest products and test them out in their labs. **47** And now, Mr. Khan will tell us about how he came up with the idea for the Web site and how his company got started.

45-47번은 다음 소개에 관한 문제입니다.

여 TVZ 라디오 프로그램 〈무엇이 새로운가?〉를 다시 찾아 주신 청취자 여러분 환영합니다. 오늘 아침 저희 게스트는 온라인 회사 Comptro.com의 창립자이신 Alex Khan입니다. **45** 이 회사는 사용자들이 노트북, 스마트폰과 디지털 카메라를 포함한 최신 전자 제품들의 평을 읽을 수 있게 하는 인기 웹 사이트를 운영하고 있습니다. **46** Comptro의 특별한 점은 제품을 검토하기 위해 광범위한 실험을 수행한다는 것입니다. 회사의 전문적인 직원들은 최신 제품을 조사하고 그것들을 자사 실험실에서 시험하기 위해 매년 가장 큰 기술 박람회에 참석합니다. **47** 그리고 이제, Mr. Khan이 어떻게 웹 사이트에 대한 아이디어를 생각해 냈고 회사가 어떻게 시작되었는지에 대해 말씀해 주실 것입니다.

어휘 founder 창립자 | allow ~할 수 있게 하다 | electronic product 전자 제품 | feature 특징 | expo 박람회 | come up with ~을 생각해 내다

45. What products are reviewed on the Web site?

(A) Business attire

(B) Furniture

(C) Electronics

(D) Office supplies

웹 사이트에서 어떤 제품들이 평가받는가?

(A) 정장

(B) 가구

(C) 전자 제품

(D) 사무용품

해설 웹 사이트에서 평가받는 제품들을 묻는 문제이다. products, reviewed, Web site를 키워드로 삼아 해당 내용을 포착하면, 'The company operates a ~ Web site that allows users to read reviews of the newest electronic products. (이 회사는 사용자들

이 최신 전자 제품들의 평을 읽을 수 있게 하는 웹 사이트를 운영합니다.)'라고 말했으므로 (C)가 정답이다.

---

46. What special feature does the speaker mention about the company?
(A) It provides free consultations.
(B) It hosts conventions every year.
(C) It offers information in various languages.
(D) It conducts its own product testing.

화자는 회사에 대해 어떤 특별한 점을 언급하는가?
(A) 무료 상담을 제공한다.
(B) 매년 회의를 주최한다.
(C) 다양한 언어로 정보를 제공한다.
(D) 자체 제품 시험을 실시한다.

해설 회사의 특별한 점을 묻는 문제이다. special feature를 키워드로 삼아 해당 내용을 포착하면, 'A special feature of Comptro is that it runs extensive tests to review the product. The company's ~ staff members ~ check out the latest products and test them out in their labs. (Comptro의 특별한 점은 제품을 검토하기 위해 광범위한 실험을 수행한다는 것입니다. 회사의 전문적인 직원들은 최신 제품을 조사하고 그것들을 자사 실험실에서 시험합니다.)'라고 말했으므로 (D)가 정답이다.

---

47. What will listeners hear about next?
(A) Latest fashion trends
(B) The work of a renowned engineer
(C) Global marketing opportunities
(D) The beginning of a company

청자들은 다음에 무엇에 대해 들을 것인가?
(A) 최신 패션 동향
(B) 유명한 엔지니어의 작품
(C) 세계적인 마케팅 기회
(D) 회사의 시작

해설 다음 들을 것을 묻고 있다. hear, next를 키워드로 삼아 해당 내용을 포착하면, 'And now, Mr. Khan will tell us about how he came up with the idea for the Web site and how his company got started. (그리고 이제, Mr. Khan이 어떻게 웹 사이트에 대한 아이디어를 생각해 냈고 회사가 어떻게 시작되었는지에 대해 말씀해 주실 것입니다.)'라고 말했으므로 how his company got started를 패러프레이징한 (D)가 정답이다.

Questions 48-50 refer to the following tour information and schedule.

W If I can get everybody's attention for a few minutes... OK, thank you. Well, I hope you all enjoyed the breakfast buffet at the University Diner. **48** As I told you earlier this morning, it was built over 70 years ago, and it has been around longer than any other cafeteria on campus. Now, please follow me to the right. **49** We're right on schedule to go inside the Estes Research Lab. Here, we'll take an hour to follow Dr. Gonzales through the different labs, so please wear your protective goggles. As you go in, **50** I will hand out brochures with details about the different kinds of experiments that are taking place here.

48-50번은 다음 여행 안내와 일정표에 관한 문제입니다.

여 여러분 잠시 저에게 주목해주시겠어요…. 아, 감사합니다. 여러분 모두가 University Diner에서 갖게 된 아침 뷔페를 즐기셨기를 바랍니다. **48** 제가 아침에도 일찍 말씀드렸다시피, 이곳은 70년 전에 지어졌으며, 캠퍼스 내 어떤 식당보다도 오래되었습니다. 이제, 저를 따라 오른쪽으로 와 주십시오. **49** 이제는 Estes 연구소 안으로 들어가볼 차례가 되겠습니다. 지금부터는 한 시간 동안 Gonzales 박사님을 따라 각각 다른 실험실들을 가보겠습니다. 그러니 보안경을 착용 부탁드립니다. 안으로 들어가시면 현재 여기에서 진행되고 있는 다양한 종류의 실험에 대한 **50** 책자들을 배포해 드리겠습니다.

캠퍼스 투어 일정	
아침 식사	오전 7:30
49 연구시설 방문	오전 8:40
미술부 전시	오전 10:45
학장님과 만남	오전 11:50

어휘 cafeteria 구내 식당 | lab 실험실 | protective goggle 보안경 | experiment 실험

---

48. What does the speaker say about the University Diner?
(A) It employs a well-known chef.
(B) It is the oldest cafeteria on campus.
(C) It is open only to faculty members.
(D) It uses organic ingredients.

화자는 University Diner에 대해 무엇을 말하는가?
(A) 유명한 요리사를 고용하고 있다.
(B) 캠퍼스 내의 가장 오래된 식당이다.
(C) 교수진들에게만 허락된 곳이다.
(D) 천연 재료를 사용하고 있다.

해설 특정 장소에 대해 언급된 사항을 묻는 문제이다. 질문의 University Diner를 키워드로 잡고 정답의 단서를 찾도록 한다. 화자는 at University Diner라고 키워드를 제시한 후, 'As I told you earlier this morning, it was built over 70 years ago, and it has been around longer than any other cafeteria on campus. (제가 아침에도 일찍 말씀드렸다시피, 이곳은 70년 전에 지어졌으며, 캠퍼스 내 어떤 식당보다도 오래되었습니다.)'라고 말했으므로 longer than any other를 듣는 순간 (B)로 정답을 체크할 수 있다.

---

49. Look at the graphic. What time is this talk most likely being given?
(A) At 7:30 A.M.
(B) At 8:40 A.M.
(C) At 10:45 A.M.
(D) At 11:50 A.M.

시각 정보를 보시오, 지금 대화가 진행되고 있는 시간이 언제이겠는가?
(A) 오전 7:30
(B) 오전 8:40
(C) 오전 10:45
(D) 오전 11:50

해설 대화가 진행되고 있는 시간을 묻는 시각 정보 연계 문제이다. 도표에 나와있는 일정에 시선을 고정한 채, 특정 일정이 언급되는 순간 바로 정답으로 체크한다. 담화의 중반부에 'We're right on schedule to go inside the Estes Research Lab. (이제는 Estes 연구소 안으로 들어가볼 차례가 되겠습니다.)'이라고 언급되므로 지금 현재 시각은 Research Lab에 가야 할 때임을 알 수 있다. 따라서 정답은 일정표의 Research Facility Visit에 해당하는 (B)가 된다.

---

50. What does the speaker say she will distribute?
(A) Protective shoes
(B) Brochures
(C) Questionnaires
(D) ID badges

화자는 무엇을 배포할 것이라고 말하는가?
(A) 보호 신발
(B) 안내 책자
(C) 설문지
(D) 아이디 카드

해설 화자가 배포할 물건에 대해 묻는 질문이다. distribute를 키워드로 잡고 관련 표현이 들리는 문장에 유의한다. 'I will hand out brochures ~ (책자들을 배포해 드리겠습니다.)'라고 말하였으므로 질문의 distribute가 hand out으로 패러프레이징되었음을 간파한 후, 빠르게 (B)로 정답을 체크한다.

ACTUAL TEST

본서 p.334

1. (A)	2. (D)	3. (A)	4. (A)	5. (D)
6. (A)	7. (C)	8. (B)	9. (B)	10. (A)
11. (A)	12. (A)	13. (C)	14. (A)	15. (C)
16. (A)	17. (A)	18. (C)	19. (A)	20. (B)
21. (B)	22. (C)	23. (B)	24. (C)	25. (A)
26. (C)	27. (C)	28. (B)	29. (B)	30. (C)
31. (C)	32. (A)	33. (C)	34. (B)	35. (B)
36. (A)	37. (B)	38. (A)	39. (C)	40. (B)
41. (B)	42. (D)	43. (A)	44. (C)	45. (C)
46. (B)	47. (B)	48. (A)	49. (D)	50. (C)
51. (A)	52. (B)	53. (B)	54. (C)	55. (A)
56. (C)	57. (D)	58. (C)	59. (C)	60. (A)
61. (B)	62. (C)	63. (D)	64. (A)	65. (C)
66. (B)	67. (B)	68. (A)	69. (B)	70. (C)
71. (C)	72. (A)	73. (B)	74. (B)	75. (D)
76. (B)	77. (B)	78. (C)	79. (A)	80. (B)
81. (C)	82. (B)	83. (C)	84. (A)	85. (D)
86. (C)	87. (D)	88. (A)	89. (B)	90. (A)
91. (A)	92. (C)	93. (B)	94. (B)	95. (A)
96. (C)	97. (B)	98. (A)	99. (C)	100. (B)

1.

영국

(A) He is holding a brush.
(B) He is removing his hat.
(C) He is working on a roof.
(D) He is installing some fences.

(A) 남자가 붓을 잡고 있다.
(B) 남자가 모자를 벗고 있다.
(C) 남자가 지붕 위에서 일하고 있다.
(D) 남자가 울타리를 설치하고 있다.

해설 (A) 손에 붓을 잡고 있으므로 정답이다.
(B) 모자를 벗는 동작이 아니므로 오답이다.
(C) 지붕 위에서 일하는 모습이 아니므로 오답이다.
(D) 울타리를 설치하고 있지 않으므로 오답이다.

어휘 hold 잡다, 들다 | remove (옷 등을) 벗다 | roof 지붕 | install 설치하다 | fence 울타리

2. 미국

(A) Some people are trimming some bushes.
(B) Some people are putting on gardening gloves.
(C) Some flowers are hanging from the ceiling.
(D) Some potted plants are on display.

(A) 몇몇 사람들이 덤불을 손질하고 있다.
(B) 몇몇 사람들이 원예용 장갑을 끼는 중이다.
(C) 몇몇 꽃들이 천장에 매달려 있다.
(D) 몇몇 화분들이 진열되어 있다.

해설 (A) 덤불은 보이지 않으므로 오답이다.
(B) 장갑을 끼고 있는 동작이 아니므로 오답이다.
(C) 꽃들이 매달려 있는 모습이 보이지 않으므로 오답이다.
(D) 화분에 담긴 식물들이 진열되어 있으므로 정답이다.

어휘 trim 손질하다, 다듬다 | bush 덤불, 관목 | gardening gloves 원예용 장갑 | hang 매달다, 걸다 | ceiling 천장 | potted plant 화분 | on display 진열되어 있는

3. 영국

(A) They've gathered outside some tents.
(B) They're distributing food to some people.
(C) They're setting up tents on the grass.
(D) They're walking up a mountain path.

(A) 사람들이 텐트 밖에 모여 있다.
(B) 사람들이 몇몇 사람들에게 음식을 나눠주고 있다.
(C) 사람들이 잔디 위에 텐트를 설치하고 있다.
(D) 사람들이 산길을 오르고 있다.

해설 (A) 사람들이 텐트 밖에 모여 있으므로 정답이다.
(B) 음식을 나누어주는 모습은 보이지 않으므로 오답이다.
(C) 텐트는 이미 설치되어 있으므로 오답이다.
(D) 사람들이 산길을 오르는 모습이 아니므로 오답이다.

어휘 gather 모이다, 모으다 | distribute 나누어주다 | set up 설치하다, 세우다

4. 호주

(A) A customer is having her hair styled.
(B) A worker is waxing the floor.
(C) One of the women is washing a towel.
(D) One of the women is moving a table.

(A) 손님이 머리 손질을 받고 있다.
(B) 작업자가 바닥을 왁스로 광내고 있다.
(C) 여자들 중 한 명이 수건을 세탁하고 있다.
(D) 여자들 중 한 명이 탁자를 옮기고 있다.

해설 (A) 손님이 머리 손질을 받고 있으므로 정답이다.
(B) 바닥을 닦는 사람이 보이지 않으므로 오답이다.
(C) 여자가 수건을 세탁하는 모습이 아니므로 오답이다.
(D) 탁자를 옮기는 사람이 보이지 않으므로 오답이다.

어휘 customer 손님 | style (옷·머리 등의) 스타일을 만들다 | wax 왁스로 광을 내다

5. 미국

(A) A rug is being rolled up.
(B) Some cushions have been stacked on the floor.
(C) All of the seats are occupied.
(D) There are large plants beside some furniture.

(A) 카펫이 둘둘 말리고 있다.
(B) 쿠션 몇 개가 바닥에 쌓여 있다.
(C) 모든 자리가 차 있다.
(D) 가구 옆에 큰 식물들이 있다.

해설 (A) 카펫을 말고 있는 사람이 보이지 않으므로 오답이다.
(B) 바닥에 쿠션이 쌓여 있지 않으므로 오답이다.
(C) 자리에 앉은 사람들이 없으므로 오답이다.
(D) 의자 옆에 식물들이 있으므로 정답이다.

어휘 roll up 둘둘 말다 | stack 쌓다 | seat 자리, 좌석 | occupied (자리가) 사용(되는) 중인 | furniture 가구

6.

(A) A presentation is being shown on a screen.
(B) Some equipment is being set up.
(C) A notice is being posted on a board.
(D) Some materials are being handed out to the
participants.

(A) 발표 내용이 화면에 보여지고 있다.
(B) 몇몇 장비가 설치되고 있다.
(C) 안내문이 게시판에 붙여지고 있다.
(D) 몇몇 자료들이 참석자들에게 나누어지고 있다.

해설 (A) 발표 내용이 스크린에 보여지고 있으므로 정답이다.
(B) 장비를 설치하고 있는 사람이 보이지 않으므로 오답이다.
(C) 안내문을 붙이고 있는 사람이 보이지 않으므로 오답이다.
(D) 자료를 나누어 주는 사람이 보이지 않으므로 오답이다.

어휘 equipment 장비, 기기 | set up 설치하다 | post 붙이다, 게시하다 | material 자료 | hand out ~을 나누어 주다 | participant 참석 [참가]자

미국 → 미국

7. How did you find the local supplier?
(A) I don't remember where it is.
(B) On Stage 5.
(C) I searched online.

현지 공급업체를 어떻게 찾았나요?
(A) 그게 어디에 있는지 기억이 나지 않아요.
(B) 5번 무대에서요.
(C) 온라인으로 검색했어요.

해설 How 의문문 … 현지 공급업체를 찾은 방법이 응답으로 예상된다.
(A) 연상 어휘(find – where) 오답이다.
(B) 유사 발음(find – 5(five)) 오답이다.
(C) '어떻게 찾았는지' 묻는 질문에 적절한 대답이므로 정답이다.

어휘 local 현지의 | supplier 공급업체 | search 찾다, 검색하다

호주 → 영국

8. How often should the system be updated?
(A) Please check it.
(B) At least twice a year.
(C) Friday, September 2.

그 시스템은 얼마나 자주 업데이트되어야 하나요?
(A) 확인해 주세요.
(B) 적어도 1년에 2번이요.
(C) 9월 2일 금요일이요.

해설 How 의문문 … 시스템이 업데이트되어야 하는 빈도나 횟수가 응답으로 예상된다.
(A) 연상 어휘(system – check) 오답이다.
(B) 빈도를 말했으므로 정답이다.
(C) system be updated만 듣고 시스템이 업데이트된 시점을 묻는 문제로 잘못 이해했을 경우에 선택할 수 있는 오답이다.

어휘 at least 적어도, 최소 | twice 두 번

미국 → 영국

9. Where are Danielle Liddell's medical records?
(A) Yes, for Dr. Mandan's patient.
(B) In the file on top of your desk.
(C) For her next examination.

Danielle Liddell의 의료 기록은 어디에 있나요?
(A) 네, Mandan 박사님의 환자를 위해서요.
(B) 당신 책상 위에 있는 파일에요.
(C) 그녀의 다음 검진을 위해서요.

해설 Where 의문문 … Liddell의 의료 기록이 있는 특정 장소가 응답으로 예상된다.
(A) 의문사 의문문에 Yes/No로 응답할 수 없다.
(B) 위치를 말하고 있으므로 정답이다.
(C) 연상 어휘(medical – examination) 오답이다.

어휘 medical 의료의 | record 기록 | on top of ~위에 | appointment 예약, 약속

미국 → 호주

10. Who will be speaking at the job fair?
(A) Mr. Lamar said he would.
(B) Yes, it's open to the public.
(C) Just two more applicants.

채용 박람회에서 누가 발표할 예정인가요?
(A) Mr. Lamar가 하겠다고 했어요.
(B) 네, 그건 대중에게 개방되어 있어요.
(C) 지원자 두 명 더요.

해설 Who 의문문 … 기자 회견에서 발표할 특정인의 이름이나 직책 등이 응답으로 예상된다.
(A) 특정인의 이름을 말했으므로 정답이다.
(B) 의문사 의문문에 Yes/No로 응답할 수 없다.
(C) 연상 어휘(job fair – applicant) 오답이다.

어휘 job fair 채용 박람회 | public 대중, 일반인 | applicant 지원자

영국 → 미국

11. Was this waiting room remodeled recently?
(A) Not that I know of.
(B) I'd like to reserve a room.
(C) Sure, you can wait here.

이 대기실은 최근에 리모델링되었나요?

(A) 제가 알기론 아니에요.

(B) 방을 하나 예약하고 싶어요.

(C) 네, 여기서 기다리셔도 돼요.

해설 일반 의문문 ···> 최근에 리모델링되었으면 Yes, 그렇지 않으면 No로 응답하거나 우회적 응답이 예상된다.

(A) 자기가 알기에는 그렇지 않다고 말했으므로 정답이다.

(B) 동어 반복(room) 오답이다.

(C) 유사 발음(waiting – wait) 오답이다.

어휘 remodel 리모델링하다 | recently 최근에 | reserve 예약하다

어떤 잔디 깎는 기계를 사야 할까요?

(A) 전 한 번도 써 본 적이 없어서요.

(B) 차고 안에 넣어주세요.

(C) 네, 빌리셔도 돼요.

해설 What 의문문 ···> 기계의 종류나 우회적 응답이 예상된다.

(A) 써 본 적이 없다는 말로 잔디 깎는 기계에 대해서는 문외한이라는 의미를 나타내는 '모른다'형 정답이다.

(B) 연상 어휘(lawn mower – garage) 오답이다.

(C) 의문사 의문문에 Yes/No로 응답할 수 없으며, Sure도 Yes와 마찬가지이므로 오답이다.

어휘 lawn mower 잔디 깎는 기계 | garage 차고

영국 → 호주

12. When is the best time to submit this architectural design plan?

(A) First thing tomorrow morning.

(B) For an architect's office.

(C) To get the most viewers.

이 건축 디자인 기획서를 제출하기에 가장 좋은 때는 언제인가요?

(A) 내일 아침 가장 먼저요.

(B) 건축가 사무실을 위해서요.

(C) 가장 많은 관람객들을 모으기 위해서요.

해설 When 의문문 ···> 건축 디자인 기획서를 제출하기에 가장 좋은 때가 응답으로 예상된다.

(A) 시점으로 대답했으므로 정답이다.

(B) 유사 발음(architectural – architect) 오답이다.

(C) 연상 어휘(design – viewers) 오답이다.

어휘 submit 제출하다 | architectural 건축(물)의 | architect 건축가 | viewer 관람객

호주 → 미국

13. I'm going to change the light in our office.

(A) Here is your change.

(B) The power settings.

(C) Yes, it's not bright enough.

우리 사무실의 조명을 바꿀 거예요.

(A) 여기 잔돈이요.

(B) 전원 설정이요.

(C) 네, 충분히 밝지 않네요.

해설 평서문 ···> 사무실 조명을 바꾸겠다는 말에 대한 응답이 예상된다.

(A) 동어 반복(change 바꾸다; 잔돈) 오답이다.

(B) 연상 어휘(light – power settings) 오답이다.

(C) 충분히 밝지 않다며 화자의 말에 동의하고 있으므로 정답이다.

어휘 light 등, 조명기구 | change 바꾸다; 잔돈

영국 → 미국

14. What kind of lawn mower should I buy?

(A) I've never used one before.

(B) Put it in the garage.

(C) Sure. You can borrow it.

호주 → 미국

15. Would you like to reschedule the meeting or have a teleconference?

(A) A reservation for 20 people.

(B) The conference was a big success.

(C) Let's change the meeting date.

회의 일정을 변경하시겠어요, 아니면 화상회의를 하시겠어요?

(A) 20명 예약이요.

(B) 그 학회는 대성공이었어요.

(C) 회의 일자를 변경하죠.

해설 선택 의문문 ···> 회의 일정 변경 또는 화상회의 둘 중 하나를 선택하거나 제3의 응답이 예상된다.

(A) 연상 어휘(meeting, teleconference – reservation, 20 people) 오답이다.

(B) 유사 발음(teleconference – conference) 오답이다.

(C) '회의 일자를 변경하자'고 하여 둘 중 하나를 선택한 정답이다.

어휘 reschedule 일정을 변경하다 | teleconference 화상회의 | make a reservation 예약하다 | conference 학회, 회의

미국 → 호주

16. When is your client meeting?

(A) The dinner reservation is at 7.

(B) She's a certified accountant.

(C) On the third floor.

고객과 만나기로 한 게 언제인가요?

(A) 저녁식사 예약이 7시에 되어 있어요.

(B) 그녀는 공인 회계사예요.

(C) 3층이요.

해설 When 의문문 ···> 고객과 만날 시간이 응답으로 예상된다.

(A) 저녁식사 예약이 7시라며 시점으로 말했으므로 정답이다.

(B) 연상 어휘(client – certified accountant) 오답이다.

(C) Where 의문문에 어울리는 오답이다.

어휘 reservation 예약 | certified 공인의 | accountant 회계사

17. I have to miss the morning meeting on Friday.

(A) Who will lead it, then?

(B) Yes, almost everyone will be coming.

(C) Sure. Use the laptop in the storage room.

제가 금요일 오전 회의에 못 들어갈 것 같아요.

(A) 그럼 그걸 누가 진행하죠?

(B) 네, 거의 모두가 올 거예요.

(C) 물론이죠. 창고에 있는 노트북을 사용하세요.

해설 평서문 ··· 회의에 갈 수 없다는 말에 대한 응답이 예상된다.

(A) 대신 회의를 이끌 사람이 있는지 되묻고 있으므로 정답이다.

(B) 연상 어휘(meeting – coming) 오답이다.

(C) 연상 어휘(meeting – laptop) 오답이다.

어휘 miss 놓치다 | lead 이끌다 | storage room 창고, 저장소

---

18. Who will be catering the opening of the art gallery?

(A) I already ate in the cafeteria.

(B) Meet me by the landscape display.

(C) They're using a local restaurant.

누가 그 미술관의 개관식에 출장 요리 서비스를 제공할 건가요?

(A) 저는 구내식당에서 벌써 먹었어요.

(B) 풍경화 전시물 옆에서 저와 만나요.

(C) 그들은 지역 식당을 이용할 거예요.

해설 Who 의문문 ··· 개관식에서 출장 요리 서비스를 제공할 특정인의 이름이나 업체, 또는 '잘 모르겠다' 류의 응답이 예상된다.

(A) 연상 어휘(catering – ate, cafeteria) 오답이다.

(B) 연상 어휘(art gallery – landscape display) 오답이다.

(C) '지역 식당'이라고 적절하게 대답했으므로 정답이다.

어휘 cater (연회 등에) 음식을 제공하다 | landscape 풍경(화)

---

19. You've canceled your newspaper subscription, haven't you?

(A) No, I renewed it.

(B) Yes, it's an interesting article.

(C) Ten pages.

당신은 신문 구독을 취소했죠, 그렇지 않나요?

(A) 아니요, 연장했어요.

(B) 네, 그건 흥미로운 기사예요.

(C) 10쪽이요.

해설 부가 의문문 ··· 신문 구독을 취소했으면 Yes, 취소하지 않았으면 No로 응답한 후 부연 설명이 예상된다.

(A) No라고 대답한 후 적절한 설명을 덧붙였으므로 정답이다.

(B) 연상 어휘(newspaper – article) 오답이다.

(C) 연상 어휘(newspaper – pages) 오답이다.

어휘 subscription 구독 | renew 연장하다, 갱신하다 | article 기사

---

20. Upgrading the programs on your laptop shouldn't take long.

(A) He no longer works here.

(B) Hopefully, it will be finished by noon.

(C) No, it wasn't short.

당신 노트북에 있는 그 프로그램들을 업그레이드하는 일은 오래 걸리지 않을 거예요.

(A) 그는 더 이상 여기서 일하지 않아요.

(B) 정오까지 끝나길 바라요.

(C) 아니요, 그건 짧지 않았어요.

해설 평서문 ··· 노트북 프로그램 업그레이드에 소요되는 시간이 길지 않을 거라는 의견에 대한 반응이 응답으로 예상된다.

(A) 유사 발음(long – longer) 오답이다.

(B) '오래 걸리지 않을 것'이라는 말에 '정오까지는 끝났으면 좋겠다'는 바람을 말하고 있으므로 적절한 대답이다.

(C) 연상 어휘(long – short) 오답이다.

어휘 take long 오래 걸리다 | no longer 더 이상 ~이 아닌 | hopefully 바라건대

---

21. Which route should I take to deliver the package?

(A) The shipping company won't be open today.

(B) You're the delivery van driver.

(C) To take the fastest way.

소포를 배달하려면 제가 어느 길로 가야 하죠?

(A) 배송사가 오늘 문을 열지 않을 거예요.

(B) 당신이 배송 차량 기사잖아요.

(C) 가장 빠른 길을 타려고요.

해설 Which 의문문 ··· 타야 할 노선을 언급하거나 우회적 응답이 예상된다.

(A) 연상 어휘(package – shipping) 오답이다.

(B) 당신이 가장 잘 알 거라는 의미의 우회적 응답이므로 정답이다.

(C) 연상 어휘(route – way) 오답이다.

어휘 route 노선, 루트 | package 소포 | shipping 배송

---

22. Our new advertising campaign was very successful.

(A) Not until next year.

(B) He's a financial advisor.

(C) Give my congratulations to the team.

우리의 새 광고 캠페인은 매우 성공적이었어요.

(A) 내년 후에나요.

(B) 그는 재정 고문이에요.

(C) 그 팀에 축하한다고 전해 주세요.

해설 평서문 ··· 새 광고 캠페인이 성공한 것을 축하하는 등의 반응이 응답으로 예상된다.

(A) advertising campaign만 듣고 캠페인 시행 시기를 묻는 문제로 잘못 이해했을 경우에 선택할 수 있는 오답이다.

(B) 유사 발음(advertising – advisor) 오답이다.

(C) 성공을 축하하는 적절한 응답이므로 정답이다.

어휘 successful 성공적인 | financial 재정[금융]의 | advisor 고문

영국 → 호주

23. Can you take over the employee training in the afternoon?

(A) No, I didn't take the train.

(B) I have a proposal to finish.

(C) It was shipped in the morning.

오후에 직원 교육을 맡아주실 수 있나요?

(A) 아니요, 저는 기차를 타지 않았어요.

(B) 끝내야 할 제안서가 있어요.

(C) 그건 아침에 배송됐어요.

해설 요청문 ⋯ 교육 요청에 대한 수락/거절 표현이나 우회적 응답이 예상된다.

(A) 유사 발음(training – train) 오답이다.

(B) 끝내야 할 제안서가 있다며 우회적으로 거절했으므로 정답이다.

(C) 연상 어휘(afternoon – morning) 오답이다.

어휘 take over 맡다 | proposal 제안서 | ship 배송하다

미국 → 미국

24. Aren't identification cards needed to enter the warehouse?

(A) Yes, we will have to provide you with one.

(B) I just walked across the hallway.

(C) It's a new shipment.

창고에 들어가기 위해 신분증이 필요하지 않나요?

(A) 네, 저희가 당신에게 그걸 줘야 해요.

(B) 저는 복도를 가로질러 걸어왔어요.

(C) 새로운 화물이에요.

해설 부정 의문문 ⋯ 실험실에 들어가는 데 신분증이 필요하면 Yes, 필요하지 않으면 No로 응답한 후 부연 설명이 예상된다.

(A) Yes라고 대답한 후 적절한 부연 설명을 했으므로 정답이다.

(B) 연상 어휘(enter – walked across the hallway) 오답이다.

(C) 연상 어휘(warehouse – shipment) 오답이다.

어휘 identification card 신분 증명서, 신분증 | warehouse 창고 | hallway 복도 | shipment 화물, 수송품

영국 → 미국

25. Why are they postponing the presentation?

(A) Why don't you ask Kim?

(B) The projector screen on the wall.

(C) That's a great idea.

왜 발표가 연기된 거죠?

(A) Kim에게 물어보는 게 어때요?

(B) 벽에 있는 프로젝터 스크린이요.

(C) 정말 좋은 생각이에요.

해설 Why 의문문 ⋯ 발표를 연기한 이유나 우회적 응답이 예상된다.

(A) Kim에게 물어보는 게 어떠냐고 되물은 '모른다'형 정답이다.

(B) 연상 어휘(presentation – projector screen) 오답이다.

(C) 질문과 무관한 동문서답형 오답이다.

어휘 postpone 연기하다, 미루다

호주 → 미국

26. Where's this week's issue of the business magazine?

(A) Some marketing strategies.

(B) On the front cover.

(C) Did it come out already?

그 비즈니스 잡지의 이번 주 호가 어디에 있나요?

(A) 일부 마케팅 전략들이요.

(B) 앞표지예요.

(C) 벌써 나왔어요?

해설 Where 의문문 ⋯ 이번 주 잡지가 있는 위치나 우회적 응답이 예상된다.

(A) 연상 어휘(business – strategies) 오답이다.

(B) 연상 어휘(issue, magazine – cover) 오답이다.

(C) 최근 호가 출간됐는지 몰랐다는 의미의 '모른다'형 정답이다.

어휘 marketing strategy 마케팅 전략 | cover 표지

영국 → 미국

27. Should we purchase the new office chairs online or buy them at the store?

(A) An adjustable seat.

(B) It comes with a one-year warranty.

(C) We still need to get approval.

새 사무용 의자를 온라인에서 살까요, 아니면 매장에서 살까요?

(A) 조정 가능한 좌석이요.

(B) 1년간 품질 보증이 돼요.

(C) 아직 승인을 받아야 해요.

해설 선택 의문문 ⋯ 둘 중 하나를 선택하거나 우회적 응답이 예상된다.

(A) 연상 어휘(chairs – seat) 오답이다.

(B) 연상 어휘(chairs, store – warranty) 오답이다.

(C) 승인이 나지 않아 아직 구매할 수 없다는 의미를 우회적으로 나타내므로 정답이다.

어휘 adjustable 조정 가능한 | warranty 품질 보증서 | approval 승인

호주 → 영국

28. How much does it cost to print these brochures?

(A) For the charity fundraiser.

(B) It depends on the design.

(C) Put them in the lobby.

이 안내 책자들을 인쇄하는 데 비용이 얼마나 드나요?

(A) 자선기금 모금 행사를 위해서요.

(B) 디자인에 따라 달라요.

(C) 로비에 놓으세요.

해설 How 의문문 … 안내 책자들을 인쇄하는 데 드는 비용을 직접 언급하거나 '모르겠다' 식의 우회적 응답이 예상된다.

(A) 연상 어휘(brochures – fundraiser) 오답이다.

(B) 정확한 비용 대신 '~에 따라 다르다'고 적절하게 대답했으므로 정답이다.

(C) brochures만 듣고 책자를 어떻게 하면 되겠냐는 질문으로 이해했을 때 선택할 수 있는 오답이다.

어휘 cost (비용이) 들다 | brochure 안내 책자 | upcoming 다가오는 | fundraiser 모금 행사 | depend on ~에 달려 있다

미국 → 영국

29. The inventory software needs to be installed, but I don't know how to do it.

(A) We will set up new computers tomorrow.

(B) It's OK. I have the instructions here.

(C) No, this is the old version.

재고 소프트웨어를 설치해야 하는데 어떻게 하는지 모르겠어요.

(A) 내일 새 컴퓨터들을 설치할 거예요.

(B) 괜찮아요. 여기 설명서가 있어요.

(C) 아니요, 이건 옛날 버전이에요.

해설 평서문 … 소프트웨어 설치 방법을 모른다고 했으므로 방법을 알려주거나 우회적 응답이 예상된다.

(A) 연상 어휘(software – computers) 오답이다.

(B) 설명서가 있다는 말로 업데이트하는 방법을 우회적으로 알리고 있으므로 정답이다.

(C) 연상 어휘(software, installed – old version) 오답이다.

어휘 inventory 물품 목록, 재고 | set up 설치하다 | instructions 설명서

영국 → 미국

30. This review article exceeds the allowed word limit.

(A) It's at the end of the month.

(B) In the *Glenfield Times*.

(C) Then I'll have to shorten it.

이 논평 기사는 허용된 단어 수 제한을 초과했어요.

(A) 그건 이번 달 말에 있어요.

(B) 〈Glenfield Times〉에요.

(C) 그렇다면 제가 그것을 줄여야겠네요.

해설 평서문 … 단어 수가 초과된 기사에 대한 대응책이 응답으로 예상된다.

(A) 연상 어휘(limit – end) 오답이다.

(B) 연상 어휘(article – Glenfield Times) 오답이다.

(C) 단어 수를 줄이겠다고 하여 적절히 대답했으므로 정답이다.

어휘 review 논평 | article 기사 | exceed 초과하다 | word limit 단어 수 제한 | shorten 줄이다, 짧게 하다

호주 → 미국

31. Aren't we visiting the headquarters this afternoon at 2?

(A) You can get a monthly visitors pass.

(B) No, I only need one more.

(C) That's not in my schedule.

우리가 오늘 오후 2시에 본사를 방문하지 않나요?

(A) 당신은 월간 방문객 출입증을 받을 수 있어요.

(B) 아니요, 저는 한 개만 더 있으면 돼요.

(C) 그건 제 일정에 없는데요.

해설 부정 의문문 … 방문하면 Yes, 그렇지 않으면 No로 대답하거나 우회적 응답이 예상된다.

(A) 유사 발음(visiting – visitors) 오답이다.

(B) 연상 어휘(2 – one) 오답이다.

(C) 방문할 예정이 없다는 의미의 우회적 응답이므로 정답이다.

어휘 headquarters 본사 | visitors pass 방문객 출입증

미국 → 미국

Questions 32-34 refer to the following conversation.

W Hello, **32** I'm calling about the new Gigamex X500 cell phone. I'd like to get one at your store if you sell it.

M Unfortunately, we're all out of stock at the moment. However, **33** we should be receiving a new shipment of that model next week.

W I see. Well, **34** do you mind holding one for me? I'll come and pick it up as soon as you let me know. My name is Donna Lismore, and my phone number is 555-3484.

M Sure. When it comes in, I'll save one and give you a call at that number.

32-34번은 다음 대화에 관한 문제입니다.

여 안녕하세요. **32** 새로 나온 Gigamex X500 휴대전화에 대해 전화 드려요. 당신 가게에서 판매한다면 하나 사고 싶어서요.

남 유감스럽게도 현재 모두 품절이에요. 하지만 **33** 다음 주에 그 모델의 새 물품을 받을 거예요.

여 그렇군요. 음, **34** 저를 위해 한 대를 따로 보관해 주시겠어요? 알려주시는 대로 최대한 빨리 찾으러 올게요. 제 이름은 Donna Lismore 이고, 제 전화번호는 555-3484에요.

남 물론이죠. 들어오면 한 대 따로 보관하고 그 번호로 전화 드릴게요.

어휘 unfortunately 유감스럽게도, 불행하게도 | out of stock 품절이 된 | at the moment 현재 | shipment 물품, 배송품, 선적 | mind V-ing ~하는 것을 꺼리다 | pick ~ up ~을 가지러 가다 | as soon as ~하자마자 | come in 들어오다

32. Why is the woman calling?

(A) To inquire about a product

(B) To make changes to an order

(C) To apply for a membership

(D) To update some contact information

여자는 왜 전화를 거는가?

(A) 제품에 관해 문의하기 위해

(B) 주문을 변경하기 위해

(C) 회원 신청을 하기 위해

(D) 일부 연락처를 갱신하기 위해

해설 전화 건 목적을 묻고 있다. 전화를 건 목적을 언급하는 전반부, 여자의 첫 대사에 집중한다. 'I'm calling about the new ~ cell phone. I'd like to get one at your store if you sell it (새로 나온 휴대전화에 대해 전화 드려요. 당신 가게에서 판매한다면 하나 사고 싶어요)'이라고 했으므로 (A)가 정답이다. calling about ~ cell phone이 inquire about a product로 패러프레이징되었다.

---

33. According to the man, what will happen next week?

(A) A Web site will be redesigned.

(B) A model will no longer be available.

(C) A shipment will arrive.

(D) A sale will start.

남자에 따르면, 다음 주에 무슨 일이 일어날 것인가?

(A) 웹 사이트가 다시 디자인될 것이다.

(B) 기종을 더 이상 구할 수 없게 될 것이다.

(C) 물품이 도착할 것이다.

(D) 할인이 시작될 것이다.

해설 다음 주에 일어날 일을 묻고 있다. 문제에 언급된 남자의 말에 집중하고 next week를 키워드로 삼아 미래를 나타내는 단어나 표현을 포착한다. 'we should be receiving a new shipment ~ next week (다음 주에 새 물품을 받을 거예요)'라고 했으므로 (C)가 정답이다. we should be receiving a new shipment가 A shipment will arrive로 패러프레이징되었다.

---

34. What does the woman ask the man to do?

(A) Find out a price

(B) Set aside an item

(C) Mail a catalog

(D) Provide a refund

여자는 남자에게 무엇을 하라고 요청하는가?

(A) 가격을 알아본다

(B) 제품을 한 개 따로 빼놓는다

(C) 카탈로그를 우편으로 보낸다

(D) 환불을 해준다

해설 여자의 요청 사항을 묻고 있다. 문제에 언급된 여자의 말에 집중하고, '요청'과 관련된 표현을 포착한다. 'do you mind holding one for me?(저를 위해 한 대를 따로 보관해 주시겠어요?)'라고 했으므로 (B)가 정답이다. holding이 Set aside로 패러프레이징되었다.

Questions 35-37 refer to the following conversation.

W Good morning. Tech Department. This is Janet speaking. How can I help you?

M Hello, this is Enrico Alvarez calling from Office 21C. **35** I can't access the Web on my computer, and I've got to send out some important emails this morning.

W OK. **36** I'll need to get your computer's serial number. It should be on a small silver sticker on the side of the unit. **36** Once I have that ID number, I'll put in a service order, and send a technician this afternoon.

M It's 4153212. But would it be possible for the technician to come before noon? **37** I have to leave here at noon to catch a 1 o'clock flight to our office in Spain.

35-37번은 다음 대화에 관한 문제입니다.

여 안녕하세요. 기술 부서입니다. 저는 Janet입니다. 무엇을 도와드릴까요?

남 안녕하세요. 사무실 21C의 Enrico Alvarez예요. **35** 제 컴퓨터에서 웹 접속이 안 되는데, 저는 오늘 오전에 중요한 이메일을 보내야 하거든요.

여 그렇군요. **36** 당신 컴퓨터의 일련번호가 필요해요. 기기 옆면에 있는 작은 은색 스티커에 있을 거예요. **36** 그 식별 번호를 알면, 서비스 주문을 넣고 오늘 오후에 기술자를 보낼게요.

남 4153212예요. 그런데 기술자가 정오 전에 오는 게 가능할까요? **37** 제가 스페인에 있는 저희 사무실에 가려고 오후 1시 비행기를 타야 해서 여기서 정오에 나가야 하거든요.

어휘 access 접속하다 | have got to ~해야 한다 | serial number 일련번호 | unit 기계, 장치 | once ~하면, ~하자마자

---

35. What is the man unable to do?

(A) Find an access card

(B) Connect to the Internet

(C) Attend a presentation

(D) Get in touch with a colleague

남자는 무엇을 할 수 없는가?

(A) 출입 카드를 찾는다

(B) 인터넷에 연결한다

(C) 발표에 참석한다

(D) 동료에게 연락한다

해설 남자가 할 수 없는 일에 대해 묻고 있다. 문제에 언급된 남자의 말에 집중하고, unable to do를 키워드로 삼아 해당 내용을 포착한다. 'I can't access the Web on my computer (제 컴퓨터에서 웹 접속이 안 돼요)'라고 했으므로 (B)가 정답이다. access the Web이 Connect to the Internet으로 패러프레이징되었다.

36. What does the woman ask the man for?

(A) An identification number

(B) A room location

(C) A work schedule

(D) An email address

여자는 남자에게 무엇을 요청하는가?

(A) 식별 번호

(B) 방 위치

(C) 업무 일정

(D) 이메일 주소

해설 여자의 요청 사항을 묻고 있다. 문제에 언급된 여자의 말에 집중하고, '요청' 표현을 포착한다. 'I'll need to get your computer's serial number (당신 컴퓨터의 일련번호가 필요해요)', 'Once I have that ID number, I'll put in a service order (그 식별 번호를 알면, 서비스 주문을 넣을게요)'라고 했으므로 (A)가 정답이다. serial number가 identification number로 패러프레이징되었다.

---

37. What will the man do in the afternoon?

(A) Have a computer repaired

(B) Leave on a business trip

(C) Order an item online

(D) Send a document to a client

남자는 오후에 무엇을 할 것인가?

(A) 컴퓨터 수리를 받는다

(B) 출장을 간다

(C) 온라인으로 상품을 주문한다

(D) 고객에게 서류를 보낸다

해설 남자의 다음 행동을 묻고 있다. 문제에 언급된 남자의 말에 집중하고 in the afternoon을 키워드로 삼아 미래를 나타내는 단어나 표현을 포착한다. 'I have to leave here at noon to catch a 1 o'clock flight to our office in Spain (제가 스페인에 있는 저희 사무실에 가려고 오후 1시 비행기를 타야 해서 여기서 정오에 나가야 하거든요)'이라고 했으므로 (B)가 정답이다. 1 o'clock이 in the afternoon으로 패러프레이징되었다.

영국 ↔ 미국

Questions 38-40 refer to the following conversation.

W **38** Just one final question before we end the interview. Why do you think you are the most suitable person for the advertising manager position?

M Well, I have eight years' experience in the industry, and I am extremely adaptable. I am aware that advertising is a very competitive field, and **39** I'll work extra hours in order to meet deadlines.

W Great, that's exactly the kind of commitment I'm looking for. Now, if you don't have any questions, **40** I'll show you around the building.

38-40번은 다음 대화에 관한 문제입니다.

여 **38** 면접을 끝내기 전에 마지막 질문 하나만 할게요. 광고 관리자 자리에 왜 당신이 가장 적합하다고 생각하나요?

남 음, 저는 이 업계에서 8년의 경력이 있고, 적응력도 매우 좋습니다. 광고 업계가 매우 경쟁이 심한 분야라는 것을 알고 있고, **39** 마감일을 맞추기 위해서라면 추가 근무를 할 것입니다.

여 좋아요, 그게 바로 제가 찾고 있는 헌신적인 자세예요. 이제 질문이 더 없으시면 **40** 건물을 구경시켜 드릴게요.

어휘 suitable 적합한, 적절한 | extremely 매우, 대단히 | adaptable 적응할 수 있는, 적응력 있는 | be aware that ~을 알고 있다, 인지하고 있다 | competitive 경쟁이 심한 | meet the deadline 마감에 맞추다 | exactly 정확히, 바로 | commitment 헌신, 전념

---

38. What are the speakers mainly discussing?

(A) A job opportunity

(B) An advertising campaign

(C) A corporate policy

(D) A company logo

화자들은 주로 무엇에 대해 이야기하고 있는가?

(A) 고용 기회

(B) 광고 캠페인

(C) 사규

(D) 회사 로고

해설 주제를 묻고 있다. 대화의 주제를 언급하는 전반부, 여자의 대사에 집중한다. 'Just one final question before we end the interview. Why do you think you are the most suitable person for the advertising manager position? (면접을 끝내기 전에 마지막 질문 하나만 할게요. 광고 관리자 자리에 왜 당신이 가장 적합하다고 생각하나요?)'이라고 했으므로 (A)가 정답이다. position이 job으로 패러프레이징되었다.

---

39. What does the man say he is willing to do?

(A) Meet with other managers

(B) Train new employees

(C) Work overtime

(D) Relocate to another city

남자는 무엇을 기꺼이 하겠다고 말하는가?

(A) 다른 매니저들을 만난다

(B) 신입 사원들을 교육시킨다

(C) 초과 근무를 한다

(D) 다른 도시로 전근을 간다

해설 남자가 기꺼이 하겠다는 일을 묻고 있다. 문제에 언급된 남자의 말에 집중하고, willing to do를 키워드로 삼아 해당 내용을 포착한다. 'I'll work extra hours in order to meet deadlines (마감일을 맞추기 위해서라면 추가 근무를 할 것입니다)'라고 했으므로 (C)가 정답이다. work extra hours가 Work overtime으로 패러프레이징되었다.

---

40. What most likely will happen next?
(A) Brochures will be distributed.
(B) A tour will be given.
(C) A survey will be conducted.
(D) Photos will be taken.

다음에 무슨 일이 일어나겠는가?
(A) 안내 책자가 배포될 것이다.
(B) 투어가 제공될 것이다.
(C) 설문 조사가 시행될 것이다.
(D) 사진을 찍을 것이다.

해설 다음에 일어날 일을 묻고 있으므로 후반부에 집중한다. 'I'll show you around the building (건물을 구경시켜 드릴게요)'이라고 했으므로 (B)가 정답이다. show ~ around the building이 A tour로 패러프레이징되었다.

호주 ↔ 미국

Questions 41-43 refer to the following conversation.

M Hello, Jen. Thank you for taking the time to see me.
W No problem, have a seat. So **41** you said that you want to change your work schedule.
M Yes, if possible, I'd like to begin work at 9 A.M. instead of 8:30 A.M. **42** My daughter is starting school next week, so I have to drive her there by 8:30 every morning.
W I see. That should be fine then. **43** Just remember to stay a half an hour longer in the evenings.

41-43번은 다음 대화에 관한 문제입니다.

남 안녕하세요, Jen. 저를 만나기 위해 시간을 내 주셔서 고마워요.
여 천만에요, 앉으세요. 음, **41 근무 시간을 변경하고 싶다고 하셨죠.**
남 네, 가능하다면 오전 8시 30분 대신에 오전 9시에 업무를 시작하고 싶어요. **42 제 딸이 다음 주부터 학교에 가는데, 매일 아침 8시 30분까지 거기에 데려다 줘야 하거든요.**
여 그렇군요. 그럼 그렇게 하세요. **43 저녁에 30분 더 오래 계셔야 하는 것만 기억하세요.**

어휘 work schedule 근무 시간 | instead of ~대신에 | drive ~을 차로 데려다 주다

41. What does the man want to do?
(A) Work at a different branch
(B) Adjust his work schedule
(C) Organize a workshop
(D) Carpool to work

남자는 무엇을 하기를 원하는가?
(A) 다른 지점에 근무한다
(B) 근무 시간을 조정한다
(C) 워크숍을 준비한다
(D) 직장까지 카풀한다

해설 남자의 바람을 묻고 있다. 문제에 언급된 남자의 말에 집중하고, '바람'과 관련된 표현을 포착한다. 여자가 'you said that you want to change your work schedule (근무 시간을 변경하고 싶다고 하셨죠)'이라고 하자, 남자가 Yes라고 답했으므로 (B)가 정답이다. change가 Adjust로 패러프레이징되었다.

42. What does the man say he has to do in the morning?
(A) Take a fitness class
(B) Train new employees
(C) Pick up some supplies
(D) Drive his child to school

남자는 그가 아침에 무엇을 해야 한다고 말하는가?
(A) 운동 수업을 듣는다
(B) 신입 직원을 교육시킨다
(C) 비품을 가지러 간다
(D) 차로 아이를 학교에 데려다 준다

해설 남자가 아침에 해야 하는 일을 묻고 있다. 문제에 언급된 남자의 말에 집중하고, in the morning을 키워드로 삼아 미래를 나타내는 단어나 표현을 포착한다. 'My daughter is starting school next week, so I have to drive her there ~ every morning (딸이 다음 주부터 학교에 가는데, 매일 아침 거기에 데려다 줘야 하거든요)'이라고 했으므로 (D)가 정답이다.

43. What does the woman remind the man to do?
(A) Stay at work 30 minutes later
(B) Revise a document
(C) Inform a colleague
(D) Visit another department

여자는 남자에게 무엇을 하라고 상기시키는가?
(A) 직장에 30분 더 오래 있는다
(B) 문서를 수정한다
(C) 동료에게 알려 준다
(D) 다른 부서를 방문한다

해설 여자가 남자에게 상기시킨 일을 묻고 있다. 문제에 언급된 여자의 말에 집중하고, remind를 키워드로 삼아 해당 내용을 포착한다. 'Just remember to stay a half an hour longer in the evenings (저녁에 30분 더 오래 계셔야 하는 것만 기억하세요)'라고 했으므로 (A)가 정답이다. remember to가 remind ~ to로, stay a half an hour longer가 Stay ~ 30 minutes later로 패러프레이징되었다.

Questions 44-46 refer to the following conversation.

M Hi, Olivia. I just talked with Nathan Daniels, the director of the Mulligan Community Museum. **44** He's looking for an experienced architect to remodel the building, and he would like to see a proposal from our firm. Can you put together a team for this project?

W Sure. Do you want me to include anyone in particular?

M No, that's for you to decide. Just **45** choose the team members by this Wednesday, and then, I'll adjust their workloads.

W OK, but **46** do you mind giving me Mr. Daniels' phone number? I'd like to go over the remodeling project with him first before deciding on the team members.

44-46번은 다음 대화에 관한 문제입니다.

남 안녕하세요, Olivia. 제가 방금 Mulligan 지역 박물관 관장인 Nathan Daniels와 이야기를 나눴는데요. **44** 그는 건물 리모델링을 할 숙련된 건축가를 구하고 있고, 우리 회사의 제안서를 보고 싶어 해요. 이 프로젝트를 위해 팀을 구성해줄 수 있나요?

여 물론이죠. 특별히 포함시키고 싶은 사람이 있으신가요?

남 아뇨, 그 결정은 당신 몫이에요. **45** 이번 주 수요일까지 팀원들을 선택하면 제가 그들의 업무량을 조정할게요.

여 알겠어요, 그런데 **46** Mr. Daniels의 전화번호를 주실 수 있나요? 팀원들을 정하기 전에 그와 먼저 리모델링 프로젝트를 검토하고 싶어요.

어휘 experienced 숙련된, 경험이 풍부한 | architect 건축가 | proposal 제안, 제의 | put together (이것 저것을 모아) 만들다 | in particular 특히 | adjust 조정하다 | workload 업무량 | go over ~을 검토하다

44. What type of business do the speakers most likely work for?
(A) An architectural firm
(B) A fashion magazine
(C) A modeling agency
(D) A city museum

화자들은 어떤 업체에서 일하겠는가?
(A) 건축 회사
(B) 패션 잡지
(C) 모델 기획사
(D) 시립 박물관

해설 화자의 근무지를 묻고 있다. 특정 장소와 관련된 단어나 표현을 포착한다. 'He's looking for an ~ architect to remodel the building, and he would like to see a proposal from our firm (그는 건물 리모델링을 할 숙련된 건축가를 구하고 있고, 우리 회사의 제안서를 보고 싶어 해요)'이라고 했으므로 (A)가 정답이다.

45. According to the man, what should the woman do by Wednesday?
(A) Review some documents
(B) Set a deadline
(C) Assemble a team
(D) Withdraw some funds

남자에 따르면, 여자는 수요일까지 무엇을 해야 하는가?
(A) 서류를 검토한다
(B) 마감 기한을 정한다
(C) 팀을 구성한다
(D) 자금을 인출한다

해설 여자가 수요일까지 할 일을 묻고 있다. Wednesday를 키워드로 삼아 해당 내용을 포착한다. 'choose the team members by ~ Wednesday (수요일까지 팀원들을 선택해 주세요)'라고 했으므로 (C)가 정답이다. choose the team members가 Assemble a team으로 패러프레이징되었다.

46. What does the woman request?
(A) A project proposal
(B) Some contact information
(C) A cost estimate
(D) Some work schedules

여자는 무엇을 요청하는가?
(A) 프로젝트 제안서
(B) 연락처
(C) 견적서
(D) 근무 일정표

해설 여자의 요청 사항을 묻고 있다. '요청'과 관련된 표현을 포착한다. 'do you mind giving me Mr. Daniels' phone number? (Mr. Daniels의 전화번호를 주실 수 있나요?)'라고 했으므로 (B)가 정답이다. phone number가 contact information으로 패러프레이징되었다.

Questions 47-49 refer to the following conversation with three speakers.

W Hello, my name is Whitney Jones. **47, 48** I worked out at your gym this morning, and I'm pretty sure I left my smartphone in the locker room.

M1 Ah, I'll call Jeremy over. He manages our locker rooms.

W I appreciate it. It's a brand-new phone.

M1 I understand. Hey, Jeremy. Ms. Jones says that she misplaced her phone in the women's locker room.

M2 Oh, one of our workers did find a phone earlier today. **49** Can you briefly describe the design?

W Yes. It is white and has a curved screen.

M2 That's the one. Let me go and get it.

47-49번은 다음 세 화자의 대화에 관한 문제입니다.

여 안녕하세요. 제 이름은 Whitney Jones입니다. **47, 48** 오늘 아침에 헬스클럽에서 운동했는데요, 제가 분명히 핸드폰을 탈의실에 두고 온 것 같아요.

남1 아, 제가 Jeremy를 불러드릴게요. 그가 탈의실을 관리하거든요.

여 감사합니다. 제 건 신형 핸드폰이에요.

남1 그렇군요. 아, Jeremy. Ms. Jones가 여자 탈의실에 핸드폰을 두고 오셨다네요.

남2 아, 안 그래도 우리 직원 중 한 명이 오늘 일찍 핸드폰을 찾았어요. **49** 디자인을 간략하게 설명해 주실 수 있으세요?

여 네. 하얀색이고 화면이 곡선이에요.

남2 바로 그거네요. 제가 가서 가져올게요.

어휘 **work out** 운동하다 | **gym** 체육관, 헬스클럽 | **locker room** 탈의실 | **call over** 부르다 | **appreciate** 감사하다 | **misplace** 잘못 두다, 제자리에 두지 않다 | **briefly** 간략하게 | **curved** 곡선의, 구부러진 | **storage** 보관, 저장 | **electronics** 전자기기, 전자기술 | **inquire** 묻다 | **go over** 검토하다 | **bill** 청구서, 계산서 | **defective** 결함이 있는 | **sign up for** ~를 신청하다 | **subscription** 구독, (서비스 등의) 사용

47. Where are the speakers?
(A) At a storage facility
(B) At a fitness center
(C) At an electronics store
(D) At a health clinic

화자들은 어디에 있는가?
(A) 보관시설에
(B) 피트니스 센터에
(C) 전자기기 매장에
(D) 진료소에

해설 화자들이 있는 장소를 묻고 있다. 여자가 'I worked out at your gym this morning, and I'm pretty sure I left my smartphone in the locker room. (오늘 아침에 헬스클럽에서 운동했는데요, 제가 분명히 핸드폰을 탈의실에 두고 온 것 같아요.)'라고 말한 내용을 토대로 대화 장소가 헬스클럽이라는 사실을 알 수 있다. 따라서 gym을 fitness center로 패러프레이징한 (B)가 정답이다.

48. Why is the woman visiting the business?
(A) To inquire about a lost item
(B) To go over a bill
(C) To exchange a defective product
(D) To sign up for a subscription

여자는 왜 업체를 방문했는가?
(A) 분실물에 대해 문의하기 위해
(B) 청구서를 검토하기 위해
(C) 결함이 있는 제품을 교환하기 위해
(D) 구독 신청을 하기 위해

해설 여자가 업체를 방문한 이유를 묻고 있다. 여자가 말한 'I worked out at your gym this morning, and I'm pretty sure I left my smartphone in the locker room. (오늘 아침에 헬스클럽에서 운동했는데요, 제가 분명히 핸드폰을 탈의실에 두고 온 것 같아요.)'에서 탈의실에 놔두고 온 핸드폰을 찾으려고 다시 온 사실을 알 수 있으므로 (A)가 정답이다.

49. What does Jeremy ask about?
(A) A password
(B) A schedule
(C) A cost
(D) A design

Jeremy는 무엇에 관해 묻는가?
(A) 비밀번호
(B) 일정
(C) 비용
(D) 디자인

해설 Jeremy인 남자2가 여자에게 'Can you briefly describe the design? (디자인을 간략하게 설명해 주실 수 있으세요?)'라고 물었으므로 (D)가 정답이다.

미국 ↔ 미국

Questions 50-52 refer to the following conversation.

W Wow, this necktie looks beautiful!

M I agree. My wife got me one for my last birthday. **50** It's made of a special fabric that prevents it from getting stained.

W Then, this will be the perfect retirement gift for my manager. **51** His last day is this Friday. The thing is… um… I'm not getting paid until next week.

M That's OK. **51** I can cover it for now. You can just pay me later.

W Really? Thank you. You know, I don't think I've ever seen you wear that kind of necktie.

M Well, I went to Chicago to finalize a sale just before Christmas. **52** I was hurrying to pack for my return flight, and I forgot it in my hotel closet.

50-52번은 다음 대화에 관한 문제입니다.

여 와, 이 넥타이 정말 예쁘네요.

남 저도 그런 것 같아요. 저도 아내가 지난 번 생일 때 하나 사줬죠. **50** 얼룩지는 걸 방지해주는 특수 직물로 만들어졌어요.

여 그렇다면 저희 매니저님 은퇴 선물로는 이게 딱 좋을 것 같아요. **51** 이번 금요일이 근무 마지막 날이시거든요. 문제는… 어… 다음 주나 되어야 월급을 받는다는 거예요.

남 그거라면 괜찮아요. **51** 지금은 내가 낼게요. 나중에 나에게 돈을 줘요.

여 정말요? 고마워요. 그런데 있잖아요, 당신이 그런 종류의 넥타이를 하고 있는 건 본 적이 없는 것 같은데요.

남 아, 크리스마스 직전에 영업을 마무리하러 시카고에 갔거든요. **52** 돌아오는 비행편 때문에 서둘러 짐을 싸다가 깜빡 잊고 그걸 호텔 벽장에 놔두고 왔지 뭐예요.

ACTUAL TEST

50. What does the man emphasize about the necktie?
(A) It is cheaper than most brands.
(B) It is featured in a fashion magazine.
(C) It is made of a unique material.
(D) It is around for a limited time only.

남자는 넥타이에 관하여 무엇을 강조하는가?
(A) 대부분의 브랜드보다 더 싸다.
(B) 패션잡지에 기사가 실린다.
(C) 독특한 재료로 만들어져 있다.
(D) 한정된 시간 동안만 판매한다.

해설 넥타이가 예쁘다는 여자의 말에 남자가 'It's made of a special fabric that prevents it from getting stained. (얼룩지는 걸 방지해주는 특수 직물로 만들어졌어요.)'라고 답하며 넥타이가 독특한 재료로 만들었다는 것을 강조하므로 (C)가 정답이다.

51. What does the woman mean when she says, "I'm not getting paid until next week"?
(A) She lacks the funds for a purchase.
(B) She is paid on a biweekly basis.
(C) She is not getting a pay raise.
(D) She needs to make a deposit tomorrow.

여자는 "다음 주나 되어야 월급을 받아요"라고 말할 때 무엇을 의도하는가?
(A) 구매를 위한 자금이 부족하다.
(B) 2주 단위로 급여를 받는다.
(C) 임금 인상을 받지 못할 것이다.
(D) 내일 예금을 해야 한다.

해설 여자가 하는 말의 의도를 묻고 있다. 대화 중반부에 여자의 'His last day is this Friday. The thing is... um... I'm not getting paid until next week. (이번 금요일이 근무 마지막 날이시거든요. 문제는… 어… 다음 주나 되어야 월급을 받는다는 거네요.)'라는 말에 남자가 'I can cover it for now. You can just pay me later. (지금은 내가 낼게요. 나중에 나에게 돈을 줘요.)'라고 제안하고 있다. 대화의 정황상 여자가 '다음 주나 되어야 월급을 받아요.'라고 말한 것은 이번 주에는 넥타이를 구매할 자금이 없다는 의미이다. 그러므로 정답은 (A)이다.

52. Why does the man no longer wear the necktie?
(A) He returned it.
(B) He lost it.
(C) He gave it away.
(D) He wants to sell it.

남자는 왜 더 이상 넥타이를 하지 않는가?
(A) 반품했다.
(B) 잃어버렸다.
(C) 선물했다.
(D) 팔고 싶다.

해설 대화 후반부에 여자가 'I don't think I've ever seen you wear that kind of necktie. (당신이 그런 종류의 넥타이를 하고 있는 건 본 적이 없는 것 같은데요.)'라고 말하자 남자가 'I went to Chicago to ~ forgot it in my hotel closet. (시카고에 갔었는데 ~ 호텔 벽장에 두고 왔어요.)'라는 대답에서 남자가 넥타이를 하지 않는 이유는 잃어버렸기 때문이라는 것을 알 수 있으므로 정답은 (B)이다.

영국 ↔ 호주

Questions 53-55 refer to the following conversation.

W OK, **53** here are the keys to your rental car. It's the blue compact car right outside our office.

M **53** But that's not what I reserved. I asked for a full-size van **because I have to drive around some clients from overseas.** Can you check my reservation again?

W Let me see. Oh, you're right. Unfortunately, **54** all of our full-size vans are currently rented out at this location. If you're able to wait, one of them will be returned within a few hours.

M Sorry, but I can't wait that long. Please cancel the reservation. **55** I'll just go to another car rental agency and see if they have a car that suits my needs.

53-55번은 다음 대화에 관한 문제입니다.

W 자, **53** 여기 고객님의 렌터카 열쇠입니다. 저희 사무실 바로 밖에 있는 파란색 소형차예요.

M **53** 그런데 저건 제가 예약한 게 아니에요. 저는 외국에서 오신 고객들을 차로 모시고 다녀야 하기 때문에 **53** 승합차를 요청했거든요. 제 예약을 다시 확인해 주시겠어요?

W 한번 볼게요. 아, 고객님 말씀이 맞네요. 안타깝지만 **54** 이 지점에 있는 승합차들은 현재 모두 대여되었어요. 기다리실 수 있다면, 그것들 중 한 대는 몇 시간 내로 반납될 거예요.

M 죄송한데, 그렇게 오래 기다릴 수가 없어요. 예약을 취소해 주세요. **55** 그냥 다른 렌터카 대여점에 가서 제 요구에 적합한 차가 있는지 봐야겠어요.

어휘 compact car 소형차 | reserve 예약하다 | full-size van 승합차 | unfortunately 안타깝지만, 유감스럽게도 | agency 회사, 대행사 | suit 맞다, 어울리다

53. What problem does the man mention?
(A) An incorrect amount was charged.
(B) A vehicle is too small.
(C) A client will arrive late.
(D) A store is not open.

남자는 어떤 문제점을 언급하는가?

(A) 금액이 잘못 부과되었다.

(B) 차량이 너무 작다.

(C) 고객이 늦게 도착할 것이다.

(D) 가게가 문을 닫았다.

해설 문제점을 묻고 있다. 문제에 언급된 남자의 말에 집중하고 부정 표현을 포착한다. 여자가 열쇠를 건네며 'It's the blue compact car (파란색 소형차예요)'라고 하자, 남자가 'But that's not what I reserved. I asked for a full-size van (그런데 저건 제가 예약한 게 아니에요. 저는 승합차를 요청했거든요)'이라고 했으므로 (B)가 정답이다. car가 vehicle로 패러프레이징되었다.

---

54. What does the woman suggest doing?

(A) Making an appointment

(B) Presenting a receipt

(C) Waiting for a while

(D) Talking to a supervisor

여자는 무엇을 하라고 제안하는가?

(A) 예약을 하는 것

(B) 영수증을 제시하는 것

(C) 잠시 기다리는 것

(D) 관리자에게 이야기하는 것

해설 여자의 제안 사항을 묻고 있다. 문제에 언급된 여자의 말에 집중하고, '제안'과 관련된 표현을 포착한다. 'all of our full-size vans are currently rented out at this location. If you're able to wait, one of them will be returned within a few hours (이 지점에 있는 승합차들은 현재 모두 대여되었어요. 기다리실 수 있다면, 그것들 중 한 대는 몇 시간 내로 반납될 거예요)'라고 했으므로 (C)가 정답이다.

---

55. What does the man say he will do?

(A) Visit another business

(B) Call a taxi

(C) Return another day

(D) Ask for a refund

남자는 무엇을 할 것이라고 말하는가?

(A) 다른 업체를 방문한다

(B) 택시를 부른다

(C) 다른 날 다시 온다

(D) 환불을 요청한다

해설 남자의 다음 행동을 묻는 문제이므로, 문제에 언급된 남자의 마지막 대사에 집중한다. 'I'll just go to another car rental agency (그냥 다른 렌터카 대여점에 갈게요)'라고 했으므로 (A)가 정답이다. go to another ~ agency가 Visit another business로 패러프레이징되었다.

Questions 56-58 refer to the following conversation with three speakers.

M1 There's an out-of-order sign on our color photocopier.

M2 Really? I was just going to use it.

W Oh, it just needs a new toner cartridge. **57** The manager ordered it yesterday, so we should get it this afternoon.

M2 I hope so. I have to prepare some handouts for a meeting with Melrose Appliance tomorrow.

M1 **56** You're giving a presentation about the new advertising campaign we're making for them, right?

M2 Yes, and it's scheduled for 9 A.M.

W Just to be safe, **57** why don't you go to the copy store across the street?

M1 Or **58** you could email the file to Jim at our Rochester office and ask him to print out the handouts.

M2 Yeah. **58** It's not too far from here, so I could pick them up when they're ready.

56-58번은 다음 세 화자의 대화에 관한 문제입니다.

남 우리 컬러 복사기에 고장 표지판이 있어요.

남2 정말요? 제가 그걸 막 사용하려고 했는데요.

여 아, 그건 그냥 새 토너 카트리지가 필요한 거예요. **57** 매니저가 어제 그걸 주문했으니 우리가 오늘 오후에는 그걸 받을 거예요.

남2 그러길 바라요. 내일 Melrose Appliance와의 회의를 위해 제가 인쇄물을 준비해야 해서요.

남 **56** 그들을 위해서 우리가 만든 새 광고 캠페인에 관해 당신이 발표를 할 거죠, 그렇죠?

남2 네, 오전 9시로 예정되어 있어요.

여 혹시 모르니까, **57** 길 건너 복사 가게에 가는 건 어때요?

남 아니면 **58** 그 파일을 Rochester 사무소에 있는 Jim에게 이메일로 보내서 인쇄물을 출력해 달라고 요청할 수 있어요.

남2 그렇군요. **58** 여기서 그리 멀지 않으니까 그게 준비되면 제가 가서 가져올 수 있겠네요.

어휘 out-of-order sign 고장 표시[표지판] | toner cartridge (복사기의) 토너 카트리지 | handout 인쇄물, 유인물

---

56. Where do the speakers most likely work?

(A) At an appliance store

(B) At a print shop

(C) At an advertising agency

(D) At a recruiting company

화자들은 어디서 일하겠는가?

(A) 가전제품 상점에서

(B) 인쇄소에서

(C) 광고 대행사에서

(D) 구인 업체에서

해설 화자들이 일하는 장소를 전반부에서는 명확히 알 수 없고, 중간에 남자1이 'You're giving a presentation about the new advertising campaign we're making for them (그들을 위해서 우리가 만든 새 광고 캠페인에 관해 당신이 발표를 할 거죠)'이라고 말했으므로 (C)가 정답이다.

---

57. Why does the woman say, "Just to be safe"?
(A) A machine might break down.
(B) A business may close early.
(C) A manager may be away from work.
(D) An order may not arrive on time.

여자는 왜 "혹시 모르니까"라고 말하는가?
(A) 기계가 고장 날지도 모른다.
(B) 업체가 일찍 문을 닫을지도 모른다.
(C) 매니저가 자리에 없을지도 모른다.
(D) 주문한 물건이 제때에 도착하지 않을지도 모른다.

해설 여자가 하는 말의 의도를 묻고 있다. 여자는 대화 앞부분에서 'The manager ordered it yesterday, so we should get it this afternoon (매니저가 어제 그걸 주문했으니 우리가 오늘 오후에는 그걸 받을 거예요)'이라고 말했지만, 이후 "Just to be safe"라고 하면서 'why don't you go to the copy store across the street? (길 건너 복사 가게에 가는 건 어때요?)'라고 제안했으므로 (D)가 정답이다.

---

58. What do the men imply about the company?
(A) It holds meetings regularly.
(B) It has offices in more than one location.
(C) It will be launching a new service.
(D) It is being renovated.

남자들은 회사에 대해 무엇을 암시하는가?
(A) 회의를 정기적으로 한다.
(B) 사무소가 한 곳 이상에 있다.
(C) 새로운 서비스를 시작할 것이다.
(D) 수리되고 있다.

해설 남자1이 'you could email the file to Jim at our Rochester office (그 파일을 Rochester 사무소에 있는 Jim에게 이메일로 보낼 수 있어요)'라고 하자, 남자2가 이에 동의(Yeah)하면서 'It's not too far from here, so I could go pick them up when they're ready (여기서 그리 멀지 않으니까 그게 준비되면 제가 가서 가져올 수 있겠네요)'라고 말했으므로 남자들의 대화에서 사무소가 최소 두 곳 이상에 있음을 시사하고 있다. 따라서 (B)가 정답이다.

미국 ↔ 호주

Questions 59-61 refer to the following conversation.

W Hello, **59** I'd like to buy one of these dresses that you have on display on this mannequin. **60** I need a size eight, but you don't have an eight available on the rack. I noticed though that the dress on the mannequin is an eight. Could I take that one?

M I'm afraid we can't take clothes off displays until the display period has officially ended. We'll be getting a new shipment of those dresses within the next week, though. Shall I set one aside for you?

W Thanks, but I can't wait. I wanted it as a gift for my sister, and her birthday is today.

M Oh, I see. Well, **61** you could try our other store across town. I'll give them a call to see if they have that size in stock.

59-61번은 다음 대화에 관한 문제입니다.

여 안녕하세요. **59** 이 마네킹에 전시된 드레스 한 벌을 사고 싶어요. **60** 사이즈 8이 필요한데, 여기 선반에는 사이즈 8이 없네요. 하지만 마네킹에 입혀진 드레스가 사이즈 8인 것을 알았어요. 저것을 가져갈 수 있을까요?

남 유감이지만 전시 기간이 공식적으로 끝날 때까지는 전시된 옷을 벗길 수 없습니다. 하지만 다음 주 안에 저 드레스가 새로 배송될 거예요. 고객님을 위해 한 벌 챙겨둘까요?

여 감사합니다만 저는 기다릴 수 없어요. 제 여동생을 위한 선물로 사고 싶은데, 동생의 생일이 오늘이에요.

남 아, 알겠습니다. 음, **61** 도시 건너편에 있는 저희 다른 매장을 가 보실 수 있을 거예요. 그쪽에 그 사이즈가 재고로 있는지 전화해 볼게요.

어휘 on display 진열된, 전시된 | mannequin 모델, 마네킹 | available 이용할 수 있는, 입수할 수 있는 | notice 알아차리다 | display 진열 | period 기간 | officially 공식적으로 | shipment 배송 | set aside 따로 떼어 두다, 챙겨 두다 | in stock 비축되어, 재고로 | take place 일어나다, 발생하다 | electronics 전자제품 | warehouse 창고 | accounting office 회계 사무소

---

59. Where does the conversation most likely take place?
(A) In an electronics shop
(B) In a shipping warehouse
(C) In a clothing store
(D) In an accounting office

대화는 어디서 이루어지겠는가?
(A) 전자제품 매장에서
(B) 배송 창고에서
(C) 옷 가게에서
(D) 회계 사무소에서

해설 대화가 일어나는 장소를 묻고 있다. 여자가 첫 대사에서 'I'd like to buy one of these dresses that you have on display on this mannequin (이 마네킹에 전시된 드레스 한 벌을 사고 싶어요)'이라고 말하고 있으므로 대화 장소가 옷 가게임을 알 수 있다. 따라서 (C)가 정답이다.

60. What does the woman want to do?

(A) Purchase a display item

(B) Apply for a job

(C) Try on a dress

(D) Make a phone call

여자는 무엇을 하기를 원하는가?

(A) 전시된 품목을 구매한다

(B) 일자리에 지원한다

(C) 드레스를 입어본다

(D) 전화한다

해설 여자가 원하는 것을 묻고 있다. 여자가 'I need a size eight, but you don't have an eight available on the rack. I noticed though that the dress on the mannequin is an eight. Could I take that one? (사이즈 8이 필요한데, 여기 선반에는 사이즈 8이 없네요. 하지만 마네킹에 입혀진 드레스가 사이즈 8인 것을 알았어요. 저것을 가져갈 수 있을까요?)'이라고 말했으므로, 전시된 옷을 구입하길 원하고 있다는 것을 수 있다. 따라서 (A)가 정답이다.

---

61. What will the man probably do next?

(A) Organize a rack

(B) Call another location

(C) Check an invoice

(D) Process an order

남자는 다음에 무엇을 할 것 같은가?

(A) 선반을 정리한다

(B) 다른 지점에 전화한다

(C) 청구서를 확인한다

(D) 주문을 처리한다

해설 남자가 다음에 할 일을 묻고 있다. 남자가 'you could try our other store across town. I'll give them a call to see if they have that size in stock (도시 건너편에 있는 저희 다른 매장을 가 보실 수 있을 거예요. 그쪽에 그 사이즈가 재고에 있는지 전화해 볼게요)'이라고 했으므로 (B)가 정답이다.

미국 ↔ 영국

Questions 62-64 refer to the following conversation and list.

M Hi, this is Franklin Morgus, the owner of Morgus Apparel. I was at the textile trade show last week and saw a video presentation on your security system. **62** I need something like it for my business, but I'm not sure which one I should get.

W Well, our company offers several packages. For example, the Plus package includes 24-hour alarm monitoring and three door sensors. **63** How big is your store?

M It's 400 square feet with one entrance.

W OK. **64** Then, I think our Basic package will suit you the best. Would you like to order now?

M **64** Yes, I'll try it out for a month.

62-64번은 다음 대화와 표에 관한 문제입니다.

남 안녕하세요, 제 이름은 Franklin Morgus이고 Morgus 의류를 운영하고 있습니다. 지난주에 섬유산업 박람회에 갔다가 그쪽 보안 시스템에 관한 비디오 발표를 봤어요. **62** 저희 가게에 그것과 비슷한 게 필요한데 어느 것을 사야 할지 모르겠네요.

여 음, 저희 회사는 몇 가지 패키지 상품을 제공합니다. 예를 들어 플러스 패키지에는 24시간 무인 감시와 세 개의 출입문 센서가 포함되지요. **63** 매장 규모가 얼마나 되나요?

남 출입문 하나에 400 평방미터요.

여 알겠습니다. **64** 그렇다면 제 생각에 기본 패키지가 고객님께 가장 잘 맞을 것 같네요. 지금 주문하시겠어요?

남 **64** 네, 한 달 동안 시험 사용 해볼게요.

패키지	월 요금
64 기본	35달러
플러스	50달러
프리미엄	65달러
스타	80달러

어휘 textile 직물, 옷감 | trade show 무역박람회 | security 보안, 경비 | alarm monitoring 무인 감시 | suit ~에게 어울리다, 맞다 | try out 시험적으로 사용해보다 | arrange ~을 계획하다 | on-site 현장의 | faulty 흠이 있는, 불완전한

---

62. Why is the man calling?

(A) To arrange an on-site consultation

(B) To return a faulty item

(C) To learn more about a product

(D) To purchase tickets to a trade show

남자는 왜 전화를 거는가?

(A) 현장 상담을 계획하기 위해

(B) 결함이 있는 제품을 반품하기 위해

(C) 어떤 제품에 관하여 더 알아보기 위해

(D) 무역박람회 입장권을 구매하기 위해

해설 전화를 건 목적은 대화의 주제에 해당하며 거의 대부분 첫 한두 문장에서 정답을 알아낼 수 있다. 남자가 대화 처음에 'I need something like it for my business, but I'm not sure which one I should get. (저희 가게에 그것과 비슷한 게 필요한데 어느 것을 사야 할지 모르겠네요.)'이라고 언급했으므로 전화를 건 목적은 구매할 수 있는 보안 시스템에 관하여 더 알아보기 위한 것이므로 정답은 (C)이다.

---

63. What does the woman ask the man about?

(A) A mailing address

(B) A credit card number

(C) The type of service

(D) The size of a store

여자는 남자에게 무엇에 관하여 묻는가?

(A) 우편 주소

(B) 신용카드 번호

(C) 서비스의 유형

(D) 매장의 규모

해설 여자가 남자에게 'How big is your store? (매장 규모가 얼마나 되나요?)'라고 묻고 있다. How big은 규모를 묻는 표현이므로 (D)가 정답이다.

64. Look at the graphic. How much will the man most likely pay?
(A) $35
(B) $50
(C) $65
(D) $80

시각 정보를 보시오. 남자는 얼마를 지불하겠는가?
(A) 35달러
(B) 50달러
(C) 65달러
(D) 80달러

해설 대화 후반부에서 여자가 'Then, I think our Basic package will suit you the best. (그렇다면 제 생각에 기본 패키지가 고객님께 가장 잘 맞을 것 같네요.)'라고 말하며 기본 패키지의 구매를 추천하자, 남자가 'Yes, I'll try it out for a month. (네, 한 달 동안 시험 사용해볼게요.)'라고 답변하며 이를 수락하고 있다. 따라서 표에서 남자는 Basic 패키지의 월 요금 35달러를 지불할 것을 유추할 수 있으므로 정답은 (A)이다.

호주 ↔ 미국

Questions 65-67 refer to the following conversation and voucher.

M Hello, **65** I want to buy some strawberries, but I only see vegetables in this aisle. Where is your fruit section?

W **66** Ah, we expanded our store last week, so we decided to move them to a new aisle. If you follow me, I'll take you there right now.

M Thank you. Oh, also, **67** I have this voucher that I received in the mail yesterday. I was wondering if it can be used for the strawberries.

W **67** Of course it can. Just be sure to show the voucher to the clerk before you pay for your merchandise.

65-67번은 다음 대화와 쿠폰에 관한 문제입니다.

남 안녕하세요. **65** 제가 딸기를 좀 사고 싶은데 이쪽 통로에는 채소밖에 보이질 않네요. 과일 코너는 어디인가요?

여 **66** 아, 지난주에 매장을 확장해서, 과일은 새로운 통로로 옮겼어요. 저를 따라오시면 지금 당장 안내해 드릴게요.

남 고마워요. 오. 그리고, **67** 어제 우편으로 받은 이 쿠폰이 있는데요. 이 쿠폰을 딸기 구매에 쓸 수 있는지 궁금해요.

여 **67** 물론이죠. 계산하기 전에 점원에게 이 쿠폰을 꼭 보여주세요.

베니 수퍼 특별 쿠폰
(5월 4일까지 가능)
모든 채소 2달러 할인!
모든 과일 3달러 할인!
모든 고기 4달러 할인!

어휘 aisle 통로 | expand 확장하다 | voucher 쿠폰 | clerk 점원 | reorganize 재조직하다 | discontinue 중단하다

65. What is the man's problem?
(A) His food has gone bad.
(B) His store membership expired.
(C) He cannot find an item.
(D) He forgot his credit card.

남자의 문제는 무엇인가?
(A) 그의 음식이 상했다.
(B) 그의 가게 회원권이 만료됐다.
(C) 그가 상품을 찾을 수가 없다.
(D) 그가 신용카드를 놓아두고 잊었다.

해설 남자의 문제를 묻고 있다. 남자의 말에서 문제점을 나타내는 부정적 표현을 포착한다. 'I want to buy some strawberries, but I only see vegetables in this aisle. Where is your fruit section? (제가 딸기를 좀 사고 싶은데 이쪽 통로에는 채소밖에 보이질 않네요. 과일 코너는 어디인가요?)'이라고 했으므로 (C)가 정답이다.

66. What has the store recently done?
(A) Hired additional workers
(B) Reorganized some merchandise
(C) Placed a new advertisement
(D) Discontinued a product line

매장은 최근 무슨 일이 있었는가?
(A) 추가 인원을 고용했다
(B) 몇몇 상품들을 재배치했다
(C) 새 광고를 냈다
(D) 생산 라인을 중단했다

해설 상점이 최근에 한 일을 묻고 있다. recently를 키워드로 삼아 단서를 잡아낸다. 'we expanded our store last week, so we decided to move them to a new aisle. (지난주에 매장을 확장해서, 과일은 새로운 통로로 옮겼어요.)'이라고 했으므로 expanded, move them to a new aisle을 패러프레이징한 (B)가 정답이다.

67. Look at the graphic. What discount will the man most likely receive?
(A) $2
(B) $3
(C) $4
(D) $5

시각 정보를 보시오. 남자는 얼마나 할인을 받을 것 같은가?

(A) 2달러
(B) 3달러
(C) 4달러
(D) 5달러

해설 남자가 받을 할인액을 묻고 있다. 미리 시각 자료를 확인해둔 후, discount를 키워드로 삼아 단서와 시각 자료를 매칭시킨다. 남자가 'I have this voucher that I received in the mail yesterday. I was wondering if it can be used for the strawberries. (어제 우편으로 받은 이 쿠폰이 있는데요. 이 쿠폰을 딸기 구매에 쓸 수 있는지 궁금해요.)'라고 하자, 여자가 'Of course it can. (물론이죠.)'이라고 답했다. 쿠폰에서 과일은 3달러가 할인되므로 (B)가 정답이다.

영국 ↔ 미국

Questions 68-70 refer to the following conversation and map.

W Pardon me, but may I ask you a question? **68** I need to get to Cedar Hotel. Do you know which stop I have to get off at?

M **69** Um… Vanowen Street is the next stop, so you'll want to get off at the stop right after that. I don't remember the name of the stop, but I'm certain it's the one just after Vanowen Street.

W Thank you so much.

M No problem. **70** Just one thing, though. I recommend taking the hotel's shuttle bus from there. It's about a 20-minute walk, and you probably want to stay out of the sun in this hot weather.

68-70번은 다음 대화와 지도에 관한 문제입니다.

여 실례지만, 질문 하나 해도 될까요? **68** 저는 Cedar 호텔에 가야 해요. 제가 어느 정류장에서 내려야 하는지 아시나요?

남 **69** 음…. Vanowen 가가 다음 정류장이니, 그 바로 다음 정류장에서 내리면 되겠네요. 그 정류장 이름은 기억나지 않지만, Vanowen 가 바로 다음이라는 건 확실해요.

여 정말 감사합니다.

남 아닙니다. **70** 근데 한가지 말씀드릴 게 있어요. 거기에서 호텔 셔틀버스를 타시기를 권해요. 걸어서 20분 거리에 있는데, 아마 이런 더운 날씨에는 태양으로부터 벗어나고 싶어질 테니까요.

버스 노선				
Victory 역	Vanowen 가	69 Hazeltine 로	Madera 가	Alta 가
○ →	○ →	○ →	○ →	○ →

어휘 get off 내리다 | certain 확신하는 | recommend 추천하다, 권하다 | stay out of ~을 피하다

---

68. Where is the woman going?

(A) To a hotel
(B) To a sports stadium
(C) To a university
(D) To a train station

여자는 어디로 가고 있는가?

(A) 호텔로
(B) 체육 경기장으로
(C) 대학교로
(D) 기차역으로

해설 여자가 가고 있는 장소를 묻고 있다. 여자의 말에 집중해서 단서를 포착한다. 'I need to get to Cedar Hotel. (저는 Cedar 호텔에 가야 해요.)'이라고 했으므로 (A)가 정답이다.

---

69. Look at the graphic. What stop does the man say the woman should get off at?

(A) Vanowen Street
(B) Hazeltine Road
(C) Madera Street
(D) Alta Avenue

시각 정보를 보시오. 남자가 말한 여자가 내려야 할 정류장은 어디인가?

(A) Vanowen 가
(B) Hazeltine 로
(C) Madera 가
(D) Alta 가

해설 여자가 내려야 할 정류장을 묻고 있다. 먼저 시각 정보를 파악해 둔 상태에서 해당 내용을 듣고, 시각 정보와 매칭시킨다. 남자가 'Um…. Vanowen Street is the next stop, so you'll want to get off at the stop right after that. I don't remember the name of the stop, but I'm certain it's the one just after Vanowen Street. (음…. Vanowen 가가 다음 정류장이니, 그 바로 다음 정류장에서 내리면 되겠네요. 그 정류장 이름은 기억나지 않지만, Vanowen 가 바로 다음이라는 건 확실해요.)'라고 했고, 시각 정보를 보면 Vanowen Street 다음 정류장은 (B)이다.

---

70. What does the man suggest the woman do?

(A) Wear warm clothing
(B) Check a map
(C) Use a shuttle service
(D) Purchase a bus ticket

남자가 여자에게 제안한 것은 무엇인가?

(A) 따뜻한 옷을 입는다
(B) 지도를 확인한다
(C) 셔틀 서비스를 이용한다
(D) 버스표를 구입한다

남자가 제안한 것을 묻고 있다. 남자의 말에 집중하여 제안 표현을 잡아낸다. 'Just one thing, though. I recommend taking the hotel's shuttle bus from there. (근데 한가지 말씀드릴 게 있어요. 거기에서 호텔 셔틀버스를 타시기를 권해요.)'라고 했으므로 (C)가 정답이다.

미국

Questions 71-73 refer to the following telephone message.

W Good morning, Ms. Barrington. **71** It's Carla Pak from WAB TV News. If you recall, **72** we talked at the Alternative Energy Conference in Los Angeles after your lecture on wind turbines. Anyway, the reason for my call today is I'm going to do a television segment on affordable energy, and I'd like to interview you. I'm certain that viewers would be interested in learning about the technological discoveries you presented at the conference. I understand that you have a busy schedule, but **73** I promise that the filming of our interview will not take long. I can meet you at your most convenient time. Please call me back at 555-2934. Thank you.

71-73번은 다음 전화 메시지에 관한 문제입니다.

여 안녕하세요, Ms. Barrington. **71** WAB TV 뉴스의 Carla Pak입니다. 기억하시는지 모르겠지만, **72** 저희는 로스앤젤레스에서 열린 대체 에너지 학회에서 풍력발전용 터빈에 대한 선생님의 강연이 끝난 뒤 이야기를 나눴습니다. 어쨌든 오늘 전화 드린 이유는 제가 저렴한 에너지에 대한 텔레비전 코너를 하게 되었는데, 선생님을 인터뷰하고 싶어서입니다. 저는 시청자들이 선생님께서 학회에서 발표하신 기술적 발견들을 알게 되는 데 관심이 있을 것이라고 확신합니다. 선생님의 일정이 바쁘시다는 것은 알고 있지만, **73** 인터뷰 촬영이 오래 걸리지 않을 것이라는 걸 약속드립니다. 선생님께서 제일 편하신 시간에 만날 수 있습니다. 555-2934로 전화 주십시오. 고맙습니다.

어휘 recall 기억해 내다 | alternative energy 대체 에너지 | conference 학회 | wind turbine 풍력발전용 터빈 | segment (TV 등의) 코너 | affordable 저렴한 | certain 확신하는 | discovery 발견 | filming 촬영 | take (시간이) 걸리다 | at one's convenient time 편리한 때에

71. Who most likely is the message from?
(A) A company CEO
(B) An environmental scientist
(C) A television reporter
(D) A college professor

이 메시지는 누구에게서 온 것이겠는가?
(A) 회사 최고경영자
(B) 환경 과학자
(C) 텔레비전 기자
(D) 대학 교수

해설 화자의 직업을 묻고 있다. 화자의 직업을 알 수 있는 단어나 표현에 집중한다. 'It's Carla Pak from WAB TV News (WAB TV 뉴스의 Carla Pak입니다)'라고 했으므로 (C)가 정답이다.

---

72. What is Ms. Barrington's area of expertise?
(A) Wind energy
(B) Information technology
(C) Product advertising
(D) Financial consulting

Ms. Barrington의 전문 분야는 무엇인가?
(A) 풍력 에너지
(B) 정보 통신 기술
(C) 상품 광고
(D) 재정 자문

해설 Ms. Barrington의 전문 분야를 묻고 있다. Ms. Barrington's area of expertise를 키워드로 삼아 해당 문장을 포착한다. 'we talked at the Alternative Energy Conference ~ after your lecture on wind turbines (대체 에너지 학회에서 풍력발전용 터빈에 대한 선생님의 강연이 끝난 뒤 이야기를 나눴습니다)'라고 했으므로 (A)가 정답이다.

---

73. What does the speaker promise Ms. Barrington?
(A) Funding will be given.
(B) An interview will be brief.
(C) A proposal will be considered.
(D) Transportation will be arranged.

화자는 Ms. Barrington에게 무엇을 약속하는가?
(A) 재정 지원이 제공될 것이다.
(B) 인터뷰는 짧을 것이다.
(C) 제안이 고려될 것이다.
(D) 차편이 준비될 것이다.

해설 화자가 Ms. Barrington에게 약속한 것을 묻고 있다. promise Ms. Barrington을 키워드로 삼아 해당 내용을 포착한다. 'I promise that the filming of our interview will not take long (인터뷰 촬영이 오래 걸리지 않을 것이라는 걸 약속드립니다)'이라고 했으므로 (B)가 정답이다. our interview will not take long이 An interview will be brief로 패러프레이징되었다.

Questions 74-76 refer to the following excerpt from a meeting.

M Before we bring today's meeting to a close, **74** I'd like to point out a couple of things about our upcoming issue of the *Modern Journal of American Medicine*. First of all, your articles for the fall issue are now due this Friday. **75** I realize that the deadline is sooner than expected, but a few of our editors will be on vacation next week, so we will be understaffed during the review process. And **76** regarding the winter issue, since it will mark our 10th anniversary, we plan on including a special introductory article about our journal's history. If you have any ideas for it, please let me know.

74-76번은 다음 회의 발췌록에 관한 문제입니다.

남 오늘 회의를 마치기 전에, **74** 곧 발행될 〈현대 미국 의학 학술지〉 다음 호에 대해 몇 가지 언급하겠습니다. 우선, 여러분의 모든 가을호 기사 마감일은 이제 이번 주 금요일로 정했습니다. **75** 마감일이 예상했던 것보다 더 짧다는 걸 알지만, 다음 주에 저희 편집자 몇 분이 휴가를 갈 거라서, 우리가 검토 과정에서 일손이 부족하게 될 것입니다. 그리고 **76** 겨울호에 관해서는, 이것이 저희 10주년을 기념하니, 우리 학술지의 연혁에 대한 특집 소개 기사를 넣으려고 계획하고 있습니다. 이것에 대한 아이디어가 있으시면, 제게 알려 주십시오.

어휘 bring ~ to a close ~을 끝내다 | point out 언급[지적]하다 | a couple of 두세 개의 | upcoming 곧 있을, 다가오는 | issue 호(號) | article 기사 | due ~하기로 되어 있는 | realize 인식하다 | deadline 마감일, 기한 | than usual 평소보다 | editor 편집자 | understaffed 일손[직원]이 부족한 | process 과정 | regarding ~에 관하여 | mark 기념[축하]하다 | introductory 소개의

74. What type of publication does the speaker most likely work for?
(A) A sports newsletter
(B) A medical journal
(C) A history magazine
(D) A travel guide

화자는 어떤 출판물을 위해 일하겠는가?
(A) 스포츠 소식지
(B) 의학 학술지
(C) 역사 잡지
(D) 여행 안내서

해설 출판물 종류를 묻고 있다. type of publication을 키워드로 삼아 해당 내용을 포착한다. 'I'd like to point out ~ about our upcoming issue of the *Modern Journal of American Medicine* (곧 발행될 〈현대 미국 의학 학술지〉 다음 호에 대해 몇 가지 언급하겠습니다)'이라고 했으므로 (B)가 정답이다. *Journal of ~ Medicine*이 A medical journal로 패러프레이징되었다.

75. According to the speaker, why has the deadline been changed?
(A) The issue needs to be distributed earlier.
(B) Some articles have to be translated.
(C) Photographs will be included for the first time.
(D) Some editors will be unavailable.

화자에 따르면, 마감일은 왜 변경되었는가?
(A) 그 호가 더 일찍 배포되어야 한다.
(B) 일부 기사가 번역되어야 한다.
(C) 처음으로 사진이 포함될 것이다.
(D) 일부 편집자들이 자리에 없을 것이다.

해설 마감일이 변경된 이유를 묻고 있다. deadline과 changed를 키워드로 삼아 해당 내용을 포착한다. 'I realize that the deadline is sooner than expected, but ~ our editors will be on vacation next week (마감일이 예상했던 것보다 더 짧다는 걸 알지만, 다음 주에 저희 편집자 몇 분이 휴가를 갈 것입니다)'라고 했으므로 (D)가 정답이다. a few ~ editors will be on vacation이 Some editors will be unavailable로 패러프레이징되었다.

76. Why will there be a special introduction in the winter issue?
(A) It will be the last issue of the publication.
(B) It will be an anniversary of the publication.
(C) A renowned writer will be employed.
(D) An online version will be launched.

겨울호에 왜 특별 소개문이 실릴 것인가?
(A) 출판물의 마지막 호가 될 것이다.
(B) 출판물의 기념일일 것이다.
(C) 유명 작가가 채용될 것이다.
(D) 온라인 버전이 출시될 것이다.

해설 겨울호에 특별 소개문이 실리는 이유를 묻고 있다. special introduction과 winter issue를 키워드로 삼아 해당 내용을 포착한다. 'regarding the winter issue, since it will mark our tenth anniversary, we plan on including a special introductory article about our journal's history (이것이 저희 10주년을 기념하니, 우리 학술지의 연혁에 대한 특집 소개 기사를 넣으려고 계획하고 있습니다)'라고 했으므로 (B)가 정답이다. it will mark our ~ anniversary가 It will be an anniversary로 패러프레이징되었다.

Questions 77-79 refer to the following announcement.

W If you're a business owner, you know how difficult and time-consuming drafting, revising, and updating contracts can be. Now with the new XLP Tracker, managing your contracts has never been faster and easier. **77** XLP Tracker is an advanced software program that allows you to create, store, and manage contracts in one secure place. But **78** what's most impressive is that it's incredibly simple to use. Not convinced yet? **79** Check out the feature article in the September issue of *Today's Tech Magazine* and discover why the XLP Tracker was voted this year's Number One Business Growth Tool.

77-79번은 다음 안내 방송에 관한 문제입니다.

여 고객님이 사업주이시라면, 계약서 초안을 작성하고 그걸 수정하고, 업데이트하는 일이 얼마나 어렵고 시간이 소요되는지 아실 것입니다. 이제 새로 나온 XLP Tracker가 있으면 계약서 관리는 이보다 더 빠르고 쉬울 수 없습니다. **77** XLP Tracker는 고객님이 안전한 한 곳의 장소에 계약서를 작성하고, 보관하고, 관리할 수 있게 해 주는 선진 소프트웨어 프로그램입니다. 하지만 **78** 가장 인상 깊은 점은 이것이 믿을 수 없을 만큼 사용하기 간단하다는 것입니다. 아직 확신이 안 서십니까? **79** 〈오늘의 기술 잡지〉 9월호에 나온 특집 기사를 확인하시고 왜 XLP Tracker가 올해 최고의 사업 성장 도구로 선정되었는지 확인하십시오.

어휘 time-consuming (많은) 시간이 걸리는 | draft 초안을 작성하다 | revise 수정하다 | contract 계약(서) | advanced 선진의 | allow ~할 수 있게 해 주다 | store 보관[저장]하다 | secure 안전한 | impressive 인상[감명] 깊은 | incredibly 믿을 수 없을 만큼 | convinced 확신하는 | feature article 특집 기사 | discover 알아내다 | vote (투표로) 선출되다

77. What type of software is being advertised?
(A) Web design software
(B) Contract management software
(C) Accounting software
(D) Internet security software

어떤 소프트웨어가 광고되고 있는가?
(A) 웹 디자인 소프트웨어
(B) 계약서 관리 소프트웨어
(C) 회계 소프트웨어
(D) 인터넷 보안 소프트웨어

해설 광고되는 소프트웨어를 묻고 있다. 광고 주제와 관련된 단어나 표현을 포착해야 한다. 'XLP Tracker is an advanced software program that allows you to ~ manage contracts (XLP Tracker는 고객님이 계약서를 관리할 수 있게 해 주는 선진 소프트웨어 프로그램입니다)'라고 했으므로 (B)가 정답이다.

78. What does the speaker emphasize about the software?
(A) It is affordable.
(B) It operates on mobile devices.
(C) It is easy to use.
(D) It is available in several languages.

화자는 소프트웨어에 대해 무엇을 강조하는가?
(A) 가격이 알맞다.
(B) 이동 기기에서 작동된다.
(C) 사용하기 쉽다.
(D) 여러 언어로 이용 가능하다.

해설 소프트웨어에서 강조하는 점을 묻고 있다. emphasize와 about the software를 키워드로 삼아 해당 내용을 포착한다. 'what's most impressive is that it's incredibly simple to use (가장 인상 깊은 점은 이것이 믿을 수 없을 만큼 사용하기 간단하다는 것입니다)'라고 했으므로 (C)가 정답이다. simple to use가 easy to use로 패러프레이징되었다.

79. What does the speaker encourage listeners to do?
(A) Read a magazine article
(B) Try out a sample version
(C) Schedule an appointment
(D) Watch a video demonstration

화자는 청자들에게 무엇을 하라고 권장하는가?
(A) 잡지 기사를 읽는다
(B) 샘플 버전을 시험 삼아 사용해 본다
(C) 약속을 정한다
(D) 영상 시연을 시청한다

해설 권장 사항을 묻고 있다. 지문 후반부에서 'Check out the feature article in the September issue of *Today's Tech Magazine* (〈오늘의 기술 잡지〉 9월호에 나온 특집 기사를 확인하십시오)'라고 했으므로 (A)가 정답이다. Check out the ~ article in ~ *Today's Tech Magazine*이 Read a magazine article로 패러프레이징되었다.

Questions 80-82 refer to the following excerpt from a meeting.

M Good morning. **80** Before we open for business today, I wanted to have a quick staff meeting. We finally hired three more sales associates for the busy holiday season. Yes, I understand that it may not be enough, **81** but that's the best we could do with a limited budget. **82** At any rate, they will start next Tuesday, which means we have to organize a training workshop for them next week. I will assign each of you a particular part of your job that you will have to prepare to explain during the session. Naturally, you will be covering tasks which you are very familiar with. If you have any questions or concerns, come see me after the meeting.

남 안녕하세요. **80** 오늘 우리가 가게 문을 열기 전, 직원 회의를 빨리 하고 싶었습니다. 우리는 바쁜 휴가 시즌에 대비해서 마침내 세 명의 영업 사원을 더 채용했습니다. 네, 그것으로는 충분하지 않을 수 있다는 것을 알고 있습니다만, **81** 제한된 예산으로 우리가 할 수 있는 최선입니다. **82** 어쨌든, 그들은 다음 주 화요일에 일을 시작할 텐데, 이는 그들을 위해 우리가 다음 주에 교육 워크숍을 준비해야 한다는 뜻이죠. 제가 여러분 각자에게 그 시간 동안 여러분이 설명하기 위해 준비해야 할 업무의 특정 부분을 배정하겠습니다. 당연히, 여러분이 매우 잘 아는 업무들을 다루게 될 것입니다. 질문이나 궁금한 사항이 있으면, 회의 끝나고 제게 오세요.

어휘 hire 고용하다 | sales associates 영업 사원 | limited 제한된, 한정된 | budget 예산 | at any rate 어쨌든, 좌우간 | naturally 당연히 | task 업무 | be familiar with ~에 정통하다

80. Who most likely are the listeners?
(A) Corporate accountants
(B) Sales associates
(C) Delivery drivers
(D) Event coordinators

청자들은 누구이겠는가?
(A) 법인 회계사들
(B) 영업 사원들
(C) 배송 기사들
(D) 행사 진행자들

해설 청자의 정체를 묻는 문제이다. 특정 직업을 유추할 수 있는 단어나 표현을 포착한다. 화자가 처음에 'Before we open for business today, I wanted to have a quick staff meeting. We finally hired three more sales associates for the busy holiday season (오늘 우리가 가게 문을 열기 전, 직원 회의를 빨리 하고 싶었습니다. 우리는 바쁜 휴가 시즌에 대비해서 마침내 세 명의 영업 사원을 더 채용했습니다)'이라고 말했으므로 청자들 역시 해당 업체의 영업 사원들임을 알 수 있다. 따라서 (B)가 정답이다.

81. What does the speaker mean when he says, "Yes, I understand that it may not be enough"?
(A) He knows that some supplies are running out.
(B) He admits that he made an error.
(C) He acknowledges the employees' concerns.
(D) He apologizes for an unexpected workload.

화자는 "네, 그것으로는 충분하지 않을 수 있다는 것을 알고 있습니다"라고 말할 때 무엇을 의도하는가?
(A) 일부 물품이 다 떨어져가고 있음을 알고 있다.
(B) 자신이 실수했다는 것을 인정한다.
(C) 직원들의 우려 사항들을 잘 알고 있다.
(D) 예기치 못한 업무량에 대해 사과한다.

해설 남자가 하는 말의 의도를 묻고 있다. 해당 표현을 하기에 앞서 바쁜 휴가 시즌에 대비해서 영업 사원을 세 명 더 뽑았다고 했는데, 'Yes, I understand that it may not be enough, but that's the best we could do with a limited budget (네, 그것으로는 충분하지 않을 수 있다는 것을 알고 있습니다만, 제한된 예산으로 우리가 할 수 있는 최선입니다)'이라고 말했으므로, 현 직원들이 충원될 3명으로는 부족하다고 느끼는 것을 인정한다는 표현이다. 따라서 (C)가 정답이다.

82. What task does the speaker assign to the listeners?
(A) Finding job candidates
(B) Preparing for a workshop
(C) Organizing a sale
(D) Learning a new skill

화자는 청자들에게 어떤 업무를 배정하는가?
(A) 입사 지원자들을 찾는 것
(B) 워크숍을 준비하는 것
(C) 판매를 기획하는 것
(D) 새로운 기술을 배우는 것

해설 task와 assign을 키워드로 삼아 단서를 잡아낸다. 화자가 회의 중간에 'At any rate, they will start next Tuesday, which means we have to organize a training workshop for them next week. I will assign each of you a particular part of your job that you will have to prepare to explain during the session (어쨌든, 그들은 다음 주 화요일에 일을 시작할 텐데, 이는 그들을 위해 우리가 다음 주에 교육 워크숍을 준비해야 한다는 뜻이죠. 제가 여러분 각자에게 그 시간 동안 여러분이 설명하기 위해 준비해야 할 업무의 특정 부분을 배정하겠습니다)'이라고 말했으므로 (B)가 정답이다.

호주

Questions 83-85 refer to the following talk.

M Welcome to the monthly department meeting. There are a few things on the agenda we need to cover today. First, as you may have heard, we're going to be implementing **83** a new corporate cell phone policy for selected staff members. Beginning September 9, **84** employees traveling overseas to meet with clients or for conferences will be provided with a company phone. Our IT Department will provide a wide variety of mobile phones and subscription plans that you can select from. Those who are eligible will get an email this week with the details of our company's policy on proper phone usage. **85** If there are any inquiries regarding this, please speak with your manager.

83-85번은 다음 담화에 관한 문제입니다.

남 월간 부서 회의에 잘 오셨습니다. 안건에 오늘 다뤄야 할 몇 가지 사안들이 있습니다. 먼저, 여러분들이 들으셨을지 모르겠지만, 선택된 직원들에 대해서 **83 새로운 회사 휴대전화 방침**을 시행할 겁니다. 9월 9일부터, **84 고객을 만나거나 회의를 위해서 해외로 출장 가는 직원들은 회사 전화를 지급받게 될 겁니다.** 우리 IT 부서는 여러분들이 선택할 수 있는 다양한 종류의 휴대전화와 사용 요금제를 제공할 겁니다. 자격이 되는 분들은 이번 주에 적절한 전화 사용법에 관한 우리 회사 방침의 세부 사항에 대한 이메일을 받으실 겁니다. **85 이것에 대해 질문이 있으시면, 부서장과 이야기하십시오.**

어휘 agenda 안건 (목록) | cover 다루다 | implement 시행하다 | corporate 기업[회사]의 | policy 방침 | overseas 해외에(로) | a wide variety of 매우 다양한 | subscription (서비스) 사용 | eligible (조건이 맞아서) ~을 가질[할] 수 있는 | proper 적절한 | usage 사용(법) | inquiry 질문, 문의 | regarding ~에 대하여

83. What is the new policy about?
(A) Travel expenses
(B) Conference rooms
(C) Mobile phones
(D) Employee schedules

새로운 방침은 무엇에 관한 것인가?
(A) 출장비
(B) 회의실
(C) 휴대전화
(D) 직원 일정

해설 새로운 방침의 주제를 묻고 있다. 방침의 주제와 관련된 단어나 표현을 포착한다. 'a new ~ cell phone policy (새로운 휴대전화 방침)'라고 했으므로 (C)가 정답이다. cell phone이 Mobile phones로 패러프레이징되었다.

84. Who does the speaker say the policy applies to?
(A) Employees who travel abroad
(B) Workers who have technical expertise
(C) Managers who were recently promoted
(D) Staff members who work from home

화자는 방침이 누구에게 해당된다고 말하는가?
(A) 해외로 출장 가는 직원들
(B) 기술 전문 지식이 있는 직원들
(C) 최근 승진된 관리자들
(D) 재택 근무하는 직원들

해설 방침이 해당되는 사람들을 묻고 있다. 방침이 해당되는 사람들의 신분이나 직책을 알 수 있는 단어나 표현에 집중한다. 'employees traveling overseas ~ will be provided with a company phone (해외로 출장 가는 직원들은 회사 전화를 지급 받게 될 겁니다)'이라고 했으므로 (A)가 정답이다. employees traveling overseas가 Employees who travel abroad로 패러프레이징되었다.

85. What should listeners do if they have questions?
(A) Call a telecommunications company
(B) Email a document to the speaker
(C) Submit a request to the IT Department
(D) Talk to a supervisor

청자들은 질문이 있을 경우 무엇을 해야 하는가?
(A) 통신 회사에 전화한다
(B) 화자에게 이메일로 서류를 보낸다
(C) IT 부서에 요청서를 제출한다
(D) 상사에게 이야기한다

해설 질문이 있는 청자들이 할 일을 묻고 있다. if they have questions를 키워드로 삼아 해당 내용을 포착한다. 'If there are any inquiries ~, please speak with your manager (질문이 있으시면, 부서장과 이야기하십시오)'라고 했으므로 (D)가 정답이다. inquiries가 questions로, speak with your manager가 Talk to a supervisor로 패러프레이징되었다.

미국

Questions 86-88 refer to the following speech.

W Wow! **86** Thank you, everyone! I never imagined that I would get the Top Worker Award here at XS Hiking Wear. **87** When the director asked me to improve the company's falling sales this year, I thought that a new commercial campaign would help. I had no idea, however, that it would turn out to be such a huge success. Anyway, I'll tell you one thing for sure. **88** I wouldn't be up here if not for my crew and all the long hours that we worked. If they could stand up, I would ask you all to give them a round of applause as well.

86-88번은 다음 연설에 관한 문제입니다.

여 와우! **86** 감사합니다, 여러분! 제가 Top Worker 상을 여기 XS Hiking Wear에서 받게 될 거라고는 상상도 못했습니다. **87** 이사님이 올해 회사의 매출 감소를 만회하라고 말씀하셨을 때, 저는 새로운 광고 캠페인이 도움이 될 것이라고 생각했습니다. 하지만, 이렇게까지 큰 성과를 낼 것이라고는 생각 못했습니다. 어쨌든, 한가지 확실하게 말씀드릴 수 있습니다. **88** 저희 팀원들이 아니었다면 저는 이 자리에 올 수 없었을 겁니다. 그리고 함께 일했던 긴 시간이 없었다면 말입니다. 제 팀원들이 자리에서 일어나게 되면, 그들을 위한 박수를 한번 부탁드리고 싶습니다.

어휘 director (회사의) 이사 | falling sales 매출 감소 | commercial campaign 광고 캠페인 | turn out ~인 것으로 드러나다, 밝혀지다 | crew 팀, 동료 | a round of applause 박수 갈채 | sales number 판매량 | promote 홍보하다 | hiker 등산객 | owner 주인, 사장 | appreciation 감사 | take on ~을 떠맡다, 책임지다

226

86. What is the purpose of the speech?

(A) To report on sales numbers

(B) To promote an event

(C) To accept an award

(D) To congratulate a director

연설의 목적은 무엇인가?

(A) 판매량을 보고하기 위해

(B) 행사를 홍보하기 위해

(C) 상을 받기 위해

(D) 책임자를 축하하기 위해

해설 담화의 목적을 묻는 질문이다. 주로 이야기의 목적은 담화의 초반부에 등장하므로 첫 문장을 흘려 듣지 않도록 한다. 화자는 처음에 'Thank you, everyone! I never imagined that I would get the Top Worker Award (감사합니다, 여러분! 제가 Top Worker 상을 받게 될 거라고는 상상도 못했습니다)'라고 말하며 상을 수여받았음을 밝히고 있다. 문장의 get ~ award를 듣는 순간 (C)로 정답을 체크할 수 있다.

---

87. What most likely is the woman's job?

(A) Professional hiker

(B) Store owner

(C) Television actor

(D) Advertising manager

여자의 직업은 무엇이겠는가?

(A) 전문 등산객

(B) 가게 주인

(C) 텔레비전 배우

(D) 광고 담당자

해설 화자의 직업에 대해 묻는 문제이다. 감사의 인사와 함께 'When the director asked me to improve the company's falling sales this year, I thought that a new commercial campaign would help. (이사님이 올해 회사의 매출 감소를 만회하라고 말씀하셨을 때, 저는 새로운 광고 캠페인이 도움이 될 것이라고 생각했습니다.)'라고 말했으므로 new commercial campaign을 듣는 순간 그녀가 광고와 관련된 일을 한다는 사실을 파악할 수 있으므로 정답은 (D)임을 알 수 있다. 인사 이후 'here at XS Hiking Wear'의 회사 이름만 듣고 성급하게 (A)로 선택할 수 있으므로 주의한다.

---

88. Why does the speaker say, "I wouldn't be up here if not for my crew"?

(A) She is showing appreciation to her coworkers.

(B) She would like more crew members.

(C) She needs assistance with a new project.

(D) She is not ready to take on more working hours.

화자는 왜 "저희 팀원들이 아니었다면 저는 이 자리에 올 수 없었을 겁니다"라고 말하는가?

(A) 그녀의 동료들에게 감사를 표하고 있다.

(B) 더 많은 직원 동료를 원하고 있다.

(C) 새로운 프로젝트를 위한 지원을 필요로 한다.

(D) 더 많은 업무 시간을 맡을 준비가 되어 있지 않다.

해설 화자가 하는 말의 의도를 묻고 있다. 문제의 주어진 문장을 미리 숙지한 후에 담화를 청취하면 쉽게 정답의 단서를 찾을 수 있으므로 시간 배분을 통해 문제를 꼭 훑어본 후 문제를 풀도록 한다. 화자는 담화의 후반부에 'I wouldn't be up here if not for my crew and all the long hours that we worked. (저희 팀원들이 아니었다면 저는 이 자리에 올 수 없었을 겁니다. 그리고 함께 일했던 긴 시간이 없었다면 말입니다.)'라고 말했으므로 그녀의 팀이 성과에 공로하였음을 우회적으로 밝히고 있다. 따라서 (A)가 정답이 된다. 이어지는 말 'If they could stand up, I would ask you all to give them a round of applause as well. (제 팀원들이 자리에서 일어나게 되면, 그들을 위한 박수를 한번 부탁드리고 싶습니다.)'을 들으며 체크한 정답을 확인할 수 있다.

영국

Questions 89-91 refer to the following telephone message.

W Good afternoon, this is Susanne Garcia with Frida Industries. **89** I'm leaving a message for Mr. Sanderson regarding a recent order. On March 8, we received a request for laptops through your online corporate account. **90** This call is to double-check with you about that because, ah... 2,000 seems a bit much. **90, 91** If you would really like that many, keep in mind that we don't have enough machinery to manufacture all those laptops by the end of the month. When you get a chance, please call me back regarding this matter. Thank you.

89-90번은 다음 전화 메시지에 관한 문제입니다.

안녕하세요, Frida 산업의 Susanne Garcia입니다. **89** 최근 주문하신 건으로 Mr. Sanderson에게 메시지 남깁니다. 3월 8일에 귀사의 기업 계정으로 노트북에 대한 주문 요청을 받았어요. **90** 전화를 드린 이유는 귀하께 주문에 대해서 다시 한 번 확인하기 위해서입니다. 왜냐하면, 아… 2,000대는 너무 많아 보여서요. **90, 91** 정말 그렇게 많은 노트북이 필요하시다면, 이번 달 말까지 이 수량의 노트북을 생산할 만큼 충분한 설비가 저희 회사에 없다는 것을 아셨으면 합니다. 가능하실 때, 이 문제에 대해 저에게 전화 주세요. 감사합니다.

어휘 corporate account 기업계정 ǀ double-check 다시 한 번 확인하다 ǀ keep in mind 명심하다 ǀ machinery 기계 ǀ manufacture 제조하다, 생산하다 ǀ incorrectly 부정확하게 ǀ figure 수치 ǀ undergo (변화, 안 좋은 일 등을) 겪다 ǀ renovation 보수, 수리

---

89. What does the company make?

(A) Phones

(B) Computers

(C) Televisions

(D) Cameras

ACTUAL TEST

이 회사에서는 무엇을 생산하는가?

(A) 전화기

(B) 컴퓨터

(C) 텔레비전

(D) 카메라

해설 회사의 제조 상품에 대해 묻는 질문이다. 담화의 초반부에, 'I'm leaving a message for Mr. Sanderson regarding a recent order. On March 8, we received a request for laptops through your online corporate account. (최근 주문하신 건으로 Mr. Sanderson에게 메시지 남깁니다. 3월 8일에 귀사의 기업 계정으로 노트북 생산에 대한 주문 요청을 받았어요.)'라고 하면서 메시지를 남기는 이유와 함께 노트북에 대한 요청 건을 언급하였으므로, 정답은 (B)을 알 수 있다.

---

90. What does the woman imply when she says, "2,000 seems a bit much"?

(A) An error might have occurred.

(B) An account was charged incorrectly.

(C) She is worried about meeting sales figures.

(D) She thinks there are too many project requests.

여자는 "2,000대는 너무 많아 보여서요"라고 말할 때 무엇을 의도하는가?

(A) 실수가 있었을 수도 있다.

(B) 한 계정의 비용이 잘못 청구되었다.

(C) 매출액 달성을 걱정하고 있다.

(D) 프로젝트 요청이 너무 많다고 생각한다.

해설 여자가 하는 말의 의도를 묻고 있다. 문제에 언급된 문장을 미리 숙지한 후에 앞 뒤 문장에 집중하면 정답의 단서를 쉽게 찾을 수 있다. 담화 중반부에 여자는 'This call is to double-check with you about that because, ah... 2,000 seems a bit much. If you would really like that many, keep in mind that we don't have enough machinery to manufacture all those laptops by the end of the month. (전화를 드린 이유는 귀책게 주문에 대해서 다시한 번 확인하기 위해서입니다. 왜냐하면, 아… 2,000대는 너무 많아 보여서요. 정말 그렇게 많은 노트북이 필요하시다면, 이번 달 말까지 이 수량의 노트북을 생산할 만큼 충분한 설비가 저희 회사에 없다는 것을 아셨으면 합니다.)'라고 하면서 노트북이 그렇게나 많이 필요하냐는 말을 우회적으로 언급하며, 주문이 정확히 이루어진 것이 맞는지 확인한다고 말한다. 따라서 정답은 (A)이다.

---

91. What does the woman remind the listener about the company?

(A) It has a limited amount of equipment.

(B) It is upgrading its software.

(C) It will relocate at the end of the month.

(D) It will undergo renovations on March 8.

여자는 청자에게 회사의 어떤 점을 상기시키는가?

(A) 장비 수가 제한되어 있다.

(B) 소프트웨어를 업그레이드하고 있다.

(C) 이번 달 말에 이전할 것이다.

(D) 3월 8일에 수리에 들어간다.

해설 청자에게 상기시키는 부분을 묻는 질문이다. 담화 후반부에서 여자는 너무 많이 주문한 것 아니냐는 말과 함께, 'If you would really like that many, keep in mind that we don't have enough machinery to manufacture all those laptops by the end of the month. (정말 그렇게 많은 노트북이 필요하시다면, 이번 달 말까지 이 수량의 노트북을 생산할 만큼 충분한 설비가 저희 회사에 없다는 것을 아셨으면 합니다.)'라고 덧붙인다. 즉, 주문한 2,000대의 노트북을 생산하기에는 설비가 부족하다는 말로 정답은 (A)임을 알 수 있다.

Questions 92-94 refer to the following excerpt from a meeting.

M Welcome to our weekly staff meeting. The main item on our agenda is the new distribution system we plan on implementing next week. As you are aware, **92** we've been purchasing additional warehouses over the last few months in order to store our products in different regions of the country. **93** This will allow us to deliver any orders that customers make within one business day instead of the two days it took us before. By doing this, we're confident that our company will continue to be competitive in the market. **94** We've created several new procedures to make sure orders are received by the warehouse closest to the customer. **94** You will have a chance to go over these steps in detail with your department manager later.

92-94번은 다음 회의 발췌록에 관한 문제입니다.

남 주간 직원 회의에 잘 오셨습니다. 우리 안건의 주요 항목은 우리가 다음 주에 시행할 계획인 새 유통 시스템입니다. 알고 계시다시피, **92** 우리는 지난 몇 달간 전국의 각기 다른 지역에 **우리 상품을 보관하기 위해 추가로 창고들을 구입해 왔습니다**. **93** 이를 통해 우리는 고객들이 하는 어떤 주문도 이전에 걸렸던 **이틀 대신 영업일 하루 안에 배달할 수 있게 될 것입니다**. 이렇게 함으로써 우리 회사가 시장에서 계속 경쟁력을 유지할 것이라 확신합니다. 우리는 고객과 가장 가까운 창고에서 주문이 접수되는 것을 확실히 하기 위해 **94** 몇 가지 새 절차들을 만들었습니다. **94** 나중에 여러분의 부서장과 이 단계들을 상세히 검토할 기회가 있을 겁니다.

어휘 item 항목 | agenda 안건 | distribution 유통 | implement 시행하다 | additional 추가의 | warehouse 창고 | store 보관하다 | region 지역 | allow ~할 수 있게 하다 | business day 영업일 | take (시간이) 걸리다 | confident 확신하는 | competitive 경쟁력 있는 | procedure 절차 | go over 검토하다 | in detail 상세하게

92. What does the speaker say the company has recently purchased?

(A) Factory equipment

(B) Office supplies

(C) Storage facilities

(D) Computer software

화자는 회사가 최근 무엇을 구입했다고 말하는가?

(A) 공장 설비

(B) 사무용품

(C) 보관 시설

(D) 컴퓨터 소프트웨어

해설 회사가 최근 구입한 것을 묻고 있다. company has recently purchased를 키워드로 삼아 해당 문장을 포착한다. 'we've been purchasing additional warehouses over the last few months in order to store our product (지난 몇 달간 우리 상품을 보관하기 위해 추가로 창고들을 구입해 왔습니다)'라고 했으므로 (C)가 정답이다.

- -

93. According to the speaker, what change will soon be made to the company's service?

(A) Stores will close later.

(B) Deliveries will be faster.

(C) More product lines will be offered.

(D) International shipping will be available.

화자에 따르면, 회사 서비스에 어떤 변화가 곧 생길 것인가?

(A) 가게들이 더 늦게 문을 닫을 것이다.

(B) 배송이 더 빨라질 것이다.

(C) 더 많은 상품 종류가 제공될 것이다.

(D) 국제 배송이 이용 가능해질 것이다.

해설 회사 서비스에 생길 변화를 묻고 있다. change와 company's service를 키워드로 삼아 단서를 포착한다. 'This will allow us to deliver any orders that customers make within one business day instead of the two days (고객들이 하는 어떤 주문도 이틀 대신 영업일 하루 안에 배달할 수 있게 될 것입니다)'라고 했으므로 (B)가 정답이다.

- -

94. What will listeners discuss with their managers?

(A) New locations

(B) Company procedures

(C) Marketing strategies

(D) Advertising materials

청자들은 부서장들과 무엇을 논의할 것인가?

(A) 새로운 장소

(B) 회사 절차

(C) 마케팅 전략

(D) 광고 자료

해설 청자들이 부서장과 논의할 것을 묻고 있다. listeners discuss with their managers를 키워드로 삼아 해당 문장을 포착한다. 'We've created several new procedures (우리는 새 절차들을 만들

었습니다)와 You will ~ go over these steps ~ with your ~ manager(부서장과 이 단계들을 상세히 검토할 겁니다)'라고 했으므로 (B)가 정답이다.

미국

Questions 95-97 refer to the following telephone message and floor plan.

W Kevin, this is Nadia. Um... **95** You know I asked you to turn in your department's budget proposal to me before you leave today. Well, I just found out that **96** I'll be visiting some clients, so I won't be in the office at all tomorrow. That means I'll have to look at the proposal the day after tomorrow. So why don't you just drop it off at my desk before you leave work tomorrow? Oh, and remember that I'm in a new office now on the second floor. When you get off the elevator, walk straight ahead down the hallway. **97** My office is on the left, right across from meeting room 2. If you get to the lounge, you've gone too far.

95-97번은 다음 전화 메시지와 평면도에 관한 문제입니다.

여 Kevin, 저 Nadia예요. 음···. **95** 오늘 퇴근하기 전에 나에게 당신 부서의 예산 제안서를 달라고 요청했던 거 아시죠. 음. **96** 제가 고객 몇 분을 방문해야 한다는 걸 방금 알게 됐어요. 그래서 내일 하루 종일 사무실에 없을 거예요. 그 말은 제가 그 제안서를 내일 모레 봐야 한다는 거죠. 그러니 내일 퇴근하기 전에 제 책상에 제안서를 두고 가 주시겠어요? 아, 그리고 제 사무실이 2층으로 바뀌었다는 걸 기억해 주세요. 엘리베이터에서 내리시면 복도를 따라 쭉 걸어오세요. **97** 제 사무실은 왼편에 있고, 회의실 2 바로 맞은편이에요. 라운지까지 가신 거면 너무 멀리 가신 거예요.

어휘 budget 예산 | proposal 제안서

95. What type of document is the speaker requesting?

(A) A budget proposal

(B) A marketing report

(C) A supply order form

(D) An office floor plan

화자는 어떤 서류를 요청하고 있는가?

(A) 예산 제안서

(B) 마케팅 보고서

(C) 물품 주문서

(D) 사무실 평면도

해설 요청하는 서류의 종류가 무엇인지 묻고 있다. document를 키워드로 삼아 관련 표현을 포착한다. 'You know I asked you to turn in your department's budget proposal to me (오늘 퇴근하기 전에 나에게 당신 부서의 예산 제안서를 달라고 요청했던 거 아시죠)'라고 했으므로 (A)가 정답이다.

---

96. Why does the speaker extend a deadline?

(A) She cannot look over a document until later.

(B) She needs more funding for a project.

(C) The listener will be going on vacation soon.

(D) The listener is not familiar with a task.

화자는 왜 제안서의 기한을 연장하는가?

(A) 그녀는 나중에서야 서류를 살펴볼 수 있다.

(B) 그녀는 프로젝트에 더 많은 자금이 필요하다.

(C) 청자가 곧 휴가를 떠날 것이다.

(D) 청자가 일에 익숙하지 않다.

해설 제안서 기한을 연장하는 이유를 묻고 있다. extend a deadline을 키워드로 삼아 단서를 포착한다. 'I'll be visiting some clients, so I won't be in the office at all tomorrow. That means I'll have to look at the proposal the day after tomorrow (고객 몇 분을 방문해야 해요. 그래서 내일 하루 종일 사무실에 없을 거예요. 그 말은 제가 그 제안서를 내일 모레 봐야 한다는 거죠)'라고 했으므로 (A)가 정답이다.

---

97. Look at the graphic. Which room is the speaker's office?

(A) Office 200

(B) Office 201

(C) Office 202

(D) Office 203

시각 정보를 보시오. 화자의 사무실은 어디인가?

(A) 사무실 200호

(B) 사무실 201호

(C) 사무실 202호

(D) 사무실 203호

해설 미리 표의 각 사무실의 위치를 파악해 두고 청취한다. 'My office is on the left, right across from meeting room 2 (제 사무실은 왼편에 있고, 회의실 2 바로 맞은편에 있어요)'라고 했으므로 (B)가 정답이다.

Questions 98-100 refer to the following introduction and graph.

W Hello, everyone. **98** I've gathered all of you here today to recognize Sarah Winters. Since taking over as manager here at Streetside Bistro, Sarah has greatly boosted our revenue. **99** During her first month here, she helped us meet our sales goal of $80,000. And eventually, her hard work pushed sales over $80,000 for the first time. The first thing she did was to find out what customers thought about our menu. In order to do so, **100** she visited the mall across the street and asked over 50 shoppers about the dishes we offer. Most of them felt that we lacked seafood and vegetarian options. After Sarah discussed the issue with our head chef, the menu was revised to include more salads and fish dishes. The new menu became a big hit, and we started getting more customers. Now, let us all give Sarah a big round of applause for her efforts.

98-100번은 다음 소개와 그래프에 관한 문제입니다.

여 안녕하세요, 여러분. **98** Sarah Winters의 공로를 인정하고자 오늘 이곳에 여러분 모두를 모시게 되었습니다. 이곳 Streetside Bistro 의 매니저로서 업무를 넘겨 받은 이후에, Sarah는 우리의 수익을 크게 신장시켰습니다. **99** 이곳에서 첫 한 달 간, 그녀는 우리가 8만 달러의 매출 목표를 달성하는 것을 도왔습니다. 그리고 마침내, 그녀의 노력으로 인해 처음으로 매출이 8만 달러를 넘게 되었습니다. 그녀가 했던 첫 번째 일은 고객들이 우리의 메뉴를 어떻게 생각하는지 알아내는 것이었습니다. 그렇게 하기 위해, **100** 그녀는 길 건너편의 쇼핑 센터를 방문해서 우리가 제공하는 요리들에 대해 50여 명의 쇼핑객들에게 물어보았습니다. 그들 중 대다수는 우리가 해산물과 채식주의자 옵션이 부족하다고 생각했습니다. Sarah는 우리의 수석 주방장과 그 문제를 논의한 후에, 더 많은 샐러드와 생선 요리를 포함시키기 위해 메뉴를 수정했습니다. 새로운 메뉴는 큰 히트를 쳤고, 더 많은 고객들이 오기 시작했습니다. 자 이제, 우리 모두 Sarah의 노고에 큰 박수를 보내 줍시다.

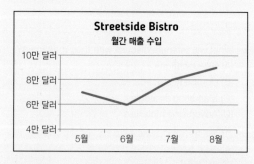

어휘 gather 모으다, 모이다 | recognize (공로를) 인정하다, 표창하다 | take over 일을 넘겨 받다 | greatly 대단히, 크게 | boost 신장시키다, 북돋우다 | revenue 수익 | meet 충족시키다 | sales goal 매출 목표 | lack ~이 부족하다 | vegetarian 채식주의자 | issue 문제, 사안

98. What is the purpose of the talk?

(A) To congratulate an employee

(B) To introduce a new worker

(C) To address a customer complaint

(D) To encourage workshop participation

담화의 목적은 무엇인가?

(A) 한 직원을 축하하기 위해

(B) 새 직원을 소개하기 위해

(C) 고객 불만을 해결하기 위해

(D) 워크숍 참가를 장려하기 위해

해설 주제/목적을 묻는 문제이다. 소개 처음 부분에 'I've gathered all of you here today to recognize Sarah Winters (Sarah Winters의 공로를 인정하고자 오늘 이곳에 여러분 모두를 모시게 되었습니다.)'라고 말했으므로 (A)가 정답이다.

99. Look at the graphic. When did Sarah begin working at the restaurant?

(A) In May

(B) In June

(C) In July

(D) In August

시각 정보를 보시오. Sarah는 그 식당에서 언제 일하기 시작했나?

(A) 5월

(B) 6월

(C) 7월

(D) 8월

해설 Sarah가 식당에서 일하기 시작한 시점을 묻고 있다. 중간 부분에 'During her first month here, she helped us meet our sales goal of $80,000. And eventually, her hard work pushed sales over $80,000 for the first time (이곳에서 첫 한 달 간, 그녀는 우리가 8만 달러의 매출 목표를 달성하는 것을 도왔습니다. 그리고 마침내, 그녀의 노력으로 인해 처음으로 매출이 8만 달러를 넘게 되었습니다.)'라고 한 내용을 토대로 표를 보면 8만 달러를 달성한 달은 7월이며, 그녀가 일한 첫 달에 달성했다고 하므로 (C)가 정답이다.

100. According to the speaker, what did Sarah do at the mall?

(A) She visited some clients.

(B) She conducted a survey.

(C) She gave a product demonstration.

(D) She purchased some supplies.

화자에 따르면, Sarah는 쇼핑 센터에서 무엇을 했나?

(A) 몇몇 고객들을 방문했다.

(B) 설문을 수행했다.

(C) 제품 시연을 했다.

(D) 일부 물품을 구매했다.

해설 담화에서 언급된 인물 정보를 묻는 문제이다. Sarah를 키워드로 삼아 단서를 잡아낸다. 중간 부분에 'she visited the mall across the street and asked over 50 shoppers about the dishes we offer. (그녀는 길 건너편의 쇼핑 센터를 방문해서 우리가 제공하는 요리들에 대해 50여 명의 쇼핑객들에게 물어보았습니다.)'라고 말했으므로 (B)가 정답이다.

토익 개념&실전 종합서

파고다토익

실력 완성 LC